# 湖北历史文化名镇名村资料汇编

HUBEILISHIWENHUAMINGZHENMINGCUN

ZILIAOHUIBIAN

主　编　张忠家

副主编　路彩霞　曾　成

武汉理工大学出版社

**图书在版编目(CIP)数据**

湖北历史文化名镇名村资料汇编 / 张忠家主编. —武汉:武汉理工大学出版社,2020.12
ISBN 978-7-5629-6390-5

Ⅰ.①湖… Ⅱ.①张… Ⅲ.①乡镇-地方史-史料-湖北 ②村史-湖北 Ⅳ.①K296.35

中国版本图书馆 CIP 数据核字(2020)第 272083 号

| | | | |
|---|---|---|---|
| **项目负责人:**汪浪涛 | | **责任编辑:**汪浪涛 张淑芳 | |
| **责 任 校 对:**赵星星 | | **装帧设计:**许伶俐 | |

**出 版 发 行:**武汉理工大学出版社
**网　　　址:**http://www.wutp.com.cn
**地　　　址:**武汉市洪山区珞狮路 122 号
**邮　　　编:**430070
**印　刷　者:**武汉乐生印刷有限公司
**发　行　者:**各地新华书店
**开　　　本:**787×1092　　1/16
**印　　　张:**26
**字　　　数:**553 千字
**版　　　次:**2020 年 12 月第 1 版
**印　　　次:**2021 年 12 月第 1 次印刷
**定　　　价:**98.00 元

(本书如有印装质量问题,请向出版社调换)

前言

党的十九大报告首次提出要实施"乡村振兴战略"。2018年，中共中央、国务院印发了《关于实施乡村振兴战略的意见》《乡村振兴战略规划（2018—2022）》等一系列文件。为贯彻党中央精神，湖北省委、省政府出台了本省推进乡村振兴的规划和具体战略实施意见，要求"充分挖掘荆楚文化，保护好历史文化名镇（村）、传统村落、历史建筑、古树、民俗、农业遗迹等遗产"。

历史文化名镇名村，有国家级、省级、市级之别，其中中国历史文化名镇名村，由住房城乡建设部、国家文物局从2003年起共同组织评选。保存文物是一件具有重大历史价值和纪念意义的事，能较完整地反映特定历史时期传统风貌和地方民族特色。截至2019年底，国家级历史文化名镇名村先后评选七批，湖北省参与了第二批至第七批的评选，共有13个镇、15个村入选中国历史文化名镇名村。

湖北省历史文化名镇名村项目启动相对较晚，2018年12月公布7个镇、18个村为第一批省级历史文化名镇名村。这些镇村可以说是湖北省入选新一批国家级名镇名村的储备资源。其中的1个镇、8个村在2019年1月已顺利进入第七批中国历史文化名镇名村序列。基于此，在整理湖北历史文化名镇名村资料时，我们对湖北的国家级、省级两类共44个历史文化名镇名村都做了调研和考察。

湖北国家级历史文化名镇名村从无到有，数量逐批递增。然而，从全国范围看，湖北相关村镇数量远远落后于山西、福建、浙江、江西等省，位居第12位。这一方面是由于各省历史文化村镇资源存量不同所致，另一方面也与各省对历史文化村镇资源的挖掘、保护、宣传有直接关系。湖北历史源远流长，明清时期移民迁徙和商业发展中诞生、壮大的基层村落，有些仍存续至今。在一些自然村落中，不同时期的建筑错落分布，各具特色的民俗文化融入日常生活中。湖北乡村历史是荆楚历史的重要组成部分，乡村历史文化是荆楚文化延展最深的根脉。

然而，伴随着城镇化进程的加快，历史村镇正面临着严重威胁，传统风貌逐渐消逝，亟须进行抢救性保护和合理的开发利用。

2017 年,国务院颁布了新修订的《历史文化名城名镇名村保护条例》。2018 年底,湖北省社会科学院申请的"湖北历史文化名镇名村书系"获得省文化事业发展专项资金资助。该书系的首部,即为《湖北历史文化名镇名村资料汇编》。2019 年,课题组深入湖北 44 个历史文化名镇名村及相关单位进行调研,对干部、居民访谈 40 余次,搜集文献资料近千万字,拍摄视频、音频、图像资料 2000 余件,全面摸清了湖北历史文化名镇名村资源状况及保护利用现状,择要整理出版,意在通过基础性的资料编纂工作,为荆楚美丽乡村留史。

在编排顺序上,《湖北历史文化名镇名村资料汇编》一书,以地理空间上的鄂东、鄂南、江汉平原、鄂西、鄂北为纲,按照入选级别和时间,对 44 个历史文化名镇名村资料进行整理。习近平总书记曾强调要传承发展农耕文明,历史文化名镇名村所蕴含的荆楚乡村文明是湖北乡村振兴的精神内核,因此,本书在具体内容上,除详陈作为物质文化的村镇建筑遗存外,对村镇历史人物资源、故事民俗等非遗资源也多着笔墨,以呈现村镇历史文化完整样貌。全书图文并茂,力求彰显特色。支撑本书的村镇资料主要来源于历史文献、乡土文献、今人著述及相关申报材料等,虽力求完备,但难免挂一漏万。

历史文化名镇名村是乡村文明的重要载体,是乡村文化振兴的主要标杆。我们的目标并不止于出版《湖北历史文化名镇名村资料汇编》一书,课题组在前期资料积累的基础上,将继续深入挖掘湖北历史文化名镇名村的特色资源,总结归纳其文化特征和地域特色,探索新时期传统村镇的振兴路径,以期从基础研究、对策建议、政策宣传等方面,对湖北历史文化名镇名村研究和美丽乡村建设有所推进。

编　者

2020 年 3 月

# CONTENTS 目录

湖北历史文化名镇名村资料汇编
HUBEI LISHI WENHUA MINGZHEN MINGCUN ZILIAO HUIBIAN

湖北历史文化名镇名村
HUBEI LISHI WENHUA MINGZHEN MINGCUN ZILIAO HUIBIAN 资料汇编

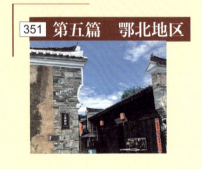

第一篇

# 鄂东地区

红色圣地｜革命摇篮｜要冲之地｜千年古镇｜鄂之起源……

# 红色圣地
## ——七里坪镇

## 一 村镇概述

七里坪镇位于大别山南麓、鄂豫两省边界，是中国历史文化名镇、红色旅游名镇，湖北省重点镇、老区镇之一。七里坪镇在明朝黄州府未设黄安县以前，是麻城县太平、仙居两乡的领域。到晚清时期，七里坪地区划归黄安县管辖，命名为太仙乡。清朝雍正年间，在今七里坪地区建起了一座社庙——悟迷寺，因来往客商入住悟迷寺，故在今长胜街南段，离悟迷寺不远处，逐渐形成了集镇，由于集镇上下沿河约有7里长的平坦地带，故称此地为"七里坪"，并一直沿用至今。

由于七里坪地处鄂豫交界，因此，自古以来就是军事要塞和交通要道。据记载，南宋末年，元兵进犯七里坪地区，南宋军民就以天台山为根据地抗击元兵南犯。早在元代，七里坪镇就是一座古军寨——古石城。元朝末年，农民起义军（红巾军）首领徐寿辉部将邹普胜，在家乡七里坪南1公里的柳林河南岸周家墩据兵，修建了大圣寺塔。明朝初年，七里坪地区设双城巡司，根据地在大圣寺。清朝时期，太平军几次到七里坪攻打清军，清政府派兵对太平军进行追剿，曾驻扎于此，并修建了古石城城墙。

辛亥革命后，革命浪潮也席卷到七里坪镇，使得这里成为红色的圣地、革命的圣地。1921年中国共产党成立后，董必武、陈潭秋、萧楚女等同志就在鄂豫皖地区，以七里坪镇"文昌宫"为中心传播马列主义思想，发展先进分子入党，建立党的组织。之后，湖北省委按照中央1927年8月紧急会议上的指示决定发动秋收起义，建立革命政权和革命军队的精神，拟定了秋收暴动计划，相继成立了中共黄麻特委和黄麻暴动总指挥部，以黄安、麻城两县的农民自卫军为骨干，配合武装群众，夺取黄安县城，成功发动和领导了黄麻起义，并建立了中国工农革命军——鄂东军。

1928年1月，鄂东军改编为工农革命军第七军。5月，在檀树岗清水堂召开会议，决定开辟河南光山县柴山保革命根据地，在鄂豫边界实行工农武装割据。9月，黄安县兵工厂在七里坪建立，主要生产"黄安造单打一手枪"（撇把子枪）。10月，中共鄂东特委成立。1929年秋，中国工农红军回到七里坪，11月至12月，鄂豫边第一次党代会和工农兵代表大会先后召开，建立了中共鄂豫边特委和鄂豫边革命委员会。1930年2月17日，七里坪地区第一次工农兵代表大会在七里坪召开,选举产生七里坪地区苏维埃政府第一届执行委员会。随后,中共鄂豫边特委和革委会讨论通过将七里坪命名为"列宁市"。

1931年11月7日,中国工农红军第四方面军在七里坪誓师成立,徐向前任总指挥。1932年11月29日,鄂豫皖省委在七里坪檀树岗重建红军第二十五军,军长吴焕先、政委王平章,下辖第七十四、第七十五两个师。1933年2月,国民党第三十师修通了县城至七里坪的第一条公路,以便对七里坪苏区红军进行大规模"围剿"。同年3月至4月,红安独立师第七师配合红二十五军连续取得郭家河、九龙缠顶、潘家河等战斗的胜利,缴获国民党军第十三师、第三十五师枪械2000多支。5月2日,红二十五军发起七里坪战役,历时43天。

红军主力长征后,1934年11月11日,鄂豫皖省委决定由省委委员高敬亭领导部分武装组成红二十八军,坚持鄂豫皖地区的游击战争。1938年1月中旬,八路军参谋长叶剑英从汉口到达七里坪,检查指导工作。2月中旬,红二十八军改编为"国民革命军新编第四军",编为第四支队。1939年1月,黄安县抗日动员委员会在七里坪成立,1943年至1949年,七里坪地区军民在中国共产党的领导下,经历了抗日战争、中原突围的大小战役,1949年4月7日,七里坪镇解放。

红色圣地七里坪镇的革命历史和红色文化在中国革命史上留下了光辉的一页。由于丰富的历史文化和革命文化,七里坪镇于2005年荣获住房城乡建设部、国家文物局授予的第二批"中国历史文化名镇"称号。

## 二　村镇资料

### (一)历史建筑遗存

七里坪镇文物古迹众多,历史遗存丰厚,不仅蕴含有古文化遗址遗迹,如新石器时代的墩子山遗址及商周时期的庙基山遗址、东寨山遗址、西寨山遗址等53处,而且还有数不胜数的红色文化遗址。这些遗址遗迹,不仅见证了历代先哲在七里坪的活动足迹,而且也见证了七里坪人民浴血奋战的历史和不畏艰难、跟党、信党的精神、信仰,直到今天,这种精神、信仰仍在七里坪人民心中传承着,成为他们不可磨灭的精神印记。

#### 1.古建筑遗址遗迹

西寨山遗址:位于七里坪镇西北部、盐店河与倒水河交汇处的二级台地上。遗址表面呈不规则长方形,长120米,宽50米。地势北高南低,北部高出周围地面20米,南部高出10米。从遗址地下采集的遗存器物有石斧、鼎足、甲足、筒瓦、板瓦、陶釜、陶豆残片、圈足器、鬲和鬲足等。陶器多属灰陶系,少量属红陶系。陶质以夹砂陶为主,泥质次之,纹饰多为绳纹,少量素面。该遗址是新石器时期至东周时期的文化遗址。

双城塔:又名大圣寺塔,位于七里坪镇南3公里的周家墩村。古塔距倒水河西岸约

600米,四周为低缓丘陵地,相传为元末农民起义领袖徐寿辉部将邹普胜所建。明万历刻本《黄安初乘》记载:"邑北三十里有双城塔,元季伪相邹普胜冯瑄佐徐寿辉据此。北打鼓岭南系马冲皆因名,塔及所建见存。""双城巡司在县北三十里,系国初建。"双城塔塔名据此而来。双城塔东南侧10米处原有一寺院,名大圣寺(始建不详,1958年毁),故此塔亦称为大圣寺塔。

双城塔为砖砌阁楼式佛塔,平面六角,东西向,13层,通高约35米,占地面积约53平方米。各层斗拱、檐角、勾栏、门窗、神龛均以特制砖件拼装,榫卯相扣,严密合缝,其上所有莲瓣、牡丹等皆装饰有花纹,精巧玲珑,布局有致。双城塔是湖北仅存的为数不多的宋代砖塔之一,也是红安县历史最为悠久的古代建筑。双城塔通体比例均衡,塔身自下而上逐层递减,收分圆和,形态健美,气势凝重,其古塔形制与斗拱等构件特征皆属典型的宋代古塔的结构与装饰风格,具有极高的保护与研究价值。2013年,双城塔被列为第七批全国重点文物保护单位。

**文昌宫**:位于七里坪和平街中段,是黄麻秋收起义和鄂豫皖临时特委、临时军事委员会旧址。文昌宫建于明朝末年,坐东朝西,砖木结构,琉璃瓦面,由灵官殿、佛殿和两个天井组成,建筑面积561平方米,抗战时期被日军烧毁。中华人民共和国成立后,居民在遗址上盖有住房。

## 2.红色文化建筑、遗址

七里坪镇红色历史文化建筑、遗址众多,仅长胜街就有国家级、省市级遗址、遗迹20处之多,如七里坪工会旧址、苏维埃银行、中西药局等,其他散见的也不少。

**长胜街**:始建于明末清初,距今已经有400多年的历史。长胜街原名正街,1930年被命名为杨殷街,全长400米(中华人民共和国成立后又续建了290米),南北有城门楼。街道两边房屋为清一色的青砖黑瓦、木格窗户、木板门扇,每间房屋山墙及隔火墙有龙蛇鸟兽造型装饰,街道宽约7米,地面用花岗石条铺成。由于七里坪地处鄂豫交界,长胜街上商贸十分兴隆,街道两边居民都从事工商贸易。据《红安县志》记载,"1927年长胜街从南到北仅经营粮油的漕行就有30多家",居民每天把收来的粮油山货特产等,用竹排从倒水河运向阳逻,销往武汉。

▲ 七里坪长胜街

再从武汉把当地群众需要的工业品、生活用品运载回来,销往各地。由此,当时人称七里坪为"小汉口",称长胜街为"六渡桥"。土地革命战争时期,长胜街成为鄂豫皖苏区的政治、经济、军事、文化中心,集中了红四方面军指挥部、七里坪工会、合作饭堂、苏维埃经济公社、中西药局、鄂豫皖特区苏维埃银行等一系列革命遗址,成为著名的红色文化街区。

**七里坪革命法庭旧址:** 位于七里坪镇和平街,旧称"南庙",坐东朝西,砖木结构,硬山顶,布瓦铺盖,脊上饰有腾龙吻兽,内山墙为抬梁式梁架木板墙,面阔4间,进深3间,占地120平方米。1927年春,《湖北省惩治土豪劣绅条例》颁布后,七里坪地区农民协会在此设革命法庭审判土豪劣绅。

**七里坪工会旧址:** 位于七里坪长胜街10号,坐东向西,砖木结构,单檐硬山顶,前后两进,每幢面阔2间,进深3间,后幢内山墙为抬梁式梁架木板墙。祠内有两个四水归池式天井。建筑面积210平方米。1927年秋,七里坪各行业工会聚集此地成立七里坪工会联合会,工会机关驻扎于此。

**七里区防务会旧址:** 旧址上原有"东岳府庙",位于檀树岗曹门口村东岳府湾,距七里坪6.5公里。该庙建于清代,坐东北朝西南,前后两进,有厅房15间,厢房21间,面积1500平方米。内山墙为龙门式梁架木板墙,梁枋下饰有木雕挂落,刻工精细。1927年3月,七里区防务会始建,"七一五反革命政变"后,被迫解散。9月下旬,县防务总会成立。10月,七里区防务会在东岳府重建,下设总务、宣传、组织、经济、军需、文化6股,曹学楷、戴克敏、戴季英、郑位三、郑行瑞等为领导人,办公地点设在该处。

**鄂豫皖特区苏维埃政府旧址:** 在七里坪镇王锡九村,现为村民住宅。旧址坐东朝西,砖木结构,面积276平方米。1930年6月至1931年5月,鄂豫皖特区苏维埃政府在此办公。1931年9月,鄂豫皖特区苏维埃政府保卫局第三分局驻扎于此。

**鄂豫皖特区革命军事委员会旧址:** 在檀树岗戴世英村,旧为戴氏祠堂,现为村小学校舍。坐北朝南,砖木结构,面积294平方米。1931年2月,中共鄂豫皖特区委员会和鄂豫皖军事委员会成立,鄂豫皖特区军事委员会驻扎于此。

**中西药局旧址:** 在七里坪长胜街49号,坐西向东,条石基础,土坯山墙,青砖门墙,硬山顶,两进两间,后幢前有一天井,后幢后有一小院。建筑面积153平方米。1931年至1932年春,黄安县苏维埃政府在此开设中西药局,为红军医院供应以中草药为主的医药用品。

**中共鄂东北道委旧址:** 在紫云乡许葛楼村闵家湾。坐北朝南,总面积412.5平方米。1930年2月27日,黄安县苏维埃政府在此成立。1933年,中国共产党鄂东北道委由天台山迁至此,中国工农红军第二十五军军部亦随着道委机关驻扎于此。旧址山墙上至今还可见当时红二十五军政治部用石灰水刷写的标语。

**彭杨军政学校旧址:** 在檀树岗杨李家村祠堂(亦名聂家河),原系聂氏祠堂,坐西向东,砖木结构。原为两进,现存后幢,面阔18.7米,进深8.8米,其内墙为龙门式梁架木板墙。

1931 年 12 月 12 日,中共中央鄂豫皖分局、鄂豫皖革命军事委员会决定,将原军委所属军事政治学校第四分校改名为"彭杨军政学校",校址设于此地。现存后幢的南厢房为校长蔡申熙的办公室兼宿舍,北厢房为傅钟和李特的宿舍。

中国工农红军第四方面军诞生地纪念碑:位于七里坪西门外河滩上。1931 年 11 月 7 日,中国工农红军第四方面军成立大会在这里举行。1979 年 10 月,红安县革命委员会在此修建纪念碑,纪念碑占地面积 1200 平方米。碑为方柱形的钢筋混凝土建筑物,高 16 米。碑的正面和背面镶满汉白玉,正面镌刻着徐向前题写的碑名"中国工农红军第四方面军诞生地",背面镌刻着红安县革命委员会撰写的碑文。

七里坪革命烈士纪念碑:位于七里坪东南的山坡上,坐东朝西,方柱形,高 10 米,宽 2 米。1973 年 7 月建成。碑的正面和背面镶满汉白玉,正面镌刻着董必武的题词:"革命烈士永垂不朽。"背面镌刻着董必武为纪念黄麻起义 35 周年作的两首诗:"廿二年间起伏多,黄麻革命涌红波。大山三座终移去,党引工农奏凯歌。""燎原烈火起星星,烧却江淮腐恶根。英勇斗争成绩夥,山区到处见新村。"

鄂豫皖红军烈士纪念碑和程训宣烈士纪念碑:位于七里坪镇王锡九村黑洼山山脚。1931 年张国焘在鄂豫皖苏区大搞"肃反",推行"左"倾路线,排斥异己,借整肃"改组派""AB 团"名义杀害共产党员,黄麻起义的早期领导人多数被害,其中包括徐向前元帅的前妻程训宣烈士在内,有 2000 多名红军将领和县乡苏维埃干部在黑洼山被杀害。中华人民共和国成立后,红安县人民政府在此修建了一座红军烈士合葬墓。2002 年又在此修建了鄂豫皖红军烈士纪念碑和程训宣烈士纪念碑。红军烈士纪念碑高 3.1 米,由 26 块大别山青石砌成地图形状,象征鄂豫皖苏区 26 个县的红色革命政权,三级石阶象征鄂豫皖三省首府在这里建立。"鄂豫皖红军烈士永垂不朽"的碑文,由原湖北省委副书记、著名书法家李尔重题。程训宣烈士纪念碑上"程训宣烈士名垂千古"由老红军战士、原西南民族学院党委书记张天伟题。

七里坪列宁小学旧址:在现红安县列宁小学内。坐西朝东,建筑面积 256 平方米。今七里坪革命史陈列馆设于此地。七里坪列宁小学创立于 1930 年春,由黄安县苏维埃政府创办,1932 年 7 月,国民党军队进驻七里坪,学校停办。1940 年复校,改名黄安第四高小。1942 年改名为七里区中心小学。1950 年,红安县人民政府接管该校,改名为黄安第十二小学。1952 年改名为七里坪小学。1976 年命名为红安县列宁小学。

除了这些革命遗址遗迹外,七里坪镇还有国共合作谈判旧址、中国工农红军第二十八军军部旧址、国民党黄安县党部第三分部旧址、紫云区农民协会旧址、熊家嘴兵工厂旧址、鄂豫皖特区苏维埃银行旧址、列宁市苏维埃饭堂合作社旧址等,这些旧址是中国工农红军奋斗、战斗的痕迹,见证了中国工农红军的成长、发展、壮大,也昭示着今天幸福生活的来之不易,如今,这些遗址遗迹已成为红色文化的一部分,静默于时间岁月之中,无声地诉说着硝烟烽火中的革命过往和战争事迹。

## (二)历史资源

七里坪镇历史资源丰富,尤其是红色文化资源更是在全省乃至全国首屈一指。这里不仅是七里坪镇著名的黄麻起义的策源地,也是鄂豫皖革命根据地的中心;不仅诞生了中国工农红军第四方面军,也重建和改编了红二十五军、红二十八军;不仅走出了郑位三、秦基伟等143位共和国高级将领,也是董必武、李先念、邓小平、刘伯承、叶剑英等党和国家领导人战斗过的地方。丰厚的历史积淀和文化资源,不仅使得七里坪在中国历史上绘有浓墨重彩的一笔,而且成为七里坪人民宝贵的精神财富和文化养分。

### 1.名胜古迹

**九焰山**:位于红安县北部,鄂豫两省交界处,主峰海拔770.5米。山上有寨,现仅有残墙和西门。据记载,薛刚反唐时,在此扎寨屯兵,武三思率兵前来围剿,曾在这里上演了一幕"布下三才八卦九宫阵,火攻九次焚烧九座山"的悲壮场面,九焰山因此而得名。山上有黄杨寨、司马岩等著名景点。

**黄杨寨**:因盛产黄杨木而得名。此地四周峭壁,千岩竞秀,山顶平旷,可田可塘,与天台山成犄角之势。据民间传说,黄杨寨曾是唐代薛刚反唐屯兵秣马之地。现在黄杨寨内可见有大石筑砌的寨墙残垣,有供屯兵碾粮磨粉用的石碾和石磨,全山计有石碾48盘,石磨72盘,还有薛刚为王时插旗用过的旗杆石、薛刚之妻纪兰英敲打铜锣的旧址等。

**司马岩**:毗邻天台山,位于鄂豫分水岭,是一座明清兵寨。寨中有"司马岩"石刻,石壁高3.5米,长约3米。石壁正中用楷书繁体字刻有"司马岩"三个大字,字宽50厘米见方。左侧上方刻有"明兵部尚书张缙彦1645年5月挥剿至此"等字,字宽约20厘米见方;右侧下方刻有"督军""副将""参谋""都司"等官名和将领姓名。由于岩石年久,自然风化,有的字迹已模糊难辨。据专家考证,此石刻为明兵部尚书张缙彦(张缙彦系河南新乡人,明崇祯进士,官至兵部尚书)所留,距今已有近400年的历史,它的发现不仅佐证了九焰山古兵寨的实际存在,而且也为研究红安乃至鄂东古代军事历史提供了一处极为珍贵的实物证据。

**止止洞**:地处九焰山东半山,相传有号"止止"的名僧曾隐居于此,故得名。洞口向东,高3米,宽亦3米,似不规则六边形。洞口上方石壁,高10米,洞内进深10米,宽4米,平均高3.5米,可容40余人。左右壁上分别镌刻有隆庆壬申耿子颐题"止止洞"和"凝神"等字。1934年11月,红二十五军长征后,中共鄂东北道委在极其艰难的环境下,曾隐蔽于此洞指挥战斗。

**百将沟**:位于九焰山顶西北,此处沟壑纵深,壁立千仞,奇险无比。相传元末明初时期,朱元璋与陈友谅争霸天下,两军在此展开激烈决斗。最后,陈友谅部兵败,百余名将有的战死,有的拒降而跳崖,全部阵亡,"百将沟"由此得名。

**天台山**:素以"佛宗道源,山水灵秀"而著称,更有"红色圣山"的美誉。天台山不仅是中国佛教八大宗之一的"天台宗"的起源地,而且是以气势磅礴、巨岩独特、风景迷人而赢得历代文人墨客青睐的旅游胜地。明户部尚书耿定向晚年隐居于此地七载,筑"天台书

▲ 位于天台山风景区的天台书院

院"讲学,并著有《耿定向先生全集》和《天台文集》,流传于世;明末著名思想家、文学家李贽在天台山著书立说,留下了不少赞美天台山绮丽风光的佳作,其中《宿天台顶》最为著名,至今广为传诵;近代爱国将领董其武在戎马生涯中,专程来天台山一游,并命人在绝壁上凿刻八个大字"复兴民族、挽救国家",为天台山增添了英雄气概。

**2.革命事迹**

**黄麻起义及鄂东军的成立:** 黄麻起义是指土地革命战争时期,中国共产党领导湖北省黄安、麻城两县农民举行的武装起义。1927年11月3日,中共黄麻特委在七里坪召开会议,决定以黄安、麻城两县农民自卫军为骨干,群众武装予以配合,夺取黄安(今红安)县城。13日,起义开始,总指挥部调集黄安农民自卫军全部,麻城农民自卫军2个排及七里坪、紫云等地区农民义勇队千余人,组成攻城队伍。晚上10点,起义队伍在广大农民群众的配合下,由七里坪向黄安城进发。14日凌晨,攻城队伍由城西北攀梯而上,夺占北门,旋即攻入城内,占领县政府、警察局,全歼县警备队,活捉县长等官吏及土豪劣绅10余人,缴获步枪30余支,子弹90箱,控制了全城。后获悉国民党军第三十军一个团正向黄安开进,为避敌锋芒,攻城队伍当日撤回七里坪。进占黄安城的国民党军惧怕起义队伍再次进攻,乃于次日晚弃城退走。18日,黄安县农民政府成立,曹学楷任主席。接着,中共黄麻特委根据中共湖北省委指示,将黄安、麻城两县农民自卫军及赶来配合起义的黄陂县农民自卫军一部共300余人,组成工农革命军鄂东军,下辖第一、第二路军。潘忠汝任总指挥,戴克敏任党代表。11月27日,黄安反动势力勾结国民党军第三十军独立旅400余人,进犯黄安城。鄂东军一部在人民群众的协助下,将其击退。12月5日,国民党军以第十二军教导师取道宋埠、尹家河突袭黄安城。鄂东军对敌情估计不足,据城固守,因敌众我寡,伤亡惨重,被迫突围,潘忠汝在战斗中牺牲。12月下旬,当地中共组织和鄂东军部分领导人在黄安北部木城寨举行会议,决定留部分人员就地坚持斗争,集中72人,携带长短枪53支,转移到黄陂县木兰山一带开展游击活动。

黄麻起义是继中国共产党领导的南昌起义和秋收起义之后,在长江以北地区首次举行的规模最大的农民武装起义,它揭开了鄂豫皖地区武装斗争、土地革命和苏维埃政权建立的序幕,为创建鄂豫皖革命根据地和红四方面军起了先导作用,在中国革命史上写下了光辉的一页。

**七里坪战役:** 指土地革命战争时期,红军第四方面军在湖北省黄安(今红安)以北七里坪地区对国民党军的作战。1932年8月13日,中国工农红军第四方面军主力撤离黄安后，即北上七里坪与第十师会合，并在柳林河以东占领阵地。8月15日，"围剿"鄂豫皖苏区的国民党军第二纵队第二、第三师对七里坪发起进攻，红军集中4个师实施反击，将敌击退，并歼其4个团大部，毙伤敌人3300余人。8月17日，国民党军第六纵队2个师由黄安地区北进，企图协同第二纵队夹击红军。红四方面军主力遂撤出战斗，向檀树岗转移。

七里坪战役虽然因为鄂豫皖省委在王明"左"倾冒险主义军事战略方针影响下，错估革命形势而失利，但全军指战员在异常困难的情况下，坚决执行命令，自觉遵守纪律，英勇杀敌，以及根据地广大人民群众竭力支援红军的精神是不可磨灭的。

**3.人物资源**

红色圣地七里坪是英雄的故乡，从这里走出的将军、在这里牺牲的烈士数不胜数，据统计，原七里坪地区8万人中就有4万多人参加了革命，600多个村庄就有270多个被战争摧毁，前线及后方有3.9万人在战争中牺牲，在册的烈士多达7500多人。现仅各列举一二：

**张南一**（1878—1927）：又名香奎，湖北黄安（今红安县）七里坪镇柳林河人。1925年加入中国共产党，为掩护革命党人，他经常身穿蓝色长衫，游乡串户，乔装成打鼓说书的艺人，到各村宣传革命思想，乡亲们亲切地称他为"蓝衣先生"。八七会议后，担任七里区防务委员会宣传股长，参加黄麻起义。1927年冬，在敌人包围柳林河村并准备开枪扫射群众的紧急关头，他挺身而出，挽救了群众。凶残的敌人在七里坪西门河沙滩上挖了一个坑，用铁丝把他的肩胛和脚跟穿连起来，逼迫其投降。但张南一视死如归，愤怒地说："老子生是革命人，死是革命鬼，再过二十年，老子还是要革命！"敌人恼羞成怒，用刀割掉了他的耳朵、鼻子、舌头，然后将他活埋。1930年2月，七里坪改名为列宁市。为了纪念张南一烈士，党和苏维埃政府决定将七里坪小南门命名为列宁市"南一门"。

**秦绍勤**（1906—1927）：亦名业基，湖北黄安七里坪人，1925年参加革命，同年加入中国共产党。1926年10月，在他的发动和组织下，成立了七里坪工人联合会，与土豪劣绅和资产阶级做斗争。1927年2月，秦绍勤被选为七里坪地区农民协会主席，同年8月，七里坪工会成立，他为负责人之一。11月13日，秦绍勤参加了著名的黄麻起义。起义胜利后，秦绍勤任中共七里区委组织委员，他带领农会、工会骨干分子，积极协助黄安县农民政府筹备处开展筹建政府的宣传工作。1927年12月，国民党第十二军

▲ 位于长胜街北门的秦绍勤烈士纪念碑

任应岐部向起义区疯狂反扑。黄安县城和七里坪相继失守，秦绍勤遵照党的指示，留在七里坪一带坚持斗争。12月中旬的一天，秦绍勤不幸被捕。在监狱中，敌人使用酷刑逼他交出文件和共产党员名单，他宁死不屈、大义凛然地说："我是革命者，生是革命人，死是革命鬼，怕死不革命，要我投降招供，休想！"敌人气急败坏，用铁钉将其手脚钉在门板上，妄图使其屈服。他多次晕死过去，仍坚贞不屈。后来丧心病狂的敌人将他绑至七里坪北门外河滩上，残忍杀害。秦绍勤牺牲后，人民为了纪念他，编了一首歌谣："烈士秦绍勤，开肠剖肚在北门，宁愿自己死，不连累别人。"

**郑位三（1902—1975）**：原名郑植槐，1902年出生于湖北黄安七里坪镇马鞍山村。1918年考入湖北省甲种工业学校，因在考试中名列第三，故改名"位三"。1925年加入中国共产党。1927年任中共黄安县委委员和县委书记，大革命失败后，根据党的八七会议精神，组织领导了黄安秋收暴动，揭开了黄麻起义的序幕。1930年秋，他先后任鄂豫皖特区苏维埃政府内务部长、财政经济委员会主席、代理苏维埃政府人民委员长和中共鄂豫皖省委委员等职。1932年担任鄂东北道委书记兼游击总司令职务，为保卫鄂豫皖革命根据地做出了重大贡献。抗日战争爆发后，郑位三受党中央派遣，从延安重返鄂豫皖，创建抗日民主根据地，历任中共鄂东特委书记、鄂豫皖区党委书记等职。解放战争时期，郑位三任中共鄂豫皖中央局书记等职，并于1946年6至7月间同李先念等同志率部队取得了中原突围的胜利。

因长期在艰苦条件下工作，郑位三同志身体健康严重受损，1948年起因病休养。中华人民共和国成立后，曾被选为中共第八届中央委员，全国政协第二、第三、第四届常务委员。1975年，因病在北京逝世。郑位三同志是中国共产党老一辈无产阶级革命家、忠诚的共产主义战士，鄂豫皖革命根据地的主要创始人之一。他毕生献身于伟大的共产主义事业，为党和人民建立了不可磨灭的历史功绩。

**秦基伟（1914—1997）**：1914年出生于湖北黄安七里坪镇秦罗庄。1927年，13岁的秦基伟参加了黄麻起义，被乡亲们称为"红色少年"。1929年8月，参加中国工农红军。1931年11月，秦基伟任红四方面军总部手枪营二连连长，参加了鄂豫皖苏区历次反"围剿"斗争。抗日战争爆发后，秦基伟受命以"游击战教官"的身份只身前往山西太谷一带组织抗日武装，打出"太谷抗日游击队"旗号，任总指挥，开始了创建太行山敌后抗日根据地的艰苦斗争。解放战争时期，1947年8月，秦基伟任晋冀鲁豫野战军第九纵队司令员，为配合野战军主力挺进大别山，他率部强渡黄河，挺进豫西，攻洛阳，战南阳，克郑州，参加淮海战役，率部围歼国民党军黄维兵团。

秦基伟一生戎马生涯，历经土地革命战争、抗日战争、解放战争、抗美援朝战争，1955年被授予中将军衔，荣获二级八一勋章、一级独立自由勋章、一级解放勋章。1988年被授予上将军衔。历任云南军区副司令员、昆明军区副司令员、成都军区副司令员、北京军区副司令员、国务委员兼国防部长等职，同时是中国共产党第十一至十三届中央委员、中央军委委员、常委。1997年病逝于北京。

　　**徐深吉**（1910—2000）：1910年出生于湖北黄安七里坪地区徐家河村。1927年徐深吉参加黄麻起义，1930年加入中国共产党。历任红四军交通队排长、红二十五军第七十三师第二一七团营长、红三十一军第九十一师师长等职，参加了鄂豫皖苏区反"围剿"和黄安、苏家埠等战役。1932年随红四方面军西征转战进入川北。抗日战争爆发后，徐深吉任八路军第一二九师第七七一团团长，先后参加了长生口、神头岭、响堂铺等战斗和晋东南反"九路围攻"。1941年1月，徐深吉奉命率新四旅南援新四军，皖南事变后停止南下，在鲁西地区开展工作。同年9月参加冀南秋季战役。1943年徐深吉任抗日军政大学第六分校校长，参加了林南战役。翌年到延安入中共中央党校学习。解放战争时期，徐深吉任晋冀鲁豫军政大学副校长兼冀南军区司令员。

　　中华人民共和国成立后，徐深吉历任华北军区副参谋长、军委空军副司令员、北京军区副司令员。1955年被授予中将军衔，荣获一级八一勋章、一级独立自由勋章、一级解放勋章。1988年获一级红星功勋荣誉章。2000年8月8日在北京逝世，著有回忆录《烽火年代》。

### （三）非遗资源

　　七里坪不仅物质文化遗产丰富，而且非遗文化也是精彩绝伦；不仅有楚剧、民歌、踩高跷、皮影戏等大别山脉湖北地区特有的民间艺术，而且还有着自己独特的艺术文化和精神财富，如红安大布、红安绣活等。这些非遗文化积淀着红安的历史文化记忆，凝结着红安人民的智慧巧思，也展现了地方独特的风俗习惯和审美艺术。

#### 1.民间技艺

　　**红安绣活**：这是红安县地方传统刺绣活动的简称，2008年6月入选第二批国家级非物质文化遗产名录。红安绣活是流行于红安一带，以连袜绣花鞋垫为突出代表的民间刺绣艺术，历来黄安（今红安）就有"无女不绣花"之说。红安绣活始于汉，兴于唐，盛于明、清。在红安，连袜绣花鞋垫既是一种平常的生活实用品，又是具有特别意义的民俗艺术。红安绣花鞋垫在鼎盛时期（中华人民共和国成立后至"文化大革命"前）已形成最盛行的风尚，成为馈赠亲友的时尚礼品。红安绣活积淀着古老的文化底蕴，凝结着妇女的智慧巧思，人们常从新娘绣花鞋垫的多少、做工的精细程度、花样的难易来评判新娘的聪明和灵巧。

　　**红安大布**：又名"家机布""景庄

▲ 国家级非物质文化遗产——红安绣活

▲ 省级非物质文化遗产——红安大布

布""老粗布""老土布",是红安县几千年来民间世代使用的一种手工产品,也是一种纯棉纺织珍品,具有浓郁的乡土气息和鲜明的地方特色。手织老粗布的织造工艺极为复杂,从采棉纺线到上机织布,要经过大大小小72道工序,其主要工序有轧花、弹花、纺线等15道。红安大布具有质地柔软、手感佳、透气性好、无静电反应、持久耐用、色彩艳丽但不张扬、冬暖夏凉等优点。

红安大布的纺织技艺含量很高,其相关器具制作精良,代代相传,全由当地工匠自制。红安大布充分展示出中华文明劳动人民的智慧和创造精神,具有丰富的文化内涵。2009年,红安大布传统纺织技艺被列入湖北省非物质文化遗产保护名录;2010年7月,红安大布产品入选并参展上海世博会;2013年12月,"红安大布"被成功申报为国家地理标志保护产品。

**绿豆粑**:这是一道非遗食品,深受当地人喜爱。绿豆粑的主要原材料是糯米和绿豆,其工序是先把绿豆洗干净蒸熟后滤掉水分,加一些盐捏成丸子,再把泡好的糯米蒸1个小时,之后把搅拌好的糯米揉成长条,捏成小块,把刚搓好的绿豆丸子塞进去,像包包子一样包起来,这样绿豆粑就做好了。

**红安木雕**:它是流传于红安上千年的一朵绚丽的工艺奇葩,其保留的代表作享誉神州大地。据史料记载及现存作品佐证,早在明万历年间,红安木雕的技艺就已十分精湛,且流传广远。红安木雕分为浮雕、镂空、透雕三大类。目前,红安县内还完好地保存着出自明代、清代、民国等各个历史时期的木雕精品,其代表作明代的吴氏祠(属全国重点文物保护单位)、五檐滴水床、镂空洗脸架等被列为国家二级文物的作品,此外还有后期的桌椅及其他家具等。这些珍品都具有极高的收藏价值和木雕技艺研究价值。

**2.民间艺术**

**荡腔锣鼓**:荡腔锣鼓初步认定是由元朝蒙古人传入红安,流传至今的一种民间艺术形式。其乐器有三吹七打10种。"三吹"即长号、两只唢呐;"七打"即锣、钹、鼓、马锣、车官(小钹)、小锣、铛锣。表演时吹、打、唱俱全。荡腔锣鼓的文化内涵十分丰富:唱词格律多属乐府词牌及宋、元朗读词牌,如"清平乐""风入松""水龙吟"等;内容涉及宫廷、民间生活方方面面,各种场合都有专用曲目,如祭祀的有《大朝贺》、新婚的有《画眉席》、庆寿的有《寿筵开》等;曲谱凝聚了古典音乐五声音阶的精华,不仅先于中国戏曲数百年,而且如今的京剧、汉剧、楚剧所用的吹奏、打击乐曲谱都可从荡腔锣鼓中找到源头。中华人民共和国成立前荡腔锣鼓是红安地方流传最广的一种传统文艺表演形式,当时全县表演班子不下百套。目前,荡腔锣鼓濒临灭绝,据初步调查,当今能全套表演的班子只剩下4套。

**十八老子的故事**:讲述的是以秀才卢四运为首的18位机智人物的故事。"十八老子"究竟是谁,史料中没有记载,但大多数人都把故事中的机智人物称作"十八老子",也叫"十八学士"。"十八老子"的故事在红安及周边黄陂、麻城、孝感、大悟、新洲及河南新县等地广为流传。目前,根据"十八老子"的故事已收集整理出《打稿荐坐牢》《卖黄桶》《父子俩打官司》《油榨石碑》《你打官司还是不中》《八百和两吊》《抬腰磨》等百余篇。"十八老子"的故事一般取材于社会基层,贴近群众生活,故事特点是"布衣行为连朝政,平常生活出奇闻",它包含着当地独特的地域风情、人文历史,反映出中晚清时期朝野斗争的画卷,凝聚着劳动人民的聪明才智,道出了他们的心声。数百年来,这些故事一直为红安乃至周边邻县群众津津乐道,既是他们开心的笑料、开智的良方,也是树人的教材。

**红安皮影戏**:亦称社戏(旧时以各社庙为演出点),红安人习惯叫它影子戏。红安皮影戏是一种用灯光照射兽皮或纸板做成的人物剪影来表演故事的民间戏曲艺术,深受当地老百姓喜爱,不仅是节日必演节目,而且也经常用于喜庆、祭奠、祈福、许愿等场合。红安皮影戏鼎盛时期,约有百余戏班。

红安皮影戏分东西两路:一路为"小帐子",即影幕和影子较小,唱腔接近麻城东路子花鼓戏,此为东路;一路为"大帐子",即影幕和影子较大,每唱一句或数句后,由唢呐接腔吹奏过门,此为西路,流传于红安县中部、西部和南部。目前,全县有代表性的民间皮影表演艺人有7人,他们自制皮影数百张,自购道具乐器,活跃在红安县及周边市、县、乡村。当地每逢喜事都要请皮影戏班,唱上三天三夜,又称"唱愿戏";春节则会以村垸为单位请皮影戏,称之为"唱公戏",为村民义演、祈福,增添节日祥和气氛。

**红安革命歌谣**:这是20世纪二三十年代流传于红安地区的革命歌曲的统称,其曲调仅《红安革命歌谣》上记载的就有泗州调、孟姜女调、断姻缘调、花鼓戏段子、鼓词、扇子调、苏武牧羊调、小调、花鼓词等数十种,这些歌谣在民间传唱时,多以反映民众生产、生活、爱情为主。当时,根据地建立后,很多艺人受革命影响,投身革命开展红色宣传,就"旧瓶装新酒",把民间的鼓词、说唱等形式和革命宣传内容相结合,形成了好读耐记、朗朗上口的红色革命歌谣,如"小小黄安,实在难缠,铜锣一响,四十八万"等。

红安革命歌谣从1927年黄麻起义民众传唱《黄安谣》开始,至土地革命战争时期建立苏维埃政权,歌谣的创作、传唱达到鼎盛,以后又经历抗日战争时期、解放战争时期,其内容可分为三类:一是大革命时期,通过一些看得见摸得着的事实,编写歌谣传唱,反映浅显的革命道理,吸引民众的注意力,如《步工伤心事》《农人伤心事》《为什么贫富不均》等;二是土地革命战争时期,宣传马列主义和中国共产党的主张,号召民众起来闹革命,歌颂共产党的领导,歌颂红军队伍,反映妇女革命、青少年革命等,如《十月革命歌》《红军歌》《欢送战士上前线》《十二月穷人歌》《妇女参军歌》等;三是抗日战争和解放战争时期,号召民

众团结起来抗日,号召人民翻身得解放,如《救国歌》《民族革命歌》等。

红安革命歌谣一个显著的特征是具有极强的战斗性,不仅对革命战士奋勇杀敌起到了激励、号召作用,而且对于稳固革命队伍、扩大红军以及丰富红军文化生活起到了重要作用。因此,红安革命歌谣很快就从黄安扩大到整个鄂豫皖苏区,成为中国红色文化的重要组成部分。我们今天重唱红安革命歌谣,犹如读一部厚重的红安革命战斗历史,既可以从中看到几十年前红军战士浴血奋战、英勇杀敌的悲壮场面,也能从中看到民众支持革命、支持红军的军民情怀。目前,红安县物质资料库存有革命歌谣1000多首,《红安县革命史》记述传承下来的歌谣有500多首,在流行歌曲盛行的今天,相信这些经典的歌谣将永远放射出红色文化的夺目光辉。

(整理者:熊霞)

**参考文献**

1.张天伟.黄麻革命涌洪波——回顾1927年"黄麻起义"[J].西南民族学院学报,1982
(5).

2.汪杰.雄师奇观——纪念新四军第五师建军50周年论文专辑[M].武汉:武汉大学
出版社,1992.

3.胡志学,任全胜.铁流19——庆七一"学习先辈革命精神,传承党的光荣传统"[M].
北京:解放军出版社,2012.

4.黄解林.七里坪革命法庭的由来与变迁[J].楚天主人,2002(9).

5.秦基楚,李平辉.董必武法学思想研究文集[M].北京:人民法院出版社,2012.

6.李业锐.漫话七里长胜街[J].工友,2018(11).

# 革命摇篮
## ——龙港镇

## 一 村镇概述

阳新县龙港镇地处湖北省东南边陲,南与江西省武宁县接壤,处在幕阜山与后山山脉之间,构成山间盆地,地势南高北低。源于江西乐园的朝阳河和桂花河汇入龙港河,注入富水河,流入长江。全镇版图面积255平方公里,拥有山场30万亩,耕地面积5万亩,辖33个村(居委会),总人口10万人。其中镇区面积2.2平方公里,常住人口2.3万人。龙港镇交通便捷,106国道贯穿全镇,大广、杭瑞两条高速公路在境内纵横交错,北连京汉,南接浙赣。龙港境内富水水库年发电量1.8亿千瓦时,是全省第二大水库。

龙港有丰富的物产。农作物主要有稻谷、小麦、玉米、花生、黄豆、油菜等。经济作物有柑橘、茶叶、茶油等,其中"龙潭蜜橘""金竹云球茶"闻名遐迩。在水产养殖方面,以鳜鱼、清水鱼、南美白对虾为主的特色养殖业已形成规模。龙港现已建成小商品、农贸、粮油、竹木、仔猪、水果等六大专业市场,是鄂、赣两省四县16个乡镇的物流中心和商品集散地。

龙港有光荣的革命传统。1911年,阳(新)瑞(昌)边境地区的贫苦农民组织"哥老会",树起反清义旗,策应辛亥革命。五四运动以后,龙港有志青年纷纷外出求学,寻求革命真理。1925年春,中共阳新最早的党组织下畈党小组在龙港成立;同年10月,阳新第一个党支部在龙港建立。从此,龙港掀起了轰轰烈烈的工农革命运动。八七会议后,中共湖北省委在龙港组织了秋收暴动,在阳新率先点燃了武装斗争的烈火。随后,龙港党组织又发动了黄桥、朝阳、茶寮三地武装暴动,建立了区、乡、村各级苏维埃政权,使龙港成为湘鄂赣边区鄂东南最早的红色区域之一。1929年秋至1930年夏,李灿、何长工、彭德怀率红五军各纵队先后进驻龙港,开辟鄂东南根据地。1931年初,直属中共中央的中共鄂东特委迁到龙港。同年8月,中共鄂东特委改建为鄂东南特(道)委,隶属中共湘鄂赣省委,先后管辖湖北的阳新、大冶、鄂城、蕲春、广济、黄梅、通山、崇阳、通城、嘉鱼、蒲圻、咸宁、武昌,江西的武宁、瑞昌、九江、德安、星子及湖南的临湘等21个县的600多万人口。在此期间鄂东南苏维埃政府多个机关在龙港相继成立,龙港成为鄂东南革命根据地的政治、军事、经济、文化中心,被誉为"小莫斯科"。第五次反"围剿"斗争失败后,鄂东南特委等机关和红军撤离龙港。

龙港革命旧址群是土地革命战争时期的历史遗产,主要建筑有红军街(龙港老街)和散建在乡村的明清古建筑。迄今,龙港镇保存有革命旧址 70 多处。彭德怀旧居、鄂东南特(道)委机关、彭杨学校、红军后方医院等 40 余处革命旧址保存尚好,其中有 36 处于 1981 年被列为湖北省重点文物保护单位。有 16 处于 2001 年被国务院颁布为第五批全国重点文物保护单位,其中 12 处集中分布在 600 米长的老街。在龙港境内,还有 6 处红军烈士墓群,安葬着 2832 位来自湖南、江西、广东、湖北等地的红军战士遗骨,其中有石碑墓 46 冢。1975 年在中共鄂东南特委遗址上修建了龙港革命历史纪念馆。1995 年,鄂东南革命烈士陵园被湖北省人民政府命名为湖北省爱国主义教育基地。

龙港现有集镇三处:龙港、星潭、富水。集镇传统建筑主要分布在龙港老街和星潭街。其中,龙港老街始建于清朝中叶,木制铺门,其建筑为合面式二层结构,单檐砖木瓦房,以户为单位,隔墙加修马头墙,一进数重,店铺毗邻,形成合面街,石板巷、石板街,古色古香,有徽派建筑的风格。老街全长 600 米,其中古建筑面积 28900 平方米。清末民初,龙港老街商贾云集,有徽商、汉商、赣商,生意人与手艺人云集龙港。店铺林立,旗幡招展,有商号、作坊 300 余家,龙港被称为"小汉口"。

龙港历史建筑遗存以古祠堂、古塔、古石刻、古庙宇为代表。建于全镇各村落的数处古祠堂,是李、刘、萧、成、张、舒等姓氏的宗祠,多建于明清时代;古塔步云塔,1886 年建于龙港河畔;仙迹奇景凤栖洞,内有明清文人石刻。太仙庙、宝莲寺、关帝庙、观音阁等佛教、道教建筑风格各异,古色古香,佛教、道教文化在民间广为流传。珍稀古树有茶寮古樟、驼背树、郭家垅侧柏、金竹尖山毛榉等。

## 二　村镇资料

### (一)历史建筑遗存

龙港历史建筑遗存丰富,古街巷(店铺)5000 平方米,古民居 8000 平方米,古祠堂等建筑 7000 平方米,龙港革命旧址群 28000 平方米。龙港老街保留着明清时期建筑,店铺、工坊、驿站、会馆分布其间,呈现鄂东南仿效徽派建筑的独特风格。古祠堂多为清代早期建筑,是旧时各姓族人祭祀祖宗、举办大型庙会的场所。"贞元一气"牌坊、天然溶洞凤栖洞,分别因皇上旌赐及王宾等名人题写游记而闻名。红军井、烈士陵园则为纪念红军烈士而建。梅家桥、步云塔、泉山古井,是鄂东南地区桥、塔、井建造的典型范例。郭家垅侧柏、茶寮古樟、梅家桥古槐等 400 多年的古树,与周围建筑及自然环境相互映衬,是历史与民俗的鲜活见证。

龙港镇有全国重点文物保护单位 16 个点(2001 年 6 月公布),包括龙燕区第八乡苏维埃、中共鄂东南道委、鄂东南电台——编讲所、少共鄂东南道委、鄂东南龙燕区苏维埃、彭杨学校、鄂东南工农兵银行、鄂东南政治保卫局、彭德怀旧居、鄂东南快乐园——游艺所、鄂东南中医院、鄂东南总工会、鄂东南苏维埃、鄂东南红军招待所、中共鄂东南特委、鄂东南特委防空洞等。省级(第二批)文物保护单位 19 个点(1981 年 12 月公布),包括鄂东南列宁学校、红五军后方总医院等。这些文物、遗址,构成了一座天然的革命历史博物馆,为研究党在鄂东南地区的革命斗争史和彭德怀等老一辈无产阶级革命家在鄂东南地区的业绩,为研究革命根据地党的建设、政权建设、军事建设、经济建设和文化建设提供了翔实的实物见证和文献依据。在此仅选取龙港老街及部分建筑遗迹尚存的全国重点文物保护单位进行介绍。

**龙港老街**:龙港河发源于江西瑞昌,流向由东向西。在龙港街,又有黄桥港、岩泉港、下陈河等水系一并汇入富水河流入长江。与此同时,形成境内水系九曲十八弯,形似龙状,故得名"龙港"。龙港老街为合面街,石板路面,临街木制店铺门板,单檐砖木结构瓦房,隔户为防火硬山墙,古色古香,建筑风格独特,街内保存有全国重点文物保护单位 12 处。

**鄂东南苏维埃政府机关**:位于龙港老街,旧址原为数重高大楼房,后被侵华日军炸毁,今仅存前重。该处是国务院公布的第五批全国重点文物保护单位(2001 年)。旧址建筑坐西北朝东南,面临街道,建筑面积 57.6 平方米,进深 8 米,门面宽 7.2 米。门面为敞开式,响板门,三开间两层,单檐砖木瓦房,硬山式顶,穿斗式构架,山墙搁檩,小青瓦屋面,青砖错缝平砌,原为清水墙面,近年维修时刷白。1931 年初至 1932 年 10 月,鄂东工农革命委员会、鄂东南革命委员会、湘鄂赣省苏维埃政府鄂东南办事处、湘鄂赣省苏维埃政府鄂东办事处、鄂东南苏维埃政府等机关相继在此设立。

**阳新县龙燕区苏维埃政府机关**:坐落在龙港老街东侧,其旧址犹存,是国务院公布的第五批全国重点文物保护单位(2001 年)。旧址坐东南朝西北,原称陈家大院,曾遭侵华日军轰炸,现有面积 500 平方米。主建筑为三开间两层单砖木瓦房;面宽 12.5 米,进深 20 米,面积 250 平方米;一进三重两天井;共有 1 厅 1 堂 12 间房。正立面为一字墙,大门为青石门框。前厅与中堂之间的天井四周多精美木雕。楼下房间的门窗和耳房皆雕花木窗棂和雕花隔扇;楼上回廊是花木栏板,绣房隔墙皆雕花隔扇。这些精美工艺品皆保存完好。旧址后重墙壁上依稀可见"武装暴动""打土豪分田地"等标语,是土地革命战争时期的遗迹。

**鄂东南石印局**:设在龙港镇岩泉(原名石岩头)村。此地东距龙港镇约 3 公里,四面环山,地势险要、隐蔽,易守难攻。其主要任务是承印鄂东南苏区货币和党政机关的文件、布告、书刊、宣传品和学校课本等。旧址犹存,为单檐三开间两层砖木瓦房,一进两重,中有天井。下层有 2 厅堂 4 间房,面积 160 平方米。旧址内存有"帝国主义走狗"组字画一幅,还有《中国共产党十大政纲》墙标。1981 年 12 月 31 日,其旧址被湖北省人民政府公布为湖北省第二批重点文物保护单位。

**鄂东南政治保卫局机关**:设在阳新龙港老街,是苏区的肃反保卫机关,相当于现在的公安局,旨在侦查、压制和消灭苏区反革命组织和危害人民群众的盗匪,维护苏维埃政权。旧址坐西北朝东南,门临街道,建于清末民初,为两开间两层单檐砖木结构瓦房。一进两

重，面宽 7.7 米，进深 8.9 米，占地面积 68.5 平方米，主间居北，次间在南，前重门面为敞开式，响板门，两层共有房间 6 间。此遗址是国务院公布的第五批全国重点文物保护单位（2001 年）。

**鄂东南总工会机关**：设在龙港老街东侧，旧址犹存，是国务院公布的第五批全国重点文物保护单位（2001 年）。旧址坐东南朝西北，面临街道，面宽 8.7 米，进深 20.6 米，占地面积 382.7 平方米，一进三重两天井，共有房间 14 间。该建筑建于清末民初，为单檐砖木瓦房，硬山式顶，穿斗式构架，小青瓦屋面；马头墙，青砖错缝平砌墙体，清水墙面。1931 年 8 月至 1932 年 10 月，鄂东南总工会机关在此设立，隶属湘鄂赣省总工会，内设组织部、宣传部、青工部。

**少共鄂东南道委机关**：与少共鄂东特委、鄂东南特委、鄂东道委机关驻地相同，先后设在阳新县龙港镇老街同一栋楼房。其旧址犹存，坐西北朝东南，面临街道，面宽 8.7 米，进深 14 米，建筑面积 121.8 平方米；单檐砖木瓦房，硬山式顶，穿斗式构架，小青瓦屋面；马头墙，青砖错缝平砌，清水墙面；开间两层，主间居中，一进两重一天井；两侧各有 3 间房；门面为敞开式，响板门。该旧址是国务院公布的第五批全国重点文物保护单位（2001 年）、国家级爱国教育基地（2009 年）。

**彭杨学校旧址**：位于龙港老街，原为萧氏宗祠，建于清康熙五十三年（1714 年）。彭杨学校创建于 1930 年 5 月，是中共鄂东特委按照红五军军长彭德怀的提议在阳新龙港开办的一所军事学校。为纪念彭湃、杨殷二位烈士，命名为彭杨学校。1952 年，阳新县第十七完全小学在此设立。1960 年，十七完小更名为彭杨学校。旧址门楣上"彭杨学校"四字为 1970 年阳新县代县长邵自修所题。1979 年，学校从旧址迁出。2001 年 6 月 25 日，该旧址被列为第五批全国重点文物保护单位。2006 年国家拨款，按恢复 1930 年彭杨学校原状的要求予以修复。旧址"万寿宫"西阁楼尚存有当年学员绘制的一幅"打到武汉去"的壁画。

**鄂东南列宁学校**：创办于 1931 年 4 月，为中共鄂东特委党校，旨在提高苏区干部思想政治素质和文化水平，学制半年。与此同时，鄂东南苏区大力普及初等义务教育，要求 7 至 12 岁儿童一律入学。苏区的小学都称作列宁小学。鄂东南列宁学校设在阳新龙港河西萧氏宗祠（俗称下萧家祠），距离龙港镇 4 公里。旧址建于 1714 年，临 106 国道，坐西朝东，面宽 21

▲ 龙港镇彭杨学校（萧氏宗祠）

米,进深70米,面积约1470平方米,为单檐砖木瓦房,硬山式顶,抬梁式构架,两侧山墙搁檩,小青瓦屋面,装斗砌体滚龙墙。其正立面为四柱三门牌坊式门楼。大门为青石结构,一进四重天井。1981年12月31日,该旧址被列为湖北省第二批重点文物保护单位。

**鄂东南中医院**:设在龙港老街,前身是龙燕区中药社。为满足苏区军民的需要,1931年在中药社基础上创办鄂东南中医院,可容纳病床30张。其旧址坐东南朝西北,面向街道。三开间两层单檐砖木瓦房,一进四重三组天井,面宽14.2米,进深39.2米,面积556.6平方米。前重门面为敞开式,响板门。20世纪50年代,龙港区政府在此设立医院,将正立面改为砖墙,开合式木门;两侧次间改成砖墙玻璃窗。该旧址是国务院公布的第五批全国重点文物保护单位(2001年)、国家级爱国教育基地(2009年)。

**鄂东南工农兵银行**:旧址位于龙港老街,西北向,面朝街道;面宽9.4米,进深11.2米,面积105平方米,为三开间两层单檐砖木瓦房,硬山式顶,穿斗式构架,小青瓦屋面,马头墙,青砖错缝平砌墙体;2001年被国务院公布为第五批全国重点文物保护单位。鄂东南苏区银行由下而上形成了较为完整的金融体系。已发现的鄂东南苏区货币有金龙、福丰、大凤、龙燕等农民银行发行的货币,有阳新县苏维埃政府农民银行、鄂东沿江特别区农民银行发行的货币,有鄂东农民银行、鄂东南工农兵银行、鄂东工农银行、鄂东南工农银行发行的货币。

**鄂东南苏维埃总商店**:亦称鄂东南劳动总社。旧址犹存,位于龙港老街,面朝街道,面宽8.1米,进深51.8米,面积420平方米。其旧址为单檐砖木瓦房,三开间两层,一进五重四天井。门面为敞开式,店堂在主间,货柜和柜台在次间。店堂门面的门板是若干块长的杉木板;店门顶的横枋和地面的石门槛,有上下对应的槽口。顺着槽口上门板时,两块门板相互碰撞会发出"啪"的响声,商家为图吉利,称这种门板为"响板",称大门为"响板门"。1930年5月,彭德怀率红五军抵鄂东南,设司令部于此。1931年8月,鄂东南苏维埃总商店及其所属一商店在此设立。1932年2月,鄂东(南)劳动总社机关又设于此。该旧址是国务院公布的第五批全国重点文物保护单位(2001年)、国家级爱国主义教育基地(2009年)。

**龙燕区第八乡苏维埃政府**:旧址位于洋港镇胡桥村朱湾,为一进两重单檐砖木瓦房。北向,三开间,两层,面宽12米,进深15米,面积约180平方米。廊式门厅,青石大门框,雕花石门墩。门额中有楷书"苏维埃",白底黑字,遒劲端庄。前厅墙壁保存有两副对联,"杀尽豪绅锄奸除恶,瓜分田地劫富救贫"和"革故鼎新推翻豪绅地主国民党,命名取义建立工农士兵苏维埃",皆为行书。后重右壁上有"反围剿"和"镇压

▲ 龙燕区第八乡苏维埃政府内壁画

19

土豪劣绅"壁画 2 幅。左壁上有行书《中国共产党十大政纲》全文；后重内壁保留 2 幅壁画，其中一幅题为"××掳抢反动大败形图"（前两字被涂抹）；后壁上有"蒋介石是帝国主义走狗"和"蒋冯阎军阀大战"标语。该旧址是国务院公布的第五批全国重点文物保护单位（2001 年）、国家级爱国主义教育基地（2009 年）。

### （二）历史资源

#### 1.人物资源

**孟嘉**（296—349）：东晋荆州刺史、参军，阳辛①人，为陶侃第十女婿，陶渊明外祖父，以良谋善政传世，辞官还乡任阳辛县令时被誉为"无与伦比之贤令"，有"孟嘉落帽于龙山"之佳话流传千载。其曾祖父孟宗是三国时吴国司空，《二十四孝》中"孟宗哭竹冬生笋"的故事，成为百善孝为先的历史典范。孟嘉祖父孟揖为庐陵太守，其弟孟陋是著名的学者，著有《注论语》，孟嘉兄弟都以行孝著称于世。孟嘉的外孙陶渊明，8 岁丧父，幼年在阳辛外祖父孟嘉家中生活多年，博览古籍，为他后来成为诗文大家打下基础。至今，阳新县东头尚存孟嘉墓，还有以其名命名的孟嘉山。

**萧钟英**（1882—1911）：别名萧汉金，龙港镇新屋铺人。其毕业于武昌道师范学校，后被选送日本留学，在日本加入同盟会，参与创办《民报》宣传革命。1906 年回国后奉命到湖北鄂军中供职。武昌起义爆发后，萧钟英与一批革命同志组成"敢死队"，奔赴汉阳与清军拼死战斗，不幸身中炮弹，壮烈牺牲。

**石瑛**（1878—1943）：阳新县龙港燕厦（现划入通山县）人。早年留学英法等国学习海轮制造与驾驶。袁世凯复辟后，他再次赴英国学习采矿冶金，历时 9 年，获伯明翰大学博士学位。归国后，先后担任北京大学教授、武昌师范大学校长、武汉大学工学院院长，在广东、上海等地主持兵工厂工作。早年主持同盟会湖北支部工作，后因同盟会改组转为国民党员，并当选为首届中央执行委员会委员、湖北省议会议员和国会众议院议员，还曾担任国民党中央执行委员会委员、湖北省建设厅厅长、浙江省建设厅厅长、南京特别市市长、湖北省临时参议会议长等职务。1943 年 12 月 4 日，病逝于重庆，享年 65 岁。

**华鄂阳**（1895—1930）：字允臣，号以忠，阳新龙港燕厦（今划入通山县）人。1916 年至 1922 年在苏联留学，回国后积极推动工农革命运动。他曾以济难会负责人的身份到湖南进行革命活动，后在阳新以办学之名开展革命活动，1928 年秋收大暴动任阳新总指挥，1930 年，遭到鄂东南保卫局逮捕，受诬陷而遇害，时年 35 岁。1983 年，华鄂阳被追认为革命烈士。

**萧作舟**（1901—1927）：阳新县龙港街人。1923 年考入省立启黄中学，受业于董必武，

---

① 据《阳新县志》载，公元 221 年设立武昌郡阳辛县，至南朝陈天嘉元年，始迁县治于兴国，别号永兴，仍沿用阳辛之名，至公元 1941 年始改称阳新。1958 年，国家第二个五年计划重点建设项目——富水水库，在富水河上游建设，千年古镇阳辛沉没水底。

后加入中国共产党。1925年初,受党组织派遣回到龙港,成立"龙港农民协会"和"龙港青年促进会",并成立中共龙港支部,担任支部书记。北伐战争后,萧作舟在龙港一带发展农民运动。根据党的统一战线政策,他以个人身份加入了国民党,开办阳新农民讲习所。1927年,萧作舟辗转武汉、阳新两地从事地下革命活动、领导农民运动。鄂南秋收暴动失败后,萧作舟为营救革命同志英勇就义,年仅26岁。

成惕轩(1911—1989):湖北省阳新县龙港镇高黄村石堰人,毕业于中央政治学校高等科一期,后经陈布雷推荐历任国防最高委员会兼任秘书、考试参事、总统府参事、考试院考试委员,兼台湾几所著名大学的教授。他极有文采,尤以骈文著称,著有《楚望楼诗》4卷1456首,附《楚望楼词》48阙、《楚望楼联语》548副、《楚望楼骈体文内篇、外篇、续篇》《汲古新议》《汲古新议续集》等多种。

梅盛伟(1914—2001):湖北省阳新县龙港镇人,1930年参加中国工农红军,1933年加入中国共产党。土地革命战争时期,任军政治部宣传员、股长,政治处主任、科长,独立团团长。抗日战争时期,任股长、政治教导员、副处长、供给处政治委员。解放战争时期,任团政治委员、团长、警备司令员,合江军区政治部组织部部长,东北军区政治部干部科科长。中华人民共和国成立后,任沈阳军区防空军政治部主任,军区政治部主任,空军政治委员,交通部政治部主任、顾问组组长。1961年晋升为少将军衔,是中国人民政治协商会议第五、第六届全国委员会委员。2001年4月4日因病在北京逝世,终年87岁。

萧采洲(1927—):湖北省阳新县龙港镇人。1947年进入武昌艺专国画系学习,1949年转入中原大学文艺学院美术系,后留校工作,1950年调入中南文联创作部美术创作组任创作员,作品《送喜报》获中央文化部1953年颁发的全国年画创作奖。1954年调入湖北省美术研究室任创作员,1956年并入湖北省群众艺术馆任美术辅导员。1962年创办武汉市国画社任社长,1979年调入武汉市工艺美术研究所任国画研究员。1987年被湖北省政府授予"工艺美术大师"荣誉称号。其主要作品有《夔峡朝辉》《武当览胜》《长江三峡纪胜图》等。

**2.历史事件**

土地革命战争时期,阳新县龙港为鄂东南苏区①首府,云集中共鄂东(南)特(道)委、鄂东南苏维埃政府等党、政、军、群机关和工厂、医院、学校、商店等单位48处,时称"四十八大机关"。龙港"四十八大机关"的历史可以说是鄂东南苏区历史的缩影,从多个侧面和角度反映出鄂东南苏区军民在中国共产党领导下创建苏区、建设苏区、保卫苏区的光辉历程。

---

① 湘鄂赣边区鄂东南革命根据地位于幕阜山北麓、长江中游,包括湖北省之阳新、大冶、鄂城、通山、浠水、蕲春、广济、黄梅、咸宁、崇阳、蒲圻、通城、嘉鱼、武昌,江西省之武宁、瑞昌、九江、德安、星子、修水,湖南省之临湘,共21个县市。

大革命失败后,中国革命处于危急关头。豪绅地主勾结新军对中国共产党人和工农革命群众进行疯狂的报复,鄂东南笼罩在白色恐怖之中。1927年党的八七会议确定了实行土地革命和武装反抗国民党反动派的总方针。中共湖北省委制定了以鄂南为中心的全省秋收暴动计划,将全省划分为7个暴动区域,分别成立6个特委,指挥秋收暴动。其中,中共鄂东特委组织了阳新、黄梅暴动。中共阳新县委在龙港发动周围10多个乡村农民数百人,打进龙港镇,击溃地主反动武装保卫团,缴获一批枪支弹药。这些武装暴动虽然失败了,却打击了国民党反动派的嚣张气焰,鼓舞了人民群众的革命斗志,扩大了党的影响。

1928年夏至1929年秋,鄂东南地区党组织在党的"六大"精神指引下,深入发动群众,创建工农武装,广泛开展游击战争和"四抗"(抗租、抗债、抗捐、抗税)斗争,摧毁或动摇了国民党的乡村政权,为实现工农武装割据奠定了基础。

1929年10月,李灿、何长工率红五军第五纵队挺进鄂东南,设司令部于阳新龙港。随后,策应了著名的大冶兵暴和阳新起义,攻克阳新、大冶、通山县城,乘胜转战咸宁、鄂城、蒲圻、武宁、瑞昌数县,横扫地方反动武装,国民党乡村政权土崩瓦解,各级苏维埃政府纷纷成立。阳新全境除县城和富池外,皆成为赤色区域,苏区人口达55万人,占全县总人口的92%。以阳新龙港为中心的鄂东南苏区业已形成。

1930年4月,红五纵队在阳新太平塘(今淹没于王英水库)扩建为中国工农红军第八军,军长李灿(未到职)、何长工(代),政委邓乾元,全军近5000人。5月,彭德怀亲率红军主力4个纵队抵达阳新,亦设司令部于龙港,粉碎了国民党军罗霖、郭汝栋部对苏区的进攻,乘胜歼击鄂东南、鄂北数县反动武装。6月10日前后,中国工农红军第三军团成立,辖红五军、红八军。随后连克黄石港、岳州,一举攻占长沙,东渡赣江,同红一军团创建中央革命根据地。

红三军团离开鄂东南之前,红五军、红八军已在阳新龙港设立有红军医院、鄂东南兵工厂、红军被服厂、红八军后方留守处、红军招待所等机关单位。1931年2月,直属中共中央领导的鄂东特委和鄂东工农革命委员会等党政军群机关由阳新太子庙移驻龙港。此后,中共鄂东(南)特(道)委根据革命斗争需要,又在这里成立鄂东南苏维埃政府、湘鄂赣省军区北路指挥部、鄂东南政治保卫局、鄂东南总工会、鄂东南工农兵银行、鄂东南电台、彭杨学校、列宁学校等一批机关单位。1932年8月,中共鄂东南第一次代表大会在阳新县龙港潮坑(今属阳新县洋港镇)余氏宗祠召开,正式宣布鄂东南道委成

▲ 阳新县龙港镇余氏宗祠

立。龙港遂成鄂东南苏区政治、经济、文化中心，被誉为红色首府，有"小莫斯科"之称。

### （三）非遗资源

#### 1.民风民俗

上梁①：上梁是龙港地区房屋建造过程中非常重要的步骤，所以其仪式也相当隆重。定梁要由主人和匠人上山勘察，不管是谁家山上的树都可以用来定梁。一般选株、松、椿树作为房梁。能担当大任的梁（树），比周围的树要高大而丰茂许多，枝丫多，寓意子孙发达。"砍"与"抬"都成为上梁仪式中的语言禁忌，必须以伐（发）梁、接梁、迎梁称之，木梢叫梁帽，树皮叫梁衣，以寓意吉

▲ 宗祠建筑内部梁柱

祥。梁定后视其为神主，用酒肴供奉、焚香跪拜。伐梁时，梁只能向山上倒而不能向山下倒。迎梁时捆梁的绳子叫梁带。迎梁的人选必须是上有父母，下有儿女，中有兄弟姐妹，长得比较端庄且身强力壮的本庄男子。梁放倒后，要在树桩边放些钱，赏给第一个路过的人。迎梁沿途鞭炮齐鸣，中途不能放下，表示风水不能让别人引去。到家后，梁用木马撑着悬空放置，人不能坐或跨于其上。梁一般长5米，切面周长50厘米，经木匠师傅修正后，中间用崭新的红布盖着，并用大红纸写上"紫微高照"四个大字，梁衣和枝丫必须放到屋中间的楼上三年以上，与梁相伴。上梁之日要接亲戚朋友等庆贺。上梁仪式上要燃放鞭炮烟花。

过屋②：指入居新屋，这是人生中的重大喜事，龙港人非常看重。过屋时，首先要请风水师按照男、女主人生辰八字择定黄道吉日，吉时则大都在子夜时分。过屋的头一天，要连篼挖来一棵长且直的松树、一棵长且直的毛竹竖在新屋大门两边，意为幸福日子节节高、四季常青。时辰一到，便燃放烟花爆竹，男主人挑着事先准备好的装满柴米油盐、鸡蛋和钱币的米箩，女主人则抱着或领着小孩子高高兴兴进门，意为人财两旺。大门上要贴红对联。早餐一定要赶早，一家人围着一只大蒲篮（篾竹制，直径1.6米）当作桌子吃团圆饭。过屋这一天，还要请遍三亲（三代高婆党）六戚和朋友。

祠堂、公会："亲只三代，族有万载。"宗族观念在龙港人的心目中可谓根深蒂固。一般一个湾子有一个宗堂，一个族有一个祠堂；宗堂比祠堂小一些。有的族众分支祠以落业祖之名命名为"某分祠"，抑或分上下祠，再冠以地名。祠堂是各姓各族展示其历史渊源和实力的场所，更是显示本族人才水平的展台。不仅如此，祠堂还是各氏族用以议事、办公，特

---

①② 刘会河：《龙港诗联社作品集》（七），龙山诗联社内部资料，2012年，第98页。

别是盛大活动的聚会场所。在龙港各氏族都成立有一个管理的机构，一般叫"某某公会"。公会的领导由本族中德高望重或最有势力、实力的人担任，处理本族中各类大事。这种习俗承袭了上千年。在封建社会，公会甚至掌有生杀予夺的大权。土地革命战争时期，龙港的各大祠堂大都成了进行革命活动的重要场所。中华人民共和国成立后，这些祠堂不是乡政府的所在地就是办学的重要场所。从某种程度上来说，这些祠堂为革命事业做出过巨大贡献。

**哭嫁**：龙港人有哭嫁的习俗，哭并不是真的号啕，而是一种腔式。哭嫁还有"哭嫁歌"，以《百花歌》为主，在哭中将"花"贯穿始终，以万物开花作比兴，如"石头开花、板凳开花、星星月亮开花"等。哭嫁的形式多样，有调侃、诉说、规劝、揭谜等。足以见得，哭嫁是一种集趣味、知识和传统道德为一体的婚嫁习俗。

**对轿封**：一种在鄂东南农村流传较广的婚嫁风俗。大致过程是：结婚前一天，女方家出上联，写在红纸上送到男方家，男方家根据上联题意对出下联。迎娶新娘时，将该联贴于花轿(或婚车)两侧。也有的地方是男方出上联，女方对下联。平民百姓出联和对联时，都会请当地最有才学的人代笔。所以，对轿封的水平实际上代表了当地人的才学高低。如男方不能对出女方出的联，则会受到女方的轻视，甚至拒不发轿，男方须放爆竹赔礼才能将新娘接走。这是一项高雅的文字游戏，既增添了婚嫁的喜庆气氛，同时又显示了嫁娶双方的文化底蕴和品位。

**2.民间文艺**

龙港文化历史源远流长，文艺涉猎广泛，采茶戏、汉戏班子众多，时有民谣："阳辛、龙燕，四十八堰，抱起枕头一擦肩，茶戏爱看一夜天。"龙燕"洪"字班曾赴汉口演出。曲艺以"龙港道情""龙港单鼓"流行，曲目有《补背褡》《送香茶》《拷打红梅》等100余个。民间舞蹈流传的有"打花鼓""划旱船"等10多种。大革命时期，龙港、燕厦民间艺人组成汉剧戏班，成立龙燕剧团，开设戏校，教授"文明戏"、歌舞、曲艺节目及传统剧目，每逢节日或红军打胜仗，均举行盛大文艺活动。龙港民间艺人采用民间曲调填词，创作了大量的革命歌曲，如《工农兵联合》《革命潮流高涨起》《慰劳红军》等，鼓舞人民的革命斗志。

**龙港道情(县级非物质文化遗产)**：源于明末清初，龙燕一带连年发大水，百姓流离失所，一些茶艺人被迫将茶戏的唱腔加以改编，配上一个渔鼓筒、扎板，随水寻岸去他乡谋生，他们初始多是单档徒歌，沿门傍户换得一点果腹之食，渐渐走进堂会、庙会、茶馆、酒肆，当水退后，又流落回乡，结帮卖唱。这样客里往返不辍巡演，培养了不少听众群体，促成了曲种的形成。龙港声腔主要有四平腔、北腔、火工腔、彩腔等。一般一人独立拉场演唱，一人一台戏，常讲唱大型故事连台本，主要曲目有《韩湘子化斋》《兰瑞莲》《桃花岭》《讨学钱》《海棠花》《封神榜》《迎接彭军长到龙港》等。

**龙港单鼓(县级非物质文化遗产)**：一种劳动歌舞，距今有200多年的历史。表演场地大多以荒山野岭、田头地边为主，观众是边干活边负有合唱任务的劳动者。表演者一人一面鼓,鼓挂胸前,主要动作是"犁田步"。在表演过程中,击鼓人还可以就地取材,即兴创作。单鼓调是龙港人民在长期的劳动生活中采用了山歌《十二月劝春》而形成的一种劳动歌。舞曲曲调优美流畅,快则激昂有力,慢则抒发情怀,使劳动者能在劳作中保持"劳逸结合"的畅快感觉。鼓点是从阳新民间击乐点子《野鸡过畈》"哥咚"移植改编而来。根据劳动场地的特定环境,以2/4的节奏形式,由鼓手自由发挥,加之紧鼓、慢鼓的衬托,形成一种开荒震动山谷、插田满畈歌海的热烈场面。

**喝袋**:亦叫喝台,是红白喜忧事时喝袋师为整个仪式喝彩。之所以有这样的称谓,是因为喝袋师怕在盛大场面忘词冷场,便将各种喝彩词装在一个袋子里,长此以往就简称喝袋。龙港一带但凡有重大场合都有喝袋,如春节玩龙灯、滚狮子、划龙船都少不了喝袋。喝袋师高声亮嗓一句"呼也",全场便鼓乐齐停,万籁俱寂,静听喝袋师的说辞。所以,喝袋师必须声音洪亮,语言清晰。水平高的喝袋师妙语连珠,且随机应变。家家户户有重大活动都少不了喝袋。喝彩词长短随意,但求押韵顺口,祝福尽拣好词说、喝彩多把美来夸。喝袋师铿锵的喝彩声,加上众人助喝声、锣鼓配乐声,主事人的心意被淋漓尽致地表达了出来,活动也一步步推向高潮。

**插秧锣鼓**:"崽崽(小孩)望过年,大人望插田。"过去穷人打短工帮富人插秧,一日三餐有酒有肉,图个嘴肥肚饱。有田地的大户人家为了抢进度,会请很多插秧能手来帮忙,有的还要请锣鼓师前来助阵。锣鼓师负责整个劳动场面的指挥和调度。表演者一般都是颈吊鼓,肩挎锣,一手击鼓,一手敲锣,在田垄上边走边唱;而插田人则你追我赶,喔嗬连天,越插越来劲,整个场面壮阔而热闹。锣鼓师水平有高有低,唱什么内容、什么腔调完全在于歌师自己把握。锣鼓师还要善于观火候,高潮时便会敲急骤的鼓点,唱急促的唱腔,让劳作及时结束。

**采茶戏**:龙港地区广受欢迎的剧种,在龙港有二百多年的历史。清乾隆年间,黄梅采茶戏传入并独立发展;光绪年间汉剧进入龙港,推动龙港采茶戏臻于成熟,剧目达到一百多种。聚族而居的龙港,几乎族族有戏台、剧团和戏班,凡是重大节日、庆典必唱几天几夜。龙港是中共鄂东南特委所在地,戏剧也受到苏区人民的喜爱,"快乐园""鄂东南剧社"等遗址已被列为国家重点文物保护单位。

### 3.传说故事

**富水河**:很早以前有条强盗河,河水浑浊,味道苦涩,时常泛滥,两岸百姓不堪其苦。河北岸一户李姓人家有个女儿叫李莲,才貌双全,要以对对联招亲。河南岸恶霸赵强闻讯便让他的表弟孙良去顶替招亲。孙良品貌文采俱佳。他对出下联,赢得亲事,却因是顶替恶霸赵强,让李莲十分为难。李莲勉强答应八月十五成亲。迎亲亦是孙良代劳,那日天色突变河水翻滚,迎亲花轿到了河北岸,回不到南岸。李莲用计让"新郎"在北岸李家成婚,席间欲与恶霸同归于尽。孙良只好道出实情,与李莲结成夫妻。河水消退后,恶霸赵强到李家闹事,绑架这对新人。不料,过强盗河时,李莲、孙良双双投河,变成一对仙鹤飞上天

宫。玉皇大帝为这对新人主持了公道,还派神仙工匠治理好强盗河。从此,河水清澈甘甜,鱼虾成群,流经之处土壤肥沃。强盗河就此改叫富水河。

**煎粑补天:**龙港正月二十要吃一餐煎年粑,据说吃了可以补天。相传女娲补天后,用泥巴做成一男一女,到凡间结成夫妻,到过年时二人做了很多年粑送给女娲以示感谢。女娲收取一部分,说:"我用了三万六千块石头补天,有些缝没有合严,你们把这带回去,到正月二十,煎粑吃了可以补天,要牢记。"到这一天,这对夫妻照女娲吩咐,煎了一餐年粑吃。果然,这一年风调雨顺、桃李满园、茶树滴油,莲子果实累累,谷子装满仓。

**孟宗哭竹冬生笋:**孟宗,又名孟仁,字恭武,三国时期吴国武昌郡阳辛县人,他尽忠尽孝,尤以行孝著称。《二十四孝》中有"孟宗哭竹冬生笋"的故事:"晋孟宗,少丧父,母老,病笃,冬日思笋煮羹食。宗无计可得,乃往竹林中,抱竹而泣孝感天地,须臾,地裂,出笋数茎,持归作羹奉母。食毕,病愈。"人们惊奇地以为是孟宗的孝心感动天地,使得冬天生出竹笋。后人有诗云:"泪滴朔风寒,萧萧竹数竿。须臾冬笋出,天意报平安。"孟宗死后葬在龙港镇富水河南岸的孟演畈。其子孙遂世代家居阳新。

**钟繇遁修钟山岭:**相传赤壁之战烟焰涨天,数十万大军灰飞烟灭。钟繇率部突围,带领一部分将士从华容道折转来到了阳辛钟山一带遇到关羽,被关羽放了一条活路。钟繇深为感动,又见阳辛虽因战乱而涂炭,却是个山清水秀、物产丰沛的宝地,遂在此解甲为农、广建田宅,阳辛百姓由此得以安居乐业。钟繇精通医术,能医百病,为百姓治病分文不取,受到百姓拥护和崇敬。后来钟繇在毛洞村一个山洞里精研书法,不知日月,书法艺术渐渐臻于至美至善之境,后人便将此洞称作"太仙洞",并有"钟繇洗墨池""莲花伞"等遗迹传说流传。距富水水库南5公里处现存一座海拔400多米的钟山,相传就是三国时期魏国将军、书法家钟繇的修身之所。

(整理者:高娴)

## 参考文献

1.阳新县志编纂委员会.阳新县志[M].北京:新华出版社,1993.

2.中共阳新县委党史办公室.阳新人民革命史[M].武汉:华中师范大学出版社,1991.

3.湘鄂赣革命根据地文献资料编选组.湘鄂赣革命根据地文献资料[M].北京:人民出版社,1986.

4.阳新县政协文史资料委员会.阳新文史资料(1-9辑).

5.周明贵,张或定.鄂东南革命根据地货币又有新发现[J].中国钱币,2016(6).

6.张或定,张卫星,夏红艳.鄂东南革命根据地早期货币新发现[J].中国钱币,2013(6).

# 要冲之地
## ——歧亭镇

### 一 村镇概述

歧亭镇位于湖北省东部，隶属麻城市。歧亭的"歧"也写作"岐"，"歧"与"岐"都是"岔路"的意思。因歧亭地处光(州)黄(州)古道之上，过去与黄冈(今与歧亭相邻之新洲原属黄冈)、黄陂、黄安(今红安)三县地界相连，主干道上分出三条岔路，一条通往汉口，一条通往黄州，一条通往黄安，岔路边上筑着凉亭，供来往路人歇息，于是，这个地方便被人叫作歧亭了。①

歧亭历史悠久，素有古镇之称，其历久不衰的主要原因就是此地处于水陆要冲，以"北控中天，东引吴会，屏蔽江淮"而成为兵家必争之地。歧亭有文字记载的历史约 1600 年，可追溯到南朝刘宋时期。据清人顾祖禹《读史方舆纪要》记载："赤亭城在县东南十里。有赤亭河。宋元嘉十五年(438 年)，以豫部蛮民置十八县，赤亭其一也。亦为赤亭蛮，西阳五水蛮之一。""歧亭城，在县西七十里。齐、梁间为歧亭县，亦蛮县之一也。"此时歧亭设为赤亭县，隋唐时改称龙集县，宋朝废龙集县为镇，属麻城县治。明朝嘉靖十年(1531 年)在此设立通判府，清初沿明制，设通判，顺治丁亥(1647 年)以黄州同知移驻。康熙年间，建"清军府""吉补府"，民间称"二府"。辛亥革命后，撤二府设歧亭为地方自治州。1928 年，划为歧亭区。中华人民共和国成立后，一度为宋埠区公所驻地。1986 年麻城设市后，于次年 9 月撤区并乡时，将原李钊乡、杨畈乡、大塘乡、歧亭镇合并为乡级镇至今。目前歧亭镇共有人口 2 万余人，下辖 14 个村、3 个社区、1 个林场。

"西界黄安下至歧亭八十五里曰香山，傍歧亭曰九螺山，又有丫头山、马头山。在歧亭西南为合邑水口，又有拘罗山，尽邑西境焉。"②这是县志上对麻城境内涉及歧亭的山脉的描述。歧亭镇境内的水系河流，县志上载："麻城县境之水见于水经注者有三：曰垂水，曰举水，曰倒水……举水出龟头山，西北流经龙戍，又西流，左合垂山之水，又西南，经颜城南，又西南，经齐安郡西，倒水注之。倒水出黄武山南流，经白沙戍，又东，经梁达城戍西，

---

① 也有传说古时有一位姓歧的人，在商人必经的水陆交通要道上建亭谋生而有歧亭之名。
② 余晋芳：《麻城县志前编》卷一《疆域·山川》，1935 年铅印本，第 14 页。

东南合举水,又南、东历赤亭下,南流注于江,谓之举洲……举水源出县东北之龟峰、黄蘗等山,即吴楚战于柏举之地,因名焉……县前河由宋埠至歧亭,源出黄安之松溪河,由谢家店南五十里来入,为歧亭河,又西南流由张家洲,下入黄冈界,至鹅公颈入江。"①举水在歧亭汇集了中上游各源来水,从此结束了在上中游九曲迂回的走势,形成浩瀚之流,一路向南,直泻长江。歧亭镇属亚热带大陆性湿润季风气候,江淮小气候区。这里光照充足,热量丰富,降水充沛,无霜期长;同时四季分明,冬冷夏热,雨热同季为普遍现象。

歧亭镇历史遗存与人文遗产各具特色。既有鄂东最早的史前遗存后岗遗址,又有传说晚唐诗人杜牧问酒的"杏花村"传承千载;既有乡间民居建筑,又有唐宋明清文人官吏佳话传承;既有见证明清"江西填湖广""湖广填四川"大移民的古渡遗址,又有展现家族发展历程的成氏宗祠;既有清官廉吏于成龙剿匪缉盗、教化安民的事迹,又有近现代红色遗迹。这些都是歧亭镇不可多得的文化名片。

歧亭古镇,历经沧桑。在历史的时空范围内,史书的文献记载与现存的历史遗迹于这座乡镇身上得到印证,这足见歧亭镇有着真切的历史发展过程和深厚的文化底蕴。在连续的历史发展进程中,透过歧亭镇我们看到了历史空间的层累化、区域发展的地方化和人文塑造的多元化,这充分体现了地方社会发展的复杂性和进行区域研究的必要性以及保护历史文化的紧迫性。所有的这些都已凝结在了歧亭的历史中,构成一笔珍贵的历史财富。当历史的诉说成为时代发展的注脚,我们要做的唯有书写新的历史。

2014年3月,歧亭镇被住房城乡建设部和国家文物局评为"中国历史文化名镇"。这一称号,对歧亭镇而言,既是对历史的肯定,可谓实至名归,同时也开启了歧亭发展的新局面。而今,我们要做到继往开来,面对历史文化资源十分丰富的歧亭镇,在了解和研究之余,更多的是要保护好历史遗存,弘扬好文化精神,使物质层面的遗迹和精神层面的文化能够延续下去,以树立中国历史文化名镇保护开发的典范,展现和巩固我们共有的文化自信。

## 二 村镇资料

### (一)建筑遗存

歧亭镇有丰富的历史建筑遗存,建筑种类多样,保存情况较好,有码头、照壁、宗祠、故居、传统村落等。清人王元士曾作了一篇题为《歧亭古迹考》的小文章,摘录如下。

歧亭,古废县,处麻治极西之境,与冈、陂、安三邑接壤,北距光二百余里,南距黄一百余里,故曰光黄间。前明嘉靖时,以盗起西山,驻捕通判

---

① 余晋芳:《麻城县志前编》卷一《疆域·山川》,1935年铅印本,第16～18页。

罗瑞登筑城，约周五里，五门二十八敌楼以守之。国朝易以同治分镇，则歧亭虽非重镇，亦楚黄之扃钥也，不慕要哉！粤稽水道，一自麻邑西流，环绕于歧之东；一自白沙关（今隶黄安）东流，环抱于歧之西。二水合流，经九十里，至团风入江。陂北三里有杏花村，即方山子隐处。清端于公建祠，颜其额曰"宋贤祠"。祠后墓三，中季常先生，左大儒甘望鲁先生，右张憨子。合为一塚碑，系开山道人所立，惜不传其姓字。再北里许，有古松生石上，相传憨子所植，大数抱，根如旋绕，枝叶四边披起，曲曲盘盘，垂荫数亩之地，望之如偃盖然。凡远近学士大夫以及骚人游客之赏胜者，佥比之大陵之异、台州之奇云。近城一山，名九螺山。西石崖镌刻之诗句，即张憨子休憩处。崖前有亭，曰逸亭。西望江汉，如在目前也。歧之南一桥，据《广舆》所载，曰歧亭桥。苏子赏月，夜访季常过此，吟云"解鞍欹枕绿杨桥"是也，至今呼为东坡桥。桥下泉水且重且馨。桥之东有桃黄庵，林木阴翳，号桃黄道人所居，故名。歧东名砚池畈，田万顷，平如砥掌，时作墨香。是岂地气所独钟焉？抑诸贤侯政治之所感焉？其古贤人君子之留芳不泯焉？抑酝酿于此以待后来之发泄有时焉？是为考。

**张家洲码头**：张家洲码头位于张家洲村张家洲塆东北部，为举水河上水路进入麻城的第一码头。码头始建于明代，现存主体建筑以清代为主，至今仍保存完整。该码头一直使用至中华人民共和国成立初期，由于举水上游兴修大小近百座水库，水源渐枯，举水河成为一片沙洲，码头便渐渐废弃。张家洲码头见证了历史上"江西填湖广""湖广填四川"大移民的历史进程，再现了明清时期由长江入举水的繁忙水上运输，彰显出举水河在麻城历史文化积淀中的重要地位。

**二府街照壁**：二府街照壁为清代的古建筑，位于歧亭镇熊店村前进街北部。照壁是传统建筑的特色构造，出于风水考量，以求吉利。歧亭镇明代筑城，街道呈十字形，城两边有护城河，并建有钟鼓楼。城区现有保存完好的两条护城河与古石板官道，官道两旁矗立着徽派风格的明清古建筑。仍保留有木板屋、高柜台格局的商铺是古代商铺的活古董。府门街街口处有一口古井，数百年来一直是歧亭镇数千居民的主要饮水源泉。这些历史遗存都见证着歧亭千百年来的兴衰。

**成氏宗祠**：歧亭成氏于宋末由阳新黄桥庄迁居歧亭九螺山入籍，相比当地大多明代从江

▲ 二府街照壁

▲ 成氏宗祠

西入籍氏族，成氏为当地土著氏族。该宗祠建于1916年，为九螺山成姓族众筹资所建，至今保存完好，为麻城市第二批重点文物保护单位。

**九螺山战斗纪念地**：九螺山战斗纪念地位于歧亭镇九林场村九螺山山顶南部。1947年刘邓大军千里跃进大别山，开始了解放战争时期我军的战略反攻。当时，刘邓大军指挥部驻在北面近10公里的张杰村，为了切断敌人的南北交通线，在九螺山与国民党军队展开激战，经过一天一夜的激烈战斗，歼灭敌人1个营，攻占战略要地九螺山。在九螺山顶修建有1座悼念牺牲将士的纪念碑及4座瞻仰亭。

**周纯麟故居**：建于1913年，是近现代重要史迹及代表性建筑。故居以石为基，青砖黑瓦飞檐，室内宽敞明亮，并配套有地下通道等防空设施，至今坚固结实，保留十分完整。

**李细凯老屋**：由一个姓李的地主于清光绪末年建成。整个建筑采用四合院结构，中间有天井采光通风，进门是门厅，左右两侧为厢房，后面是正厅和主人卧房，屋顶四角座有挂着灯笼的飞檐。李细凯老屋至今保存完整，李氏后代仍在屋内居住。

**深沟闸**：始建于1955年，是中华人民共和国成立初期歧亭的重要水利工程之一，反映了当地人民战胜水害、恢复农业经济的坚定决心，具有鲜明的时代印记。深沟闸保存完好，至今仍在使用，一直发挥着排涝灌溉的作用。

### （二）历史资源

歧亭镇历史资源十分丰富，史前人类活动遗存、春秋时期的墓葬、著名历史人物的活动事迹，在歧亭都有迹可循。

#### 1.文化遗址

1957年6月，麻城县进行文物普查工作时，在县西南歧亭镇的南门外，发现了一处古文化遗址，这是一处保存好、面积大、文化堆积十分丰富的古文化遗址，在新石器时代堆积地层上似叠压着周代文化堆积。从丰富的采集标本看，新石器时代的文化性质当以屈家岭文化为主，但也可能存在早于屈家岭文化的史前文化内涵。

**谢家墩遗址**：新石器时代的古遗址，位于歧亭镇大胜山村谢家墩垸东北100米，是湖北省重点文物保护单位。遗址东部为举水河冲积平原，与举水河相距约3公里；遗址高出东边地面约8米，为岗地结合边缘的台地形遗址。遗址面积约1600平方米，文化层厚1～3米，文化性质为大溪文化、屈家岭文化、石家河文化三叠压。大溪文化陶器以夹炭黑胎红衣陶为主，有少量泥质灰陶，饰绳纹，器形有钵、盘、碗及纺轮、支座等；屈家岭文化陶器以泥质灰陶为主，泥质黑陶次之，纹饰见弦纹及镂孔，器形有鼎、杯、盆等；石家河文化陶器以夹砂红褐陶为主，泥质灰陶次之，纹饰有篮纹、方格纹，器形有鼎、豆、罐、盆等。

后岗遗址：即谢家墩后岗遗址，位于谢家墩遗址东北 200 米，黑洼堍西南。1984 年，经省考古所发掘发现一组早期墓葬。所出文物性质经省内外考古专家确认，与鄂西城背溪下层文化相当，距今近 7000 年，接近新石器早期文化，是截至目前鄂东发现的最早的史前文化遗存。

吴益山墓群：自歧亭镇以北沿低岗边缘的吴益山村砖瓦窑至良种场砖厂的取土场一线，在 20 世纪八九十年代，陆续出土了为数不少的青铜器，包括青铜礼器、兵器、车马器等，均系被破坏的墓葬所出土。麻城市博物馆只征集到其中的少部分，礼器有青铜鼎，车马器有车毂、马衔，兵器有青铜戈、矛、剑等。墓群的时代和文化性质为春秋晚期的楚国墓葬。

杏花村遗址：位于古代穿越大别山的光黄古道旁。传说晚唐诗人杜牧赴黄州过此留下《清明》诗，从此杏花村闻名天下。至北宋中期陈慥寻访当年杜牧踪迹隐居在此。苏轼赴黄州任职，苏陈相聚杏花村中，诗酒传佳话。至清康熙年间，黄州府在此设同知，一代廉吏于成龙镇守歧亭，拜谒唐宋遗迹，杏花村再度繁荣。①

### 2.著名人物

于成龙：字北溟，山西永宁州（今山西省吕梁市方山县）人，生于明万历四十五年（1617 年），卒于清康熙二十三年（1684 年）。被康熙帝追赠太子太保，赐谥"清端"。于成龙于清顺治十八年（1661 年）出仕，历任知县、知州、知府、道员、按察使、布政使、巡抚、总督、兵部尚书、大学士等职。在 20 余年的宦海生涯中，三次被举"卓异"，以卓著的政绩和廉洁刻苦的一生，深得百姓爱戴和康熙帝赞誉，以"天下廉吏第一"蜚声朝野。康熙八年（1669 年），于成龙因功迁黄州府同知，镇守歧亭。

▲ 于成龙像

据《清史稿》记载："（于成龙）迁湖广黄冈同知，驻歧亭。歧亭故多盗，白昼行劫，莫敢谁何。成龙抚其渠彭百龄，令捕盗自

---

① 此杏花村位于湖北省麻城市歧亭镇。此外还有其他地方流传的杏花村传说，主要有山西汾阳说和安徽池州说。对山西汾阳说，经考证，杜牧生平没有到过那里，这一传言很难站稳脚跟。对于安徽池州说，目前争论不休，难有定论。对于杏花村的探讨都建立在杜牧《清明》诗的基础之上，学界对《清明》诗的作者是否为杜牧存疑，故目前对杏花村的讨论都建立在假说的基础上。

赎。尝察知盗所在,伪为丐者,入其巢,与杂处十余日,尽得其平时行劫状。乃出呼役械诸盗,具狱辞,骈缚坑之,他盗皆远窜。尝微行村堡,周访闾里情伪,遇盗及他疑狱,辄踪迹得之,民惊服。"①这充分体现了于成龙在歧亭治盗的作为和一代廉吏的风范。其实,在于成龙上任伊始,即严明保甲制度,他将自己多年编制保甲的经验和教训,编纂成书,定名为《弭盗条约》。于成龙的保甲法,互相挟制,互相济援,有利于社会的安定团结,也可以用社会力量改造不法之人,即所谓"蓬生麻中,不扶而直"。针对歧亭的治安现状,于成龙还严厉打击大盗,以求杀一儆百。在治盗的同时,于成龙也注重教化,恩威并施,在他看来,"凡人之为盗贼者,原非天性使然也。或为贪污官司逼迫,或遭势豪大户侵凌。与夫饥寒逼身,一念之错,坠身苦海,抱头鼠伏,静夜自想,岂无一点迁善改过之心!"于成龙为官清廉,生活朴素,有"于半鸭""于糠粥"之称,他还经常体察民情,资助百姓,力施仁政。康熙十年(1671年),黄州大旱,于成龙在"勿使一民饿死"的口号下开仓赈济,并召集黄州大户,令其襄助,黄州大户知道于成龙秉性,悉听无违。

**周纯麟**(1913—1986):湖北省麻城市歧亭镇王奉咀村周家湾人。1928年参加农民赤卫军,1930年3月,加入共产主义青年团,同年9月,参加中国工农红军,1932年由共青团转入中国共产党。土地革命战争时期,曾任红四方面军和红三十军军部排长、通信队长,第八十八师第二六三团营政治委员,参加了鄂豫皖革命根据地历次反"围剿"斗争。1935年3月,为迎接党中央和中央红军,强渡嘉陵江,参加红四方面军长征,两次过草地。1936年11月,参加西路军,率部第一批强渡黄河,在甘肃河西走廊突破国民党军重围,艰难抵达新疆星星峡,为保存革命力量做出贡献。在抗日战争和解放战争期间都曾为战争最后胜利做出重大贡献。

### 3.移民事迹

湖北地区历来就是兵家必争之地和人口迁徙的必经之地,人口流动极大。由于农民战争以及"招民垦荒"政策的推行,元末明初、明末清初时长江流域进行了两次大规模的人口迁徙。魏源在《湖广水利论》中记载:"当明之季世,张贼屠蜀民殆尽,楚次之,而江西少受其害。事变之后,江西入楚,楚人入蜀,故当时有'江西填湖广,湖广填四川'之谣。"民谣"江西填湖广,湖广填四川"产生的时间从魏源记载来看是明末清初,但后世学者经过大量研究,对此次人口迁徙开始的时间产生诸多观点,如"宋金之乱"说、"宋末元初"说、"元末明初"说、"明末清初"说,现在学界通过对方志以及家谱资料的研究,不少学者把魏源记载的移民时间提到元末明初。②

曹树基在《简明中国移民史》中记载:"明初移民运动未波及鄂东南丘陵山区,除去10万人口不计,则为230万人。其中80%左右元末明初迁入,移民数达到180万人以上。民

---

①　赵尔巽:《清史稿·卷二百七十七·列传六十四》,中华书局1977年版,第10083～10084页。

②　王杰:《麻城家谱研究》,华中师范大学历史文化学院硕士学位论文,2016年5月。

籍移民中的70%左右为江西移民,约130万人。"麻城县隶属黄州府,涉及黄州府移民数据:"黄州府移民人口共有38.8万人,其中来自江西饶州府、南昌府等地移民共有33.8万人(军籍移民为3.4万人,民籍移民为30.4万人),占87.1%。"[①]

至于"湖广填四川"主要发生在明末清初之际,明末张献忠屠蜀,蜀中人口锐减,清廷灭张后,推出一系列优惠政策,如顺治十年(1653年),"官给牛种,听民开垦,酌量补还价值",全部荒地"无论有主无主,任人尽为开垦,永给为业"。康熙时继续推行优惠措施,邻近省份大量人口迁居蜀地,以湖广人居多,其中多来自麻城孝感。

### (三)非遗资源

**麻城歧亭骨髓炎中医秘方:**该秘方曾获得一项省级科研成果奖,五项市级科研成果奖,现为黄冈市非物质文化遗产,并于2018年8月申报湖北省第六批省级非物质文化遗产代表性项目,保护单位为麻城市中医骨伤医院。

麻城歧亭骨髓炎中医秘方已有百余年历史。从最早传播者夏义顺于民国初年在歧亭镇东门街创"夏义顺堂"开始,经过第二代传人李学祥、第三代传人张自强到目前第四代传人麻城市中医骨伤医院院长张建林,他们不断将骨髓炎中医治疗方案发扬光大。

麻城歧亭骨髓炎中医秘方是选取大别山地道药材葡萄科植物——山(蛇)葡萄的根为主要药物,按比例加入上好小磨麻油、鸡蛋清、谷酒和适量冷开水调成软膏状,放在有盖瓷缸中,置阴凉处保存。使用时将药物平摊在纱布上,直接外敷患处,一般每日换药一次。麻城歧亭骨髓炎中医秘方为中医外用、治疗急慢性骨髓炎病的特效药,其制作形式独特,以最传统的石杵、石臼将药物捣细为泥,不接触金属器皿,可防止药物出现物理或化学反应,发挥药物天然疗效作用。秘方选药上乘,配方严谨,精工制作,是中医外科外用软膏剂的代表,具有中药治疗和中医文化传承的价值和意义。

**东颜街牌子锣:**已传承300多年,是歧亭镇的优秀民间文化遗产,该音乐以锣鼓、唢呐为主要乐器演奏,其曲牌多达100首,从古至今一直没有间断,现有演奏人员老、中、青三代20多人。

（整理者:潘洪钢,李林茂）

### 参考文献

1. 余晋芳.麻城县志.1935年铅印本.

2.凌礼潮.歧亭古镇杏花村[M].武汉:长江文艺出版社,2008.

3.罗春烺.湖北古镇[M].武汉:三峡电子音像出版社,2018.

4.[清]赵尔巽.清史稿:卷二百七十七[M].北京:中华书局,1977.

5.曹树基.简明中国移民史[M].福州:福建人民出版社,1993.

6.王杰.麻城家谱研究[D].武汉:华中师范大学,2016.

---

① 曹树基:《简明中国移民史》,福建人民出版社1993年版,第350页。

# 千年古镇

## ——兴国镇

## 一　村镇概述

兴国镇隶属黄石市阳新县,长江中下游南岸,幕阜山北麓,富水河下游,东临富池镇,南与木港镇相邻,西北与浮屠镇和城北工业园相连,中衔莲花湖、网湖,是阳新县政府所在地,为全县政治、经济、文化、交通中心。兴国镇是湖北历史悠久的千年古镇之一,这里诞生了王质、"明后七子"之一吴国伦、清朝武榜眼秦定山、江南才子王凤池、中宪大夫卢高等一批历史文化名人。土地革命战争时期,兴国镇还是湘鄂赣边区鄂东南红色革命根据地,近年来连续多年被评为黄石市经济实力"十强乡镇",被授予"楚天明星镇""全国重点镇"等荣誉称号。

兴国镇位于阳新县城区,地势西高东低,属浅山区向平原湖区过渡的丘陵地带,四季分明,阳光充足,气候温和。境内古老的富水河从西向东流过,出富池入长江。版图面积120平方公里,城区面积24平方公里。辖6个村,12个社区,常住人口近20万人,其中农业人口2.1万人。

兴国镇最初建城于宋朝,元朝至正二十五年(1365年)续修。明朝万历六年(1578年)重修城墙1900余米,设城门五座、水门三道、雕楼五座。清朝雍正九年(1731年)再修城楼两座,城墙续修至2100米,城堞904个,高5米,宽2.5米。全城拥有北门、大东门、小东门、小南门、大南门、水门、小西门、大西门和富川门等九个城门,在大南门、大东门、北门、富川门建有城楼。城内分别为五马坊街、十字街、署前横街和后街分割,城内建筑以州署县衙为中心呈东西排列,如武庙、太尉庙、富川书院、马王庙、试院。城外文庙、万寿宫、东岳庙、保康庙、沧浪亭、养济院、正通寺、叠山书院、厘金局、文昌阁、城隍庙等建筑星罗棋布。

古兴国镇的基本布局主要反映出两方面特征:一是趋向规整,形成东西南北网状十字交叉的道路格局,城门城墙设置井然,县署等重要建筑力求居中布置,坐北朝南;二是随着城内地势的高低变化以及受周边湖水挤迫造成城的轮廓不规则,道路也在不少地方曲折多弯。由于城内面积受限,如县学文庙这样重要的建筑群被安置在城外,而且不遵守古代所谓"文左武右"(县学文庙一般应当设在县署的左边,即东边)的格局,城市不局限在城内,而是逐渐向城西北发展。城区西高东低,处在富水河西北岸向西延伸的狭长地带,形成东西狭长、南北短的条形格局，城外向西北方向发展。县城不向东南发展，主要是因为富水河东南岸5里为湖沼地带，地势低，一旦富水河因洪水而上涨，此地便洪水泛滥。因此河东南岸从无城市建设，河西北岸为岗地，且愈向西地势愈高。从地形上看，县城以向西为佳，但整个县城又偏爱近河的狭长地带，而不是置于远离富水河的城西北方向较为宽阔的岗地。这反映了自然经济条件下城市和人居对水环境特别是河流的强烈依赖。城区并不沿自然河流而建。大东门离富水河尚有400余米，这一段地势较城内低，称为下街，辟在城外，使城内避开地势低凹的地段。又人工开凿一条小河曰燕子港，引富水河水从城南经过，使之平行于城的长轴。城设三门开向此河，即大南门、小南门和水门，使河水绕城，方便居民生活。由于北受北门湖和莲花池的挤压，南受十里湖之顶托，且城中有山坡起伏（位于城内西南角的太尉山），兴国镇格局为顺应地形而呈不规则的东西长、南北短的形状，县城城墙的轮廓和城中不少道路均呈不规则形，城市的形状与规模都因此受到限制。由于城的规模小，城内主要的大型建筑群只有县衙，而将县学（文庙）辟在城外。从现有格局来看，兴国古镇的建设规划者在理想中力求方正规整，在实际中又能够根据条件，顺应地势，灵活多变。许多地方都是以实际条件为主，虽然着眼于伦理本位突出县衙的地位，但很少采取粗暴地掠夺自然的手段，而是顺应自然，趋利避害，不断加强城市与原有地形地貌的协调。

兴国镇是村落与自然和谐共生、建筑与艺术融合的佳作。兴国镇在居民区布局与营建中，注重人与自然的亲和关系。当地山林资源丰富，村落营建过程中就地取材，有效利用自然资源。在建筑技术方面，用料朴实严整、雕梁画栋，体现了当时高超的营建技艺水平。兴国镇周围环境优美，三面环湖，古木林立，屋舍俨然，构成一幅美丽的乡野画卷。

## 二　村镇资料

### （一）历史建筑遗存

东门石板街（富川老街）：兴国州城垣始建于宋。富川老街南起富川门，西北至大东门（红军路），略呈弯弓形。全长400余米，宽4米，有八条巷，即上马巷、下马巷、肖家巷、一人巷、伍家铺巷、蔡家劲巷、城隍庙巷、打狗巷。富川门门洞深5米，宽3米，高4米，均用方形块石砌成拱形，城门上建谯楼，谯楼高三层，明正德年间（1506—1521年）修建，万历年间（1573—1619年）知州梁之祯重建，清康熙甲午年（1714年）知州高梦龙重建，雍正年间整修城垣合计约2.1

▲ 兴国州古商城

▲ 董姓塆

公里，表里用长条方青石，中以土夯实。同治十一年（1872年）殷于大火，光绪戊寅年（1878年）修复。现在留存石板街200余米。富川门富川街古老青石板街巷不仅是兴国镇历史的见证，更是阳新城关发展的起源之地。

三眼井：《兴国州志》记载："义井，按察司分司前。元录事翟居德凿常平巷内，今呼三眼井。"位于现兴国镇富川街150号门前。占地面积约20平方米，始建于元代，该井分三眼，由青石砌成。各井口的直径分别是：眼一0.75米、眼二0.63米、眼三0.50米。原为居民的饮用水井。各井口均有部分破损，井水经地下岩层沙砾过滤，溶入二水硫酸钙等矿物质，特别清澈，莹净可鉴。水味入口凉爽，绵甜甘洌。

董姓塆：位于县城北约5公里处的银山村，是董姓的聚居村落。据《董氏宗谱》载，当地董姓是唐代宰相董晋之后。原居山西，后迁河南，其后裔又迁安徽，再迁江西武宁，最后迁来阳新。明成化四年（1468年），董晋的27世孙董君洁从陶港迁居今址。董姓塆地处百福山南麓，群山环绕，植被茂盛，环境幽静，原是兴国州城到潘桥的重要通道，有保存比较完整的古民居20余栋，多数建于清末。村落的周边有自宋代至清末的冶铜遗址，有宋代文学家苏轼题字的摩崖石刻"铁壁"，还有重建的法雨寺等。

上邢湾邢步祥老屋：位于兴国镇滑石村畈上邢湾，西南向；面阔18.2米，进深24.6米，建筑面积约450平方米；鄂东南赣西北民居风格，单檐砖木瓦房，硬山式顶，马头墙，小青瓦屋面；山墙搁檩，外山墙为灌斗墙体，内山墙为青砖平砌，三合土地面；正立面檐口黑白绘画依稀可见；五开间，主间居中，左右各两次间。大门在主间，廊式门厅，青石大门框。

主间一进三重两天井,依次是:前厅—天井—中堂—天井—后堂。厅堂木屏风仅存木柱。最后一道木屏风与后墙之间为宽约1米的过道,是女眷绕过堂厅进出左右次间的通道。主间的每口天井都有一条与之相平行的走道,走道通过位于内山墙的边门向左、右次间延伸,而次间又各有一口小天井,与主间的大天井隔墙处于同一条横线上。故室内有一前一后两行天井,每行3口,共有大、小天井6口。天井与走道将各次间分别隔成前、中、后三间房,故左、右次间共有12间房,房门皆朝走道(天井)开。走道的一端通向位于外山墙的边门。经此边门可以出入屋内外。楼上的房间在前厅上部,环天井而设,位于天井檐口的是木回廊,罗汉柱;房间是雕花隔扇。

**石震湾石义举老屋:**位于兴国镇石震村石震湾,南向,面阔12米,进深11米,面积约142平方米;鄂东南赣西北民居风格,单檐砖木瓦房,硬山式顶,山墙搁檩,小青瓦屋面,三合土地面。三开间,正面为一字墙,主间居中,左、右各一次间。大门在主间。与阳新其他地方房屋不同的是,其大门框是用当地特产的"斓八石"制作而成,色彩斑斓。"斓八石"是因石块中含有八种不同颜色的鹅卵石而得名,产自石震村境内的山体,是各种颜色的鹅卵石经长期沉积后,在地壳运动时所形成的特殊岩石。石震村及其周围村民建房,至今用的都是这种"斓八石"。老屋主间一进两重一天井,依次是:前厅—天井—中堂。前、后厅堂原有木屏风,现仅存两榀柱。最后一道木屏风与后墙之间为宽约1米的过道,是女眷绕过堂厅进出左、右次间的通道。与天井平行的走道,同天井台一起向左、右次间延伸。走道通向外山墙的边门,天井则占据该次间地面的一半,其余一半原有耳房,今不存。走道、天井将次间分隔成前、后两间房,左右次间共4间房。房门朝天井开。绣楼房间在前厅和耳房的上部,环天井而设,用雕花隔扇分隔。楼上天井檐口处设雕花木栏杆回廊,且保存比较好,这在全县现存的古宅第中并不多见。

**刘寿湾刘氏祖堂:**位于兴国镇彭山村刘寿湾,东南向,背靠莲花湖畔的金盆山,面对一湖汉;建筑面积790平方米,占地面积1290平方米;单檐砖木瓦房,抬梁式构架,小青瓦屋面;五花墙,灌斗墙砌体;两柱廊式门厅。门厅的两根立柱高约5米。自石柱础以上高约3米为青石柱,其表面经打磨光亮照人。青石大门框,雕花石门楣。一进四重三天井,依次是:前厅—天井—中厅—天井—后厅—天井—享厅。共22根立柱。前厅是戏楼,戏楼与天井两侧有敞楼。

**七里岗蔡家垅湾朱氏祖堂:**位于兴国镇七里岗村,东南向,面宽12米,进深36米,面积442平方米;单檐砖木瓦房,穿斗式构架,硬山墙搁檩,小青瓦屋面;一进四重三天井(月台),依次是:门厅—月台—前厅—天井—正厅—天井—享厅。

**城隍庙:**位于阳新县兴国镇富川门牛皮塘处,始建于唐初,属于奉旨兴建,曾重修七次,1938年毁于战乱,仅剩残砖破瓦。2003年在原址筹资复建,方成现在规模。占地面积1200平方米,建筑面积860平方米。农历三月十五是城隍爷生日,旧时城里每年办庙会,抬着城隍爷"出天方",百姓一路磕头烧香,是时日唱大戏,夜放焰火,最为热闹。城隍庙供

有兴国、通山、大冶三城保护神,祈年、求雨、除秽、还愿类法事长年不断。

**观音阁:**位于阳新县兴国镇上街村,始建于宋。建筑面积1373平方米,占地面积2345平方米。观音阁紧依文化宫,前临十里湖。据史料记载,观音阁属兴国州四大宗教场所之一,唐代称延寿寺,宋朝称福圣寺,明朝嘉靖年间和万历年间,分别由知州吴希贤、善士吴国典带头两次重修。清嘉庆年间,受州府资助人捐献由黄梅五祖寺第22代传人重建佛堂,供观音大士并更名为观音阁,咸丰年间州人陈光亨为除蝗患在遗址上复建,取名保康庙,次年又毁于兵乱,屡次重建,屡次被毁。2005年投入100余万元重建。

**石壁寺:**原名石壁庵,俗称和尚塔,始建于晋代,距今已有1700余年,建筑面积5600平方米。相传明代初年,有位释清宁和尚在此弘扬佛法,为世人崇仰。清宁和尚圆寂后肉身不腐,完好如生,时而发出香气,众人万分惊叹,即建塔一座以作后世纪念。1938年,日寇侵华,石壁寺毁于战火,只剩此塔,故后人称原址为和尚塔。1992年,石壁寺经修复和扩建后成为阳新县规模最大的佛教活动中心,也是县佛教协会所在地。1993年,县政府将石壁寺列为重点开放寺院、县文物保护单位。石壁寺地处县城西北龙虎山口,左侧青龙岭,石岩层叠,云起卧龙饮湖之势;右侧白虎垴,气势凶猛,似有扑面虎啸之风。寺院建筑有天王殿、大雄宝殿、观音阁三大主殿,还有九龙壁、居士林、五观堂、清宁祖师塔、禅林阁、藏经楼、普同塔、财神殿、佛经流动处等。古朴的红墙、绿色的琉璃瓦,雕梁画栋,古色古香。殿堂外三面环山,绿树掩映;一面向湖,云水苍茫。

**东岳庙:**位于阳新县兴国镇东岳社区,紧依县桃花泉宾馆围墙外,坐西朝东,始建于明代,占地面积4600平方米,建筑面积940平方米。明崇祯五年(1632年),由郡人吴梦简70余人同心发志乐捐万年神灯,光辉案堂继而置产。乾隆十年(1745年),庙曾几经易手,庙产多次被盗,后由众士赎回复归寺产。自古流传"一东岳、二儒学、三城隍、四观音阁"的民谣。中华人民共和国成立前为阳新佛教会所在地,1993年重建天王宝殿,2008年建成大雄宝殿,东岳庙古有"新篁滴翠,万竿摇风"之韵。

**万佛寺:**坐落在阳新县城北106国道(阳新大道)旁,湘鄂赣边区革命烈士陵园北围墙外。占地面积40000平方米,寺内有大雄宝殿、大悲殿、天王殿、万佛塔、钟楼、鼓楼、藏经阁、方丈楼、讲经堂、客堂、斋堂、图书馆、宿舍、放生池、山门等建筑设施。万佛寺原名广佛寺,根据挖掘庙基出土的文物推断,至少已有1300多年历史。由于原来的居民人丁不旺,几经搬迁,后迁往何处无可考证,现在的新居民只搬来百余年,广佛寺的兴衰史无可考证。

**湘鄂赣边区鄂东南革命烈士陵园:**始建于1979年,是为纪念湘鄂赣边区21个县市在第一次国内革命战争中牺牲的3万烈士、第二次国内革命战争中牺牲的20万烈士、抗日战争中牺牲的5万烈士和解放战争中牺牲的3万烈士,共31万革命先烈而兴建的,位于陵园社区竹林湖畔的伏虎山上,占地面积427亩,是国家级烈士纪念设施保护单位、全国爱国主义教育基地、湖北省爱国主义教育基地、湖北省国防教育基地、湖北省廉政教育基地,是国家3A级旅游景区和全国红色旅游经典景区之一。烈士陵园坐北朝南,整个建筑

随山势自然分布,按主峰两翼布局,取中轴
对称形式,分7级高低平台组合,由152级
台阶串联,将具有民族精神、现代风格的主
体建筑安建在750米长的主峰上。烈士陵
园由园名坊、两组雕塑、纪念广场、纪念碑、
纪念馆、彭德怀塑像、烈士纪念堂、烈士墓
地、将军墓园、国防园、正气亭、浩然亭等主
要纪念设施组成。原国家主席李先念为陵
园题写园名,原国家主席杨尚昆、原国防部
长彭德怀分别为烈士纪念碑题写碑名和题
词,原中共中央总书记胡耀邦为烈士纪念馆
题写馆名,原中央顾问委员会常委、阳新籍

▲ 湘鄂赣边区鄂东南革命烈士陵园

将军王平为烈士纪念堂题写匾名。纪念馆内陈列有毛泽东、刘少奇、周恩来、董必武、吴玉
章、彭德怀、何长工、滕代远、郭沫若、程子华等老一辈无产阶级革命家的革命实践纪实,陈
展了湘鄂赣21个县市502位著名烈士的生平事迹和大量的革命历史文物和图片资料。该
陵园内林木参天,春有海棠娇艳,夏有紫薇柔美,秋有丹桂飘香,冬有蜡梅斗雪,四季常青,
风景秀丽,是一处既可瞻仰追思又可观光休闲的红色旅游胜地。

**沧浪亭**:据明《兴国州志》记载,宋元丰四年(1080年),兴国军知军唐砥根据孔子闻孺
子歌,"沧浪之水清兮,可以濯我缨;沧浪之水浊兮,可以濯我足",在阳新古城北莲花池始
建该亭,原名凝翠亭。绍兴年间,知军王绚改名沧浪亭。淳熙年间(1174—1189年)知军林
仁厚复建,后旧址失传。宋淳熙年间知军黄茂材重建,易名怀古阁,后废。明嘉靖二十八
年(1549年)由知州周鹏复建。清康熙五十三年(1714年),知州高梦龙复建沧浪亭。

**桃花泉井**:《兴国州志》记载,"桃花泉在州治大西门外二里,傍有桃花庵。泉水甘洌,
日汲可供数百家"。位于现兴国镇桃花泉路桃花山下阳新县高级中学校园内,附近多见林
木,距离高级中学大门200余米,青石修成的三口古泉水井,每个井口长2.5米,宽2.25米。
占地面积40平方米,供当地居民饮用和浣衣,人们以四周环绕的桃树命名,称此井为桃花
泉井,每到桃花盛开之际,泉水叮咚,花香飘散,更显得春意盎然,美如仙境。苏东坡当年
被贬至黄州,不怕路途遥远、车马劳顿前来兴国州,就是为桃花古泉慕名而来,并在桃花庵
留下了动人的诗篇,通向桃花泉街的路被命名为"东坡路"。

**石震东井**:位于兴国镇石震村石震湾,平面呈长方形,长5.3米,宽3.7米,占地约20
平方米。井口长2.8米,宽1.4米,青条石砌筑;井台青石板铺面,石围栏。围栏中部有石
碑两块,大部分字迹难以辨认。今此井主体结构、平面布局基本完整,部分构件风化、腐蚀
较为严重。据村民介绍,此井建于清道光年间。2000年初的农村饮水工程建设后,自来
水是村民生活用水水源,今此井水主要用于清洁洗涤。

**石震西井**：位于兴国镇石震村石震湾，平面呈长方形，面积约30平方米，青条石砌成。井台青石板铺面，石围栏。今此井主体结构基本完整，部分构件残缺破损，风化、腐蚀较为严重。石围栏中的一块石板为修井志碑，记此井建于清嘉庆年间。2000年初的农村饮用水工程建设后，自来水是村民的主要饮用水源，此井水仅作清洁洗涤之用。

**石震明福可井**：位于兴国镇石震村明福可组，建于清代，平面呈长方形，长5米，宽3米，面积约15平方米。井口呈圆形，直径1米，一侧修有台阶。井台用水泥铺地，青石围栏。井主体结构、平面布局保存基本完整，井和部分围栏为现代重修。村民已很少使用此井水。

**用录上王井**：位于兴国镇用录村上王湾，平面呈正方形，面积约10平方米，青石砌成，井台青石板铺面，石围栏。今其主体结构较完整，局部有风化、腐蚀现象。据村民介绍，此井建于清代。

**南市胡竹巷井**：位于兴国镇南市村胡竹巷湾，平面呈正方形，石围栏，因为被荒草所遮，长宽不可量，目测面积约10平方米。井的右侧是一口水塘，井与塘之间一道土堤通向村落。据村民介绍，此井建于清代。

### （二）历史资源

兴国镇是一座历史悠久的古镇。南朝陈天嘉元年（560年）为永兴县治。宋太平兴国二年（977年）至清为永兴、兴国军、路、府、州治所。1914年改为阳新县治所，并置城设镇。1947年改兴国镇，1949年阳新解放后设城关镇，为县直辖镇。1958年成立城关人民公社，镇社并存。1960年城关人民公社撤销，城关镇仍为县辖镇。1981年复名兴国镇。由于阳新县城始建于宋太平兴国二年（977年），因此留有自宋及明清时期至今的文化历史资源，其中主要有以下几个。

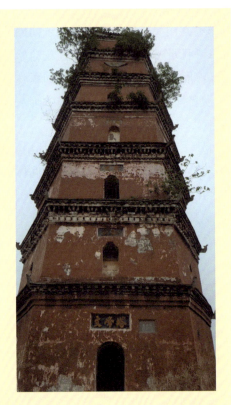

▲ 文峰塔

**文峰塔**：位于阳新县兴国镇宝塔村宝塔组南约50米，距城东4公里，是阳新古城八景之一。文峰塔建于清嘉庆二十四年（1819年），占地面积约120平方米，为六角七层楼阁式空心砖塔，通高29.72米，有门可进入塔内，内有楼梯可至塔顶，每层交错设两扇拱券门及两个壁龛，供奉神位用于祭祀。塔身外墙粉刷成赭红色，塔顶由青砖券砌，铁铸塔尖。一至六层南壁塔门上方嵌石匾，各层门楣上分别题字，每层皆冠有雅名。分别阴刻楷书：一、文峰塔；二、引虹；

三、凌云;四、凝霞;五、御风;六、重光。起初,宝塔湖属富水河水系,当年县内文人学士多方筹资兴建宝塔,取名为文峰塔。初时,该塔主要是作为富水河上往来船舶通航的标志。1938年该塔遭到侵华日军炮击,塔毁三分之一,1984年修复如初,现为省级文物保护单位。

**银山铁壁摩崖石刻:**《阳新县志》记载,"宋苏东坡游银山时,手书'铁壁'二字,后人做成摩崖石刻"。该石刻约2平方米,楷书阴刻,笔力雄健,铁划银钩,现为省级文物保护单位。

**学宫(儒学鼓乐楼):**《阳新县志》载,阳新自古重教兴学。宋代始建儒学,后陆续创办龙图、叠山、富川、晦庵书院。在古城西南蟠龙山下,是阳新县历代立学以及崇祀先圣诸贤的场所,是古城八景之一的"黉序秋香"所在地。经多次重建、改建、扩建、维修,占地面积近3万平方米。建筑背山面水,格局完整,规模不凡,包括棂星门、泮池、前厅(朝圣祠)、东西两庑、大成殿、鼓乐楼(古月楼)、明伦堂等,中华人民共和国成立后基本保存,被阳新县第一中学(后为县实验中学)占用,现仅保留经过修复的鼓乐楼。现存之鼓乐楼,又称"古月楼",面阔10米,进深11米。一楼明伦堂,又名宏览堂;二楼尊经阁,飞檐青瓦;圆形大门,直径2米,犹如满月。2016年该旧址被列为市级文物保护单位。

**二二七烈士墓:**1927年2月27日,湖北省阳新县商会会长朱仲忻纠集暴徒100多人发动反革命暴乱,非法捕杀共产党员,在城隍庙残暴焚烧成子英、谭民治、曹树光、胡占魁、邹有执、李发炬、程炎林、王得水、石树荣等9位革命同志,制造了震惊全国的"阳新二二七惨案"。3月14日,国民党二届三中全会听取了"阳新二二七惨案"详情报告,通过"关于对阳新二二七惨案处理决议案",成立"阳新惨案查办委员会",毛泽东、邓演达、吴玉章任执行委员,追捕反革命凶手。1981年9月二二七烈士墓被列为县文物保护单位。

**鲁国图碑:**高1.94米,宽1.1米,厚0.13米,石灰石质地。额部刻有"鲁国之图"四字,中部刻有"古鲁城",有十二座城门,西、南各有两座城门,东、北各有四座。"城内"有文宣王庙、白鹤观、庄公台、昭公台、孔圣村等地名,"城外"北边有孔林、仲尼燕居堂、孔子墓、伯鱼墓、子思墓等。碑下跋文由儒学教授俞舜凯于南宋绍兴二十四年(1154年)撰写,详细介绍了"鲁国之图"的来历:原来俞舜凯早年游学四方,在山东袭庆府(今山东兖州市)得到鲁国之图。后来他来到兴国州儒学当教授时,将此图献出,立石刻模,嵌放在儒学东厅墙上,使当时的儒生了解孔子的思想和

▲ 鲁国图碑

生息之地,目的在于加深儒生对孔子思想的理解和对儒教的尊崇。鲁国图碑图文并茂,雕刻精美,有文字记载的地名达百余处,真实生动地再现了 2000 多年前鲁国的地理环境与风貌,对研究古鲁国的地理环境、建城形制和葬俗文化提供了实物资料。鲁国图碑于 1986 年在兴国镇阳新儒学旧址中被发现,在全国为孤品,属于国家一级文物,具有较高的文物价值和研究价值,对于我们继承儒家思想和研究历史文化有着重大的意义,现存于阳新县博物馆。

## (三)非遗资源

**阳新采茶戏:** 是流行于阳新县域的一个具有浓郁特色的汉族戏曲剧种。其音乐由正腔、彩腔、击乐三个部分组成,其中正腔包括北腔、汉腔、叹腔、四平等,属板腔结构,曲调优美,可塑性强,是阳新采茶戏音乐的正腔。除了正腔外,彩腔也是该剧种音乐的一个重要组成部分。民间流传的灯歌、山歌、田歌、乡土气息浓厚的彩调小曲,以及道情渔鼓、各种汉族民间风俗的情歌等,都是阳新采茶戏音乐中取之不尽、用之不竭的创作素材。特别是每年正月十五,阳新盛行“玩花灯”,玩灯者将采茶歌和田间锣鼓融合汉族民间小调即景演唱。表演形式为一男扮演小姐,另一男扮演小丑,另由二人骑纸马打圆场,表演者只需一张方桌、几条板凳即可,几乎不受环境限制。其特点是“锣鼓伴奏,人声帮腔”,一人唱来众人和,节奏明快,气氛浓烈。2008 年,阳新采茶戏被列入国家级非物质文化遗产名录,被誉为“盛开在鄂东南地区一枝独放的山茶花”。其作为阳新县知名文化品牌,具有不可取代的文化价值。莲花池社区的富川大舞台就是采茶戏的一个传播窗口,每星期一至星期五演出,台上演员唱,台下观众和,一如既往,观众如潮。

**阳新布贴:** 是起源于阳新的,在一块底布上通过剪样、拼贴、缝制、刺绣制作而成的具有浅浮雕效果的汉族工艺美术,至今已有 1500 余年的历史,被称为神奇的东方特有的艺术品。它是农村妇女用缝衣时裁剪下来的边角,多在黑色或深蓝色的布料上,精心拼贴成的各种五彩斑斓的图案,用于装饰衣服、鞋帽、披肩等穿戴物和帐沿、飘带、布枕及童玩等。阳新布贴图案取材于民间故事、戏曲人物、民俗风情和乡间景物,如观音坐莲、凤戏牡丹、福寿八宝、金鸡鲤鱼、桃榴茶兰等。阳新布贴的品种繁多,涉及家庭日用品、妇女婚嫁饰品、儿童穿着、庙堂蒲团、吊幡等 30 多个系列,其内容多为日常生活中的动植物及传统的吉祥图案,不具谱本,无须用笔,心像造型,尽随作者的巧手拼贴而成。2008 年,阳新布贴被列入国家级非物质文化遗产名录。张家垴社区、五马坊社区等都有相当多的制作能手。

**阳新折子粉:** 其制作技艺有着悠久的历史,质量享誉鄂赣边区。明朝期间,张氏落业兴国镇,距今已有 400 多年的历史。自明朝起就有人从事折子粉手工制作,到了清朝进入鼎盛时期,民国时期至今也有很多传人,其传承脉络清晰。折子粉手工制作工艺历经 400 多年的传承和发展,从单纯的手工技艺上升为一种独具特色的历史文化遗产,与当地百姓的生产生活息息相关,其传统的制作工艺得到广大人民群众的广泛认同和推崇,是对中华民族优秀传统文化的一大贡献,充分展现了勤劳智慧、善良朴实的阳新劳动人民的聪明才智和无穷的创造性,展现了中华民族优秀传统文化的永恒魅力。传统的折子粉主要制作工具有粉架、粉桶、粉缸、粉饼、粉箍、粉盖、压筒、米碓全套,以及竹折子、锅灶等。

（整理者：吴汉平）

## 参考文献

1.阳新县志编纂委员会.阳新县志[M].武汉:崇文书局,2015.

2.石裕兴.兴国镇申报中国历史文化名镇名村申报报告.2016.

3.孙辉.东楚遗粹:黄石市非物质文化遗产名录图文集[M].武汉:湖北美术出版社,2015.

# 鄂之起源
—— 金牛镇

## 一 村镇概述

金牛镇位于大冶市西南部,镇政府坐落于虬川河畔,西山观东麓,东南面与金竹、灵溪诸山相望,东北与梁子湖相连。据《太平御览》载,"金牛镇旁为金牛堆,高九十丈""有金牛数十头出于堆石,遗迹犹存","金牛"之名即由此而来。

金牛镇历史悠久,据《湖北通志》载:南宋宁宗嘉定甲申十七年(1224年)议升金牛镇为县,并隶寿昌军,以费重,事竞止。明初委百户戍守,设立巡检司署。

金牛镇地理条件优越,周围数十里甚至上百里的商人均来此行商,昔有"小汉口"之美誉。金牛人善于行商,本省的武汉、蕲春、浠水、英山、罗田、阳新、咸宁,安徽的安庆、霍山,河南的归德,江西的九江、修水、武宁等地均有金牛行会"金牛帮"。

金牛历来为农民革命活动要地。唐乾宁四年(897年)十月,黄巢起义军经鄂州东行时,曾活动于金牛地区。清末太平军曾多次活动于金牛地区。清咸丰三年(1853年)三月,太平军将领彭大士、柯一贵、卫安德等在金牛扩军,声势浩大。咸丰五年(1855年)六月,太平军翼王石达开率将士数万,从江西经金牛增援省城。咸丰六年(1856年),石达开率先头部队数万人经金牛至纸坊。咸丰十一年(1861年)五月四日,太平军英王陈玉成、忠王李秀成在战败清知府所部后,聚集于金牛。时上田铺村手工业工人张开越弃艺从戎,参加义军,英勇善战,屡建奇功。

清光绪初年,金牛镇街市长1公里,商户400余家,为本镇的中心市场。铁贺公路和粤汉铁路通车,金牛乃为武昌、咸宁、通山、阳新、大冶等五县的物资集散地,亦为江西西部和湖南东部的货物转运港。1937年,金牛镇有商户586家,经营行业包括杂货、百货、布匹、瓷铁、山货、土纸、粮油、屠宰、渔行及旅馆等。市场输出的主要物资为土纸、藠头、鲜鱼、莲子、苎麻、土布等。日军占领金牛后,中心市场的地位被邻近的胡家铺所取代。1944年,工商户仅剩98家。日本投降后,商民陆续返镇复业,市场渐趋活跃。1948年工商户恢复到337家。

1949年5月17日,金牛地区解放。中华人民共和国成立初期,国营专营公司先后在金牛开设了百货、粮食、盐业和花纱布门市部,供销社也开设了门店,金牛镇仍为鄂东南地区的中心市场。1955年11月划归大冶管辖。金牛人民在中国共产党的领导下,完成了土地改革和对农业、手工业和私营资本主义工商业的社会主义改造,自力更生、艰苦奋斗,取得了社会主义建设的显著成就。

党的十一届三中全会以后,工作重点转向经济建设。金牛的工农业生产获得了突破性发展,为金牛镇由农业型经济向农商型经济发展打下了坚实基础。

## 二 村镇资料

### (一)建筑遗存

鄂王城遗址[①]:位于大冶市城区西南约58公里的西畈乡李阁村胡彦贵村的岗陵上,城址北距高河村2公里,东北距大冶市金牛镇8公里,西距咸宁市贺胜桥17.5公里,鄂王城东约80米为高河湾,其流源于咸宁市渠首乡,自南而北经鄂王城东,流注梁子湖,从鄂城樊口注入长江。城址以东是一片开阔的平畈,西、南、北面为起伏不大的丘陵地,城内现为农田村落。鄂王城土地富饶,素有粮仓之称,水陆交通便利。其中:

城垣遗迹:鄂王城高出附近地面5～10米,西南部较高,东北部较低。地面至今可见土筑城垣,南垣、北垣因修水库及筑堤,地面部分被破坏,东垣、西垣尚存地面,系红褐土夹黄斑土夯筑而成,夯层厚约10厘米,城垣两侧面的夯层内包含有较大数量的东周时期的陶瓦片。城址平面不规则,四面城垣除南垣西段向外凸出外,余均较直,西北、东北、东南城垣拐角处均为高台。城址东西长约500米,南北宽约400米,城垣总周长1533米,面积约112500平方米,城垣底部现存宽度约20米,最高处约4.5米。城垣现有缺口共七处,疑为城门遗迹的两处:一处位于东垣偏北,名为大东门,缺口宽约15米,缺口北端城垣向外伸出;另一处位于北垣中部,名为北门,缺口宽12米,缺口东端城垣略向外伸出。城垣外围似有护城河环绕,而以南垣外和西垣外为最明显,至今城垣外约10米处尚存宽20米以上的凹沟。唯西垣南段外面、护城河有中

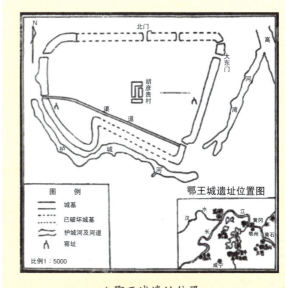

▲ 鄂王城遗址位置

---

① 大冶县博物馆:《鄂王城遗址调查简报》,《江汉考古》1983年第3期。

断现象,东垣南段与高河港相连。

城内遗迹与文化遗存:城垣依岗地的地形而筑,因而城内为南高北低。其中南部有一处文化遗存,由于历年破坏,现残存面积约 2000 平方米。在文化层中有大量的陶板瓦、小砖、半圆瓦当、筒瓦等遗物被发现。由于土层不太明显,可能是当年建于生土层上的一处主要建筑群所在地。

另外,鄂王城内暴露遗迹现已发现窑址两处,呈椭圆形,均遭破坏,一处位于西垣南端城垣线上,打破生土,残宽 1.2 米,残高约 1.4 米,烧结面已被破坏,土窑底部遗存有绳纹筒瓦陶片,未见其他遗物;另一处位于东垣中部城垣内坡脚下,残宽 1.4 米,残高 1.5 米,烧结面 10 厘米。这两处窑址所出土的筒瓦陶片,与鄂王城内所出土的筒瓦陶片有相似之处,可能是供应城内建房的制瓦窑址。

鄂王城内的文化遗物,主要暴露在城内西部,采集到的主要是筒瓦、缸瓦、瓦当、一部分陶器残片以及金器、铜器、铁器等。另外,在西城外的岗地上因修水渠发现两件陶器(印纹硬陶罐等),从现场情况观察有可能是墓葬出土。

邹村古墓群(东周):位于金牛镇鄂王城城址周边,属东周至明清时期古墓群,占地面积 15 平方公里,是鄂东南地区发现的跨越年代最长、墓葬数量最多的古墓群,是湖北省重点文物保护单位。已勘探确认古墓葬 229 多座,该范围内多次发现青铜器、陶器、瓷器等器物碎片。

香炉山遗址(新石器时期):位于金牛镇南街口(今新客运站正对面),面积 16500 平方米,是新石器时期遗址,出土过石斧、石铸、石钻芯、蛋壳彩陶、鼎足等文物。其具有古越文化特征,1985 年被大冶县宣布为县级文物保护单位,2016 年被黄石市人民政府公布为市级文物保护单位。

金牛街古商铺(明末清初):位于金牛镇,始建于明末清初,两层单檐砖木结构,黛瓦木门(分六合、八合甚至十合门),一户一档,门面宽 4 米,屋深 10 余丈,隔墙山头上加修马头墙(俗称屋垛)。店面毗连,形成合面街。街面上铺的是青石板(由于年代久远,青石板大多被踏碎,大部分被水泥路面代替,仅剩少许),门面上面的看梁大部门都雕有花纹,古色古香,是由江西传过来的典型徽派建筑风格。古商铺街全长 360 余米,街面宽 5 米,总面积 1800 平方米,铺面建筑总面积 5000 平方米,有店铺近百家。杂货铺、百货铺、纸坊、槽坊、药铺、布铺,一应俱全,商品应有尽有,一片繁荣景象,因此金牛街是远近闻名的"小汉口"。2016 年,金牛街古商铺被黄石市列为市级文

▲ 金牛街古商铺

物保护单位。

刘复故居（明末清初）：位于金牛镇胜桥村岩刘湾。故居有两栋，一栋建于明末，一栋建于民国初年。两栋全是砖木结构的一进四重连五，后一栋的两侧还各建一栋两层连七的横屋（也叫偏厦），燕尾垛、滚龙脊、石墩、木柱、串梁顶托，二层有走廊，走廊栏杆上还雕有花鸟图案，美观气派。两栋连五四重外墙上加修两层马头墙，大门顶上隔墙加修一层马头墙。每两重之间设有青石砌成的天井（两堂屋之间一个，两边房屋之间各一个），天井底有阴井、阴沟，便于排水、排污，是典型的徽派风格。总建筑面积 13200 平方米，大小房间 60 间、大小堂屋 8 间。2016 年被列为黄石市市级文物保护单位。

柯宏昌古民居（清朝）：位于金牛镇屏峰村。此栋古民居保护较好，一进四重连七，两层，属徽派建筑风格。两边外墙顶上加修两层马头墙，大门顶上两边隔墙加修一层马头墙。一、二、三、四重堂屋全建跑马楼，一重的跑马楼是戏楼，二重的跑马楼是看戏楼，三、四重的是跑马楼。四个堂屋全是由石墩、木柱头、串梁、人字大架组成，木柱头全用直径 30 厘米以上的大河杉树（全是由江

▲ 柯宏昌古民居

西运来）做成，堂屋宽敞明亮，雄伟壮观。各堂屋的看梁、戏楼的横梁、门柱都雕有人物、花鸟虫鱼等各式花纹，非常美观。本栋建筑面积两层共有 2520 平方米，大小房间 48 间、堂屋 4 间、走马楼 4 间。2016 年被列为黄石市文物保护单位。

大屋井（明朝）：位于金牛镇南城村官塘湾。始建于明朝，占地面积 10 平方米，水质清澈甘洌，日出水量能供万人饮用，2016 年被列为黄石市文物保护单位。

贺垱桥（清朝）：位于金牛镇贺桥村，始建于明末清初，全长 30 米，宽 1.8 米，面积 54 平方米。2016 年被列为黄石市市级文物保护单位。

苦莲垴遗址（新石器时期、东周）：位于金牛镇祝山村畈头石湾，是新时期时代、东周时期遗址。遗址文化层 0.2～0.8 米，采集到的新石器陶片以夹砂红陶为主，泥质黑陶次之。器形有鬲、豆等。现为大冶市重点文物保护单位。

下首山遗址（东周）：位于金牛镇屏峰村仓下黄湾，该遗址为冶炼遗址，遗址面积 10000 平方米，炼渣呈块状、蜂窝状，堆积层厚达 1～1.2 米，现为大冶市重点文物保护单位。

刘华甫遗址（东周）：位于金牛镇胜桥村刘华甫湾，该遗址为冶炼遗址，遗址面积 25000 平方米，炼渣呈块状、蜂窝状，堆积层厚度达 0.5 米左右。现为大冶市重点文物保护单位。

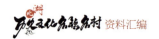

▲ 白仁古民居

当铺贺古民居(清朝):位于金牛镇贺桥村贺黄湾,为砖木结构,青石门墩、墙角,面积约260平方米,为典型徽派建筑。

白仁古民居(清朝):位于金牛镇龙潭村白仁湾,房屋为典型徽派建筑,建筑面积约21500平方米,有两栋一进三重连五(两层),一栋两重连九外加一栋连七偏厦,每栋外墙屋顶建有马头墙,檐下画有彩色山水画,青石门甲,青石门墩,青石门槛,雕花窗户、看梁、立柱,内设有戏台、看台,屋内过道全部铺有青石板,堂屋墙角石全部雕有花纹,整个建筑保存较好。

徐桥(清朝):位于金牛镇徐桥村,横跨高河湾,桥长60米,桥面宽1.2米,高6米,桥墩共11个,菱形,由红砂条石构成,保存较好。

花港桥(清朝):位于金牛镇胡铁村,横跨虹川河,为三孔石拱桥,桥长30米,每拱宽8米,高5米,全部由青石砌成,保存较好。

其他遗址还有:

苦堖山地遗址(金牛镇祝山村贩头石西300米,新石器时代至东周):面积约4000平方米,文化层厚0.2~0.8米。采集到的新石器时代陶片以夹砂红陶为主,泥质黑陶次之,纹饰有刻划纹,器形有鼎、豆等;东周陶片以泥质红陶为主,夹砂灰陶次之,纹饰有绳纹、弦纹,器形有鬲、罐等。

对面山冶炼遗址(金牛镇胡胜村仓下吴湾东100米,时代不详):面积约20000平方米。炼渣呈块状、蜂窝状,堆积厚1~2米。

下首山冶炼遗址(金牛镇胡胜村仓下黄湾,时代不详):面积约10500平方米。炼渣呈块状、蜂窝状,堆积厚1~1.2米。

大林山遗址(金牛镇叶家村西北,周代):面积约19000平方米,文化层厚1~1.5米。采集到的陶片以夹砂红褐陶为主,泥质红褐陶次之,有少量泥质灰陶,纹饰有绳纹、刻划纹、席纹,器形有鬲、豆、罐等。

老虎头遗址(金牛镇胜桥村张胜桥东南,周代):面积约 38000 平方米,文化层厚 0.5～1.4 米。采集有石锈和陶片,陶片以泥质灰陶为主,夹砂灰陶次之,有少量泥质红陶,纹饰有绳纹,器形有鬲、豆、瓮等。

老屋卡冶炼遗址(金牛镇胡胜村塘角吴湾向东 200 米,时代不详):面积约 48000 平方米。炼渣呈块状、蜂窝状,堆积厚 2～3 米。

邹界田冶炼遗址(金牛镇胡胜村细屋熊河西南 100 米,时代不详):面积约 4500 平方米。炼渣呈块状、蜂窝状,堆积厚 0.5 米左右。

尹家嘴冶炼遗址(金牛镇屏峰村对面尹湾西 200 米,时代不详):面积约 4000 平方米。炼渣呈块状、蜂窝状,堆积厚 1.5～2 米。

烟包山冶炼遗址(金牛镇屏峰村姜包湾东 100 米,时代不详):面积约 4500 平方米。炼渣呈块状、蜂窝状,堆积厚 0.5～1.5 米。

瓦雪地冶炼遗址(金牛镇袁铺村瓦雪地湾东 100 米,时代不详):面积约 2700 平方米。炼渣呈块状、蜂窝状,堆积厚 0.4～1.2 米。

彭家垴冶炼遗址(金牛镇胜桥村彭家垴东 100 米,时代不详):面积约 16 万平方米。炼渣呈块状、蜂窝状,堆积厚 1 米左右。

铁屎包冶炼遗址(金牛镇胜桥村彭家垴东北 200 米,时代不详):面积约 15000 平方米。炼渣呈蜂窝状,堆积厚 0.5 米左右。

王家后背山冶炼遗址(金牛镇胜桥村东 1 公里,时代不详):面积约 12000 平方米。炼渣呈蜂窝状,堆积厚 0.5 米左右。

王家铺冶炼遗址(金牛镇胜桥村王家铺东 100 米,时代不详):面积约 12000 平方米。炼渣呈块状、蜂窝状,堆积厚 0.2 米左右。

金龟山墓群(金牛镇殷老八湾,建于六朝):面积约 4000 平方米,曾暴露出三座墓葬。清理一座,为券顶单室砖墓,出土有青瓷盘口壶、碗、钵等。[1]

竹林柯铜器窖藏(金牛镇黄泥村,战国时期):1982 年被发现。于地下 1.5 米处出土陶罐 1 件。罐内装有完整和残缺的青铜器个体 300 余件,计有斧、锛、矛、带钩、剑、弩机、镞、钱币等。钱币中以"良金四朱"、"良金一朱"、蚁鼻钱等最为重要。[2]

### (二)历史资源

#### 1.历史名人

胡朝颖:浙江淳安人,南宋绍熙年间进士,庆元元年(1195 年)任武昌令。期满,民德不忍其去,攀缘请留。公亦乐斯土,遂卜居焉。后任"龙川书院"首任山长。

胡文寿:字仁夫,金牛镇人,胡朝颖之后。文寿生而颖敏,笃志好学,元至正间乡贡,曾

---

① 大冶市博物馆:《大冶市六朝墓清理简报》,《江汉考古》1997 年第 4 期。

② 大冶县博物馆:《大冶县出土战国窖藏青铜器》,《江汉考古》1989 年第 3 期。

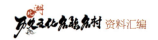

授"龙川书院"山长。明初,授武昌训导。平生诱掖不倦,著作多散佚,现存者有《读楼上梁文西山寒溪文集》《海藏楼诗集》。

胡柏材:原名大灿,字韵山,金牛镇人。始祖朝颖,宋绍熙年间进士,武昌令任满,留不去。柏材读书论古,有卓识,嘉庆进士,改刑部主事,乞养归,遂不出。居家孝友,善书,喜吟咏。凡邑有兴革,县官过访,直陈利弊。晚尤好学,著《春秋左传题解》《策学举隅》《诗法观澜》《晚翠楼制艺》《古今体诗草》。

柯逢时(1846—1912):字懋修,号钦臣,亦号逊(巽)庵,金牛袁铺老鸦泉柯湾人。少时家贫,寄读于西畈舅家,早年中秀才,25岁中举。光绪九年(1883年)中进士,点翰林,历3年,授职编修。光绪二十年(1894年),经翰林院掌院学士保送派往江苏,任金陵防营支应局提调,兼管北军转运事务。后代理江陵知府,曾向张之洞面陈盐厘卡的私弊,深得张之洞器重。光绪二十六年(1900年)授两淮盐运使,曾订正两淮盐章,组织堵截私盐,疏通运道,使得官盐畅销。后累官江西按察使、湖南布政使、江西巡抚、广西巡抚。光绪三十一年(1905年)十一月授户部右侍郎,兼管钱法堂事务,仍督办各省统捐。光绪三十二年(1906年)被赏侍郎衔,次年加尚书衔。后任各省土药统税大臣,兼总理各国事务大臣。宣统二年(1910年)推行禁烟,遂奏请拨银开办武昌医馆,以求戒烟治病。同年9月,被举为湖北铁路协会名誉总理。柯逢时一生喜著书、刻书、藏书,他曾校刊《宋本玉篇》,先后纂修过《湖北通志》《武昌县志》《应山县志》。晚年曾刻《常山贞石志》《经史证类大观本》及《武昌医学馆丛书》8种96卷。柯逢时是当时著名的藏书家,藏书达数万卷,其中包括《四库全书》未进呈的抄本及元、明小集800余种。

陈才芳:字春亭,号梅峰,金牛镇陈家塆人。幼时随祖父母迁往陕西省宁羌县梨坪坝居住。同治元年(1862年),19岁的陈才芳为秀才时,太平军由鄂入陕,攻打汉中。城破后,陈才芳的父母、兄弟、妻郑氏、姐改秀等13位亲人及仆婢皆死于战乱。乱后陈才芳埋葬亲人,刻苦自励,发奋读书,十年寒窗,终以优学拔贡,于同治十二年(1873年)中举,翌年登进士第。光绪二年(1876年)授翰林院编修。数年后出任凉州知府。陈才芳到任后,署政廉明,言出法随,首重兴学育人,劝农桑,减徭役,兴水利。裕仓储以备歉,兴团练以保地方。凉州荒脊苦寒,严冬很多穷人冻死,陈才芳每年用财政结余款做棉衣救济穷人,救活了很多人。陈才芳提倡贞节、孝道,提倡文明婚姻,禁止赌博,惩治刁猾,获得凉州人民的赞誉。

周祖庚(1834—1906):字振先,号炯斋,原属金牛灵溪乡,现属灵乡镇人。同治六年(1867年)中举,光绪元年(1875年)出任河南中牟县令。光绪四年(1878年)大旱,他毅然捐俸银千两,倡议绅商资助,赈济灾民以万计。在任六载,他惩黠吏,平冤狱,发动群众起沟渠,筑道路,建粮仓,广积储,尽力兴利除弊,县民为他立下"政德碑"。光绪二十五年(1899年)授江西建昌县令,次年大水,县城淹没,他组织市民迁至高地,并带头捐薪在沿湖放赈,拯救灾民。同年10月调掌永丰县事。时捐税繁多,县属盐柜盈余,归县私分。他上任后,将盈余拨作学堂经费,杜绝肥私。周祖庚为官四任,除俸禄外,浮财不取一钱。晚岁归田,依然两袖清风,靠辟馆课徒为业,直至辞世。

黄大华(1855—1910):亦名大受,字伯子,号鞠友,金牛西畈黄安人。早年丧父,赖母培育,成年后教私塾。光绪十四年(1888年)中举,次年取进士,分发浙江,历充浙江四次乡试同考官,一次武乡试受卷官。后历署该省德清、钱塘、诸暨等县知县。因勤于政事,成绩斐然,保升知府,钦加盐运使衔。宣统元年(1909年)任浙江省咨议局议案审查委员会委员。从政之余,钻研经史,潜心著述,所编《东汉皇子王世系表》《东汉中兴功臣侯世系表》《东汉三公年表》《三国志三公宰辅年表》《隋唐之际月表》《金宰辅年表》《元分藩诸王世表》《元西域三藩年表》等10余种史表被世界书局刊入《二十五史补编》。另著有《汉志郡国沿革考》《明宰辅考略》《明七卿考略》《山脉指掌续》《四明酬唱集》《甬上骊唱》《历代纪元因异考略》《梦红豆村诗集》《梦红豆村文集》等书20余种。

水祖培(1871—1925):字善编,号巨翘,金牛晏公上水人。光绪二十三年(1897年)中举。光绪二十九年(1903年)应会试,赐进士出身,钦点翰林院庶吉士,奏派武英殿协修。同年入进士馆,学习法政。结业后授职编修,加翰林院侍讲衔。不久,奏派出国考察宪政。光绪三十三年(1907年)协助礼部选拔贡生员,为学部挑选留学生。此后,兼任北京教育总会议员、京师大学堂历史教授、旅京江汉学堂教务长、湖广会馆馆长等职。宣统三年(1911年)返乡闲居,直至病逝。

张开越:金牛镇胜桥上田铺村人。手工业者。清咸丰三年(1853年),太平军路过金牛上田铺村时,弃艺从戎。先跟翼王石达开当护兵,后被翼王收为义子,成为翼王的得力将领。太平军失败后回乡,以放牛为生。遗物有印章、书籍等,已交国家收藏。

纪汉章(1880—1912):金牛区署灵溪乡(现为灵乡镇)人,陆军学堂毕业,参加辛亥武昌起义。黎元洪授其白马、宝剑,人称大将军。民国元年(1912年),其被害于武昌大东门。

金泽生:金牛镇人,晚清时在汉口开设"鼎盛"麻行,组织"麻帮"。一次麻商买麻贿赂称手被发觉,洋人恼怒,一椅子打来,金泽生接椅回击,打在洋人脸上。洋人状告至夏口厅,厅官对金泽生说:"你虽有理,但他是洋人,要登门赔礼。"金泽生未予理睬,三四天后,洋人上街买麻,各麻行一律不卖。洋人意识到是金泽生借"麻帮"力量与他对抗,但又无别法,只好派人调和,还说:"只要做生意,不计往事。"金泽生与洋人作对的事,一时轰动武汉,因此声望日高,被推为汉口"八大行"首事商会会长。

刘灿藜:字连城,号和卿,又号霍青,咸丰二年(1852年)生,金牛镇岩刘村人,龙川书院贡生。光绪八年(1882年)中举人,是将"龙川书院"改为"武昌高等小学堂"的创始人之一,曾捐巨资重建校舍。光绪三十三年(1907年)去世。

刘复(1883—1944):号菊波,笔名渊二、天馋,金牛胜桥岩刘村人。8岁时随伯父读书于湖南,16岁举秀才,后进本县寿昌书院。不久考取两湖师范学堂,旋改入武昌文普通学堂,与同学宋教仁、田桐等常在一起畅谈世事,抨击时政。1904年参与组织科学补习所,

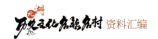

密谋"排满兴汉",策划响应华兴会长沙起义,不料事败,科学补习所被查封,宋教仁等遭到通缉,他也被学堂除名。于是他带宋教仁潜回家乡,旋资助宋教仁东渡日本。后来,他易名考入湖北高等警察学堂。武昌起义时,城中警察连夜逃散殆尽,市面秩序混乱不堪,刘复指出:"时至今日,宜内饬秩序,外壮声势,四方风动方可云集响应,是以警察及报刊亟待备办。"于是,他积极参与军政府机关报工作,编辑《中华民国公报》,同时,兼湖北警察编制长,筹设警察局,维持地方治安。阳夏之战中,他出则荷枪巡哨,入则挥毫为文。黄兴极为赞赏,曾书赠一联:"上马杀贼,下马草露布;左手持螯,右手执酒杯。"民国初年,刘复协办汉口《震旦民报》。不久,应内务部试,考取县知事,被分发四川。民国八年(1919年)应邀回鄂,主编《正义报》,为湖北各界掀起的"驱王(王占元)"运动擂鼓助威。随后吴佩孚荼毒湖北,他联络各界人士,致力于推翻军阀统治。其间,曾奉孙中山电召,数度赴粤,任大元帅府秘书、军法官等职。民国十五年(1926年),国民政府举行北伐。刘复任两湖宣抚使署秘书长,随国民革命军北上。北伐军攻克安庆后,他就任国民党安徽省政府委员,先后兼省政府秘书长、省司法厅厅长。民国二十三年(1934年)10月,刘复回鄂,任湖北第三区行政督察专员,兼保安司令和蕲春县长。次年赴南京,被派任内政部秘书。抗日战争爆发后,调任行政院非常时期服务团总干事,随团入川。民国二十八年(1939年)改任国民政府黄河水利委员会委员。民国三十年(1941年),调任国民代表大会筹备委员会秘书,于任上辞世。

**林明炯(1909—1931)**:化名查尔士,金牛镇高河人。民国十三年(1924年)考入金牛虬川中学,民国十五年(1926年)秋转入武汉中学,当选为学生会组织委员。次年5月,李大钊等被害,他组织全校师生游行示威,并亲自上街演讲,谴责军阀张作霖捕杀革命师生的暴行。夏斗寅进攻武汉,他积极参加讨夏随军服务队,上前线劳军,同年加入中国共产党。民国十七年(1928年),武汉中学被国民党右派分子查封,他虽考取武昌县华林第一中学,但家中无力负担学费,只好退学回家,与盛浩如等建立党小组,并设法筹款购枪,成立农民赤卫军。在金牛一带惩治土豪劣绅,没收地主财产。民国十九年(1930年)5月,林明炯当选为中共鄂城县委书记,在各区乡组建苏维埃政权,掀起蓬勃的工农运动。次年夏,驻扎金牛的国民政府军一个排声言要投奔红军,经请示鄂东南特区委同意,林明炯带4人前往谈判,不料敌人开枪射击,他们边打边撤,但有3人未能冲出重围,壮烈牺牲。不久,他被指控为内奸而被逮捕,8月,被处以死刑。1986年,中共大冶县委、县人民政府为林明炯平反,并追认他为革命烈士。

### 2.民间文书

《白氏宗谱》,为金牛镇龙潭村白仁湾白氏家族所藏家谱。现谨录其序言如下:

**序**

　　从来修谱之例,详于欧苏二公。谓圣王以仁孝治天下,务使海内恩明谊美,雍睦成风,切亲亲尊祖之心,昭敬宗收族之义。此谱系之所以不容缓也。无如世俗,人心或不古。若往往非我族类,拜会结盟,途人而骨肉之,遂致骨肉而途人之。饮水而忘其源,援华而伤其本,鲜不以谱为赘设者矣。即有以谱为事者,又或搜罗远族,借重前贤,不思狄青之不祖梁公,而效郭崇韬之误拜汾阳,此更非古君子制谱之意也。吾乡白氏,人知礼义,俗尚敦庞。皆以数典忘祖为不安。岁晚务间,爰合族而商谱事。议成,众力共举,惨淡经营,逾两月而事竣。姻翁湘臣先生乞序于成。成曰:"白氏之渊源过矣!麦秸春秋,归因而封吴境,则有白公;弃官以全仁义,则有白善;若战国之有白圭,治生而拟伊□□;汉世之有白公,受诗而借穆中。迄唐白乐天,自号香山居士。迄宋白如晦,诏封明人。此先哲之最著者。君家非其苗衣(裔)乎?"曰:"谱以信今而传后也。我先世由江右迁居武昌,四百余年,几二十世。近而可征者详之,远而难凭者阙之,若何?"成曰:"善。"此深知谱事者也。凡事以务实为要剞。谱之设,所以叙昭穆而判亲疏,何容粉饰为哉?推是谱之例,视世之甫张扬厉,引荒远而论义滋多者,其得失为何如也?若夫明尊卑长幼之伦,敦孝悌慈让之道,本根同庇,葛万无伤,此又修谱之本意。白氏父老子弟必有互相勉劝,整纲饬纪,以恢先绪而振家声者。吾于斯谱,成卜之矣!

旨

皇清同治己巳年　　仲春月　谷旦

由优廪生

丙午科中式举人大挑一等签分江西知县署理萍乡县正堂

泽山石志咸谨撰

## 续修宗谱序

一代之兴,必有一代之史。自尧舜以迄今,数才之贤否,国运之隆替,元弗班班可考,昭若日星。家伐谈自创修以来,至今四十余载。其中渊源,有自亲疏长幼,有分川又生没葬所均缕晰详明者,以有谱故。岁叔祖湘臣,伯父俊夫,七辈投幽罗逸然费苦心而谱牒辰。伯父俊夫,堂兄韶笙,感人事之代谢,瞿成究之将涅,艰辛而斤编成焉。窃思前有作而后有述,前有创,以其时考之,恰合二十年为一世,倘迟延以俟异日,向近年涅代远,考核维艰,乏聚同宗,商再续享。族众竞桦,梅本才疏学浅,不堪胜任。第开来继往,因为学士大夫之心,宋平品卜于仁人之责背,札幸有成。书阮有源而有本绪,宜缵诸后人,何妨今日重为秉笔也?去冬解席归家,与堂侄雨琴、族兄在中、族弟学中详密稽查,参互考订,草究原斯谱之成立。赖雨侄及埃众赞哀之,□

□□□□□之人敦本睦族士也。给辑务须目涉手录，无漏无遗，庶几力穆开卷而了如指掌，披图而明若列眉，斯诚先绪能恢，后昆能裕，不愧先人之苗裔，复无负后嗣之蓥忱矣！

  民国四年年岁次乙卯  孟夏月

嗣孙执梅敬序

### （三）非遗资源

**1.饮食文化**

金牛特色饮食丰富多样，较出名的有金牛千张、金牛麻花、金牛炒面、狗肉、苕粉肉等。

**金牛千张:**俗称"金牛皮子"，形如手帕，纹理细腻，薄如蝉翼，煮熟后色泽淡白，齿感分明，醇厚的味道，让人念念不忘。金牛千张以鳜鱼煮皮子、皮子跎焖红烧肉最为出名，酒席上一般千张为第一道菜。

**金牛麻花:**色泽金黄，甘饴爽脆，咸而不上火，甜而不腻嘴，口感清新，齿颊留香。金牛麻花热量适中，低脂肪，既可休闲品味，又可佐酒伴茶，是理想的休闲小食品。

**金牛炒面:**历史悠久，制作讲究，是一种独特的饮食文化。过去所说金牛的"皮子席"，其实搭配的必不可少的一道菜就是金牛炒面。金牛炒面和金牛皮子两个菜，好似一对姊妹花，是金牛酒席区别于其他地区酒席的一个显著特点。金牛炒面，一定要选用金牛当地的手工油面加工制作。利用农村家庭中灶下（厨房）的连二灶，根据炒面需要量的多少，选用大锅或小锅，将油面放入锅里折断（寸把长），用稻草或茅草类柴火，细火慢慢炒，一边炒一边翻动，直到炒至金黄色为好。金牛炒面加工时要注意：一是不能用片柴木棍类柴火，因为这类柴火火力大，容易将油面炒糊；二是要不停地翻动锅里的油面，即上面的翻下去，下面的翻上来，不然油面也会炒糊，影响口感。金牛炒面的烹饪方法：用金针菇（或黄花菜）、豆腐干（黄豆大小的油炸豆腐干）、芹菜杆（后放）、瘦肉丝等作配料，和油面一起放入焯肉水里煮，煮到表面上见不到水或很少水时，再放入老罐（鼎罐）里用文火"活"倒，"活"的时间以一个小时左右为好，到开席时直接上碗就行了。

**狗肉:**又叫"香肉"或"地羊"，有"至尊肾宝"美誉，金牛有"六月六，吃狗肉"及吃狗肉、喝白酒可排毒的说法，六月六在金牛镇为狗肉节。

**苕粉肉:**金牛镇的一种特色食品，用苕粉和五花肉制作而成，制成后为黑色，绵软香甜，油而不腻，是金牛人民非常喜爱的一种特色食品。

**2.非物质文化遗产**

金牛镇有黄石市非物质文化遗产四项，分别为金牛麻花、金牛千张、周福益水竹篮、玉莲环，前面已经介绍了金牛麻花与金牛千张，此处简述后两种。

（1）周福益水竹篮

周福益自然村位于金牛镇东南部，距金牛镇区两三公里，村名以太公名字而得名。全村150余户,五六百口人,自明代由江西瓦屑坝迁来后,经过若干代的繁衍,家族繁荣,人丁兴旺。明末清初,勤劳睿智的周福益人为了生存,在社会生活实践中慢慢学会了编织水竹篮的技术,并以此为主业,时至今日已有几百年的历史。

周福益自然村背靠群山,面向梁子湖。村东南部有位于幕阜山山脉北侧的大泉山、上北坎、大叉山、灵溪山、毛铺山、米基山、楂树山、王六岩山、高铺山、三溪口山等主要山脉。山上盛产柳竹,山下农民到山上去砍伐,销售到周福益,为周福益自然村编织水竹篮提供了充足优质的原材料。

周福益自然村编织的水竹篮,采用的是周围群山出产的柳竹(又名银竿竹)。这种竹子生长于高山林地,经过酷暑严寒,风吹雨打,抵耐腐蚀,不生蛀虫;且竹竿细长,又直又匀,近似空心,竹节稀、竹质软,有弹力,好劈篾。一般以两至三年生长期的为最好,编织的水竹篮经久耐用。

周福益自然村编织水竹篮是祖传的技艺。该村自太公落业以来,到底是从哪一代开始学会了编织水竹篮的技术已无从考证。但几百年来,编织水竹篮的技术却是代代相传,全村男女老少都会,并以操此业为生。周福益自然村编织水竹篮的技艺传内不传外。按照该村的旧俗,他们编织水竹篮的技术,不得向外村人传教,在本村内部也只能传给儿子和媳妇,不能传给女儿;女儿即使学到了技艺,出嫁后也不准在外地操持此业,否则,她的娘家人及其本人都要受到旧俗村规的惩罚,所以水竹篮自古至今一直是周福益自然村专有的独特产品。

周福益自然村编织的水竹篮,品种齐全,规格多样,造型美观,经久耐用。水竹篮按形状分有圆形和椭圆形;按型号大小分有大号、中号和小号三种。各式各样的水竹篮均是网眼篮身,花纹锁口,做工精致,新时篮身青绿,用后色泽金黄,无论是城市还是农村,男女老幼,携带方便,是家庭必备的生活用具。产品畅销全国,远销海外,曾是大冶外贸出口的土特产之一。

(2)玉莲环

玉莲环是在大冶金牛地区发掘出来的,是鄂东南民间吹打器乐中的一种击奏乐器,在一类似葫芦的钢质架上,自上而下安放碰铃、铙锣、马锣组合而成,用一具有弹性的锣槌敲击。它可以发出"叮、当、咣"的声音,故又叫作"叮当咣",亦有人就其形状把它叫作"三星"。

据考证,玉莲环的流传地可能不仅仅局限于金牛地区,应为鄂东南农村婚丧嫁娶时的一种吹打形式,一般由一男一女演唱,后来演变为可由十几人参加表演。玉莲环的演出形式以唱为主,有接腔,亦有夹白,整个演出过程伴随着大量的舞蹈动作。舞蹈时,男演员用弹性锣槌敲击玉莲环发出节奏感极强的"叮、当、咣"声音,女演员则手舞彩扇边歌边舞,舞姿优美诙谐,洒脱大方。

玉莲环的唱词基本上是民间歌谣中的多段体,其句式有两种:一种为每段四句,每句七字;另一种每段六句,为七、七、五、五、七、七字句式。由于句式与民歌歌词相似,除便

于表演传统曲目外,更善于表现现代题材的创作曲目,如《顶逆风》《站花墙》等。就目前而言,玉莲环的曲牌有"闹场""对偶""抒怀"三个,它们都植根于大冶民间音乐之中,旋律极具大冶乡土特色。如"闹场"就取材于大冶的《花灯调》,"对偶""抒怀"取材于《花灯调》和《放风筝》。在实际演出中,曲牌各有特色:"对偶"长于叙述;"抒怀"委婉、细腻,多用于抒情。不论是哪个曲牌,载歌载舞中,演员们的一问一答,一唱一和,都显得协调和谐而有韵味。

（整理者:刘亚光,曾成）

## 参考文献

1.大冶市金牛地方志编纂委员会.金牛志.2011.

2.陈世娟.铁拐李和铁山洞的故事[M].武汉:湖北少年儿童出版社,1995.

3.大冶县政协文史资料研究委员会.大冶文史资料(第5辑):大冶县城镇发展史专辑之一.1990(10).

4.陈良学.明清大移民与川陕开发[M].西安:陕西人民出版社,2015.

# 千年佛国
## ——梅川镇

### 一　村镇概述

梅川镇,今行政区划上隶属湖北省武穴市,素有"山水古镇"之称。据地方志载,该镇"横岗跨其北,大江经其南"①,位于大别山余脉匡山山脉南麓、长江中游下段北岸,今形成以麻武高速、黄黄高速、S308省道、武梅路、红色旅游公路为主的对外交通网络。2012年,湖北省委、省政府确定梅川镇为全省经济发达镇行政管理体制改革试点镇。2014年,该镇荣获全国小城镇建设重点镇、全国文明创建工作先进单位、湖北省重点镇、湖北省文明乡镇等荣誉称号。2018年1月,入选湖北省第一批历史文化名镇。

梅川,因明朝万历年间蕲王孙赠梅种于河边而得名。清代金德嘉《梅川诗》序云:"种川上梅,自桐城刘大令始。蕲王孙仲良以红、白梅各二本来觊大会,赋诗有'百里肩梅种我楼'之句,盖种楼之前。云:梅川川上梅花树,树树都从皖口来。一夜初征梁苑赋,王孙筵向此中开。"②该镇原为广济县政府所在地,历史悠久。据《广济县志》记载,广济建县历史可追溯到南北朝时期。北周大象元年(579年)立县,称永宁县。隋朝末年废永宁县,并入蕲春县。唐武德四年(621年)复置永宁县,属淮南道蕲州,天宝元年(742年)更名广济县,县名取自广施佛法、普济众生之意③。之后,广济县建置虽屡有变更,但梅川镇一直作为广济县城。

清代以前,梅川城无城垣,居民住房以县衙为中心而建,外开四门,东曰觐阳,南曰迎薰,西曰继旻,北曰得朋,西北有保和、有庆二门。康熙三年(1664年),"筑土为城,立四门。东曰旸谷,南曰明都,西曰西成,北曰会元。周围三里零七分"④。乾隆四年(1739年),知县李肇梅重修。县衙靠近西门处,衙内中为正堂,西为幕厅,东为库;堂后有厅,左

---

①　故宫博物院:《乾隆十七年广济县志》卷1《地理志·图说》,海南出版社2001年版,第12页。

②　故宫博物院:《乾隆十七年广济县志》卷2《地理志·山川》,海南出版社2001年版,第39页。

③　湖北省武穴市地方志编纂委员会:《广济县志》卷1《概述》,汉语大词典出版社1994年版,第2页。

④　故宫博物院:《乾隆十七年广济县志》卷5《建置志·城池》,海南出版社2001年版,第58页。

▲ 今梅川镇西街

右有库;厅后为知县办公的地方。县衙前建有申明、旌善二亭,为明洪武初年知县胡昇修建,之后成化、正德、嘉靖朝又多次重修。另有训导署、典史署、主簿署(乾隆朝裁)、县丞署(乾隆朝裁)等机构。今天梅川镇内广济县城墙与县衙遗址已毁。乾隆朝,城内设有13坊,分别为:孝义、朝京、梅浦、隆庆、凝秀、致和、仁寿、通晋、肃静、河南、里仁、济川、余庆①。民国时将乡、镇改区,区既是团防设置,又是行政区划。梅川镇先后隶属一区、梅园乡②。抗日战争胜利后,梅川镇划归梅胜乡管辖,下辖5个保。1953年3月改梅川为区辖镇,先后隶属一区、梅川公社、梅川区。镇内原划为五街,即正街、十字街、西街、文家街、北街,1955年并为三街。

1987年10月,国务院批准撤销广济县,设立武穴市,撤销原有的乡、镇建制,设立4办事处、4乡、8镇及万丈湖农场,县政府所在地也由梅川镇迁往武穴镇。原梅川区合并入梅川镇,镇区有3个行政街、2个行政村,面积1.25平方公里,人口11607人。据最新统计数据显示,全镇版图面积已达272平方公里,总人口约15万人,下辖77个村、4个社区。相比之前,版图面积、人口都已扩增数倍。

梅川镇地势险要,四面环山,白石山障其北,灵山屏其东,多云山、独山护其南,观山卫其西,境内南山、驿塝山、黄鹄山三丘形成鼎足之势,被视为"吴楚之要地"③,历来是兵家必争之地。明崇祯九年(1636年),张献忠率农民起义军由蕲春攻广济,至崇祯十六年(1643年)春由黄梅攻入梅川,焚毁县署,连破数十寨,在此与官兵相持两年。清咸丰三年(1853年)宋关佑抗粮起义,以梅川镇为据点开仓济贫,集合民众与清军对抗,失败后加入太平军。不久,太平军攻克梅川,杀死知县陈肖仪等一批贪官污吏,以此为战略要地多次同清军展开激烈战斗。这片土地也是许许多多革命志士抛洒热血的地方。北伐时期,国民革命军多次在武穴、梅川与皖系军阀孙传芳部第五方面军陈调元、湖南陆军第二师叶开鑫等部作战。1929年10月28日,中共广济县委为营救被捕人员,发动大金铺、田家镇、花桥、龙坪等地赤卫队员2000多人,攻进县城梅川,城内县常备队百余人被击溃。1930年6月

① 故宫博物院:《乾隆十七年广济县志》卷6《建置志·乡镇》,海南出版社2001年版,第73页。

② 湖北省武穴市地方志编纂委员会:《广济县志》卷3《建置》,汉语大词典出版社1994年版,第39页。

③ 故宫博物院:《乾隆十七年广济县志》卷1《地理志·图说》,海南出版社2001年版,第13页。

4日,鄂东游击大队在广济县暴动委员会率领的民兵配合下攻克梅川,击毙守城郭汝栋部40余人,俘80余人,缴获枪支弹药若干。8月22日,红八军第四、第五纵队在县赤卫队配合下攻克梅川,守城郭汝栋军溃败。10月11日,组建中的红十五军在地方赤卫队配合下,攻克梅川,缴枪200余支、子弹几十箱。1931年8月19日,工农红军第四军在军长徐向前率领下攻克梅川。1942年2月9日,为了打击多次制造摩擦破坏国共合作的王丹侯保安二旅,张体学率第十四旅发起对梅川的攻击,新四军第五师师长李先念赶到广济指挥部指导作战。1947年9月14日,刘邓大军六纵十八旅旅长肖永银率五十二、五十四两团进至梅川,国民党桂军三六七七团和县警保大队从桑梓园和西门撤离。10月23日,一纵一旅攻克梅川,歼灭保安团百余人。12月23日,尤太忠率领六纵十六旅在五分区和县指挥部配合下,从罗田天堂寨奔袭梅川,十七旅六十团三营配合战斗,至24日晨,战斗基本结束。此次梅川战役歼灭了国民党二○三师二旅六团的直属队和两个营,击毙200余人,俘300余人,缴获步枪千余支、机枪数十挺、电台1部,以及大批其他军用物资。1949年4月9日,鄂豫五专署专员赵辛初、五分区司令员张国传决定以广济地方革命武装为主,在鄂豫五分区十四团配合下进军梅川,是日夜梅川镇解放①。

梅川镇区位优势明显,自古以来就是鄂东地区的政治、经济重地。1936年该镇有商户539家,工商业较为发达。抗日战争时期,商户发展到778家,手工业以土布、刀具制造出名。今梅川镇GDP在所属地级市各镇中排名前二十,主要产业有特色食品深加工、机械制造、建筑建材产业、生态文化旅游业等。目前梅川镇是鄂东地区重要的商贸集散地。

梅川镇文化教育传统深厚。早在北宋庆历年间,便建有广济县学②。清康熙五十二年(1713年),知县萧龚在县治西设立义学;清乾隆四年(1739年),知县李肇梅奉命督建梅川书院,"振文教,勤考课"③;乾隆十六年(1751年),知县虞学灏建沧浪书院。清末,先后创办鹿萍小学和中学堂。民国时期,有初中1所、小学3所,还设有民众教育馆。目前有小学24所、初中4所、高中1所。其中梅川高中是武穴市、黄冈市最早的中学之

▲ 梅川高中

---

①　湖北省武穴市地方志编纂委员会:《广济县志》卷11《军事》,汉语大词典出版社1994年版,第278～287页。

②　故宫博物院:《乾隆十七年广济县志》卷8《学校志·庙学》,海南出版社2001年版,第92页。

③　故宫博物院:《乾隆十七年广济县志》卷8《学校志·庙学》,海南出版社2001年版,第96页。

一，其历史可追溯至清末。1901年在广济县劝学所基础上，在南山筹建广济县中学堂，1904年正式开学，定名为广济县文普通中学堂，1912年改名为广济县立初级中学，之后又多次改名，至1998年，定名为武穴市梅川高级中学。除学校之外，还有各类文化馆、文化宫、影剧院等文化设施。

梅川镇佛教文化源远流长。这里是禅宗文化发祥地，禅宗四祖道信诞生于此，素有"蕲黄禅宗甲天下，佛教大事问黄梅"的说法。据县志记载，广济县在古代有"小西天""佛国"之称，县城内到处都是寺庙。如今镇上在四祖诞生日即农历三月初三仍会举办文化庙会，来自武穴本地市民及外地数万游客齐聚于此，览禅宗故里风光，观千年浴佛古井，悟禅宗文化魅力。

## 二 村镇资料

### （一）建筑遗存

目前，梅川镇有各级文物保护单位68处，其中古建筑8处：圣母殿、真武殿、浴佛井、应宿坊、清水港石板桥、福寿井、桑梓园城隍庙、三节桥；古墓葬18处：查季贵夫妇墓、刘天衢墓、饶云梯墓、关皮山墓群、萧光际夫妇墓、司马申夫妇墓、饶之初墓、牛头山墓群、六户山墓群、岳氏墓、夏母胡氏墓、毛辉宪墓、司古塔熊氏墓地、桂树下塆墓群、汤厚孺夫妇墓、汤佳卿夫妇墓、汤金时夫妇墓、郑桂峰墓；古遗址31处：白石山遗址、陈斗山遗址、陈家墩遗址、村堂山遗址、富山遗址、黑牛腰遗址、鸡公垴遗址、刘家榨遗址、矛山遗址、平顶山遗址、涂万山遗址、大山遗址、范家山遗址、王胜下塆遗址、细山林遗址、下徐遗址、向塆遗址、杨家山遗址、周家山遗址、陈文富遗址、司古塔塆遗址、冬瓜山遗址、鹅石山遗址、大垴遗址、大鲁儿林山遗址、喉咙山遗址、乌龟头遗址、宋洼遗址、磨尔山遗址、园山遗址、六户山遗址；近现代重要史迹及代表性建筑8处：蕲广咽喉摩崖石刻、饶汉祥夫妇墓、陈家康旧居、对面山墓地、张其雄墓、梅川水库大坝、涂万塆"文革"标语、朱林下塆"文革"标语；石窟寺及石刻3处：曝月台摩崖石刻、浮渡石摩崖石刻、洗耳泉摩崖石刻。其中，省级文物保护单位有2处：应宿坊、涂万山遗址。其余为市县级文物保护单位。现择要录于下：

浴佛井：位于旧县衙门前，镇南门状元桥旁，今粮管所右侧。相传禅宗四祖司马道信出生时曾用此井水沐浴，原名清净井，县令刘允昌改名浴佛井。民谣云："佛井浴

▲ 浴佛井

佛不浴俗，明日公家更征粟。"①如今谁家生了小孩，家人也从井里打水给孩子洗澡，寄托了人们的美好愿望。

▲ 应宿坊

**圣母殿、真武殿：**位于横岗山顶西侧，上中下排列，据传始建于唐武德四年（621年），明崇祯三年（1630年）重修，后又多次大修，保存至今。圣母殿为前后搭配、左右对称木梁架结构，共5间。真武殿为重檐歇山式砖木架结构建筑，前殿进深9.7米，面阔12米，面积116.4平方米，石柱12个；后殿进深8.5米，面阔9米，面积76.5平方米，8个麻石制成的圆柱状柱础，直径0.35米，高0.2米。顶为穿斗状与抬梁状相结合。

**应宿坊：**明万历年间，为表彰鲁全二塆人才辈出，朝廷恩准赐建功德牌坊——应宿坊。应宿坊为砖石结构牌坊，四柱三门三层，正面高三丈余，宽五丈余，巍然面北而立。匾额正中"应宿坊"三个浮雕大字，苍劲有力。匾额四周嵌有牡丹、蝙蝠、鲤鱼、鹿等浮雕图案，寓意花开富贵、天宫赐福、科举及第、荣登仕途。匾额下方有个斗大的浮雕"福"字，字体温润厚重。四根立柱与横梁交

▲ 鲁全二塆戏楼

会处，都装有一个小托台，上面安置着"文臣""武将""苍松""翠竹"等饰品，寓意出将入相，百代流芳。牌坊每层都置有鱼尾飞檐，顶沿翘角，鳌鱼立尾，气宇轩昂。大门两边石狮踞守，雄健威武。宽阔的广场展现面前，衬托着整座牌坊更加雄伟豪迈。牌坊后"翕如楼"是清代康熙年间建立的一座殿阁式戏楼，由四根圆木柱和两根圆石柱撑起，整座戏楼纯木质结构，台面宽绰，两边设有厢房、阁楼。"翕如"出自《论语·八佾》曰："乐其可知也。始作，翕如也"，既是戏楼的名称，又是建楼的宗旨。牌坊、戏楼两者相互辉映，展示出鲁全二塆悠久的文化底蕴。

**魁星阁：**位于梅川镇南山之顶。魁星，中国古代神话中的神，"奎星"的俗称。自北周建县后，邑人择址南山建魁星阁，其具体年代不详。阁之主体呈方形，攒尖顶，形似印章，示其主宰广济文运。虽屡遭兵焚，然屡毁屡建。自建成起，四方学子辐辏，阁中香火绵延。因年久失修，其状残败，2005年秋，梅川高中筹资于旧址复建此阁，现为梅川高中校史陈列馆。

---

① 故宫博物院：《乾隆十七年广济县志》卷3《地理志·古迹》，海南出版社2001年版，第49页。

**萧光际墓**：位于梅川铜鼓寨山麓，正西向。萧光际，清代中期人，字流芳，号脂香，22岁中秀才，设馆教学，为境内名宿。该墓为土坑墓，直径为10米的圆形，传为墓主生前所筑。墓四周遍立其学生及生前好友所赠石碑数十块，墓前立石碑一块，上书"萧光际偕原配阮继张朱同归葬"。

### （二）历史资源

**道信**：俗姓司马，隋末唐初僧人，世称禅宗四祖。北周大象元年（579年）在梅川设永宁县，禅宗四祖道信之父司马申任县令，次年，道信出生。14岁时，师承禅宗三祖僧璨求法，后继承衣钵，为禅宗四祖。唐武德年间，道信在黄梅县破额山正觉寺传法。唐高宗永徽二年（651年）圆寂，后被唐代宗追谥为"大医禅师"。

**余玠（1199—1253）**：字义夫，号樵隐，南宋名将，出生于今梅川镇吴大村余家垸。史书记载，余玠"少为白鹿洞诸生，常携客入茶肆，殴卖茶翁死"①，遂亡命襄淮，投淮东制置使赵葵幕下。不久，因功"补进义副尉，擢将作监主簿、权发遣招进军，充制置司参议官，进工部郎官"②。南宋末与蒙古军战，多有功。历任直华文阁、淮东提点刑狱兼知淮安州兼淮东制置司参谋官、兵部侍郎、四川宣谕使等职，因抗蒙治蜀有功，曾擢升兵部尚书。南宋宝祐元年（1253年），在与蒙古军战争中因朝廷猜忌而服毒自杀，"蜀之人莫不悲慕如失父母"③。后来，广济县人民为纪念他，建造衣冠冢，墓址在今荆竹乡青蒿村余公林。

**舒其志**：字元渚，梅川人，明万历二十三年（1595年）会试第一。初授行人，两年后升四川参政兼督学，历任江西按察使、江西布政使。后因病归乡，卒年82岁。④

**张仁熙（1608—1691）**：字表仁，一作字长人，生于明万历三十六年（1608年），清初诗人，居梅川藕湾。幼年受父熏陶，11岁能文，有才名。其诗大多反映民间疾苦，针砭时弊。康熙二十三年（1684年）参与修撰《湖广通志》。康熙三十年（1691年）卒，年84岁，著有《藕湾诗集》《雪堂墨品》《日庵野录》等。⑤

**杨际泰（1780—1850）**：字平阶，今梅川镇百园杨家垸人，世代行医。撰有《医学述要》，涉及"医学四诊"、"医门八法"、脉象理论、伤寒、温病、外科、儿科、内伤病、妇产科、五官科以及方药等，是一部颇有实用价值的医学全书。晚年曾撰《告乡民书》，提出吸鸦片有"四耗""十害"，并画有吸鸦片丑态图，附上打油诗一首："鬼是当年人，人是娃眼鬼。若要勤吸烟，便是速求毙。死虽分上下，人鬼是一体。请你看此图，问汝悔不悔？"以此劝乡民戒吸

---

① 脱脱、阿鲁图：《宋史》卷416《余玠传》，中华书局1977年版，第12468页。

② 脱脱、阿鲁图：《宋史》卷416《余玠传》，中华书局1977年版，第12469页。

③ 脱脱、阿鲁图：《宋史》卷416《余玠传》，中华书局1977年版，第12472页。

④ 湖北省武穴市地方志编纂委员会：《广济县志》卷28《人物》，汉语大词典出版社1994年版，第844页。

⑤ 湖北省武穴市地方志编纂委员会：《广济县志》卷28《人物》，汉语大词典出版社1994年版，第845页。

鸦片。不仅如此,还配制出六服戒毒方剂,其治疗效果不错,帮数十万烟民脱离毒瘾,以至民间留下"南有林则徐断绝毒源,北有杨际泰解除病根"的口碑。今梅川镇百园下赵村杨家垸有杨际泰墓。

张其雄(1903—1926):号书仓,广济县(今武穴市)人。1922年加入中国共产党,1923年参加中国劳动组合书记部武汉分部,从事工人运动,积极参加京汉铁路大罢工宣传工作,后因遭捕逃亡上海。1924年入黄埔军校,任第一队中共党小组组长,为中共黄埔特别支部成员。1925年2月,随军东征陈炯明。毕业后先后在教导团连队任党代表、黄埔军校政治部代理秘书。1926年任国民革命军第八军政治部秘书,授少将衔,参与北伐。蒋介石、汪精卫先后发动政变,不得已隐蔽于汉口太古码头地下室,后因病逝世。①

饶汉祥(1883—1928):字瑟僧,又字羼提,生于清光绪九年(1883年),广济县人。早年入日本政法大学,回国后,在福建任学务所视学。武昌起义时回鄂,经彭汉遗引荐入都督府秘书室任职,后晋升秘书长。与总统黎元洪关系密切,一生随黎沉浮。因呈请追赠辛亥起义革命党人官勋、代黎草拟《致京外劝废督通电》《致京外劝息兵通电》而颇得好评。1927年回乡,次年病逝,著有《珀玕文集》8卷、《珀玕诗集》16卷、《珀玕词集》1卷。②

万里(1903—1928):名沛云,生于清光绪二十九年(1903年),梅川镇人。1922年加入中国共产党,1926年回乡与郑美林、杨振国等创办农民协会。1927年2月,去河南建国军官学校学习,后调到广东海丰县任营长。1927年冬被派回广济,任蕲、黄、广三县特派员,负责培训骨干。1928年3月,到黄梅县寻找党组织,住大河铺一家店铺,因店主告密,不幸被捕牺牲。③

汪少剑(1902—1930):又名叟见、德咏,生于清光绪二十八年(1902年),梅川五里村中坡垸人。1925年6月秘密参加革命,不久到龙坪裕昌隆瓷器铺当店员。1926年3月加入中国共产党。1927年8月,中共广济地方组织遭到破坏,汪少剑按组织安排转移到县外暂时隐蔽。1929年6月返回龙坪,参与筹建中共基层组织工作,任中共第八区委书记。此后在中共广济县委领导下积极发动秋收暴动。1930年春参与筹建复兴区苏维埃。同年4月5日,带领赤卫队配合鄂东游击队、广济县大队等中共地方武装攻打龙坪,战斗失利,随县大队去阳新参加整编。整编后,在红八军第四纵队司令部工作,转战广济。同年11月,在广济大金铺执行任务时,因叛徒告密,不幸被捕,遭敌杀害。④

① 湖北省武穴市地方志编纂委员会:《广济县志》卷28《人物》,汉语大词典出版社1994年版,第848页。

② 《饶为市村村志》编委会:《饶为市村村志》,内部资料,2018年,第80～81页。

③ 湖北省武穴市地方志编纂委员会:《广济县志》卷28《人物》,汉语大词典出版社1994年版,第849页。

④ 湖北省武穴市地方志编纂委员会:《广济县志》卷28《人物》,汉语大词典出版社1994年版,第851页。

**杨时若**（1864—1944）：字致中，生于清同治三年（1864 年），梅川杨家垸人。1916 年任广济县中学校长，1924 年调任广济县教育局局长，后辞职。1929 年在本垸创办小学，不收学费。1940 年受聘湖北省第二联中广济分部主任，1941 年任广济县初级中学校长，同年夏因年老辞退，然威望极高。80 寿辰时全县绅商为其祝寿，国民政府监察院院长于右任、司法院院长居正等赠送匾额。①

**居正**（1876—1951）：原名之骏，字觉生，号梅川，自称"梅川居士"。生于清光绪二年（1876 年），广济县人，民国时期"广济五杰"之一。早年赴日本政法大学学习，1905 年加入同盟会，1907 年参与组织共进会，1908 年赴新加坡主持《中兴日报》，与保皇党的《南洋总汇报》展开论战。1910 年与宋教仁筹划中部同盟会，谋划在长江流域发动起义。1911 年 7 月任中部同盟会湖北分会负责人。1912 年南京临时政府成立后任内政部次长，参与《中华民国临时约法》的制订工作。经历二次革命、护国运动，成为孙中山的得力干将，1919 年被孙中山委任为国民党总务主任。孙中山先生逝世后，曾遭蒋介石软禁，和解后被尊为国民党元老，实际徒有虚名。抗日战争时期，随蒋介石迁往重庆，期间多次发文论证中国收回外国领事裁判权的必要性，并积极推动促使 1943 年英、美分别定约废除在华治外法权。1948 年 3 月曾与蒋介石竞选总统，7 月辞去司法院长职。次年 11 月，飞台湾，领评议委员和监察委员虚衔，从事民国史料撰述。1951 年 11 月 23 日夜猝然辞世，终年 76 岁。著有《辛亥亲历记》《梅川日记》《为什么要重建中国法系》《辛亥礼记》《张振武死义事》《梅川谱偈》等，在台北出版有《居觉生先生全集》，在湖北出版有《居正先生选集》②。现在居文胜村旁建有"回龙阁"，是在原址上复建的，阁内牌匾"回龙阁"三字由居正亲手所书。

**居文焕**（1909—1979）：又名炳才，曾化名老万，生于清宣统元年（1909 年），广济县人。1939 年 2 月加入中国共产党，不久任中共蕲广边总支委员。1940 年 3 月，任中共蕲广边县委委员，6 月代理书记。1943 年 3 月至 1945 年 10 月，任蕲广边抗日民主政府县长。1946 年 8 月成立中共蕲广边工委会，任书记，同国民党军队周旋。后奉命转移，1947 年随刘邓大军回到广济，11 月成立中共广济县委会，出任副书记，同县委同志一起动员民兵群众配合解放军攻克武穴。1948 年任鄂豫第五军分区干部大队副大队长。1949 年 4 月梅川解放，5 月建立中共广济县委会和人民政府，出任县长。是年发生水灾，居文焕深入灾区同广大干部一起开展救灾工作，洪水退后又组织民工修复梅济堤。次年 5 月调任县工会主席，兼县农会主席。1951 年 5 月任县公安局局长。1953 年 10 月调沈阳变压器厂保卫科长，1954 年 10 月调武汉师范学院，历任院保卫科长、院长办公室主任、人民武装部部长等职，1979

---

　　① 　湖北省武穴市地方志编纂委员会：《广济县志》卷 28《人物》，汉语大词典出版社 1994 年版，第 859 页。

　　② 　湖北省武穴市地方志编纂委员会：《广济县志》卷 28《人物》，汉语大词典出版社 1994 年版，第 864～866 页。

年4月病逝。①

陈家康（1913—1970）：又名宽、有容，梅川镇陈福禄垸人，鄂东早期资本家陈云山（创建武穴光明电灯厂）之子。曾就读于武汉大学经济系，在校期间接受了马列主义思想。1934年到上海，加入上海左翼社会科学者联盟。1935年12月加入中国共产党，与杨作材等创办《人民评论》周刊，宣传抗日救国。1937年赴延安出席中国共产党全国代表会议及白区工作会议，七七事变后，任周恩来秘书兼英文翻译。抗日战争胜利前曾随董必武赴美出席联合国成立大会。1946年，任中共驻上海办事处发言人，因揭露国民党"假和谈、真内战"的真相，遭国民党军、警、宪、特围攻。1947年3月，回到延安，参加晋西北土地改革，并代表解放区青年联合会赴巴黎参加世界民主青年联合会大会，当选世界青联执委。回国后任职于青委，参加重建青年团的筹备工作。之后又多次赴捷克斯洛伐克、匈牙利等参加世界青年联合会活动。1950年调外交部，参加国际关系五项原则以及关于台湾问题声明等文件的起草工作。后又以中国政府代表团成员身份出席1954年日内瓦国际会议、1955年万隆国际会议。1956年出任中国驻埃及大使、驻也门公使。1965年底奉调回国，任外交部副部长。"文化大革命"时遭迫害，于1970年7月7日因心脏病在湖南茶陵外交部干校去世。1980年彻底平反，恢复名誉。②

### （三）非遗资源

目前公布的梅川镇非物质文化遗产名录中，国家级2项：岳家拳，2008年公布；禅宗祖师传说，2011年公布（该项由黄梅县申报）。省级2项：广济文曲戏，2009年公布；武穴酥糖制作技艺，2009年公布。县市级3项：劳动号子《乐儿嗬》，2014年公布；杨际泰戒毒药艺，2012年公布；佛手山药面，2013年公布。

岳家拳：较为完整流传下来的汉族传统拳术之一，相传为岳飞所创。据岳氏宗谱记载，岳飞后裔在湖北武穴已相传33代，近2000多人。

广济文曲戏：又名"调儿戏"，起源于今武穴、黄梅交界的太白湖区，流行在鄂、皖、赣三省的毗邻数县，是在明代流传下来的"俗曲"和民歌小调基础上逐渐形成的。1937年，广济童司牌程三爱组成文曲戏班，一破男角女扮之陈规，培养了文曲戏第一代女演员，开创了文曲戏的新局面。③

武穴酥糖：初名桂花董糖，相传明万历年间一董姓孝子因母久病不食，将面粉炒熟，混以蔗糖、芝麻、桂花等，其母爱食，不久病愈，后来这种做法被糕点店继承仿制。清道光年

---

① 湖北省武穴市地方志编纂委员会：《广济县志》卷28《人物》，汉语大词典出版社1994年版，第876页。

② 湖北省地方志编纂委员会：《湖北省志人物志稿（第1卷）》，光明日报出版社1989年版，第395～396页。

③ 王若熬：《鄂东地方戏——广济文曲》，载《武穴文史资料（第5辑）》，政协武穴市委员会学习文史委员会1999年出版发行，第266～267页。

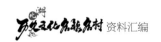
间,改名桂花酥糖,之后由武穴糕点业专营,改为武穴酥糖。①

（整理者：朱晓艳）

**参考文献**

1.黄州府志[M].南京:江苏古籍出版社,2001.

2.故宫博物院.乾隆十七年广济县志[M].海口:海南出版社,2001.

3.陈三井,居蜜.居正先生全集[M].台北:台北中央研究院近代史研究所,1998.

4.湖北省黄冈市地方志编纂委员会.黄冈市志[M].武汉:崇文书局,2004.

5.湖北省武穴市地方志编纂委员会.广济县志[M].上海:汉语大词典出版社,1994.

6.湖北省地方志编纂委员会.湖北省志人物志稿[M].北京:光明日报出版社,1989.

7.罗福惠,萧怡.居正文集[M].武汉:华中师范大学出版社,1989.

8.汤铭.鄂东当代名人录[M].武汉:中国地质大学出版社,1994.

9.中国人民政治协商会议湖北省武穴市委员会文史资料工作委员会.武穴文史资料第2辑[M].政协武穴市委员会文史资料工作委员会1990年编纂发行.

10.中国人民政治协商会议武穴市委员会学习文史委员会.武穴文史资料第5辑双庆专集[M].政协武穴市委员会学习文史委员会1999年出版发行.

11.中共黄冈地委党史资料征集编研委员会办公室.伟大的历史转折——记刘邓大军挺进大别山的战斗历程[M].武汉:湖北人民出版社,1987.

12.中共黄冈地委组织部,等.中国共产党湖北省黄冈地区组织史资料:1922—1987[M].武汉:湖北人民出版社,1992.

13.彭然.湖北传统戏场建筑研究[D].广州:华南理工大学,2010.

---

① 《广济名产武穴酥糖》,载《武穴文史资料(第2辑)》,政协武穴市委员会文史资料工作委员会1990年出版发行,第153页。

# 耕读传家
## ——大余湾

## 一　村镇概述

大余湾地处鄂东,西临滠水河,北枕旧寨山,南距武汉市城区 68 公里,隶属于湖北省武汉市黄陂区木兰乡双泉村,是一个余姓聚居而成的古村落,迄今已有 600 余年历史。大余湾平原与岗地交错,土地肥沃。明清时期,村民生活富足,修建了大量徽式风格的民居,现存 70 余栋。2002 年 11 月,大余湾被列为湖北省文物保护单位。2005 年 9 月,正式被住房城乡建设部、国家文物局评选为第二批"中国历史文化名村",为湖北省首个"中国历史文化名村"。2009 年 12 月,又获得"武汉市十大魅力乡村""湖北省百家旅游名村"称号。2014 年 12 月,被评为"荆楚最美乡村"和"武汉市旅游知名品牌"。2014 年底,升级为国家 4A 级旅游景区。2017 年又获得"武汉市明清风情特色小镇"称号。

大余湾山水秀丽,四面环山,滠水河穿村而过,奇妙的地理位置使得村民视大余湾为风水宝地,有民谣传诵:"左边青龙游,右边白虎守,前面双龟朝北斗,后有金线钓葫芦,中间如意太极图。"村后石山绵延,上有古寨遗迹。传说清咸丰年间,经济富足的大余湾,因处在山

▲ 流过大余湾的滠水河

区向平原过渡的地理位置而常遭匪患,于是,村民利用村后山丘,垒石筑寨,藏粮食,躲匪患,形成了"战时寨、平时村"的格局,现今残存的部分墙垣,尚能反映出当时的格局面貌。

大余湾现有 148 户,356 人,除 3 户甘姓外,其他全部姓余。据《余氏族谱》记载,大余湾是明洪武二年(1369 年)从江西婺源迁移至此的余姓先祖所建。一世先祖余秀三勤俭创业,开启了大余湾"龙传龙人人和人上下五千年,石砌石屋屋挨屋绵延六百载"的发展历史。也有村民认为,古代琴师俞伯牙为余姓祖先,并传岳飞的世系曾到此隐居,故有"俞伯牙先祖发祥地,岳鹏举后昆遁隐村"的说法。

## 二 村镇资料

### (一)历史建筑遗存

大余湾历史建筑丰富,70 余栋明清古建筑布局有序,沿东西向为主街,以广场和稻田为节点,呈组团式分布。这些民居,多采用三合院形制,由三间正房、两厢和天井组成,墙体厚度约 60 厘米,整面外墙刻有纹路细密均匀的滴水线。大门、门洞装砌石门夹,其上均有砖木制的出檐式门楣,遗留着清代手绘壁画逾千幅,外墙角别具匠心,或呈弧形,或呈多边形,或呈锯齿交错状。当地民谣概括大余湾建筑特点为:"前面墙围水,后面山围墙,大院套小院,小院围各房,全村百来户,穿插二十巷,家家皆相通,户户隔门房,方块石板路,滴水线石墙,室内多雕刻,门前画檐廊。"①其中最有代表性的建筑为余氏宗祠、百子堂、德记园、真诚药局等。

**余氏宗祠:**是大余湾人祭祖、兴教育、息讼之地,占地面积 1 万余平方米,三开间五进。由南向北,依次是池塘、照壁。照壁即影壁,用于聚气。照壁里面是广场,开阔而平整,俗

▲ 百子堂

称明堂,相当于大天井。再向北是九级半圆形的台阶,拾级而上进入祠堂的大堂。大堂之后又是天井,天井之后也是大堂,供奉余氏祖宗牌位。其后又有房,一共有五进。整个祠堂的 108 根梁柱十分坚固,石条上有浮雕。祠堂周围有口字形的围屋,把所有建筑连接起来,两层围屋可以住几百人。祠堂中有几个堂匾,其中"亲亲仁民"匾为黎元洪题写。②

**百子堂:**为清乾隆年间大余湾绅士余文生建成,寄望于枝繁叶茂、百子千孙。百子堂位

① 袁红、王英哲:《楚城春秋——荆楚古城文化》,天津大学出版社 2015 年版,第 270 页。
② 王玉德、莫晟:《黄陂大余湾》,长江出版社 2012 年版,第 50 页。

于大余湾中央，占地面积超过 1 万平方米，房舍众多，鼎盛时期达 100 余间。此宅从外面看上去是一个整体，走进去会发现是一个个独立门户，各成一家。让子孙后代都居住在一个大家庭里，而又有各自的独立空间，体现了主人设计上的匠心独具。①百子堂主人崇尚尊孔读书，家族中有多人科举及第。

德记花园：又名德记园，建于清乾隆年间，占地面积 1300 余平方米，其中住宅面积约 1000 平方米，共 10 余间，后花园占地面积约 300 平方米，院内一株超 10 米高的桂花树，已有两百余年树龄。德记主人经营榨坊发家，富甲一方，并热心村中公益事业。②

真诚药局：创办于清同治年间，与村中绝大多数建筑不同，并非坐南朝北，而是坐西朝东。主人祈盼"紫气东来"，打开大门就逢凶化吉。大门的天铺、门托、立门全部采用石材，门上悬挂"真诚药局"原匾，屋内陈设的中药柜古色古香。③真诚药局第一任主人余家炳，擅治小儿科，用药奇验，是远近闻名的"神医"，深受乡民信赖。

## （二）历史人物资源

大余湾自一世祖余秀三开创基业以来，"依官继世十三代，忠厚传家六百年"，盛行读书之风。余氏先民在宋朝有过"一门三太守，五代四尚书"的辉煌历史。迁徙至大余湾后，明清两代，村里出过 100 多位秀才、进士，近现代还诞生了著名教育家余家菊、棉花专家余传斌等百余名学者。除潜心读书致仕外，大余湾手工人家亦有不少，诸如民间雕匠、画匠、石匠、木匠、窑匠等，特别是制

▲ 德记花园

▲ 真诚药局

▲ 大余湾古村落博物馆

①②③ 引用自大余湾古村落博物馆。

陶窑匠较多,远近闻名,曾有"十汉四窑匠"之说。

余学庸(1873—1926):学名作相,字定候,生于清同治十二年(1873年)。他天生神力,时人形容其"二目有神,手臂肌肉凸突,两腿粗壮如柱,稳如泰山,静如立佛"。清光绪十三年(1887年),年仅14岁的余学庸以邑首入武庠,应试那天耍大刀时,刀不慎从手中滑落,他急中生智,抬脚踢起即将坠地的大刀,并伸手迅速重新抓住。考官们以为这是精心设计的一招,下场后追问招式名称,余学庸苦笑编了个"浪子捡柴"的名称,实际刀已伤及脚背,鞋内渗出一大摊血。入武庠后,余学庸以武生奏请把总,但没有赴任。

余学庸家境富裕,其父经营多种行业,其中永兴福号铺屋由余学庸经营。父亲去世后,余学庸扩大了当铺生意,在王家河开办同昌典当铺,村民都称呼他为"当铺家的"。民国初年,余学庸转做河南明港到汉口之间的黄豆买卖,生意红红火火,甚至自备有商船,家业不逊其父。1925年,明港遭遇匪患,某商人串通货栈老板,暗将损失划归余学庸名下。生意遭受重创,余学庸忧虑成疾,次年含恨离世。①

余家菊(1898—1976):字景陶、子渊,中国近代著名的教育家、思想家、社会活动家。其主要著作有《国家主义的教育》《国家主义概论》《孟子教育学说》《孔子教育学说》《荀子教育学说》等。

1919年,余家菊毕业于武昌中华大学,其后在长沙第一师范任教,并经王光祈介绍加入中国少年学会,常在学会机关刊物《少年中国》上发表文章。次年考取北京高师研究生,开始翻译西方哲学著作。1921年入伦敦大学学习心理学,1923年转爱丁堡大学攻读哲学,同年与李璜合著《国家主义的教育》,提出"收回教育权"口号,鼓吹国家主义。1924年夏,余家菊回国,任武昌师范大学哲学系主任。次年进入中华书局,并加入中国青年党,任《醒狮周报》教育专刊编辑。1926年在南京东南大学任教,此后到北方各地宣传国家主义。1928年余家菊在沈阳私立冯庸大学教国文,主编《东三省民报》副刊。1935年任北平中国大学哲学系主任。第二次国内革命战争时期系青年党党魁之一。抗日战争胜利前后,余家菊曾任多届国民参政会参政员、国民政府委员、总统府国策顾问。1947年去台湾,1976年在台北病逝。②

余传斌(1913—2002):我国知名棉花专家,曾培育多款优良品种。由于家境贫困,余传斌早年在武汉大学一边当扫地的校工挣取学杂费,一边在该校农业简易班学习,因在考试中取得全校第一的好成绩,被收为正式学生,1937年毕业。

余传斌就读于武汉大学农业班时,曾与李竞雄等从事水稻育种。抗日战争全面爆发后,他一直在四川农改所稻麦改良场和泸县试验分场任技佐、技士。1949年前后,又在湖北省徐家棚棉场任技师,曾兼任武汉大学农学院、湖北农学院讲师。1953年后,在湖北省

---

① 宋海东:《大余湾故事集》,内部资料,2011年,第59～60页。
② 黄陂县县志编纂委员会:《黄陂县志》,武汉大学出版社1992年版,第533页。

农业综合试验站、湖北省农业科学研究所和湖北农科院任技师、副研究员、研究员及经济作物系副主任、主任、棉花研究所所长,先后育成鸭棚棉及鄂棉 2 号、4 号、6 号等优良品种,为促进棉花的高产、优质做出了贡献。余传斌著有《棉花良种繁育方法》《棉花杂交组合遗传变异》《棉花杂交优势利用》等著作。1956 年余传斌获湖北省劳动模范称号,1978 年获全国科技大会奖,1984 年获国务院政府特殊津贴,1985 年获国家科技进步一等奖。曾任第三届、第五届全国人民代表大会代表、湖北省棉学会理事长、中华棉花学会常务理事,并受到周恩来总理接见。2002 年,余传斌因病去世,享年 89 岁。[①]

### (三)非物质文化遗产

#### 1.民间传说

**定居大余湾**:明洪武年间,一群风尘仆仆的男女从江西婺源出发,翻山越岭行至木兰川下,眼前层峦叠嶂,已是山重水复疑无路。正当大家迟疑之际,眼前的山坡忽然退去,溪边的矮林变成绿草,一片开阔平坦的坡地呈现在他们眼前。行走在队伍最前列的老人摘下斗笠,蹲在溪边,双手捧着溪水连喝几大口,起身时不住地夸奖:"这水好啊!"他昂首北望,只见翠峰如簇,晚霞如幻,葱郁的小山包如同挂在一条金索上的葫芦串。"这是个金线钓葫芦的地方。"老人开心地大声说。老人身旁的一位汉子上前道:"二哥,这地方真不错,我们就住在这里吧?"老人并不急于表态,指示汉子道:"老三,你熟读《周易》,精于卜算,你现在就为这个地方卜一卦吧。"汉子从容地卜了一卦,卦象让他露出欣慰的笑容:"确实是块风水宝地。二哥,我们不用往他处寻找了,余家大可在此繁衍生息。"老人点点头又摇摇头,笑道:"这么好的一块地,将来用作种稻子再好不过。可远水解不了近渴,稻子并非一天两天就能长出来。我想我们余家不妨先在这附近寻一野兽出没的山岭住下,以狩猎为生。待扎下了根,余家再来此定居也不迟。"

这位老人名叫余秀二,身旁的汉子是他的弟弟余秀三。于是,兄弟二人带领余氏家族定居在大余湾附近的豹子岩下。几年后,豹子岩的飞禽走兽已经不能填饱余氏家族的肚子,余秀三主动提议:"再这么过下去,余家人就都没饭吃了。我们这一支不妨迁出豹子岩,自谋生路。"于是,他带领一家老小迁徙到木兰山下,至今还有人将大余湾直呼为"余秀三",把人名当作地名用。至于余秀二这一支人,在若干年后迁往武昌,与余秀三的后裔失去联系。

**葫芦盛香火**:大余湾的风水格局冠绝天下,素有"左边青龙游,右边白虎守,前面双龟朝北斗,后有金线钓葫芦,中间如意太极图"之称。如此风水宝地,可谓得天地之灵秀,承天接地,弥漫着天子之气。然而,玉帝和王母存有私心,并不希望人间的皇帝诞生在此,密令地仙斩断大余湾的龙脉。观音菩萨闻讯,驾祥云直奔灵霄殿,指责此举违背天理。玉帝有愧于心,下旨让这个村子的人世世代代大富大贵,福禄双全。于是,福、禄、寿三仙一起

① 中外名人研究中心:《中华文化名人录》,中国青年出版社 1993 年版,第 536 页。

在大余湾之北的木兰山上抛下一颗葫芦种子,葫芦藤一直绵延到大余湾的靠背山上,结下五个葫芦。那葫芦盛装着"五福",也就是"富贵、长寿、康宁、好德、善终"。

却说葫芦种子刚落在木兰山上,便瑞气凌空,霞光万道。有一位道长和一位高僧恰好结伴云游到这里,见状都认定木兰山是一方神仙福地,于是广募钱粮,大兴土木,在山上修建了一座座道观和寺庙。自此,木兰山年年香火旺盛,而其中一半的香火都顺着葫芦藤装进大余湾的五个葫芦里,让这个村子世代安康,富甲一方。

**神蟹犯天条:**大余湾有句俗语——"晒米石,垒子石,螃蟹挟天"。传说远古时候,有一只母天蟹不守天规,挥舞巨螯把天抓破了一块。女娲娘娘大为震怒,要求玉帝将这只母蟹和她的三个儿子打入凡尘。玉帝将天蟹降落地大余湾旧寨山划地为狱,上不沾天,下不着地。

三只小天蟹都是孝子,不愿见母亲受苦,日夜以泪洗面,祈祷苍天宽恕。长子首先爬到山头上悲鸣哀求,但因母天蟹所犯天条太重,女娲娘娘不肯答应。为了离天更近一点,泪眼婆娑的次子爬到长子的身上朝天哀求,还是得不到任何回应。最后伤心欲绝的三子又爬到二子身上哀号,女娲娘娘依然无动于衷。三只小天蟹凄厉的喊声响彻云霄,惊扰了众仙。奉玉帝旨意,托塔天王施展仙术,将最上面那只小天蟹变成一只鳄鱼,逼迫它要么吞食掉自己的一对兄弟,要么和兄长一起化作山石。这只最小的天蟹不肯骨肉相残,仍然不住地呼喊,直到声嘶力竭,最后和兄长都变为石头,也就是今天的垒子石。见过垒子石的人都说,下面那两块石头神似螃蟹,而上面的一块更像一只鳄鱼,而且眼角边似乎还在淌眼泪。

垒子石旁边的那几块大石头,就是母天蟹的壳,上面可以晒糍粑、豆豉、豆丝、萝卜和米。每年春节前,"螃蟹壳"上面晒满了冻米和年豆豉,大余湾人都叫它"晒米石"。村民说蟹螯抓破了天,仙气下泻,泻到"螃蟹壳"上,把在这里晒过的粮食挑回家,也就把灵气带回了家,把五谷丰登的希望带到来年。

**清水奔西流:**大余湾流淌着一条长达两公里的清水河。自古一江春水向东流,清水河却是一湾清水向西流,汇入滠水河,让人称叹艳羡。

传说很久以前,这一带猛虎恶龙肆虐,十里无人烟。女英雄木兰在木兰山拜师学艺后,决心驱虎除龙,让老百姓安居乐业。木兰虽有一身本事,却只能降服地上的猛虎,拿水里的恶龙全无办法。于是她跋山涉水,到东海邀请小龙女助阵。

小龙女来到木兰山,帮忙降服了恶龙,被驯服的龙虎化作大余湾一左一右两座山,"左边青龙游,右边白虎守",成为村子的守护神。

木兰与小龙女此时已经情同姐妹。小龙女不肯与木兰分离,更不想离开美丽的木兰

---

① 宋海东:《大余湾故事集》,内部资料,2011 年,第 1～4 页,第 55～57 页。

山。可是,东海龙王下旨命她速速返回龙宫,否则严惩不贷。她不得不与木兰挥手道别,一路频频回首,淌下串串伤心的泪水,最终汇成这条自东向西流的清水河。①

**2.民风民俗**

余氏家族在大余湾定居六百年,勤俭度日,耕读传家,留下了独特的民风民俗。

告祖礼:为明清时期流行全国各地的汉族祭祀风俗,每年清明节、中元节以及嫁女、娶亲,大余湾人都要举行告祖仪式。届时要在堂屋神龛前摆上酒席供果,点燃香烛,鸣炮奏乐,由四位礼宾喊礼,宣读告文,以示对祖先的崇敬和怀念。①今天,余家祠堂仍延续传统,每次祠堂祭祖时,长者们都讲文言。如族长问:"诸事齐备否?"执事回答:"妥矣。"祭祀时,奏大乐与细乐。乐曲有不同的名称,如"凤点头",其音乐节奏就像是凤一叩一叩发出的声音。②告祖礼在大余湾的保持和流传,展现了大余湾村民恪守传统道德的作风。

元宵舞龙灯:在大余湾,元宵节的主要活动是舞龙玩灯,这不仅是一场娱乐喜庆活动,还包括对年成的祈祷、祝愿。元宵节玩龙灯时,龙灯扎好后要举行开光仪式,起舞之前要祭龙神、拜祖坟,绕行村子时必须先在辈分最高的人家门前舞,然后依地势高低、水势流向,到各家各户门前舞灯。各家各户在门前摆好香案,陈设贡品和香烛,在龙灯到时向舞龙者敬烟,在舞的时候还必须鸣放鞭炮。舞龙不仅要舞,而且要讨"口彩"——舞龙的带队者要在舞到的每一家门口说出吉祥话。村民认为,凡是龙经过的人家,都会一年平安吉祥,这与鄂东地区早期流行的巫傩术有异曲同工之妙。舞龙玩灯的气氛相当热闹,大大超过了除夕和初一,村民认为"年小月半大",元宵舞龙有送年的意思。③

讲善书:善书是一种说唱结合的曲艺种类,清乾隆年间正式形成,主要流行于长江流域。讲善书形式简单,易于继承。善书初为一人宣讲,后发展为多人同台宣讲。多人宣讲时,有"主案"与"宣词"之分。主案重说讲,自始至终说讲故事,宣词说兼唱,随主案人诠释故事情节,分扮各种角色上场或退场。讲善书有问有答,有讲有唱,通俗易懂,深受村民喜爱。善书曲目取材于官府判定了的案情故事者谓之"案",取材于民间故事者谓之"传"或"书"。现在仍流行于大余湾的传统曲目有《四下河南》《猛回头》《蜜蜂记》《生死牌》等。

喝插秧酒:大余湾人把插秧首日当作节日来过。插秧日的下午,每家都要做一餐丰盛的酒食犒劳农夫。小孩子们虽然不能享用酒食,但每人可分得咸鸭蛋一枚。④

偷青节:当地六七月间有偷青节,园中瓜果人人可偷,园主可防盗而不得捕盗,被盗而不得骂盗。纨绔公子每出而盗瓜,盗得则大锣大鼓赠给盼望得子的妇女,受赠人必须笑而受之。⑤

晒书:大余湾人耕读传家,村民无论男女老幼多能背诵《木兰辞》《满江红》等诗词,村

---

① 叶大兵、乌丙安:《中国风俗辞典》,上海辞书出版社1990年版,第722页。

②④⑤ 引用自大余湾古村落博物馆。

③ 王玉德、莫晟:《黄陂大余湾》,长江出版社2012年版,第73～77页。

内至今保留"晒书"习俗,在每年农历六月的晴好日子里,各家各户将私藏的古老典籍、字画和书信拿出来晾晒,以防霉变。

(整理者:路彩霞,许亚静)

**参考文献**

1.黄陂县县志编纂委员会.黄陂县志[M].武汉:武汉大学出版社,1992.

2.宋海东.大余湾故事集.内部资料,2011.

3.王玉德,莫聂.黄陂大余湾[M].武汉:长江出版社,2012.

4.湖北省地方志编纂委员会办公室.湖北名村[M].北京:中国和平出版社,2016.

5.大余湾古村落博物馆馆陈资料.

# 诗与史的记忆
## ——杏花村

### 一　村镇概述

杏花村位于湖北省东部,隶属麻城市歧亭镇。古诗"清明时节雨纷纷,路上行人欲断魂。借问酒家何处有? 牧童遥指杏花村"道出了杏花村的神秘与盛名;民谣"三里桃花店,五里杏花村,店中有美酒,村中有美人"传唱着杏花村的淳朴与美好。光黄古道穿村而过,迁客骚人多会于此,杏花村成为承载历史的一个平台,历经千余年而不绝。如今的杏花村,更是依托有利的历史文化资源,大力发展乡村旅游,以实现对历史文化的创造性转化和创新性发展。

关于杏花村,《麻城县志前编》上载:"杏花村在歧亭,有杏林、杏泉,陈季常隐居处,该旁为苏步桥。"[1]清人王元士作的《歧亭古迹考》中也提及"陂北三里有杏花村,即方山子隐居处"。清人胡铉的《歧亭杏花村记》中也说"歧北三里许有杏花村,陈季常隐居处也"。而今根据官方数据,杏花村在歧亭镇北五里处,与新洲、红安为邻,是麻城的南大门。

杏花村地形以低山丘陵地貌为主,间杂多种地貌类型,地势西北高东南低,有山地,如九螺山、知青山、丫头山、李家山,也有沟谷盆地、丘陵等。杏花村属亚热带大陆性湿润季风气候,江淮小气候区。光照充足,热量丰富,降水充沛。

杏花村的聚落比较分散,一共有 26 个自然垸,但整个村庄建筑风格统一,独具匠心。村依小山傍清泉,古柏苍松常青叠翠,有银杏林、桃杏林、油茶林、松树林等,田园风光秀美宜人。村南杏花湖水光潋滟,湖西九螺山钟灵毓秀,一山一水无不称奇。这里背依翠屏,良田沃野,山环水抱,青砖瓦舍,林木滴翠,流水潺潺,白鹭欢歌。置身于此,只觉水在村中,村在山中,山在林中,林在鹭中,美不胜收,令人心旷神怡。

杏花村文化底蕴深厚,历史遗迹犹存。有《清明》诗[2]中杏花村的传说,有苏轼、陈季常交游的文坛佳话,也有于成龙剿匪揖盗、教化安民的故事,还有杏花古刹、丫头山传统村落、陈恺、张憨子和甘望鲁三名士墓、杏花古井、东坡桥、方山亭、宋贤祠、忠节祠、清端祠、

---

① 余晋芳:《麻城县志前编》卷一《疆域·古迹》,1935 年铅印本,第 31 页。

② 关于《清明》诗,其作者是否为杜牧至今存疑,学界尚无定论。因而歧亭杏花村也只是一种传说,还有待进一步的考证。

杏花书院、陈慥(季常)故居等遗存,杏花村的历史光辉带给人们无尽的遐想。

2007年,麻城市委、市政府将杏花村作为建设武汉城市圈旅游服务基地的重点项目之一纳入麻城市旅游板块建设项目,积极发展文化游、生态游、观光游、寻根游、农家游等旅游形式。2008年12月,杏花村被评为黄冈市首届"十大秀美乡村",2009年11月,被评为第二批"湖北省社会主义新农村建设示范村"。2009年12月,杏花村景区顺利通过了国家AAA级旅游景区验收。2011年被湖北省评为宜居村庄。2012年2月,被评为湖北旅游名村。2013年,被评为湖北省生态新村。2014年3月,被住房城乡建设部、国家文物局评为第六批中国历史文化名村。2015年麻城市进行行政村合并,丫头山村、杏花村、郭家大垸村合并为杏花村。2017年因基础设施破旧等原因被责令摘掉AAA级旅游景区的牌子整改,经过一年多的改造升级,杏花村的公共服务基础设施得以进一步完善,景区恢复正常运营,并于2019年1月25日重新被评为国家AAA级旅游景区。

## 二 村镇资料

清人胡铉曾作一篇《歧亭杏花村记》,摘录如下:

> 宋元嘉时,有赤亭,无歧亭,说者谓歧即赤之讹,都不可考。按《九域志》,歧亭有废县,而坡公亦作歧亭诗赠故人陈慥,则歧亭之名由来久矣。

> 歧北三里许有杏花村,陈季常隐居处也。季常洛阳人,好宾客,喜声妓,号龙丘居士。少与子瞻友善,后侨寓歧。元丰初,坡公守黄,过歧亭,季常谒焉。越明年,复相见于村中。村多佳致,绕篱植红杏数十株,每杏林花发,落英满地,好鸟嘤鸣,春山淡冶命如笑,林外流泉淙淙,循檐下溜,空碧澄鲜,红潮掩映,似为西子洗妆。行数步,风漪岩漾,长虹卧波,则苏步桥在焉。当是时,溪山净秀,花木明瑟,微飙侧侧,从绝壁下吹垂杨矮屋间,令烦襟顿洗。彼两人隐囊纱帽,把酒淋漓,浩歌相赠答,视世之俗吏催租,抱一部鱼鳞册子,夜打柴门,殊令人作恶矣。

> 共西窗剪烛,胜会难常,往哲人遥,墓木半拱,于今不知有宋,又安问杏花村!都人士当酒阑花谢,每乐寻古人轶事。惟是怅望九螺榻、悬崖碑,差得见张憨子遗迹。独之步孤村,拜狂先生墓,求所谓"环堵萧然"者,杳不可得,但留兔葵燕麦,摇动春风,未免感慨系之。季常死后数百年,而有清端于公鸠工庀材,墓侧建"宋贤祠",祀陈先生。上雨旁风,蔽亏阴翳,令士子辈篝灯兀兀,杂诵篷庐,俾岁时伏腊,追奠前贤,依依如觌面语。季常虽化为异物,吾知真诚所感,其精悍之色当往来村烟暮霭中,谅不与枯木残花同归渐灭也。

嗟乎！莫为之先，虽美弗传。杏花村不过弹丸地，何眉山过于前，清端祠于后？徒以有吾季常耳。然则非季常有赖杏花村，亦村赖有季常也，而歧亭遂与村俱远矣！

文章说的是杏花村里的名人故事，杏花村因为陈季常而声名大噪，以至后来"歧亭遂与村俱远矣"。这是一份极为珍贵的历史资源，我们一定要守护好。

### (一)建筑遗存

**杏花古刹**：原名杏林寺，唐初由本荣禅师所建。现存的杏花古刹是麻城市佛教协会副会长、武汉归元禅寺已故住持昌明法师的弟子悟正大法师于 1993 年在其旧址上重建的，整个古刹占地面积 4000 余平方米，主体建筑分前后殿两重。前殿为天王殿，殿里供奉有弥勒佛、韦驮菩萨和四大天王，两侧为罗汉堂，供奉的五百罗汉神态各异，栩栩如生。后殿由大雄、大慈、大愿三大宝殿组成，殿堂里面供奉着佛祖释迦牟尼、四大菩萨和十八罗汉等佛像。

杏花古刹多次毁于兵灾，多次重修。相传乾隆皇帝下江南时，沿光黄古道游杏花村，见满山杏花怒放，花香袭人，观村中宋贤祠，感叹历代众多贤良，欣然提笔为古庙题写了"杏花古刹"四字，后刻为石匾悬于山门之上，并定之为国庙。自此，杏林寺香火愈发鼎盛，于是后人称杏林寺为"杏花古刹"。1985 年 2 月 6 日被公布为第一批麻城市重点文物保护单位。

▲ 杏花古刹

▲ 丫头山古村落

丫头山古村落：从空中俯瞰宛如"马蹄形"，构筑出"流水穿村过，小溪横桥梁，出门到田间，观鱼清水塘"的幽深图画。村中古民居坐西北面东南，依山而建，鳞次栉比，古老幽深。全村古民居中，有明代建筑 2 栋，清代建筑 58 栋，民国建筑 24 栋，占地 25654 平方米，建筑面积 11876 平方米。目前，保存较完好的是明末清初的龚氏家族老宅及院落。就连20 世纪 80 年代村民改建的民居也保存着古宅的风韵。这些明清古建筑、古民居多为砖木混构，穿斗与抬梁木构架，大多为一进三重门的天井式建筑，中为厅堂，两侧为室，各进分设槽门、中门，前进天井二侧饰镂空花砖看墙，各进前后檐饰卷棚和望板，正脊饰斗拱，浮雕龙状挑尖梁。横屋二、三进之间以影壁式镂空花墙隔断。外墙以石条砌基座，大青砖到顶，屋面覆以小黑瓦。山墙多为人字形，大宅正门多开在山墙，墙头檐角各不相同，既有独立个性，又整体和谐。一些民居门旁有联，门楣上的刻画装饰祥和洋气，门楣有"书香门第""福禄寿禧""书香世家"等字样。这些联匾皆有来历，大多与主人的身世、家族的荣显及撰写人的祝愿相关，内涵丰富，意境深远。窗棂间镶嵌雕刻的人物、鸟兽、虫鱼、神鹿、凤凰、花卉等图案，可谓独具匠心。这些古民居建筑装饰质朴简洁，风格明快，工艺精湛，有很高的历史文化价值与建筑艺术价值。

陈慥墓：墓封土底径约 3 米，残高 1 米左右。陈慥，字季常，号方山子，陕西长安人，隐士，晚年沿着光黄古道来到杏花村并隐居于此，死后葬于杏花村杏花古刹后山冈。1935 年《麻城县志前编》卷十五《杂志·丘墓》载，"宋隐士陈慥墓在县西南歧亭镇之杏花村。异人张憨子墓在杏花村，附陈慥墓左，相传为张虚塚。元名儒甘望鲁墓在杏花村，附陈慥墓右"。①陈慥墓于 1985 年 2 月 6 日被公布为第一批麻城市重点文物保护单位。

**杏花古井**：即杏泉，又称杏花泉，位于杜牧广场的入口处，泉水清澈甜爽，终年不绝。唐宋时期，村民皆以此泉水酿酒，味道十分甘美，在光黄古道上风靡一时。苏轼在《歧亭五首》第一首中称之为"鹅黄酒"，在《歧亭五首》第四首中赞之为"酸酒如蓠汤，甜酒如蜜汁"。民谣中的"美酒"即为此酒。杏花泉自此声名远播，流传至今。

**东坡桥**：在今杜牧广场旁，又名"绿杨桥"。据说一次苏东坡夜访陈季常，醉而宿此桥，醒后作诗一首，因诗中有"解鞍倚枕绿杨桥"而得名。后人都称之为"东坡桥"。2008 年 3 月在其原址上恢复重建，作为连接杜牧广场与杏花古刹的人行通道。

▲ 东坡桥

杏花古刹旁有圆形池塘一口，两侧都与溪渠相通。相传为历代僧侣及游客放生之用，故称之为"放生池"。池中有土墩一个，相传陈季常曾建亭于此，苏轼每次来访，都要相邀至此对弈抚琴，饮酒赋诗，谈经论佛，因时人称陈季常为"方山子"，故称此亭为"方山亭"，原亭已毁于兵灾。2008 年 4 月 24 日，麻城市首届杜鹃文化旅游节杏花村开村发布会隆重举行，全国政协委员李小琳亲临现场并为杏花村牌坊揭牌，因见杏花村及周边环境十分秀美，当即赋诗一首："歧亭路遥知天边，杏花如梦醉流年；若得大爱驻心头，人间此境不羡仙。"

▲ 李小琳诗作

**宋贤祠**：康熙八年（1669 年），于成龙因功迁黄州府同知，镇守歧亭。在歧亭任职期间，于成龙十分注意兴学重教，他不仅修建了宋贤祠，还在陈季常读书的旧址上修建了杏花书院教化百姓，并亲自讲学。现存的杏花书院是 2009 年 4 月在于成龙所建书院的原址上恢复重建的。

《麻城县志前编》载："宋贤祠在歧亭北二里许，祀宋之陈季常也，地名杏花村，季常墓在焉。清康熙中，歧亭同知于清端公建，咸丰中遭兵焚，己未岁重修，又于侧增建忠节祠，

---

① 余晋芳：《麻城县志前编》卷十五《杂志·丘墓》，1935 年铅印本，第 16 页。

以祀李忠武公续宾并在事之殉难者。"①并有《歧亭重建宋贤祠并建忠节祠记》，其文曰：

古赤亭地，后为歧亭，在光、黄之交，为守淮要镇。

当宋神宗时，中原无事，有世家杰士陈公季常先生常隐居于此，称方山子。初射猎山中，意气甚壮，久之，乃益韬晦，唯啸歌自娱。苏文忠与旧，故迁谪黄州，访之于歧下杏花村，大异之。其生平，盖怀文武才略，不得用于世，竟以隐终，没后即葬于是村之山，原碑石至今存焉。我朝康熙癸丑岁，于清端公官歧亭司马，始与士流为之建祠于墓前。以方山子由文忠而传，祀陈必兼祀苏，故颜曰"宋贤祠"，清端常讲学其中云。

清端后数十年，有邱公名赐书者，来丞歧亭，复为培植其墓木，修葺其祠宇。居民思清端之德，即祠中祀清端，至今又历百余年矣。前此已久不治，近年遭粤寇之扰，并颓垣敝甓而无存。幸清端与后司马之遗碣尚卧荒烟蔓草间，今署司马王子省三别藓濯泥而读之，怦然动中，与士民谋修复，皆同声称愿。省三且谓众曰："光、黄间多气节之士，自粤逆扰黄，一时义旅所聚，如赴私斗，虽妇女亦皆晓然于死生轻重之故，而无所于避。幸迪庵李公扫荡丑类，廓清全黄，方庆更生。而戊午之春，贼复由间道窜入，旬月之间，麻城、黄安相继告陷。维时李公克复九江，复亲率一旅之师，以再造此二邑民。宜二邑之民，于公三河殉难后，迄今感泣思念而不能忘也。记曰：'能捍大患则祀之，以死殉事则祀之。'曷于旧址三楹外增建忠节祠，以祀李公及在黄死节诸公，而以麻、安之死于寇者附祀焉。"绅民更莫不慨然以并举为当者。遂集资鸠材，兴工于己未年三月，而于九月望日藏厥成焉。后之人绍清端之迹而崇宋贤，推清端之意而劝忠节，常则效而修明之用，以示向方、善风俗，则今日之举，其感发兴起，于人心风俗岂浅鲜哉！

省三于千里外驰书请记其事，遂为之记，使锓诸石。

咸丰九年十月刑科给事中会稽宗稷辰撰

署歧亭同知山阴王震立

## (二)历史资源

杏花村历史资源十分丰富，传颂最多的就是苏轼与陈季常在杏花村的文坛佳话。北宋元丰二年（1079年）在湖州太守任上的苏轼因"乌台诗案"而坐罪下狱。出狱时，苏轼得到的是被贬黄州的通知。元丰三年（1080年）正月朔日，苏轼离开京师动身前往黄州，至正月二十四，苏轼来到了歧亭镇北，据苏轼作《歧亭五首》诗序称："元丰三年正月，余始谪

---

① 余晋芳：《麻城县志前编》卷二《建置·坛庙》，1935年铅印本，第13页。

黄州。至歧亭北二十五里山上,有白马青盖来迎者,则余故人陈慥季常也。为留五日,赋诗一篇而去。"两人就在这里相遇了,随后苏轼同陈季常去了后者在杏花村中的住所,在贬谪途中和故人相聚也算是一种宽慰。

苏轼在《方山子传》中写道:"方山子,光黄间隐人也。少时慕朱家、郭解为人,闾里之侠皆宗之。稍壮,折节读书,欲以此驰骋当世,然终不遇。晚乃遁于光黄间,曰歧亭。庵居蔬食,不与世相闻。弃车马,毁冠服,徒步往来山中,人莫识也。"方山子就是陈季常,因他所戴的方形帽子高高凸起,很像古代方山冠遗留下来的样子,就唤为方山子。方山子本来"世有勋阀,当得官,使从事于其间,今已显闻。而其家在洛阳,园宅壮丽,与公侯等。河北有田,岁得帛千匹,亦足以富乐"。但当苏轼至季常家中时却是"环堵萧然,而妻子奴婢皆有自得之意"。这不禁令苏轼颇为惊叹。苏轼在杏花村陈季常处停留五日方才离去,于元丰三年(1080年)正月三十动身往黄州赴任。

在之后的时间里,苏轼与陈季常之间互有多次相聚。据载,苏轼到杏花村访陈季常就有三次,分别在元丰四年(1081年)正月游山中寺庙、元丰四年十一月与淮南西路提点刑狱李公择于杏花村静庵聚首、元丰五年(1082年)隆冬时节拜会明操禅师。这期间留下了许多诗集和传记,如《歧亭五首》《临江仙》《寄吴德仁兼简陈季常》《方山子传》《陈公弼传》等,都传为文坛佳作。至元丰七年(1084年)正月,宋神宗钦颁手札,量移苏轼至临汝(今河南汝州市)团练副使,本州安置,不得签书公事。四月,诏下黄州。从元丰三年正月上任,至元丰七年四月离任,苏轼在黄州四年又三月,正是这一段经历,给杏花村留下了传颂千年的历史话题。

《麻城县志前编》卷十《耆旧·隐逸》还记载了两位隐士。"张憨子,隐居九螺山,自称九螺山逸人,东坡志林所云:'黄州故县张憨子,行止如狂者也。'熊吉赞云:'内史之憨,以闲其君,惟子之憨独成其身,龙德而隐,今鲜其人,九螺之山因子益名。'王翊,建桃黄庵,自号桃黄山人。熊吉赞云:'桃黄之庵中有隐君,尸居蔬食,抱朴含真,匪道曷依匪,善休行无怀之民、葛天之民。'"①这两个人物,苏轼在访陈季常时,都曾与他们有过交集。

在《苏东坡全集》中还收录有《张先生》一诗,写的就是张憨子。其诗曰:先生不知其名,黄州故县人,本姓卢,为张氏所养。阳狂垢污,寒暑不能侵。常独行市中,夜或不知其所止。往来者欲见之,多不能致。余试使人召之,欣然而来。既至,立而不言。与之言,不应;使之坐,不可。但俯仰熟视传舍堂中,久之而去。夫孰非传舍者,是中竟何有乎?然余以有思维心追蹑其意,盖未得也。诗曰:熟视空堂竟不言,故应知我未天全。肯来传舍人皆说,能致先生子亦贤。脱屣不妨眠粪屋,流溅争看浴冰川。土廉岂识桃椎妙,妄意称量未必然。②

---

① 余晋芳:《麻城县志前编》卷十《耆旧·隐逸》,1935年铅印本,第55页。

② (宋)苏东坡:《苏东坡全集》(注译本),燕山出版社1997年版,第1235页。

对于王翊,苏轼也曾写过《王翊救鹿》和《书桃黄事》两篇小文。《麻城县志前编》中记载:"歧亭有王翊者,家富而好善。梦于水边,见一人为人所殴伤,几死,见翊而号,翊救之得免。明日,偶至水边,见一鹿为猎人所得,已中几枪。翊发橐以数千赎之。鹿随翊起居,未尝一步舍翊。所居后有茂林果木,一日,有村妇过林中,见一桃熟而绝大,独在木杪,乃取而食之。翊适见,大惊。妇人食已,弃其核,翊取而剖之,得雄黄一块,如桃仁,吞之甚甘美。自是断荤肉,斋居素食,不复杀生,亦可谓异事也。"①

这两则故事都是村中的异事,因苏轼访杏花村陈季常而被记载,并见于史籍得以传扬,也为杏花村的历史增添了几分趣味。

### (三)非遗资源

**麻城花挑**:大别山是民间歌舞的发祥地之一,至今保留了民间歌舞的基本特征,产生了一系列精品歌舞表演形式,形成了独树一帜的表演风格。麻城花挑历史悠久,以花挑、锣鼓、唢呐及二胡等乐器为代表,配以山歌短调。麻城市歧亭镇杏花村是麻城花挑的起源地,目前麻城花挑流传于整个麻城市及大别山地区。1956 年麻城花挑赴京参加全国首届民间歌舞会演,并作为优秀节目进入中南海为中央领导作专场演出。1978 年麻城花挑表演者作为群众演员参加电影《吉鸿昌》演出。2007 年麻城花挑被评为湖北省非物质文化遗产。

**河东狮吼**:根据宋代洪迈《容斋随笔》三卷记载,河东狮吼源于苏东坡诗句——《寄吴德仁兼简陈季常》:"龙丘居士亦可怜,谈空说有夜不眠;忽闻河东狮子吼,柱杖落手心茫然。"龙丘居士即陈季常,北宋年间任太常少卿、工部侍郎,陈希亮(陈公弼)的第四子,四川青神人,祖籍京兆(西安),自北宋熙宁三年(1070 年)左右,陈季常就隐居在今湖北省麻城市歧亭镇的杏花村。北宋元丰三年(1080 年)正月二十四黄昏,苏东坡赴任黄州团练副使的路上遇到了老朋友陈季常。此后苏、陈二人多次相互探望。《寄吴德仁兼简陈季常》讲述的故事为:1082 年的一个夜晚,苏东坡从黄州到歧亭杏花村看望陈季常,两人围炉而坐,开怀畅饮,直至深夜还谈兴正浓,陈妻柳氏借续茶之机,提醒陈季常,天色已晚,请苏大学士早点休息,陈季常完全不予理会,后两人又忆起当年在四川眉州时的往事,联系季常眼前的情景,苏轼吟下《临江仙》一首,词前小引曰:"龙丘子自洛之蜀,载二侍女,戎装骏马,至溪山佳处,辄留数日,见者以为异人。其后十年,筑室黄冈之北,号曰静庵居士,作此词赠之,其词曰:细马远驮双侍女,青巾玉带红靴;溪山好处便为家,谁知巴蜀路,却是洛城花。"柳氏听后,气急败坏,便大吼一声,惊得陈季常柱杖落手,不知所措。由于陈季常的妻子柳氏是歧亭河东柳家塆风月塘的人,与季常婚后夫唱妇随,很是恩爱,见苏、陈二人借以词句调侃,很有想法,其嗓门大得惊人,因此戏称"河东狮吼"。②

---

① 余晋芳:《麻城县志前编》卷十五《杂志·轶事》,1935 年铅印本,第 21～22 页。

② 有关"河东狮吼",也有研究认为,河东柳氏是一种郡望的指称,柳氏也不一定就是指陈季常的妻子,而是其好友柳真龄,狮吼不一定是指斥骂的嗓门响亮如狮吼,更可能指佛法威严。

**丫头山传说**：沿杏花村西行三四里，一片青山环抱下，坐落着丫头山村，村落修建于明朝嘉靖年间(1522—1566年)，距今已有四百多年的历史。相传古时歧亭镇上有一袁员外，家财万贯，膝下仅有一女唤作袁媚，聪明漂亮，心地善良。袁媚与家中一放牛娃青梅竹马，两情相悦，私订终身，奈何封建礼制和传统媒妁观念的束缚，两人无法相守，于是双双选择殉情以示对爱情的执着追求。死后他们化为了丫头和痴汉两座大山，用山石之约守护着他们的坚守与忠贞，"痴汉等丫头"的凄美爱情故事从此流传开来，丫头山村地名也由此而来。

（整理者：潘洪钢，李林茂）

**参考文献**

1.余晋芳.麻城县志.1935年铅印本.

2.凌礼潮.歧亭古镇杏花村[M].武汉：长江文艺出版社，2008.

3.罗春烺.湖北古镇[M].武汉：长江出版社，2016.

# 九古奇村
## ——上冯村

## 一 村镇概述

大冶市上冯村位于大冶市区南郊,距中心城区5公里。村域面积4平方公里,3个自然湾,7个村民小组,420户,2228人。其中传统村落核心区面积3平方公里,3个村民小组,220户,868人。上冯村三面环山,一面临溪,得龙之灵气,钟灵毓秀。上冯村自元朝末期至正年间由冯公惠五开基以来,生息繁衍至今,由此迁出去子孙4万余众。全村80岁以上老人18位,年纪最长为99岁,是名副其实的长寿之村。历经600多年的历史沉淀,秉承了中华民族传统的农耕文化、宗族文化、建筑文化、环境生态文化,至今还保存着古树、古墓、古井、古祠、古碑、古道、古沟渠、古宅、古碾等古迹,有"九古奇村"的美誉。

自2006年社会主义新农村建设以来,该村充分挖掘悠久的历史文化和丰富的自然资源,依仗原始的生态环境优势,10年来投资8000万元,按照"保护中开发,开发中保护"的原则,发展生态产业、旅游产业,取得了良好的社会效益和经济效益。先后被录入中国传统村落名录,获得中国美丽宜居村庄示范、全国生态文化村、中国慢生活休闲体验区、湖北省生态村、湖北省绿色示范村、湖北省宜居村庄、湖北省新农村建设示范村、湖北省魅力旅游名村、黄石市最美乡村、黄石市第三批文物保护单位、大冶市第二批文物保护单位、大冶市新八景(老八景于清朝乾隆年间公布)等殊荣。

上冯村属亚热带大陆性季风湿润气候,清凉多雾,雨量充沛,湿度较大,四季分明,气候宜人。上冯村地形多样,东南西南紧靠后龙山,东北面群丘环抱,西北一马平川,呈略向西倾的浅蝶状地形态势。拥有喀斯特、山地、丘陵岗地、平原等多种地貌类型。村落地貌好似一条卧龙,村落像

▲ 上冯村景色

龙头,古沟渠为龙身,两口古井为龙眼。

　　植被保存较好,生态环境优越。上冯村拥有山场5000余亩,山竹林800余亩,登高望远,碧涛起伏。山上林木茂盛,遮天蔽日,清风吹过时,发出海涛般的声浪。名贵树木百余种。藤条密布,相互缠绕生长。林间山花烂漫,鸟鸣婉转。山场森林覆盖率达95%以上,植物种类达300多种,结构复杂,具有多样性、古老性和地带分异性特征。山上拥有楠竹林、松杉林、油茶林、紫薇杜鹃林等4个百年以上原生态植物群落,野猪、野鹿、野獐、野兔、刺猬、猫头鹰、多种鸟雀等相依相存,相聚成趣。16口古井、多处山泉喷涌而出,3条山溪绕村而过,形成10多处小桥流水。

　　上冯村现有百年以上古树千余棵,树苍藤绕,林密幽深。房前屋后保存有200年以上古树40棵,树种有樟树、枸骨、榨树、柏树、枫树、松树等。其中国家一级古树(树龄500年以上)6棵,国家二级古树(树龄300年以上)7棵,被称为"中华枸骨王"的枸骨树树龄在千年以上,树高18米,胸围2.35米,冠径15.6米。古树群落有"四世同堂""儿孙满堂""富贵香樟""樟枫荫世",被称为"香樟活化石"。

▲ 上冯村千年枸骨树

　　上冯村传统村落保存有典型的聚居古代建筑群。村落属于典型的山水格局,村落背靠山体,一条长千余米的小河沿村而过,河水清澈见底。

## 二　村镇资料

### (一)建筑资源

　　上冯村古建筑遗存丰富,聚集古建筑群2平方公里,古貌古韵尽显,且都具有极高的历史价值。

　　古祠:建于清嘉庆年间,宽24米,长78米。宗祠虽历经沧桑,雄姿犹存,不失为传世建筑经典。正面有三个大门,内有石柱、木柱百余根。前厅、中厅、后厅、戏楼壮观雄伟,美轮美奂。厢房30余间,布局合理。原笔"冯氏宗祠"四个大字雄浑有力,大门石雕为东汉大将军冯异、北宋名臣冯京,栩栩如生,还有山水树木、马牛狮象等镂雕图像,逼真有神。耳门的门楣彩绘精美。立足石墩二十几副,无一雕刻图案雷同,堂内宽敞明亮。古祠结构

▲ 上冯村冯氏宗祠

恢宏、奇特,在鄂东南一代都具有代表性,实为独创。中华人民共和国成立之初,解放军四五九团的一个营部机关在此居住,有球场、营房。军政鼓舞团来演出过大型歌舞剧《刘胡兰》《白毛女》《南泥湾开荒》等现代剧。

**古祖堂:**上冯村祖堂原为"兴福公"祖堂,建于清道光年间,2010年失火化为灰烬,2012年按原样扩建,建筑面积达1180平方米。古祖堂建筑风格古香古韵,特别是祖堂神龛富丽堂皇,三尊太公雕像,"兴公"(唐)、"京公"(北宋)、"惠五公"(元)音容宛在,13个自"惠五公"以来的逝者灵牌均在其中。每逢春节、清明节、七月半,古祖堂内都有人上香膜拜,这里承载着上冯村厚重的人文历史。

**古庙:**建于清康熙年间,现扩建有山门、大雄宝殿、观音堂、斋堂、客房,环境优美,静幽养性。一眼清泉从后山而出,滋润千家万户,晨钟暮鼓惊醒世间名利客,经声佛号唤回苦海迷梦人。

**古民居:**原有"大夫第""矩范堂"等古民居百余栋,分为6个片区,建筑面积达20000平方米。现保存较好的有40余幢,建筑面积13000平方米。年代最早的建筑为明朝中期遗存,其余均为清代建筑。古民居建筑风格属徽派,马头墙灵秀优美,墨绘隽秀,诗画传承,古宅雕梁画栋,匾额对联,天井对称,石柱精巧。"大夫第""矩范堂""顾鹿山庄""鹿鸣山庄""乾裕昌""古楼巷"等宅府,浸润着文化韵味。"大夫第"悬挂的匾额"华堂春永"为清代进士翰林院编修江西知府王凤池所题;"鹿鸣山庄"悬挂的匾额"康介稀眉"为清代榜眼、大思想家、文学家冯桂芬撰书;"矩范堂"悬挂的匾额"矩范高悬"为清代进士冯迳衡撰书。每栋古宅都有一个精彩的故事,饱含着深厚的文化底蕴。

**古井:**全村现存明清年代古井16口,井口有圆有方,或建于屋后,或建于山边。井水冬暖夏凉,晶莹甘冽,甜润绵长,含有多种矿物质、微量元素。

**古道:**现有传统建筑工艺古道6条,长约4000米,石坎、石磴、石桥拾级而上,道边溪水潺潺,别有一番情趣。

**古碾:**现存清代石碾一处,用于碾稻谷,还有古碓、古磨、古石磙等。

**古碑:**现发现古碑3处,其中一处是建于道光二十八年(1848年)的修路功德碑,内刻有捐资名单、修路工匠名字,以表彰传承热心公益事业的仁人志士。

**古窑:**现存一座,建于清代末期,占地近百平方米,主要烧制村民建房的砖瓦。

**古墓:**现存有元、明、清古墓160多棺,墓碑多立于清代中晚期。

### （二）历史资源

上冯村建于元朝末期,距今近 700 年。全村冯氏宗族繁衍生息,历经数百年,朝代更迭,政治风云,战乱纷争,天灾人祸,不但没有衰败,反而兴旺发达。几百年来,上冯村积淀了悠久的宗族文化、农耕文化和敦厚忠义的族风、民风,"仁、义、礼、智、信"成为村民为人处世的准则和信条。"九古"遗存是上冯村历史文化的重要载体,集中反映了中国江南乡村各个时期的政治、经济、历史、文化和生产关系、生产力水平、生活方式、民风习俗的特点。

**1.上冯源流**①

黄石冯氏都是冯京之后,这已经达成共识。京生文海、文渊、文玙、文瓒四兄弟。文海生良弼,良弼生登泰、登鲁,登泰生云路,云路生化麟,化麟生至中、至正,至正生润,润生天一、春一、万一,春一生载阳,载阳字小六,小六公为黄石冯氏荆源支的始迁祖。文玙生良卿、良选,良卿生登高,登高生云窗,云窗生仁庵、义庵、礼庵、智庵、信庵,义庵生荣一、荣二,荣二生洽,洽字深之,《明嘉靖·大冶县志》载:洽师于朱子(朱熹),手录性理诸书,习学不厌,为大冶县五个乡贤之一。洽公生胜一、胜二、胜三、胜四、胜五,胜二为解元,生端一、端二、端四。端四生朝一、朝二、朝三、朝四、朝五,朝一生惠五、惠六,朝二生惠一、惠三,朝三嗣子惠六,朝四生惠二、惠四,朝五生惠七、惠八、惠九。惠五即为上冯村始迁祖。

惠五公生于元明交替之际,亲率子孙由麻城首迁大冶县讲堂畈,复迁兴国州鹿耳山麓。力稼水深土厚之地,濡润说理敦诗之风,聚族以居,瓜瓞绵绵。延展黄荆山下,金湖侧畔,大别山麓,庄门林立。

惠五生宗一、宗二、宗三、宗四,宗二早迁南乡失联,宗四字念三,已立为麻城汝阴河冯氏宗族之一世祖,派下包含安徽支脉,人口 2 万多,已合修族谱。

宗一、宗三均在黄石境内,已形成 16 个庄门,分别是:上冯老庄、若韶庄、佘家畈庄、盛畈庄、彩生庄、竹林庄、万家庄、湖塘塆庄、锦文庄、上林庄、西山庄、冯家宕、祝家桥、大水畈、石龙头、大塘庄。

从惠五之长子宗一到最晚的辈分,依次为明、显、伯、友、礼、必、珍(珠)、兴、朝、启、天、际、为、生、正、国、永、世、应、文、声、光、前、修、绍、合,合计 26 辈。

**2.革命烈士**

冯雪涛(1903—1929):又名文成,少家贫,靠伯父扶持读私塾后到武汉读书。受进步思想影响,于 1924 年参加革命,同年加入中国共产党。次年,回到家乡龙山镇,以教书为掩护,参与组织"龙山文化促进社""拒毒会""天足会"等革命组织,开展反土豪劣绅、贪官污吏、苛捐杂税等斗争。带领群众没收吴进村大地主的粮食,分给贫苦农民。1928 年,因民团通缉逃往上海。不久,与党组织取得联系,任上海红旗报馆编辑,并常秘密散发传单,宣传革命。1929 年,参加报馆秘密会议时被捕,在狱中坚贞不屈,致敌理屈词穷,敌人用

---

①　冯声家:《上冯传说》,长江出版社 2015 年版,第 231 页。

电刑将其处死,时年 26 岁。

**冯声容(1899—1931)**:生性耿直,正气凛然。土地革命战争时期,曾任中共江西省南昌县委书记,1931 年被国民党反动派逮捕,惨遭酷刑。同年 2 月 19 日壮烈就义于大冶蚌壳地,悬首数日后,由家人偷回安葬,时年 31 岁。

**冯国桐(1894—1929)**:1927 年任阳新县高才区苏维埃秘书,1929 年在阳新被杀害,时年 35 岁。

**冯德意(1908—1931)**:1927 年参加革命,为红军战士,1931 年在江西武宁横路战役中牺牲。

### (三)非遗资源

#### 1.民风民俗

上冯村有着丰富的民俗文化资源。自明朝末期以来,每年农历二月十五至十八日,上冯村都要打罗王醮,祈祷全村平安幸福。每年农历六月初六,上冯村各房头族谱保管人举行晒谱活动。

**续宗谱**:上冯村(堂号立树堂)首届续修宗谱为嘉庆己卯年(1819 年),以后 25～30 年续修一次。上冯村已续修宗谱七次,第七次为 2003 年。续修宗谱是宗族中的一件大事,一般先要由宗族选举德高望重的长者组成"谱局"。谱局相当于编纂委员会,负责筹集资金,组织编纂宗谱,协调各方关系,传承修订家规家训。各庄门、各房头成立"分局",负责收集各派系各房头世系纲目,收集整理人物传记、礼赞,上报本庄门、本房头的重大事项。宗谱印制完成后要在宗祠进行祭谱,然后举行隆重的发谱仪式。各庄门、各房头亦应举行隆重的迎谱仪式。整个续修宗谱的过程既要贯彻传承历史、彰显文明的宗旨,又要与时俱进、体现时代特征。

**接太公**:上冯村祖堂供奉有三尊太公雕像,从上冯村老庄迁出去的有 16 个自立门户的庄门。各个庄门为了表示对太公的孝道和尊重,分享祖宗的功德,都要轮流迎接太公到本庄门祖堂安坐,祈求吉祥,赐福平安。各庄门接太公时要派年富力强的后生,半副銮驾,徒步抬着太公像进祖堂,有的庄门接太公时要唱太公戏,每逢接太公时整个庄门都像在过盛大节日一样,吉祥喜庆,热闹非凡。

**罗王醮**:明嘉靖年间,上冯村下建有一座寺庙,香火旺盛,有一年突发火灾,寺庙顿时化为灰烬。三天后,上冯村一位长者发现庙内罗王菩萨安详地躺在路边草丛中。长者觉得蹊跷,认为

▲ 上冯村年俗罗王醮

有神灵庇护,就将菩萨请回祖堂供奉。第二年,全村五谷丰登,人财两旺。此后,全村组成"罗王会",每年农历二月十八至二十日举行醮礼,各家各户都要礼拜。"罗王会"组织年轻人抬着罗王菩萨、财神菩萨到各家各户收撮,送平安符。罗王醮,从明朝到现在上冯村一直都在坚守,成为上冯村重要的非物质文化遗产。

舞龙舞狮:上冯村舞龙时,龙头扎制威武雄壮,活灵活现,龙身有一百节,每户派一名男生把持,还配有銮驾、锣鼓一套。除舞龙外,到周边村庄还要送赞词、颂歌。舞狮按传统套路,理身、戏水、玩绣球、跳天台等,还要耍十八般兵器:刀、枪、剑、戟、钯、棍、九连环、玩火星等。

印子粑:每年从农历腊月十八开始,各家各户要做印子粑以备春节食用。印子粑以白米、糯米、高粱为原料,制作十分考究。粑印图案多样,诸如仙桃、石榴、福、禄、寿、喜、八仙过海、鲤鱼跳龙门、鸟、鱼、猪、羊、牛、狮子等,吉祥如意,形象逼真。

芋头丸:上冯村传统美食之一,用传统农产品芋头、红薯粉做原料,揉在一起做成丸子,以猪肉、豆腐干、芹菜等为馅,一般在春节和宴请会客时才有这种美食。

蒿子粑:在每年清明节前后,采选鲜嫩巴掌蒿或者软菊(开黄花的一种小草)用木槌捶烂,再和以黏米粉捏成小圆粑,放锅中蒸。老少咸宜,味道独特。

婚嫁:上冯村婚嫁隆重热烈。男方迎亲前要请媒人提亲、相亲、上门、报日,然后迎娶。结婚当日,需邀请"三府六党"、亲朋好友举行新婚大典,还要闹新房。女儿出阁,要先访人家,备好嫁妆,出嫁前三天要有本湾姐妹、姑嫂陪嫁,唱"陪嫁歌"。"陪嫁歌"多是长短句,内容一般为"哭爹娘""哭哥嫂""哭姐妹",也有"哭劝"孝敬公婆、夫妻和好、勤俭持家、兴家创业等。

丧葬:老人死后,先在自家屋内停尸,然后请道士选择吉日良辰入殓、出殡。孝子孝眷必须披麻戴孝,然后在湾祖堂入棺停枢,在祖堂设置灵位,接受亲谊、家谊、戚谊、亲朋好友上香礼拜。出殡当天,灵柩要移至祖堂前的广场,举行登山祭祀追悼仪式,孝子致悼词,亲朋好友致哀词,姑娘哭"献花歌"、做拦路祭等。"头七"至"七七"要烧包袱、拜坟等。

节日:上冯村除春节、元宵节、清明节、端午节、七月半、中秋节、重阳节等节日外,还有太公生(每年农历九月十二日)、观音生(每年农历二月十九日、六月十九日、九月十九日)、晒谱节(每年农历六月六日)、罗王醮(每年农历二月十八日)等。太公生一般各庄门在各自祖堂举行祭祀活动,每逢十年整,合族在宗祠大祭(猪羊祭)或者唱太公戏,进行隆重祭祀纪念活动。观音生一般在家庙举行祭祀活动。晒谱节是各家或房头存放宗谱者举行晒谱祭祀活动,同时防止宗谱霉变。

**2.传说故事**

上冯村传说故事资源丰富,且经由群众自发整理记录,已经出版《上冯传说》(长江出版社,2015年),共收录冯氏历史名人故事、村史故事、上冯名人故事以及上冯名胜景点传说等,共计47则。在此将有代表性的故事摘录如下:

**惠五公开基鹿耳山下**：元朝末年，冯惠五带着妻儿由麻城迁回大冶。他在耕猎间隙观察山水之气，最终看中了鹿耳山下山窝谷中一片泉甘土肥之地。鹿耳诸峰争秀起，半在水涯半在山。一个江湖先生也自告奋勇地堪舆一番，说："林谷幽深，山水环列，鹿头夕照与龙角朝墩早晚交相辉映。看那巍巍鹿耳，双耳耸天，必有能人出。"祷告之后，江湖先生卜宅一块"紫云起处"作吉地。旁有古樟长二丈，樟下长芽格外茂盛。惠五记下此地，择日开基。他们乘小船辗转几日来到赵保湖鹿耳山下，顺一条大港而上即到达。此处古树丰茂、百花争妍、竹海摇曳、珍禽竞逐，云横龙角千秋岸，水发含香十里堤，是块钟灵毓秀的宝地。冯惠五夫妇和四个儿子剪除荆棘，驱斥猛兽。"紫云起处"乃是黄花丛丛，遂去藤下基。基石下土，即刻紫云结成白鹤冲霄，绿毛龟出穴。惠五父子建好房屋，垦荒开田，以立世世不拔之基；因位于山谷上端，取名上冯庄，门对鹿头远，溪连龙角长。新居落业不久，妻阳氏病故，复娶艾氏。四个儿子长大，陆续成家立业，家业日隆，田土日辟，门庭光显，蓄积丰盈。

▲ 上冯村千年古樟树根

**千岁树爹**：某日，惠五公朝大冶县城方向走到大冶湖畔不远处的后龙山与鹿耳山交界处，被两山所形成的这块弧形地脉所震撼，而且这里古木参天，环境优美，其中一棵古香樟树高千丈，如撑天巨伞。惠五公围着古香樟树走了一圈，发现树干被虫蚁镂空一大洞，树洞内可容纳两到三名成年人。新长出的树干被虫蚁镂空的树干紧紧包裹着，这让古树显得更加粗壮高大。惠五坐下休息，掏出干粮充饥。古香樟竟然变成一位身着官服的老人，质问他：若是要为冯氏子孙寻找一处风水宝地作为新的安身之所，哪有比这更好的地方？又说：千年树爹会保护冯氏子孙。惠五公一怔，见老者乃是先祖冯京，当即向冯京行三叩九拜之礼，并表态马上就把冯氏家族迁来。惠五公从迷蒙中惊醒，见自己正在向古香樟叩拜。他这才意识到自己刚才做了一场梦，且先祖冯京托梦给自己。他当即尊这棵古香樟为千年树爹，回家第二天就开始乔迁，将整个冯氏家族迁居至此。

**布袋精神**：冯公国平，字典四，号双峰，生于乾隆二十一年（1755年）。他自幼聪慧敦厚，有才华不奢求名望，家产丰厚而禀性简朴。年过天命，还谦让兄弟们应先应试得功名，自己直到花甲之年才得贡成均，获得贡士、太学生之称号。62岁时，他向家门长老提出创修宗谱之愿，将现有墨谱查实核正刊印。一年间他谢绝长辈们资助，随身携带布袋干粮，探亲访友,旁参互证,誊抄了不少重要资料。他在祖堂编写宗谱,以夏布袋洗几把米放在食堂代煮,配上萝卜干便是一日三餐。1824年宗谱问世,他又接过修建祠堂重任,历时三年未回过家,坐守工地。期间,他仍以"夏布袋"方式生活,布袋用了四匹布之多。2003年,家族兄长多次商定新修谱牒,并传承"布袋精神",做到编委会成员不拿工资,不报路费,不吃公餐。经过百天通力协作,编印出了图文并茂的新谱牒。

**3.技术、技艺**

上冯村木材种类繁多,松、椿、银杏、楠木、杉木等纹理清晰,质地优良,材质柔软,适合雕刻使用。配合木雕技艺,可以用于庭院屏风、楹窗、栏柱以及日常使用的桌椅窗案、文房用具等。木雕题材包含了人物、山水、花卉、禽兽、虫鱼、回纹、文字锡联,以及各种吉祥图案等中国传统题材形式。

上冯村也保存有不少石刻,石刻是镌刻有文字、图和碑碣等的石制品或摩崖石刻。在上冯村古祠前的石墩上以及墙上窗户处,均有飞禽走兽石刻图案,形态生动、惟妙惟肖,显示出古代艺术家和工匠们的聪明才智和精湛技艺。

村子还保存了不少古农具,包括犁耙、筛子、石臼、石磨、石碾、木桶等,通过这些可恢复完整的农家古作坊系列,是古村传统农事生活的反映。

(整理者:高娴)

**参考文献**

1.湖北省湖泊志编纂委员会.湖北省湖泊志[M].武汉:湖北科学技术出版社,2014.

2.冯声家.诗画上冯[M].武汉:长江出版社,2015.

3.冯声家.上冯传说[M].武汉:长江出版社,2015.

4.王荫槐,张驷征,柯昌银,等.黄石揽胜[N].黄石日报社,1984.

5.龚宇.关于传统村落旅游市场营销战略的研究——以湖北大冶上冯村为例[J].现代商业,2015(8).

6.黄华.大冶三湾:历史·现状·未来——鄂东南传统村落空间环境变迁探讨[D].武汉:华中科技大学,2016.

7.王梦姣,许琴."乡愁记忆"视角下乡村公共空间营造研究——以大冶市上冯湾村规划为例.中国城市规划年会论文集[C].2017.

# 养在深闺人未识

## ——下容村

### 一 村镇概述

下容村位于阳新县排市镇西南,地处幕阜山北麓,地势海拔 220 米。地势为典型的低丘陵地,北高南低,西临龙港镇,北靠军垦农场,东依木港镇,南接洋港镇,距排市镇政府 24 公里。下容村坐落于富水河南岸的后垴山深处,村中的李家大院古民居建筑群宛如一块玉佩镶嵌在绿树山坳之中,坐北朝南,依山而立,白墙青瓦,错落有致,形成一幅风清幽谷人家的靓丽景色。

据族谱记载,李姓始祖李怀楚于 1580 年前后由江西瑞昌清溢迁居至下容村阚家塘,其第七代后裔李克瑞领导族人修建了李家大院。李克瑞,字开周,号辑五,清乾隆十八年(1753 年)出生,他自幼好学,聪慧颖悟,曾参加两次童子考试,成绩优异,但他却不愿因学业增加家庭负担,便中途辍学从事茶麻生产与贸易,苦心经营数年后成就一番事业,便大兴土木扩大基业,修建了这座光宗耀祖的家族大院。李克瑞先后生育六个儿子,除二子善桂五岁夭折外,其长子善英、三子善豪、四子善杰、五子善翔、六子善嵩如五虎呈祥,生龙活虎。现存于李家大院正堂墙壁间的五块青砖,就是李克瑞为五个儿子所拥有的家产份额而定下的遗嘱。李克瑞 30 岁建房,建成时已 85 岁,在世时家族已繁衍至 100 多人,但不曾分家,也不曾另建房屋。在李克瑞去世后的数百年里,李氏子孙们以下容村为乐土,继续演绎着人丁兴旺、家族

▲ 下容村李家大院外景

和睦的传奇故事。他们遵先祖只在宅基上内扩不外延之嘱,历经 300 余年,形成了长近百米、宽约 20 米的有上中下三层、三扇大门、36 个天井、108 间房的家族建筑群。2012 年,阚家塘李家大院被列入中国传统村落名录。

## 二　村镇资料

### (一)历史建筑遗存

**李家大院:** 省级文物保护单位阚家塘李家大院古民居建筑群是下容村最主要的历史建筑遗存。李家大院的选址体现了中国古代的风水思想。大院坐卧风水宝地"蜂窝地",面朝溪岩山,案山高远,左右龙虎簇拥,四面群山环抱,东、南、北三股泉水汇集于西南,草木葱翠,清溪曲折流畅。两侧山在中间收了一下,将整个盆地分为前后两段,后段显得更加"纳气藏风"。李家大院的背后是一片青竹林,门对千竿竹,家藏万卷书,这里自古耕读传家,读书之风盛行。青竹林的上面是溪岩山,山顶有一块房子大的巨石,紧紧压在一块小石头上,成为一景,现在已被长出来的林木所覆盖。大院边有一条清澈的溪流从东南方流来,这条溪水,一直流到西边的山里。从地下河流出,又复归地下河,因为西边的山有李家落业祖的祖茔,故有人称这条溪流为"寻根溪"或"报恩溪"。

整个大院建筑呈倒"U"形,南敞北闭,南低北高,中间低四周高,以祖堂为中心,两侧为民居。大院坐北朝南,门前有场,沿墙院延伸百米之长,墙高三丈有余,有三层或二层楼阁,楼层之间有内廊环绕。厢房外墙有内窄外宽或长或扁的通风窗,还可作瞭望口或御敌射击孔。百米墙院仅有大门三扇,正门有青石门框,上书"盘古风清",字迹清晰,遒劲有力,寓意家族居于山谷,风清气正。沿正门进入可发现整个建筑群完全是依地形而建,进门便需拾阶而上,至公屋正堂,东、西两条环廊将两侧数十间厢房相连,再上石阶就是供奉先祖灵位的厅堂,两侧的房门则是通达三层与各房间的环廊,36 个天井自成单元,同时又与三条横向的环廊相交,那 108 间厢房就镶嵌在这三纵三横的网络之中,大门的一把铁锁便可将院落中

▲ 李家大院内部走廊

▲ 李家大院天井　　　　　　　　　　　　▲ 李家大院内景

的一切封存在这深山之中,整个规划布局彰显着主人所追求的"归隐山野成一统,子孙满堂乐融融"的意境。

　　整个李家大院建筑群占地面积约 3500 平方米。建筑平面为东西长、南北宽的长方形,以李氏家祠正中为南北向中轴线,东西向依次排列。院落内的房间可分祭堂、公屋、客堂、厨房和起居室五种类型。祭堂、客堂是一般家族人的禁地,客堂的装饰更是其他房间所没有的,木雕藻井、雕花木窗、精巧木楼将主人善待友人和宾客的商人心态表现得淋漓尽致。公屋为家人活动场所,用于遇事聚会和操办家族大事,平日保持洁净,严禁家禽入内。而起居室则无论长幼均为同等规格的面积。五个儿子和后代,都以确定面积使用并传承。由此不难看出家族中封建礼教等级的森严,同时也透着儒家平等和睦思想的道德气息。

　　建筑立面为硬山屋顶,青砖外墙,檐部白边,多饰墨纹彩绘。正面五间,中心间利用凹进的宽度,以弯曲的木板连接屋檐和墙面,形成轩型封檐装饰。左、右厢房开有小窗。侧立面多为双坡人字形,山墙在正面出墀头,尤其是在中心间的两端出墀头是其特色。山墙为马头墙,在屋檐下勾出一道白边,在上边发挥想象和热情,形成具有特色的外部造型装饰的屋檐画。四周外墙均用条石砌成约 80 厘米高,既稳如泰山又耐岁月侵蚀,其规模之大在鄂东南地区比较少见。建筑外观马头翘角,灰瓦白墙,典雅大方,排列有序,具有典型的鄂东南传统民居特色。房间内部结构形式为砖木结合,穿斗式,中间梁架用木柱,两边檩条直接搁在山墙上。二层单檐砖木结构,穿斗构架,硬山墙搁檩,大青砖平砌错缝,小青砖灌斗墙体,小青瓦屋面。在青砖与木质结构中,横向每五间房屋就有一道青砖防火墙直达建筑顶端,即便是出现火灾,损失也仅限于五间房屋,不会殃及其他。整个建筑中有 36 个天井,是解决江南多雨水的特有方式。各天井与正门暗沟相连,天井、回廊、排水沟均为青石板铺墁,方便排水到屋外的水田中。据村中老人说,建房时工匠捉了很多小乌龟放进密闭的排水管道中,用乌龟的活动疏通管道。300年过去了,隐藏在屋下的排水管道中仍有不少乌龟活动,正是有了这些长寿活物,通道几百年都未曾阻塞。在采光手段上,院落朝外只留倒喇叭开孔,既起到防御的功能,又能最大限度地采光、通风,而房间向内各木窗则一律使用精制木雕或木棍装饰,既美观大方,又改善了室内采光。

李家大院处处彰显纳气藏风之势,36块青石板铺就的天井或回廊或暗沟与院外溪沟相接相通,既寓大院"四水归堂",又有财不外漏之意;36口天井又胜似36个天窗,让壁垒层叠的大院终年阳光照射,那留着倒喇叭形的瞭望孔和108间房屋的木雕窗棂,任四面来风穿堂而过,虽是南敞北闭的"U"形民居,却也终年满院春光。溪岩山的泉水滋润着这块家族领地,院内有山中之泉,供日常饮用;院外有泉水井3口,终年不涸,不仅供饮用,还能入田、进沟,满足百亩农田灌溉之需。有山可耕,有田可种,有水滋润,这座宅院最多时聚居了400多人,100多家合住一院,抬头不见低头见,邻里之间和平共处,串门聊天,互相帮助,远亲不如近邻,一派祥和温馨的景象。大院大门一关就是一个大家庭,大宅院、小宅门,各种阶层、各类人物互为邻居。关上门自成一统,与世无争,恬静而安详,是李姓家族理想的安乐窝。

李家大院是村落与自然和谐共生、建筑与艺术融合的优秀佳作。布局与营建中,注重了人与自然的亲和关系。屋后天然岩石作为屏障,屋墙面随势而成弧形,迎合顺应自然的天性。建筑群前宽后窄,呈"品"字形布局,端庄稳重。其建筑规划顺应自然山水形势,其建筑的起承转合和层高的起伏依附于自然山水的脉络,而建筑中天井的灵活性及单体形态的简练,使之成为可能。当地山林资源丰富,村落营建过程中就地取材,有效利用资源。在建筑技术方面,用料朴实严整、雕梁画栋,体现了当时高超的营建技艺水平。李家大院周围环境优美,四面环山,古木林立,屋舍俨然,构成一幅美丽的乡野画卷。高低错落有致的马头墙丰富了屋顶轮廓,使建筑造型富于动感和韵律。以黑、白、灰色为主的民居色彩,朴素清新。室内立柱,门窗上的各式石雕木雕,技艺精湛,不乏精品,具有很高的艺术价值。

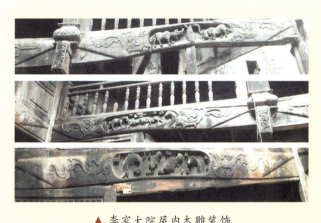

▲ 李家大院屋内木雕装饰

**怀楚公祠堂:**李家落业祖怀楚公的祠堂离阚家塘两三里地,祠堂后有一棵大古樟,怀楚公的墓就在大树的下面。祠堂是在原址上新修的,但大青石门槛是原来的,大门上方写着金色大字"怀楚公祠",祠堂前面是一个门楼,斗拱飞檐,美轮美奂。四个落地长柱上写

着两副对联,一副是篆隶,一副是行书,行书在里,隶书写着:马峰峥嵘偶闻龙吟虎啸,函牛蛰伏时现鹤舞凤翔。上联"马峰"是这里山脉的名字,下联的"函牛"则是老子骑青牛过函谷关的典故。中间的行书对联对此进行了进一步的诠释:溯源李氏家族故事从函谷骑牛说起,肇业于马峰宗公自清溢仕剑而来,意指怀楚公从江西盆浦口磨刀李迁来此地创业,直到克瑞公家大业大、枝繁叶茂之后迁到了阚家塘修建李家大院繁衍生息。

**丁家老屋:**与阚家塘古民居遥遥相对。据说丁家跟李克瑞公是同年好友,是李家特邀住在这里的。风水先生说,这里是蜂窝地,怕蜂飞走,所以要有一姓丁人家"钉"在这里。丁家老屋和阚家塘之间的旱地,曾规划挖一口塘,据说被村民阻止了,说蜜蜂见了水会被淹死,影响李家大院风水。该建筑体现了中国古代的传统风水思想。

## (二)非物质文化遗产

**采茶戏:**采茶戏发源于排市镇一带,至今已有 200 多年的历史。自古排市就是朝廷贡茶产区。每到采茶季节,在旷野山峦间,茶农们头戴草帽,边采茶边唱着山歌,和着黄梅戏的曲调,慢慢在采茶歌的基础上演变出采茶戏。采茶戏与黄梅戏同祖同宗,无论音乐、剧目和表演形式,都十分接近。早期的采茶戏表演多以二人角或三人角的生、旦、丑,唱小帽戏,即"三小戏",如《玉莲吸水》《打猪草》《桃花岭》《讨学钱》《姑嫂采茶》等,处于自生自灭的状态。民国时期,采茶戏有较大的发展,艺人开始出现职业演员,三五拢班,在乡村祠堂、茶馆等地方演出,出现了大本戏和连台戏,如《乌金记》《卖水记》《血掌印》《罗帕记》等。传统采茶戏历史上的名角有:乾隆末年的半班演员柯德明、道光年间的杰出代表李殿才、同治年间的李盛满等。李盛满口齿清楚、声音甜美,更有边演边唱边剪出各种精妙绝伦的纸画特技,与他同期的有名丑徐世怀、花脸陈新岩、生角陈世锡等。陈世满一手带出的徒弟陈希燕曾名噪鄂赣边区数地,曾流传有"会盖茂三县,抵不上陈希燕"的美誉,他的唱腔传入江西武宁后,曾被赣人称为"北腔",即"湖北腔"。清光绪以后,采茶戏盛况空前,有"阳新龙燕,四十八堰,抱起枕头一摞肩,采茶戏爱看一夜天"的俗语描述当时的情景。过去下容村人人能唱采茶戏,个个会哼采茶调,现在下容村还有一些中老年人会唱采茶戏。2008 年,阳新采茶戏正式入选第二批国家非物质文化遗产保护名录。目前排市镇成立了两个传统采茶戏剧团,着力于传承采茶戏,依托传统节日、重大庆典活动和民间文化资源,办好传统采茶戏演出。

**民间传说:**据说李家大院的修建者李克瑞的二叔是个有名的读书人,被清朝皇帝封为"迪公郎",而克瑞公的父亲长得玉树临风,一表人才,却不愿读书,爱上了做生意,沿着茶麻古道上江西,经常贩得茶、盐到长江的富池口,他还会唱当地的采茶戏,偶然会去富池口的戏台献上一曲,一来二去,被当地一万姓富商家的大小姐相中,大小姐义无反顾嫁来阚家塘。临上轿前,小姐想到此后要在一个山旮旯里度过一生,就向富商父亲争要家产,父亲指着富池口几千亩水面说,以后这里收入的十分之一归你。如此代代相传,直到今天,富池丰山的猪婆湖,每年的渔业收入,有一部分会上交给这里的村民,成为一段佳话。

　　下容村李家大院传统建筑群是鄂东南传统建筑的重要组成和典型代表,其建筑的典型特点如大屋聚族,四合天井,上下厅堂,硬山搁檩,混合承重,门额挂匾,青砖黑瓦,马头山墙,屋檐彩绘,内退槽门,雕花隔扇等,有着珍贵的研究价值。下容村不仅拥有极其珍贵的历史古民居群落,还拥有丰富的历史传统文化,如民俗民风、民间工艺、传统艺术、传统食品等。它们和有形的文物相互依存、相互烘托,共同反映着古村的历史文化积淀,共同构成古村珍贵的历史文化遗产。如李氏家规:李氏先人规定老祖业遗产不分散到后辈,要子孙自力更生,祖业遗产用于继续做生意,扩大基业,得来的收益用于李氏家族办婚丧嫁娶、医病抓药、上学拜师学艺、上京城考官晋级等。近年来,下容村政府派专人收集、整理、挖掘古村历史传统文化,恢复部分已失传的民俗民艺活动,利用现存的宗祠、民居、小广场等场所,定期举办各种活动以继承和发扬传统民俗文化,致力于使阚家塘李家大院成为研究楚民俗文化的一个重要基地,并通过对外交流带动下容村经济社会全面发展。

(整理者:吴汉平)

**参考文献**

1.黄绪灿执笔,湖北省黄石市排市镇下容村村委会.下容村申报中国历史文化名镇名村申报报告.2016.

2.费杰成.兴国州民俗考略[M].北京:人民日报出版社,2007.

# 古宅书香
## ——柯大兴村

## 一 村镇概述

柯大兴村是一个典型的柯姓族人聚族而居的大屋型聚落,位于大冶市区北9公里处,东距106国道2公里。村子坐落于明灯山下,龙角山东麓,东临牛头山,西倚蜡烛山,南毗太婆尖,北临石家塅,属于低山丘陵型村落。

▲ 柯大兴村始迁祖柯大兴之墓

明朝正德元年(1506年)柯大兴村落业祖大兴公17岁,由江西瑞昌柯乐园迁徙到此,欣然落业,距今已有500余年。村域面积1.8平方公里,现有两个村民小组,180户838人,耕地面积1300亩,山林面积1380亩。村子绿树成荫,风景秀丽,素有"世外桃源"的美誉。

柯大兴村环境优美,聚落选址遵循明代堪舆理念,实可谓风水宝地。茂林翠竹,松柏蔽日,鸟语花香,柯家坳水库碧波荡漾,九龙亭蜿蜒起伏。明灯山高耸入云,蜡烛山喷泉飞流直下。明灯寺青灯古佛、梵音缭绕。古井泉水清冽,四季不绝。柯大兴村土地肥沃、山多水阔,水域面积有数百亩,水产养殖得天独厚,是有名的"鱼米之乡"。村内有古树百余棵,其中国家一级保护古树10棵、二级保护古树10棵,树龄在1000年以上1棵,该树高20米,树围4.4米,房屋周围有400年以上古树20余棵,古树覆盖面积500余亩。楠竹、紫薇、映山红、叶松、杉树,郁郁葱葱,根深叶茂。樟树成荫,四季不落,秋天漫山枫叶红似二月花。

柯大兴村现存聚落形态完整,传统民居保存完好,是鄂东南地区具有代表性的丘陵山麓型大屋式聚落,是明代"江西填湖广"移民运动的当代遗存。村落古建筑群坐西北朝东南、背靠青山、围绕祠堂、面向水塘,其他民居建筑在祠堂两侧对称布置、对景开阔、大屋突显,形成连体的建筑组团和鲜明的向心型格局。古村由外至内的空间分布分别是田园、溪港、村前开阔空间、水塘、祠堂、后山,这构成了村落最核心的景观轴线。至今柯大兴村还是保持这样的景观轴线。

## 二　村镇资料

### (一)历史建筑遗存

柯大兴村传统建筑是鄂东南传统建筑的重要组成和典型代表。现存主体古建筑群于清朝咸丰八年(1858年)始建,后世柯大兴的子孙在祖屋周围不断续建。村落组织性非常强,历经150余年的建造,祖屋与"子孙屋"连成一片,构成一个庞大的古民居建筑群。

聚落布局:柯大兴古民居群占地面积11980平方米,村庄呈"井"字形布局,建筑联系紧密,布局紧凑。公共祖屋是村庄的核心中轴。随着家族的枝繁叶茂,柯大兴的子孙们在祖屋周围不断续建新房:首房、二房、三房、四房,上新屋、下新屋等,共40余处。"子孙屋"与祖屋连成一片,逐步形成今天世人看到的聚落布局。新建房屋,一般不遮挡祠堂,使祠堂门口成为最佳的景观视点,前方开阔,远处对山,而且大多数可以看到左右两侧的远山。村落内部主要由街巷构成,分别有祠堂、内巷和天井廊、各家厅堂、水井等。村域范围内聚集祠堂、书院、祖屋等明清古建筑,肌理形态完整。

建筑结构:柯大兴村传统建筑墙体土、砖参半,外墙用砖则多为空斗墙,青砖到底,少数在屋角砌筑有石条。穿斗结构,硬山搁檩,屋顶为硬山坡屋顶。木质檩椽构成屋架,屋顶铺设小青瓦。柯大兴村传统建筑的地面,除宗祠外,普通民居地面主要为三合土,局部如天井一周以及大门外一米见方为石板。

建筑装饰:一般为硬山屋顶,青砖外墙,檐部白边,多饰墨纹彩绘。大门多用石质门框、石质门墩、石质门槛,木门无特殊装饰。少数有门额,门额上书写姓氏堂号。屋檐下面一尺之间,粉以白色,绘以墨色彩绘,有各式吉祥纹样或人为故事图案。少数大屋的柱础、雕梁、藻井、隔扇、墀头、戏台以及民国医生住宅的厢西式穹庐吊顶等,都是典型的石雕、砖雕、木雕装饰艺术精品。内部木结构或为木原色或饰黑漆。

古民居:分别为首房、二房、三房、四房及民国医生住宅、上新屋、瑞鹊堂、下新屋等18栋。民居建筑平面格局以四合天井为基本组合方式,一般民居只有一进天井。内部分为6间房间,以天井为界,分前后两列,前面一列中间为门厅,左右两边为倒厢;后面一列中间为堂屋,左右两边为厢屋。天井深多不足2米,宽可4米,中间门堂开间多为4米,两边厢屋开间多为3米。另外,有大屋的形式,即在此单元的基础上,进行纵横并联的组合。古民居建筑墙体全部采用青砖到底,屋面为小布瓦。每座建筑的堂屋山墙顶部都立起"马头墙",起到防火的功能。每座古民居的大梁、房门都为木质结构,房门门头都做成了格状,并饰以图案。窗棂密集,线条优美。另外,每座古民居的堂屋与其他房间过道之

▲ 古建筑砖石上"咸丰八年造"字样

▲ 柯大兴村古建筑群

处,屋顶开了一个长 2 米多、宽近 1 米的"天窗",其下方是比"天窗"口径稍大、用石块修砌的积、排水池。其中一座古民居外墙有块青砖,雕刻了"咸丰八年造"五个字。

祠堂:名为瑞鹊堂,占地面积 600 平方米,是村落布局的核心。瑞鹊堂平面为前后三进建筑,分别是门堂、拜堂、寝堂,两侧均无厢屋,亦为三开间,但总宽仅 6 米左右,形成一个面宽窄小、进深悠长的空间。围绕瑞鹊堂,背山面塘形成一种半包围或者横向展开的风貌。祠堂和两侧建筑连接在一起,但祠堂的形象非常突出。建筑轮廓较为平整,以祠堂入口为虚,两侧民居山墙为实,形成虚实对比。祠堂侧门可以通向两侧的纵向巷道。巷道形成村中的景观视廊,还有村落外轮廓界面形成的视廊。瑞鹊堂、大屋等建筑由内巷和天井廊组合在一起。

古庙:柯大兴村古庙建于明万历年间,又连续扩建 5 次,古庙建筑面积达 480 平方米。现有山门及大仙、青桃、红桃塑像,香火旺盛,游客络绎不绝,古树参天,是一处不可多得的佛家修身养性的场地。

墓葬:柯大兴村现存具有历史价值的墓葬 8 座,其中 6 座为大革命时期牺牲的烈士的墓葬,外籍 2 座,本村 4 座。其余 2 座分别为村口的五世祖大兴公墓葬(咸丰戊午移葬)和山后咸丰壬子年(1852 年)柯延祥家族合葬墓。

　　**沟渠**：柯大兴村落中心为水塘，村内围绕水塘开凿了多条沟，沟穿过每家每户，起着疏水、排水的作用。水沟连接着街与巷，串联起村落内部各空间要素。水沟是"明渠"，还有穿过民居的"暗渠"。村中的水沟还兼有疏导村后山体表面部分排水至水塘的作用。现存完好的古沟渠共3公里长，全部以石头砌成，质量坚固，恰似一条巨龙环山盘绕，十分壮观。

　　**古井**：全村现有古井两口，其中一口阴、一口阳，四周栏杆围绕。在古民居群中一个空旷地带，有口水井，井口呈圆形，围栏呈菱形，犹如一幅八卦图。井水冬暖夏凉，水质甘甜清冽。

　　村内还存有古碓、古碾、古磨、古风扇、古犁、古耙、古陶瓷、古砚、古家具、古银圆等一系列古代生产生活器具。

## （二）历史资源

### 1.家族名人

　　**柯美藻**（1836—1933）：钦赐名柯国栋，字辉焕，号松斋，清咸丰年间州府试屡列前茅，清同治年间钦点进京，任翰林院待诏，例授登仕佐，后升任学士，皇帝的文学侍从官，与相平级，称内相。美藻公年少时就绝顶聪明，每逢考试都拿第一，被誉为神童。清同治年间，入翰林院任职，深得皇上赏识。皇上御赐"翰林院"牌匾，又赐名柯国栋。现有两块"翰林院"牌匾，一块存放于旧居中，另一块悬挂于祖堂上。

　　**柯美葱**（1837—1950）：庠生，册名鸿翔，字青万，号竹圃，生于道光丁酉年正月。柯美葱因祖辈经商，家大业大，走进他的旧居，一个戏楼便映入眼帘。戏楼由上好的木料建造，雕梁画栋，制作精巧。遇有喜庆节日，会有戏班来家中唱戏，他的旧居是清代大户人家的缩影。

▲ 柯大兴民居内戏台木雕

柯于言（1875—1947）：字冠崎，儒生，中医医生，清光绪年间赴欧洲留学，是柯大兴村第一位出国留学之人。学成归来后，他用自己精湛的医术，为乡亲们解除痛苦，历经数十载，终成一方名医。他的旧居，外观是典型的徽派建筑，室内装饰有圆形吊顶，带有明显的西洋风格，整栋房子是一个完美的中西合璧建筑。冠崎公旧居是柯大兴村古民居群的一朵奇葩。

柯美徐（1839—1900）：监生，册名清波，字引之。清咸丰年间钦点刑部主事。

柯于烜（1863—1914）：武庠生（武举人），光绪辛卯年柯挑小榜第二名。册名凤林，字乾大，号森泰。

柯延春（1863—1941）：字振芳，号星阁，榜名魁斗，文举人，清咸丰年间科中八十九名，后考选知县，例授文林郎（正七品）。州志选录其《题昌湖钓雪图》诗句。

柯燎善（1880—1915）：湖北省鄂岸船运局局长，字玉卿。

柯鼎遇：字相武。清康熙年间，异姓欲霸占村落大山地盘，强说大山为其祖业，诉至县衙公断。双方各持理据，争执不下。县衙备一烧红铁靴，敢赤脚穿靴者拥有大山地盘。相武公慷慨以赴，赤脚穿烧红铁靴。县衙动容，断大山为柯氏地盘。相武公回村一月，伤重不治，为村牺牲。为纪念相武公"打大山"的英雄壮举，特批相武公后裔在祖堂前建房。

**2.烈妇烈女：柯陈氏**

### 旌表柯陈氏部文

礼部谨逞为题旌表事礼科抄出湖北巡抚谭等题典国州儒童柯益传之妻漆氏系夫亡殉余宜姿旌表等因具题奉

旨该部奏钦此钦遵到部

该臣等议得定例直省烈妇烈女

连表者由该督抚学政部同具额并取具册结核议题进后令地方官给银三十两听本家自行建坊等语

湖北兴国州节妇女柯漆氏系夫亡殉节据该抚查明具题应如所请准其旌表俟命之日臣部行文户部及该抚等给银三十两听本家自行建坊并於节孝祠内设位致祭再此本向归棠题台并声明臣等未敢擅便谨题书

旨等因光绪十八年十二月十四日题十六日奉旨依议钦此

**3.革命英烈**

柯于青：生于1898年2月7日，1928年参加红军革命，时任连长，1931年在江西武宁横路壮烈牺牲。

柯有杞：生于1908年3月16日，1929年参加红军革命，时任排长，1931年在江西武宁横路壮烈牺牲。

柯有米：生于1911年9月8日,1929年参加红军革命,1931年在江西武宁横路壮烈牺牲。

柯有高：生于1913年9月23日,1930年参加红军革命,1931年在江西武宁横路壮烈牺牲。

### （三）非遗资源

**家风家训**：大兴公的后人都以"耕读传家"为宗旨。在以农耕生产为主的古代,柯姓族人普遍重视子孙的文化教育,勤耕苦读很普遍。村里流传谚语有云："讨米背烟袋,也要儿孙读书。"历史上柯大兴村文化兴盛,据家谱不完全记载,500多年来,明清两朝村里共有太学生3人、监生7人、庠生3人、儒生11人,文举、武举各1人,翰林院待诏1人、敕赠文林郎2人。当代出有教授1人、副教授3人、博士1人、硕士5人、大学本科110余人。"文化大革命"期间,古书遭到一次空前洗劫,但至今还保存《四书五经》《资治通鉴》《东来博议》《幼学琼林》《唐诗宋词》《教儿经》《女儿经》《三字经》《千字文》,还有医书、农书及手抄本等百余册。

**锣鼓文化**：柯大兴村村民日常娱乐生活的重要形式之一。村里流传的打油诗是这样描述柯家锣鼓队的："子孙读书要花钱,父母就勤耕,通常五更起床,上山开荒,为了组织锣鼓队,一边敲锣打鼓,一边开荒种地,虽然东方未白,山上已热火朝天。"锣鼓文化于300年前产生并一直受到村民的喜爱,至今依然有三分之一的村民会打锣鼓。村里延续到今天的传统文娱形式还有划莲船、纸马、戏蚌壳等,村民在每年春节前后都会自发地组织活动,表演参与者都在40人以上。

（整理者：高娴）

**参考文献**

1.柯大兴湾:古宅存悠远　山间藏书香[N].今日大冶,2019-07-04.

2.书香门第柯大兴.黄石日报[N],2018-04-13.

3.柯大新古民居里的历史[N].今日大冶,2017-04-26.

4.柯大新湾:养在"深闺"的古村落[N].黄石日报,2017-05-11.

5.大箕铺柯大兴村:清朝民居群风韵犹存[N].东楚晚报,2010-03-17.

6.张贝.民间秩序的空间表达:鄂东南大屋民居堂屋空间研究[D].武汉:华中科技大学,2018.

# 倚水而生
## ——泥培墩湾

## 一　村镇概述

黄石市阳新县大王镇金寨村泥培墩湾,位于大冶湖南岸,紧邻建设中的武汉城市圈黄咸高速公路,规划中的大冶湖生态新区环湖公路穿村而过,北与黄石经济技术开发区核心区隔湖相望。村域面积5.1平方公里,常住人口2531人,是一个曹姓族人聚族而居的典型家族式居住地。这里三面环水,渔业资源丰富;大冶湖位于泥培墩庄后,是居民赖以生存的生命之湖。泥培墩居民历史上都是以捕鱼为生,本地渔场休渔时就奔走他乡靠卖工捕鱼度日。中华人民共和国成立后,围湖造田增加了耕地面积,村民现在以渔农牧副业养家。

金寨村泥培墩湾属濒湖湿地兼低山丘陵地貌,这里的地理环境得天独厚。大冶湖之南,舞龙宫之北,或因大自然之巧手累出水面泥沙积聚为墩,形成三面环湖的丘陵地势,故称"泥培墩"。其形似卧牛,后山名曰"犀牛地"。山前有清池,名曰"宝凼",风水堪舆为"犀牛望月"之像,其牛头所处位置,与幕阜山余脉延伸,有九龙(垅)出水口正对,人称"九龙纳水"。

泥培墩湾落业于1585年左右,有着400多年的历史。相传当年落业始祖曹竹波精通堪舆之术,人称"曹半仙"。他从鄂东南一带"赶地"沿江而下,终择此风水宝地开基立业,繁衍子孙。泥培墩古民居建筑群,或称为曹家大屋,是湖北省保存最好的古代民居建筑群之一,鼎盛时期住户80余户,人口300多人,于今成600多人口之当地望族。

曹家大屋坐北朝南,前面是一个与大冶湖直接相连的开阔水塘,背靠一座小山,山上树木茂盛。在郁郁葱葱的树木掩映下,一间连一间的灰墙黑瓦更显此建筑的源远流长。正如诗中所描绘,"门前湖水明如镜,倒映老屋一望清,古色古香多古韵,如今更有尚古情"。村子被大冶湖三面环绕,像巨轮泊岸,水路乘舟楫直达长江,陆路通公路、走高速畅行天下。村子左与曹家嘴相连环抱,右有大港嘴(大港村)隔湖环绕,前后多个小山簇拥,或呈众星拱月之势。前望宝岭嘴,村人称谓"门纳九龙水,背连一湖春",可谓山清水秀,环境优美,得自然之神功,结此风水宝地。

## 二　村镇资料

### (一)建筑资源

泥培墩湾曹氏古民居群始建于清代。古民居墙砖上刻有"光绪卅四年"字样,说明其

具体建造年代为1908年，距今有100多
年的历史。民国初期曹兴洋、曹东海，
良家富户，重建正堂，出钱出力。至此，
泥培墩古村落群形态连排成片，后有围
墙，前有三个正门，形成了现如今的规
模。现存曹家大屋东西长100米，南北
宽60米，四个正门，大小房间100余间，
占地面积3000平方米左右。大屋青砖

▲ 泥培墩湾曹家大屋古建筑群

砌墙有序地纵横相连，高墙封闭融为一
体，马头翘角，雕梁画栋，小巷深深，青石铺路已被岁月打磨得光溜溜，随处可见小天井。从
建筑构造和材料来看，此处古民居群为典型的明清古建筑徽派风格，如此大规模的古民居
群在鄂东南一代实属少见。

泥培墩湾古民居建筑群是鄂东南传统建筑的重要组成和典型代表，其建筑的典型特
点是大屋聚族、四合天井、上下厅堂、硬山搁檩、混合承重、门额挂匾、青砖黑瓦、马头山墙、
屋檐彩绘、内退槽门、雕花隔扇等。村子三面环水，泉井供水充足，私塾、土地庙、防御墙等
生活文化设施一应俱全。2006年，泥培墩曹家大屋古建筑群被公布为市县级文物保护单
位，共计7处，分别是曹氏祖堂、曹茂强祖屋、曹善乐祖屋、曹善福老屋、曹善琪老屋、曹衍
家祖屋、曹善烈祖堂。

**布局**：泥培墩曹姓自从竹坡先生开始创家立业，房屋有序建设，以宗祠为中心环抱左
右建设民居，布局合理。一排排前后相间，左右相连，开井纳福，建宗祠，修神龛，有巷串东
西。依"犀牛望月"之意，开源节流，设堰挖塘，与自然相依，瓜瓞绵绵，人财两盛，一派欣欣
向荣的景象。现存曹家大屋由东、西两个部分组成，且连成一体，连排有11幢，前后分别
有5～7重。

▲ 泥培墩湾曹家大屋古建筑群布局

▲ 曹氏祠堂建筑内部结构

**结构**：形式为砖木结合，穿斗式构架，中间梁架用木柱，两边檩条直接搁在山墙上，大青砖平砌错缝，小青砖灌斗墙体，小青瓦屋面，主要为硬山顶，山花封火墙。四周外墙均用条石砌成约80厘米高，既稳如泰山又耐岁月侵蚀，其规模之大在鄂东南地区比较少见，且朴素淡雅。

**地面**：室内用三合土夯实，建筑平面为东西长、南北宽的长方形，以曹氏家祠正中为南北向中轴线，东西向后依次排列，各进院落以纵横青石板巷道分隔，连通外部利用高高的封火墙相隔，主要通道皆用青石板铺地。

**立面**：泥培墩古民居建筑立面统一整体，为硬山屋顶，青砖外墙，檐部白边，多饰墨纹彩绘。正面5间，中心间内凹一步，约1米深，中心间利用凹进的宽度，以弯曲的木板连接屋檐和墙面，形成轩型封檐装饰。左右厢房开有小窗，侧立面多为双坡人字形，山墙在正面出墀头，尤其是在中心间的两端出墀头，是其特色。

**墙**：曹氏民居群的防御墙同时也为曹氏宅院的前左右檐承重墙，长约百米，每层开有内窄外宽的长形孔洞，平时起采光、通风作用，遭遇外敌侵犯时，成为瞭望孔和射击孔。部分砖墙装饰有船舵形式的石雕壁画。

**窗**：传统建筑的窗多为石质窗框，传统做法为石雕窗花或木格窗花，现多毁坏或换成铁质栏杆，窗洞很小。

**檐口**：是传统建筑的重要特征部位，在正立面中心间下80厘米处，有轩型木板封檐装饰；有的在屋檐下面一尺处粉以白色，绘以墨色彩绘，有各式吉祥纹样或人物故事图案。

**装饰**：外观马头翘角，木雕花装饰，彩绘檐口，灰瓦白墙，典雅大方，排列有序。山墙为马头墙，在屋檐下勾出一道白边，居民在其上发挥想象和热情，形成具有特色的外部造型装饰的屋檐画。此外，尚有私塾学堂、厅的雕梁、藻井、隔扇、墀头等，都是典型的石雕、砖雕、木雕装饰艺术精品。

**排水：**泥培墩古民居群内的66口天井，既解决了排水的实际功用，又符合"四水归堂"、财不外漏的风水传承。地下排水沟渠连接成网，因成人可入其内，战争年代起到地道掩护作用，今仍畅通，可谓巧夺天工。天井、回廊、排水沟均为青石板铺设，每套院落的天井排水汇集到南北纵向的暗沟后统一南流注入门前低水塘中。

**泉井：**是村落构成的重要元素。现存村东南角的古泉保存最为完整，早年水质好，水量足，泉水兼有饮用、洗漱等多种功能。泉井四周用石雕栏杆围护，井边由石板砌筑而成，是专门的洗漱场所，也是妇女谈论家长里短、沟通感情的地方。

### （二）历史人物资源

**曹姓祖元贤：**为曹姓109世，被封奉直大夫，晋封朝议大夫，元末流离转徙，创业于东山下（今大冶市大箕铺镇境内）冷水畈，再迁老鹳窠建庄稳定。

**曹璇（1516—1608）：**元贤公祠孙，为曹姓113世，字天璿，号竹波，诰封承德郎，山东清吏司，主事，加赠中宪大夫，四川守巡道兵备副使。《兴国州志》卷十九《封赠》载："曹竹波（明）以子志遇官知府诰赠中宪大夫。"《兴国州志》卷二十三《耆寿》载："曹璇，字竹波，永城里人，性嗜学，竞名节，重然诺，栽花种竹，泉石自娱。号竹波居士，年九十三卒，子志遇进士。"

**大学公妣邢氏（1688—1753）：**21岁守寡，抚养儿女成家立业，忠贞可嘉，乾隆年间立牌坊以表其志。

**曹兴洋：**富商，主要经营景德镇瓷器生意，家族鼎盛时，在他的参与主持扩建下，曹家大屋才具有现在的规模。他是个克己奉公、扶危济难、深明大义的商人，为阻止日本人沿江进犯，他将曹家船队在吴淞口全部沉船封江，遇灾荒年接济乡邻，曾以自家出售的黄豆堵住管涌，防止大坝决堤，很受沿江居民和当地老百姓的尊重。

**曹盛杞：**字子才，中共党员，曹兴洋之子，曾任鄂东南军区文秘职务，1932年牺牲于大冶南山头。

**曹盛英：**牺牲于1929年，中国共产党地下工作者。

**曹衍词：**1927年参加革命，乡农协负责人，同年加入中国共产党，并被增选为中共阳新县委委员，协助曹玉阶领导全县"四抗"斗争，同时负责阳新金龙地区各级苏维埃政权建设，1930年因叛徒出卖牺牲。

**曹善发：**历任红三师营教导员、团政委、红三师副政委等职，1933年在江西横路牺牲。

**曹盛榆：**字成才，国民党党员，是当时中美合作军校三期少校，身先士卒，一身正气，并多次参加抗日战斗。

从泥培墩湾走向革命的仁人志士众多，他们舍生取义、前赴后继，为革命壮烈牺牲的先烈还有曹盛英、曹善长、曹善发、曹衍师、曹盛锐、曹盛钊、曹衍林、曹衍诗等。这些曹氏共产党人均在曹家大屋内出生，有的烈士因革命奔走他处，尸骨至今埋于异乡。

## (三)非遗资源

### 1.民风民俗

赛龙舟(省级非物质文化遗产,2010年):泥培墩的赛龙舟习俗,与该地村民择水而居、以水谋生的生活方式有着密切联系。据传,赛龙舟最早是水乡的祖先们用于祭祀水神和龙神的一项仪式,时间可追溯至原始社会末期。泥培墩是水乡,水多、木船多,以水为生的水手、渔夫、篾鼓佬也多。江湖之中,两船相遇或多排同行,难免会争出个先后输赢,久而久之,便有了水乡龙舟竞渡的雏形。

家风家规:曹竹波年老,考虑到进士、志迪二公年幼,遂重分家业,召集六子捐出田地、山林墓地、湖场给泥培墩进士、志迪二公,供他们读书、修造未完工之房屋,且立下遗嘱。至中华人民共和国成立后具有土地证水面面积2万余亩。泥培墩人倚水而生、以湖养命,天灾时以鱼、藕、菱角等为主食渡过难关。因湖与长江相连,水路畅通,光绪年间曹兴洋兄弟七人跑长江搞运输,主营景德镇瓷器,成为长江中下游有名船队,沿江一带有自己的码头、商铺,成为富甲一方之大户。

曹氏先人规定祖业遗产不分散到后辈,要求子孙要自力更生。祖业遗产用于继续做生意,扩大基业,得来的收益用于曹氏家族办婚丧嫁娶、医病抓药、上学拜师学艺、上京城考官晋级等。泥培墩湾祖业遗产经营使用还遵循"来有去无"的原则,即搬出后本湾宗族家业资产无份,搬回有份。

### 2.技术技艺

阳新布贴(国家级非物质文化遗产,2008年):历史相当久远,是湖北省黄石市阳新县的汉族传统工艺美术,该技艺的繁盛地以大王镇金寨村为中心。许多善于此道的老人说,这项手艺是靠口传手教一代代传下来的,所以连布贴画谱的手抄本也很少见,只有为数众多的布贴制品散存在广大的乡间妇女手中。[①]当地农村妇女用缝衣时裁剪下来的边角,多在黑色或深蓝色的布料上,精心拼贴成各种五彩斑斓的图案,用于装饰衣服、鞋料等穿戴物和儿童玩具等。阳新布贴造型风格多样,变化万千,它的造型风格来源于中国古老的元素和楚地千百年来的文化积淀,来源于阳新县特定的社会结构和文化结构所形成的审美意境,来源于阳新女子独特的思维方式和造型意识。造型上求大求全,"大与全"体现了民间最质朴的审美意识,认为大是气派,大是吉利,大是美。

(整理者:高娴)

### 参考文献

1.(清)兴国州志.光绪十五年.

2.沙林森.文明的亵渎与毁灭[J].安徽文学,2010(3).

3.柯恒,周巍.历史遗存满金寨——《摄遍黄石》系列报道之一[N].黄石日报,2019-02-26.

---

① 中国人民政治协商会议湖北省阳新县委员会文史资料研究委员会:《阳新文史资料》(第6辑),1990年版,第122页。

# 山水铸就古村魂
—— 祝家楼

## 一　村镇概述

祝家楼,今行政区划上隶属湖北省红安县华家河镇。20世纪90年代以前,行政区划几经变更。《红安县志》载,祝家楼古为荆地,春秋时属黄国,战国归楚,秦时并入南郡。自汉至唐,常分属地二三县。至宋代,黄陂县建立,祝家楼划归黄陂县滠源乡管辖。明嘉靖四十二年(1563年)黄安县建立后,滠源乡华河会从黄陂县划出,仍沿用滠源乡名,自此祝家楼隶属黄安县。土地革命战争时期,黄安县建立苏维埃政府,祝家楼隶属五区(仙居区),1948年隶属金牛区。1952年9月1日,黄安县改名为红安县。自1949年至1957年,红安县行政区划多次变更,祝家楼仍属金牛区。1958年成立人民公社,祝家楼隶属华河人民公社龙桥管理区。1961年,华河人民公社改为区,龙桥管理区改为公社。1987年撤区建乡,华家河镇成立,祝家楼村隶属华家河镇。该村东靠金桥村,南接张寨村,西连大悟县吕王镇,北邻龙桥村。村落依山而建,东西两侧山地延绵,这里不仅有古典的明清古建筑,也有红色革命遗址。2009年,第三次全国文物普查中被列为湖北省黄冈市重要发现之一,以厚重的历史、古典的明清建筑群、璀璨的明清雕刻艺术,受到瞩目。2012年12月,住房城乡建设部、文化部、国家文物局和财政部联合发文,确认祝家楼村为"中国传统村落"。2014年,湖北省住房和城乡建设厅发文要求各地做好传统村落保护发展规划工作,红安县华家河镇祝家楼村被列入第一批国家财政支持名单,国家财政部拨付保护发展资金。2019年1月,入选第七批国家级历史文化名村。

祝家楼是鄂东地区典型的明清时期移民村,居住的多为祝氏后裔。据祝家楼村民祝辉[1]讲,始迁祖延龄公,元代中期武官,驻守在今天河南省信阳市固始县青峰岭,元末在农民起义战争中败逃,携家外迁,最初定居之地与现在的祝家楼位置不同,现在的祝家楼是三世祖时迁至此处。《祝氏族谱》记载:"鼻祖延龄公本人博通经史,早举茂材,因元末赤子弄兵,红巾云扰,遂淡志青云,不求仕进。当是时,群雄逐鹿,不知鹿死谁手。公也目击心伤,欲舍桑梓而寻尺寸干净之土,乃渡江而上游。由鄂省之郏城遍览山水,以斯邑有方

---

① 祝辉,祝家楼村民,本次调研中主要访谈对象。

▲ 祝家楼古民居整体图

城为城之固，因而出北门寻得乐土，得古吕王建都之所，地僻而敞，乃于城南三里许卜居，傍山择室，门临河水，名其地曰祝家河。"祝家河在今大悟县吕王镇研盘村。二世祖仲春公，延龄公弟，原为广东琼涯县知县，后升至湖南岳阳府知府、河南南阳府太守。至三世祖言公，因祝家河土瘠地薄水浅，遂选择转移至今天的祝家楼，据族谱记载，"三世祖言公以明经授训导，暮年归。尝携二奚童与同志游天台老君山，还日暮，偶憩于九峰之西南谷观音石下，其上则古竹苍翠，下则小石俯伏，如跪如拜，奇状争出。公乃低徊流连而不能去。逾年携家眷居其下，构屋数十椽，种竹数十千株。一时往来过访者，颂门间之高大，号祝家楼焉"。祝家楼之名由此而来。祝氏族人在此定居繁衍发展，四世祖以后人口开始增多，至今已绵延23世，有600余年的历史。

▲ "太原家庙"外部图

祝氏族人深受程朱理学影响，崇尚耕读传家，走科举仕途之路较多，族谱中记载，"官洛阳者，著循良；立朱门者，接道学；卓江南者，昭文章。册史相望，屈不胜指焉"。从四世祖应夔公、应全公、应隆公开始，族人开始修建祠堂、修筑道路沟渠等，使得村落规模形态不断发展。今天见到的"太原家庙"，就是在原祠堂旧址上由后人在2011年捐资修建。

据祝辉介绍，祠堂的"太原"二字与今天山西太原无关，之所以称为"太原家庙"，一是对历史的缅怀，祝家楼这一支祝姓起源于先秦时期的古祝国(今山东省济南市长清区),在发展中形成太原、河南等郡望;二是怀揣着对家族繁衍昌盛的期望,族谱中记载,"未立家庙前,兹丁鲜人稀,每逢露濡霜落,遂各亲其亲于私寝,未及尊所尊于宗庙",修建宗祠则有"得本深末茂"之意。这一点从祝氏祖坟名称也可体现,据地方志记载,祝氏祖坟在华家河会祝家河屋右,名曰"睡虎流涎"[①]。现在祝家楼村民祭祀庆典、红白喜事等仍会到祠堂中进行祭扫,一些杂物也堆放在祠堂中。不仅如此,祠堂还兼具教育功能。祠堂旁边建有一栋房子,专门作为家族子弟学堂,祝氏族人都可进入读书学习。晚清以来,祝家楼村内读书入仕者逐渐增多,并且族人中经商者亦多,钱庄数处,商铺林立,使得村落经济实力不断提升,村落规模空前壮大,家族分房分支越来越多,各种不同功能的民居建筑相继出现。

祝家楼地理位置特殊,在革命战争年代曾是中国共产党的重要活动区域。1929年春,黄安县五区苏维埃政府在该村的祝氏宗祠成立,并在此驻扎2年,于1931年冬迁走。同年,祝家楼成立了黄安县五区七乡苏维埃政府。1930年春,鄂豫皖革命根据地形成,鄂豫皖苏维埃政府机关由河南省经扶(今河南新县)迁至祝家楼办公,至今这里仍保留有鄂豫皖特区苏维埃政府遗址,现为湖北省红安县重点文物保护单位。1930年夏,红四军医院在祝家楼驻扎。1934年红二十五军重建时,徐海东部长期在此驻扎。抗日战争时期,新四军第五师李先念部曾以祝家楼为根据地,打击敌人。

山是天然屏障,水是生命之源,祝氏先祖在定居此处之时便充分考虑到风水这一点。祝家楼村依山傍水,聚族而居,繁衍至今。如今的祝家楼分前后两部分,前面临平坦公路的多为后来所建房屋,古民居则在地势高的一小块平地上,入村第一眼望到的是一棵古树,树旁则是龙桥河,经过村口石板路便进到古民居聚集之地。祠堂"太原家庙"在古民居东边,以此为中心依次向山脚铺展开来。村落内主路由石板铺路,门前有一人工堑井,村民称为"月池"。月池一边栽有垂柳,池边有多块石板,供村民洗衣之用,其中有一块2米多长、1米多宽的大石板,据说是一黄姓姑娘嫁到祝家楼的陪嫁石,在这块大石上曾洗过红军伤员带血的绷带、纱布和衣衫,使得原本青色的石块因鲜血浸染而泛出殷红的光。

祝家楼古民居整体为坐西北朝东南,建筑布局由三条纵深的平行巷道构成,每条巷道比较狭窄,最宽的也仅有1.5米左右。巷道呈曲尺状形式纵向延伸,巷道之间有暗道相连,既相对独立,又户户相通,不论选择哪条路径,都可以到达目的地,并回到主路上,这是祝家楼最具特色的一点。巷道由青石条、石板铺成,地下有纵横交错的排水沟,宽度为0.25～0.35米。每条巷道5～7户人家,巷道入口门楼相向交错,门楼为双吞口形制,门楼建筑采用徽派马头墙并与旁边屋顶连成一体,门框、门扇装在中间,门楼上方有一个孔洞,据说用于瞭望、防御。门扇为整扇木板构成,厚实而笨重,门后采用左右互错式门闩,门框外侧墙体上左右各有一个洞,用于战争时横置圆木挡门。第一条巷道门楼旁有上马石,青石雕刻

---

① 《黄安县志·地理卷一·古迹》,清同治八年(1869年)刻本。

而成,依稀可见图案北斗七星,寓意"七星护宅"。

古民居为典型的明清徽派建筑风格。房屋均为梁架结构,即两层,二层阁楼多用作储藏,阁楼之间互通。四周用青砖砌墙,在这里,徽派建筑最显著的特点——高低错落的五叠式马头墙也被充分采用。墙体上部、门楼上方均饰以彩绘。据祝辉介绍,经过专家学者的考证,祝家楼门上彩绘颜料与敦煌莫高窟彩绘颜料质地相同,用湿布擦拭三次,光彩照人,3小时之后又会恢复原貌。小青瓦铺盖,在走访中发现有一处民居墙顶青瓦相连有五片尖状瓦,据说在"文化大革命"以前祝家楼户户墙顶都有,"文化大革命"后仅保留有这五片。这五片瓦不同于小青瓦,瓦面都有精美的砖雕,与墙体青瓦相连,有防瓦体脱落的功能。青砖、青瓦、高高的屋脊飞檐、兽头林立,渗透出岁月的沧桑。

祝家楼房屋庭院采用长方形房屋形式,呈三开间布局,除大户人家有天井外,其余多不见天井。正房即堂屋,与入户大门不在一条线上,但堂屋却是每户房屋的核心,作祭祀、起居之用,正对堂屋门的墙面设置香案及祖宗灵位,堂屋正中墙壁上如今悬挂有毛泽东主席像。堂屋左右次间为卧房,不直接对外开门,须经堂屋方可进入。正房所对下方为对厅,大户人家往往用于接待客人,也用作下人居住的厢房。祠堂、鄂豫皖特区苏维埃政府旧址则是以天井为中心,门厅环绕天井而设。研究发现,现存的天井长宽比在1:1.34~1:1.72之间[①],这种大小不利于通风,故而在这两处建筑内梁栋下方往往用各种石头堆筑,起到防潮的功能。这些石头做工也是十分考究,图案花纹各不同。梁栋檩板、窗棂隔扇、花门栏杆等都充分运用木雕艺术,精雕细刻。

历经抗日战争、"文化大革命"及特大洪水灾害等后,如今的祝家楼正发生着翻天覆地的变化,依托国家财政专项拨款,对村容村貌进行修整,对传统民居建筑进行复建。目前村内居民700多人,保留有明清传统建筑风格的房子200多间,占地面积10000多平方米。

## 二 村镇资料

### (一)建筑遗存

**鄂豫皖特区苏维埃政府旧址**:属于红安县重点文物保护单位,保护较为良好。1929年,这里最早成立了"鄂豫皖五区七乡苏维埃政府"。1930年春,鄂豫皖革命根据地形成,鄂豫皖苏维埃政府机关由河南省经扶迁至祝家楼村办公。一进门就可看见墙壁上挂有两面鲜红的旗帜,一面是农民协会的旗帜,是红安县独有的,另一面是苏维埃政府和农民协会联合的旗帜,两面旗帜抒写了当时祝家楼的革命历史。

**祝氏祠堂**:村南建有一座高大壮观的祝氏祠堂——"太原家庙"。祠堂始建于清乾隆

---

① 汪世乐:《解析地域文化背景下的聚落空间构成——以红安县祝家楼村为例》,华中科技大学2010年硕士学位论文,第37页。

▲ 鄂豫皖特区苏维埃政府旧址外部

▲ 鄂豫皖特区苏维埃政府旧址内部

年间,虽经道光、同治两次维修,后遭破坏殆尽,2011年,第三次维修,得以恢复原貌。祠堂内大多构件、雕花都为仿古设计,仅存有两个"寿"字扇形构件为清代遗留。祠堂与一般民居不同,外形方正,呈中轴对称,大门采用吞口形制,分为前后两进,前为祭祀大厅,后为摆放祖宗神像牌位之所,后一进比前一进地面高两个台阶,更显庄严气派。

"三余别墅"遗址:村北有一块风水宝地——"金线吊葫芦",清道光年间,祝氏的先人在这里建起了规模宏大的花园——"三余别墅",又名"菊芳园"。谱中有诗曰:"筑起花园傍翠楼,百般红紫豁双眸。幽情愿与花同住,结座茅庐最上头。"花园占地面积40000多平方米。园内亭台楼阁、回廊萦绕。亦快亭、凝香阁、戏楼、迎宾楼错落有致,园中有金鱼池,遍栽奇花异草、名贵苗木。花园历百余年后毁坏殆尽。在花园的遗址上,仅存两棵硕大的石楠仍顽强地生长。

竹林别墅遗址:在祠堂东南有"竹林别墅"。竹林别墅是祝氏第十六代孙祝醉堂建造的别墅,是一离奢华、求清净之地。醉堂公在家谱中作《竹林别墅叙》曰:"吾之家塾基址非不广也,而嚣尘未涤;栋宇非不新也,而喧哗犹未净。爰于村东北隅构一室,曰别墅。效王摩诘辋川故事,塾师赵君松亭矣,君等有竹林七贤之乐,因赠名'竹林别墅'。"别墅现已废弃,只能从族谱图片中略窥其风采。

凤凰寨:村落的后山有古寨,名"凤凰寨"。据史书记载,元末至正十年(1350年),元军为阻击南方"红巾军"北上,选择隘口险关,修城筑寨。后元灭,明军也在此寨屯兵集粮。山寨内方圆八九平方公里,四周用石块筑起厚实的城墙,城墙高数丈。寨内建百多间石屋。后来兵荒马乱时,祝家楼全村男女老幼都可入住山寨,以躲避兵匪之祸。现只剩一堆残砖。

千年古井:村落"月池"西有一口古井,井深近10米,井内壁呈正方形,用长方形石条砌成,井口用一直径近3米的整块石板,在中间琢磨出圆孔而成,合外圆内方之道。天气晴朗时,俯视井中,水中井口倒影如一轮满月,井中月,月中井,交相辉映。井水清澈甘甜,即使百年一遇的大旱之年,井水也从未干涸,号称"龙井"。

(二)历史人物资源

祝延龄:始迁祖,生卒年不详,由豫章迁至湖北黄冈红安县。

祝言:三世祖,生卒年不详,迁居九峰山西南谷地观音山下。

祝应夔：祝言长子,生卒年不详,武状元。

祝应全：祝言次子,生卒年不详,考取进士,名流史册。

祝应隆：祝言三子,生卒年不详,以军务保举武功一时,唐棣增辉,咸夸盛世。

祝华：生卒年不详,清光绪十六年(1890年),因念切宗支情深族谊,捐田二斗入祠,以深报本,追远之意。后因铺差废弛,将祖地所帮之差钱以作每年祭费,以合同二纸为据,凡是从黄陂县来红安县的族人,都会加以优待。

### (三)非物质文化资源

#### 1.非物质文化遗产保护项目

据统计,红安县有非物质文化遗产保护项目3项。其中国家级1项:绣花鞋垫,2007年申报。省级2项:红安大布,2010年入选;牌子锣鼓,2013年入选。

祝家楼村有古曲牌锣鼓队,其前身是祝家楼花鼓戏班,最早成立于明末家族最鼎盛时期,用于族人娱乐活动,还利用一些传统曲目来教育和激励后辈。中华人民共和国成立后,由于政治、经济、人员不足等原因,戏班逐渐荒废,就只剩下乐队。1968年,家族重新组织锣鼓队,之后几经沉浮,勉强维持到1980年。直到2010年春节,在祝辉、祝永兴的努力下,锣鼓队重现生机,现在锣鼓队能演奏40多个古典曲牌。其中有婚嫁、喜庆用的曲牌《进花园》《青山乐》等,丧葬类有《甘竹歌》《朝园歌》《孟姜女哭长城》等。还有精美曲牌,如民歌、劳动号子、采莲船等。

#### 2.民风民俗

祝家楼一直秉承"务农桑、重信实、尊师贤、勤学问"的祖训,民风淳朴。村内至今仍保留着传统的祭祀仪式。一般在农历初一、十五、清明、霜降、冬至和春节进行祭祀活动。祭祀在祠堂进行,祭祀仪式烦琐,据说因祝氏先祖是由江西筷子巷迁来,所以在村民家的供龛上供放菜肴时必须放筷子。

#### 3.传说故事

飞来之财:相传明洪武年间,祝氏祖先兄弟二人从江西筷子巷来到此地后,开始是在邻近河南边界搭草屋居住。一天,二世祖来到现在的祝家楼所在地,因饥饿采野果充饥,却被一只从远处飞来的野山鸡抢走果子。恰巧这时一条蛇向野山鸡扑过去,二世祖帮忙赶蛇却被咬到手。第二天早上,昏迷的二世祖感觉有东西入喉,睁眼一看,野山鸡正叼着野果把挤出的汁滴到他嘴里,被蛇咬过的手也糊上了满满一层树叶和树根浆汁。到了夜晚,二世祖在梦中看到一道霞光,一只鸟驮着一个白胡子老头来到他面前。老头指着那鸟,问二世祖:"为什么要救它?"原来那鸟就是白天的野山鸡。二世祖笑答道:"它是个生命。"老头又问了几个问题,二世祖都如实回答。最后,老头转过身,对跪在脚下的鸟说:"你抢食他人口中之物,不配为神鸟。"那鸟便一头撞死在青石板上。二世祖一下子惊醒了,发觉天已大亮,野山鸡死了。于是,便用手扒坑把山鸡埋起来,谁知一道霞光闪过,坑里有满满的金银。于是二世祖在这个地方召集家族成员,用那些金银为资建筑起了气派辉煌的村落。为纪念自罚变宝的野山鸡,祝氏家族见到野山鸡就养起来,慢慢地,野山鸡和人朝夕相处,就变成了家养的鸡了。①

**文字之奇:**家庙旁的学堂门楣上的三个字,由祝氏族人镌刻,三字字形奇特,传说能认识一个字的是秀才水平,认识两个字的是举人水平,第三个字进士也未必认得,是教人悟的,启迪悟性,洞悉世事。对于这三个字,有专家学者考证为"爱吾廊",意在激励族人奋发向学,也有人认为这三个字是"寿吾家",提醒后人为家乡发展贡献一份力。到底是什么,没有明确的说法。不管是什么,村里人说这三个字有保门额刻石本身、保屋宇建筑、保一方吉祥、保国学绵延的奇妙之处。三个字历经风雨,被保存下来,如今只是所在的门朝向作了变动,改为坐北朝南。

**山石之奇:**祝氏家谱有《观音石记》:"祝氏竹林别墅其西南有石,巍然耸立,高数丈许,围可一席,左右翠竹苍松,奇葩嘉植,佳致天成。……曰:观音石。"村民对观音石顶礼膜拜,赋予观音石美好的传说。据传,紫气东来,观音大士西天向佛路过此地,曾在此石头上休憩,沉浸于山水的美妙,七七四十九天后方依依西去。村民以此命名为"观音石",每逢雨前,石上雾气缭绕;雨过天晴,则一碧如洗,俨然是村民的"晴雨表"。观音石体形硕大,如一尊大佛巍然耸立,站在上面视野极其开阔,其上刻有"天下第一"四字和棋盘图案,更增添了观音石的神奇。离观音石百米,有马鞍石,状如马鞍,上刻图文,傍卧一石,上刻图案,人曰:"七星护宅图。"上有北斗七星,水流走向,十二生肖。站立石旁,使人充满无尽遐想。

(整理者:朱晓艳)

## 参考文献

1.黄安县志[M].清同治八年(1869年)刻本.

2. 湖北省红安县地方志编纂委员会.红安县志 1900—2007[M].武汉:武汉大学出版社,2016.

3. 红安县县志编纂委员会.红安县志[M].上海:上海人民出版社,1992.

4. 丁德斌,钟介宝.中国古镇精华游(下)[M].上海:同济大学出版社,2013.

5. 李百浩,李晓峰.湖北建筑集萃——湖北传统民居[M].北京:中国建筑工业出版社,2006.

6. 李晓峰,谭刚毅.中国古建筑丛书:湖北古建筑[M].北京:中国建筑工业出版社,2015.

7. 桑俊.红安革命歌谣研究[M].武汉:华中师范大学出版社,2009.

8. 石定乐,孙嫘.楚民楚风 荆楚民俗文化[M].天津:天津大学出版社,2015.

9. 夏红胜.将军的摇篮——红安[M].武汉:华中科技大学出版社,2014.

10.杨国安.明清两湖地区乡村社会史论[M].北京:商务印书馆,2016.

11.汪世乐.解析地域文化背景下的聚落空间构成——以红安县祝家楼村为例[D].武汉:华中科技大学,2010.

---

① 资料来源:《红安古村落祝家楼传奇故事》,红安网,http://www.redhongan.com/ssgw/p/43054.html,2019-07-03。

# 武昌首义村
## ——蔡官田村

蔡官田村隶属湖北武汉黄陂区,历史悠久,人杰地灵。蔡姓先人自明朝初年从江西迁至蔡官田村以来一直定居于此。蔡官田村风景优美,景色宜人,气候适中。蔡官田村诞生了不少首义烈士如蔡济民、蔡以忱等,因此蔡官田村也被称为"武昌首义村"。

## 一 村镇概述

蔡官田村位于武汉市黄陂区蔡榨镇西北部,距离黄陂城关约 15 公里,省道 234 从村湾西侧穿过。蔡官田村东、南、北三面环山,西面望水,远眺凤凰寨。三面的山丘连绵环绕村落,犹如罗圈椅的靠背一样环绕着蔡官田村,在几百年前就被称为"圆椅地",是适宜居住的良地。传说数百年前的风水先生就对蔡氏先人指明,此地形前有湖后有地,居于此可"发人",兴旺后代。蔡官田坐落于广袤的田园,山环水绕,阴阳交会,繁荣兴盛,源远流长。蓝天、白云、碧水、黛山、青野,景色瑰丽,呈现出祥和质朴之气。交融的山水藏风聚气,与古村落依存共生,相得益彰,见证了蔡官田数百年沧桑变化,积淀了浓重的历史文化底蕴。

据家谱记载,在明洪武年间,朝廷提出移民政策,开辟湖广(因战争造成湖广人口大减)。蔡氏绍一公准备举家搬迁,由江西乐平县前来此地。蔡官田的蔡氏来自江西筷子巷,到黄陂繁衍生息已经数百年。蔡氏先祖自江西迁至湖北后,蔡氏第十代人蔡官原住大屋畈,后经阴阳先生指点,举家迁至司马塘,即现蔡官田所在地,后一直居住于此,繁衍生息已至第二十一世。

蔡氏家族在近代的壮大与蔡官田村的大地主蔡金阶有着密不可分的关系。蔡金阶家境富庶,有田百余亩,在古井西侧建造的家宅有"九栋屋"之广,房屋所用每块青砖上都刻有其姓名。蔡金阶较为开明,送子侄后辈去大城市甚至日本读书,培养出了侄子——辛亥革命元勋蔡济民、蔡则民兄弟。后蔡济民带领蔡官田村几十名蔡姓兄弟参加辛亥革命,蔡官田村成为"辛亥革命第一村"。除蔡济民兄弟之外,较为知名的还有毕业于北京大学的蔡泽民(号楠轩),曾受孙中山的影响加入同盟会,家中还有黎元洪亲笔题赠的"令德孔昭"的匾额,后任李大钊秘书,加入中国共产党。土地革命战争时期,蔡金阶等人被定为地主,大部分房产与田地被分给外来的贫农,分得房产的人家在而后的岁月中渐渐将旧有古宅改建成新居,一直保存至今。

蔡官田村也有着丰富多彩的传统文化,如流传至今的龙灯及彩词表演文化,堪称武汉"龙灯第一村""彩词第一村",还有"天下第一面"——"蔡林记"热干面为代表的美食文化等。蔡官田村可以说是武汉非物质文化遗产最丰富、传承价值最高的传统村落,是武汉地区民间传统文化的典型代表。而今,蔡官田村依然保留着原有的村落格局,通过略显沧桑的房屋和墙边依旧留存的石碾,依稀能窥见繁荣时期的蔡官田风貌。

## 二  村镇资料

### (一)建筑遗存

**蔡济民故居:**占地面积约263平方米,以木结构为主要结构支撑,外墙下部用条石,上部为青砖,门口两侧建有小马头墙,以青瓦覆顶。辛亥革命元勋蔡济民,1887年1月21日出生于黄陂蔡家榨街蔡官田村,是辛亥首义的重要人物之一,光绪二十七年(1901年)加入湖北新军,1906年参与组织日知会,又先后参加共进会、将校研究团、群治学社、文学社,并经查光佛介绍加入中国同盟会湖北分会,任参议部长,并带领本家族三十多人参加了辛亥革命,为推翻帝制、建立共和做出了巨大贡献,其中辛亥革命首义的第一面旗帜还保留在村庄。蔡济民故居现为武汉市文物保护单位。

**蔡公井:**关于蔡公井有一个传说。当年绍一公千里迢迢来到黄陂东乡安家以后,身体劳累不适,彻夜难眠,也可能是换了新的环境,致使他寝食难安。一天半夜他突然听见有水流声,仿佛就在房子不远处,是梦还是真的有流水声?于是他急忙穿好衣裳,提着灯笼慢慢走出家门。发现离住房不远的地上冒出水来,提灯一照,清泉涓涓流淌。绍一公十分惊喜,急切用双手捧起泉水嗅了一嗅,并无异味,大胆喝了一口,水质甘甜可口。细细观察它的流量,兴奋地默默念道:"好水,好甜的水,真乃苍天所赐,蔡氏先祖显灵了。"天亮后,立刻命众人深挖,并用石块砌井,呈半圆形,井边均铺青石板,又修了泄水沟,以免污水流

▲ 蔡济民故居

▲ 蔡公井

▲ 九巷十八门

入，加以清洁保护。此井可供村中几百人饮用，到了大旱时，邻村乡民也来挑水使用，利民、利村。说来异常神奇，自从村中有了这口泉水井，村民得病者甚少，长寿人更多。此水井大旱不枯，大雨不溢，真乃长寿井。此井水冬暖夏凉，碧绿清澈，水质甘甜，是村内的核心，孕育着这片生生不息的发源地。

**九巷十八门：**蔡官田地势相对平坦，建筑群基本排列有序，以门前塘为核心布置，分为若干整齐的片区。村中街巷格局则有"九巷十八门"之说。村落中沿南北向有两条巷子，东西向有七条巷，共九条，巷子两头建有巷门。东西向巷道较窄，各家各户从巷道中开门出入，有着防盗防御的功能。

**院落空间：**蔡官田村传统民居的特色是转楼，即天井。所谓天井，就是尺度狭小的露天院落。天井民居原以赣北、皖南徽州地区最为典型，最基本的平面呈"口"形，有所谓"四水归明堂"之说。有的正房后再加一个天井，或在后天井后部再加楼房，堂屋充满穿堂风，非常凉爽。蔡官田村传统建筑基本单元是以横长方形天井为核心，四面或左右后三面围以楼房，阳光射入较少；房屋的内部空间加高，竖向层次增加，狭高的天井也起着拔风的作用，有利于通风；正房即堂屋朝向天井，完全开敞，可见天日；各屋都向天井排水，风水学说称之为"四水归堂"，有财不外流的寓意。外围常耸起马头山墙，利于防止火势蔓延。

**围城格局：**西北部为村中普通百姓的聚居区，由于房屋尺度较小，出于安全等因素考虑，必须集中团结力量才能进行防御，因此东西向窄巷道多。房屋之间整体布局紧凑，排列有序，纵横巷道尽头有前大门和后大门，关上门俨如一个内城，有极强的内向性及防御性，打开门则阡陌交通，形成线路清晰、开合有致的街巷空间，体现了居民之间具有特色的邻里关系。

**木兰石砌：**当地传统普通民居建筑以木兰石砌为主要特色，工匠们克服了木材不足、条石昂贵等困难，以碎散石片或毛石料为主要建造材料直接砌造，是武汉地区具有浓厚乡土韵味的历史建筑，显示出高超的建筑技术与艺术水平。当地大户则以整条石或块石为主要建造材料，房屋墙基用麻条石、糯米石灰浆砌成，上砌青砖，墙体常采用雨丝墙砌法，建筑群则多以厅堂为中心组织院落。这些都是明清时期蔡官田民间文化、建筑工艺、美学艺术的杰出代表。

**风水格局：**蔡官田先人在择址时特别注意村落的风水格局。以群山环绕为椅，以环抱内的圆形场地为坐板的村落环境特色，形成"山水有情、藏风聚气"的圆椅地，是蔡官田特有的风水格局，展示中国崇尚自然，尊奉"天人合一"的传统自然观和古代风水学的科学意义。

▲ 古树

　　**古树**：蔡官田村中有两棵古树，历史悠久。在明洪武年间（1368—1398年），蔡氏绍一公准备举家搬迁到湖广，他将故地一株粗壮的小柏树苗随身带着，经过半个月的旅程，终于选中了现在居住的村落，于是急忙找到村口的一个土墩，挖了一个深坑，将小柏树苗栽好。绍一公隔三岔五地为树苗培土浇水，第二年春暖花开之时，小柏树生长得翠绿挺拔。随着时间的流逝，柏树生得挺拔又壮实。

　　村里还流传着关于一棵朴树的动人传说。有一位云游僧人，经过该村时，发现村中心有一口大水塘，村旁有一棵生机盎然的大柏树。他默默念道："此地乃出官宦之宝地也！"于是他从布袋中取出一粒朴树种子（佛家酷爱菩提树，乃佛祖修行树），埋在离柏树不远处。云游僧人笑着说："一百五十年后，将有一位'文武双星'在该村风光出现。"果然，百年后的辛亥革命期间，出了一位"鄂中军人之擘"——蔡济民先烈。昔人已乘鹤西去，柏树已有500年的树龄，朴树也有250年的树龄，它们深深扎根，挺拔在这片肥沃的土地上，依旧保护着村里平安吉祥。目前，两棵古树已被武汉市列为市级名贵树种，挂牌重点保护。

　　柏树淡褐色的树干，需两人才能环抱，葱茏繁茂的树冠，活像一把张开的绿绒大伞，随风轻轻摇曳。密密匝匝的树叶像打了白蜡似的，朦胧地发出润泽的光。村里绿树成荫，郁郁葱葱，正印证了"前人栽树，后人乘凉"这句古话。

　　**（二）历史资源**

　　久居于蔡官田的蔡氏一族，从明朝洪武年间的绍一公开始，在几百年的发展繁衍中，一直重视子孙后代的教育，崇尚学问，诗书传家。蔡氏家族人才辈出，从古至今，人才济济，从而形成了蔡官田独特的蔡氏名人文化。

　　**蔡完**：古代有蔡完公，他是明朝的御史大夫。蔡完公官至监察御史，一生为官清廉，皇帝书写大匾额"天下第一清官"，专门派人赠送给家乡人民。此匾一直放在蔡氏祠堂里，蔡氏祠堂从此更名为"清廉堂"，以此来纪念这位德高望重、为官清廉的蔡完公。[1]

　　**蔡济民（1886—1919）**：原名国桢，字幼襄，湖北黄陂蔡官田村人。1905年投入湖北常备军左协第一旗当兵，后升任新军二十九标二营司务长、排长。1906年加入日知会，尔后

---

① 裴高才、王凤霞：《无陂不成镇·人文风情》，长江出版社2009年版，第85页。

相继加入群治学社、共进会、文学社等革命团体,在二十九标组织军队同盟,任标代表,加入同盟会,任同盟会湖北分会参议部长。起义前被预选为军政府参议长和起义军事筹备员。1911年10月9日,武昌起义计划暴露。10日晨,彭楚藩、刘复基、杨洪胜三烈士被杀,形势紧急。蔡济民在二十九标官长会议上建议给士兵发足弹药,加强巡逻,以应付非常情况。当晚7时,工程营率先发动起义,他率二十九标响应。革命军猛攻督署不下,蔡济民情急智生,取棉衣浇煤油纵火,顷刻间火烧督署,并为炮队提供了射击目标。后又率队攻下藩署。阳夏战争爆发,黄兴赴汉任总司令,蔡济民任经理部副部长,每次战斗,必亲往督阵,黄兴称其为"鄂中军人之巨擘"。后主军务部,整军施教,军官咸服,章太炎誉之为"后汉二十八将侪也"。为抚恤伤军,主持筹建铁血伤军毕恤会,任会长;为教育遗孤,又办遗孤教养所。起义胜利后,历任军政府军务部参议长、副部长、各部总稽查长等职务。1912年10月被袁世凯授予勋位陆军中将。1913年初,任鄂督黎元洪的参谋长。反袁失败,潜伏日本,加入中华革命党。1915年4月任湖北讨袁司令长官。1917年任护法军政府鄂军总司令,11月底任鄂西靖国军总司令。1919年1月28日在利川被川军方化南杀害。1922年黎元洪总统追赠其为陆军上将。1927年湖北省政府将其公葬于武昌伏虎山。曾与吴醒汉合撰《都督府组织与北伐军改编》一文。

**蔡正强**:在家乡读过私塾,受到蔡济民父亲香蒲先生爱国思想影响,跟随蔡济民参加过辛亥革命,为推翻清王朝、实现民主共和做出了一定的贡献。一生爱打抱不平,充满侠义精神。

**蔡正启**:蔡正强的同胞兄弟。受其兄爱国思想的影响,与其兄一起参加了辛亥革命。"阳夏战争"时,蔡济民为司令部副部长,蔡正启和蔡正强随从担任后勤司务工作。

**蔡以忱**:又名蔡一尘,学名蔡滨,黄陂蔡家榨白家嘴村人,其读书在蔡官田村,与辛亥革命武昌首义元勋蔡济民同宗。1896年1月29日出生在一个贫苦农民的家庭,1915年考入湖北省立第一师范学校读书,勤奋好学,成绩优异。在校期间,蔡以忱是一名极为活跃的爱国青年。1919年,"五四运动"爆发,影响全国,湖北积极响应,以恽代英为首的武汉学生界立即掀起要求释放北京被捕学生的游行示威。蔡以忱是湖北省学生联合会的代表之一,是这场爱国学生运动的骨干。1920年,蔡以忱从湖北省第一师范学校毕业后,留在该校附小任教。在董必武、陈潭秋的教育下,蔡以忱逐渐将马列主义作为自己的终身信仰。他参与编辑《武汉星期评论》,开始宣传马克思列宁主义,揭露和批判军阀的罪恶行径,提倡改造社会、改造教育、解放妇女。后经董必武介绍,蔡以忱加入中国共产党。他以教员身份作掩护,从事革命工作。1925年,"五卅"反帝爱国运动后,蔡以忱与吴德群等人创办崇实中学,蔡以忱任训育主任。在他们的培养和帮助下,崇实中学的革命氛围极为浓厚,很多学生纷纷加入中国共产党,成为当时革命运动的中坚力量。血与火的洗礼,让蔡以忱逐渐成长为一名优秀的革命活动家。蔡以忱曾先后担任国民党湖北省党部执行委员,中共湖北区(省)委宣传部主任(部长)、湖北省农民协会执行委员兼组织部长等职。董必武评价:"蔡以忱是好手,能写能说能做事。"在中共"五大"筹备期间,蔡以忱借助黄陂帮会等民间进步人士的力量,制定了"三保险"措施,确保会议安全。1927年4月27日,中共"五大"顺利召开;5月9日,大会选举新的中央委员会和第一个中央级的纪律检查机构——中央监察委员会之后,在黄陂会馆闭幕。蔡以忱当选首任中央监察委员会委员。秋收起义后,蔡以忱调回安源继续主持市委工作,之后他被任命为中共湖南省委秘书长、中共湘西特委常务委员。1928年7月中旬,由于叛徒出卖,蔡以忱被国民党逮捕。1928年10月25日,蔡以忱与妻子丰俊英在澧县县城小南门壮烈牺牲。就义前,蔡以忱赋绝笔诗一首:"申鸣大义臣,仗剑扫烟尘;横刀眉梢笑,忠贞掩昆仑。"

**蔡楠轩**(1895—1947):湖北省黄陂人,北京大学经济系毕业,北京大学早期中共党员,曾任李大钊秘书,参与绥德地区中国共产党组织,领导陕北地区革命,曾任中共绥德地委书记。1927年陕北事变后中共绥德县委被破坏,被迫离开陕北返回故里。1947年病逝于武昌。

**蔡曙初**:1920年生,中华大学毕业,曾任工业复兴委员会委员、华中电力研究所主任、设计院主任、高级工程师。曾作为全国劳动模范被毛主席接见。

**蔡撷英**:生于1924年,武汉大学学生运动首领,早期共产党员,后任长沙市副市长。2008年中央电视台播出六集她的事迹,歌颂这位中共优秀女地下共产党员。

**蔡勋**:1914年出生,早年毕业于国民党中央军官学校武汉分校第七期,后历任国民党军队排、连、营、团长。1945年抗日战争胜利后退役经商。1949年去香港,后去台湾。历任台北市《湖北文献》社务委员、台北市黄陂同乡会常务理事、台湾电影发行公司总经理,设立台湾湖北同乡会"蔡勋奖学金"。

**蔡良村**:1888年出生,亦名以贞。1903年考入武昌两湖师范学堂,参加同盟会和文学社。曾参与创办《公论报》《大江报》,任主笔,参加武昌起义,任湖北军政府军务部秘书长,参与筹办《中华民国公报》,任编撰。1912年1月任民国临时政府教育部科长,旋被推选为湖北省教育会会长,兼鄂州公校校长。1913年参加"二次革命",次年春东渡日本加入中华革命党,不久回湖北,与蔡济民等共组"中华革命军鄂军总司令部",任军事总参议兼秘书长。1916年2月18日,协助江元吉组织武昌南湖陆军第一师炮队举行反袁起义。后又与蔡济民赴上海策划在湖北武穴起义。1917年与蔡济民等组织"鄂西靖国军"。1919年遭川军方化南的参谋长吴清熙杀害。

**蔡红生**:1955年生,美籍华人,美国布朗大学博士后,著名数学家。在金融学、云计算、大数据等领域获得八大专利,世界级金奖得主,现任教于美国芝加哥伊州理工学院。

**蔡大生**:1958年生,著名华人歌唱家,瑞典大剧院、挪威国家歌剧院、哥德堡剧院终身演员。至今在意大利、法国、英国、德国、比利时等20多个国家演出近40多部歌剧、音乐剧等,是华人艺术家在世界舞台上登台最多的歌唱家之一。

**蔡明伟**:蔡林记热干面的创始人,抗日战争时期由蔡明伟将蔡氏传统的早餐面改造为

现代的热干面。在第二届中国饭店文化暨首届中国面条文化节上,评选出了"中国十大面条",武汉热干面排在首位,声名鹊起。武汉热干面可谓享誉世界。

**蔡泽民**:早年毕业于北京大学,先受孙中山的影响参加辛亥革命,后在革命先驱李大钊的介绍下,加入中国共产党,长期以教书为名从事党的地下工作,曾任陕西绥德地区地委书记。

**蔡大奎**:龙灯文化名人、农民艺术家、民间彩词传承人。

### (三)非遗资源

**龙灯表演**:蔡官田村生活丰富多彩,逢年过节,热闹非凡。尤其在正月十五,有玩龙灯、划彩船、唱民歌等有趣的民俗活动。从清朝传下来的传统玩龙灯,用十八星旗,伴有专门谱曲的民歌。蔡官田村是龙灯的传承地。灯会上,以蔡官田村为首的蔡家40个湾村还要"喊彩",就是喊吉祥话,每段每句必须带"凤凰"二字,小贩们的叫卖声,孩子们的玩闹声,亲友们的问候声,夹在鼓乐鞭炮声中,使整个山寨变成了一锅沸腾的开水。①

**传统商贸文化**:中华人民共和国建立初期,蔡姓子孙繁衍发展鼎盛,有良田千顷,富甲一时。日本人封锁食盐,但蔡济民的船无人敢拦,村里人也跟着沾光,打着蔡氏的旗号,可以运送私盐。当时的蔡官田街道繁华,行业齐全兴盛,俗称"小台湾"。

**入仕为官、廉政文化**:蔡官田科举文化底蕴深厚,自古以来文教昌盛,人才辈出,书香不断,蔡氏先祖,忠孝传家,厚德载物,崇尚学问,历代多有名人学士出仕为官。据家谱记载,明洪武年间由进士蔡氏绍一公率众子孙自江西乐平县迁来此地,后代先贤清正廉明为官者颇多,尤其是七世祖完公曾任明朝监察御史,荣获明世宗赐额"天下第一清官"。

**辛亥文化**:辛亥革命元勋蔡济民,参与组织领导推翻了清王朝,结束了中国2000多年封建帝制。蔡济民带领着本家族30多人参加了辛亥革命,被湖北省命名为辛亥革命第一村,为推翻帝制建立共和做出了巨大贡献,其中辛亥革命首义的第一面旗帜还保留在村庄。

**蔡林记热干面**:热干面源于20世纪30年代初期,汉口长堤街卖汤面的蔡明伟做的汤面非常受欢迎,客人经常排队要等很长时间才能买到,很多客人等不及走掉了。蔡明伟做生意很会动脑筋,为了加快出货量,通过反复试验,他终于摸索出一套"掸面"的工艺——就是先把面煮至七八成熟,然后快速降温并均匀抹上油,这样卖面时,出货量就快了。

蔡明伟是蔡林记热干面创始人,抗日战争时期他将蔡氏传统的早餐面改造为现代的热干面。蔡汉文(蔡林记创始人的继承人),蔡明伟的长子,继承了父亲创制的热干面的独特制作方法,将蔡氏热干面推广到全世界,申报世界饮食文化遗产获得成功。目前,蔡林记热干面走向全世界,获得了世界人民的认可。蔡明伟家族的根底可以追寻到蔡官田村,虽然蔡明伟一百多年前就迁离蔡官田了,但武汉市政府为树立蔡林记的品牌,将蔡明伟热干面的这些元素整合到了蔡官田村,而蔡明伟的后人也积极借助蔡官田村这个平台投资

---

① 远坤:《趣闻湖北》,旅游教育出版社2009年版,第176页。

热干面品牌。蔡明伟及蔡氏热干面成为蔡官田村的非物质文化遗产。

九角十八星旗：1912年5月，蔡济民托自己的族兄将一面象征着首义铁血精神的九角十八星旗(清末共进会派革命党人所设计)送回乡下，并由其宗亲妥为保存。1917年8月，孙中山在广州发动护法战争，蔡济民被任命为司令，其后受党人牟鸿勋、苏成章之邀，赴利川任鄂西靖国司令，他特意让同乡蔡以忱将家乡珍藏的九角十八星旗带至利川，以号召人们参与反对北洋军阀的护法战争。1919年1月28日，蔡济民在利川被川军杀害，年仅33岁。蔡济民遇害后，胞弟蔡化民赶到利川为其收尸入殓，灵柩覆盖着那面九角十八星旗运回武汉，这面旗帜后来被其亲属带回家乡，并代代相传。自此，这面九角十八星旗便成为蔡官田村村民的精神寄托，直至1975年转交湖北省博物馆珍藏。湖北省博物馆按照同样规格为村里复制了两面九角十八星旗。殷红的旗面，黑色九轮角，镶嵌着十八颗圆星，旗面已显得暗旧，颜色也不再鲜亮，在旗帜的一角还有一小块补丁，然而在阳光下依然可以感受到一股肃穆庄重的"铁血"气息，令人震撼。在村民们眼里，九角十八星旗不仅仅是蔡官田村光荣历史的见证，也是一个世纪以来古老村庄的精神激励所在。每年正月十五元宵节，村里的男女老幼都要齐聚一起，举行盛大的祭旗仪式，之后是浩浩荡荡的龙灯巡游，九角十八星旗在队伍最前面迎风飘扬。

（整理者：潘洪钢，钱凯）

## 参考文献

1.黄陂县志.清同治年间.

2.黄陂县志编纂委员会.黄陂县志[M].武汉:武汉出版社,1992.

# 人杰地灵
## ——玉块村

## 一　村镇概述

玉块村位于阳新县浮屠镇东部,一片自然风光优美的黄姑山下缓坡地带,整体村落坐东朝西,背靠黄姑山,前临大泉溪,左有鲤鱼山,右有虎山的巨大山口。四周群山绝大部分是喀斯特岩体,山上局部裸露着灰白色的岩石,山石之间植被葱茏,以樟树为主,巨大古老的樟树常常成为这一带村落风水的标志。玉块村的水资源十分丰富,大泉溪紧贴村边流过,村内的大小两条小溪分别流经村落中白门楼和李家颈,有多处泉眼在村落露头,在白门楼形成数百年的古井。现在大泉溪上游建设了"十八折"水库和玉块村林场。

玉块村整个村落的布局特征可以用"一姓三庄七祠"来概括。其中:"一姓"指玉块村是单一血缘村落,整个玉块村都是李姓,为李姓宗亲;"三庄"是指玉块村这一行政村下面的三个主要李姓自然村——太新屋、白门楼和李家颈;"七祠"是指"三庄"分别供奉着的七个祠堂(宗祠、支祠、家祠)。整个玉块村落的形成与村内各种祠堂有着紧密的联系。李氏族人于明朝初年移居此处,最早落户的地方是靠近大泉溪的太屋。家族规模扩大后分出白门楼(上庄屋)和李家颈(下庄屋),太屋和后来发展出来的新屋组成太新屋,最终形成一姓三庄的格局。玉块村第一个祠堂——太屋老祠堂,始建于清嘉庆年间,至今已逾200年。太屋老祠堂以及后面几个祠堂的建造基本决定了玉块村聚落大的位置、朝向,定居历史和宗族关系决定了村落的内部结构。

如今的玉块村群山环抱,风光秀丽,梯田层层,四季风景如画,湖光山色辉映,具有鲜明的风水文化、家族祠堂文化、水井文化、太屋聚居文化、墓葬习俗,是这一地区古村落的优秀代表。玉块村历史人文资源丰富,诞生了晚清外交名臣李蘅石等历史名人。村中保存完好的李蘅石故居和李氏宗祠为省级重点文物保护单位,也是鄂东南古建筑的杰出代表。村中还流传着民俗文化"送水节""吃新节"及民谣《十看穿》《十送郎》《一个大姐十个郎》等非物质文化遗产。

## 二　村镇资料

### （一）历史建筑遗存

**李氏宗祠**：清光绪二十六年（1900 年）由李蘅石捐款兴建，现为省级重点文物保护单位。《李氏宗谱》记载："自先祖太禄公迁州西黄姑山麓，至今已二十余世，其地山环水绕灵秀荟萃处也。初居近港畔，后分为三庄（一名港边，一名白门，一名下庄屋）。每岁报本三庄依次轮流各在祖堂设祭，然享祀宜肃，而栖神灵之所宜静。祖堂四围族居，纷列恐不免有亵慢之虞，前人因欲共建一祠，酿资存会历年生放而力犹未足，今兄蘅石服官新省作监司任臬司而历藩司力足，为修祠倡也。""初居近港畔"，表明太屋是最早落户的地方；"祖堂四围族居"，说明祠堂决定村落结构；"纷列恐不免有亵慢之虞，前人因欲共建一祠"，则是后来另外单独建造李氏宗祠的原因。宗祠位于太新屋和李家颈之间，面向鲤鱼山和虎山所形成的巨大山口，后面就是玉塊村的祖山——黄姑山，是村中风水最好的地方，是整个玉塊村的中心。

▲ 李氏宗祠

李氏宗祠由戏台、正堂、过堂、祖堂等一进四重的主体建筑组成，分为楼上、楼下两层，建有 433 平方米的大厅、正厅及义学、酒厅、茶厅、戏台等，总计占地面积 1673 平方米。李氏宗祠建筑既融合了徽式风格，又突出了鄂东南明清民居特点。宗祠外墙采用了徽派马头山墙模式，山墙下面有着醒目的鄂东南民居屋檐画。屋檐画是阳新明清建筑一大特色，常为黑白分明的民间吉祥图案，附在民居或山墙之下。宗祠的大门为一字门档，也是鄂东南建筑常用模式。祠堂内以青石、青砖、木材为建筑装饰材料，从宗祠的正门至祖堂神龛，由青石铺地，大梁依木材自然形态加工，弯曲起伏，屋面布瓦堆饰的曲龙图案近看似飞鸟，远看似草龙，造型优美，形象生动。戏台用料优良，底以

▲ 李氏宗祠内的戏台及义学

四根高达 2.2 米的石柱为柱础，呈宝瓶状的柱基石雕刻精美，戏台台面木板铺地，台顶则做成复斗形凹顶，四周雕刻人物故事、山水楼台，极具观赏价值。宗祠内木雕栏杆、石雕台柱、砖雕窗棂均有雕龙绘凤、花开富贵的民间吉祥图案，和 16 根描金绘彩的大立柱相映生辉。屋内采光与排水布局独特，屋面承接的雨水归集于室内天井沟排出，谓之"四水归堂"。此建筑集祠堂、义学、戏楼为一体，其风格有浓郁的鄂东南地方特色，具有较高的艺术价值，实为不可多见的民间古建筑瑰宝，现为湖北省重点文物保护单位。

**李蘅石故居**：于清光绪三十一年（1905 年）兴建，由正堂、中堂、厢房等主体建筑组成，并建有供管家、厨师、佣人起居工作的次间，总计占地面积 1391 平方米。该故居为砖木结构，室内结构精巧，全部以间距对称的木柱为支点，横梁大小一致，用匀称的弧形木料承力，住房过堂以雕刻的隔板门扇间隔，楼上楼下四通八达，门窗户扇件件精雕细刻。屋顶重檐叠脊，翼角飞举；屋脊以青瓦压叠加以曲龙装饰，形象生动；檐下有记录忠孝故事、神话传说的黑白分明的屋檐画；室内有 24 根雕刻花草瑞兽的大立柱，以承布瓦砖木；故居大门有清代"光禄大夫"石刻门匾，字体苍劲有力，气势非凡；室内有天井四个，门窗则描龙绘凤，点金刷红，富丽大方。该故居集实用与观赏为一体，具有较高的文物价值，现为湖北省级重点文物保护单位。

**明清古民居**：主要分布在李家颈湾和东山卢湾，多为明清年间及民国初年所建，至今仍为当地村民的居所，保存较好，布局合理，有着鲜明浓郁的鄂东南地方特色。这些古民居建筑样式风格较为统一，均采用青砖、布瓦、木材为建筑材料。屋檐下均绘黑白或彩色的屋檐画，明代建筑没有屋脊，只有屋尖，清代建筑则都采用马头山墙的建筑模式，马头山墙状似马头，铺以曲龙，飞檐高举，气势大方。房与房之间建有防火通道，屋内多设天窗天井，采光充足，门窗、影壁、屏风均雕刻有花鸟虫鱼、神话故事及历史人物，这些精美的雕刻具有较高的艺术价值和观赏价值，表现出古代工匠高超的建筑工艺和玉块村人对美好生活的追求。古民居建筑平面主要是四合天井形式，多为一进或两进，一般祠堂建筑才有三进。许多民居都安

▲ 李蘅石故居

▲ 玉块村古民居

排有楼层,但上层一般不住人,主要用来储藏粮食和物品。玉堍村民居的平面布局围绕祠堂或水井展开,绝大多数民居都是一层。例如白门楼是玉堍行政村下属的一个自然村,民居围绕水井布置,水井供应着白门楼 100 多户的用水,成为整个聚落的中心之一。又如新屋是李氏宗亲的一个分支,民居围绕着新屋的家祠布置,新屋村好像是一座整体的建筑,形成了大屋,家祠的大门就是新屋民居群的大门,另外设几个边门,里面可以安排数十户人家,各家住户就通过天井和走廊来连接,天井在整个建筑中不仅是用来采光,同时也解决了屋面的排水,整个新屋有 18 个天井,极具特色。玉堍村沈家岭湾还保留有一条明代青石板小巷,全长 100 余米,宽 2～3 米,全部由青石板铺成,青石板两边连着民居。据文物部门考证,该巷建于明代中期正德年间。

**明代古井:**玉堍村现存两处明代青石古井,分别位于李家颈和白门楼。水是人类生存的必要元素,也是传统中国一个很重要的文化要素。在中国古代,人们一般都是傍水而居。玉堍村村落选址也不例外,李氏族人傍大泉溪而居,大泉溪的水由周围植被良好的大山涵养和汇集,溪水清澈见底,甘甜爽口。除了大泉溪这个主要的水源外,每个自然村都有一口井。玉堍村及其周围地区的水井服务范围都比较广,最著名和保存最好的是白门楼的明代双井,它至今仍为几十户人家提供生活用水,而民居就围绕水井展开布置,有老人称其为李氏村庄的"眼",赋予其神奇的色彩和生命的依托。玉堍村的水井不像我们平时一般常见的井,饮用水和生活用水都出于同一个井口,而是饮用水和生活用水分开,具体做法是用石块筑成台次(两到三个)分别开井口,台次高的位于水位的上游,井口内是饮用水,台次低的位于下游,是生活洗漱用水,生活洗漱用水再往下还可以用来灌溉农田,功能安排十分清晰合理。以玉堍村白门楼水井为例,白门楼的水井由高低两个方形井口组成,两个井洞连通,只是水位有高低的区别,水位高的是饮用水井口,水位低的是生活用水井口,其井口面积比平常所见的井要大得多,一个井口的面积就有好几平方米,这么一口井要供应整个白门楼几十户居民的生活用水。这口井不光井口大,而且还很深,这样宽井口的深水井平时肯定存在很大的安全隐患,特别是对于老人和小孩。为了避免出现危险,在建造这口井的时候,村民就已经充分考虑到了水井安全问题,每个井口周围都有一圈栏杆围着。另外,在井内水下距井口半米的地方有一排横铺的圆木井栏,防止打水的人特别是老人和在井口玩耍的小孩不慎掉入井中。非但水井如此,流经村落中白门楼和李家颈的两条小溪之上游,也

▲ **玉堍村古井**

被村民分出台次,上者洗菜,下者浣衣。水井成为村民,特别是妇女聚集交流的场所,妇女们洗菜浣衣交谈,孩子们在旁边嬉闹,成为乡村社会十分动人和富有生气的风景。

**古墓:** 玉塊村的墓葬体现了阳新乃至鄂东南地区重视墓葬并采取厚葬的习俗。李蘅石之墓位于黄姑山脚玉塊村白门楼上首,现为无碑之墓,仅有几块青石垒在墓头。原因是当时李蘅石位高显赫,名动中华,故李氏后人将李蘅石与李氏先祖三位太公之墓并排埋葬在一起,以示尊重。由于当时李氏这三位太公没有立碑,为避免破坏祖制,所以李蘅石之墓也未立碑。如今后人看来,无碑之墓恰是李蘅石一生为人"清清白白来世,不带一根草去"高尚品格的写照。除李蘅石墓外,该村还有三处墓葬引人注目:其一在李家颈中部,坐西朝东的"皇清诰赠光禄大夫显考李公象乾大人墓"及"皇清诰封一品夫人显妣李母朱太夫人墓",乃本村名人李蘅石父母之墓;其二在太屋村旁,乃李氏祖坟,又叫柏树坟,在太屋之北,由三座坟茔组成,每座坟茔前分别立着三座滴水牌楼式的石质墓碑,每座墓碑高约1.8米,宽约2米,飞檐鸱尾、瓦当滴水、石鼓斗拱,保存基本完好;其三在黄姑山北端的一个山凹上,是李蘅石为其姨太太修建的,并专门设立一座名曰"团墩山"的小庙作为守墓之用,今小庙仍在,墓已被盗。

**堡下古洞:** 位于玉塊村岩头堡山,该洞外小内大,洞中套洞,深不见底。洞内最高处约有8米,最大处约有100平方米,洞内凉风习习,蝙蝠成群,泉水渗滴,石钟倒悬。洞门宽敞处供有观音菩萨等多位佛像。该洞于20世纪80年代初期曾发掘出一批古人类化石和古生物化石,1998年被列为县级重点文物保护单位。

### (二)历史资源

玉塊村历史悠久,文化积淀深厚。20世纪80年代初期从玉塊村岩头堡山溶洞中发掘出的古人类化石和古生物化石说明数千年前已有人类在此活动。据玉塊村《李氏宗谱》记载,明朝初年,李氏太禄公由湖广兴国州木寨嘴迁至黄姑山下,这里风景秀丽,环境优美,季节变化明显,世世代代的村民都喜欢这个地方。后来李氏家族的两溪公与其脉侄景立公在白门楼自立香火(即当时的上庄屋),景良公在李家颈独立门户(即当时的下庄屋),人们把老庄称为"太屋"。李姓家族逐渐成为玉塊村最大宗族。李氏宗族民风淳朴,人心善良,勤奋好学,上庄屋善习武,下庄屋善学文,明清时期培养出了一大批人才,其中最著名的当属晚清名臣李蘅石,他曾收复新疆伊犁,是在一定时期内对推动中国经济社会发展起过重要作用的历史名人。

**李蘅石(1838—1922):** 兴国州(今湖北省阳新县)丰业里玉塊村人,原名李钧善,字守吾,亦名甲侯、滋森,曾游太学,任县丞,后投左宗棠部金忠介营。历保道员,署吉昌县,赏戴花翎。清光绪五年(1879年),左宗棠率部击败回民军,回民军领袖白彦虎投奔俄国,俄借机窃据伊犁城。左宗棠上奏朝廷,委派时任甘肃题奏道观察使李蘅石去俄交涉。李蘅石遵命前往伊犁,与沙俄驻伊犁总督高佛满(沙皇母弟)严正交涉,一要沙俄归还伊犁,二要沙俄遣送白彦虎回国。高佛满陈述此事重大,必须奏明沙皇。时过两周,未见回音,李蘅石提出责问,高佛满回答："白彦虎贵国罪定论死,我不忍交;伊犁,我代贵国守之有年,大费消耗,若能给银200万两,即奏国主交还。"李蘅石闻之,拂袖而起,慷慨陈词:"中俄原有和约,中国罪人逃俄即应遣送,倘贵国罪人逃往中国,岂能让我置留? 至于代守伊犁,贵国在伊犁每岁额外征收80余万两,尚不足以偿乎?"坚持中方谈判立场。不久,清廷回文,许以沙俄少量兵费。交割后,俄兵撤出伊犁,白彦虎自杀。李蘅石不动干戈,不辱使命,收回伊犁重镇,一时朝野传颂。清光绪帝钦赐李蘅石二品顶戴,赏正二品光禄大夫封典。特授新疆按察使,署理承宣、甘肃新疆布政使,统辖全省刑名、驿传事务。李蘅石晚年还乡,捐献巨款,在家乡建义学,兴公益,为里人所称颂。

### (三)非物质文化资源

**正月十五摸青菜**:每年正月十五,玉塊村的年轻女性会相约在一起,去村边菜园摸青菜,她们一边摸,一边将青菜往头上打,口中念道:"青菜青菜头上挞,挞得虱子跳蚤有得啦。""挞"字为当地方言"打"字之意。当地人认为,摸青菜可以清污纳福,虱子跳蚤不叮你,被摸的菜园主人也不生气,他们认为,被摸的青菜越多,来年的运气越好。

**千日关**:小孩出生以后,到了三岁零三个月的时候,要过千日关。家居门口要吊红布条,作为警示标志,告诉外人,不得随意进入此家门户,如果惊吓了屋里小孩,主人会索取这人的腰带,剪下一截烧水让小孩喝下,据说可以增加孩子的胆量和好运。

**吃新节**:玉塊村至今还时兴"吃新节"。吃新节的时间是每年农历六月的卯日或辰日。因为这个时间割了新谷,又插上了红薯,该歇一口气了。各家各户便将新米饭煮好,首先敬奉祖先,然后邀朋呼友,开怀畅饮。晚上还看社戏,热闹一天。当地村民称"吃新节"或"赏农节"。

**送水节**:盛行于明清、民国、中华人民共和国成立初期,主要内容是为患麻疹、天花的小孩驱邪降魔,去病祈福,当时民间流行麻疹、天花两种恶性传染病,这两种疾病在玉塊村被称为"过小春""过大春",每逢村中有小孩过"大春""小春",村民便自发地组织起来,为小孩"送水"。据当地村民回忆,"送水"的过程是:请纸扎匠人扎一只2米长的纸龙船,扎一顶半米高的纸花轿,扎一座80厘米高的纸鞋山。纸扎鞋山上要挂满村里小儿亲手所做的纸扎劈柴和纸扎布鞋,并有"男儿三分柴,女儿三分鞋"之说。"送水"当天清晨,各家各户扶老携幼涌进村里的李氏宗祠,宗祠祖堂上已供奉起一尊"天姥娘娘"神像,并有道士前来做法念经。全村村民在给"天姥娘娘"烧香磕头后,便由青壮年村民抬起龙船,健康小儿抬起花轿、鞋山,在敲锣打鼓和鞭炮轰鸣中涌出宗祠。队伍前列是纸扎花轿,里面坐着"天姥娘娘"神像,接着是挂满劈柴、布鞋的纸扎鞋山和纸扎龙船。跟在神像队后的是香台队,由村中上了年纪的老人组成,他们虔诚地端着燃着线香的香炉,边走边念"娘娘保佑子女平安"的偈语。再后面便是村中青壮年扛着的大王旗队,大王旗是由红绿黑各色土布制成,上面绣着飞龙、金凤、吼狮等。大王旗队之后是小儿队,小儿队人手一面红绿黄蓝各色三角小旗。跟在小儿队后的则是全村村民。队伍热闹而有序地向村外十余里的牛头湖前进。

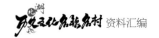 

队伍终于到达湖边后,人们将鞋山放进龙船,将龙船推入水中,在道士的念经声中,开始焚烧龙船和鞋山,待象征载着瘟神远去的龙船焚烧完毕,所有村民齐声发出巨大的欢呼声,然后扛着龙凤彩色大王旗,浩浩荡荡转回村里。此时村里宗祠早已经摆好了流水宴席,让忙了一天,饥肠辘辘的村民开怀畅饮。入夜,请来的戏班在宗祠的戏台上通宵达旦地演出古戏。整个"送水"仪式有拜祖堂、请护子娘娘、舞幡旗、念经文、烧龙船、吃流水席、唱夜戏等活动,张灯结彩,热闹非凡。

近年来,玉堍村对村落历史文化资源进行了有效保护。设定了核心保护范围,以保护太屋、新屋和白门楼的明代老宅及周边整体景观风貌,包括村落平面与空间总体格局、聚落特征等。通过新农村建设活动,玉堍村发生了翻天覆地的变化,村里鸟语花香,绿树成荫,溪水潺潺,古色古香的建筑与现代楼宇相映成趣,日新月异。走入玉堍村,如同置身一幅美丽的画卷。

（整理者：吴汉平）

## 参考文献

1.玉堍村村民委员会.地灵人杰玉堍村.内部出版,鄂石市图内字 2008 年第 23 号.

2.石裕兴执笔,湖北省黄石市阳新县浮屠镇玉堍村委会.玉堍村申报中国历史文化名镇名村申报报告.2016.

第二篇

# 鄂南地区

北伐名镇 | 千年古战场 | 砖茶之乡 | 钟灵毓秀 | 鄂南文薮……

   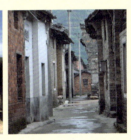

# 北伐名镇
## ——汀泗桥镇

## 一　村镇概述

汀泗桥镇,因始建于 1247 年的湖北省最古老的石拱桥——丁四桥而得名,系湖北省咸宁市咸安区南大门。汀泗桥镇处于幕阜山区与江汉平原之间的过渡地带,南靠幕阜山,北饮长江水。发端于幕阜山脉南麓的河流,几经曲折流经汀泗,把汀泗古镇一分为二。每至汛期,镇内百姓南北交往不便,常有涉水者溺水而亡,于是当地乡民丁四捐资建造了保存至今的三孔石拱桥。相传丁四老人依河水而居,以编草鞋为业,为修建石桥丁四倾其所有,后人为了纪念他,遂将此桥定名为"丁四桥",流经此桥的河流便被称作"丁四河"。后经文人助兴点睛,丁四渐变为"汀泗",并沿用至今。

汀泗桥镇古为荆州地,历史悠久。根据咸安区地方志考证,唐代宗大历三年( 768 年),割江夏县南境金城、丰乐、宣化三乡建置咸宁县,汀泗桥镇隶属金城乡。宋哲宗元祐元年( 1086 年)割蒲圻长乐乡归至咸宁,汀泗桥镇划属长乐乡。元惠宗甲辰年( 1364 年),汀泗复归金城乡。明洪武九年( 1376 年),咸宁、蒲圻两县分汀泗河而治,汀泗西街划归蒲圻。清袭明制,民国时期,镇区有三街三巷,均为条石路,东西两条正街。中华人民共和国成立前,镇区为咸宁、蒲圻两县分治,以河为界。

古镇文化底蕴深厚。此地自古交通便利,水路南接洞庭湖连长沙岳阳,北入长江顺流抵汉津夏口,汀泗河流经镇域;境内唐宋茶麻古道通半壁江西。民国时期,随着粤汉铁路修通,汀泗有了火车客运站和铁路货场,汀泗河也有了两艘通江小货轮,古镇商贸物流步入机械化运输新里程。因水陆交通方便,旧时古镇为巴陵、洪都、长安等九省十一县的通衢枢纽,明清时为远近闻名的商品聚集、货物运转之地。由于商业发达,古镇客商云集、店铺林立,商镇繁盛一时,与当时开埠的汉口颇为相似,

▲ 始建于 1247 年的汀泗石拱古桥

故有"小汉口"之称;汀泗到汉口来往便利、行程不远,还有"上午六渡桥,下午汀泗桥"之说。历史上徽商、潮商、汉商曾在古镇修建街道,开埠经商,形成了东西古街。街面铺就青石板,街道两旁设有书院、茶社、客栈和各种日杂商行,市面繁华,有很多商号在外省都设有分号。拥有 48 个天井的"春生裕"做杂货生意,是汀泗街上最大的商号,在镇上家喻户晓。"董记马号""肖记绣坊""李家秤行""黄松茂米行"等商家生意兴隆,至今仍在古街上运营生意,延续着小镇的古风古韵。

汀泗桥镇内文物古迹众多,目前尚存古建筑面积 12000 平方米,有宋代古桥、明清古民居、古商铺作坊、古寺庙等,建筑精美,古风留存;同时还有神奇玄妙的原始寨堡,不同历史时期、不同风格的历史建筑交相辉映,构成极具鄂南特色、古朴神奇的建筑文化。源远流长的历史和淳厚质朴的乡风民俗,流传下大量优秀的民间文学和故事传说,培养了人们乐善好施、崇学尚德、尊老爱幼的文化品格,并积淀为汀泗人的重要精神财富。古镇还拥有丰富多彩的民间艺术文化,汀泗地花戏、汀泗茶歌、古田竹雕、星星盆鼓等多种艺术形式,长期伴随汀泗人的生产生活,地域特色非常浓郁。

汀泗桥镇三面环水,一面靠山,桥东层峦叠嶂,桥西湖泊密布,易守难攻,地势险要,历来为兵家必争之地。第一次国内革命战争时期,以共产党员为骨干的北伐军叶挺独立团同吴佩孚的北洋军在汀泗桥展开空前激战,大败北洋军,在中国革命史上写下了光辉的一页,更使汀泗小镇成为蜚声中外的北伐名镇。

1926 年 8 月,国民革命军由湘向鄂挺进,军阀吴佩孚调集重兵,扼守汀泗桥,企图阻止国民革命军北上。8 月 27 日,以共产党员为主力的国民革命军第四军叶挺独立团先遣队,向吴佩孚军队发起了猛烈进攻,北洋军全线溃退,国民革命军占领了汀泗桥,为攻取武汉打开了南大门,使革命的势力发展到长江流域。北伐战争是国共合作背景下进行的一场反帝反封建的正义革命战争,在中国近代史上占有重要地位。作为北伐战争的重要组成部分,汀泗桥战役的胜利具有决定性意义,它为贺胜桥战役、武昌战役的胜利奠定了基础,加速了中国革命进程。汀泗桥镇作为北伐名镇载入史册,闻名中外;北伐红色文化及叶挺独立团"铁军"精神也从此扎根于此地,世代传承,为汀泗古镇注入新的文化内涵。

汀泗桥镇因建有千年的"丁四"古石拱桥而得名,更因 1926 年的北伐汀泗桥战役而蜚声海内外。古镇境内古迹众多,民风淳朴。因其悠久的历史和深厚的文化底蕴,以及丰富的物质文化遗产和非遗资源,汀泗桥镇于 2008 年荣获住房城乡建设部、国家文物局授予的第四批"中国历史文化名镇"荣誉称号。

## 二　村镇资料

汀泗桥镇具有丰富的历史文化底蕴,古镇目前尚存古建筑面积 12000 平方米,有始建于宋代的汀泗桥、汀泗古街,明清时期的黄兴隆、寿春堂、三泰行等民居,以及红花院、醉仙

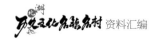

阁等大量明清商业建筑。

## (一)古建筑遗存

### 1.汀泗老街

汀泗桥镇老街道主要有东正街、西正街、竹厂街。东正街原称"咸宁岸"或"东街",位于镇东段、河东岸。西正街原称"蒲圻岸"或"西街",位于镇西段、河西岸,与东正街以桥相连。竹厂街位于河东,与东正街垂直相交,长约200米,宽3米。

汀泗石拱古桥跨河连接的东、西古街,今称"汀泗老街"。老街形成于宋代,现存古街道全长1000米。主要营造风格为石板街面、木屋门楼、阁楼等,至今宋代青石板路面、明清货店栈房仍按原址原貌保留,具有典型的湖北山区村镇风貌。古街是当地的经济贸易中心。

### 2.汀泗石拱古桥

汀泗石拱古桥始建于南宋淳祐七年(1247年),全长50米,宽8米,高9米,为三孔石拱桥,连接东、西两条正街。汀泗石拱桥是咸安区境内有文字记载最早的一座石拱桥,为省级文物保护单位。

### 3.黄兴隆古民居

黄兴隆古民居分为黄家老宅、黄碾隆官宅、黄兴隆状元第三大部分,三处相距30～50米。

黄家老宅建于明代弘治年间(1488—1505年),为一层式结构,房屋山墙高9米,檐高3.5米,中轴线布局,堂屋左右房间数量一致对称,共50余间,建筑主体为青砖石板结构,前后幢有石板路通道,墙体为薄青砖空斗墙,大门檐檩梁下有云彩衬托造型。檐窗有"田"字造型的丹青彩绘花窗,意为桑梓农耕。老宅为地方上殷富人家古民居建筑风格。

黄碾隆官宅建造风格独特,除二层结构高大宏伟外,大门前建有一排小房护住大门,这些小房一部分为仆役兵丁居住,一部分作为马厩。黄家主人在河南为官,系按照河南官宅风格建造。官宅一进两幢,建筑面积400平方米,有正、偏房屋共计17间。

黄兴隆为黄家商业牌号名称,黄兴隆状元第为黄氏三兄弟所建,因三子黄庭枢为清同治庚午科(1870年)全国会考进士第一名状元,故名状元第。黄兴隆状元第三座正大门高高耸立、气势恢宏,由左至右依次悬匾为"颖川世泽""声振汝南""春申余荫"。长子黄庭椿廪贡生员,为浙江巡抚左宗棠六品戎幕,任湖南长沙县、零陵县知县,后升迁五品大员,立于左大门;次子黄庭懋随父经营黄兴隆商号,立为右大门;三子黄庭枢为清同治状元,官至河南南阳知府,因状元之故立为中大门。黄兴隆状元第于1880年建成,工程浩大、建造宏伟,山墙高15米,檐高7.5米。房屋内雕花石墩上立有1米石柱,石柱上再立木柱。堂屋石抱角长度为3.9米,每个天井中有1～3块3平方米的大石板铺在中央,连接台阶踏步。屋内雕梁画栋,金碧辉煌,三个大门堂屋均设计有戏楼。坐东朝西,三个大门逆向偏北。建筑面积1700平方米,一进三幢,每幢15间,包括厢房偏室共计55间,至今为三兄弟后世子孙居所。

▲ 黄兴隆状元第

**寿春堂**：寿春堂坐落于汀泗桥古集镇西街，为一进三重大厅堂梁结构，木芯架柱，雕梁画栋，构架精巧，殿宇辉煌，建造技艺精湛。据清代章氏家谱记载，寿春堂为明代太傅章少轩为官告老还乡后，1635年为自己颐养天年所建。寿春堂占地面积2270平方米，建筑面积600平方米，二层结构，高20米，坐北朝南，用材为砖、木、石等材料，屋面盖小布瓦，建造坚实，高大宏伟。一进三重，中轴线布局，木雕粗犷，厢房木雕窗户做工精细，楼相通，道相连，为典型的江南明代古民居建筑风格。宗谱上记载了当年寿春堂的盛况：彩衣竞舞于堂前，藤杖欣扶于堂上，斟郫县菊泉之酒，采葛洪丹井之砂，挟冰桃碧藕，奉玉液琼膏。足显当年之华贵。寿春堂一直由章少轩嫡脉子孙世袭居住，现由第十九代孙章本兴居住管理。

**三泰行民居**：三泰行民居位于西正街沿河路9号，1649年为叶氏三兄弟合建，建筑面积300平方米，高15米，二层结构，砖、木、条石构造，临近汀泗古码头，专屯山货特产，是当时的货物交易场所。一进二重，雕梁画栋，坐西朝东，砖石铺地，布局精美，为鄂南清代古民居建筑风格。现为叶姓子孙叶文云居住管理。

**4.醉仙阁**

醉仙阁位于汀泗石拱古桥东头，属二层建筑，阁楼高8米，现保持较好，原为南北商贾聚集之所。

**5.双眼泉古井**

东正街双眼泉古井建于宋代，距今800多年历史，井水甘甜，沏茶清香。两口井相距一米，井深数丈，井口皆用整块青石凿置。两井构造对研究江南古代水井营造法式有很大的实物价值。双眼泉古井至今仍然是镇上居民的饮用水井。

**6.禅台寺**

禅台寺遗址位于汀泗桥镇马鞍塘旁的禅台山上，始建于清朝乾隆二十七年（1762年），由通山、咸宁、蒲圻48位施主捐资建成，现有2块清乾隆期间的刻字批文石碑可供考证。原禅台寺规模宏大，建筑面积近2000平方米，前殿为罗汉堂，中殿为大雄宝殿，后殿为藏经殿；寺庙旁有盐井、天池、猴子拜观音、观音送子等36处景点。寺庙附近有天然生成的仙人洞、莲花洞，洞顶内莲花栩栩如生。寺庙内原有500尊金身罗汉，常年有48位僧人在

此修身习武,武汉和鄂南方圆百里的香客经常来此求香拜佛,故社会流传着"南有禅台寺,北有归元寺"之说。每年农历二月二十六日的庙会一直延续至今。

### 7.云谷寺

云谷寺位于嫦娥谷中段的大圆山顶上,庙堂规模宏大,分前殿、中殿、后殿三重建筑,占地3000平方米,清代乾隆时期香火旺盛,有僧侣约300多人。

## (二)革命遗址

### 1.北伐战争遗址

北伐汀泗桥战役遗址,位于湖北省咸宁市城西南汀泗桥镇西侧。1929年,国民革命政府在汀泗桥镇内修建了烈士墓、纪念碑和纪念亭等,以纪念在汀泗桥战役及在战役中牺牲的烈士。1988年1月13日被国务院公布为第三批全国重点文物保护单位;1992年2月咸宁市人民政府对遗址划定了保护范围和建设控制地带,并专题下发了文件;1995年3月被湖北省公布为全省第三批爱国主义教育基地;2002年被命名为湖北省国防教育基地。

北伐汀泗桥战役遗址占地面积20万平方米,重点保护区有马家山和塔垴山两个区域。马家山占地面积2万平方米,建有大门楼、烈士纪念亭、碑、墓及陈列室。塔垴山占地面积18万平方米,现存有老铁桥、古石桥、碉堡、炮台、战壕、猫耳洞。

▲ 北伐汀泗桥战役遗址——塔垴山战场 　　▲ 北伐汀泗桥战役遗址的纪念碑和烈士墓

### 2.国内革命战争旧址

中南革命烈士墓:位于赤岗村一组石头嘴。

西乡店员工会夜校旧址:位于竹厂街。

西乡农民夜校旧址:位于彭碑村七组,校址设在彭碑朱氏宗祠,由农协主席朱祖训(中共党员、黄埔军校三期学员)兼主任教员。咸宁早期著名革命领导人聂洪均、曹振常等都在夜校发表过演讲。

## (三)非遗资源

汀泗古镇非遗资源丰富多彩,既有因汀泗桥战役而诞生于此的"北伐文化"及"铁军精神",也有古道茶亭、挑夫号子等古道交通文化,还有汀泗地花戏、古田竹雕等民间艺术文化,这些非遗资源既是汀泗人文化记忆和精神家园的重要组成部分,也反映出地方独特的民俗和审美文化。

### 1.历久弥新的铁军精神

汀泗桥战役不仅使汀泗古镇名扬海内外,更将"铁军精神"扎根此地,为古镇文化注入新的内涵。汀泗桥战役是北伐战争的重要组成部分,由中国共产党直接领导的、以共产党员为骨干的叶挺独立团及其隶属的国民革命军第四军,作为北伐先锋,在汀泗桥等战役中因不怕牺牲、英勇善战、纪律严明、战功显赫而赢得"铁军"美誉。汀泗桥一役得到了当地百姓的有力支持,古镇人民对于"铁军"有着别样的情感,"铁军"特质由此在鄂南大地生根开花,随着时代变迁,升华为"铁军精神",成为汀泗桥这一北伐名镇重要的精神财富和文化瑰宝。

"铁军精神"具有丰富的文化内涵,它包括坚韧不拔的毅力、坚定必胜的信心、不屈不挠勇往直前的作风、团结一心整齐划一的纪律,以及坚持共产党的领导、坚定共产主义的信仰和信念。"铁军精神"不仅是古镇人民在革命战争年代与旧势力进行抗争的重要法宝,也是中华人民共和国成立后进行社会主义建设、实行改革开放、推进社会经济高质量发展的力量源泉。

为了纪念汀泗桥战役,缅怀在战役中牺牲的烈士,1929年当地修建起了汀泗桥战役遗址,包括烈士墓、纪念碑和纪念亭等,"北伐文化"及"铁军精神"在汀泗古镇从此代代相传。为了进

▲ 北伐汀泗桥战役纪念馆

一步弘扬"铁军精神",传承红色基因,战役遗址先后被公布为第三批全国重点文物保护单位、湖北省爱国主义教育基地、湖北省国防教育基地,战役遗址成为当地百姓及全国人民学习传承红色文化、铁军精神的重要场所。作为战役遗址的重要补充和组成部分,2009年占地面积2000平方米的北伐汀泗桥战役纪念馆建成。该纪念馆适时推出铁血军魂展览等活动,通过现代科技手段直观、形象呈现历史,唤醒属于自己的红色记忆,引导民众在精神滋养中传承红色基因,使铁军精神历久弥新,充分彰显出革命文化的生命力和影响力。

### 2.温情浪漫的古道交通文化

**茶麻古道:** 汀泗桥镇境内有一条通江西、走汉津、奔夏口的交通要道,全长50余里,人们称之为茶麻古道。约在唐宋时期,汀泗通往江西的古道多为百步九折、巉岩陡峭的崎岖山路,运输全靠人力。成千上万的挑夫长年累月将江西修水、武宁、铜鼓、宜丰、安义以及湖北崇阳、通山、通城、阳新等地的茶叶、苎麻、花生、药材、草纸等农资山货挑往汀泗桥由

各大庄号收购。茶麻古道上号子声声、茶亭处处、茶歌悠扬，演绎出艰辛劳苦又不失温情浪漫的交通文化。

**挑夫号子：**挑夫们在古道跋涉，往往结伴而行。队伍人数多则几百，少则几十，在古道上行走，状如游龙。队伍中往往一人领头"吭唷"，众人应和，步履一致，精神抖擞，消除疲劳，这便是茶麻古道上回荡山谷的挑夫号子。今天古道上虽然再也看不到当年挑夫的队伍，但在大坪村和垅下村这一段当年的古道上却仍然回响着"吭唷"的雄壮劳动号子声。

**古道茶亭：**茶亭与古道共生。挑夫们肩负重担，长途跋涉，途中往往疲惫不堪、口渴难耐，古道上的茶亭便是挑夫们歇脚解渴不可或缺之所。汀泗境内古道共有九处茶亭，十处客栈。这些茶亭每天都准备足够的茶水免费供挑夫和过路人饮用，茶中放有姜、盐、茶叶、川穹、花椒，这些东西具有补充盐分，清热解暑的功效。烧茶人的工钱和烧茶的费用均由地方公田田租收入承担，茶亭公益事业千年沿袭不断。最有名的茶亭要数鸡公茶亭和姚家岭茶亭，这两处茶亭均建在山岭上，给挑夫们"路转溪桥忽见"的惊喜。挑夫们在此歇脚，并免费饮茶，恢复体力后继续赶路。姚家岭亭碑上刻着"永远备茶"四个大字，并详细地记载了捐资建亭乡民的名字和钱币数量："何盛林捐钱四串、曹信泉捐地基一块、周一泉捐钱三串……"落款为"大清光绪壬辰十八年七月十五日"。可谓是凡人义举，名垂青史。

**汀泗茶歌：**挑夫们在茶亭歇息之余，喜用歌声解除疲劳，甚至还用歌声与当地姑娘传情达意，私订终身。汀泗境内茶麻古道在当时最热闹的地方要数古田麻纱周，连接不断的栈房茶亭在当地足有两里路长。家家店铺摆茶缸，茶亭挑夫满座，山歌此起彼伏，场景十分热闹。在挑夫人群中，数量最大、比例最多的是茶叶担，江西挑夫们唱得最多的也是他们家乡的茶歌，从开辟茶园唱到采茶、拣茶、制茶、卖茶、喝茶。当地人觉得"茶担子们"的歌声动听美妙，也跟着哼唱，并融入本地的语言特色与民俗文化。时光流转，岁月沉淀，在江西茶歌的基础上，汀泗桥一带慢慢形成了本地特色的民歌——汀泗茶歌（或古田茶歌），客家文化由此发展为地方文化。赞美青年男女在劳动中建立真挚恋情是汀泗茶歌的主旋律，有"无哥无姐无妹不成茶歌"之说，"十里茶担十里歌，一声嘹亮出古田"，悠扬茶歌为茶麻古道增添了很多浪漫色彩。

**3. 古朴神奇的建筑文化**

在汀泗境内茶麻古道上除了有古民居建筑群外，还有很多神奇玄妙的原始寨堡，最为典型的是古道边上的原始村落大屋曹。

大屋曹庄门现有100余户，500多口人，房屋依山麓而建，高高的寨基用石块一层层垒积而成，宛如城郭。这些石块为原材料，未经凿打，皆以方就圆吻合筑墙。村寨中无平坦道路，转角过巷都得上陡峭石阶梯。房屋各抱地势，错综复杂。据说建寨时是借用诸葛亮的八卦阵图的布局设计建造而成，生人入寨往往迷路。据当地居民讲述，曾有盗贼夜间入寨行窃，插燃香做记号，寨中人将燃香调换位置，结果盗贼行窃后沿燃香路记在寨内转了一个晚上也没找到出口，天明寨中人瓮中捉鳖，逮个正着。曹姓人善良，不但没责打，反以酒食相待,好言抚慰,强盗受到感化,改邪从善,勤劳持家,自此大屋曹名声大振。人们传言寨中有神仙相助,入寨休得生邪念。抗日战争时,日寇听到这些传闻,进山掳掠不敢进大屋曹,而是绕道而过,大屋曹建筑保存完好。近年来,许多游客和专家学者都到古寨考察研究。

**4.瑰丽多姿的民间艺术文化**

汀泗人民在长期的生产生活实践中,以曲传情,以舞达意,形成瑰丽多姿的民间艺术,如汀泗地花戏、汀泗茶歌、星星盆鼓、古田竹雕等。

汀泗地花戏:是由明代湘籍移民传入鄂南的花鼓戏发展而成的地方曲艺形式。明代天启年间,前来鄂南逃避水荒的湘民迫于生计结伙卖唱乞讨,边打花鼓边唱家乡小调,并融入鄂南方言和民歌,从而形成地花戏。地花戏之"花"有五花八门之含义,故汀泗地花戏腔调多样,有适合青衣唱的嫂子调、适合旦角唱的卖花调、适合丑角唱的砂锅调、表现男女患难相爱的送郎调、制造情节高潮的五花调、反映底层人民反抗精神的梁山调等。汀泗地花戏由锣鼓、唢呐、胡琴等乐器伴奏,其使用的胡琴十分独特,是将京胡、二胡制成一体,在大竹筒里套小竹筒,形成大、小两个共鸣箱。其锣鼓点粗犷,舞台步伐豪放,田园风味浓郁。

地花戏在汀泗已流传300多年,是湘文化迁移到鄂南并与当地文化融合的产物,既传承了云梦泽文化,又丰富了鄂南民间文化宝库,是极具乡土气息的社会精神财富。

▲ 汀泗地花戏

古田竹雕:是由实用竹器工艺发展形成的一种集观赏、实用于一体的民间工艺,系湖北竹雕的主要流派之一,流传于鄂东南的咸安区、通山县、赤壁市以及武昌等地。古田竹雕以本地的楠竹、毛竹为主要原料,经选材、防腐处理、干燥、制图、上稿、雕刻、磨光上油等工序制作而成。所用竹材,一般选用深山冬竹,经防霉、防蛀处理后,经年越久色越亮、愈深。竹雕讲究刀法,以浮雕、镂空雕、圆雕为主。其中受江浙流派的影响,还使用留青雕法。竹雕与百姓的日常生活紧

▲ 古田竹雕

密联系,并将竹艺与文人的审美情趣和中国古典书画的意境融合,文化内涵深厚,对研究中国传统民间工艺美术是极大的补充与完善。

部落盆鼓:汀泗境内有许多土墙屋,土墙屋用黄泥、沙砾拌和,用木槌打筑,里面穿插竹块做筋架,室内冬暖夏凉,十分宜居。古时家有几个男壮丁,土墙屋内就挂着几口盆鼓,几支戈矛,用来威慑强盗山匪。盆鼓是山民用黄牛皮自制而成,只蒙一面,形似脚盆,故称作脚盆鼓,敲打起来分贝极高,在山村十里相闻。鼓点急骤,报闻有强人山匪入寨,山民则持器械风驰电掣般赶往事发地点,抵御外侵;鼓点平缓,则表示山村平安,大家安居乐业;鼓点铿锵,则为山民喜庆聚会,大家唱起山歌饮酒贺欢。日寇入侵古道,闻脚盆鼓声胆战却步,因此脚盆鼓是团结强悍的民族文化的意志力量。脚盆鼓为省级非物质文化遗产保护项目,是远古时代部落文化在古道上的延续,汀泗古道村寨中现保存有脚盆鼓100多个。每年除夕夜山民依然习惯地把它们拿出来演奏,大家在禾场上堆满干柴,把火烧得旺旺的,不分男女老幼,手拿竹龙围着火堆伴着山歌和盆鼓的节律,舞之蹈之,动作粗犷,有如"昔葛天之乐,三人操牛尾,投足以歌八阕",所不同的是他们用竹龙代替了牛尾。竹龙就是楠竹的根,寓意为竹报平安,来年春笋当旺,是对美好生活的祝愿和追求。古道山民说,盆鼓是老祖宗留下来的文化遗产,是对祖先开山种竹造福儿孙的一种怀念。他们传承的不仅仅是盆鼓的演奏艺术,更主要的是把英勇顽强的民族精神永远继承发扬下去。

**5. 淳厚质朴的乡俗民风**

汀泗自古民风淳朴,在源远流长的历史长河里,崇学尚德、仁爱兼济、热心公益等朴素的价值观念贯穿于汀泗民风之中。

汀泗人热心公益,喜架桥修路,造福百姓。从宋朝丁四倾其所有修建石桥开始,汀泗人传承其仁爱、公益精神,自发修建了一座又一座桥梁。汀泗境内50余里茶麻古道全部用大青石铺就,古道上至今还完好保存着10余座石拱桥,为宋、明、清代修建。其中较著名的有程益桥和双姑桥,程益桥为明代一个叫程益的人捐资修建。有800多年历史的双姑桥,为古田村道观中两个师姑化缘募钱修建,至今汀泗地方上仍流传着师姑二人四处化缘、前赴后继修桥造福百姓的动人故事。汀泗人自古崇学尚智,人才辈出,有十里三进士、条河百秀才之说。在境内茶麻古道上仅明清两代就出过12名进士,2名状元。汀泗古镇留下了很多动人的传说,大都记载了当地人民造福一方、与人为善、尊老爱幼、崇学尚智的故事,表现了当地淳厚质朴的民风乡俗,以及汀泗人民热心善良、追求美好生活的朴素情怀。根据该镇文化站工作人员提供的湖北省非物质文化遗产普查信息及相关资料,在此选取其中部分传说,摘录如下:

双姑桥的传说:宋朝的时候,在江西至汉口的大驿路上有一条河,每天挑担骑马过河的人成群结队。原来这河没有石桥,只有竹木搭成的步水桥,牵牛骑马蹚水过河,如遇山洪暴发,就得等水退了再过河,行人常因此耽误路程,考生则因此错过考期。传说桥西尽头有个道观,观里有一个年长和年幼的道姑,二人四处化缘修桥,后来年长的去世了,年幼的继续化缘修桥。经过两代道姑的努力,终于在此处修建了一座三孔石拱桥。后来人们就把这座桥叫师姑桥,师姑是对道姑的尊称。后来有个考生赴考,正遇山洪,所幸有此桥通过而如期赴考,并中了举人,转程回家又经师姑桥,认为"师姑桥"之名不能突出两代师姑前赴后继辛勤劳动的成果,没有体现老道姑的功劳,于是提笔在桥亭上将师姑桥改为双姑桥,修改得恰到好处,"双姑桥"之名一直延续至今。

**鸡公亭的传说**:咸安区汀泗桥镇大坪村有个大茶亭,名叫鸡公亭。古时候听说鸡公亭旁边有个石头有冠有嘴像只鸡公,天长日久石公鸡吸收了日月之光华,得了山川之灵气,便成了精,跑到山下一家禾场上去吃谷,主人发现了便追赶,鸡公精便往山上跑,跑上雁山山岭钻入石头便不见了,主人家愣了半天明白过来,准是石头成了精。为了防止鸡公精再次下山吃谷,主人家便捡起一块大石头把石鸡公的鸡冠砸掉了。几年以后有个看风水的阴阳先生来到雁山山岭,看到被砸掉鸡冠的石鸡公说真是可惜,好风水给破坏了,不然此地是要代代簪缨的,鸡冠即官冠,要想地方出人,必须要做好事,雁山山岭是条大驿道,在此处修个茶亭方便过路人,半积阴功半读书,地方日后必定出贤人。后来,地方上家家捐钱修亭,户户轮流烧茶,物换星移千秋度,茶亭长期维修如新,日日烧柴不断,地方上果然出了不少有学问的读书人。

**古井的传说**:汀泗禅台山下有个地方叫井头,井头有一口古井,一年四季泉水不断,不管多大的干旱,泉水照样满井。传说有一年大旱,许多地方水井塘库都干涸了,井头人都要走十多里路到汀泗河挑水,有一个妇女在汀泗河里挑了一担水回来在自家地边歇下来,正准备顺便扯完地里的草再回去,就在这个时候来了一位讨饭的老大娘找她讨水喝,这位妇女就舀了一瓢桶中的水递过去。说也怪,这位老大娘喝了一瓢又一瓢,还是说口渴还要喝,这位妇女只好把两桶水都给老大娘喝了。这时天色已不早了,这位妇女只好挑着两只空桶回家。这时,大娘突然叫住她说:"你们这地方人心肠好,念你这么远挑来的一担子水也舍得全部给我这讨饭的老妈子喝,从今往后你们每天就到这里来挑水吧。"说完,大娘把拐杖往地下一插,马上就成了一口水井,老大娘一眨眼就不见了。这位妇女马上把事情告诉村里人,村里人说这位讨饭的大娘一定是观音老母,下凡为百姓造福来了。至今村里人都非常爱护这口井,吃水不忘挖井人,一代又一代地传颂这个美丽的故事。

**会子岭的传说**:汀泗有个著名的地方叫会子岭,当地有些人也叫它父子岭。传说有这么一段故事:从前有个人前妻去世了,留下一个九岁的儿子,这个人后来续弦,在后妻进门之前,担心后妻虐待儿子,便将儿子送过山背岭那边一户有钱人家放牛。但有钱人家并不善待儿子,儿子在他家放牛、砍柴,干各种累活,还常吃不饱饭。后妻进门后,发现丈夫每次到后背山岭去总是怀里偷偷揣着点粑果或一些其他吃的东西,后妻觉得很奇怪,有一次偷偷跟在丈夫后面看个究竟。只见丈夫上山岭来把吃的东西递给一个衣衫破烂的孩子,孩子一边吃,丈夫一边流着眼泪。后妻走上前非要问个明白,丈夫知道瞒不住了,就说出了原委。后妻知道后非常生气地说:"人换人心换心,锈铁变黄金,前母后母都是娘,你也

门缝看人,把人看瘪了。"后妻说完一手牵过孩子:"走,回家去。"从此一家人和和睦睦过上幸福生活。为了纪念这位贤淑的后母,后人将此地称为会子岭。

**望花周的传说:**汀泗有个非常有名的庄门——大桥村望花周。为什么叫望花周呢?从前周姓庄门有兄弟二人赴京赶考,兄弟二人走的时候正值对面山上桃花开放,家人站在木桥上给兄弟二人送行,嘱咐他们早去早回。第一年过去了,没有音信。第二年对面山上桃花又开了,家人站在门前木桥上望着对面山上的桃花,盼望兄弟二人归来,仍无音信。第三年秋闱,兄弟二人文章得意,双双中了进士,一个派往福建任知县,一个封为甘肃某地知府。第四年对面山上的桃花又开放,家人又站在木桥上日日盼望,突然有一天对面大道锣鼓喧天,两骑马走来,原来是兄弟二人荣归,家人喜出望外。兄弟二人后来将门前木桥改为石桥。这个故事传开后人们就把这个地方叫作望花周,把这座桥叫作望花桥。据说这是清朝康熙年间的事情。

**凤仪塘的传说:**汀泗垅下村凤仪塘住着十几个姓氏的庄门,传说这里原名不叫凤仪塘,叫王泥塘,最先这里住着的是王姓人家。后来有个叫吕山的人在这里聚众称王,人称吕山王。吕山王有个压寨夫人非常贤惠能干,帮助地方百姓发展农耕,植桑养蚕,种棉纺纱织布,与当地百姓结下了深厚的情感。后来官军镇压吕山王,吕山王不幸战败,这位压寨夫人便投塘自尽了。夫人自尽后,雨过天晴,塘上现出一道彩虹,成千上万的鸟雀在塘周围翔集,百姓都说是吕山王的夫人死后变成了凤凰,因为只有凤凰来到,才有百鸟相从的仪式,并说这是一大风水,此地以后必出大人物,因此就把王泥塘改叫凤仪塘,并一直流传至今。

**张德泰的传说:**汀泗古田张家有一栋一连九间、一进三幢、里面雕龙画凤的古民居叫张德泰,张德泰的主人叫张道士,是个收犁头铁的小商贩。一次附近有个农民在挖田坑时,挖出了一些既不像铁也不像石头的东西,挑到张道士家当作生铁卖了,张道士将这些"生铁"运往汉口检验后发现居然是值钱的钨金,于是张道士将农民田坑里的"生铁"全部买下,发了一笔大财。张道士发财后,便做了一大栋新屋,取名叫张德泰。遗憾的是,张德泰的子孙都没有什么出息,只会花钱不会挣钱,后来家境败光,流落为街头乞丐。地方上人便说张道士错了,如果发了财在地方上兴办学堂、架桥修路,多做好事,定然会培养出好子孙。

(整理者:熊霞)

## 参考文献

1.咸宁市咸安区地方志编纂委员会.咸安区志[M].武汉:湖北科学技术出版社,2015.

2.湖北省咸宁市地方志编纂委员会.咸宁市志[M].北京:中国城市出版社,1992.

3.曾成贵.汀泗桥战役史事辨误二则[J].江汉论坛,1986(6).

4.马沈.汀泗桥战斗考[J].近代史研究,1992(8).

5.陈大银.汀泗桥之战北伐军的带路农民[J].历史档案,1994(3).

6.余玮.汀泗桥战役始末及真相[J].红岩春秋,2014(9).

# 千年古战场
## ——赤壁镇

## 一 村镇概述

赤壁镇,地处湖北省赤壁市西北38公里的长江中游南岸,东北与嘉鱼县连接,西北隔长江与洪湖市相望,西南经蟠河与湘北重镇临湘接壤,扼潇湘咽喉,控江夏通衢。境内水陆交通发达,地理位置优越,丘陵、平原兼而有之,湖泊星罗棋布,自古乃兵家必争之地。

赤壁镇,东负幕阜群峰、达吴越苏杭,西通巴蜀、挽江汉沃土,北望荆州、观黄鹤白云,南下粤港、直抵洞庭三湘。它是湖北省赤壁市粮、油、茶、果农业大基地,又是湖北省旅游名镇,是湖北省三峡旅游线与"三国"旅游线上的一颗璀璨明珠。它因东汉末年的赤壁之战而得名,是我国古代"以少胜多、以弱胜强"七大战役中至今唯一尚存原貌的古战场遗址。

该镇处于幕阜山低山丘陵与江汉平原的接壤地带,境内低山、丘陵、平原、湖泊依次排列,长江冲积层平原湖区与山区丘陵地区兼而有之。长江、陆水河两大水系沿镇而过。境内松柏湖为中型水库,与柳山湖镇交界,湖区总面积3000多亩,湖内沟汊纵横,湖水晶莹剔透。镇境内潜洪山、庙山、狮子山地表有大量石灰石资源,狮子山地下煤矿资源丰富。

赤壁镇位于赤壁市西北端,地处湘、鄂、赣三省交会地带。镇区对外交通十分便捷:214省道由南北穿境而过,形成至赤壁市、嘉鱼县建成区的快速通道;背靠万里长江黄金水道,与洪湖市隔江相望;南临107国道、京珠高速,距京广铁路仅35公里,是我国南北向经济发展轴的重要交通节点;距武汉市天河机场仅2小时车程,能便捷地通往全国各地。目前,全镇农业形成了林纸、优质稻、油菜、棉花、苎麻等五大产业,逐步形成了水陆运输、农副产品加工、旅游产品等支柱产业,镇、村经济持续增长,社会事业全面进步。①

## 二 村镇资料

### (一)建筑遗存

#### 1.赤壁之战古战场遗址

东汉建安十三年(208年),孙刘联军破曹军于此。该遗址位于长江南岸,面积约2平

---

① 参见《湖北省赤壁市赤壁镇中国历史文化名镇名村申请报告》。

方公里,由赤壁山、南屏山、金鸾山组成。遗址内历年出土大量箭镞、铜钱等。

**2.凤雏庵**

　　凤雏庵坐落在金鸾山山腰,据称始建于西晋初年,明代重修,清道光二十六年(1846年)重建。据传东汉末庞统在此读书而得名,亦舍宅亦庵的传统民居建筑,有西庵堂、东套院、南斋堂。庵堂面阔三间13.5米,进深8.8米,单檐硬山灰瓦顶,无梁架,脊檩直接搭于山墙上;套院为一小四合院,通面阔三间12.5米,通进深8.8米,单面坡式灰瓦顶,抬梁式构架,四壁砖墙高耸;斋堂面阔二间7米,进深6.7米,单檐硬山灰瓦顶,无梁架,砖墙承重。青砖布瓦,砖结构与木结构组合而成,木结构为穿斗式。原为九重大殿,今仅存一间,面积350平方米,该建筑为曲尺形平面布局,由四个矩形平面组成,坐北朝南。主门门匾上撰写"凤雏庵"三字。室内供奉有庞统全身塑像。正殿塑像两侧有楹联一副:"造物忌多才,龙凤岂容归一室;先生如不死,江山未必许三分。"

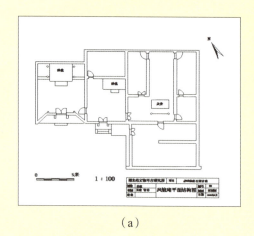
（a）

（b）

▲ 凤雏庵①
(a)结构平面图;(b)远景

**3.拜风台**

　　拜风台又名武侯宫、七星台,据称始建于宋朝,明洪武十五年(1382年)复建,是为纪念赤壁之战时诸葛武侯在此"设坛台、借东风、相助周郎"而建。明洪武壬戌年(1382年)嘉鱼知县刘秉政在此主持修建"吴主庙"。据今存于凤雏庵的明崇祯十年(1637年)铁钟铭文记载:"吴主庙自万历年来庙灾,一切俱尽。"明万历三十八年(1610年)嘉鱼知县葛中宪曾重建拜风台。现存的拜风台系1936年重建,重建时还掘出刻有"拜风台"三个大字的残碑。

_____

　　① 本节凤雏庵、拜风台相关图片均援引自《湖北省赤壁市赤壁镇申报中国历史文化名镇资料汇编》。

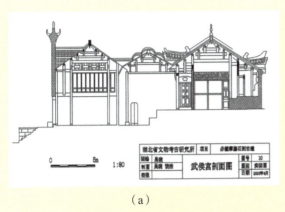

（a）　　　　　　　　　　　　（b）

▲ 拜风台

（a）剖面图；（b）近景

其正门上方有篆书阴刻"拜风台""武侯宫"字样的匾牌。该建筑为民间祠庙式建筑，三殿合一，硬山两坡，小青瓦屋顶。正门为四柱三间三楼式高大牌楼贴面，其后建筑由前厅、过殿和后堂组成，面宽11.10米，进深24.05米，高10.35米。内殿供有刘备、关羽、张飞、诸葛亮的全身塑像，袍带飘逸，栩栩如生。其梁架结构均为穿斗式柱檩关系，抬梁式柱网布局。山墙为人字式和如意式混水山墙。

**4.凤雏庵古井**

凤雏庵对面新修水塘中有水井一口，俗称庞统井。民间传说是当年庞统汲水的地方，后人为了纪念他，小水井被叫作"庞统井"。1993年赤壁市政府拨专款重建了庞统井。

**5.翼江亭**

翼江亭为民国时期著名将领、辛亥革命元老蔡汉卿主持修建，为六角石亭，位于赤壁古战场景区沿江岸上。亭顶已经后人翻修，但亭体大致保持原貌。亭上刻有"翼江亭"三字，其两侧记有"丙子孟冬　蔡汉卿建石"字样，亭柱上刻有一副楹联，上联为"江水无情红，凭吊当年，谁别识子布危言，兴霸良策"，下联为"湖山一望碧，遗留胜迹，犹怀想周郎声价，陆弟风徽"。

**6.摩崖石刻**

赤壁摩崖石刻位于赤壁山长江西南面的临江峭壁上，此处又称赤壁矶头。赤壁山临江矶头西南侧石崖上，有十余处字、符、诗词、画像等摩崖石刻。

赤壁摩崖石刻以宋代留存的楷书阴刻"赤壁"二

▲ 翼江亭（杨世杰　摄）

145

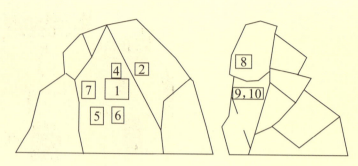

▲ 赤壁摩崖石刻分布示意图

字最为著名和醒目,也就是1号石刻,位于赤壁矶头西南中段石壁中段处,这二字各长150厘米、宽104厘米。该石刻分布面积为5.13平方米。北宋文人谢迭山的《赤壁诗·序》:"予自江夏溯洞庭,舟过蒲圻,见石崖上有'赤壁'二字。"据华中师范大学刘盛佳教授考证,在陈诗编撰的《旧闻录》中,见《崇兰馆集》中有南宋莫如忠所撰的《游古赤壁记》,也提到赤壁之书法。《崇兰馆集》的写作时间,大约在南宋初年,距今约850年,但莫如忠非书写者,而是初读者。所以"赤壁"二字为南宋人所为。①

2号石刻位于1号石刻右上3米处,为楷书阴刻"赤壁"二字,与1号石刻点画笔法相同。时代不明,分布面积2.7平方米。

3号石刻位于2号石刻右上5米处,为碑体阴刻"赤壁"二字。时代不明,分布面积3.5平方米。

4号石刻位于3号石刻右25米处,为隶书阴刻"赤"字。时代不详,分布面积1.27平方米。"壁"字因早期岩崩,坠入江中。

5号石刻位于1号石刻上正中15厘米处,为清同治壬申年(1872年)仲夏日刻留的草书阴刻"鸾"字,分布面积2.75平方米,为道教符号。"鸾"字石刻左方有"同治壬申年仲夏日"。据明方汝浩著《东游记》载,凡得道之人均乘青鸾游于四海。书"鸾"字于此,为镇妖之用。赤壁之战,曹操十几万人马葬入江中,阴魂不散,夜晚在江中哭泣,此符号一刻,可驱散其阴魂。《红楼梦》第五十一回中,薛小妹有赤壁怀古诗云:"赤壁沉埋水不流,徒留名姓载空舟,喧阗一炬悲风冷,无限英魂在内游。"可旁证此意。

6号石刻位于1号石刻左下角,为明代洪武乙丑年(1385年)楷书阴刻的王奉词《过赤壁偶成绝句》两首,诗文内容为:"赤壁横岩瞰大江,周瑜于此破曹郎。天公已定三分势,可叹奸雄不自量。""孟德雄心实可疑,皇天未敢遂其图,水军八十万东下,赤壁山前一火无。"

① 刘盛佳:《从陆机〈辩亡论〉看赤壁之战的战址》,《中国历史地理论丛》2005年第1期。

落款为"洪武乙丑年八月二十二日书"。该石刻分布面积1.65平方米，字迹清晰可连读。

7号石刻位于1号石刻正下方，为明代嘉靖戊申年（1548年）刻留的楷书阴刻诗词石刻，分布面积1.72平方米。诗文内容因字迹被水浸漫，不能连读。可辨诗词记述为："此乃周瑜破孟德之赤壁也，子瞻与后人但知黄州赤壁，此地遂泯没无闻。嘉靖戊申仲冬""予与宪副曹君亨泊舟山下，徘徊瞻眺，慨然太息。因大写崖石以识。眉山张……"

8号石刻位于1号石刻左70厘米处，为楷书阴刻诗词石刻，分布面积2.25平方米，时代不明，因岩体表面严重风化，字迹难辨。

9号和10号石刻位于4号石刻的正下方，为阴刻人物画像，线条清晰。9号石刻为诸葛亮像，分布面积2.25平方米。10号石刻为两个戴冠执矛士兵像，分布面积为0.72平方米。

赤壁摩崖石刻现已辟为参观场所，并建了专门的陈列馆。

**7.张维方题赤壁碑**

原立于南屏山拜风台，刻于清同治十二年（1873年）。青石质，高1米，宽0.7米。碑文楷书，10行90字："赤壁岩岩夜地来，拜风传说诸公台。登高吊古今安在，即事忧时总可哀。敌忾胸怀瞒撼恨，扶刘目摄卧龙才。江山无限翻天浪，此日神州更异哉。钦差分守湖北道湖广按察司副使兼布政司右参议张维方题，嘉鱼知县文帮儒刊行。"

**8.明代拴马桩**

该拴马桩留藏于今赤壁古战场景区内，石质，桩首为石人乘一石兽，桩体刻有"崇祯十二年六月八日"字样。

**9.清代刻字石狮**

凤雏庵牌坊前有搬迁至此石狮两只，狮身均刻有铭文。甲狮刻"嘉庆五年孟春月吉旦入住时道　郭溪云"，乙狮刻"男昌青　喜捐信士宋德隆字伯高　全绿魏氏侧人吴氏　男昌发侄昌启　敬神立"。

## （二）历史资源

中华人民共和国成立以后，赤壁古战场共出土刀、枪、剑、戟、斧、钺等兵器若干，中国历史博物馆、中国军事博物馆、湖北省博物馆、襄阳市博物馆都展出有蒲圻赤壁出土的刀、剑等兵器。

**1.箭镞**

箭镞是赤壁之战的主要兵器。湖北省博物馆王善才先生于1958年在赤壁矶头发现了一部分，多数是范道人在赤壁山、南屏山中捡到的，共有几百件。按材质分为铁箭镞、青铜箭镞、石箭镞。

铁箭镞：一型84件，均有锈蚀，黑褐色，铤残断，其中67件为四棱形，前锋尖状，铤细长，呈条圆形，均为锻打。镞身长3.6～6.5厘米，铤长4.6～5.4厘米。有17件为四棱锥状，铤为长条圆形，镞身长5.2～7.4厘米，铤长5.9厘米。

二型166件，均锈蚀，黑褐色，其中92件为方锥形，铤长，条圆形，最小的镞身长4.4厘

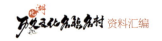

米,铤长 5.3 厘米。最大的镞身长 10 厘米,铤长 9.1 厘米。9 件虽为方锥形,身较细长,镞身长 6.5 厘米,铤长 5.7 厘米。另有 65 件扁平方锥状,铤为长条圆形。镞身长 8.9 厘米,铤长 7.9 厘米。

三型 13 件,扁平四棱状,均锈蚀,黑褐色,有 8 件镞身长 7.9 厘米,铤长 1.2 厘米。有 5 件锋呈三角形,镞身长 4.21 厘米,铤长 2.7 厘米。

四型 3 件,镞身较短,锋呈三棱形,铤长 6.3 厘米。

五型 1 件,镞身扁平,矛形,镞身长 4.9 厘米,铤长 1.5 厘米。

青铜箭镞:5 件,东汉末至三国文物,1976 年 4 月出土于赤壁山、金鸾山。其一为三棱形,浅黑色,镞身短,铤较长。镞锋略残断,通体有光泽,镞身残,长 3.9 厘米,铤长 4.5 厘米。其二为锥状三棱形,浅绿色,铤残断,镞长 2.8 厘米,铤残,长 0.7 厘米。其三为三棱形,镞身较短,淡绿色,铤残断,镞长 3.5 厘米,铤长 0.5 厘米。其四为矛形镞,浅绿色,镞长 5 厘米,铤长 1.9 厘米。其五为双翼形,两翼有镂孔,前后聚成镞锋,全长 6.4 厘米。以上均系二级文物。

石箭镞:1974 年赤壁山泥土中发现一具石斧、几枚石箭镞,还有陶网坠、纺轮等文物,这是属于西周遗址的一些文物,这几件文物均保存在赤壁文物管理处。

1958 年以来,出土于赤壁山沿江及南屏山和金鸾山北坡的兵器中,铁镞达 272 件,还移送中国军事博物馆、襄阳市隆中管理处等单位保存 30 多件,均系东汉至三国文物。

**2.弩机**

1986 年春,在金鸾山西北发现了两件弩机。在三国时代弩机是一种先进的新式武器,它有射程表尺,一连可发十箭镞。1986 年春发现的这两件弩机出土于东吴的武官墓中,一号墓因被破坏,墓主人身份不明,一号墓与二号墓相距 8 米左右,所出土的文物相近。二号墓为券顶砖室墓,出土文物共 37 件,其中有铁剑一柄,弩机一件,弩机上有铭文"上大将军吕侯都尉陈文和弩一张"十四字,铭文中所指上大将军吕侯,乃是东吴名将吕岱。

赤壁市博物馆三国文物展厅展出的一件朱雀弩机是该博物馆的镇馆之宝。朱雀弩机目前在全国尚属首例,以弩机上有错银朱雀图案而得名,也称为凤凰弩机。

**3.其他兵器**

1958 年在赤壁山下出土了两件三国铁刀,一件长 0.7 米,另一件长 0.8 米。还出土了铁枪 1 件,矛部长 0.8 米;矛和戟带铁柄,长 2～3 米。1958 年至 1976 年出土的铁剑 6 把,最长的有 1 米,一般为 0.7 米,双刃带柄。其中 1 把被考古学家认证是钢剑,它出土于金鸾山西北坡的一座东吴都尉墓中。这说明早在三国时期,江南人民已掌握了炼钢技术。

在赤壁古战场还发现青铜剑、红铜剑数件,有的和铁制器共存一墓,同样是赤壁之战遗物。有两件铜制兵器是由南京大学历史系教授蒋赞初先生鉴定:一是一柄青铜剑,当为东汉末至三国文物,出土于赤壁山下,长 0.36 米,重 285 克,列为二级文物;二是一支铜戈,当为三国至晋文物,1976 年出土于官塘驿白羊畈,长 25 厘米,3 穿孔,系二级文物。

**4.其他文物**

据《蒲圻文艺志》记载:"民国二十六年(1937年),石头口诊所蔡继番等在南屏山下盗挖砖墓,获文物数件,其中铜镜一件,上铸'广汉西蜀,熹平六年'八字。"①今赤壁还保存蜀汉"直百五铢"铜币一枚。

1958年10月由蒲圻县文物管理委员会组织文物普查,在赤壁山发现古文化遗址,采集有陶片、网坠等标本。同年在赤壁山下东吴墓葬中发现东汉到六朝前期的"半圆方枚神兽镜",以及三国东吴产于武昌的"系列神兽镜"和铁剑、矛、镞等兵器。同年在南屏山南坡距地表1米左右挖出东汉至孙吴的一批兵器,计有刀、矛、钺、斧、箭镞等,其中箭镞最多,达200多件。"这批箭镞的制作年代,从其形制及制造特点来看,被认为是汉魏(三国)的遗物。"

1963年4月,县文化馆对赤壁之战遗址进行全面调查,发现东吴的铜币"大泉当千""大泉五百""大泉当百"和大量东汉"五铢钱""剪轮五铢钱",这些古币多达数百枚。

1976年春,南屏山南坡在扩建棉花仓库时,在1米多深的土层中发现沉船的铁钉、东汉铜镜等物,同年在赤壁山上发现铜、铁、玉带钩各一件。

1977年在赤壁山、南屏山分别发现三棱形的镂孔镞和小巧玲珑的镂孔镞。

**5.古墓葬**

1986年在赤壁金鸾山西北坡发掘了两座东吴墓葬,在赤壁山周围地区共清理了六座三国东吴墓葬和一座晋代金氏墓。一号吴墓:位于金鸾山北坡,于1986年3月4日被发现,赤壁文物管理处获悉后,派人员前去调查。发现有35厘米×18厘米×5.5厘米的几何形花纹砖,并从群众手中收回出土铜弩机、铜樵斗、双耳釉陶罐、陶水盂、中小瓷碗、四系小瓷罐、陶鸡、石猪、银钗、银挖耳等20件文物,五铢和剪轮五铢铜钱共6枚。其中镜子主要有海马葡萄纹镜、草叶纹镜、转云纹镜、八乳禽兽纹镜、规矩八禽镜、龙虎镜等15件文物。二号吴墓:距离一号墓仅有8米。由咸宁地区博物馆考古人员于1986年5月7日负责清理。其墓形制为凸字形砖室墓,全长475.4厘米,其中墓室长382.5厘米,宽180厘米,门道长75厘米,宽96厘米。棺木、尸首已腐化。共出土了青瓷盘口壶、四系罐、盆、盂、碗、小陶罐、灶、橱俑、家畜铜镜、钱币、铁剑、弩机等共37件,其中最珍贵的便是刻有"上大将军吕侯都尉陈文和弩一张"铭文的弩机,经专家鉴定为国家一级文物。

1987年7月1日,赤壁窑湾两座东吴墓因被破坏而清理,出土有东吴"半圆方枚神兽镜"、青瓷四耳罐、青瓷盂、铜釜、铜樵斗、鸟头带柄铜勺等文物。同年于赤壁古战场出土东汉五铢钱、剪轮五铢钱共1000多枚,在东吴水兵驻地的西凉湖畔冲山镇出土东汉五铢钱2千克。

1988年8月23日,因开山取石,在金鸾山东南1公里处破坏古墓一座,后经赤壁市博

---

① 蒲圻县文化局:《蒲圻县文艺志》,内部资料,1986年。

物馆、赤壁文物管理处清理发掘出土文物 27 件。计有灰陶盆、红陶三足盆、灰陶罐、小陶盂、陶器座、灰陶灶、大小瓷碗、男女陶俑、陶猪、陶狗、陶牛、陶鸡、陶鸭等 27 件。

1989 年 5 月 3 日,因大雨冲刷,在金鸾山东南 1 公里处暴露出一座古墓,经赤壁市博物馆清理发掘出土文物 7 件。

1991 年 7 月,由湖北省考古研究所、咸宁地区博物馆、蒲圻市博物馆组成联合调查组,对赤壁古战场遗址进行了全面深入的调查,采集到自新石器时代至东汉的各类标本,并整理发表。同年 9 月 25 日,赤壁镇九豪堤村官家岭村民安葬死者,发现一古墓,赤壁文物管理处派人员前往进行抢救性清理,经清理出土文物计金器等 41 件(重 78.2 克)、青铜镜 1 面、铜熏炉 1 件、铜勺 1 件、铜龟 1 件、带柄铜煲斗 1 件、陶器 17 件,从西汉的"半两"钱到三国孙吴的"大钱五百"古钱币十余种 200 余枚。

1992 年 6 月 8 日,在赤壁山东坡,因兴建赤壁大战陈列馆取土发现"金氏墓"一座,湖北省考古研究所派人员进行抢救性清理,出土各类文物 17 件。墓室长 4.41 米,宽 1.73 米,出土文物有明器、鸡屋、鸭屋、四系陶、青铜镜、金手镯等 18 件,墓砖铭文"永兴二年三月十四日造金氏墓",为研究西晋永兴年间长江中游地区人类的活动情况提供了科学依据。

1998 年 6 月 22 日,在赤壁镇哈西山,因防汛取土,发现古墓葬三座,湖北省考古研究所派人员进行抢救性发掘,出土各类文物 12 件。同年 12 月 8 日,金鸾山后山建水厂时发现战国晚期和西汉土坑墓两座,咸宁市博物馆、赤壁文物管理处派人员进行抢救性发掘,出土文物有玉、青铜、陶器 27 件。

1999 年 3 月,在赤壁古战场周郎桥附近的芦林畈村古坟岭,一村民建房时发现大型砖石墓,经湖北省文物考古研究所勘探发现:一是古坟岭系大型东吴古墓群;二是这些古墓葬在当时划分了等级,不乏有一定身份的将士。这一大型青砖墓是长江中下游少有的一座,M2 墓室长 10 米,宽 6 米,高 6 米,左右四个墓耳,全部由铭文墓砖砌成:"千四千百士百",出土文物 37 件,有铁器、铜器、陶器、滑石猪等。铁剑长 1.3 米,实属少见,蛙形水盂是湖北省东吴系列出土文物中唯一的一件。同年 10 月 4 日,赤壁镇芦林畈另一村民建房时发现古墓一座,湖北省考古研究所、咸宁市博物馆、赤壁市博物馆派人员前往进行抢救性发掘,出土各类文物 37 件。同年 11 月 3 日,赤壁镇金鸾山后山因水厂扩建发现古墓一座,湖北省考古研究所、咸宁市博物馆、赤壁市文物局派人员前往进行抢救性发掘,出土文物 5 件。

2000 年 6 月 13 日,在赤壁镇同心村发现西晋墓一座。位于同心村古墓群保护范围内的无名山东面台地上,台地高出周围垸田 10 米左右,面积约 0.5 平方公里,东距陆水河 1 公里,北距长江 2 公里。墓中出土有青瓷虎子、青瓷唾壶和直腹罐等多种文物,墓砖上的人面纹、四出钱纹、平行钱纹等图案都是西晋时期的典型纹饰。从墓葬形制以及出土遗物看,该墓属于西晋中期墓葬,墓主为具有相当地位和身份的贵族阶层。

2007 年 12 月 13 日至 2008 年 1 月 10 日,湖北省文物考古研究所组织省、市相关人员对三国赤壁古战场保护范围内的赤壁山后山岗地、狮子山岗地、棉花站岗地、哈西山岗地、何家山岗地、后山湾北部岗地和后山湾南部岗地进行了文物调查。经过近一个月的实地调查勘探，发现了44座古墓葬，其中新发现33座，以前暴露的11座已安排做抢救性发掘清理。

2008年9月2日至10月10日，湖北省文物考古研究所组织人员进行抢救性勘探发掘。发掘面积600平方米，发掘古墓葬18座。发掘出土青铜器、陶器、瓷器等随葬品近百件，朝代从东周至明代，延续时间长，分布密集，墓葬形制也多种多样，随葬品具有较高的历史价值和科学研究价值，对研究赤壁的历史文化、风土人情、埋葬习俗，尤其是研究赤壁之战的历史背景、战争经过有相当重要的价值，是不可多得的宝贵资料。

### 6.民间文书

赤壁镇存留了一些当地的家谱、族谱，其中记载了当地家族在赤壁镇繁衍生息的一些内容。此类文献内容记载较多，兹以访到《朱氏族谱·紫阳堂》为例，做一简要介绍。《朱氏族谱·紫阳堂》是赤壁当地朱氏家族的家传族谱，该谱原为清同治十三年（1874年）刊定，后于光绪三十年（1904年）重修，民国三十七年（1948年）又重修，最近的一次重修在1995年。族谱中叙录了其祖先源流，远附朱熹，并详细记录了其家族迁徙过程、家乘世系、堂口分支、历代祖先中有名望者的传记及像赞、朱氏家训、家族公义、家族祖产明细及土地舆图，以及有关家族经济方面的借据、收执、契约等文书，亦收录了与其家族相关的朝廷制敕、诰封文书等材料。内容翔实，不便一一列举，这里仅将一部分内容录文如下，聊备管窥。

#### 朱氏族谱·鄂湘族公义八条

一、议立族长房长，必选公正廉明之人，不得拘定某届立某房，滥举滥充，致误族间大事。

二、议鄂湘每年清明扫墓或统一祭祖，或派代表，或分支亦可。

三、议建宗祠，根据形势可建则建，赤壁因地点集中，交通方便。

四、议重名宜改，或有一至几名同号，谱不胜改。嗣后须各取字，不可雷同。

五、议凡有学品及善言善行者，皆当立传与先人并志不朽。

六、议族谱必三十年议续，防遗忘也。续谱时当选公正廉明者。

七、议有官职者必书，有功名者必书，以

▲《朱氏族谱·祠堂图记》书影

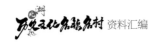
扬显先祖，鼓励后人。

八、议族中谱务由族长召集会议磋商处决致紊家规。

## 常邑重续朱氏宗谱序

乾天之流行也，旦而复旦，离火之照耀也，明而重明，而斯人之诞生也，班班辈出，与天地之流行不息，火之照耀无方，大抵相类。我族始于周武王，封曹侠于邾。后世去邑，以朱为氏。历秦汉至宋，有紫阳文公居安徽之婺源，为宋大儒，配飨庙祀。吾鼻祖慎徽公兴，弟慎远公当，前明中叶，由婺源来常。则谓吾族为紫阳的派，可第星罗棋布，地隔人稠。虽渊可溯，而谱牒未修。迨我朝鼎开，后族祖在中、布孟、龙岗，三公首倡纂缉。乃于乾隆丙申春，开馆县治南关外居仁巷。数阅月，其事始竣。是何异天之初旦，火之初明也。而其于上治、旁治、下治之道，大有济焉。越道光戊子，经四十寒暑，有奇旦将昏，而不可晦矣。吾先君步贤公，与文俊、柱忠二公，总理大纲以倡续修，其间长远，亦仍然不紊，传赞序记，贲然有文。于率由中，见维新意，是何异之明于旦火之明而重明也！夫人三十年为一世，谱经三十年而一修，象天之周年也，至今又几四十载矣。能必卒者不涣，比者不睽乎？爰商诸族老，重续修明，是何异复旦者又复旦，重明者又重明也。然则后之视今，亦犹今之视昔。今之重续于昔，尤冀后之再续。于今继继承承，以顺应夫天行之不息，离照之无方也，岂不甚幸？是为序。

嗣孙锦堂氏梦莲敬撰于可斋西窗

仲冬弟景乡氏梦云敬刊

## 重续宗谱序

国之有史也，编年纪事，评论人品，据实直书，所以信今而传后。后之人再续修之，虽机杼一家，畴弗循涂守辙，吾家紫阳纲目之撰，亦因温公及文定公之遗意。而续其后者，有尹起笔之发明，有刘友益之书法，有汪克宽、王幼学之孜异集览，他如司马谈之撰史记，续之以迁，唐姚察之撰梁陈书，续之以思廉。岂第曹大家之续完汉帙，以理班固未竟之绪哉！然则家之有谱，何以异是？按谱如堂始祖慎徽公，原籍江南徽州婺源，实紫阳文公桑梓之地。公非其脉属，即其宗支。缘生平饶略，遂以武职从戎，调守桂阳州，生均贤、均昆、均后、均仁、均智、昆季六人。弟慎远公生之一、均奇。一堂中惟均贤公家桂阳州，世居草田，其馀后仍无有错杂。一本之亲，不能无万殊之，涣而欲联，涣子萃莫如谱牒之修，不忘不紊。其然也。故在中、希孟、龙岗创修于乾隆丙申，文俊、柱忠、希忠续谱于道光戊子，越今丁相四，揆诸三十年之通制，固已过之。夫前此族中贤良贞节，发名成业，望重簪缨者，代有其人，早炳著于旧牒矣。而往过来续，原有生平卒岁之当编，亦前遗后收，愈觉尊祖宗之难缓。况生齿日繁，命名多类，不为之甄别雷同，何以正名？一定分，则欲完全璧，稍宽假，不得也。今岁，余馆石桥，族兄承禄，时相往来。寒食节后，方共谋续谱。乃先族叔梦莲公有主修意，预撰条款，不期适会。余以为得同志矣！奈云车风马匆匆，促梦莲公去，余等伤之。因体其雅意，集六房商确诹颌，设局于大塘之狮子林。不数月而倡督纂编，共襄成焉。昔人谓小史废而氏有立志，氏族废而谱牒肇修。余族此举，一以佐氏族之穷，一以补小史之缺，而紫阳馀颜，不由此绵远也哉！是为序。

同治六年丁卯岁仲冬月吉旦

嗣孙叙堂氏九勋敬撰

## 朱氏创修祠堂记

朱氏，系出沛国，武王封曹侠于邾，爵以子男。《春秋》书其小，邾子来朝，其征也。周微，避难改朱，后始得姓。上自秦汉，下至元明，尊如帝王，贵如将相，显如师儒，退代有传人，子姓蕃衍，蔓延天下。其间盛衰隆替，不知凡几矣。吾朱氏相为文公裔，谱亡莫稽，惟记湖祖裔蕃，琴氏子；绍明，龚氏（子），卒大清乾隆元年。明公卒，子承宗、承进由湖南直隶汉州安福县永右里右五区安峰上堡五家堰迁川东梁山县西路西门外顶堰桥小住。明公卒，次年九月葬，此墓失考。川北潼川府蓬溪县西乡九甲分驻蓬莱镇距三十里玉皇沟朱氏宗祠者，承进祖，姚黄洎子到及及之竟应升、应开、应寿、应锡、应龙，乾隆七年自梁山来迁大屋沟油屋，继落刘姓之业，发祥子孙所建也。进祖黄姚卒，葬祠右。自升公等分荆后，荣枯顿异，传继多殊。开、寿二公业，馨祀斩锡，公仅延一线血食，历嘉庆、道光、咸丰、同治、光绪、宣统、民国二百余年。与世界保种竞存者，生、龙二公后也。

祠创光绪庚寅，落成民国庚申。与祠事者，申公，长永兴，与次永发、长远魁，暨龙公后也。与公会，道光三十年肇始，积至咸丰六年，置远奎业。同治四年置朱周氏业。光绪二十一年，又置积斌业，祭田创矣。露寝而祭，木主安归，奉先之道，未尽董事。为宝、积怀、善国相地鸠工，建正寝焉，计费二百余金。木主归矣，规模狭小，春秋承祭，执笾奉豆，惧亵也。光绪三十四年，董事积怀、善扬重建两宅，费金二百余钏。宣统六年，远魁裔以会资六十钏合祠。董事积怀、善伦复建下厅。民国九年庚申，应龙裔合祠，蟹会资三百钏，在是年春也。费计五百余钏。祠祀积文、承进为始祖，宗应升、应龙，下此昭穆迭更。开、寿、锡后不与焉，无会来附，故疏耳，

意吾祖隶籍世为蓬之粮，吾族支分散，为蓬之住。土与于斯，竖祠于斯，报大本，肃明礼，重庐基也。斯祠也，经三十年而告成，统三大会合祀，不计会之先后，财之多寡，人之贫富，盖大义所关，亲疏远迩何介哉！原合族子孙，登斯祠者，对先灵而动孝恩，见族姓而敦亲睦，勿失家礼格言之训，庶几为吾祖之真苗裔。薄宗族，厚身口。乖骨肉，私妻子，好勇斗狠，欺孤凌寡，若人也，非佳子也，众耻之。使奸顽进化，则先灵妥永，昌炽立待矣。

民国十一年壬戌岁春三月吉旦

承进祖六世孙文焕章氏谨

### (三)非遗资源

#### 1.赤壁脚盆鼓

赤壁脚盆鼓是赤壁市流传3000多年的一种民间打击乐器，它起源于先楚，植根于赤壁人民的生产、生活及礼仪风俗。它的形成、成熟和发展既生动地展示了先楚文化的鲜明特征，又充满了与中外驰名的三国赤壁之战相联系的传奇色彩。《楚辞章句》称：昔楚国南郡之邑、沅湘之间，其俗信鬼而好祠，其祠必作歌乐鼓舞以乐诸神。[①]"柎鼓""交鼓""会鼓""修革召鞞鼓"，这些都是春秋战国时期楚人对击鼓的不同称谓。《楚文化史》中载："民间祀神所用的乐器，据《九歌》所记，以鼓为主。盛装登场的巫，和着忽徐忽疾的鼓点，舒喉而歌，拂袖而舞。"[②]上述这些记载，清楚地反映出赤壁脚盆鼓在春秋战国时期的演变进化过程。

此后赤壁脚盆鼓在流传过程中进一步演变成适合祭祀、生产劳动、民间游艺活动等场合的主要打击乐器，并且形成相延不绝的"一丁一鼓"传承遗风，这是赤壁脚盆鼓区别于中华其他鼓类的最显著特征。赤壁脚盆鼓是赤壁地方民间生产劳动、日常生活、礼仪习俗活动中被广泛使用的打击乐器，长期以来为赤壁人民所喜闻乐见。

赤壁脚盆鼓应用于祭祀活动，多沿袭西周、春秋战国时期的楚风楚俗。古代的祭孔大典，祭城隍神，今已多不存在，近代的庙会、打鼓救日、打鼓救月等演奏活动在民间偶有所见，随着科学文化技术的普及与提高，打鼓救日、打鼓救月等活动也濒临灭迹，20世纪八九十年代陆续恢复的寺庙庙会活动，由于信民数量有限，规模很小，演奏活动也难以见到赤壁脚盆鼓群涌相聚的热烈场面。

赤壁脚盆鼓还广泛应用于山区的垦山劳动，如挖山鼓；翻地劳动，如挖地鼓；丘陵、平原地区的薅草劳动，如薅草鼓。

中华人民共和国成立以来，围绕赤壁脚盆鼓展开了搜集、整理、加工、创作等工作，从中发现赤壁脚盆鼓思想表现力强，艺术价值高，受众反响大，社会影响广。2007年赤壁脚

---

① （东汉）王逸撰，黄灵庚点校：《楚辞章句》，上海古籍出版社2017年版。

② 张正明：《楚文化史》，上海人民出版社1987年版。

盆鼓被列入湖北省非物质文化遗产保护名录"民间音乐"类,遗产编号:Ⅱ-18。

**2.木雕船模工艺**

　　湖北木雕船的历史大约可追溯到汉代,经历代艺人不断发展,成了一种独特的工艺品。湖北木雕船种类繁多,古往今来,大江湖泊上来往穿梭的各种船只为木雕船艺术提供了取之不尽的素材,被湖北木雕船艺人制作成各种供观赏型木船。如民间木帆船、古代漕船、画舫、龙凤舟以及民间灯会上的彩船等,反映了不同历史时期、不同地域木船的特点。各种海船的造型美观别致,讲究装饰。画舫、龙凤舟的造型、纹饰则典雅华丽,显示出民间匠师的精湛技艺。

　　湖北木雕船除使用圆雕、浮雕、镂雕等传统技法外,还特别注重花纹装饰、镂空镂花和精工制模,不仅船体花纹清晰、匀称纤细,而且楼阁门窗、栏杆等处的花纹也处理得精细入微。

　　木雕船技艺在宜昌至汉口一带由民间艺人世代相传。近代宜昌著名老艺人龙云华的木雕船,曾吸引许多外国人远道来买。后人龙从发、程楚春、潘正斌等也都在继承传统的基础上有所创新,潘正斌现任武汉瀛帆工艺雕刻公司高级工艺师,专职从事工艺木雕船设计工作。2007年,木雕船模工艺被列入武汉市非物质文化遗产保护名录的"民间文学"类。

(整理者:杨世杰,曾成)

## 参考文献

古籍:

1.(清)劳光泰修.湖北省蒲圻县志[M].台湾:成文出版社有限公司,1975.

2.(清)王云翔修.蒲圻县志[M].清乾隆刻本.

3.(清)张圻隆.康熙蒲圻县志[M].清康熙刻本.

今人著述:

1.冯金平.赤壁古战场考辨[J].文史哲,1978(5).

2.冯金平.湖北省考古学会论文集.武汉:武汉大学出版社,1987.

3.陈可畏.论赤壁大战与赤壁考[J].湖北教育学院学报,1990(3).

4.蒲圻古战场保护开发研讨会论文集编委会,湖北大学人文学院.古战场蒲圻赤壁论文集[C].武汉:湖北人民出版社,1991.

5.王善才.湖北蒲圻市赤壁山遗址调查[J].考古,1995(2).

6.蒲圻县文化局.蒲圻县文艺志[M].内部资料,1986.

7.湖北省蒲圻市地方志编纂委员会.蒲圻志[M].深圳:海天出版社,1995.

8.胡嘉远.蒲圻县地名志[M].内部资料,1982.

9.蒲圻县志编纂委员会办公室.漫话莼川:蒲圻一千七百六十二年[M].内部资料,1985.

10.故宫博物院.重修蒲圻县志[M].故宫珍本丛刊,2001.

# 砖茶之乡
## ——羊楼洞

## 一　村镇概述

羊楼洞又名羊楼峒,地处湘、鄂、赣三省交界地,位于幕阜山脉西段北麓。明清时期羊楼洞是蒲圻县管辖的名镇,繁盛时人口数万,今为咸宁赤壁市(原蒲圻县)赵李桥镇下属一村落,人口数百。

羊楼洞水土适宜茶树生长,自汉、唐就有大面积茶园。这里茶叶品种丰富,尤其盛产黑砖茶。黑砖茶是晚清民国时期中国出口俄罗斯的主要茶品,羊楼洞也因此成为兴盛达两个世纪之久的欧亚万里茶道的重要源头之一。作为鄂南茶区中心的羊楼洞,因茶而兴,晚清时期俄、英等国商人和晋商、粤商及本省商人纷纷来羊楼洞投资经营茶庄、开设茶场,设立银行、兴办洋行,使得这弹丸古镇一时繁花似锦,出现日日生意兴隆、夜夜灯火辉煌的繁华景象,羊楼洞也因此有了"小汉口"之美誉,在当时地图上与汉口拥有同级标识。① 后由于茶路改道以及战乱,砖茶生产和集散转移到赵李桥,羊楼洞走向衰落,留下一条古街,承载着厚重的茶史和茶文化。

▲ 欧亚万里茶道源头纪念石

20世纪90年代,羊楼洞砖茶多次在农博会上获得"优质产品"等殊荣,2010年12月,羊楼洞被住房城乡建设部、国家文物局授予"中国历史文化名村"称号。随着"一带一路"倡议的提出和推进,2019年3月,国家文物局正式将"万里茶道"列入《中国世界文化遗产预备名单》。2019年10月,位于羊楼洞的中国青砖茶博物馆建成。2020年6月,羊楼洞明清石板街又被湖北省政府授予"湖北旅游名街"称号。

---

① 中国赤壁市委宣传部:《欧亚万里茶路寻源:羊楼洞传奇》,内部资料,第65页。

## 二 村镇资料

### （一）历史建筑和文物遗存

**羊楼洞石板街**：明清时期，羊楼洞因茶一跃成为欧亚万里茶道的一个商业重镇。清末极盛之时，拥有大小砖茶厂和茶庄200余家，常住人口4万人，流动人口达5万人之多，明、清两代羊楼洞有5条主要街道，各种店铺几百家。现存古石街道正街一条，全长约2000米，一般宽4米，最宽处6米，街道两旁民宅、店铺多为两层砖木结构，一色青砖黑瓦或木质望楼，石柱基础散落在老屋门前，内有3～5重天井和小院，窗棂和门有精美木雕，有一栋老屋前现存门当4只，映衬出当时主人门第高贵。街后是松峰港，常年流水淙淙，两边青石砌岸，石桥处处。

**茶庄遗址**：1938年11月中旬，日本侵略军烧毁从羊楼洞观音口到湾上沿港两旁房屋上千间，拆毁栗树嘴茶坊街全部房屋，使羊楼洞古镇和茶业毁于一旦，目前仅留下部分茶庄的断壁残垣。原义兴茶厂和义兴公司遗迹在栗树嘴，原兴隆茂茶厂和聚兴顺茶厂遗迹在中畈，原晋商茶庄遗迹在观音泉一带。

**运茶古道遗迹**：羊楼洞至新店一段，是茶马古道起点之一，存有大量古迹。羊楼洞距新店约15公里，茶箱的运输必须经过一段陆路，通过人推独轮车转运。由于车子只凭单轮着地，车轮所压之处慢慢变成了车辙。从羊楼洞北山起有一条石板古茶道向北延伸，现存7段，其中6段是独轮车运茶古道，千步岭1段为翻山石道。古茶道路面以青条石、碎石铺就，最长达3000米，宽50～70厘米，上面依稀可以看到独轮车碾轧的痕迹，最深处达3厘

▲ 羊楼洞石板街

1910年羊楼洞砖茶厂前身"聚兴顺监制"的百年米砖茶

▲ 聚兴顺砖茶

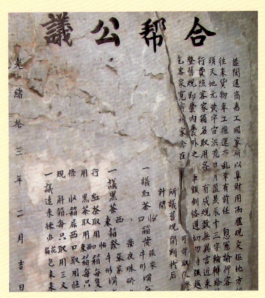

▲ "合帮公议"石碑及文字

米，可以想见昔年数百辆车子，似长龙蜿蜒前进，咿咿呀呀响成一片的盛景。

"合帮公议"石碑：2009年第三次全国文物普查期间被发现。该石碑为清光绪十三年（1887年）所刻，碑体长约1.2米，宽约0.8米，残缺近三分之一。碑文内容为羊楼洞各茶庄、商号议定的茶叶贸易规则，相当于现在的行业规定。

▲ "川"字印记"权"

"川"字印记"权"：羊楼洞发现的称量茶叶重量的权，现藏于赤壁市茶叶博物馆，上有一"川"字。馆内另有一"永顺字号"老水缸，均系当年洞茶贸易之证据。

教堂与寺院：作为鄂南重镇，近代羊楼洞成了西方宗教深入之地。1917年，英国循道会在羊楼洞建立了福音堂。1929年又在羊楼洞苏家堰建基督教堂，并设有教会小学。日本全面侵华时期，教堂遭到破坏，被改作株式会社办公场所。中华人民共和国成立后，教堂迁至羊楼洞北街15号。

在羊楼洞，最具影响的民间宗教建筑是"将军寺"。将军寺供奉本地人雷万春。据说唐朝安史之乱时，雷万春随张巡等守江淮，使叛军无法下江南,后城破,遇难者共 36 人,雷万春被褒封为忠烈将军。将军寺约建于代宗大历或德宗贞元年间。抗日战争时期,将军寺曾得到国民革命军著名将领薛岳亲书"声赫濯灵"四字匾额。"文化大革命"时,将军寺被拆毁,后在原址重建寺庙,名圆通寺,占地面积约 10 亩,有大雄宝殿、将军殿、天王殿、观音殿及讲法堂。圆通寺与古街道、观音泉交相辉映,是赤壁市的旅游景点、宗教活动圣地。

## (二)历史人物资源:羊楼洞茶业家族

### 1.雷氏家族

羊楼洞贸茶大族当首推雷氏。据《雷氏宗谱》之《霁轩公家传》记载,"洞,产茶阜也,首开辟自雷氏公之曾祖东阳公、祖文庵公,既皆以商业起其家矣"。①另据其他家传,东阳公之父中万公,"从事诗古,兼及货殖,遂以富称"。②东阳公"佐族考(按指东阳公)理家,经营创造,家日以兴"。③可见雷氏经营茶业,当始于中万公,经营扩大则是在东阳公时。

东阳公早逝,其五子及后人,或业儒,或经商,至雷巽(莘佃公)时,"集资兴办茶庄,操持四盛茶行"④,适值汉口开埠,"会中外互市,蒲邑峒茶闻天下,万商云集,货力腾涌,群商坌集,君槺楗其间,贾贸滞鬻,不数年,积赀钜万,田庐十倍于旧,南乡素封之祖,鲜有埒者"。雷巽在数年间积累起大量财富,使雷氏家族成为羊楼洞最为显赫的富商大户。⑤

### 2.饶氏家族

羊楼洞饶氏依靠漕运起家,在饶尚玉时转而经营茶业。其长子饶维(宗城)在咸丰年间"岁集万金,服贾岭南,获大利归"⑥,重建家业。次子饶炳臣经营红茶"历三江,源五湖,涉海洋,抵闽广"。⑦

饶维的侄子饶日省(又名饶希曾),字鲁堂,与弟弟饶植(树屏)分家后,又合资经营茶业,这是羊楼洞家族以合资方式经营茶业的早期记录。饶日省曾主持羊楼洞镇公益,劝输茶捐二厘,资助本地乡会试读书人;又鉴于"洞镇为产茶名区,出路经八里车运,崎岖泥泞,恒苦滞塞",筹资巨万,创修石路,使茶道成为坦途。⑧

饶氏家族另有饶日阳(1848—1915),字东谷,开办"同兴福"茶行,招致晋、粤茶商入行开庄,经营三十年,获几十万两白银利润,使"同兴福"成为羊楼洞本帮最大茶行。

① 《霁轩公家传》,民国崇义堂本《雷氏宗谱》。
② 《中万雷先生传》,民国甲子年合修初续崇义堂本《雷氏宗谱》,传上。
③ 《东阳公显迹记》,民国崇义堂本《雷氏宗谱》。
④ 《东阳祖支下莘佃公房史简述》,民国甲子年合修初续崇义堂本《雷氏宗谱》。
⑤ 《诰授奉政大夫太常寺典簿雷君莘佃传》,民国甲子年合修初续崇义堂本《雷氏宗谱》,传上。
⑥ 《族考宗城公暨祖妣邱宜人合传》,饶青乔光绪十五年己丑撰,民国双峰堂本《饶氏宗谱》。
⑦ 《炳臣公传》,民国双峰堂本《饶氏宗谱》。
⑧ 《鲁堂公暨姚吴孺人黎孺人宋孺人合传》,民国双峰堂本《饶氏宗谱》。

饶绍雄,字云山,因家贫而废学业商,谱载其"善理财,中岁起家,累数万金,乃新堂构,买田亩"①,曾任羊楼洞商会会长。饶斐(翰臣),"村人资茶生活者多,然颛制作,谙确算,声誉闻于时,为远近商所尤诚信者,固首推公。由是家业以起"。时人认为饶斐是当时羊楼洞首屈一指有信誉的商人。②

**3.游氏家族**

游氏自元代从江西辗转迁来,家族之人士农工商"四业并务",其中晚清时期的游澄(敬铭,1838—?),父子善于经营茶业。《游氏族谱·家敬铭先生传》记述:"因公亡父业茶有平年,命继志,遂弃儒而学贾焉。先是,红茶庄赁吴地者居多。道光丙午年,公亡父单骑入吴,导客来羊楼洞。谓洞茶质秀而味厚,较他商埠尤佳。至今洞市为中外车马辐辏之名区,每岁所入不下数百万金,虽由公亡父创厥始,亦赖公继起力也。"③游澄之父开拓了羊楼洞红茶在吴地的业务。游澄本人也可谓茶务专家,谱载:"远近之以茶为业者,争以善价聘公,缘公得此道三昧,实有以副盛名耳。"④

**4.黄氏宗族**

羊楼洞黄氏"善守兼善创",黄氏族谱中记载经营茶业规模较大的是清末民初的黄才扬(天瑞)。谱载,"先生益事进取,锐意商场,设红茶庄,素为群英领袖;营老青茶业,亦握优胜利权。虽其中时运有迁移,不无挫折,而先生能擘画精详,恢复旧物。田之硗瘠者,且转而为膏腴焉"。黄才扬适应国际贸易之势,多方擘画,遂成一时洞商领袖。⑤

黄氏谱载,经商而建有具名茶行的还有黄凤岐,他因家贫而入商道,"购办红茶,牌名'祥泰和',意盖以和而致祥,祥则利有悠往也。果尔运与时合,每岁赚入,不下数千金"。⑥

**(三)非遗资源**

**1.茶俗**

羊楼洞在古代的具体茶俗已无从考实,今天茶仍在羊楼洞人的日常生活中发挥着不可或缺的作用。

在与茶有关的叫法上,凡以茶引言,洽谈商事或讲经论文为"品";凡以茶解渴、醒酒为"喝";凡以茶辩理,解决邻里纠纷,或劳作间歇饮茶消除疲劳为"吃"。

日常待客用茶,有上、用、敬之度。"上茶"暗示少陪,"用茶"常在饭后,"敬茶"为特别尊敬之礼。逢节、假、寿、禧,多馈赠精美的小包装茶,作为一种社会交往的技巧手法。

---

① 《云山公暨德配戴孺人合传》,民国双峰堂本《饶氏宗谱》。
② 《翰臣公家传》,民国双峰堂本《饶氏宗谱》。
③ 《家敬铭先生传》,民国九言堂本《游氏族谱》。
④ 《家敬铭先生传》,民国九言堂本《游氏族谱》。
⑤ 《天瑞先生传》,民国仁孝堂本《黄氏宗谱》。
⑥ 《刘老宜人行状》,民国仁孝堂本《黄氏宗谱》。

160

　　**茶贯穿羊楼洞婚俗始终**。该地称彩礼为"茶礼"，女方喝了男方的订婚茶，受了男方茶礼，就表明婚约已成，故民间有"一家女不喝两家茶"的俗谚。举行婚礼仪式，先饮"同心茶"，新人交杯喝糖茶，寓意"茶男茶女，成双成对，红糖冲茶，多滋多味"①。拜堂行礼后，喝"敬老茶"，以茶认公婆、认长辈。之后，再沏"迎宾茶"，以泡茶考察新娘能干与否。②婚宴结束，女方亲戚告辞，需进行"交亲茶"仪式，双方长辈会拿出"喜茶钱"给新人。③洞房之时，行"闹茶抬茶"，三天无大小，以求通过闹茶，"人发大财，茶发新芽"。婚期过后，新娘还要请全村妇女喝"结伙茶"，其礼为大锅煮茶，大碗喝茶，表示新娘从此加入全村妇女行列，成为同伴。④

　　**茶在羊楼洞丧礼中发挥着重要作用**。死者入殓前要"含茶"，在其口中放一片茶叶和几粒米，意味着在另一个世界仍有吃喝。入棺后，灵堂香案前供一盅清茶。成殓后，主家烧茶，主人和客人自斟自饮，互不敬茶。奔丧者与治丧抬灵者进门首餐，只吃"素茶"⑤，而在下葬时，长者执引路幡开路，边走边要洒"引路茶"。灵枢上山，途中要歇息一次，抬枢者休息喝茶，谓之"板凳茶"。棺木入土前，要敬茶和焚香烧纸。入土后，孝子齐跪墓前，司丧边念祝词边把盘中茶叶和米撒向孝子，称"赐福茶"。埋葬之后，众客散去，抬棺八仙返回主家吃酒饭，称吃"回丧茶"⑥。七祭奠亡，供品均以茶为先，供后沿坟洒掉，谓之"献茶"⑦。清明或七月十五祭扫，供茶水和果饼，祭毕，茶水献给神灵，果饼带回给孩子吃。大年初一，同族祭祖，除酒以外，以茶为先。⑧

　　**其他民俗活动也离不开茶**。在羊楼洞地区，人们对古老高大的茶树顶礼膜拜，祭祀茶王。茶庄开庄时要"拜（茶）架"，砖茶起运前要"拜茶堆"。茶叶开采前要选少女开山，开山之后，要"打吊结幡"，祈求茶叶丰收。⑨在旧时的羊楼洞地区，若家人生病，则要半夜焚香拜茶神以求平安，谓之"说情茶"。⑩

### 2.茶歌

　　源远流长的茶叶种植历史与繁荣的茶叶商贸，催生了丰富的茶文化，其中颇具地方特色的是茶歌。羊楼洞地区的茶歌，按内容可分为采茶歌、拣茶歌、让茶歌、制茶歌、运茶歌

① 陈旺林：《鄂南婚茶》，《文明月刊》1998年第11期。
② 狄英杰：《近代湖北羊楼洞茶业经济与文化研究》，华中农业大学硕士学位论文，2011年。
③ 宋亚平：《欧亚万里茶道及其源头》，崇文书局2015年版，第125～126页。
④ 狄英杰：《近代湖北羊楼洞茶业经济与文化研究》，华中农业大学硕士学位论文，2011年。
⑤ 牛达兴、雷友山、黄祖生等：《湖北文化大观》，湖北科学技术出版社1995年版，第77～78页。
⑥ 万献初、宗嵩山：《鄂南茶文化》，广西人民出版社1993年版。
⑦ 牛达兴、雷友山、黄祖生等：《湖北文化大观》，湖北科学技术出版社1995年版，第107～108页。
⑧ 姚国坤：《文化概论》，浙江摄影出版社2004年版，第154～159页。
⑨ 万献初、宗嵩山：《鄂南茶文化》，广西人民出版社1993年版。
⑩ 狄英杰：《近代湖北羊楼洞茶业经济与文化研究》，华中农业大学硕士学位论文，2011年。

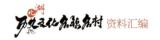
等,择流传较广者录之。

**采茶歌**:春季青年男女在采茶时唱歌诉说衷肠。

> 头遍采茶茶发芽,手提篮子头戴花。
> 哥采多来妹采少,采多采少早回家。
> 二遍采茶正当春,采罢茶来绣手巾。
> 两头绣对茶花朵,当中绣个采茶人。
> 三遍采茶忙又忙,丢了茶苑去插秧。
> 插得秧来茶又老,采得茶来秧又黄。

**赶(拣)茶歌**:主要描绘拣茶妇女与购茶客商之间的感情。

> 正月里,正月正,何日望得茶发生。姐若耶,姐在房中急闷闷。
> 二月里,是花朝,船在江中水飘飘。姐若耶,姐在房中好心焦。
> 三月里,是清明,红茶客人进了门。姐若耶,姐在房中笑盈盈。
> 四月里,四月八,梳妆打扮去采茶。姐若耶,梳个盘头好插花。
> 五月里,是端阳,而今的姐儿爱漂亮。姐若耶,浑身抹的是麝香。
> 六月里,是伏天,漂白的裪子去托肩。姐若耶,夏布小衣扫脚尖。
> 七月里,七月半,红茶老茶拣一半。姐若耶,日落西山收捡盘。
> 八月里,是中秋,红茶客人把秤收。姐若耶,姐在房中把客留。
> 九月里,菊花开,红茶客人把箱排。姐若耶,姐在房中哭哀哀。
> 十月里,小阳春,红茶客人要动身。姐若耶,收拾打扮送客人。
> 冬月里,大雪飞,郎走东来姐走西。姐若耶,手扯衣角揩眼泪。
> 腊月里,满一年,红茶客人到了山西边。姐若耶,吃了年饭思娇莲。

**让茶歌**:描绘茶客互相礼让,让他客先拣货,随马帮先走的情形。

> 正月让茶花儿开,苏秦求官空回来。堂上爷娘来打骂,厨下哥嫂笑开怀。
> 二月让茶百花开,无情无义蔡伯皆。舍了前妻赵氏女,麻裙端土筑坟台。
> 三月让茶桃花开,张生跳过粉墙来。难为红娘传书信,莺莺小姐笑蔼蔼。
> 四月让茶春焦黄,磨坊受苦李三娘。早晨担水三十担,晚间挨磨到天亮。
> 五月让茶石榴红,蒙正落在瓦窑中。蒙正夫妻多辛苦,到头得中状元红。
> 六月让茶热忙忙,独行千里关云长。过五关来斩六将,擂鼓三通斩蔡阳。
> 七月让茶茶叶稀,董永行路遇贤妻。百日夫妻今日满,槐阴树下两分离。

八月让茶秋风凉，赶山塞海秦始皇。弄得天下全反了，霸王别姬在乌江。
九月让茶菊花黄，寇准提笔写条状。提起金笔冬寒苦，生下儿子住路旁。
十月让茶小阳春，紫竹林中想观音。单请桃经来救我，一脚踢开地狱门。
冬月让茶瓦上霜，千里情姐是孟姜。百日夫妻还未满，长城脚下把命丧。
腊月让茶雪街行，英台杭州读书文。路上许配梁山伯，死心塌地不离分。
长话改作短话说，等你客人来年春。

**制茶歌：**主要描绘明清时期制作高端茶的过程。《蒲圻县志》有一首《莼川竹枝词》曰：

茶乡生计即山农，压作方砖白纸封。
别有红签书小字，西商监制自芙蓉。

**运茶歌：**明清时期，羊楼洞的一些青壮年承担着洞茶外运的工作。他们常年在外，抛妻弃子，形成了独特的运茶文化。

一块黑茶四角方，情歌贩运走西洋。
隔山隔水万里路，出门不比在家乡。免得妹妹挂牵郎。
川牌黑茶两边长，汉口岳州码头忙。
街头口岸走得多，哥妹难舍泪茫茫。两下分别在长江。
洞牌黑茶吐芬芳，哥要发财走西廊。
妹为情哥绣荷包，好装银钱早回乡。免得妹妹泪汪汪。
牌楼黑茶印牌坊，大唐安西换马良。
仁贵三箭天山定，汉家儿女凯歌扬。翠叶当年是家邦。
羊楼黑茶放乌光，蒲圻黑茶誉外邦。
大宋天子恩西域，五虎平西便马帮。郎哥要学狄家将。
羊楼黑茶味韵长，西辽国主是汉郎。
黑茶传至里海北，欧罗巴人得琼浆。称赞东土有宝藏。
羊楼黑茶茶中王，大元天子赐四方。
王子封在钦察汗，里海西去万里疆。外夷同享黑茶香。
羊楼黑茶柳筐储，明朝水陆运西方。
阿丹麻林称甘露，罗马呼为离魂香。郎哥莫忘茶故乡。
羊楼黑茶誉万邦，大清易马续汉唐。
汉家边城买卖城，砖茶交易日辉煌。情哥莫忘茶故乡。
羊楼黑茶歌飞扬，茫茫草原奶茶香。

天赐黑茶惠四海，大汉威德万年长。情哥早回茶故乡。①

**3.和茶叶有关的传说**

洞茶由来的传说：蒲圻松峰山本无人烟，有一徐姓人流浪到山脚下，搭座竹楼，楼上养羊，楼下塘中养鱼，此地便称为羊楼洞。竹楼边有棵梨树，挂果后一只红梨三年不落，某夜，徐氏的儿子徐光福梦见一位老妇人，告知他用摘下的红梨去敲山上石壁，将得永世不竭的财富。光福依言敲开石壁，满洞都是光彩夺目的珠宝，突然一条蛟龙奔下，他慌忙中抓了一把逃出，石门随即紧闭。光福回家展手一看，却是一把茶籽，信手撒在松峰山上，顷刻间长出一片翠绿茶园。山口冒出一股清泉，泉水泡茶奇香。因疑为观音赐泉，茶称松峰茶，泉号观音泉，羊楼洞成为茗茶区，因此而来。

梅青竹与柳兰香的传说：相传唐文宗太和年间，襄阳人梅青竹与邻家女柳兰香真诚相恋。不巧这年皇上选美，兰香的父亲柳天贵做着当国丈的美梦，无论如何不答应他俩的婚事，硬是造了册准备让女儿候选贵妃。

一天晚上，青竹带了行李，兰香盗出父亲的白马，双双向西南而逃，一直逃到蒲圻县的松峰山下观音泉边安了身。

时隔不久，兰香的父亲访查追来。危急之时，一个穿白衣裙的妇人出现，要他们藏在裙下。柳天贵喝问白衣妇人刚才的一对男女去哪儿了，见白衣妇人否认，柳天贵指着白马说：这树上拴的白马就是我的。白衣妇人说：你眼睛看花了，这是一只白羊。柳天贵一看，果真是一只白羊。

柳天贵走后，青竹、兰香二人一齐拜谢白衣妇人。一眨眼，只见白衣妇人足踏莲花，升空而去，原来是大慈大悲的观音菩萨显灵。

从此，青竹和兰香在松峰山下定居下来。白羊在山坡上拉出的一粒粒屎，长出了满坡的茶叶。夫妻二人种茶、制茶，香气四溢，人们把这种茶叶称为"离魂草"。久而久之，羊楼洞随着这茶叶而饮誉中外。

朱元璋喜饮松峰绿茶的传说：元至正二十四年（1364年）春月，吴王朱元璋经鄱阳湖一战，打败陈友谅，平定湖广，遂携宋濂、刘基到蒲圻蒲首山拜访名士魏观。魏观于摩尼古刹沏茶待客，此茶清香淡雅，色泽翠绿，大别于传统压制的饼茶，众人饮之称赞不已。朱元璋于是向魏观询问此茶情况，魏观说："这种绿茶产自离蒲首山仅十里之遥的松峰山，称为松峰绿茶，制作这种茶的主要是一位叫刘天德的隐士，其子刘玄一。"

后刘天德父子带上上好的松峰茶来蒲首山晋见吴王朱元璋，朱元璋向刘氏父子颁赐金帛，嘱他们多制松峰绿茶。四月，朱元璋回到九江，建忠烈祠于鄱阳湖畔之康郎山，祭祀阵亡将士三十五人，致祭时向亡灵奉上了从蒲圻带回的松峰绿茶。从此，朱元璋除绿茶

---

① 冯金平：《赤壁文化》卷三，blog.sina.com.cn/s/blog_5f5a0fe70100cvhu.html。

外,不饮他茶,洪武二十四年(1391年),明太祖朱元璋下旨,"罢造龙团,惟令采茶芽以进"(《明史·食货志·盐茶》),并令湖广等省州县,造绿茶作贡茶,为朝廷专用。

（整理者:路彩霞,吴笑宇）

## 参考文献

1. 孙文郁,刘润涛,王瑞华.湖北羊楼洞老青茶年6月之生产制造及运销[M].金陵大学农业经济系印行,1936.

2. 万献初,宗嵩山.鄂南茶文化[M].南宁:广西人民出版社,1993.

3. 游谟俊.洞天福地——鄂南古镇羊楼洞[M].香港:香港华文出版社,2014.

4. 冯金平.茶马古道源羊楼洞[M].呼和浩特:内蒙古人民出版社,2012.

5. 严明清,等.洞茶与中俄茶业之路[M].武汉:湖北人民出版社,2014.

6. 李灵玢.洞茶与洞商[M].武汉:湖北人民出版社,2014.

7. 刘晓航.穿越万里茶路[M].武汉:武汉大学出版社,2015.

8. 宋亚平.欧亚万里茶道及其源头[M].武汉:崇文书局,2015.

9. 冯晓光.万里茶道源头:羊楼洞解密[M].武汉:华中师范大学出版社,2015.

10. 长江日报编辑部.重走中俄万里茶道[M].武汉:武汉出版社,2015.

11. 李灵玢.洞商与羊楼洞区域社会学[M].北京:中国社会科学出版社,2016.

12. 袁露,黄翔.欧亚茶马古道源头羊楼洞:传统村落未来之路研究[M].天津:天津大学出版社,2016.

13. 游谟俊.羊楼洞传奇——世界茶业第一古镇[M].香港:香港华文出版社,2017.

14. 刘再起.湖北与中俄万里茶道[M].北京:人民出版社,2018.

15. 中共赤壁市委宣传部,赤壁茶文化研究院.历史老照片:洞茶映像.内部资料.

16. 中共赤壁市委宣传部,赤壁市文化体育和新闻出版局,赤壁市广播电影电视局,赤壁茶文化研究院.欧亚万里茶路寻源:羊楼洞传奇.内部资料.

17. 赤壁市茶业发展局.科学解密:赤壁青砖茶.内部资料.

# 钟灵毓秀
## ——宝石村

## 一　村镇概况

　　宝石村地处鄂东南,位于湖北省通山县闯王镇南部,东临鄂南重镇横石潭镇,南接国家级风景名胜九宫山。该村四面环青山,一条发源于九宫山的小河自西向东穿村而过,河中盛产鹅卵石,村民就地取材将其用作建筑的墙基、街道路面的铺设等,这些大小各异、形态圆润的卵石形成了村落独特的景观特征,村民将其称为"宝石",并将村落命名为"宝石村"。

　　宝石村现存有明清和民国时期建造的各式民居130多栋,是湖北省重点文物保护单位,也是鄂南最大、历史面貌最完整的民居村落,被誉为"楚天第一古民居群",2019年1月入选第七批中国历史文化名村。

　　宝石村所处为亚热带季风气候,这里四季分明,适宜居住。明洪武初年,江西修水舒氏先祖始迁居此地,历经600余年发展,现占地1.2平方公里,人口1700余人,其中以舒姓为主,约1200人,是典型的血缘型村落。

▲ 民居群落中的卵石巷

## 二　村镇资料

### (一)历史建筑遗存

　　宝石村历史建筑丰富,宝石河南岸,以门楼、祖祠与商贸街形成片区,北岸以单栋建筑为主,有数量众多的古民居群。

　　舒氏家庙:明嘉靖年间,民间可合法地"联宗立庙",宝石村舒氏家族为官者众,其家庙也修得气派,据《始祖仲续公家庙记》载,其庙"飞阁层楼,歌台舞榭",原有大拱门、牌楼、

▲ 宝石村民居群北岸群落

中厅、仪亭、鼓乐楼、神宇等建筑,占地近3000平方米,规模宏大,舒氏家庙的修建标志着舒氏一族及宝石村发展达到鼎盛。民国时期,通山县历经战乱,宝石村大量建筑遭到破坏,舒氏家庙也于1938年10月被日军炸毁,现仅存前后四根雕工考究的石柱和家门幡墩。20世纪70年代舒氏家庙改建为村礼堂。根据村人记忆,历代名人曾为舒氏家庙撰写对联数十副,其中重楼上的对联为:"数百户烟锁楼台一水中流分两岸,十五传基延堂构九宫高望并千秋。"①

　　**舒氏门楼**:位于宝石村南岸的出村口,是明万历年间御史舒弘绪的牌坊,这位400多年前的言官,敢于忤逆帝王,阻止改立太子,而被贬官落籍。天启帝即位后,为表彰舒弘绪的功绩,诏赠他为光禄寺少卿。御史郭惟贤送"正色立朝"匾予以缅怀,并在其家宅门口建牌楼。舒氏门楼在20世纪60年代"破四旧"时遭到破坏,现存门楼为舒氏家族在1985年重新修建。

　　**舒家大院**:始建于清朝初年,位于村中公共广场一侧,坐北朝南,占地面积418平方米。一进门厅,二进卷厅,三进为露庭院,两侧对置厢房,四进为祖堂,前后为天井,整幢房屋镂木雕花、工艺考究。另有一舒家老屋也是清代建筑,为院落式,二层砖木结构,坐北朝南,布局对称,现已被整体迁至位于武汉市黄陂区木兰湖附近的湖北明清古民居建筑博物馆内。②

　　**仁德堂**:建于清同治年间,坐落于宝石河北岸,坐北朝南,依台地每进渐高而建。正屋面阔三间,进深三进,面积303平方米。偏屋由于地基限制,一进为二间,二、三进为三间,

①②　湖北省地方志编纂委员会办公室:《湖北名村》,中国和平出版社2016年版,第625页。

面积超 200 平方米。正屋、偏屋的二、三进有门连通。正屋石质大门的"门当""户对"浮雕梅花、菊花图案。大门内建有构造精美、装修考究的内门楼。一、二进东西厢房之上各有绣楼和楼廊，绣楼通体镂雕各色图案。二进厢房隔扇裙板阳刻治家格言，上部镂雕人物故事图案。三进明间在石地袱上置板壁，东西看门浮雕抚琴、对弈等山水图案。柱础均为方形，深浮雕花卉、动物，尤其是内门楼石础上雕刻的"渔樵耕读"图层次分明，手法细腻，人物毕肖，山水灵动，犹如一幅多姿多彩的工笔画。地面除明间为三合土地面外，余为木地板，给人以气派豪华、书香四溢的感觉。仁德堂的建造者是府试武贡生舒习锥，他同时也是一位擅长治疗跌打损伤的医生。①

**千总居**：位于村北岸，建成于清光绪年间，主人是舒世芳。千总居并排两栋，互相连通，坐东朝西，北侧的一栋面阔三间，通深两进，为节孝坊与住宅联体建筑，占地 110 平方米。正面墙是清光绪年间"皇恩旌表"的节孝坊，为一座四柱三门五楼式门楼，墙面贴满六角形花砖，庄重而堂皇。南侧的一栋面阔五间，通深两进，占地 160 平方米。房屋为两层，第二层的布局与第一层相同。相传二层专门住绣女，称为绣女楼。明间之上建有三楼，是专门的银库，称为银楼。两栋房屋的厢房、楼室均为木雕隔扇，梁枋雕刻众多，有文形容"台阁留丹，堂皇富丽，楹梁镂麟狮，彩绘翔龙鸾凤，架设飞檐斗拱"，可见其昔日堆金叠银、使女如云的景象。②

**牌坊屋**：牌坊屋位于宝石村北入口处，修建于清末宣统年间。房屋厅堂里有一块红漆

▲ 北岸节孝坊与民居混合建筑外貌

木牌记录着宣统帝御批"旌表节孝准予建坊""儒士舒朴夫之妻陈氏立"等字样。牌坊为六柱五间三层式，但六根立柱皆不落地，形似一个大型的垂花门楼。三组坊楼檐下有砖制如意斗拱，次梢间额枋做成扇面月梁式样，其上几乎没有任何雕饰。枋间墙体以六边形龟背锦面砖贴饰。当心间大门石过梁较为讲究，有四个凸起的圆形石刻象征门簪，门下有方形石门墩。牌坊的存在，赋予这座宅院与众不同的风格。20 世纪 60 年代，"破四旧"时牌坊屋被毁坏，现只剩下牌坊门这一面完好。③

**古商业街**：古商业街位于宝石村南岸，与河岸平行，宽 3 米，长 150 余米。这

---

①② 湖北省地方志编纂委员会办公室：《湖北名村》，中国和平出版社 2016 年版，第 625 页。

③ 刘炜、李百浩：《荆楚民居荟萃》，武汉出版社 2012 年版，第 141、142 页。

▲ 南岸民居商贸街

条商业街曾经富商云集,是鄂、赣两省的贸易集散地,在清代时达到鼎盛,民国时期有"小汉口"的美誉。现今商业街早已被废弃,墙面斑驳,栅栏稀疏,昔日风光不再。

### (二)历史人物资源

宝石村人杰地灵,自明洪武初年舒姓移居以来,不断发展,繁衍迅速。舒氏族谱记载"明末清初近千户,男丁已达千余。横直辖地四千米,公会富庶乐尧天"。①明清时期舒氏入仕为官者众多,据宗谱记载,宝石村有八品以上职衔者百余人,其中比较有代表性的为舒弘绪、舒道宏、舒世芳。除入仕为官外,宝石村还有不少名噪当地甚至闻名京城的讼师、打师、医师、戏师,例如著名汉剧教育家舒二喜。到了近代,宝石村又涌现出英勇杀敌、为国牺牲的烈士舒步程、舒汉诚等。

舒弘绪(1563—1615):明万历十一年(1583年)进士,先后任翰林院庶吉士、吏科给事中。万历二十年(1592年),包括舒弘绪在内的11名六科给事中给皇帝上书,奏请遵礼法举行"豫教"之典,立皇长子为太子,据《明史》列传记载,舒弘绪所呈奏折中有"言官可罪,而豫教必不可不行"之句。②偏爱皇三子的万历皇帝将舒弘绪等廷杖免职。被"落籍除名"

---

① 李一霏、万妍彦:《湖北省通山县宝石村聚落景观形态演变研究》,《咸宁学院学报》2012年第32卷第3期。

② (清)张廷玉:《明史》第四册,岳麓书社1996年版,第3391页。

▲ 南岸大房祠明天启赐"正色立朝"匾

的舒弘绪回到宝石村后杜门谢客，寄情于诗文山水，直到53岁病逝，留下了《行意草堂纪事》等著作。

十余年后，皇长子、皇长孙先后继位，《明史》列传又载，"天启初，录先朝言事诸臣，献可、弘绪已前卒，诏赠献可光禄卿，弘绪光禄少卿"。[1]已去世十多年的舒弘绪被天启帝追赠"正色立朝"匾，被西粤楚王追赐"天垣补衮"匾，以彰显其护卫朝纲之功。[2]

**舒道宏**：字士肩，号梅峰，乾隆朝进士，据《舒氏宗谱》载："舒道宏历任德安、石城知县，署赣州府通判、兼理三军司命，复任安远正堂。德被士民，合邑建'惠泽宏施'坊，复与弟道光建'玉堂青琐'坊于县署，例授四品封典，敕授文林郎。"[3]舒道宏曾三任知县，两袖清风，得到百姓拥戴，还曾两度主持乡试，为朝廷选拔人才。舒道宏自己也嗜好读书，博闻强识，绰号"书柜"。因倦于官场周旋，"历任十载，解职归里"。[4]

**舒二喜**（1854—1929）：名习喜，字畅文，汉剧教育家。幼时，正值地方戏汉剧在横石潭一带兴旺发展，几乎村村有串堂班围鼓坐唱，年节祭祀时还有褂衣登台。他受此熏陶，酷爱戏曲演唱，初入串堂班学旦角，后正式加入"双福班"，随班拜师学艺，边学边唱。舒二喜聪敏过人，又刻苦钻研，在台上"一末带十杂"，唱念做打，行行拿手。在台下文武皆通，被人赞为"饱肚子""满台跑"。

舒二喜在个人取得一定艺术成就后，看到一般戏班带出的徒弟很难成才，有的甚至跑一辈子龙套，便决心自己成立科班，为戏曲界培养人才。清光绪四年（1878年），他在商人舒天祥支持下办起科班，因材施教，各专一行。其后近40年间，舒二喜先后办过寿、正、林、元、洪、春、发、法、宝、善、良、汉、祥、兴14个科班。办学地点先在游龙、黄沙、大畈、寨头、杨芳林等地，后延伸到浠水等县。舒二喜还别具慧眼，破格授徒。朱洪寿原是戏班的伙夫，偶尔票学几句唱腔，自唱自乐。舒二喜发现其嗓音洪亮纯正，立即收在门下，特意培养，最终朱洪寿成为汉剧界的二净名伶。舒二喜因矢志于汉剧艺术而终身未娶，1929年

① （清）张廷玉：《明史》第四册，岳麓书社1996年版，第3392页。
② 《通山县志》编纂委员会：《通山县志》，中国文史出版社1991年版，第631、632页；孔帆升：《老通山》，大众文艺出版社2006年版，第20～22页。
③ 《舒氏宗谱》，2008年湖北双峰堂联修，第76～77页。
④ 孔帆升：《老通山》，大众文艺出版社2006年版，第23～24页。

病逝于故里。①

舒步程（1902—1927）：自幼家境贫寒，15 岁考入武昌师范学校，在校期间参加鄂南旅省同学会、同乡会、读书会，积极寻求救国救民道路。1920 年，舒步程利用暑假回通山县城兴办夏令儿童免费学校，传播新文化知识。1921 年毕业后，在武昌多个小学任教。1925年 6 月，因参加抗议英帝国主义在武汉制造的"六一"惨案活动，舒步程受到校方责难，辞职回到通山，参加了县"反帝后援会"工作。

1926 年 7 月，舒步程加入中国共产党，12 月被推选为通山县禁烟禁赌委员会主任，他编写了《戒烟歌》《禁赌歌》发至学校，由学生演唱，为荡涤地方陋俗做出了贡献。1927 年，国民党反动派制造了通山惨案，舒步程被"反共团"团丁追捕，误传牺牲。数日后在武昌和党组织取得联系，并根据中共湖北省委指示，和李良才等一起组建了中共通山县委，领导通山工作。1927 年 7 月 17 日，舒步程在城郊被敌人密捕，英勇就义，时年 25 岁。②

舒汉诚（1876—1927）：原名舒焕辰，出身于书香门第，18 岁继承父业经营药铺。他同情贫苦农民，经常免收或少收他们的药费，并对断炊乡邻予以救济，深受村民敬重。

1926 年，年近半百的舒汉诚加入了中国共产党，并在本湾发展了几名党员，成立了宝石村最早的党小组，他任党小组组长，后任支部书记。舒汉诚领导宝石村民毁烟馆、捣赌场、宣传妇女剪发放足、破迷信、打土豪、烧地契、开仓放粮。农民扬眉吐气，时谣称："汉诚进山来，开仓又分粮。阎王威风灭，民众喜洋洋。"1926 年 12 月，舒汉诚参加了通山县第一届农民代表大会，会后积极筹款武装和发展了自卫队。1927 年春节，舒汉诚带领自卫队处死了罪大恶极的土豪舒家齐。

1927 年"四一二"反革命政变后，通山境内形势恶化。舒汉诚带领自卫军成功救出了被捕同志，并率自卫军 100 余人参加了鄂南秋收暴动。暴动失败后撤退至九宫山加入游击队。由于敌人封锁和清剿，游击队处境艰难，1927 年 11 月 4 日，舒汉诚带病化装下山筹粮，被民团逮捕，7 日壮烈就义，时年 51 岁。③

### （三）非物质文化遗产

#### 1.民间传说

宝石村村名由来：很早以前，村子还不叫宝石村，村里有个老奶奶，以编草鞋为生。编草鞋需要在石头上甩打草茎，编出的草鞋才柔韧好穿。日积月累，门前甩打草茎的石头浸润了青草的汁液和草屑而通体绿色。有一天，一个江西客商路过，看到了老奶奶那块绿呼呼的大石头，主动出高价购买，但因为着急赶往他地，约定一周后返回时来取。老奶奶一听这石头如此宝贵，担心放在门口被人偷去，就把石头洗刷干净，搬到屋里藏了起来。一

① 《通山县志》编纂委员会：《通山县志》，中国文史出版社 1991 年版，第 602 页。

② 中华人民共和国民政部：《中华著名烈士》，中央文献出版社 2001 年版，第 573 ~ 578 页。

③ 王大智、廖华卿、肖子兵：《鄂南英烈》，武汉大学出版社 1922 年版，第 10 ~ 12 页。

周后,江西客商如约而至,看到干净的石头连连摇头,说之前之所以出高价买这块石头,是因为几十年间石头浸润了青草的精华,现在,这些精华洗没了,和普通石头没什么两样,不再是一块宝石了。因为此事,村子后来就被人们称作宝石村。①

舒道宏两袖清风:相传舒道宏中举后走马上任的那一天,刚出村口,他父亲就派人追来,诳说家里的牛与别人的牛相斗,把别人的牛斗死了,问他该怎么办?舒道宏回复说:"两牛比角,必有善恶;生者共耕,死者共剥。"舒道宏不仅没以官压人,还想到了别人无牛耕田。见儿子善良爱民,父亲就放心让他去做官了。

按当时婚俗,舒道宏娶有三房妻妾,育有六子四女,单靠官俸便会支绌不开。他父亲定了规矩,缺钱不能索取于民,只能写信告诉家里补贴。如果有一段时间舒道宏没有来信,父亲就会去信大骂其为贪官。为官十年后,舒道宏厌倦官场,挂冠还乡,住在父亲所修房屋之中。由于清廉正直,舒道宏深得乡绅文人和老百姓爱戴,每天来拜访者络绎不绝。为了接待访客,他在家中修了一个"官厅",但与当地富商的厅堂相比,就只能称为"陋室"了,人们更加盛赞他是宝石村的"陶令"。②

通山山鼓由来:传说春秋战国时,有一支军队开进了幕阜山,来到"吴头楚尾之交"的通山县安营扎寨。白日里,戍关将士在军鼓声中操练兵、垦荒种田;到夜晚,大家围篝火而坐,击鼓奏乐,载歌载舞,尽情娱乐。从此,荒凉而沉静的九宫山被军人的鼓声所唤醒,在军人的手中变得无比美丽和富饶。后来,天下太平,军队开拔了,但他们开垦的土地连同军鼓都永久地留下来,山民们不忘这支军队的恩德,自发组织起来仿效军人的样子,击鼓喊号、集体耕种,天长日久,便成习俗。③

### 2.民间技艺

山鼓歌:山鼓状似腰鼓,高约40厘米,木质鼓身,牛皮鼓面。鼓身中部最大直径在23厘米左右,鼓面上大下小,上端鼓面直径约20厘米,中间绘有太极图案,沿圈写有相关文字;下端鼓面直径约17厘米,通常写有该鼓的制作时间和制鼓人姓名;鼓身中部对称安有两枚铁环,便于使用者系上牛皮背带,将鼓悬挂于胸前。击鼓的鼓扦用竹子制成,顶端套有麂角或其他骨质的小圆片,挥动起来既有弹性又能增强力度。鼓匠右手执扦击鼓,左手斜托鼓的底部,用手指做配合动作,敲打调节出"打""的""咚""壳"四种不同音响,音色清脆响亮,数里之外能闻其声。

春耕农忙时节,通山山民按惯例以自然村落为单位,以"换工"方式自发组织集体劳动。挖地、插秧等农活劳动强度大,所需时间长,山民便邀请或推选出一名"鼓匠"(亦称歌师博)打山鼓。这种边劳动边唱歌的活动,常常从早上延续到晚上,中间午饭稍事休息,一

---

① 宝石村舒进耀口述,路彩霞整理,2019年4月2日。

② 孔帆升:《老通山》,大众文艺出版社2006年版,第24页。

③ 方培元:《楚俗研究》,湖北美术出版社1993年版,第277页。

连数天,直至整个农活完工。

打山鼓、唱山歌之前,有时还要举行简短的仪式。通常鼓匠先在地头插上三炷香,向土地菩萨三叩九拜,再向土地菩萨唱几首祈祷的山歌,如:"到山来,到山请起土地牌,请起土地拜三天,保佑庄稼莫受灾。土地公,土地婆,土地公婆笑呵呵。我问土地笑什么,下年稻粟万担箩……"唱完这些歌后,再开始劳动。

打山鼓时,鼓匠站在田头地边领头喊号,引吭高歌;劳动队伍中的歌手们按一定顺序配合鼓匠,轮流穿插接唱山鼓歌,唱歌时暂停劳动;众人则边劳动边呐喊帮腔。正所谓一人唱,众人和。其场面颇为壮观,令人精神振奋。①

山鼓歌是一种特殊形式的劳动号子,演唱程序、演唱内容都有一定规律,形成了以天为时间单位的变化多端的山鼓套曲。山鼓歌既能演唱成本成套的民间固定歌词,如历史传说歌、长篇叙事山歌等,又有机会让歌手在适当时候即兴编唱各种内容的歌词。山鼓歌是深受广大民众喜爱的民间文艺形式,在劳动生产过程中直接起到了传播知识、增强记忆、活跃思想、锻炼口才、健康身心的积极作用,充分显示了民间文艺的特殊社会功能,因而具有广泛的群众基础和传承条件与实际意义。②

**通山木雕:**通山木雕技艺的起源目前已无法考证,但据史料记载,北宋置县之前,通山境内就有了以木雕为职业的手艺人,至明清时期,通山木雕作品已日趋完美。千余年来,木雕始终是通山民间艺术中的重要组成部分,包括宝石村在内的通山古民居建筑广泛运用木雕进行装饰,雕梁画栋,雕饰门楣、屋椽、窗格等,具有古朴典雅、富丽华贵之格调。此外,宝石村古民居中的日用生活器具,也几乎无一不以木雕进行装饰。

宝石村古民居木雕以境内优质木材为原料,主题以吉祥图案、生活风俗、神话故事为多,造型大胆夸张,风格质朴、明快,浮雕、透雕、圆雕、实地雕、镂空雕、阴雕、阳雕等形式多样,处处彰显着"自然天成,古朴雅趣"的民间艺术风格。③

宝石村地处偏僻,民风淳朴,数百年来累积的传统建筑文化不可多得的宝贵财富。2019年宝石村获批为中国历史文化名村后,仍处于待保护状态,如何保护好、利用好宝石村的历史文化资源,是当前亟须解决的问题。

(整理者:路彩霞,许亚静)

## 参考文献

1.《通山县志》编纂委员会.通山县志[M].北京:中国文史出版社,1991.

2.(清)张廷玉.明史[M].长沙:岳麓书社,1996.

3.中华人民共和国民政部.中华著名烈士[M].北京:中央文献出版社,2001.

---

① 李惠芳:《中国民俗大系·湖北民俗》,甘肃人民出版社2003年版,第339、340页。

② 方培元:《楚俗研究》,湖北美术出版社1993年版,第278页。

③ 左奇志、邵学海、陈昆:《荆楚雕塑》,武汉出版社2014年版,第182、183页。

4.孔帆升.老通山[M].北京:大众文艺出版社,2006.

5.舒氏宗谱.湖北双峰堂联修,2008.

6.刘炜,李百浩.荆楚民居荟萃[M].武汉:武汉出版社,2012.

7.左奇志,邵学海,陈昆.荆楚雕塑[M].武汉:武汉出版社,2014.

8.舒邦新.中华舒氏统谱[M].中华舒氏宗谱统修理事会,2015.

9.湖北省地方志编纂委员会办公室.湖北名村[M].北京:中国和平出版社,2016.

10.杨国安.空间与秩序:明清以来鄂东南地区的村落、祠堂与家族社会[M]//常建华.
中国社会历史评论:第9卷.天津:天津古籍出版社,2008.

11.李一霏,万妍彦.湖北省通山县宝石村聚落景观形态演变研究[J].咸宁学院学报,
2012,32(3).

12.陈柳.通山县乡土建筑的人文地理学研究——以宝石村为例[D].武汉:华中科技大
学,2004.

13.黄俊.鄂东南传统聚落商业街市空间设计研究[D].武汉:湖北工业大学,2017.

# 鄂南文薮

## ——白霓镇回头岭村

崇阳县白霓镇回头岭村,位于湖北省东南部,物华天宝,人杰地灵,保存有明清古民居群多处,尤以建筑面积多达 9250 平方米的虎头冲曾家故居和 2400 平方米的王世杰故居为代表。这里贤才辈出,明清两代有进士、举人 48 人,首任武汉大学校长王世杰也出生于此。

## 一　村镇概述

白霓镇回头岭村属于行政村,由回头岭、虎头冲、老鸦村三个自然村组成,地处崇阳县白霓镇东北部刘家岩西南麓丘陵地带,北与龙泉村交界,南与杨洪村接壤。地貌以低山丘陵为主,总体地势东北高西南低。其中回头岭自然村落建于丘陵盆地之内,附近较为平坦,水塘众多,交通便捷。虎头冲村落建于丘陵坡地之内,两村直线距离 2.2 公里,中间有长城水库及高速公路。

回头岭村村域面积 8 平方公里,境内有 11 个村民小组,21 个自然村庄,共有村民近600 户 3000 人,其中以甘、王、曾为大姓。

回头岭村在中华人民共和国成立前隶属于回头乡回头保。1950 年 8 月至 1953 年 1 月隶属于杨洪乡,名回头村。老鸦隶属路口区大市乡,1953 年 1 月至 1956 年 2 月隶属于长洪乡。1956 年其与灯塔社合并,名长城大队,隶属白霓中心人民公社白霓管理区,阳光大队隶属路口区大市管理区。1961 年 6 月长城大队分为长城、长洪两个大队。1970 年 1 月长城、长洪两个大队合并,名长城大队。1975 年 2 月,撤区并社,阳光大队并入白霓公社,1975 年12 月从长城大队划出 1、2 生产队,成立公社林场,驻地虎头冲。1981 年 6 月,长城大队改名为回头岭大队,阳光大队改名为老鸦大队,1984 年 2 月更名为回头岭村、老鸦村,隶属白霓乡。1987 年 9 月隶属于白霓镇,2003 年 6 月,回头岭村、乡林场、老鸦村合并,仍名回头岭村。

## 二　村镇资料

### (一)建筑遗存

#### 1.王世杰故居

王世杰故居建于光绪年间,坐南朝北,祖堂建于清乾隆年间,建筑面积约 2400 平方

▲ 王世杰故居墙壁上的字迹（唐普 摄）

米，房间45间。由于历史演变，古建筑有所损坏，部分已改建，现在已看不到完整的面貌。

据王世杰先生后人王东升老人（1940年出生）介绍，中华人民共和国建立以后，土地改革时期，王世杰故居被没收分配给贫农居住，也作为生产队开会会场使用，"文化大革命"时期是政治夜校。王世杰故居天井内墙壁上还有当时毛笔书写的会议记录，记录了当时的相关政策和生产队管理措施，由于时间久远，墙皮脱落，字迹暗淡，相关内容已无法识读。

### 2.虎头冲曾家古民居

虎头冲地处崇阳县境的东北部，幕阜山西段南麓，隶属崇阳县白霓镇回头岭村，距县城约15公里，因祖居坐落在山冲之头，其地形似进山之老虎，故名虎头冲。

虎头冲曾家古民居建筑群始建于清同治六年（1867年）。民居墙上现仍保留有一块刻有"同治四年"字样的铭文砖。

整个建筑群坐西向东，北高南低，呈阶梯形。古民居的主体建筑为硬山及卷棚屋顶，穿斗式木构架，上铺红瓦及瓦筒，燕尾形屋脊。座座雕梁画栋、装饰精美，有木雕、泥土雕、砖雕、石雕，细腻逼真，富有立体感。门墙厅堂书画点缀，施色有墨、彩、金、素，色彩斑斓、富丽堂皇；篆、隶、行、楷各具韵味，雕琢的图中，飞禽走兽、花鸟虫鱼、戏剧故事、山水人物惟妙惟肖、栩栩

▲ 虎头冲曾家建筑群墙壁上保存的
"同治四年"铭文砖（唐普 摄）

176

如生。匾额如书卷，门窗圆、拱、棱、方，形式多样，窗棂镌花刻鸟、千姿百态，装饰巧妙，别具一格。建筑群体中，主体民居280间房屋，可居住240人，现居110人，布局规整，东部七座成一排两列组合，由南向北纵深，前后平行；民居群共有大大小小48个天井，都是铺的青石板，天井异常干净，排污系统建设得非常合理。四个天井的水合到一起流，是谓"四水合一"。

▲ 虎头冲古民居外墙上的红军标语（唐普　摄）

虎头冲建筑群规模大、气势恢宏，轴线对称，等级分明，十分庄严，既突出荆楚建筑工艺特色，又融入西方建筑风格，极具艺术观赏性和社会研究价值。现因多年失修，屋顶破损严重，少数房改建，原貌已渐渐失去。

值得注意的是，红军曾在虎头冲古民居群扎过营，在建筑外墙上留下醒目的大标语"红军帮助工农打土豪、分田地"。

### （二）历史资源

#### 1.文物

甘家湾保存有同治八年（1869年）崇阳县令李梦珠赠的祝寿匾，上书"寿并香山"，牌匾右侧小楷书写"湖北武昌府崇阳县正堂李梦珠書"，左侧书写"甘府脆翁老先生八秩寿诞"。

虎头冲曾家现保存有一副崇阳县教谕赠送给曾家一位八十寿辰的老人的牌匾。

上联：留为后世楷模崇阳县教谕娴愚弟刘承幹拜谟时年八十有九算渐绵八秩遐龄偹丰仰瞻同北斗剑稚肩琴□□□。

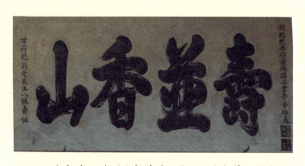

▲ 甘家湾保存的"寿并香山"匾额（唐普　摄）

▲ 虎头冲曾家保存的祝寿对联（局部）（唐普　摄）

下联：纪不尽一生盛德德无间人言游历遍南邦薪能荷谷能诒其村望足推倒当时俊彦泮林娴兄于重光单□之岁循化大徕心铝曩德不韬于言题此唁之。

**2.文献**

回头岭村目前所能搜集到的文献资料主要是《王氏族谱》。

编纂于2011年的《崇阳王氏大成谱停云祠分谱》记载了崇阳王氏的世系、迁徙等情况，该谱由"停云祠崇阳回岭庄王氏宗谱续编新编序""王氏族谱记""尊川王氏世谱序""世系传疑""停云堂记""王氏族志来历""宗派源流说""倡修王氏大成谱公启""郡望与堂号辨析""楚林公与左太宜人合传（略）""云谷公传（略）""王步瀛先生家传""王世杰传""忆家父""雪公校长九秩寿辰双庆""名医怀瑾公传""我的祖父步堂公""忆先慈""德晃公传""赞德芳兄""赞雪华妹""赞秋华妹""开列庄名编""停云祠各庄落业始祖世系图""恭元公先祖世系图""恭元公后裔世系图"等部分组成。

该谱的修纂参考了明清以来王氏族谱的内容。据该谱记载：第十五世祖恭元公于清乾隆年间由蒲圻迁居崇阳回头岭，繁衍至今二十五世。四世祖云谷公于明景泰二年（1451年）首创王氏宗谱手稿，后经七次续编。该谱详细记载了王氏族谱来历，现抄录如下：

一、首创　四世祖恺（云谷）公于明景泰二年致仕归田后，首创王氏宗谱手稿，手稿以统实出发，从周至元为传疑系，以拙存公为始祖为统实系，其子瘛等为第五世，以拙福允心，大木为宗系，其出处，下传子孙，俾其后嗣以续，知其祖宗之由来，手稿未拟派系，只撰序文，从拙存至其子孙共五世。

二、续编　八世祖基（紫峰）公致仕归田后，根据云谷公手稿整理校正楚林、云谷二公诗集、奏章、传赞、墓志、族志。（派序续增至增字派），并将云谷公失误之处通过考证予以校正。也制成手稿，未付印。

三、续编　十七世祖信达（莲溪）公于嘉庆二十三年戊寅年（1818）受族中父老委托，继承云谷、紫峰二公遗志，进一步校正、充实，始告竣付印成谱，充实部分有：宗派源流、宗谱凡例、家规仪范、家约琐言、山宅图形、开列庄名、绅士集录、协修人名、捐款人名、传赞集，楚林、云谷、紫峰、莲溪诗集等，又将派系续增"显扬……理学道增"。

四、续编　清咸丰九年己未（1859）年重修一次，倡修新庄勤修有功氏，协修回岭庄懋修昭德氏。

五、续编　清同治年间，由敕封奉政大夫远安教谕为梯为总修，为崇为兼修，为霖为协修。

六、续编　清光绪十一年乙酉（1885）年，总修回头岭庄为梯步云氏，督修新庄为起凤腾氏，纂修金桥庄信举选之氏，协修回头岭庄武修槐村氏和为柱仙谷氏。

七、续编 民国十七年戊辰（1928）补修，督修世典，监修、协修为柱，纂修世蕃，会计世周，校对敬舜等，回头岭庄未见新的资料。

八、续编 共和国癸酉（1993）年重修一次，由于某种原因未能联合修谱，只修回头岭庄庄谱。

需要补充说明的是，回头岭村虎头冲曾家亦保存有家谱。遗憾的是，该谱第一册现已遗失，故难以阐述其准确内容。

### 3.文化名人

回头岭村的居民主要分属于王、甘、曾三姓。明清时代，这里曾诞生多位进士、举人，民国时期著名教育家、法学家王世杰出生成长于此。

王世杰（1891—1981）：近代中国著名的教育家、宪法学家。初名燮廷，字雪艇，清光绪十七年（1891年）二月初一生于回头岭。据《王氏宗谱》记载，其远祖约在明清之际自江西迁湖南，再自湖南浏阳迁湖北蒲圻，嗣后于乾隆年间恭元公再迁湖北崇阳，定居县城东白霓桥回头岭，初以农商为业，下衍三世至晋廷公有子五人，其中二人登科第，三人从商，行三者名为标，字步瀛，即世杰之父，于兄弟析产后主持家政，兼事商业，因乐善好施，为乡里所敬服。原配甘氏，为邻村望族，生长子寿祥后即早逝。继配仍出自甘氏，生七子二女，世杰在兄弟辈行五。父亲于宣统三年（1911年）偶染时疾，为庸医所误，未满六十而谢世。母亲于民国九年（1920年）以肺疾病逝，享年六十六岁。

王世杰四五岁时入父亲为族人所建家塾中读书，九岁开始读时务文字，光绪二十九年（1903年）于省城武昌应童子试，未毕，适鄂督张之洞提倡新学，在省城创办现代高等小学堂五所，遂放童子试，考入高等小学，光绪二十三年（1897年）毕业后入湖北省优级师范理化专科学院，宣统二年（1910年）毕业，当年考入天津北洋大学，未满一年，革命军发动武昌起义，遂南归，任鄂省督军府秘书。民国创建，同盟会改组为国民党，世杰受命组建国民党湖北支部，任组长，因见鄂省政要受袁世凯勾结，遂脱离鄂政府，在武昌创办经济杂志社。1913年秋赴英国，考入伦敦政治经济学院，1917年获法学学士学位，同年秋转赴法国，入巴黎大学，于1920年春获法学博士学位。1921年被聘为北京大学教授，同年8月16日发起组织"国立八校太平洋研究会"，任组织大纲起草委员。1927年，被南京国民政府任命为中央法制委员会委员，11月4日担任湘鄂临时政务委员会委员，1928年任湖北省政府委员及教育厅长，11月7日担任国民政府立法院首届立法委员。1928年商请将武昌大学更名为武汉大学，1929年任武汉大学校长。1933年任教育部长。抗战时先后出任中央政治委员会外交专门委员主任委员（1938年）、军委会政治部指导委员、军委会参事室主任、三青团干事、中央监察会书记长、中央党政训练班总教习、教育委员会主委、宣传部长、中央设计局秘书长，参政会秘书长、主席团主席。1945年至1948年担任外交部部长。1949年年初，王世杰携家眷迁居台湾，8月1日出任台湾当局领导人办公室顾问和设计委员，

179

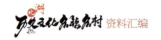 

1950 年任"台湾当局领导人办公室"秘书长,1962 年任"台湾中研院"院长。1981 年 4 月 21 日于台北逝世。

**回头岭村甘家湾历史文化名人:**据记载,明、清两代甘家湾诞生了文武两位举人,48 位秀才。甘家湾始祖荣八公,号国懿,自明洪武年间迁居于此。国懿公之子圣显公明永乐年间岁贡,圣显公之子路堂公邑庠生。路堂公之子念远公明景泰岁贡,念远公之子济公明弘治年岁贡,济公长子三德公明正德丁卯举人,次子六德公邑庠生,三子九德公邑庠生,三德公之子惠公明嘉靖壬午科举人文林馆,惠公之子寅亮贡生敕授职馆,接连七八代为举人、岁贡和庠生。

**回头岭村虎头冲曾家历史文化名人:**虎头冲曾家,系宗圣(曾子)一世祖第四十六代务兹公的后裔,传十一代至大泗、大洣二公时,从江西徙居崇阳,分别落业于下津渡和青山瑶丘。大泗公传四代至必显公,生朝海、朝辅、朝弼三子。朝辅公第四子宏镜公(字子明,号文亮,明成化年进士)徙居路口。再传两代至贞伯(名伯英,号元卿,系明嘉靖年进士)、贞仲二公,又徙居长垄(即今长城)。明嘉靖年间,贞伯、贞仲公之孙衍照(号日照,字明轩)、衍亮(号日亮,字文献)兄弟由长垄徙居虎头冲开基创业,为虎头冲始迁祖。至第七十一世,新伯公生 4 子 8 孙,七十二世明魁公生 7 子 22 孙。自此人丁急增,除部分徙居陕西、襄阳及本县他处外,虎头冲曾氏现已衍至第八十四世,共 77 户,人丁 400 余口。自迁虎头冲以来,其子孙勤耕苦读,家业代兴。

据家谱记载,明成化至清道光年间,先后中进士、贡生 6 人,显者官至福州府正堂,微者官至教谕训导,立过旗杆 6 柱。有邑庠生、优禀生、太学生 20 余人。民国初年,清秀才寅谷公(名运启)从日本留学归国,积极参加同盟会,为民主志士。民国初期,云谷公任本邑金城中学校长,康侯公任师范附小校长,均儒学夫子,名满本邑;笃慧公(名拨超)散家资、募志士,率众抗日,后任国民党陆军一九七师野战补充第二团第三营营长。中华人民共和国成立以后,曾氏人孜孜求学,获高等学历和高级技术职称者 20 余人。虎头冲曾家成为县内有名的"文薮"之乡。

## (三)非遗资源

回头岭村尚保存着非物质文化资产资源提琴戏和民间叙事诗《双合莲》《钟九闹漕》等,具有十分鲜明的地方特色。

### 1.提琴戏

崇阳提琴戏是流行在湖北崇阳的地方性剧种,作为鄂南特有的地方剧种,被收入国家级非物质文化遗产名录。主奏乐器是当地艺人用蛇皮、楠竹筒、梨木等制作的一种形似二胡,但上部的两个弦轴分别装在琴杆两边,下部与琴筒固定,演奏者以虎口夹住琴杆将琴筒抵在腰间站着也能拉的琴,人们称之为"提琴"①。

---

① 胡嘉猷、邱久钦:《荆楚百项非物质文化遗产》,湖北教育出版社 2007 年版,第 113 页。

《崇阳县志》记载，"大约在清光绪十五年（1889年），岳阳花鼓戏艺人蒋传玉、彭瑞生等人，先后率班到崇阳、通城演唱，后来戏班解散，蒋在崇阳华陂定居，以教戏传艺为业，逐步形成具有独特风格的地方剧种提琴戏"。

提琴戏在崇阳形成的初期，角色多为一生一旦或生、旦、丑各一人组成。随着大本头戏的增加，逐步发展成为八个行当，即老生、小生、奶生、正旦、花旦、闺门旦、婆旦和小丑，俗称"三生四旦带一丑"，丑角兼瑶旦和净角。由于演员可兼演或反串几个行当，原来的提琴戏班一般由七八个人组成，民间有"七紧八松"之说。一个戏班请一个师傅教戏，戏班学演后，又教给新的戏班，一个师傅的戏就这样流传给各个戏班，并由此得以传承发展。提琴戏的传统剧目有120多个，家庭戏多，唱功戏多，武功戏较少。大戏有《孟姜女》《灯笼记》等，小戏有《张广大拜寿》《双采莲》等，有些剧目如《打花井》《落花轿》等，在一般戏曲剧种中都没有。

提琴戏唱腔音乐分琴腔和小调两大部分。琴腔为提琴戏的主腔，即民间俗称的"提琴调、提琴腔"，也是提琴戏中最具特色的主要腔调；小调由地花鼓或民间小调组成，地方特色浓厚，与其他剧种大同小异，已收集的有40余首。伴奏音乐分文场和武场。文场有唢呐牌子和过场丝弦伴奏两种，虽然不像大剧种那样包罗万象，却以小巧玲珑、运用自如、特色鲜明取胜。①

**2.《双合莲》和《钟九闹漕》**

《双合莲》和《钟九闹漕》是清末以来流传在崇阳地区的两部汉族民间叙事诗。

《双合莲》全诗长达1800余行，讲述了胡三保（胡道先）、郑秀英的恋爱悲剧：前后经历了三年多，勤耕苦读的胡道先与聪明刚强的郑秀英相爱，不顾"父母之命、媒妁之言"，用双合莲（秀英在一方丝帕上绣上一朵莲花，一剪裁开，各执一半）做定情之物，二人私订终身，族长郑楚芳以秀英"辱门败户欺祖宗"为借口横加迫害，将秀英卖给刘家，秀英坚贞不屈，虽遭到毒打，仍然不与有钱有势的员外刘宇卿成亲，刘家又将她转卖，狠毒地提出："为奴为婢我不管，不能卖给胡道先。"道先改名换姓"巧取"秀英，不料真相被刘家发觉，刘宇卿不但劫回花轿，还买通官府，诬陷道先，将道先抓进监牢。最后，秀英在刘家含恨自尽，道先也被折磨而死。该诗通过一对青年男女的恋爱悲剧，生动地揭露了封建家庭制度的黑暗、丑恶和被迫害者的斗争、反抗。作者愤怒地剥开了封建家长恶毒的嘴脸，满怀同情地歌唱了青年男女对爱情的追求。②

《钟九闹漕》叙述了清朝钟九（人杰）领导农民起义抗粮的故事。范文澜《中国近代史》记载："一八四一年，湖北崇阳人钟人杰聚众数千人起义，自号钟勤王，并竖都督大元帅红旗，次年战败被杀。"叙事诗以这一历史事件为题材，塑造了钟九这一农民领袖形象。

---

① 付晓芳：《崇阳提琴戏的历史与现状概述》，《艺术教育》2017年第7期，第159页。

② 宋祖立、吕庆庚：《双合莲》，湖北人民出版社1955年版，"前记"。

这两部民间叙事诗传说是陈氏四爹铁匠所作,光绪二十五年(1899年)修编的陈氏宗谱记载:铁匠四爹本名瑞兆,号润四,生于清嘉庆二十三年(1818年),据口碑材料和宗谱所记印证分析,《双合莲》《钟九闹漕》皆系陈瑞兆所作无疑,这一佳作原是手抄本,或见报,无正本。

两部长诗都采用七言五句的山歌形式,每五句一段,或以比以兴,或用譬喻开头,中间用民间谚语和警句作为人物对话,第五句以"诗眼"画龙点睛,翻出新意。五句虽是奇数,句式并不对称,却运用两头两尾押韵来达到节奏均衡同韵律的和谐。其语言平易朴实,接近口语,但又相当精练生动,唱来流畅上口,表现出一种独特的魅力。①

20世纪50年代,宋祖立、吕庆庚整理《双合莲》,孙敬文整理《钟九闹漕》,先后出版。②1980年,饶学刚对《双合莲》各种版本进行了汇编,整理出版。③邓建新有关于《钟九闹漕》的研究。④

(整理者:唐普,曾成)

## 参考文献

邓永斌.领略崇阳[M].北京:中国地图出版社,2001.

---

① 胡嘉猷、邱久钦:《荆楚百项非物质文化遗产》,湖北教育出版社2007年版,第34页。

② 孙敬文:《钟九闹漕》,湖北人民出版社1957年版。

③ 饶学刚:《〈双合莲〉各种版本汇编》,中国民间文学研究会湖北分会,1980年。

④ 邓建新:《"钟九闹漕"变化社会中的政治文化叙事》,北京师范大学出版社2010年版。

# 富甲一方

## ——石门村

## 一　村镇概述

石门村位于湖北省咸宁市通山县南林桥镇,因境内峡谷关口巨石矗立,原名石门关,后定名石门村。石门村位于湘鄂赣三省及通、咸、崇三县交界的丘陵地带,地理位置优越,曾经商贾云集,人才辈出,遗存有大量明清古建筑和红色遗迹。2002 年,石门村长夏畈民居群列入通山县级文物保护单位,2007 年,列入非物质文化遗产保护名录。2018 年 1 月,石门村列入第一批湖北省历史文化名村。2019 年 7 月,进入首批全国乡村旅游重点村名单。①

石门村管辖的自然村有长夏畈、楚王山、阮家湾、田家嘴等,其历史建筑主要集中在长夏畈。长夏畈背靠后山,面向石门河,民居全部集中在河谷地带,几近盆地地形,可谓天然宜居。其居民以夏姓为主,据 2008 年编纂的《通山夏氏秘书堂宗谱》记载,元代时夏氏先祖由江西德化县迁入通山县楠林新田砚坑,随着人口日繁,明代时,"志弦公族颇蕃,有往楚黄山居住者,有居鼓楼者,有居石门长夏畈者"。②长夏畈现有户籍人口 500 ~ 600 人。

另外,大革命时期,石门村下辖的楚王山曾是咸通崇蒲中心县委和苏维埃政府所在地,在册的本湾烈士有 93 位。中华人民共和国成立后,作为红色老区,楚王山成为首批武汉市干部教育实践基地。

## 二　村镇资料

### (一)长夏畈的历史建筑遗存

长夏畈是明清时期湘鄂赣边贸中心集市,拥有"小汉口"之称。资金雄厚的长夏畈先人修建了气派的商铺、住宅、善堂、宗祠等建筑,遗存至今的古建筑面积达 20000 平方米,且大多保存较好,成为鄂南乡村一道靓丽的风景。

---

① 通山县住建局:《第七批全国历史文化名村石门村申报材料》,内部材料,2016 年。

② 《原序》,《通山夏氏九修宗谱》卷首下,内部资料,第 13 页。

▲ 永河源商号遗址

▲ 阮家当铺

**1.商业建筑**

长夏畈作为商业繁华之地，保存了大量与商业相关的建筑遗迹。永河源商号遗址，是一座清代的商业建筑，面积646平方米，砖木结构，中间掏空做天井。长夏畈茶庄遗址，面积360平方米，是茶农加工茶叶、茶商集中收购茶叶的场所；阮家当铺遗址，面积776平方米，高度要比一般房屋高，东西长，南北窄，外墙有石灰层包裹，南面有两扇大门，四扇窗户，可见当初的气派。

▲ 写有"官盐杂货"的招牌

长夏畈商贸街，长200米，长夏畈始迁祖夏之悟领头将老河床回填，建成商业街，取名"石门街"，街东头在里埚山脚下，西端到石门铺。街面全用一色的青石板，铺设平坦工整。街道两边商铺鳞次栉比，共有60余家。商贸街的存在充分体现了长夏畈在明清时期作为湘鄂赣边贸中心集市的地位，是长夏畈当年商业繁荣的见证。杂货巷，长100米，这条巷子至今保留有清代"官盐杂货"的营业招牌，此外街上还有其他杂货铺若干。①

**2.民居建筑**

长夏畈的古民居建筑面积虽然没有商业建筑面积大，但其精美程度远非商业建筑可比拟。从选材来看，长夏畈古民居一般采用方正的大理石块做石门框、石门礅和石门槛，这些石制构件表面平滑如镜，光亮照人，据说大理石是用银锭打磨抛光。大门顶是一块抛了光的石门匾，刻着

---

① 通山县住建局：《第七批全国历史文化名村石门村申报材料》，内部材料，2016年。

象征性的匾文大字。石匾之前是一根木质"看梁",这是每一座门楼不可缺少的要件。"看梁"上镶嵌着木雕狮子和麒麟,显示一种威严和吉祥。"看梁"中间吊着一颗精雕的龙珠,龙珠两边是两只扬爪舞须的雕龙,叫作"二龙戏珠",意味着高贵与祥和。大门两侧的墙面上安着成双的石雕拴马石,说明家有坐骑,而且是当官人家,每个拴马石都是精致的雕刻艺术品。①

两扇红漆木大门高大而厚实,进了大门是一道木夹板屏风,屏风光亮耀眼。一般情况下,人们都从屏风两边的侧门出入,只有家庭重要活动或高贵客人光临,才打开屏风门让客人进出。

过了屏风就是下堂屋,屋内豁然眼前。屋内是"堂屋+天井"格局,即前堂→天井→中堂、中堂屏风→天井→上堂、上堂屏风,俗称"一进三重"。中堂比前堂高,上堂比中堂高,一堂比一堂高,这叫"步步高",寓意读书人天天向上,做官人步步高升,生意人日日增财。屋内的建造和装饰,可说是富丽堂皇。

每重堂屋宽6米,地面到屋梁6米,进深7米,灰白的墙壁,大规格砖块铺就的地面,显得特别宽敞明亮。屋梁大架跌宕错落,大红油漆底色上画满彩画,古香古色,吸人眼球。大梁下安有成双成对的灯笼吊环,吊环挂着宫灯或大红灯笼。堂屋是大家庭庆典和摆宴接待宾客的场所,逢年过节及婚庆、寿庆、金榜题名庆、升官庆、添丁庆等日子堂屋最热闹。

每重堂屋都有一道屏风。上堂屋的屏风一般不打开,屏风上方悬挂着四顺牌,牌文富有内涵,有的反映大家庭文化灵魂,有的为祖先歌功颂德。匾牌两边是最适合家情的对联。屏风的意义是扬家风、挡外邪、关家财,同时起到装饰堂屋和隔开大家庭中一些生活干扰的作用,也是富贵家庭文明雅致的一种象征。

▲ 石门村传统民居

① 夏树华:《大禹王裔族长夏畈》,内部资料,2018年,第22～24页。

每重堂屋之间都有一个天井,天井由上、下两部分组成,上面是瓦脊结构形成的方形天窗口,大约40平方米。下雨天,四面雨水从瓦沟经天窗口流到地面。地面也是相对等面积的石砌接水池,承接的雨水会集中流入下水道。接水池中间安有石桌、石凳,不下雨时,家人可在这里休闲聊天。接水池的水道通畅无阻,即使遇暴雨屋内也不会溢水。天井与天空相连,可日采阳光,夜观星斗,是天、地、人亲和的窗口。方形的天井和下面方形接水池的配置,叫"四水归堂",形成上观天象、下承天水,接水聚财的美妙形制。

堂屋两边是正房,上重堂屋是祖辈生活区。天井两旁是厢房,厢房是子孙辈学习场所。为使厢房的光线良好,一般是四开门或六开门,门顶是窗格,窗格图案是冰块裂纹形状,寓意学生要有"寒窗苦读"的精神,这源自民间传说,据传苏东坡幼年攻读诗文时,手按冰块,驱除睡意,刺激自己刻苦坚持。厢房木门上是精雕细刻的图案,如"百鸟朝凤""孔雀开屏""闻鸡起舞""喜鹊登梅"等。厢房上是绣楼,家族的年轻女性在这里学刺绣手艺。

屋内的石雕工艺比比皆是,墙面的转角都是经雕刻抛光的石柱,石柱的接地构件柱础上雕刻着龙爪虎腿,显示出屋宇的庄严稳重,也衬托出主人的地位和身价。天井平台上的石凳、石桌,以及石雕窗户,形式各异,图案繁多,如"仙鹤衔书""牧童骑牛""岁寒四友"等,显示了主人的文明富贵。长夏畈的古建筑展现了历史上该村的商业繁华和村民的富裕文明程度。①

### 3.公共建筑

夏垤宗祠:最初为上中下三重初坯结构,年久后风雨飘摇。嘉道时期,夏衍玖(雨人公)第一个捐出几乎全部家财,号召各地族人捐款,牵头重修宗祠。新的夏垤宗祠内重建有龛,妥安先灵,中庭建有边楼和戏台,以备祭祀庆典之用。瓦面、室内装饰一新,整个宗祠气势恢宏。

玉带河桥:最初通过环绕长夏畈的玉带河,主要依靠西边河水浅处的几块跳脚石,村民颇感不便。长夏畈夏之梧与新屋石垅张对赞公是亲家,嘉庆年间(1798年),为方便两村交通往来,张对赞公派工匠一夜之间在玉带河上架起一座石桥,跨度10米,拱高7米,顶厚1米,宽4米,桥两侧各有石阶数级,其规模之大在当时通山县很少见。该桥被当地人称为"大桥",桥原有碑,并见诸旧县志,1958年被拆毁用于修建石门水库。现有大桥为1985年村民在原址按原规模重修的。

字纸塔:又名字纸藏,位于石门铺沉坑小巷和石门河交接处,嘉庆年间(1899年),夏之梧牵头,族人捐款而建。塔高9米,六角形,七层,每层有门和通气孔,底层门楣上有"遇化存神"四个大字。长夏畈人敬惜字纸,不仅在本族形成了尊重文化的传统,当时周围村庄的文人学士也都来字纸塔焚烧废纸。字纸塔在1958年修石门水库时被拆毁,今塔为原址原貌复建。

---

① 夏树华:《大禹王裔族长夏畈》,内部资料,2018年,第21～23页。

### （二）历史人物资源

#### 1.古代历史人物资源

石门村古代优秀历史人物主要集中在长夏畈。据《通山夏氏九修宗谱》记载,明清两朝长夏畈获得科举功名及出任官职者,累计 103 人,进学者,包括太学生 100 余人,国学生、贡生和附贡生 20 余人,邑庠生则更为普遍。①上述大部分人又集中于雍正至道光年间,故清代长夏畈几无文盲。

夏学河:长夏畈一世祖,初居石门关夏屋场,明末迁居长夏畈。夏学河曾进学庠生,居家从事农业的同时,利用石门河便利,沿河放养蛋鸭,为夏家添置四处屋宇,百亩良田,所购杨家畈沙洲地,被认为是给长夏畈带来富贵的风水宝地。

夏之梧:乾隆年间太学生,精通儒学,并在日常生活中践行儒家行为规范。他诚孝于心,曾在寒冬赤脚为父亲墓穴清理积水,又因六世同堂,获县令题赠"六豆齐眉"匾②。夏之梧主持了石门河改道工程,改道后,长夏畈背靠金猫山,三面玉带水,尽得地利之便。他又带领村民,在回填的河道上建起商业街,该街后来成为茶马古道的重要中转站,往来商贾络绎不绝,奠定了长夏畈后来的繁荣。③

夏衍瑕:生活于咸丰年间,曾奉命带官兵捉拿同村造反匪徒阿亚兄弟。当忠义两难保全之时,夏衍瑕故意在搏斗中露出破绽,被阿亚兄弟刺死,阿亚兄弟也被官兵捕获处决。夏衍瑕杀身成仁,被胡文忠公追赐"指挥咸宜"匾。

夏衍容:嘉道年间人,邑庠生,曾任崇阳县征仕郎,加卫千总职。崇阳任上,夏衍容以面积分水法,巧妙化解白霓镇黄坡堰灌溉纠纷,在"钟九闹漕"事件中,说服叛军首领倒戈,使地方避免了新的战乱。因文武双全,后升任江西德贤县令,钦加卫守备敕授武德骑尉。

夏隆燮:1859 年生,邑庠生,于两湖师范学堂毕业后,加入湖北新军做书记官,曾参加武昌首义。后从政,在湖北内务司及宜昌、监利、通山等地先后任职,曾担任通山代县长。长夏畈祖祠"禹公祠"为其手书。

夏万智:清末长夏畈名医。清代和民国时期,长夏畈一直是石门村的医疗资源中心,涌现了夏万智、夏衍连、夏万沾、夏楚贞、夏福宾等医生,为四邻八乡人们诊治疾病。其中夏万智,自配有"百谷虫粉""还魂丹"等经验单方。

夏朝爽:1832 年生,晚清时期在武昌府参加武职人员考测,名列第一,初任武官教练,后拔擢至巡检司,曾陪同湖北巡抚署理湖广总督的翁同爵视察长江水兵,后告老还乡。

夏永绵:1901 年生,传说夏永绵为人好施舍,民国时期曾是汉口地区丐帮首领,惜其事迹未见诸史载。

---

① 夏树华:《大禹王裔族长夏畈》,内部资料,2018 年,第 17 页。
② 豆是古代盛食物的器皿,有"九十者六豆"之礼。
③ 夏树华:《大禹王裔族长夏畈》,内部资料,2018 年,第 72～75 页。

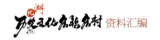 

**2.近代革命人物资源**

近现代的石门村,曾是一片红色的土地,有 400 余人被反动派残杀,涌现了近百名革命烈士,长眠在楚王山烈士陵园。

夏羽尧:1902 年生,县立中学毕业。1926 年 3 月参加革命,同年加入中国共产党。夏羽尧在通山县城、燕厦、大畈、黄沙、阳新等地积极宣传马列主义,秘密扩大革命队伍。1931 年 8 月,中共鄂东南区特别委员会在楚王山成立,夏羽尧曾担任特委会书记及鄂东南道委苏维埃政府常委,带领附近 11 县进行土地革命。夏羽尧具有深厚的文化素养,能深刻理解共产党的革命理论和战略思想,开展的各项工作都富有成效。革命失败后,为躲避国民党反动派追捕,夏羽尧躲在家中楼上生活数月。后遭告密,被国民党抓捕,于 1935 年被杀害。①

夏道辉:字亮奄,生于 1905 年,就读湖北省立商业学校期间,由于学业优秀,深得殷姓校长喜爱。殷校长是追随孙中山的有志之士,夏道辉在其熏陶下,毅然走上革命道路。②后来夏道辉接受了马列主义,在国共合作期间,加入了中国共产党,负责指导通城、汉阳、荆门等县党务,深得党组织的信任和重用。

根据党组织安排,夏道辉参军入伍,到当时的国民革命军中宣传党的政策和主张。1929 年,夏道辉从军张发奎的整编第四师,随军队驻宜昌,战广州。因书法好,文笔佳,口才好,被张发奎调到师部担任资料员。1930 年,中原大战爆发,夏道辉跟随张发奎转战河南、安徽、浙江、湖北等地,升任书记员,在部队驻防河南期间,被聘为洛宁县财政科长。

1932 年春,张发奎的第四师扩充为国民革命军第十五军,夏道辉任第四十三师政训处处长,兼宣传科科长,后晋升中校,转调军部政训处任编辑科科长。1938 年,夏道辉被张发奎派到南宁养病,国民党特务以"通共"嫌疑对其发起调查,为保守党的秘密,夏道辉毅然以死明志,跳楼自杀,年仅 33 岁。③

另外,石门村还有多名村民参加过不同时期的革命战争。如夏声洪,又名永振,1907 年生,通山县高等学校毕业,曾加入国民革命军,参加过北伐战争和抗日战争,官至一师司令部军需处处长,1943 年解甲归田。夏关育,1926 年生,1944 年参加新四军,两年后担任连长,参加过 1946 年的中原突围,与部队失散后辗转回到老家务农。

**(三)商业文化资源**

石门村位于山区,农业基础薄弱,商业却十分繁荣。长夏畈是当时通山、崇阳、咸宁三县,湘、鄂、赣三省边贸的中心集市,招徕着江西、湖南、安徽及武汉、鄂州、大冶、咸宁、崇阳、阳新等地商客,广聚了湘、鄂、赣、皖各地百货商品和工业产品。同时,长夏畈也是各路客商的中转站,南来的客商往北去,要在长夏畈住一夜,从北边返回时,还要在长夏畈住一

①　夏树华:《大禹王裔族长夏畈》,内部资料,2018 年,第 30 页。

②　《夏君道辉记略》,《通山夏氏九修宗谱》卷首下,内部资料,第 470 页。

③　夏树华:《大禹王裔族长夏畈》,内部资料,2018 年,第 31～32 页。

晚。同样,北来的客商往返南边时,也要在长夏畈住宿,这使得长夏畈服务业非常发达。遇旅店爆满,长夏畈祖宗堂也打满地铺安置客人。

南来北往的人多了,各种手工业产品加工技术也在长夏畈落地开花。当地人开办了绩麻、织布、纺线、压制茶砖、染布、造土纸、制糖、制鞭炮、制竹器等手工业作坊,所生产的产品或自家售卖,或批发给各路商客销往外地,连蒙古和俄罗斯的商人都赶着骆驼来长夏畈收购茶叶。发达的工商业,使石门村长夏畈富甲一方,当地流传着这样一句民谣:"走遍天下底,胜不过石门里。"①

### (四)民风民俗资源

石门村的民风民俗源远流长,传承至今。

**教育习俗:**石门村有深厚的重学重商传统,清代,长夏畈人创立了宾兴会,通过募集钱款、出租公田等方式,筹集资金,资助石门村范围内优秀的读书人,为石门村一百多年人才不绝做出了贡献。土地革命战争时期,石门铺的宾兴会还曾招待路过的彭德怀部队。

**年节习俗:**石门村年俗别具一格,每年从腊月开始,每家每户开始榨茶油,备柴火。小年前备好过年米,生好麦芽,熬一桌米糖和红薯糖,做一坛甜米酒,煮一瓶谷烧酒,印一竹篮糍粑。小年后杀年猪、打豆腐、榨豆腐干、炸粑砣等。杀年猪,当地人称作"捉年猪",猪肉要分成若干份,以备腌制。屠夫为自己剁两斤肉作"刀手钱",接着就用薯粉、猪血、猪肠、猪肺等煮一锅汤,给邻居每家一碗,叫"端汤",一则向邻里报个喜,二则增进邻里和睦。

年终一天的中餐叫年饭,也叫"团圆饭"。一家人欢欢喜喜,按辈分围坐餐桌,丰盛的年饭九盘十碟,主盘是大块的回锅肉,叫"年龛",小孩子除了在桌上吃,还要用纸包一块留到饭后"戏嘴"。

大年夜晚上,村民会把早就准备好的干树根点燃,火要旺,意味着来年的兴旺,有"大年夜的火,月半夜的灯"之说。一家人围坐在火塘边,通宵达旦"守岁"。

大年初一早上,每家要燃放鞭炮,叫"出天荒,开财门"。男女老少穿上新衣,家里晚辈给长辈拜年贺新禧,长辈给小孩压岁钱。早饭后,大拜年随即开始:初一祖(拜外公外婆和舅舅年),初二郎(拜岳父岳母年),初三初四拜姑娘(拜姑婆姑妈年)。给人拜年宜早不宜迟,俗称"拜年拜得早,鸡蛋打头脑;拜年拜得迟,鸡蛋孵了儿"②。

**婚丧祭祀习俗:**石门村婚丧习俗颇有特点。旧时,富裕的长夏畈人嫁女儿,不仅有满箱满柜的嫁妆,还会在婆家所在村庄买田地作为嫁妆。石门村婚俗中,新娘下轿时举行"打喜"仪式,一般由儿女双全的有福之人,端着一盘染成红色的米,一边抓米撒向新人,一边祝福,"一撒天长地久,二撒地久天长,三撒荣华富贵,四撒金玉满堂,五撒早生贵子,六撒鸾凤同行,七撒鸳鸯成对,八撒龙凤呈祥,九撒琴瑟和睦,十撒百岁同床",其他村民

---

①　夏树华:《大禹王裔族长夏畈》,内部资料,2018年,第16页。

②　夏树华:《大禹王裔族长夏畈》,内部资料,2018年,第98页。

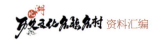 

则用准备好的具有美好寓意的柏树子、棕树子撒向新人。丧礼中,灵柩落葬时,风水师也会向孝子孝孙撒米祝福,村民相信,孝子孝孙用衣兜接米的多少,预示着以后运气的好坏。

作为聚族而居的自然村落,石门村长夏畈有自己的宗族习俗。每年清明祭祖后,按惯例各房轮流承担"吃祭",费用源自各房的公田收入。大年夜或元宵节,长夏畈人聚集祖宗堂"伴神",歌唱古老的神歌,祈求祖先庇佑。

山鼓与山歌:石门村拥有众多非物质文化遗产,其中最具代表性的是山鼓与山歌。通山山鼓入选了2007年湖北省非物质文化遗产名录[①],而石门村长夏畈的山鼓又是通山县山鼓的重要代表之一[②]。

通山山鼓是山民在集体生产劳动时,用山鼓伴唱的一种民间文艺形式。通山县地广人稀,每逢农忙时节,人们便自由组合起来,换工协作。劳动时,他们通常以打山鼓、唱山歌消除疲劳、催工鼓劲,故而当地有"一鼓催五工"之说。通山山鼓鼓音清脆,唱腔丰富,旋律高亢、婉转,用在山地劳作时,称"挖山鼓",用在水田劳作插秧时,称"栽田鼓",无论是旱地还是水田,除草时则称"薅草鼓"。

通山山鼓相传起源于古吴楚国战场,由战鼓演变而成,历经三千多年传承、发展至今,成为人们农忙时休闲娱乐的形式之一。在清代,夏畈人夏朝朗编纂的山鼓山歌广为流传。所编山鼓山歌唱词分"歌头"和"歌崽"两部分,歌头又以"来""郎""中""消""连""梭"为音的唱词,内容多为人们喜爱的情歌。

如以"来"音为头的歌头:

> 红日来,红日洋洋晒金街,红日层层金街晒,晒干露水等郎来。
> 早晨来,早晨露水打湿鞋,伸手打湿郎衫袖,要等东方日头来。
> 相连来,相连约郎去砍柴,前山有个磨刀石,缓缓磨刀等郎来。
> ……

以"来"音为头的歌崽:

> 昨夜约郎郎没来,一夜烧去几夜柴,罐崽煨酒翻翻滚,火烤鲶鱼翘起来,如此勤心郎不来。
> 毛细雨崽饶山来,雨洒林中桂花开,桂花还要雨来洒,雨不洒来花不开,姐不丢音郎不来。

---

① 胡嘉猷、邱久钦:《荆楚百项非物质文化遗产》,湖北教育出版社2007年版,第63~64页。
② 通山县住建局:《第七批全国历史文化名村石门村申报材料》,内部材料,2016年。

南山走到北山崖,露水林中打湿鞋,只要我郎常来往,请个石匠铺条街。

铺条金街等郎来。

……①

夏朝朗编纂的山歌乡土味浓郁,押韵顺口,要唱时张口可来,而且接唱紧凑,又很有趣味性,特别活跃劳动场面,广受人们喜爱。通山县衙曾赠送一对石雕山鼓给夏朝朗以作奖赏。石鼓高50厘米,鼓面直径16厘米,鼓腰直径26厘米,现仍有一个石鼓留存在长夏畈。

(整理者:路彩霞,邹子平)

## 参考文献

1.通山夏氏九修宗谱.2008.

2.夏树华.大禹王裔族长夏畈.内部资料,2018.

3.王致远.通山县志[M].北京:中国文史出版社,1991.

4.杨华美.风雨古商道——石门街[M].

5.孔帆升.老通山.北京:大众文艺出版社,2006.

6.许哲.鄂东南传统民居聚落自发空间研究[D].武汉:武汉理工大学,2018.

7.石门村村史馆资料.

8.楚王山烈士陵园资料.

---

① 夏树华:《大禹王裔族长夏畈》,内部资料,2018年,第113～114页。

# 九宫明珠

## ——江源村

## 一 村镇概述

江源村,今行政区划上隶属于湖北省咸宁市通山县洪港镇,地处鄂南九宫山东麓,南与洪港镇郭源村交界,西接九宫山风景名胜区,北面与九宫山镇文宣村交界。这里不仅生态环境优越,交通便利,而且民风淳朴,历史文化底蕴深厚,其中江源自然村为北宋著名军事家王韶后裔世居地,至今村内遗存下来的明清古建筑近万余平方米。2016年1月,被湖北省文物局认定为全省古民居、传统村落保护利用示范区。2018年1月,被湖北省文化厅列为首批湖北省历史文化名村。

江源行政村村域总面积达15.9平方公里,辖区共有花塅、南岭、南岭口、祠堂畈、罗庄、楼下、江源畈、塘垅口、塘里、茶地坳、闵家、成家畈、下杨、枣树下、畈宕、坳背、坳下等17个自然村,大多沿江源河两岸分布。

江源村历史悠久,据相关地方文献及碑刻资料记载,自唐代起,江源村就有先民居住生活,历史上曾是姜、漆、曾、郝、李、戴、张、成、王、罗、鲁、吴、朱、华、何、陈、黄、刘、孟、明、谭、官、喻、闵、邵、斐等30余个姓氏居住地。早期因姜姓先民沿河两岸居住,所以此地曾称"姜源"。后姜姓外迁,其他姓氏先民在此也未能繁衍下去。约明嘉靖四年(1525年),王韶后裔,岁进士王嘉瑞(始迁祖)携家眷自本镇域车田村年家庄迁居江源并繁衍开来。为表达源远流长、生生不息的美好愿望,王氏祖先把姜姓的"姜"改成了江水的"江","姜源"此后便成了"江源"。该村现存的古民居——老宗屋便是王姓先祖定居江源之后修建的,历经自然灾害和战乱,如今老宗屋的主体结构仍得以保存。目前,江源行政村域内以王姓、成姓为主,另居住有姜、舒、叶、程、陈、华等姓氏,各姓之间相互尊重、相互提携,很少发生争抢斗殴。村民秉承耕读传家、忠厚勤恳的传统,或居家耕种,或外出经商,或读书仕进,民风十分淳朴。

江源村也是红色文化的根据地之一。土地革命战争时期,这里曾是龙燕苏区[①]的重

---

① 1929年10月,在村、乡两级苏维埃政府普遍成立的基础上,龙燕区第一次工农兵代表大会召开,选举产生龙燕区苏维埃政府。在其领导下,阳新地区赤卫队、赤先队、赤卫军、游击队等工农武装组织不断发展壮大,土地革命运动蓬勃开展。

要组成部分。1929 年,彭德怀率领红三军团在此建立太平山革命根据地,同年秋,20 区五乡苏维埃政府在此成立,同时设立审判庭,曾公开审判并枪决成吉斋、成良龙、王晓玉、王坤刚等 18 个地主恶霸。抗日战争时期,这里曾短时间内作为阳新县政府所在地,据记载,1938 年 10 月 17 日,时阳新县城沦陷,县政府迁到江源村,继任县长曾在此处组织第一九七师野战补充团。[①]1941 年,阳新县初级中学迁移至此。至今,县级文物保护单位五乡苏维埃旧址(成氏宗祠)、子英乡苏维埃旧址(老宗屋)、省级文物保护单位阳新县政府旧址(王氏老屋),仍矗立村内,附近的山上也存有当时战争遗留下来的碉堡和战壕残迹,这些都见证了江源人民在战争年代所做的努力。据统计,江源在革命战争中,为革命牺牲的革命志士有 100 余人,其中在册烈士 40 余人。

江源村家族观念浓厚,族人之间定期会举行聚会,届时外出工作、学习的游子都会赶回家乡,这成为维系村民情感的重要纽带。基于这种观念的影响,该村村民对乡村的建设与发展十分重视。据走访了解,在当地乡贤王定钊多年努力和倡导下,境内古民居得到了文物部门的重视和支持,2015 年 8 月江源村成立江源古民居保护管理理事会,建立健全保护组织与管理制度,江源群众积极参与到村子环境整治和古民居保护中去,江源村也成为全省第一个实现公众参与古村落与文物保护的典型案例,2018 年 12 月在央视新闻频道推广报道。

江源村是典型的农业村,现有耕地面积 967 亩,其中水田面积 630 亩,旱地面积 337 亩,林地面积 21000 亩,其中经济林 20000 亩。目前,居民收入来源除农业外,主要依赖外出务工经商。该村常住人口 700 多人,以老人及学龄前儿童为主。全村现有完全小学一所、村卫生室一所,基本实现少有所学、壮有所为、老有所养、病有所医。

## 二　村镇资料

### (一)建筑遗存

目前,江源村内各级文物保护单位有 4 处,分别是 2014 年公布的省级文物保护单位王氏老屋(迪德堂),1991 年公布的县级文物保护单位五乡苏维埃旧址(成氏宗祠)、子英乡苏维埃旧址(老宗屋),2019 年 1 月公布的湖北省文物保护单位老宗屋、义筹老屋,与王氏老屋合并,统称为江源村古民居。已公布登记不可移动文物数量 3 处,不可移动文物规模达 8417 平方米,完好率 75%。现存历史建筑规模 13707 平方米,完好率 80%,核心保护范围内文物保护单位、登记不可移动文物、历史建筑建筑面积达到 12207 平方米。村内挂牌 250 年以上古树 59 棵,明代古井 1 口、古桥 1 座,古牌匾 9 方,目前 6 方被咸宁市博物馆收藏。形态完整、传统风貌连续的历史街巷有 3 条,分别为:永芳巷,老宗屋群落中的连

---

① 中共阳新县委党史办公室:《阳新人民革命史》,华中师范大学出版社 1991 年版,第 247 页。

▲ 王氏老屋外部

接巷道;玉带路,沿江源河修建,与老宗屋古建筑群相邻,自水口至上埠,古时为商道;小沟巷,小沟至上埠巷道,古时为商道,与玉带路形成丁字路口。江源村历史建筑多具有天井院、马头墙、石刻、木雕等,建筑材料多用青砖、土坯与木材等,类型涉及住宅、祠堂、店铺、书院等多种。现将江源村重要历史建筑遗存列于下。

### 1.王氏老屋

即迪德堂,由当地士绅王迪光、岁进士王迪吉主持兴建,用时三年,于清光绪十七年(1891年)十月竣工,迄今已有129年历史。此宅为砖木结构,由东西并联的正屋与横屋组成,面阔8间,占地面积2300余平方米。主屋一进五重,穿斗与抬梁木构架,正屋面墙呈八字门楼式,硬山顶一字式山墙,小青瓦盖顶,外檐饰槏头和砖瓦质翼角,各进明间分设槽门、中门,前进天井两侧饰镂空花砖看墙,各进前后檐饰卷棚和望板,正脊饰斗拱,浮雕龙状挑尖梁。横屋二、三进之间以影壁式镂空花墙隔断。青砖黛瓦,滚龙墙,马头垛,横屋相连,客屋在外,16个天井,回龙隐水,厢房对排,木质隐壁,镂雕花窗,通风透光,柱梁穿斗,气势雄伟,布局合理,整体完美①。2014年6月22日,被湖北省人民政府公布为第六批湖北省文物保护单位。

### 2.五乡苏维埃旧址——成氏宗祠

始建于清光绪二十七年(1901年),由当地举人成可贞提议兴建,用时8年完工。此建筑为砖木石结构,青砖黛瓦,飞檐走壁,雕龙画凤,金碧辉煌,极为壮观,既有中国古典建筑风格,又有江南文化特色。堂内建筑均以木质穿斗式结构为整体框架,裸露梁架,气势恢宏。浮雕的花窗、隐壁工艺精致,图案工整。如"八仙过海""男耕女织""山水园林""鸟语花香""飞禽走兽"等活灵活现。门楣上刻着"成氏宗祠",两边立柱有楹联一副:"东汉儒宗第,大明宰相家。"前殿设有戏台一座,题"东海遗音"四字,宗祠中殿为"敦本堂",悬挂有"唐县知县""均州学正"两块牌匾,右边悬挂有"大明御史第",昭示了成氏祖先的荣耀。四排石柱分别浮刻有八副对联,如"东观启人文,十进士,两翰林,济济郎官皆俊义;南阳开世泽,五尚书,四御

▲ 五乡苏维埃旧址外景

史,双双宰相尽忠良",对仗工整。土地革命战争时期,这里曾是五乡苏维埃政府所在地。抗日战争时期,1941年阳新县初级中学曾迁到此处上课。1991年6月12日,被通山县人民政府公布为第三批县级文物保护单位。至今,建筑外部墙壁仍能看到土地革命战争时期的标语:"白军士兵是被豪绅地主剥削没有饭吃去充军,应觉悟起来枪毙你自己的敌人。"

在宗祠旁左侧有一神堂寺,黑白色调,略显凝重。土地革命战争时期,曾作为审判庭,公开审判并枪决18个地主恶霸。

### 3.子英乡苏维埃旧址——老宗屋建筑群

老宗屋建筑群落,明代建筑占70%以上,为一进五重、五门五向、向向不同建筑。主厅堂高大气派,长16米,宽8.9米,高6米。两边各有正房两间,厢房一间,天井两个,杂物间一排,为清晚期重建。中堂为明朝中期结构,大堂和中堂中间用屏风相隔,两边为巷道,自然分开。其他结构与大堂相同,只有一个天井。三重结构和前面不同,为东楼西厅式,东面为六个厢楼和廊道组成(抗战初期被毁),西面为大厅(明代建筑),中间为天井,天井长13.5米,宽6米,前三重之间用大门相隔。土地革命战争时期,曾是子英乡苏维埃政府所在地。1991年6月13日,被通山县人民政府公布为第三批县级文物保护单位。2019年1月8日,被湖北省人民政府公布为第七批湖北省文物保护单位。

▲ 子英乡苏维埃旧址

▲ 义筹老屋外部

老宗屋右后方是题有"勤耕读"的一栋民国建筑。左后方是义筹老屋,即纯寡妇屋,清代建筑。背靠老宗屋建筑群,门前小桥流水,桑树和柳树长在河岸两边,屋的两边是两条廊道,与老宗屋的两侧门相通。该建筑为砖混结构,屋内做工精致,窗户栏杆、门顶窗格皆雕花,大梁、横梁为人物图案,由一个个典故组成,厢房、正房全部打地垄、铺地板,整个建筑占地约300平方米。中华人民共和国成立后被收回,供大队部办公使用,20世纪80年代大队部易址,将此屋卖给一户新婚夫妇,其资费用于村公务,故称"义筹"。

纯寡妇屋西侧为凉亭式古商铺,是一座古药铺,砖木结构,通过长长的巷道与老宗屋后堂相连。

纯寡妇屋东面也是凉亭式古商铺,商铺后面还有一栋明代建筑,现在已经摇摇欲坠,

▲ "胆荻教严"牌匾

这座建筑内有望楼,是这片古民居里唯一有望楼的建筑。

2015年以来,在江源自然村共发现9方牌匾,其中有"胆荻教严""塵座风生""萱鬓燕喜""节孝可风""神姿秀薇""衍我烈祖"等。其中,"胆荻教严"是杏斋先生原配舒孺人养育教导两位小叔子胜过自己的亲生孩子,后小叔子成才,其大嫂七十大寿时,奏请朝廷,由进士出身、翰林院庶吉士柯谨专程为其题制。"萱鬓燕喜"为康熙四十三年(1704年),诰封荣禄大夫、湖广左督管陈家慎为王德豫立;"塵座风生"是赐进士出身翰林院庶吉士李应熙拜题给王河兴的;"节孝可风"由钦命提督朱为在道光十六年(1836年)冬奖给兴国州儒童王谋武之妻叶氏的。

### (二)历史资源

江源历史文化底蕴深厚,自明晚期至清末,共出进士4名、举人12名、太学生和庠生56名。革命战争年代,牺牲的革命志士有100余人,在册烈士40余人。中华人民共和国成立以来,出大学生112名、博士4名、硕士7名,涌现一批知名人士。其相关事迹择要录于下。

**王德尚**:字功远,号若人。清康熙丙子(1696年)武举出身,人品高尚,为时人称道。据墓志记载,"自幼磊落不屑,颖异多才","慷慨有大志"。时遇大旱,"捐谷五百余石,赈荒一方","其他救人急,济人困,难以枚举"。不仅如此,"合邑重大之务,疑难之事,藉其筹画"。另外,以兴文教为己任,时龙图书院损毁,"旧制一新,上继先贤乐育之志,下启后学进修之勤,毅然振一方之文教自任"。[1]清光绪《兴国州志》有传云:"少失恃,事父及继母,曲意承欢,好读书,多大略。明季流寇之乱,双迁蹂躏尤甚,农民逃散,田亩荒芜。迨入国朝,逋赋岁积,德尚倡吁上官,豁免以招徕之,由是流亡复业。二十二年,岁祲,赈谷五百石,一方赖以保全。里故有先贤吴仲庶龙图书院,后废为寺,兵火后,德尚复之,以为后学,肄业地孙,大兴诸生。"[2]

**王全俊**:名迪吉,字冠杰、彦卿,号宅三、聘卢。清光绪丙子科岁进士,一生以教书为荣。当地至今仍有"王先生作文,可贞中举人"的传说。

**王迪光**:原名全教,号蔼云。清道光至宣统年间人,当地士绅,平生乐善好施,行善积德,名望颇高。据记载,此人"生有异质,颖悟过人","究心经史,旁及堪舆、数理之术,

① 《斯公裔功远公墓志》,《琅琊王氏宗谱》卷首,民国辛巳年(1941年)重修。
② 光绪《兴国州志》卷22《人物志·义行》,清光绪十五年(1889年)刻本。

无一不通。尤精于治生学",以至"数十年间,田连阡陌,富甲乡里",世称望族。①在他和兄长王迪吉主导下,修建迪德堂,取《尚书》"允迪厥德"之意,绘图画样、度木量材,皆出自他之手。

成善永:名可贞,号慎亭,清道光年间出生。光绪元年(1875年)中举,历任汉川县教谕、均州学政。曾提议兴建成氏宗祠,如今宗祠中殿仍悬挂有"均州学正"匾额。任职均州学政期间,为百姓称道,题送"大岳春风""沧浪化雨"牌匾。卒于1922年。

王义雏:字雉鸣,清光绪二十一年(1895年)出生。1929年加入中国共产党,曾任龙燕区苏维埃政府副主席、杨林乡苏维埃政府主席。1934年在第二次国内革命战争中壮烈牺牲,②1984年5月1日,中华人民共和国民政部批准颁发革命烈士证明书。

王忠海(1897—1940):字鹤松,号汇川,被誉为"燕厦河内名士"之一。以教书为业,曾被赠予"启迪民众"条幅。1940年病逝于姚家畈私塾。宗谱中有赞:"卓尔先生,学富渊渊。书破万卷,笔大如椽。含珍抱璞,磨而不棱。塞中奇遇,大启讲筵。玉楼召速,火画薪传。"

成子英(1906—1927):又名成春,字揖让,今通山九宫山镇文宣村人。1925年与罗伟等20多人组织"青年促进会",同年加入中国共产党。1926年,任湖北省农民协会特派员,回阳新从事农民运动,并任国民党阳新县党部委员和农民部负责人。1927年在阳新"二二七惨案"中被国民党右派烧死,为阳新九烈士之一。③后来建立的子英乡苏维埃政府即为纪念其在战争中的贡献,今天江源村老宗屋曾作为该政府旧址。

王煜义(1903—1953):字国华,号丁愚,国民党文员,历任龙燕区委员、联保主任。在任期间,营救过红军师长方步舟、苏维埃主席王德贤等人。后任燕厦乡乡长。

## (三)非物质文化资源

### 1.非物质文化遗产

目前,江源村拥有3项省级非物质文化遗产,分别是:2007年公布的"李闯王传说",2013年公布的通山木雕、采茶戏。

李闯王传说:2007年6月列入第一批省级非物质文化遗产保护名录。通山"李闯王传说",生动真实描述了明末农民起义领导人李自成兵败通山九宫山的始末,具有可贵的史料价值,同时深切流露出缅怀、追念之情。通过大众口传心授,"表达了人们对真、善、美的追求和对假、恶、丑的鞭挞,将李自成英名传播永世"。④《琅琊王氏宗谱》在清代顺治年间重修时记录:"顺治乙酉三月,闯贼扰境,由湖口渡江南道,越九宫,奔四川,官兵追之。

①　《太侍翁王公迪光暨德配叶孺人合传》,《琅琊王氏宗谱》卷首,民国辛巳年(1941年)重修。

②　关于王义雏烈士牺牲时间,革命烈士证上是1934年,而《琅琊王氏宗谱》中则是民国二十二年,即1933年,年份上有出入。

③　李盛平:《中国近现代人名大辞典》,中国国际广播出版社1989年版,第122页。

④　胡嘉猷、邱久钦:《荆楚百项非物质文化遗产》,武汉教育出版社2007年版,第18页。

五月初四日,兵马数万绎集里中,其遇而死刃下,填沟壑者往往相籍也。"①这一记载为李自成兵败九宫提供了有力佐证。

通山木雕:2013 年入选第四批省级非物质文化遗产名录。据史料记载,北宋置县前,通山境内就有以木雕为职业的手工艺人,明清时期,通山木雕已趋成熟。该技艺以境内优质木材为原料,雕刻主题以生活风俗、神话故事为多,是通山民间艺术的重要组成部分。目前已专门出版《通山木雕》专著一本。②

通山采茶戏:2013 年入选第四批省级非物质文化遗产名录。地方戏曲剧种,据《中国戏曲曲艺词典》称,"与黄梅采茶戏和江西采茶戏有一定的渊源关系"③。通山产油茶,收获时采茶男女满怀喜悦大声欢唱,形成最初的采茶调、拣茶歌,后受黄梅、武宁等地采茶戏及通山汉调影响,逐渐形成具有地方特色的通山采茶戏。通山采茶戏"一唱众和,锣鼓伴奏",有南腔、北腔之分。④传统剧目有《珍珠塔》《三宝记》《红绫记》等。江源采茶戏班始于明代晚期,历朝历代均有戏班,流行南腔唱法,较北腔婉转。

**2.民风民俗**

婚嫁习俗:通山当地婚姻"多遵家礼,但有亲迎、不亲迎者",新娘入门,需先请"有福命而习于礼之妇人"即"牵轿娘"牵引入洞房行合卺礼,而后拜堂。三日后新郎携新娘回门,谓之"谢亲"。当地盛行闹新房,亲朋"喧阗房内三日夜"。⑤

以前在江源村还有"插花"的习俗。即将手工花插在新郎座位桌上,新郎就要去给厨子礼钱。现在这一习俗渐渐被淘汰,新郎直接包好红包给厨师。另外,宴席上负责倒酒的人也会收到新郎礼钱。婚礼上,第一道菜品是红枣、花生、桂圆和莲子,寓意"早生贵子"。

丧葬习俗:通山当地葬礼,"亦多遵家礼",但"不尽合于古礼"。⑥江源村仍保持土葬风俗。入棺后,全村男子一起守夜,大殓由风水师确定日子及下葬位置,之后下葬。村里人一般会提制好棺材放在家里,有的四五十岁就会制好,寓意着长寿健康。如果有人是非正常死亡,通常会借别人已经做好的棺材。在村里人看来,棺材并不是忌讳,棺材颜色会以红色为主。每到春节、元宵节、清明节、中元节等,前去祭扫。

在当地,还流行"打安山"的传统。每年清明节,子女会请道士到自己父母或祖先坟墓

---

① 《茅田重修族谱序》,《琅琊王氏宗谱》卷首,民国辛巳年(1941 年)重修。

② 谢志兵:《通山木雕》,湖北美术出版社 2016 年版。

③ 上海艺术研究所、中国戏剧家协会上海分会:《中国戏曲曲艺词典》,上海辞书出版社 1981 年版,第 211 页。

④ 毛彦斗:《通山采茶戏传统剧目初辑》,载湖北省志《文艺志》编辑室编《文艺志资料选辑 6》,湖北省新华印刷厂综合车间 1985 年版,第 440 页。据介绍,通山采茶戏"北河腔,从武穴传入,流行于富水北岸;南河腔,从九江、武宁传入,流行于富河南岸。两个流派各有特点,北腔比较粗犷,南腔较之婉转"。

⑤⑥ 同治《通山县志》卷 2《风土志·风俗》,清同治七年(1868 年)活字本。

前建醮设立道场,以追思先人。

节日习俗:江源当地有"出天方"的习俗。在古代,每年元旦,"爆竹之声盈里巷,族长率族人整衣冠,择时兴,方之吉者出行",谓之"出方"。之后,进入宗祠,"礼神谒祖,卑幼拜尊长,互相称贺",称"拜年"。[1]现在这一习俗改在大年初一。

元宵节,一直延续传统,吃糯米汤圆,放花灯,划采莲船,唱采茶戏。端午节,古时"插艾挂蒲,饮雄黄酒,为角黍馒头馈送亲友"[2],至今仍沿用这一传统,礼物有所不同,增加了烟酒、猪肉、鸡蛋等。中秋节是团聚的日子,阖家吃月饼赏月,在古时八月十五这天,"儿童访初孕少妇,以采绥瓜,鼓吹送诸其室,曰宜男瓜"[3],祈求生男,如今这一习俗已不存。

江源还有"打喜"的传统。据了解,家里有小孩出生,左邻右舍要赠送红糖和鸡蛋,如果生的是男孩,亲戚会在孩子身上抹锅灰,越黑越吉利,称作"打喜",象征着对新生儿的一种祝福。

另外,据通山县政协委员、江源古民居保护理事会常务副会长王定钊介绍,为响应省文化厅关于该村"特色文化创建"的号召,2019年正月初一,江源村舞起一条由100条板凳组合而成的208米长的"板凳龙",并定于每年大年初一舞龙。

### 3.传说故事

江源村历史文化悠久,民间传说故事的流传为江源的历史增添了神秘色彩。

南岭口天子坟传说:南岭口,古时称吴家山口。相传,当地有一吴姓人家媳妇怀孕三年未生,期间,家中养的乌狸狗每天到屋顶睡觉,供奉神龛桌下生出一对竹笋,楼上的三石六斗芝麻时常跳动。家人以为此兆不祥,遂将狗打死,挖掉竹笋,将芝麻炒熟。后得高人指点,方知其子有天子之相,家中各种征兆实为神灵保护。不久,这一事情便传至当朝天子耳中。为避免争夺天子之位,于是派兵来此地挑断风水龙脉。然而不管白天怎么挑,晚上又还原如旧。主事官没法,只好夜里来探究竟,结果竟看到众神鬼在填河,隐隐听到:"不怕你千人挑,我有万人填。只怕童子钉,狗血淋。"第二天,主事官按照听到的,将一夭折孩童埋葬在此,并用狗血淋之,最终得以挑出一条人工河。吴家媳妇三年孕满,生下三子,老大、老二分别是红脸、黑脸,出生后便被捏死,老三是一端正的白脸,一落地便会说话,问及大哥、二哥去向,家人如实相告。后又问天师(即乌狸狗)、宝剑(即竹笋)、兵马(即三石六斗芝麻),家人也一并如实告知。结果此子长叹一声暴亡,家人将其葬于附近山下。[4]2019年,为纪念该传说,经当地乡贤成家晖牵头,新建亭子一所,称天子亭。

水口石龟传说:江源村水口岸上有一石龟,相传是玉皇大帝派到凡间的一对神龟,守护一方圣土,外乡人来到此处需拜土地。时有一石匠回乡时忘记去水口外土地庙祭拜而生病,且久病不愈,一次做梦梦到被石龟咬住裤脚,醒后,趁夜晚偷跑回江源,一气之下用

---

[1][2][3]　同治《通山县志》卷2《风土志·风俗》,清同治七年(1868年)活字本。

[4]　此传说根据江源村成氏宗祠负责人成家相口述整理。

斧头在石龟背上划了一道长长的口子,石龟伤口处流了三年鲜红的水。在此之后,神龟也失去了神力。①如今水口处岸边仍可见石龟形象,上有一道直直的划痕,水中的石龟已被水泥堰掩埋。

（整理者：朱晓艳）

## 参考文献

1.通山县志[M].活字本,清同治七年(1868年).

2.兴国州志[M].刻本,清光绪十五年(1889年).

3.湖北省志《文艺志》编辑室.文艺志资料选辑6[M].武汉:湖北省新华印刷厂综合车间,1985.

4.李盛平.中国近现代人名大辞典[M].北京:中国国际广播出版社,1989.

5.中共阳新县委党史办公室.阳新人民革命史[M].武汉:华中师范大学出版社,1991.

6.胡嘉猷,邱久钦.荆楚百项非物质文化遗产[M].武汉:武汉教育出版社,2007.

7.孔帆升.老通山[M].北京:大众文艺出版社,2006.

8.李晓峰,谭刚毅.湖北古建筑[M].北京:中国建筑工业出版社,2015.

9.上海艺术研究所,中国戏剧家协会上海分会.中国戏曲曲艺词典[M].上海:上海辞书出版社,1981.

10.谢志兵.通山木雕[M].武汉:湖北美术出版社,2016.

11.杨国安.明清两湖地区乡村社会史论[M].北京:商务印书馆,2016.

12.政协通山县委员会.通山古民居[M].武汉:湖北科学技术出版社,2019.

13.董黎.鄂南传统民居的建筑空间解析与居住文化研究[D].武汉:武汉理工大学,2013.

14.杨在辉.咸宁市古民居保护利用问题研究[D].武汉:华中师范大学,2017.

---

① 此传说根据江源村古民居保护理事会常务副会长王定钊口述整理。

# 茶运起点
## ——新店镇夜珠桥村

## 一  村镇概述

夜珠桥村位于湖北省赤壁市西南,湘鄂交界处的潘河北岸,距市区28公里,面积2.34平方公里,人口约6500人。

夜珠桥村历史上为吴头楚尾,现代为鄂南、湘北长江南岸,洞庭湖汊,黄盖湖东岸。夜珠桥村东连新店镇蒲首山村,西接雨亭岭村与朱巷村,北依幕阜山余脉——蒲首秀峰,南与湖南临湘坦渡乡、定湖镇隔河相望。一条碧绿的潘河(又名新溪河)绕村而过,是历史上出口亚欧、中俄砖茶和茶麻运输出口的黄金水道,该村成为航运始发点,昔日有"小汉口"之称。

在夜珠桥村这片土地上,很早便出现了人类的痕迹。据考古发掘,在潘河流域的南洪家洲、鹰鹏山嘴出土了石刀、石斧、石凿等旧石器时代原始人的用具,足见潘河流域是中华民族的祖先繁衍生息之地。

至战国时期,雄踞南方的楚国曾在此建立了一座城邑,即今土城遗址。该城由泥土夯筑而成,是我国目前发现的一座保存较为完好的楚国城邑。土城的发现,将夜珠桥古人活动的历史推至2500年前。

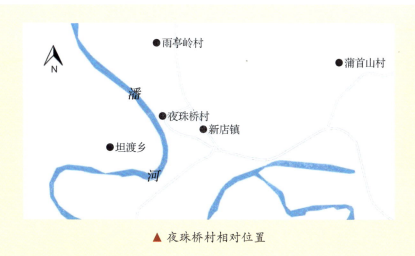

▲ 夜珠桥村相对位置

秦汉时期,夜珠桥村隶属沙羡县,至东汉建安十六年(211年),于此设太平城。三国孙吴黄武二年(223年),设蒲圻县。天纪四年(280年),新店夜珠桥隶属郢州武昌郡蒲圻县,土城继续利用。《大明一统志》载:"吴孙权遣鲁肃征零陵,于此筑城。"

夜珠桥村"桥"的历史,最早可追溯至北宋仁宗时期。据传说,嘉祐七年(1062年)新店茶商老板周子才为了方便镇上运茶,特意建议在新店街道夜珠山畔建一座石拱桥,得到广大商行老板与地方官员的响应。周子才带头出资、出人、出力,从湖南常德、江西修水水运条石,历时三年修成三孔半圆石拱桥。由于桥建在夜珠山旁,故名"夜珠桥",又因纪念周、朱夫妇修桥之功,别名"周朱桥"。

到了明代初年,夜珠桥村新店港口开始采用麻青条石建筑,至崇祯十七年(1644年)经历约300年的时间,石板街逐步形成。明万历年间,在石板街沿河修建三座石桥,通跨湖南、湖北两省。清同治时期,夜珠桥村新店石板街已有居民1000多户,羊楼洞砖茶在此装船外运,形成亚欧、中俄万里运茶航运始发点盛况。然而到了民国时期,随着粤汉铁路全线建成,运茶开始放弃水路而走铁路,夜珠桥村也走向了衰败。可以说在长达2000多年的历史长河中,夜珠桥村始于汉晋,兴于唐宋,盛于明清,衰于民国。

夜珠桥村,1949年前属蒲山乡,之后属新店街道,1958年属赵李桥人民公社新店管理区,1961年属新店公社,1984年属新店镇,1986年属新店乡,1987年属新店镇。2004年5月成立夜珠桥村。现在的夜珠桥村,有湖北省文物保护单位4处,赤壁市文物保护单位1处,并与黄盖湖、蒲首秀峰相依,其历史悠久,风景秀丽,人才辈出。

## 二 村镇资料

### (一)建筑遗存

夜珠桥村历史悠久,文物古迹众多,在全国第二、三次文物普查中,登记的有保护完好的古街3条,古民居113户,古寺庙2座,古井5个,古码头6座,古桥4座,古墓1处,列入省级重点文物保护单位4处,市级文物保护单位1处,为研究鄂南、湘北古建筑、桥梁提供了宝贵的真实资料。

#### 1.明清石板街

始建于明洪武年间,石板街总长1800多米,现存1100多米,宽5米,共有3条街,即民主街、建设街、胜利街。石板街以麻青条石铺成,两边为商铺门店。与之配套的条石建筑还有潘河护砌、船码头、圆拱桥等;民居店铺以石柱门框、条石门槛、木雕花格门窗为主体。民宅古朴典雅,风格独特,雕梁画栋,民宅中有天井、亮斗、木楼梯及大量明清风格的家用品。石板街尾有万安桥(大石桥)连通临湘街,经夜珠桥与坦渡桥连通湖南坦渡街。

新店明清石板街总体构架呈"T"字形。"T"字的一横,沿河排列着大小码头及茶馆,这种布局是古时水运及茶文化的真实反映。"T"字的一竖,则是陆上商贸主干道,绵延千余米,有商铺无数。其特征反映了当时水陆交会的特点。

在众多的商铺中,尤以茶馆最具特色。据当地人介绍,由于当地所产的粮食、木柴、苎麻、茶叶和山区各县运来的各种山货需要通过水路运至武汉,而茶馆为运输洽谈提供了便利的场所,茶馆业应时兴旺起来。据说,那时运货到新店的船老板空舱之后,需要带点回头货的,唯一的途径就是去茶馆喝茶,招揽生意。此外,茶馆还是船工们上岸来放松筋骨、听书呷茶的好去处。

新店镇的兴衰,与鄂南茶业兴衰有着密切的关系。由于鄂南地区具有得天独厚的生态环境,这里非常适宜茶树的生长,种茶、制茶、贩茶业始于汉晋、兴于唐宋、盛于明清,一直持续至今,并且还造就了当地著名的羊楼洞茶区。

据载,新店的兴起是在明清时期,特别是清朝末年,由于《中英天津条约》的签订,汉口于1861年正式向西方列强打开了贸易的大门。中国丰厚的物产吸引大量的外商涌入内地,而羊楼洞茶叶也成了国际茶叶市场上大受欢迎的产品。尤其成了亚欧人酷爱的饮品。俄罗斯商人在汉口设点,大量采购产自羊楼洞的红茶和砖茶,有的甚至直接跑到羊楼洞、新店亲自收购。在出口贸易的刺激下,鄂南茶叶种植规模迅速扩大,并成为当地的支柱产业。而从羊楼洞出产的大量茶叶,必须经由新店茶港,水运到达汉口,再转道上海、北京、张家口,运往蒙古、俄罗斯,乃至中欧和西欧。从明朝时期开始,新店就以水运立镇,成为鄂南第一大古茶港。

据当地的老人介绍,新店河边原有几十座石阶码头。当年的太平桥码头,桅杆林立,沿河设有几百米的吊脚楼,商人云集。兴盛时,沿河建有鳞次的民居,栉比的商铺,常住人口数万人,流通人口有近10万之多,无数的商船往来穿梭。那个时候,停靠在新店河两岸的船只密密麻麻。有川帮柏木船、下江盐船、湘河快艇、装窑货的大楼船,还有小火轮。山货土产,京广百货都在这里转运集散。当地批发、包装、搬运、物流业十分发达,甚至青楼业也应运而生。由于百商百业繁盛一时,新店因此也有鄂南“小汉口”之称。“茶去如流水,银来如堆山”就是对当时古茶港最辉煌的记载。

20世纪50年代发生的特大洪水使古镇街新店变为泽国。为防止灾难重演,当地政府在黄盖湖筑坝兴修水库。此后,潘河不再与长江相通,新店镇明清石板街作为水运茶港的历史也彻底地湮没在历史的风尘之中。

现在,夜珠桥村明清石板街的整体风貌保存完好,在潘河北岸有6座清代石码头,码头岸边有清代晚期搬运公司,吊脚楼200多米。夜珠桥村明清石板街于2002年被湖北省人民政府批准为第四批省级重点文物保护单位。

夜珠桥村明清石板街的形成也与当地商贸的发展密切相关。由于原来的沙土街面不适应商贾云集的新形势,于是,商户集资修建石板路面。所用石板均由江西、湖南运来。新店石板街根据当地多雨的特点(年平均降雨量1604毫米)和财力状况,其构建格局为立体型,即在街心地下先抽槽,槽两边护砌片石,然后将条石一块一块地横加于槽上,槽下为

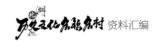

排水沟。即使大雨降临,亦可保街上不见浊流。同时,视街道宽窄,再在横铺的条石两旁竖向加铺1～2块条石至街沿。这样,街心横排水,两旁竖铺,形成"梯式"平面。横用条石长宽厚一般为120厘米×50厘米×30厘米,竖用石板一般为150厘米×60厘米×30厘米。石料全部为耐磨性的麻石(花岗岩),至今无裂痕。

夜珠桥村明清石板街的两侧密布临街铺面。石板街多为"前店后宅"和"下店上宅"等式。店门面的形式有两种:一种是"敞开式",即临街排设多扇木板门,白天全部拆卸,屋内设柜台敞开营业,这种形式的占多数;另一种是"封闭式",有的是"一明两暗"或"三开间",大门双开,中间为堂屋,堂屋两侧设柜台,顾客在堂屋购物,据说,这种是当时比较富裕的商户特色或者说是一种符号。

石板街竹筒屋的建筑特色有一个明显的特点——"一开多进",窄而长,进深大,一般在五进以上,有八进、九进,呈多进布局,宽仅5米左右,开似竹筒,故称为"竹筒屋"。竹筒屋居室不横向发展,楼下一侧留出一条连通前后的长廊,所有居室都向长廊开启门户,居室以"鼓皮"做隔墙(以木板取代砖墙,敲打时如击鼓嘭嘭作响)。竹筒屋的铺门也为"敞开式",但与其他"敞开式"铺门有所不同,那就是门面一侧开一单扇门,仅能容一人侧身进出,供夜间使用,因窄小,有防盗、防抢的作用。现在仍然有100多户商铺继续经营。

日本神奈川大学建筑学科教授高桥志保彦先生,带10多名学生来考察并题词:新店古镇非常了不起,为了全世界请永远保护下去。原国家建材工业部基建局长李秉范同志甲申年题词:石铸明清史,水融湘鄂情。

新店名街石板街保存的红色革命遗址包括:张计储旧居、鄂南特委书记漆昌元殉难处、三五九旅新店筹粮处等。

**2.夜珠桥(残桥)**

夜珠桥,位于新店镇南街东南600米,又称新店桥,建于明代正德年间(1506—1521年)。西北至东南跨益阳港。三孔石拱桥,长40米,宽5米,主孔跨8米,北次孔跨7.6米,南次孔跨6.5米。拱券纵联砌置,桥面两侧设石护栏。

**3.万安桥**

又名过河桥,位于赤壁市新店镇西南600米。八孔石墩石梁桥,其桥体为石板结构,南北向跨新店河,连接湖北、湖南二省。桥长130米,宽2米,高7～9米,八孔等跨,孔跨15米,桥墩为青石块垒砌,省界处有伸出的龙头石雕作为标志。现桥面建水泥板,水泥板下尚保存少量的青石石梁,桥墩两侧有锥形分水岭。该桥建于清代,为研究鄂南地区桥梁建筑工艺提供了实物资料。

当地传说,石桥刚刚建成的时候,两岸的居民因为建桥和修桥费用分担不均,发生争执,险些要打架。当地一位老人为此作诗劝说大家:"万一要打架,安保不拆桥。"结果,幽默风趣的打油诗还真的平息了纷争,两岸居民在茶馆里,通过协商,自此以后世代友好、和谐相处。而此桥也被称为"万安桥"。

▲ 万安桥（刘亚光　摄）

#### 4.佟侯永禁碑

　　位于夜珠桥村明清石板街墙面上，为清代碑刻。碑文记载，清朝康熙四十年（1701年）十二月红、白两船帮因赛神会、玩龙灯争地段而发生械斗，造成多人受伤和死亡。湖广武昌府蒲圻县令为平息事态亲临石板街，为制止两船帮再起纷争，决定立"佟侯永禁碑"，以划分红、白两船帮的地界。但以哪里为界？碑立何处？双方争论不下。最后确定由一黄姓壮汉抱碑从新店上街头向下街头走，走到哪里，碑就立在哪里。碑最后放在了商人陈光发门口。双方商定将石碑嵌在此屋墙面上，作为红、白两船帮分别管辖之界址。石碑上首为红船，下首为白船，各守分管地段，永不闹事。

### （二）历史人物资源

　　鲁肃：三国时期孙吴大都督，修筑土城，传说常居夜珠桥村新店街。今夜珠桥村王爷庙，即供奉鲁肃之神像。

▲ 佟侯永禁碑（刘亚光　摄）

周子才：北宋嘉祐年间进士，筹资修建夜珠桥。(《湖北通志》)

周登仕：宋朝进士，建新溪书院。(《湖北通志》)

魏观：明朝人，自幼在夜珠桥村新溪书院读书，后被授"国子助教"并被委以"浙江按察司监事""两淮都转运使"，先后任"礼部主事""监酒大臣"，最后被委以督"四川行省"的封疆大吏。(《大明一统志》)

黄昌谷(1889—1959)：字贻荪，新店泉坑垄人，出身于书香世家。民国初年毕业于北洋大学工科，后由汤化龙资助留学美国哥伦比亚大学，获矿冶硕士学位。1921年应孙中山邀请，赴广州任其侍从秘书、大本营会计司长、黄埔军校教官。黄昌谷深得孙中山的信任，孙中山在各地演讲《建国方略》《建国大纲》《三民主义》等大都由其记录成书。1925年3月，随孙中山赴北京。1926年3月17日，北京各团体在北京大学举行联席会议，决定18日在天安门召开国民大会，举行示威游行，反对日、英等"八国最后通牒"，黄昌谷与李大钊、林森、于右任等13人被推举组成大会主席团。北伐军进入武汉后，黄昌谷先后担任武昌市市长、湖北省政府委员兼教育厅厅长、湖北省建设厅厅长等职。

张计储(1902—1928)：别名传清、继渠、计枢，夜珠桥村新店街道人，家清贫。1920年考入湖北外语专科学校，常与武汉中学同乡学生交往，受董必武影响，接受马克思主义。1921年加入中国社会主义青年团，次年转为中共党员，1924年赴苏联莫斯科东方劳动大学学习。北伐战争前回国，任国民党汉口市特别党部宣传部部长兼中共湖北地方委员会秘书部部长，与何恐等人领导武汉地区学生运动。1926年8月，张计储任汉阳兵工厂罢工委员会秘书。9月1日，起草《汉阳兵工厂工友罢工响应国民革命军通电》，组织工人配合北伐军攻占武汉，后被选为武汉码头总工会委员长。1927年1月张计储率码头工人冒雨参加反英示威游行大会，会后码头工人冲进英租界，驱逐英巡捕，将"码总"大红旗插在英租界内沙包上，把"码总"招牌挂在英领事馆门前，迫使英政府与武汉国民政府签订"汉案""浔案"协定，将汉口、九江两地英租界交还中国。5月，张计储任湖北失业工人救济局局长，设法救济武汉14万失业工人。夏斗寅叛变时，组织11支码头工人宣传队上街演说，并训练工人纠察队员，创办《铁肩报》，呼吁工人维持后方秩序。1927年9月，张计储被派往荆州、沙市等地组织农民秋收暴动，任中共鄂西特委书记。1928年5月，沙市特委机关遭破坏，张计储被捕牺牲，时年26岁。

漆昌元(1904—1927)：小名辰保，别名时杰、善长。1920年考取武汉两湖师范学校，后又入武昌医科大学，任学生会主席，后被选为省学联执行委员。与恽代英结识后，由恽代英介绍加入共青团，1924年转为中共党员。1925年2月，漆昌元回县发展革命组织，成立国民党蒲圻县特别区分部。国民党蒲圻县第一次代表大会召开时，经董必武提名，漆昌元以省党部特派员身份到会作指导。1926年漆昌元发动铁路沿线工人、农民支援北伐军，动员、组织中学生下乡宣传革命。北伐军临近县城时，漆昌元与沈国祯组织30多名学生成立"敢死队"，把大爆竹装在铁桶内，半夜在城南鸡公山、应家山、铁山、马家后山等山顶上同时点燃,十几支快枪也同时鸣放,形成四处枪炮声。北洋军阀驻蒲圻部队以为革命军打来,吓得迅速离开县城,漆昌元带领学生出城迎接北伐军。1927年,漆昌元调任鄂南巡视员。八七会议以后,湖北省委派吴德峰、黄赤光等人到蒲圻成立鄂南特委,领导秋收暴动,漆昌元任农民军第一路军总司令。9月8日晚,漆昌元与石谷、汪远本组织农民300余人在中伙铺车站拦截了国民党政府军押运的火车,缴枪16支,子弹5箱以及纸币、光洋等,打响了秋收暴动的第一枪。紧接着,漆昌元带领20多人到新店,做县人民自卫团团长刘步一的工作,不料刘步一与当地驻军勾结,将漆昌元杀害(即"新店事变")。鄂南秋收暴动因此失败。

### (三)非遗资源

**民风民俗**

夜珠桥村春鱼文化:以新店潘河内一种特有的春鱼为载体,以民间一对青年男女悲壮的爱情故事为主线,对坚贞不渝的纯真爱情给予美好的寄托与颂扬。相传春秋战国末期,各国互相征战,到处招募青壮年当兵。新店潘河上游望湖山下有对青年男女,男的叫春哥,女的叫春妹,相恋结婚后不久,由于春妹美丽漂亮被特尹看中要纳为妾,将春哥强招去当兵。春妹死守贞洁不肯改嫁,每天到望湖山上盼望丈夫归来,哭瞎了双眼,踩穿了山上的石头,后闻丈夫死讯而猝死。春妹与春哥的坚贞爱情感动了观音菩萨,将春哥与春妹点化为鱼,每逢春暖花开的季节,到望湖山下潘河碧水潭相会一次。后来人们将望湖山改为望夫山,碧水潭改为相会潭,并在此建有碧潭寺、七星庵。

由此,新店潘河每逢桃花春汛的时节,河内有一种特有的春鱼成群结队从黄盖湖上游逆水而上,到土城南侧相会潭为止,夏初自然消失,全国众多江河湖泊唯独此处。春鱼既能做汤,又能当菜。唐朝和明朝时是贡品。1972年日本首相田中角荣访华,点名要品尝春鱼而未果,周总理深感遗憾。

还有与之关联的放荷灯、盂兰大会等。

郑斌搜集整体的《春鱼望夫》民间叙事诗,由万立皇先生申报省非遗,并出版了专著《春鱼情》。

夜珠桥村龙舟赛:又称划龙船,历史悠久,享有盛名。石板街沿河对面有一沙滩叫响水吟滩,传说是乌龟精驮屈原投江死后尸体回稀归入长江,被江猪精抢食误入黄盖湖,至潘河沙滩躲避江猪精,观音老母见屈原尸体摊放沙滩而惋惜流泪,化云雨遮掩,本地叫天流泪。奇怪的是,只要夜珠桥村潘河划龙船必下一阵雨,尔后万里晴空,古今如此。

每年五月初五早饭后,湖南和湖北临、蒲两县人们涌向夜珠桥村石板街,河边人山人海,十分壮观。两只龙船队由湖南李家和夜珠桥村葛家组成,先由万安桥出发,叫展赛,直抵射和庙下。再由主持人(即现在的裁判)手执红旗,待两船靠在横线边,便一声号令,龙船似离弦之箭,脱缰之马,向前冲刺,船两边水花飞溅,浪遏飞舟。水手们高喊:"划呀!划呀!"两岸助威的喝彩声、呐喊声惊天动地。到达终点,船上举旗人从船头跃起夺标,一般

红标挂在万安桥墩之间,先夺标者为胜。

**板凳龙**:相传始于三国时期,盛行于唐、明、清三朝。板凳龙又叫子龙,即"小金龙"的意思。龙扎在板凳上,四只凳脚象征龙的四足,头尾伸出凳外,龙身固定在板凳上,内置蜡烛或其他能点亮的东西,舞龙者双手或单手执凳脚玩舞。板凳长度以玩者双手攀着为宜。一人一龙,或多人组合。玩板凳龙也有音乐,也是用脚盆鼓、大铜锣、钹,还有大小唢呐。一般是快、慢、中快慢等节奏,现代仍在沿用。玩板凳龙的时间可长可短,玩的形式有:子龙赶海、鲁肃围城、圣母叠顶、孔明拜师、月夜观火等。板凳龙玩耍有十几个名堂,都与三国文化有关,如子龙戏圣、孔明观书、周瑜定计、庞统连环等。舞龙人穿的衣服大都是对襟上衣,黄色或红色,下身穿灯笼裤,白色鞋,腰身、头上扎带或不扎红色带。

(整理者:刘亚光,曾成)

## 参考文献

1.刘晓航.穿越万里茶路[M].武汉:武汉大学出版社,2015.

2.湖北省蒲圻市地方志编纂委员会.蒲圻志[M].深圳:海天出版社,1995.

# 大汉皇村
## ——刘家桥

## 一　村镇概述

刘家桥村,位于中华桂花之乡咸宁市咸安区桂花镇,是一个繁衍了五个半世纪的古老村落,这里不仅有着多处古民居群,还是著名的书香门第和科举名村,有"墨庄世第"之称。据初步统计,刘家桥虽只有几十户人家,但在民国前却有举人2人、贡生4人、庠生6人、秀才23人,因此刘家桥既是湖北省重点文物保护单位,也是著名的历史文化名村和全国特色旅游名村。

刘家桥始建于明成化九年(1473年)。相传,汉高祖刘邦同父异母的幼弟——西汉楚元王刘交,被封为"彭城王",其第五十三代后裔刘用谋,跟随明太祖朱元璋起义。天下平定后,"用谋府君明洪武三年(1370年)由亲军都指挥升任副总戎南征军,还改镇湖广岳州,十一年以病乞休,卒咸宁驿署,府君葬本县三都南竹园"。①后来灵柩迁移到刘祠,其后人便在刘祠安居创业,繁衍生息。至第六十代后裔刘伯常偶然发现刘家桥四面环山,中间有一大片开阔地,状如葫芦,土地肥沃,一条小河从中流过,是一块难得的风水宝地,于是带着小儿子刘如鹤来这里兴基创业,于明成化九年(1473年)始建老屋、下厂(用于竹麻造纸)、鹤皋学校(2000年被拆毁)、石拱廊桥。后崇祯三年(1630年),又由刘如鹤后代刘世宏分支出来建了上新屋,再由刘世宏的后代刘大本分支出来建了下新屋,至清朝道光十三年(1833年)刘家桥村才全部建成。②

刘家桥古民居群由老屋、下厂、上新屋、下新屋四处古民居构成,皆依山傍水而建,规制恢宏,占地面积共35000平方米,大小房屋840间,楼道38条,天井54个。受地域和地理环境的影响,刘家桥村建筑均为湖北合院式民居院落空间结构形式的"天井式院"民居建筑,这种建筑极大地满足了刘家桥人房屋通风、防潮的要求。如今,刘家桥共有村民779户,全村人口3649人,全村土地面积1153公顷,其中居住面积21公顷,森林面积747公顷,耕地面积281公顷。

---

① 《刘氏宗谱》,湖北省咸宁市桂花镇文化站藏,1989年续修。
② 刘明恒:《古村神韵——大汉皇族村刘家桥巡礼》,黄河出版社2015年版。

刘家桥村地处咸安区、通山县、崇阳县三地交界处,东南与川村相邻,南与通山县大路镇、崇阳县田心镇交界,西与汀泗桥镇相连,北与马桥镇毗连,属华彬金桂湖低碳示范区内。地貌以山地为主,四面环山,地势四周高、中间低,东北有铜鼓尖山,东南有界水岭,南有大山垴,西南有常轮山支脉金龙尖,村中有白泉河穿过。土壤类型以蟒皮土、泡红黏土、酸性紫泥土、黄沙泥土、火石渣子土、马肝土为主。刘家桥属亚热带季风性气候,四季分明,气候温和,日照充足,雨量丰沛,严寒酷暑时间短,无霜期年平均258天,年均降雨天数150天,降雨量年均1531.4毫米,季节变化明显,降雨量集中于春、夏两季,各占全年降雨量的36%。这种优越的气候,极大地促进了刘家桥农业的发展。

跨入新世纪,在有关部门的大力支持下,制定出了刘家桥旅游开发总体规划,刘家桥古民居的保护和开发工作结合新农村建设有条不紊地进行,取得了显著成效。2005年其古民居建筑群被列为湖北省重点文物保护单位,2010年6月被省人民政府授予"湖北旅游名村"称号,2011年被住房城乡建设部、国家旅游局评为"国家特色景观旅游名村",2014年被住房城乡建设部、国家文物局评为全国第三批"传统村落"。

## 二 村镇资料

### (一)建筑遗存

**老屋(彭城世家):** 老屋古民居群始建于明成化九年(1473年),整体建筑以天井为中轴,平面布局严谨,属典型的"天井式院"民居建筑。老屋皆为四重建筑,从山脚下拾级而上是月台,月台所接正大门,阴刻"彭城世家"四字。再进门有一门厅,设有屏风门,进门处的空间为厨房及储藏间,上三级台阶是一进正房房屋及厅堂,厅堂高大,不设隔断,屋顶巨梁横跨,气势恢宏。房屋之间都有侧门和青石板小巷相连相通,关上正门和侧门则每栋房屋自成一体;打开门则四通八达。老屋以青瓦盖顶,其垛墙斜伸,四周建筑出檐很深,既可集雨水流向天井,又可防止雨水溅湿房屋木结构。有诗云:"一进三重老屋深,山为靠背水为魂。彭城后代来咸邑,蛇岭前川立宅门。牖叠青钱开富贵,堂悬金匾耀宗亲。山歌俚曲招游客,吴楚民风古韵存。"①此外,老屋也是祠堂所在,既是菩萨的陈放

▲ 彭城世家

---

① 刘明恒:《古村神韵——大汉皇族村刘家桥巡礼》,黄河出版社2015年版。

地，又是刘伯常后代牌位的安顿地，还是刘家桥刘姓三门拜祖的圣地。

**下厂：**下厂古民居群修建于明代成化九年（1473年），为三重建筑，并有三座石门楼，每座门楼有石鼓一对，连五排列，面阔15间，门楼前排有马蹄墙15座，属于龙嘴式建筑风格。下厂古民居群以砖木结构为主，建筑主体材料为青砖，仅楼下部分隔墙有部分泥；室内则以木结构为主，门窗上皆有雕刻，雕工精细，结构严谨，具有很高的艺术价值。

**上新屋：**上新屋古民居群修建于清朝道光十三年（1833年），皆以青砖青瓦建造，屋内房与房相连，井与井相通，有明有隐，迂回曲折。民宅内门饰、漏窗、壁饰、匾额、彩书、楹联、基石、碑刻、花栏等，装点民居内外要处，形成独有的建筑风格。

**下新屋：**下新屋古民居群由楚元王交第六十五世孙刘大本，于清道光十三年（1833年）修建。下新屋古民居群属于二重建筑，如上新屋一般，以青砖青瓦建造。堂屋高大，每处堂屋后面有圆石墩2个，并雕有兽图案，石墩上是2根支柱，支撑整个堂屋，顶部大部分为穿斗、抬梁式建筑风格，梁上雕有楼亭阁兽花鸟等图案，主体房屋两侧建有2排厢房，走道相通，房屋相连，保存完好。

**桥、亭：**刘家桥，建于明代成化年间（1465—1487年），第一次维修于道光十三年（1833年），第二次维修于1984年。刘家桥属于石拱桥，独孔，拱形，垒石而成，横跨在白泉河上。桥上盖有廊亭，廊亭内梁雕有龙凤八卦图，青瓦盖顶。两侧桥身用青砖建起2米高的方孔花格拦护墙，墙内置有长凳，供来往客人休息。廊桥上有刘纯燮的对联一副："水秀山青古道萦纤墨第，峰回路转小桥飞跨刘家。"

**碑刻：**彭城世家复修功德碑。

**碑文：**《重修月台序》

余祖筑室于前二百余年矣。前临溪水，后枕山麓，地极高门，内外垒石为级，色青绀。虽雨湿奈积久渐滑，且欹侧不敢大踏步出入，稍率意即跌。久欲更为之力薄，未能也。丙辰夏集众议咸欣。然且谓数十烟户，无宽敞闲旷地为暴晒场。计便盍推广两旁而衰其面积为平台，形周以石斓。值岁

▲《重修月台序》碑

时伏月，家人早晚集台上，乘凉纳日，起坐笑语，粗堪适意。而儿童蹴鞠之戏，农夫负担之忙，亦可相容相让焉。若夫，自门至河路荦甚碨磊隙者辅之，坥者易之，庶两有裨益也。佥曰善求是九鸟工，赀石不日告竣。呜呼，可谓便矣。予曰嘻此也，岂僅便盖乎。民居哉将以容高东驷马，亦在乎是爰为之勒碑以誌不朽。云是为序。

考基德堂氏敬撰并书丹

民国五年岁次丙辰季秋月毂旦公立

（刘德堂，克字牌，号德堂，字考基，教书先生写《重修月台序》）

碑文：《补修刘公桥碑》

贡生刘克明捐钱壹拾贰千文

刘才高捐钱壹千三百卅文

魁榜捐钱壹千三百卅文

兆宋捐钱壹千三百卅文

势（势）昂捐钱壹千三百卅文

光耀捐钱壹千三百卅文

臣川捐钱壹千三百卅文

纯（纯）一捐钱壹千三百卅文

慎厚捐钱壹千三百卅文

天禄捐钱壹千三百卅文

生员炳元捐钱壹千三百卅文

奠初捐钱壹千三百卅文

以敬捐钱壹千三百卅文

道光十三年三月吉旦

▲《补修刘公桥碑》

## （二）历史资源

### 1.人物资源

刘家桥历史底蕴深厚，在历史上诞生了许多著名人物。

刘交：楚元王刘交，出生年月不详，卒于公元前197年，字游，汉高祖刘邦同父异母的弟弟，是高祖三个兄弟中最优秀的一个，也是刘氏四兄弟中文化程度最高的一个。史称刘交年轻时即好读书，为人多才多艺，有大志。曾与鲁人穆生、白生、申公一起到荀子门徒浮丘伯门下学习《诗经》。后因秦始皇焚书坑儒，才被迫离去。

在刘邦的兄弟中，刘交的思想与刘邦的最接近，因而深受刘邦的信任和宠爱。刘邦在丰沛起义后，刘交跟随刘邦打天下，成为刘邦的得力助手和亲信。入关后刘交受封文信君，随刘邦转战各地。因此，刘交为汉家天下的创建立下了汗马功劳，是汉朝的缔造者之一。汉家王朝定鼎之后，刘邦分封天下。汉高祖六年（前 201 年）刘邦废楚王韩信，将其领地一分为二，刘交因跟随高祖打天下有功，被封为楚王。刘交同年就国，定都彭城（今江苏徐州市），遂从长安徙居彭城，开基楚藩王族。①在众多的汉家刘氏藩系中，由刘交开创的楚藩王族是排行最小的一支，但也是最杰出和最庞大的一支。这个家族不但人才辈出，产生了最著名的学者刘向、刘歆父子，而且人丁兴旺，后裔繁衍极盛，构成后世刘氏族姓中的重要组成部分。今日天下刘氏，十之二三都是刘交的后裔。

刘用谋：汉高祖刘邦同父异母的小弟彭城王刘交的第五十三世孙，号尉山，跟随朱元璋起兵，洪武三年（1370 年），由新军都指挥晋授副总戎，统南征军，镇守岳州（今湖南岳阳），洪武十一年（1378 年），携子刘元武告老还乡回江西，途经咸宁白沙，不幸病故。

刘元武：一说刘元牙，咸宁第五迁始祖，刘用谋之子。洪武十一年（1378 年），刘用谋以病告休，返回江西瑞州天宝，刘元武随行，途经咸宁，不幸卒于白沙，灵柩落放当地包方村，后迁移到刘祠下葬。刘元武便于刘祠安居创业，繁衍生息。

刘伯常：彭城王刘交第六十世孙，号白常公。刘伯常偶然发现刘家桥是一块风水宝地，便带小儿子刘如鹤来这里兴基创业。始建老屋、下厂（用于竹麻造纸）、鹤皋学校、石拱廊桥。

刘如鹤：刘伯常幼子，号阴皋，鹤皋学校（2000 年被拆毁）建立者。有家训云："不求富贵在，但愿子孙贤。"

刘世宏：刘如鹤二子，上新屋建立者。

刘大本：刘世宏曾孙，下新屋建立者。

**2.匾额**

匾额是古建筑的重要组成部分，作为古民居村落的刘家桥自然保存了许多匾额。据统计，"文化大革命"前刘家桥村存各类匾额 50 余块，"文化大革命"期间被毁 40 余块，如今仅保存约 10 块，即"同甲花荣""金石坚贞""清樗彤管""耳顺眉齐""瑞纪厥珉""不老惟椿""嘉觌曼寿""荣耀重熙""父子明经"等。

**3.迁徙情况**

据《刘氏自彭城五迁始末》，汉楚元王交以汉高皇帝之母弟肇国彭城，传二十二世彭城郡公玄嘉府迁于江南晋陵之丹徒，三十三世祖吉州刺史讳询字孟禽府君迁豫章之新渝，三十七世祖讳祥字克勤府君迁清江之清泉，四十五世祖宋新昌令宗宝讳淳府君迁江西瑞州府新昌县之天宝，五十三世祖讳谟，字用谋，号尉山府君，明洪武三年由亲军都指挥升授副

---

① （西汉）司马迁：《史记·卷五十·楚元王世家第二十》，中华书局 2007 年版。

总戎南征军,还改镇湖广岳州,洪武十一年以病乞休,卒咸宁驿署,葬本县三都南竹园。再传元五公生四子,宝一居江夏,宝二居武昌,宝三居咸宁上五都白水畈,宝四居咸宁三都,此三县四支所由分也。尉山公母弟都督佥事讳罶字用武,官四川广安州遂家焉。①

**4.民风民俗**

刘家桥村在历史上过着以农耕为主的自给自足的田园生活,同时又是书香门第,民风淳朴,风采独特。至今村里还存留许多古代用过的工具,如石碾、推砻、纺车、碾槽、榨坊、花轿、竹桥;至今还在使用的古代用具有犁、耙、风车、水车、连枷、晒垫、盘篮、簸箩、竹筒、石磨、舂臼、水臼、吊锅火堂等。不少农户家中还保存有祖传的关门床、太师椅、八仙桌、春台桌(书案),上面的花纹图案,雕工精细,形象逼真,精美动人。村里的婚丧喜庆,衣食住行,亦带有古朴淳厚的色彩。同时这里还存留许多古朴的民俗活动,如新年敬神、出方、玩龙灯、踩莲船、耍狮子、扭秧歌、哭嫁、抬喜轿、抬竹轿、打喜、偷房、满月茶、唱丧歌、栽田鼓、挖山鼓、唱山歌等。②这些民间习俗既带有刘氏家族的特色,又融进鄂南地域的习惯,加上地处鄂南山区,它的习俗就越发显得古朴而独特。

(整理者:潘洪钢,刘金成)

**参考文献**

1.刘氏宗谱.湖北省咸宁市桂花镇文化站藏,1989.

2.刘明恒.古村神韵——大汉皇族村刘家桥巡礼[M].郑州:黄河出版社,2015.

3.罗春烺.湖北古镇·诗情画意刘家桥[M].武汉:长江出版社,2016.

4.(西汉)司马迁.史记·卷五十·楚元王世家第二十[M].北京:中华书局,2007.

---

① 《刘氏宗谱》,湖北省咸宁市桂花镇文化站藏,1989年续修。

② 刘明恒:《古村神韵——大汉皇族村刘家桥巡礼》,黄河出版社2015年版。

# 第三篇

# 江汉平原

五龙捧圣 | 红色古镇 | 江汉遗珠 | 红军小镇 | 汉水古邑……

# 五龙捧圣
## ——周老嘴镇

## 一 村镇概述

周老嘴镇地处湖北省监利县北部，南距监利县城27公里，东北至武汉190公里，监仙、监潜两条省道穿境而过；总面积为155.3平方公里。周老嘴，因南面西荆河迂回东流，使该地形状似嘴，最早有一位姓周的老翁在此摆渡而得名，故称周老嘴（亦称周家渡）。

周老嘴镇历史悠久。夏商时期，属古南蛮地；西周时期，镇地属州国。公元前701年，州国为楚国所灭，地为楚属。公元前278年，秦军攻占今湖北中部地区，设南郡，镇地入于秦，隶南郡州陵县。公元222年，孙权分州陵设监利县，镇地属之。公元555年，后周取监利附近地区，设复州，镇地历隋唐皆属复州监利县。宋初分监利等县设玉沙县，宋末战乱撤监利县入玉沙，镇地隶玉沙县。元末复分玉沙设监利县，镇地仍属监利。明清时期，隶荆州府监利县。中华民国废府设道，周老嘴镇属荆宜道，后属湖北省第七行政督察区、第四行政督察区。土地革命战争、抗日战争和解放战争时期，周老嘴镇是红军、新四军和解放军的根据地，1928年就建立有苏维埃政权。1931年12月，周老嘴镇成立了湘鄂西省苏维埃政府。1949年5月，成立周老嘴镇人民民主政府，1976年设立周老嘴人民公社，1984年为县辖建制镇，2001年3月与周沟乡合并为今周老嘴镇。

周老嘴地属洪湖边缘地带，河湖港汊密布，小荆河、西荆河、内荆河、龙潭河、胭脂河五条河流在此交汇流入洪湖，因此，周老嘴镇又有"五龙捧圣"之称。在人挑马驮的年代，周老嘴借河流之便得以以舟楫运输，人们依河而居，形成自然聚落。来往的商贾、猎户等都求助于这里的渡船奔向四面八方，周老嘴因此成为一个渡口，也是后世所称的"古华容道"的必经之地。时至明代，这里商船、商客甚多，旅社、店铺之类的商业、手工业就此发展起来，形成了今日沿河街、老正街平行分布的格局。街道上"家户皆有纺纱车，隔户均有织布机，机杼纺织之声，比户皆闻"。明嘉靖年间，民间自发筹款修建了石板街道。到了清初，此地商贾活动更甚，周老嘴发展成为远近闻名的商贸集镇。

周老嘴镇三面环水，区位特殊，经水路可进洪湖、入长江，过陆路可通武汉和荆州，能守能攻亦能退，历来为兵家必争之地。早在战国时期，楚国就在周老嘴天竺山修筑章华台，以夸耀国力。三国时，曹植曾在此修仓囤粮，故周老嘴又有"仓库垸"之名。第二次国内革命战争时期,周老嘴镇曾是贺龙、周逸群等老一辈无产阶级革命家开创的湘鄂西革命根据地的红色首府,是湘鄂西省政治、经济、军事、文化中心,湘鄂西和红二军团的重要机关都设在此地。抗日战争时期,监利县抗日民主政府、国民党第一二八师都先后占驻过周老嘴。

　　周老嘴镇的历史地位和文化价值在湖北省乃至全国的小城镇中,都极为重要。始建于明、清两代和民国初年的古民居群集中分布在绵延千余米的古镇老街两旁,极富参观受教、旅游观光价值,现都保存较完好。1988年,周老嘴镇的湘鄂西革命根据地旧址群被国务院公布为第三批"全国重点文物保护单位";2005年,又被国家发展改革委、中共中央宣传部、国家旅游局等13个部委列为全国百处"红色旅游"经典景区;同年,周老嘴镇被住房城乡建设部、国家文物局批为第二批"中国历史文化名镇"。不少党和国家领导人,如董必武、廖汉生、朱镕基、温家宝等及社会各界人士都慕名莅临,参观周老嘴;省各级学校和机关团体也都把这里当成开展革命传统教育、爱国主义教育活动的基地;中央、省市等各级电视台、新闻媒体和电影制片厂也经常到此采访报道、拍摄影片,如电视片《长征启示录》《荆楚行》《老乡》和《枪声再起》等。现在,周老嘴古镇红色旅游景区被评定为国家3A级景区,其湘鄂西革命旧址群的社会影响越来越大,地位越来越高,对监利及周边地区的精神文明建设发挥着越来越强的引领作用,每年接待游客5万多人次。

## 二　村镇资料

### (一)建筑遗存

#### 1.遗址遗迹

**天竺山遗址**:天竺山遗址位于监利县周老嘴镇胡场村天竺山北州寺,其东临周天河,西距天竺村居民点200米,南距周老嘴镇政府4000米。遗址为台地,中间高四周低,呈不规则图形,周围为农田,种植有油菜等作物。台地上现建有四栋房子,台地周围可见散落汉砖、碎瓦片等,采集有汉筒瓦、陶平底碗残器及瓷片等。

**黄家哨上遗址**:位于监利县周老嘴镇鲁桥村8组(胭脂河旁),其东南临五显庙,西南临8组居民点。该遗址地势平坦,呈东南至西北分布,面积约9000平方米;根据现场调查,遗址距地表1.5米左右,且堆积较丰富,采集有青瓷残片等遗物,可辨器形为碗、罐、缸,依标本特征分析,初步推断为唐、宋、明时期文化遗存。

**御学台**:御学台位于周老嘴镇长河村,相传春秋时屈原在此设绛帐,教门生。楚王的子孙就在这个学校就读,故名御学台。

#### 2.历史建筑

**古镇老街**:古镇南临西荆河,依水自然形成沿河街、老正街两条并列的街道。东西向的贺龙大道与德昌路将古镇分为新、老两个街区。老正街全长628米,宽约3米,其建筑

▲ 周老嘴老街

沿街道南北相向排列,形成带状的空间格局。沿河街与主街平行并置,长约300米,宽约3米。

据《湖北省监利县地名志》记载,"民国初年,……农副产品贸易多集中于沿河街。老正街两沿除民居外,还设有各类杂货店铺以及茶馆、饭店"。老正街上有巷道8条,自西向东依次为英烈巷、复兴巷、康段巷、工农巷、龙家巷、茅草巷、崔琪巷、建设巷。众多巷道,使街道形成"丰"字形格局。明清时期,主街四面各建有一座栅子门,日出而开,日落而闭,形成简单的防御体系。古镇西荆河上的三座桥,东为龙行桥,西为红军桥,中为费家桥。商业的"街"和交通的"巷",构成了周老嘴颇具特色的街巷空间。

古镇现存的建筑始建于明、清两代和民国初年,其建筑具有明显的荆楚文化特色:一是小开间、大进深的空间布局和前店后坊、前店后宅的商住模式,有的建筑设有阁楼,既可以储藏货物,又可以起到隔热防寒的效果。二是穿斗式与抬梁式相结合的砖木结构,既节约材料,又满足了对厅房较大空间的需求,且易于扩建和改建。三是天斗与天井错落的空间形态,既满足了江汉平原小开间、大进深建筑采光、通风与排水的功能,又有"聚财""聚光""聚气"的文化意味和审美意味。四是独具特色的挑檐和灌斗墙,挑檐既能遮阳又可避雨,既是房屋结构的要件,又具有装饰的审美效果。灌斗墙一般用于建筑的外墙,具有隔热、隔声、防火的效果,其上装饰的墀头常以花草、凤凰图案为装饰题材,造型

▲ 天斗式建筑

生动、惟妙惟肖,既可使屋檐和墙身顺畅衔接,起承重、固墙的作用,又蕴含着对富贵吉祥美好生活的追求。

明清时老正街上还分布有烟草铺、药铺、百货铺、理发店、茶馆、饭馆、金银铺、当铺等店铺,面粉作坊、舂米行、糟坊、油料交易行、豆腐坊等各类作坊应有尽有,商品琳琅满目,行人交游如织,足见当时的繁华。

**3.红色建筑遗存**

湘鄂西革命根据地共有 323 处旧址遍布监利全境,其中集中分布在周老嘴古镇老街的重要旧址、遗址有湘鄂西中央分局、中国共产党湘鄂西省委员会、湘鄂西省苏维埃政府、湘鄂西省军事委员会等领导机关 48 处。1988 年 1 月 13 日,国务院公布湘鄂西革命根据地周老嘴旧址群为全国第三批重点文物保护单位。周老嘴镇老街上的湘鄂西革命根据地旧址群,是革命文化的典型体现和物化写照,它为研究我国革命历史,尤其是近代湘鄂西红色革命历史提供了重要的史实依据,具有高度的革命纪念价值,同时也对我国爱国主义教育起到一定的积极作用。

**周老嘴湘鄂西革命根据地纪念馆:** 位于监利县周老嘴镇老正街北侧 96 号,为全国第三批重点文物保护单位。该建筑于清咸丰年间兴建,1931 年 7 月至 1932 年 4 月这里曾设湘鄂西省军事委员会警卫师。1977 年 10 月,经监利县人民政府批准,民政部门拨款 3000元对该旧址进行初步修缮,筹办"周老嘴革命纪念馆"。1979 年 12 月,周老嘴革命纪念馆对外开放。目前,该建筑保存现状良好,建筑正中为主入口,上方有一匾额,上写"周老嘴革命纪念馆"。建筑第一进门厅陈列着贺龙同志的塑像,第二进为纪念馆陈列厅,展示了战争时期红军在周老嘴留下的革命足迹和战斗史迹。两侧的厢房曾是贺龙与周逸群工作和生活的地方,现仍按原貌陈列着桌椅等家具。

**湘鄂西省委会旧址:** 位于监利县周老嘴镇老正街南侧 117 号,现为住宅,为全国第三批重点文物保护单位。该建筑原为周玉邦(商号"周全济")祖辈所建。1931 年 7 月至 1932年 1 月,这里被设为中共湘鄂西临时省委会。1932 年 1 月至 4 月设为湘鄂西省委机关。1950 年周老嘴乡政府设于此,在该旧址原址上兴建房屋。人民公社时期为周老嘴管理区,后在此改设周老嘴指挥组。1976 年至 1979 年,曾在此办过街道集体织布厂。现为三开间两进式住宅,1986 年 6 月至 8 月监利县博物馆对其进行了维修,现保存现状较好。

**湘鄂西省军事委员会军医部旧址:** 位于监利县周老嘴镇老正街南侧 69 号,现为住宅,是全国第三批重点文物保护单位。该建筑原为罗迪生祖辈所建。1931 年 7 月至 1932 年9 月曾在此设湘鄂西省军事委员会军医部。1943 年为防日寇侵扰,拆毁了两座山墙,后为罗氏修复,现建筑保存状况较差。

除上述旧址外,周老嘴镇老正街上还有湘鄂西省苏维埃政府机关报《工农日报社》旧址、湘鄂西省政治保卫局旧址、湘鄂西省妇女生活改善委员会旧址、湘鄂西省工农监察委员会旧址、湘鄂西省委组织部旧址、湘鄂西省革命军事委员会旧址、湘鄂西省军械修造所

旧址、湘鄂西省邮政总局旧址、湘鄂西省财政部旧址、湘鄂西省苏维埃政府旧址、湘鄂西省前敌委员会旧址、中共湘鄂西省第四次党代会旧址等革命旧址。目前,这些旧址历经岁月洗礼仍保存完好,展示着周老嘴的红色革命历史和红军战士在此战斗、工作的历史足迹。

### (二)历史资源

周老嘴镇历史悠久,人杰地灵,境内古迹和动人的传说颇多。这些古迹和传说,为周老嘴镇增添了丰富的历史文化内涵,涵养着古镇人民,成为古镇人民享之不尽的宝贵财富。

**1.历史名胜**

**章台晓霁**:"章台晓霁"被列为监利古容城八景之一。据文物部门考察,监利周老嘴镇西1500米天竺村有数平方公里的古城址,相传为楚章华台遗址。[①]章华台,台高约34米,基广50米,平地兀起,气势雄伟壮观,被誉为当时"天下第一台"。当雨后初晴,登章华台,极目远望,楚天辽阔,湖光水色,目不暇接。唐初名臣尉迟恭曾请画工绘"章台晓霁"图画,缀以诗文悬于内壁,后仅存一片废墟。

**璇台涌月**:璇台东临周老嘴附近小彭家台。《监利县志》记载:"璇台,在县东,相传有夜明珠照此因名。"前人在此筑"璇台观",台高约5米,长宽均约10米,三面环水,台顶略呈圆形,迎水面陡峭突入胭脂河中。当中秋月夜,台侧古柳翠竹倒映水中,月影沉浮,清风徐来,水波荡漾,似月涌不断,后人题以"璇台涌月"。可惜今胭脂河已淤死,璇台亦已夷为平地,辟为良田。

**五龙捧圣**:远古时,天竺山似一颗明珠为五龙所戏,它位于周老嘴北隆兴垸中偏西。东有龙潭、明剅,北有顺风岭,西有河子里、沟子漩,五个高岭同时伸向垸中的天竺山。无论雨水暴涨,还是洪水泛滥,天竺山总是水涨山长,从莫能淹,屹立水中,故得"五龙捧圣"的美誉。

**胭脂河**:胭脂河是流经周老嘴境内渊口的一条古河,长17000米,宽100米,水深5～6米,水位随季节涨落,终年可行驶大木船。据说,"元末农民起义领袖陈友谅,曾驻兵黄棚口,有时他带侍妾乘舟游览于此河,清风徐来,水波不兴,两岸翠柳鸟语,景色宜人,或进两旁湖泊,采莲观荷。其侍妾深深爱上了这条河,甚至流连忘返,于是,陈友谅下令收缴河湖税银以'充侍妾脂粉费',故名'胭脂河'"。[②]现此河已逐渐淤塞成多段废河了。

---

① 目前学界关于楚章华台遗址,有多种说法,如荆州说、潜江说、监利说、武汉说等。明清《监利县志》俱载,章华台在县西北。监利县西北周老嘴镇天竺村遗址处据文物部门考察有大量秦汉以前的砖块瓦砾,其地望与古籍章华台遗址大致相符,实证则尚待发掘。据《左传》,楚灵王七年,"成章华之台,与诸侯落之"。杜预注:"章华台,在华容城中。"华容即今之监利县。高介华、刘玉堂在《楚国的城市与建筑》一书中也介绍楚灵王所筑章华台,位于今湖北监利县西北。

② 周老嘴镇人民政府:《周老嘴镇春秋》,内部资料,1994年2月,第18页。

**2.历史传说**

仓库垸的传说:《监利县志》记载,"仓库垸在县北40公里,相传曹植曾建城邑立仓库于此"。据传,公元208年赤壁大战,曹操攻打孙、刘联军时,为解决行军打仗所需粮草,曹操将周老嘴作为他的辎重后方,要他的儿子曹植在此修仓囤粮。于是,周老嘴镇鲁桥西北的垸子就叫"仓库垸",并一直沿袭至今。

五显庙的传说:位于周老嘴镇,据《监利县志》载,五显菩萨曾在此地焚烧过三昧真火,火光长现数月之久,当地群众惊恐万分,后有人说梦见在洞庭湖边一处高地可建庙宇,庙名五显,此火才熄灭。该庙建有大雄宝殿、三佛殿。

**3.历史人物**

柳直荀:名克明,笔名高方,1898年出生于湖南省长沙县高桥镇中兰村。1911年,柳直荀考入长沙广益中学,后入雅礼大学预科,1920年10月加入中国社会主义青年团,参加了各种政治斗争。1924年2月,加入中国共产党。大革命兴起后,柳直荀按党的要求,到湘潭等地开展农民运动。1926年7月,北伐军攻占长沙,柳直荀当选为新成立的省政府委员,并任省农民协会秘书长,为推动湖南农民运动蓬勃发展做出了重要贡献。1929年冬调任中共湖北省委书记,不久又任中共中央长江局秘书长和中央军委特派员。1930年初,柳直荀受命到洪湖革命根据地传达中央关于组建红六军的指示,并参加组建红六军,任军政治部主任。7月,红二军团成立,任军团政治部主任、前敌委员会委员。7月中旬,红二军团自监利向东北方向运动,歼灭长江、汉水间的敌军据点。柳直荀和段德昌率红六军第十七师,在监利赤卫队配合下,攻克了汪桥、观音寺、黄歇口、周老嘴等地。1931年3月,红二军团改编为红三军,柳直荀任红军政治部主任、前敌委员会委员。他与贺龙、段德昌等同志率部队打退了敌人的多次围攻,使湘鄂西革命根据地得到了巩固和发展。1932年3月,柳直荀任红八师政委,与师长段玉林率部参加洪湖苏区保卫战。5月,调任湘鄂西财政部部长,在此期间,他因坚决反对党内和根据地内已经发展起来的"左倾"错误方针和政策,被撤销在党和红军中的领导职务。1932年8月,柳直荀在周老嘴心慈庵牺牲,时年34岁。1979年,经湖北省人民政府批准,中共监利县委、监利县人民政府在柳直荀烈士殉难处——周老嘴心慈庵修建了柳直荀烈士陵园,李淑一为纪念碑题写了碑文,在详细叙述了烈士的生平事迹后,禁不住感慨,"极左败大业,遗骨楚江滨",并告诫后来者"团结戒自戕,江山血铸成"。

周琳:原名周新山,1914年出生于周老嘴镇的一个农民家庭,1926年就积极参加革命活动。1929年2月,鄂西游击大队成立,编入第二中队当兵。在段德昌领导下,参加了攻击白螺、毛市等地战斗。1931年3月,红二军团改编为红三军,随即北渡长江,进入鄂西北。1932年3月,周琳随鄂西北独立团回到洪湖苏区,参加瓦庙集战役,肺部被子弹打穿。5月,编入红七师,同月加入中国共产党。1935年11月参加长征。抗日战争时期,参加指挥了"保卫黄河、保卫延安"与保卫蟥蜊峪和枣林坪间黄河渡口的战役等。1939年春,参加中

共中央华北、晋西北战地巡视考察团,之后参加了"百团大战"和"南泥湾大生产",参与指挥了"四望山"的剿寇、剿匪战斗等。解放战争时期,任中原军区锄奸部副部长、江汉军区三团政委兼监沔县委书记、湖北军区第四师副政委等职,参加了指挥解放鄂西与武汉的战斗。中华人民共和国成立后,参加了组建中南空军和抗美援朝作战部队的工作,任中南空军政治部组织部长等职。1959年2月,任空军司令部通信兵部政委,为军队的革命化、现代化、正规化建设做出了贡献。1962年12月7日,因伤口复发转成肺癌在北京去世。

**4.历史事件**

周老嘴是红色革命圣地,许多重大事件和重要活动都发生在这里,许多重要决议、会议也都在此召开,由此不仅奠定了其湘鄂西红色首府的历史地位,而且在此也留下了无数英雄感人的故事。

湘鄂西红色首府成立:1927年,"七一五"反革命事变后,反动势力气焰嚣张,大肆捕杀共产党员和农民运动积极分子,革命陷入低潮。7月,周老嘴地区的第一颗红色种子——中共周老嘴支部成立,8月,中共监利县三区(分盐)委员会成立,中共周老嘴支部隶属三区管辖。1928年,贺龙、周逸群等同志来到监利,领导土地革命,先后开辟了湘鄂边和洪湖两个革命根据地。1928年10月,中共周老嘴乡支部委员会成立,杨明德任书记。1929年8月,鄂西临时政府从石首迁驻周老嘴。1930年,红二军团成立,同年9月22日在周老嘴设立了军事委员会。贺龙提议,"要把洪湖西岸建成红二军团的战略辎重后方"。1931年,"中共湘鄂西分局、苏维埃联县政府驻周老嘴。同年12月,在周老嘴心慈庵广场召开了轰动全国的湘鄂西省第三次工农兵贫民代表大会,正式成立了湘鄂西省苏维埃政府。湘鄂西根据地四十余县都派代表前来参加了大会。党中央、井冈山、湘豫皖、湘鄂赣、上海等地都派代表前来祝贺。1932年1月12日至30日,中共湘鄂西省第四次党代会在周老嘴召开,正式成立了中共湘鄂西省委员会"。①在此前后,中共湘鄂西省委组织部、宣传部、中国工农红军第二军团总指挥部、湘鄂西军事委员会等党政军团机关部门都设立在周老嘴。

湘鄂西革命根据地的革命斗争曾得到毛泽东主席的高度评价:"红军时代的洪湖游击战争,支持了数年之久,都是河湖港汊地带能够发展游击战争并建立根据地的证据。"②湘鄂西省苏维埃政府和省委的成立,是湘鄂西苏区历史上永不磨灭的两件大事,它不仅是湘鄂西红色历史文化形成的结果,而且也见证了湘鄂西苏区英烈为国献身的英勇事迹和不朽精神。

勇救美国飞虎队员:1944年5月6日,陈纳德将军指挥的美援华抗日空军第十四航空联队一架战斗机奉命从湖南芷江机场起飞,掩护中美混合联队轰炸汉口日军目标,返回途

---

① 周老嘴镇人民政府:《周老嘴镇春秋》,内部资料,1994年2月,第35页。
② 毛泽东:《抗日游击战争的战略问题》,《解放》1938年5月30日第40期。

中,遭遇监利县白螺机场起飞的十余架日军飞机阻击,坠落在周老嘴镇罗家村附近的下凤湖中,飞虎队员本尼达也因此身受重伤。日军为得到美军情报,在飞机失事地区展开疯狂搜捕。新四军第五师李先念师长接到美军救援指示,立即部署营救计划。在当地群众、游击队和新四军第五师的联合营救下,营救队员艰难而又机智地突破了日军的一道道封锁线,最终将飞虎队员本尼达顺利转交到前来接应的部队手中。2005年,本尼达偕妻子儿子来到周老嘴罗家村,寻访当年战机坠落的地方,感恩救过他的周老嘴人民,并约定将这份中美情谊世代传承。

### (三)非遗资源

周老嘴民间文化习俗秉承历史传统,多在春节或其他节日时进行,其形式有皮影戏、打鼓说书、扭秧歌、玩龙灯、玩采莲船、踩高跷、舞狮等。

皮影戏:主要流行于农村,秋收或节假日尤为盛行。皮影戏的各种人物、道具系用黄牛皮纸雕刻而成,然后涂以彩色颜料,使之生动可感。表演者一般为3~4人。"舞台多为几张方桌搭成,台前用一张长约3米、宽约1.5米的白布作为银幕,两侧与后台用竹帘围挡。银幕后用灯光照射投影,并由艺人在幕后操纵各皮影人物的动作,配以说明和伴奏。"①皮影戏的唱腔分筒子腔(一称渔鼓腔)、歌腔和丝弦三种,前两种流行于监利北部一带,后者仅流行于县城。道白一般采用监利北部和沔阳方言,演出剧目达100多个,均为历史题材。

玩采莲船:又称"玩彩船",起源于渔民们的劳动,历史悠久,是春节期间主要的娱乐形式之一。采莲船一般用竹篾扎成,宽约1米,长约3米,表层用花绸彩纸裱糊,船上面装有亭篷。表演时,二女子立于无底船中,手扶亭柱,配合艄公,运动采莲船;另一艄公,手持竹篙,前后撑船;还有摆艄婆子——丑角,执扇于船后,左右扇船,动作滑稽。角色一般由男子饰演,演唱则套用地方民歌小调,艄公领唱,众人附和,伴有锣鼓。

踩高跷:监利高跷分文、武两种:文高跷着重表现故事,刻画人物,动作主要是踩和扭;武高跷则有意卖弄跷技,跨难走险,如单腿跳、劈叉、翻跟斗等。高跷用木棍做成,绑于两腿,高度因人高矮和技术而定,身高、技高则跷高,反之则跷矮。表演时,表演者手拿道具,脸戴面具,并配有锣鼓点子。

玩龙灯:一般在每年正月举行。根据制作工艺,监利龙灯可分为布龙、亮龙、字龙、板凳龙、草龙五种。

布龙,用竹篾扎成龙架,再蒙上画有龙鳞的布匹做龙皮。龙身一般长达10~13米,分成10节以上,每节处装有一根木把。表演时,一人在龙前持彩球挥舞,其余数人则握着木把,在紧锣密鼓中依次操作,左右摆动,时而"乌龙搅水",时而"金龙戏珠",气势如潮,热闹非凡。

---

① 程晓平:《监利遗珠——监利县非物质文化遗产名录》,崇文书局2014年版,第74页。

亮龙，外壳用彩纸裱糊，龙身每一节均燃有蜡烛，夜间拿着游玩，不便挥舞。

字龙，与布龙相比体积稍小，龙身装有小铃铛，舞动时叮当作响。置龙身于地时，可组成"天下太平""吉利平安"等字样。

草龙，顾名思义用稻草编扎，龙身插有香火，多在久旱不雨或瘟疫流行时玩，有驱散疫气或求神降雨之意。

板凳龙，用条凳扎成龙形，表演时，两人拿板凳前脚，一人拿板凳后脚，三人舞动，做各种翻滚动作。

（整理者：梁桂莲）

### 参考文献

1.（清）倪文蔚等修，顾家蘅等纂.荆州府志[M].台北：成文出版社有限公司，1970.

2.（清）徐兆英，林瑞枝等修，王柏心纂.监利县志（同治十一年，1872年）[M].台北：台湾学生书局，1969.

3.湖北省监利县县志编纂委员会.监利县志[M].武汉：湖北人民出版社，1994.

4.程晓平.监利遗珠——监利县非物质文化遗产名录[M].武汉：崇文书局，2014.

# 红色古镇
——瞿家湾

## 一 村镇概述

瞿家湾镇,今行政区划上隶属于湖北省荆州市洪湖市,地处长江中游江汉平原腹地,西与监利县柳关接壤,南倚百里洪湖,北枕洪排大河,东临沙口新场,滨湖临河,港汊交错。全镇土地面积38.63平方公里,镇区面积7.5平方公里,下辖1个居委会、9个村委会(瞿家湾、月池、陈湾、戴杨、桃花、屯小、甘岭、加堰、含沙、新河),镇政府驻地在瞿家湾。1981年12月30日,该镇因保留有明清老街、湘鄂西省苏维埃政府等革命机关旧址和其他革命遗迹,被公布为湖北省省级文物保护单位。1988年1月13日,国务院公布瞿家湾镇为全国重点文物保护单位。现存有湘鄂西革命遗址39处,1997年5月20日,由国家文物局命名为"全国优秀爱国主义教育基地"。1998年12月,由湖北省人民政府命名为"全省十佳爱国主义教育示范基地"。2002年12月,湖北省国防教育基地在该地挂牌成立。2005年11月,被中共中央宣传部公布为"全国爱国主义教育示范基地"。2007年5月31日,被住房城乡建设部、国家文物局评定为国家第三批历史文化名镇。2009年11月,国家国防教育示范基地挂牌成立。2011年9月,瞿家湾镇古街被评为灵秀湖北十大旅游新秀之一。2019年10月31日,瞿家湾镇被命名为2019年度"湖北省森林城镇"。

瞿家湾镇自古属荆州辖域。西汉初年,分容城地设州陵、华容二县,瞿家湾隶属州陵县。北宋乾德三年(965年),始设玉沙县,瞿家湾属玉沙县,熙宁年间,玉沙县并入监利县,元祐元年(1086年)复设监利、玉沙二县,瞿家湾又属玉沙县。直至清顺治年间,瞿家湾再度隶属监利县管辖。民国初年至1928年,属监利县柳集区。1929年至1932年,属中共湘鄂西省沔阳县十一区瞿家湾乡。1934年,属监利县四区(分盐)。1935年至1941年6月,属监利县一区(毛家口)瞿新连保。1941年7月至1942年5月,属监利朱河区瞿家湾乡。1942年6月后,属监利县朱河区柳家集乡。1946年至1949年4月,属监利柳集乡,其间1946年至1948年,又属新四军监沔县行政委员会柳戴区。1949年5月至1952年,属监利县剅口区瞿新乡。1953年至1955年,属监利县柳关区官窑乡。1956年,属监利县柳关区月池乡。1957年,划归洪湖县沙口指导组月池乡管辖。[①]1987年秋,在洪湖撤县立市的同

① 瞿家湾志编纂委员会:《瞿家湾志》,内部发行,第30~31页。

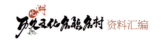

时,将瞿家湾由沙口区划出,建立瞿家湾镇,归洪湖市管辖。

瞿家湾古镇的兴起与发展,离不开瞿氏家族在此地的经营。据《瞿家湾志》记载,明弘治十五年(1502年),瞿家湾瞿姓始祖瞿文遄由江陵移居此地,其子瞿胜祥、瞿胜禄在此建立村落,之后世代繁衍开来,以农业和渔业为生。至明万历年间,瞿姓已成为当地大族,逐渐由下湾发展延伸到中湾、上湾,形成了瞿姓的三湾两墩的村落模式①,于是人们就把这里叫作瞿家湾了。在农闲之余,这里的人们还利用土铳猎鸭,人们习惯把上湾称为"打铳湾"。明清以来,瞿家湾人口不断增加,物质交换越来越频繁,带来了集市的扩大。清乾隆初期,瞿之裔粮行崛起,乾隆三十五年(1770年),瞿氏族人开办"恒顺号""天成号"两家商铺,并延续百年之久。同治九年(1870年),"隆盛号""广泰源"兴办,瞿家湾集镇规模初具雏形。三年后,瞿宏亮开办粮行"双茂号",在其子协助下,资本额不断增加,至1920年,双茂号经营品类扩大到百货、药材、棉花等,1930年,经营范围扩大到新堤、沙市、汉口,在新堤开办仁茂米花行,在沙市开办贸易办事处,在汉口开办兴汉公司,极大地推动了瞿家湾商业的发展。据统计,1915年至1925年间,瞿家湾知名商号多达28家,另有耕牛交易所2处、百货铺3家、挑货下乡2家,其他近百人肩挑船运前往周边新沟嘴、周老嘴、分盐、三官殿、刘家场、府场、曹家嘴、戴家场等市场贩卖鲜鱼。②瞿家湾也成为远近闻名的湖乡古镇,俗有"小武昌城"之称。

瞿家湾镇是第二次国内革命战争时期湘鄂西革命根据地的中心,也是红二军团和洪湖赤卫队的发源地之一。1926年冬至1927年春,中共沔南党组织委派彭国才来瞿家湾开展革命工作,先后组建了农民协会、渔民协会、雇农协会、雇农工会等革命群众组织。1928年春,在中共沔南党组织领导下,由彭国才秘密发动组建中共瞿家湾乡党支部,一直活动到1932年秋。1928年5月27日,彭国才、李铁青带领游击队在瞿家湾六屋墩举行会议,会上中共鄂西特委委员段德昌代表中共湘鄂西特委宣布洪湖游击队正式成立。1929年6月成立瞿家湾乡赤色教导队,隶属于乡苏维埃政府,战时配合赤卫队深入作战,曾配合段德昌主力先后攻打过杨林尾白极会、永路沟白极会和驻守小港、白庙的国民党部队及府场国民党赵天石部。1929年7月至1931年12月,在瞿家湾留守部队负责人彭国才的号召下,乡赤卫队、赤色教导队、沙口赤卫队及瞿家湾警卫队又先后展开公家渊阻击战和瞿家湾保卫战,并获全胜。1932年1月,贺龙、段德昌对保卫战中英勇善战的乡赤色教导队、赤卫队表示赞赏,并派政治部主任柳直荀以红三军名义授予"水上红色堡垒"锦旗。③1931年3月至1932年9月,由贺龙、段德昌、周逸群率领的中国工农红军第六军在瞿家湾建立湘鄂西革命根据地,指挥开创了"八百里长江一片红旗"的大好局面。这一时期,新六军、

① "三湾",即下湾、中湾、上湾;"两墩"指的是瞿姓六房、七房把家安置在湖中的两个墩台上,称"六屋墩""七屋墩",以便捕鱼和采莲。参见瞿家湾志编纂委员会:《瞿家湾志》,内部发行,第26~27页。

② 瞿家湾志编纂委员会:《瞿家湾志》,内部发行,第50~52页。

③ 瞿家湾志编纂委员会:《瞿家湾志》,内部发行,第72~74页。

中共湘鄂西特委、湘鄂西联县政府入驻瞿家湾，相继组建了中共中央湘鄂西分局、中共湘鄂西省临时委员会、湘鄂西省苏维埃政府、革命军事委员会、少共委员会、总工会、妇救会、儿童团、湘鄂西反帝大同盟等组织，借用瞿家湾祠堂、民宅作为革命办公机构。这期间，又先后召开湘鄂西省第三次工农兵贫民代表大会、中共湘鄂西省委第四次代表大会，出版发行《布尔什维克周报》《红旗日报》《工农日报》等 10 多种报刊①。1939 年至 1942 年抗日战争中，国民党第一二八师王劲哉在瞿家湾设"劲瞿队"，有很多青壮年加入，投身抗日。1946 年秋至 1948 年春，由新四军监沔行委会领导的游击队在这里成立柳戴区，区政府设在瞿声周家，区长颜全阶积极宣传中共政治主张，维护减租减息，打击国民党反动派的地方政权。瞿宏邦出任村长，全力配合各项工作，并主动发动妇女做军鞋支前②。1960 年，电影《洪湖赤卫队》在此拍摄完成，用影像形式呈现了这段红色革命传奇。

　　改革开放后，街道商埠复兴，村办企业迅猛发展，使得瞿家湾经济产业上了一个新台阶。20 世纪 90 年代以来，红色旅游业的推动更是让瞿家湾经济获得了更大的活力，正所谓"三十年前战斗湖，而今鱼鸟稻粱多"③。目前瞿家湾镇老街仍保存有中共湘鄂西省委员会等革命旧址群，为便于保护历史遗址，从 20 世纪 90 年代开始，老街内居民陆续迁出，将老街作为瞿家湾革命纪念馆进行博物馆式保存，形成了"存古镇、兴新区"的特色小镇格局。

## 二　村镇资料

### （一）建筑遗存

　　瞿家湾历史建筑遗存——湘鄂西革命根据地旧址共存 39 处，大部分集中于瞿家湾镇

▲ 瞿家湾镇红军街景

▲ 瞿家湾镇红军街古街巷

---

① 瞿家湾志编纂委员会：《瞿家湾志》，内部发行，第 77～84 页。

② 瞿家湾志编纂委员会：《瞿家湾志》，内部发行，第 76 页。

③ 瞿家湾志编纂委员会：《瞿家湾志》，《序文三》，内部发行。

▲ 湘鄂西革命主题陈列室内景

红军街和沿河路,部分零星分散于附近村湾。旧址均为明清建筑,现存建筑最早建造年代是明弘治年间。传统建筑完好程度达 95%,规模达 18000 平方米。街道南北两边为清末民初的灰墙玄瓦、高垛翘脊的中式民房建筑。门面均为店铺,后面有多进,每进院落由天井雨篷相连接,其结构均为穿斗式土木结构,屋面为灰瓦覆盖和单檐硬山顶,左右山墙为老"二五八"式青砖浆砌,内外粉刷,前檐墙垛两只凤点头,后檐墙垛一对卷草花,左右厢房与阁楼均为木质结构,由木扇门和隔扇窗等组成,雕梁画栋,精美无比。

**湘鄂西革命根据地旧址**:现为革命主题陈列室。陈列室内竖立有一块透明玻璃制成的屏风,上面刻有"永远的丰碑",一侧以照片、文字形式介绍了中共著名人物在湘鄂西革命根据地的岁月历程,另一侧展出了当时革命年代游击队和红军用过的刀、枪等武器以及生活用具。

**中共中央湘鄂西分局旧址**:建筑面积 116.22 平方米,前后两进,由天井雨篷相连接,布局完好,屋面为灰瓦单檐硬山顶,保存完好,木构架稳定,青砖地面保存较好,20 世纪 60 年代中期进行过局部维修,2000 年 3 月进行了抢救性维修。夏曦、关向应等曾在此居住办公。

**中共湘鄂西省委员会旧址**:建筑面积 501.8 平方米,分为铺面、正屋带厢房及后院两进,布局完好,1997 年 3 月进行了抢救性维修。内壁以文字、照片形式展示了当时省委员会的建立、组织机构及人员情况。

**湘鄂西省苏维埃政府旧址**:建筑面积 562.28 平方米,现为三进,为明三暗五四合院式,布局完好。该旧址原为瞿氏宗祠——宗伯府,其中拜殿、正殿、左右厢房楼为 1984 年复原,1999 年进行抢救性维修。彭之玉、柳直荀曾在此办公。该建筑后有贺龙讲话台,贺龙曾在这里多次向干部、战士、群众讲话。

**湘鄂西省革命军事委员会旧址**:建筑面积 523 平方米,布局基本完整,现存铺面、正屋带厢房、后屋,铺面梁架在修缮时,由原有的九柱十檩改为九柱九檩,1980 年至 1981 年对该旧址进行大规模翻修和复原,1998 年 3 月进行了抢救性维修。贺龙、段德昌、许光达曾在此居住办公,旧址内仍可见当时生活办公的痕迹。另外,这也是省邮电局旧址,内壁上以文字形式展示了湘鄂西苏区邮政通信网络,介绍了当时邮政局局长屈阳春同志生平。

**湘鄂西省《红旗日报》社旧址**:建筑面积 118.75 平方米,为清末民初江汉平原典型九柱十一檩砖木结构民居。面阔三间,进深二间,布局完整,1996 年 3 月对该旧址进行了抢救性维修。毛简青、李培芝曾在此办公。

**湘鄂西省总工会、中共湘鄂西省委妇女生活改善委员会、《工农日报》社旧址**:建筑501.3 平方米,前厅、过厅为二层楼,均面阔三间,进深三间;后厅为平房,面阔二间,进深三间,布局较完整。1994 年、1997 年对该址进行局部维修,2003 年又进行抢救性维修。共青团省委书记兼总工会主席张昆弟、省府机关报《工农日报》主编谢觉哉曾在此办公。原是春义行旧址。

**湘鄂西省政治保卫局、司法部旧址**:建筑面积 124 平方米,进深二间,面阔三间,屋面、木构架为穿斗式,九柱十一檩结构,室内楼板、鼓皮均重新更换过,保存较好。20 世纪 80年代初对该址进行了彻底维修,2000 年 3 月进行抢救性维修。

**湘鄂西省监狱旧址**:建筑面积 146 平方米,进深一间,面阔四间,室内原有鼓皮处现均以单砖墙代替,屋面、木构架保存较好,室内楼板、鼓皮均重新更换过。20 世纪 80 年代初对该址进行彻底维修,2000 年 3 月进行抢救性维修。

**湘鄂西省文化教育委员会、文化俱乐部旧址**:建筑面积 173.2 平方米,现存前后两进,室内因设卫生所时进行改造,鼓皮、隔扇大部分损毁或改建。

**湘鄂西省"逸群书店"旧址**:建筑面积 44.7 平方米,单层一进,进深五柱九檩,中列架子鼓皮上尖,1984 年修缮时改为砖墙结构。如今里面展出各种红色经典读物,作为商品售卖。

**湘鄂西省合作社管理总局、湘鄂西省药材仓库旧址**:建筑面积 173.6 平方米,为正屋带铺面单层结构,进深十柱十二檩,1998 年维修。

**湘鄂西省工农监察委员会、石印局旧址**:建筑面积 107.5 平方米,现存临街一进,木构架九柱十一檩,室内鼓皮以砖墙代替。1987 年户主改建新居,2003 年进行整体恢复维修。对面是湘鄂西省济难会。

**湘鄂西省干训班旧址**:建筑面积 76 平方米,总体保存较好,1986 年翻修为两层高的砖瓦楼房,2003 年进行整体抢救性维修。现仍作为爱国主义教育以及党员干部培训教室。

对面是湘鄂西省教师速成班。

湘鄂西省劳动部旧址：建筑面积 54 平方米，屋架为十柱十二檩结构，1983 年翻修重建。原址是织布房，现为民俗展馆，里面展示了瞿家湾人用过的织机、磨盘。内部墙壁上仍有革命年代的标语："手拿红缨枪，勇敢上战场。有进没有退，消灭白匪邦。能打大胜仗，所向无阻挡。得胜转回程，人人喜洋洋。"

红三军第一医院、伤残军人疗养院旧址：建筑面积 109.82 平方米，布局较完整，为七柱八檩穿斗式构架。2002 年整体维修旧址，拆除旧址东侧二层砖混新建民居。

湘鄂西省委机关食堂旧址：建筑面积 170 平方米，现为三进，前窄后宽，形制及布局基本完好，2000 年进行维修。

中国共产党湘鄂西省"四代会"会址旧址：建筑面积 138.6 平方米，为十柱十二檩结构，室内原有鼓皮被砖墙代替，1983 年、2000 年进行两次维修。1932 年 1 月，中共湘鄂西"四大"在此召开。

湘鄂西省农民银行旧址：建筑面积 76 平方米，屋面保存完整，梁架稳定，为七柱九檩结构，1983 年、2000 年进行两次维修。

湘鄂西省委宣传部旧址：建筑面积 119.12 平方米，现存一幢进深一间，面阔三间，七柱八檩，1996 年维修时将门窗改为现代式样。原为双篾匠铺，现作为楠竹制品商店。

湘鄂西省沔阳县十一区瞿家湾乡苏维埃政府旧址：建筑面积 86 平方米，两进，面阔两间，保存状况较好。

湘鄂西省沔阳县十一区瞿家湾乡消费合作社旧址：建筑面积 121 平方米，保存完好，2003 年进行抢救性维修。

▲ 湘鄂西省委宣传部旧址

　　**湘鄂西省红军被服厂**[1]：战时为党、政、军干部生产被服。原是裁缝铺。对面一座建筑现为爱国主义教育示范园。

　　**瞿家湾革命烈士纪念碑**：位于瞿家湾烈士陵园内，碑体保存较好。

### （二）历史资源

　　在瞿家湾发展历史进程中，涌现出一批杰出人才，为家乡发展做出了重要贡献。现择要录于后。

　　**瞿文暹（1460—1528）**：名谊，荆州杨家庄人。明弘治十五年（1502年）迁居瞿家湾，是瞿家湾瞿姓始迁祖，也是瞿家湾拓荒第一人。[2]

　　**瞿之裔（约1710—？）**：字振声，康熙岁贡。后经商发家，家谱记载"家至万金"，对瞿家湾古镇兴盛做出贡献。[3]

　　**瞿广栋（1735—1776）**：字扶九。瞿家湾瞿姓首创《瞿氏族谱》者。[4]

　　**瞿曰然（1759—1824）**：字燕山，号如孟，乾隆岁贡。清嘉庆二十五年（1820年），领衔荆岳瞿姓合派，始由荆岳两郡瞿姓派名次第第六十字。著有《燕山诗集》，例封登仕郎。[5]

　　**瞿漱芳（1806—1881）**：号润六，谱名传艺，瞿曰然次子，同治辛未（1871年）正贡，候选训导。幼年辛苦备尝，故为人乐善好施。清道光己酉年（1849年）长江堤溃，正值江陵郑家设馆教授，时有家乡避水逃难者，悉数安置；太平天国运动失败后，设法解救家乡曾参与太平天国者；在荆州拾廻桥教授生徒时，曾用全年束脩替一对贫困夫妻还债。曾两修家谱，参与同治《监利县志》编修。一生教授行医，辑有《史学便览》《周礼》《医方》等，例封登仕郎。[6]

　　**瞿静菴（1854—1905）**：号鲁山，庠名贞元，谱名明铎，府庠生，瞿漱芳四子。1902年推为瞿姓户首，1903年改建祠宇，整饬家政，有正行。[7]长子瞿淦丞（1875—1945年），名濂，谱名远湝，府庠生，曾两次入选民国监利议会、国会，终身以教授、行医为业，晚年犹以济困扶危为念。[8]

　　**瞿宏亮（1855—1922）**：字良甫，自幼家贫，后兴办粮行，恪守诚信，仅三年便达到一定资产。共五子。在五子协助下，经商品类、范围不断扩大，在瞿家湾商业中占有很大比重。

---

　　① 关于红军被服厂旧址，这一牌子如今挂在老街一栋民宅门前。然而据湖北省文化局文物档案资料显示，红军被服厂原址在老街街区之外，"因是祠堂建筑，故其规模宏大……遗憾的是，在1932年夏天因战争需要而拆除后，至今没有恢复，当年的革命旧址已经荡然无存"。参见何展宏：《湖北洪湖瞿家湾古镇研究》，武汉理工大学2005年硕士学位论文，第70页。

　　②③④ 瞿家湾志编纂委员会：《瞿家湾志》，内部发行，第118页。

　　⑤⑥ 瞿家湾志编纂委员会：《瞿家湾志》，内部发行，第119页。

　　⑦ 瞿家湾志编纂委员会：《瞿家湾志》，内部发行，第119～120页。

　　⑧ 瞿家湾志编纂委员会：《瞿家湾志》，内部发行，第121页。

族谱称"其公秉性温和,居心平正,济危救困,族里咸称完人"①。

瞿远涛(1890—1961):字松舫,陆军教导团毕业,清光绪二十二年(1896年)投入湖北陆军第二十一混成协第四十一标第一营前队当兵,参加辛亥革命武昌首义和阳夏战役,至鄂军裁军时去职回乡务农。②其子瞿春鸣(1918—1937年),谱名宏树,在淞沪会战中阵亡,是瞿家湾抗击日寇为国捐躯第一人。③

瞿栖云(1894—1976):字西圃,谱名宏楚。1909年投入湖北陆军第二十一混成协第四十一标第一营当兵,参加辛亥革命武昌首义和阳夏战役,至鄂军裁军时退伍。后以教书为生,1947年曾主修《瞿氏族谱》,中华人民共和国成立后从医,在瞿家湾卫生所工作。友人称其"乃文乃武,不汉不秦,家传诗礼,独具性情"。1976年病逝。④

除此之外,在革命战争年代,瞿家湾人民抛洒热血,为革命贡献己力。现将记录在册的革命烈士录于后。⑤

瞿声林(1905—1930):1930年参加工农红军,随部队转战外地牺牲。

瞿声权(1907—1930):1930年参加工农红军,随部队开赴湖南。在澧州战斗中不幸负重伤牺牲。

瞿宏先(1908—1930):1928年参加革命工作,担任游击队侦察员,1929年加入中国共产党,同年10月执行任务时被俘,1930年8月壮烈牺牲于瞿家湾。

瞿兆阶(1906—1931):1931年参加工农红军,转战外地牺牲。

瞿声华(1906—1932):1928年加入中国共产党,任乡赤卫队长,参加攻打府场、毛家口、峰口等多次战斗。1932年秋,执行任务途中被捕牺牲。

瞿宏堤(1911—1931):1929年参加瞿宏怀领导的瞿家湾乡赤卫队,担任土炮手。在公家渊战斗中因善操土炮,多次击退敌军。1931年夏历二月,在随赤卫队防守五大垸西河一线时,不幸被敌人的炮弹击中,壮烈牺牲。

瞿宏舒(1907—1932):1928年参加革命,曾任峰口区贫农团干部,后赴江陵参加"反富济贫"斗争。1932年秋,随赤卫队撤入洪湖途中被捕牺牲。

瞿声斌(小)(1907—1932):1927年4月参加游击队,作战勇敢。1930年任游击队中队长,在郝穴战斗中争取国民党军熊学启部投诚。1931年任大队长,在洪湖施家港战斗中不幸中弹牺牲。

瞿宏喜(1907—1932):1928年加入中国共产党,任洪湖赤卫队大队长。1932年秋,湘

① 瞿家湾志编纂委员会:《瞿家湾志》,内部发行,第120页。
② 瞿家湾志编纂委员会:《瞿家湾志》,内部发行,第122页;政协湖北省洪湖市委员会文史资料委员会:《洪湖文史(第7辑):纪念辛亥革命八十周年专辑》,内部发行,1992年,第158页。
③ 瞿家湾志编纂委员会:《瞿家湾志》,内部发行,第124~125页。
④ 瞿家湾志编纂委员会:《瞿家湾志》,内部发行,第123页。
⑤ 瞿家湾志编纂委员会:《瞿家湾志》,内部发行,第127~129页。

鄂西革命根据地首脑机关撤离瞿家湾后,敌人大肆清剿,按照上级部署,瞿宏喜经常活动于分散的同志间,以保持联系。不幸被捕后遭严刑逼供,仍坚贞不屈,后慷慨就义于瞿家湾大坟地。

**瞿宏格(1908—1932)**:生前任中共监利县分盐区区长,1932年10月15日被国民党反动派杀害。

**瞿声斌(大)(1905—1933)**:"瞿家湾暴动"的组织者和领导者之一,曾任瞿家湾赤卫队队长、赤卫军第十一中队队长、红九师第二十五团连长、营长等职。在瓦庙集战斗中负伤返乡休养。红军撤出洪湖后,组织游击队坚持战斗,后因叛徒出卖被捕,刑场上大义凛然,英勇不屈,从容就义。

**瞿兆亮(1930—1951)**:1948年被国民党军抓壮丁,1949年参加中国人民解放军,1951年参加中国人民志愿军入朝作战,在上甘岭战役中牺牲。

**瞿明平(1952—1975)**:1972年应征入伍。在中国人民解放军海军38181部队任炮艇副炮手,1975年病故,被追认为革命烈士。

另有失踪革命军人1人。

**瞿声品(1891—? )**:1932年参加红军,更名瞿品,先后参加长征、抗日战争、解放战争,徐州会战时任解放军某部团长,后音讯全无。中华人民共和国成立后其子享受烈属待遇。

除此之外,1932年5月至9月3日,在瞿家湾被杀害的湘鄂西著名英烈有9人:万涛、潘家辰、柳直荀、彭国才、戴补天、许枥、彭之玉、召文允、毛简青。1932年12月"铲共团"在大坟地集中杀害瞿家湾革命志士42人,名单不详。

### (三)非物质文化资源

#### 1.民风民俗

自古以来,瞿家湾人十分重视孝祖亲宗。每年腊月有"培坟"的习俗,立春前,各家各户都要往自家的祖坟上担土,让祖坟适当增高增大,以表不忘祖宗之意,祈求后人兴旺。除夕夜,全家围坐在一起吃团年饭,之后各家各户男长辈带着儿孙要去给祖宗及已故先人"辞岁",大年初一早上,梳洗完毕也需要给祖宗及已故先人拜年。每年清明、中元节要扫墓。实行殡葬改革后,除不再"培坟"外,其他形式的祭扫仍如常。不仅如此,每年正月十五前和清明节,瞿姓居民自发组织去荆州祭拜始祖,这也成为惯例。

瞿家湾有"送蛋"的习俗。谁家得了贵子、千金,哪家来了远方稀客,谁家女儿出嫁回门,周围人家不论亲疏,都会送鸡蛋给这家人,多则二三十,少则十个八个。

在婚嫁方面,瞿家湾有"辞嫁""哭嫁"之说。"辞嫁",即家中女儿婚期已定,在姑、舅、姨等邀请下,这家女儿要去他们家分别住上十天半月。出嫁前两三天,嫁女的母亲、姑姑、姐妹或好友,都会来到嫁女面前话别痛哭,即"哭嫁",期盼嫁女一生幸福平安。

丧葬方面,有"打丧鼓"的习俗。家里老人去世,村子里会"打丧鼓"的男人来了一边击鼓,一边高歌。"打丧鼓"多打到大半夜甚至整夜,一直到出殡的早晨。高歌内容多是追忆

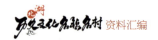 

逝者。

除此，瞿家湾每年农历二月初二、八月初一分别是土地公和土地婆的生日，人们都要凑份子钱，分两次，每次选一户当年添丁的人家做东，在一起庆贺，称为"吃土地福"。

瞿家湾虽地处偏僻，但自古以来，人们就极为重视读书传家。《瞿氏族谱》记载："吾族迁兹数百年，历明清两代，科名蔚起。有清中叶，虽缘时变，益以入资劳绩二途，而于考试，则视为正。"[1]因此，尊师重教成为瞿家湾一直以来的传统。

### 2.传统文化

**茶馆文化**：瞿家湾茶馆起于明清，盛行于民国和中华人民共和国成立初期。茶馆服务群体多是45岁以上的中老年男人，人们围坐在八仙桌边，品茗听书，休闲自得。茶馆多时开到三四家。

**唱戏、唱高腔皮影**：瞿家湾人爱听戏，每逢办大事或大丰收时，都要请唱大戏庆贺。多是从武汉大剧场请来的京剧、汉剧、楚剧团，还有从外地来的豫剧团、天沔花鼓剧团。当地人也爱唱戏，除了80岁以上的老人都能唱上几段天沔花鼓外，当地还有自己的剧社"花篮班子"。瞿家湾人也喜欢唱皮影戏，1957年未划归洪湖县前唱的都是高腔皮影。高腔皮影时而高亢激越，时而婉转悠扬，极具穿透力、感染力，无论大人小孩都爱听。"样板戏"年代，传统戏剧、皮影一并被封杀。改革开放后，传统戏曲再次回归，只是高腔皮影被筒腔皮影（因用渔鼓筒说唱而得名）取代。

**玩龙灯、狮子、采莲船**：瞿家湾把龙、狮子视为吉祥物，每年大年初一至十五都要舞龙舞狮、玩采莲船，一是带来喜庆，二是祈愿新一年五谷丰登、清泰平安。

**赛龙舟**：每年农历五月，镇上每村都开始举行赛龙舟活动。赛龙舟时，在河道上搭建标台，台下设标（红旗，或彩球、灯笼），按龙舟上的桡多少分级抓阄，以"抢标"先后判定输赢，以此展示一个姓氏或一个村子的风采，所以当地人对龙舟赛看得很重。这项活动一直传承下来，成为瞿家湾镇的一大盛事。

### 3.传说故事

**瞿姓始迁祖瞿文暹的传说[2]**：相传明天顺年间，瞿文暹先娶杨氏为妻，居住在出荆州北门草市关15里的诸儿垱杨家庄，与妻弟杨波同朝为官，因两人不和，不得已瞿文暹夫妇二人分离。离别前，杨氏叮嘱他："一要设法保命，不可回来找我；二是为瞿姓着想，需再娶以延续香火，以了半生夙愿。"后瞿文暹娶妻傅氏，两年后傅氏病故。因缘际会下又娶周氏为妻，生子瞿胜祥、瞿胜禄，定居玉沙县上坊东村杨港垸。几年后，杨波失势，瞿文暹辗转打听到杨氏病危的消息，飞奔去见。二人相拥而泣，随即杨氏便问他："难道忘了之前约定的事？"瞿文暹如实将这些年经历相告，并要杨氏坚持三天。两人再次话别，瞿文暹星夜

---

① 瞿家湾志编纂委员会：《瞿家湾志》，内部发行，第106页。

② 根据《瞿家湾志》及瞿家湾红色教育基地负责人瞿兆利口述整理。

策马回家,与周氏说明情由,便带两个儿子去见杨氏。第三天傍晚,父子三人来到杨氏身边,两个儿子大呼"妈妈",杨氏醒来握住他们的手,用尽最后一点气力说道:"此生无憾,瞿家亦无憾!"说罢撒手而归。杨氏死后,葬在家门前藕塘北边的高坡上,向着瞿家湾方向。后来瞿文遏病危,与周氏商量,周氏百年后自有儿孙祭扫,感念杨氏一生孤苦,死后将自己葬回荆州与杨氏为伴。瞿文遏去世后,周氏及儿子遵其遗嘱,将其与杨氏葬在一处。从此,瞿家湾瞿姓子孙每年春节、清明节都要去荆州祭扫,成为传统。

"天葬坟"与"打铳湾"的传说[1]:明末,瞿姓第二代先祖瞿胜祥去世,送葬路上突降冰雹,人们只好将棺木停下躲避,到了安全处,发现抬棺木的木杠丢了一根。冰雹过后又下起了大雪,待雪停后,再来到刚才的地方,发现棺木不见了,停放棺木的地方出现了一座小山似的大坟堆。风水先生说这块风水宝地是上天赐予瞿姓的,并在吉时替瞿姓安葬了死者。于是瞿姓子孙纷纷跪拜,后来人们就把这儿叫作"天葬坟"。自打那以后,瞿家湾人们开始用土铳猎鸭,生活日益富足。令人不解的是上中下三湾,打铳的都出在西边的上湾,直到把上湾叫作"打铳湾",人们才想起"天葬坟"里那根紧靠棺材西边而没有拿走的木杠。

瞿之裔与"谷龙"的传说[2]:相传,清乾隆时期,洪湖岸边经常发水导致颗粒无收。一天,瞿之裔担着从官湖垸北岸换回来的几十斤稻谷,行至"烂石碴"这个地方歇息,发现谷筐上的衣服动弹了两下,掀开一看,一条一尺长的淡黄色小蛇伏于稻谷上,便把它抓起随手扔到了路边,继续赶路。到一个叫"小轿子"的地方,又发现谷筐上的衣服动弹了两下,打开一看,竟是之前的那条小蛇。瞿之裔十分诧异,问道:"难道你是传说中的谷龙?"小蛇点点头便趴着不动了。瞿之裔非常高兴,盖上衣服继续前行。回到家后,将稻谷倒进一口大缸,将小蛇置于上。第二天清早醒来发现,半缸米变成了满满一缸。之后,他把缸里的稻米和小蛇一起放进谷仓,第二天又满仓了,且取出多少都不变。于是,他告知街坊,凡断炊断餐者皆可到他家自行取粮,不必偿还;并新建粮仓,边赈济边卖粮,家累万金。瞿之裔死后,他存下的两缸金银不翼而飞,后来在沔阳张家发现,缸上有两面刻有"张之裔"的大铜锣,于是,人们确信"财八星"从瞿姓到了沔阳张家。

一科中两"顶"的故事[3]:清光绪十二年(1886年)丙子,荆州府开科考录庠生。瞿贞元准备一试身手,家里为其备船。启程那天与家人告别后,船行了一段路程,大哥的儿子瞿在河进入中舱表示一同去荆州。瞿贞元无奈,只好答应。张榜那天,叔侄俩的名字都出现在了榜上。乡下人将考上秀才称中了"顶子",这一消息很快传回家乡,成为一段佳话。

熊姓家的另一块祖宗牌[4]:清道光年间,监沔地区总发水,迫于生计,瞿漱芳来到荆门

---

① 根据《瞿家湾志》整理。瞿家湾志编纂委员会:《瞿家湾志》,内部发行,第234页。
② 根据《瞿家湾志》整理。瞿家湾志编纂委员会:《瞿家湾志》,内部发行,第235～236页。
③ 根据《瞿家湾志》整理。瞿家湾志编纂委员会:《瞿家湾志》,内部发行,第237～238页。
④ 根据《瞿家湾志》整理。瞿家湾志编纂委员会:《瞿家湾志》,内部发行,第240～241页。

拾廻桥设馆教授生徒。一日,遇到一熊姓夫妇因丈夫患重病借债而无力偿还,被逼走入绝路。瞿漱芳见状,用自己一年学费替夫妇俩还债,并给予回家路费。这年腊月二十四,熊姓家的妻子来到瞿家,恳切请求瞿漱芳夫妇收为义女。夫妇二人开心答应下来,并同义女一起来到熊家,进门看到一块新的祖宗牌,正面写着"监利熊氏恩公瞿漱芳姁黄氏之位",背面写着"子子孙孙,永世不忘"。自此,瞿姓、熊姓两家亲如一家。

(整理者:朱晓艳)

## 参考文献

1.洪湖市地方志编纂委员会.洪湖县志[M].武汉:武汉大学出版社,1992.

2.湖北风物志[M].武汉:湖北人民出版社,1985.

3.洪湖革命历史博物馆.湘鄂西苏区首府瞿家湾[M].洪湖革命历史博物馆.

4.中国人民政治协商会议湖北省荆州市委员会学习文史委员会.荆州文史资料:第4辑 荆州名胜[M].政协湖北省荆州市委员会学习文史委员会,2002.

5.丁德斌,钟介宝.中国古镇精华游:下册[M].上海:同济大学出版社,2013.

6.何畏,等.中国著名乡镇文化研究[M].北京:华夏出版社,1991.

7.湖北省委宣传部.湖北省爱国主义教育基地[M].武汉:湖北教育出版社,2006.

8.李百浩,刘炜.荆楚文化丛书 胜迹系列 荆楚古镇沧桑[M].武汉:武汉出版社,2012.

9.李晓峰,谭刚毅.中国古建筑丛书 湖北古建筑[M].北京:中国建筑工业出版社,2015.

10.徐世康.湖北省地方志办公室市县志研究室,湖北文化旅行社.荆楚名胜概览[M].武汉:湖北科学技术出版社,1992.

11.袁红,王英哲.楚城春秋 荆楚古城文化[M].天津:天津大学出版社,2015.

12.张奕,王炎松.梦回乡土 长江流域的名镇古村[M].武汉:长江出版社,2013.

13.知路图书.中国古镇游:全彩高清版[M].长春:吉林科学技术出版社,2014.

14.周维敷.楚天纵横[M].北京:人民日报出版社,1987.

15.董茜,张文剑.湖北省洪湖瞿家湾湘鄂西革命根据地旧址保护规划[J].南方建筑,2009(3).

16.何展宏.湖北洪湖瞿家湾古镇研究[D].武汉:武汉理工大学,2005.

17.李百浩,何展宏.因族而兴的湖北古镇——洪湖瞿家湾[J].华中建筑,2005(3).

18.王鹏程.荆州市历史文化名镇总体规划与发展模式研究——以洪湖市瞿家湾古镇为例[D].武汉:长江大学,2012.

19.姚厚鸿.湘鄂西革命根据地的首府——瞿家湾[J].理论月刊,1992(9).

# 江汉遗珠
## ——程集镇

## 一 村镇概述

程集镇是监利县辖镇,位于江陵、监利、石首三地交界处,南枕长江荆江大堤,西邻江陵、石首两县市,是监利西部的门户重镇,有监利"西大门"之称。程集镇东距监利市城区约 30 公里,西距荆州市区约 60 公里。镇域面积 146 平方公里,辖 15 个行政村(含程集社区),总人口 63432 人,其中农业人口 53386 人,耕地面积 76.7 平方公里,属于监利县传统农业城镇。

程集镇历史悠久,距今已有 800 余年。早在春秋战国时期,楚王就在此修建了豪华的离宫荆台(又名"景夷台"),故址在今程集镇姚集街附近。南宋嘉定年间,有位程姓富商临河辟建石级码头开设店铺,临河一带始成小街。为抢占商机,扩大规模,后兴建对面街(上集),呈"黄鸟于飞,集于灌木"之势,商贾始称"程家集"。之后,四面八方的百姓慕名而来,自西向东定居,形成中集。其中,人口较多、影响之广者属"宋氏"。据《宋氏族谱》称:明成化后期(约 1483 年),宋氏后裔迁至程家集,向东延伸定居于"魏桥"口(俗称下集),跨越老长河,建成南北走向支街(俗称"三岔街"),再折返上集越河建房(俗称"新桥口")。明初,凭借得天独厚的地理位置和发达的水陆交通,程集镇逐渐发展为远近闻名的商埠码头,成为长江北岸一个规模较大的集镇。大清前被划为全县 36 个"镇市"之一。清末民初时,程集古镇街长三里,店铺竞列,小巷纵横,"风樯弄水""车马填街",已是有商必争的"小汉口"。

明清 500 年间,农业商品经济快速发展,程集镇迅速发展成为江汉平原的商埠重镇。由于水运方便,程集镇手工作坊繁华,辟有专营疋头、南货、广货、山货、竹木、陶瓷、卷烟等的店铺,有铁匠、铜匠、银匠、锡匠、皮匠、木匠、缫丝、纺织、印染、酿酒、榨油等行业,既可集散粮棉蚕丝,又可经营日常用品与山货。有诗赞当时古镇繁华为:"青石长街三里间,商船鹜集客留连。公平交易播声远,江北繁华一市廛。"[1]

程集镇水陆交通方便,水路"西进蜀黔,北通汉口",陆路西出江陵可至荆沙。因交通便捷,这里曾是贺龙、周逸群等中共老一辈革命家创建湘鄂西革命根据地的后勤物资集

---

① 王克文:《古镇春秋》,中华诗词出版社 2007 年版,第 2 页。

散地。抗日战争时期,新四军第五师襄南指挥部分支机构设于此地,有力指挥了监沔抗日战争。

中华人民共和国成立后,程集镇先后为乡、公社驻地。1979年汪桥、程集、莲台3个人民公社并为汪桥人民公社,程集改为管理区。1984年3月,设区建乡,程集为区辖乡,1987年,程集改为县辖镇,辖原汪桥区的程集镇、廖桥乡、堤头乡和姚集乡。

在800多年的发展历程中,程集镇因集而兴,商贸盛行,民居别致,为后人遗存了大量明清时期的古建筑,其现存明清古建筑数量之多、规模之大、保存之完好,在江汉平原乃至湖北都是独一无二的。程集镇至今仍保留明清老街800米,街中五列青石板保存完好,辙痕深深,透露出古镇悠远的历史。古镇建筑风格古朴典雅,独具荆楚地域特色,被称为"最具湖北特色的商埠建筑"。房屋呈单幢式、院落式、天井式、天斗式、天井天斗式等各种建筑形式,天斗、灌斗墙、蚂蟥攀、亮瓦材料、木排门、雕刻艺术等是古镇独有的地域性特色建筑文化。老长河上的敞肩单拱式魏桥属全县古建筑之首。程集镇以其独特的建筑和历史文化吸引了社会的广泛关注,多部影视剧都把程集古镇老街作为外景拍摄地,如电视剧《枪声再起》《老辙》《小镇人》等曾在古镇拍摄。因古镇独特的历史文化特色和丰富的古建筑艺术研究价值,1985年11月4日,监利县人民政府公布"程家集明代民居群"为第一批县级文物保护单位。2007年程集镇被住房城乡建设部、国家文物局评选为中国历史文化名镇。2017年10月程集镇被列为"千年古镇"暨中国地名文化遗产试点镇。

▲ 程集古街上的风雨桥

## 二 村镇资料

### (一)建筑遗存

**程集古镇**:位于监利县程集镇程集街。明永乐年间,程家集始成一大镇,主街为青石路面,长1000米,宽3米,呈东南—西北向布局,沿街店铺竞列,街道两旁为清一色明代"穿斗"砖木结构建筑,其构式多低矮,第一进多为铺房式样,建筑群主体轴线以主街为中心发展。目前,青石路面、明代建筑均保存完好。

古镇街巷主次分明,为典型的"鱼骨"形街巷结构,呈"一街五巷"的特色风貌,5条支巷横贯主街,形成店铺、街道与河道三者平行的格局。古镇开辟有多处码头集散货物,加上临水各家后院埠头,由此呈现出前商后货、前店后院、前街后河,商贸不断,码头因便就利等均衡而又稳定、隐蔽而不封闭的商埠特色。古镇民居大多为一层,两三开间,多进式、砖木结构。"前店用抬梁,后宅立柱头,屋面盖小青瓦(广泛运用亮瓦材料),山墙呈马头式。临街为店铺,中进为堂屋,侧有账房,后进为货栈,院落作晒场;每进屋之间一般设有天井,上设'报顶',均以木格扇门、窗相隔,大门概用板木排门,石质门框较少,多刷桐油,不施彩绘。"①古街现保存完好的123栋古民居中,有64栋属省级保护文物。

▲ 程集老街上的古民居

古镇曾设有两家会馆,其中江西会馆约建于清同治元年(1862年),旧址在古街71号民宅。江西会馆曾先后接纳周、聂、熊、徐、杨、钟等姓氏同乡。五帮会馆约建于清同治七年(1868年),旧址在下集138号民宅。五帮会馆曾先后接纳咸宁、汉阳、通城、湖南等客此同乡,曾设邮政代办所。时有联曰:"五凤齐飞,何必锦归故乡,汉水衡云凭笑傲;帮盟互济,至真欢聚胜会,荆风楚韵寄离情。"②

**荆台**　又名景夷台,春秋时为楚昭王所建,居楚国"云苏台""钓台"等数十个台榭之首,故址在程集镇姚集街附近。据《监利县志》"古迹"载:"荆台,在县西北。《渚宫故事》:昭王欲游荆台,司马子期进曰:荆台之游,左江右湖,前望猎山,下临方淮,其乐使人遗老而忘死,愿大王无游焉。"西汉辞赋家枚乘《七发》有《登景夷之台》章节。春秋时楚灵王屡游荆台之后兴建章华台。后荆台倾废。唐开成年间(836—840年)建荆台观于荆台旧址。唐代罗隐游憩荆台观,写有五言绝句:"道院迎仙客,书堂隐相儒。庭栽栖凤竹,池养化龙鱼。"后梁开平年间(907—911年),梁震过荆州市,居于此,号"荆台处士",今存诗《荆台道院》一首:"桑田一变赋归来,爵禄焉能浼我哉。黄犊依然花竹外,清风万古凛荆台。"现台、观俱废,仅存遗址。遗址在今程集镇新观村内。

▲ 程集老街和三岔街之间的魏桥

**魏桥**　《监利县志》称,"魏桥,又名宋桥,位于监利县程集街西南端"。魏桥始建于明洪武十三年(1380年),保存现状差,第一次重修于1936年,第二次重修于2015

---

① 王克文:《古镇春秋》,中华诗词出版社2007年版,第3页。
② 王克文:《古镇春秋》,中华诗词出版社2007年版,第38页。

▲ 魏桥碑文

年。1989年文物普查时发现,该桥为敞肩单拱式,用方条青石修砌,呈南北向,横跨老长河,连接老街和三岔街,全长10米,净跨3.5米,桥面随拱而拱,栏柱仅存一根,高1.2米;拱矢中央嵌一长0.7米、宽0.3米的石块,中间阴刻八卦图一幅。该桥为全县古建筑之首。今人作《喜春来·古魏桥》诗云:"老长河系通衢口,北往南来笑点头。口碑史志均传留名胜久,纵圮也风流。"①

**锦水晴岚遗迹**:锦水晴岚以"江畔诸峰,倒影其中,五彩缤纷,气象万千"闻名,被列为古"容城八景"之一。《明代监利县志汇编》记述,锦水口在县西22.5公里,"相传夏水灌注时此地流成五色"。从魏晋到唐宋元明时期,随着泥沙不断涌入与积淀,锦水口渐次淤塞。

**文昌宫**:据清代《荆州府志》《监利县志》载,文昌古宫又名文昌祠、文昌古刹,历来是江陵、石首交界处的佛教圣地。文昌古宫初为客居汤、孙二姓之家庙。相传,明初两家,风闻同宗举子双获进士功名,同登殿试金榜,即邀家小,供牌位,祭祀祖先后合资兴建。又据《宋氏宗谱》记载,文昌古宫始建于明弘治十五年(1502年)。源自宋氏先祖宋濂避难四川省梓桐县七曲山文昌古宫,后裔定居程家集后秉承祖训,先架木桥(跨程家集河,古魏桥前身),后建家庙。明成化十九年(1483年),宋先祖拜请荆陵碧峰寺智板禅师、慧灯和尚及众多居士四方化缘,兴建庙宇。传至第25代能安和尚,他徒步湘鄂及川赣等地化缘,仿濂公当年隐居之文昌古宫兴建新庙。开光香火趋旺,管理日趋规范,住持依旧清苦,谨守晨钟暮鼓。后应长江两岸香客请求,遂改称"文昌宫"。嗣后,扩建成南北对应的殿堂佛院。1921年深秋某日,文昌宫毁于某香客酒后拜佛,后虽竭力囊助修建,但昔日雄姿不复存在("文化大革命"后占地近3000平方米,建筑面积逾1200平方米)。

**城隍庙**:堤头街西古城隍庙,承用"城隍庙民国四年(1915年)"石香炉至今,城隍庙前身为王氏家庙。据传,明万历三十二年(1604年),长江水灾,王氏先祖遂修造"永泰山庙"以镇水妖,祭江神,保平安。1617年,为缅怀16名为堵水而葬身长江的青壮年,遂于荆江堤北之"禁脚"高处圈地2000平方米,以砖瓦木石结构,修建融宗祠与庙宇于一院的"城隍庙"。土地革命战争时期,活跃于此地的红军将士与游击队员,常借城隍庙集结队伍、传送情报、转移伤员。抗日战争时期,国民党监利县政府为躲避日机轰炸,也曾由对江之桃花

---

① 王克文:《古镇春秋》,中华诗词出版社2007年版,第53页。

山迁此办公数月。①

## (二)历史资源

程集文化底蕴深厚,历史资源丰富,既是古代先贤的涉足之地、歌咏之所,也留下了为后人敬仰传承的红色文化。这里有楚灵王、枚乘筑、咏荆台,也是刘秉龙、彭之玉英勇起义、就义之地,这些历史事件、人物在程集镇口耳相传,成为程集古镇余韵不绝的历史资源。

### 1.历史事迹

红六军新观村誓师出征:1930 年 2 月 5 日,红六军在今汪桥镇中心小学内宣告成立,2 月 7 日,为纪念京汉铁路工人"二七大罢工",中共鄂西特委书记兼红六军政委周逸群同志在监利县程集镇新观村主持召开了誓师大会。参加者有红六军军长孙一中(又名孙德清)、参谋长许光达、政治部主任柳直荀,第一纵队司令员段德昌、政委王鹤,第二纵队司令员段玉林、政委周容光等。第二天清晨,红六军分兵攻克龙湾、龙口等重镇,接着占领新沟嘴和潜江县城,为洪湖革命根据地开创了崭新局面。

堤头战事:堤头街原名"新冲镇"。据 1994 年《监利县志》记载:"明代立行乡村里制,至清顺治年间无大变。同治年间(1862—1874 年)改行总里制,堤头隶属'上总'之'金陵一里',始称'堤头镇'。"1930 年 7 月,红六军与贺龙率领的红四军合编为红二军团,贺龙任总指挥,周逸群任总政委。红二军团组建后,决定攻打监利县城,可惜没有成功。9 月,为巩固洪湖根据地,红二军团在南征之前,再次攻打监利县城。9 月 22 日,为扫清外围之敌,先令第四师一个团率先攻占堤头,切断与江陵守敌之联系,之后,在 10 万农军的配合下,红二军团一举攻克监利县城。堤头也因红二军团闻名,在北京军事博物馆之"军用地图"上留有标记,现堤头还留有红二军团指挥部和贺龙同志旧居等。

### 2.历史人物

刘秉龙:1893 年出生于程集镇堤头街的一个普通家庭。幼时受过教育,成年后,一度以教书谋生。1927 年春投身革命事业,4 月,受贺龙、谢觉哉派遣,到荆沙接受党的教育,6 月加入中国共产党,9 月回乡参加监利农民秋收暴动。1928 年 7 月,参加监南游击队,随队转战于石首、洪湖、监利、岳阳等地,多次与敌作战。同年下半年调任中共石首县委组织部部长,积极组织石首各地农民协会,打土豪、分田地。1929 年,奉命打入敌人内部,任国民党湖南省岳阳县公安局局长,并以这一公开身份作掩护,秘密进行革命活动。为扩大地方武装,他疏通各种渠道,在一个月内(1929 年 8 月),分两次为周逸群领导的鄂西游击大队提供枪支 100 多支。1932 年 4 月,在第三次巧运枪支途中,因叛徒告密被捕。在狱中,他遭受了种种酷刑,但始终咬紧牙关,没有出卖革命同志。敌人无计可施,在湖南岳阳新沙洲将他残忍杀害。1951 年,刘秉龙被监利县人民政府追认为革命烈士。

杨茂新:化名王凤亭,1913 年出生于程集镇新观村一户贫民家庭。1927 年参加革命,

---

① 王克文:《古镇春秋》,中华诗词出版社 2007 年版,第 59 页。

1928年入新观乡彭家祠堂林明小学学习,在校加入共青团。1929年5月,加入中国共产党。1932年10月任共青团江陵县委书记。1932年9月,第四次反"围剿"失利,红军主力撤离洪湖;遵照上级分散隐蔽的精神,杨茂新在当地隐蔽了下来。1934年6月,杨茂新偶遇湘西地下党负责人徐少保,开始在荆沙一带秘密建立党的地下组织,并派人到湘鄂川黔根据地寻找红二军团。8月,由4名党员组成的荆沙地区临时党小组在江陵县普济观成立,杨茂新任小组组长。不久,由于反动军队的清剿,杨茂新被捕,之后,在党员及群众的帮助下,他越狱成功,迅速转移到公安县麻豪口镇。在麻豪口镇立住脚后,杨茂新又积极联系党员,开展革命工作。1936年10月,荆沙地下党支部正式成立,下辖荆沙、江陵、公安、石首4个党小组,杨茂新被选为支部书记。1937年9月在革命斗争中负伤,伤愈后即赴武汉八路军办事处汇报工作。1938年春,杨茂新遭匪首赵克光杀害,年仅25岁。

**熊自仁:**1943年12月出生于湖北省监利县程集镇,幼时家境贫寒,父亲患病,熊自仁很早就开始艰难谋生,帮助家里减轻负担。1958年,熊自仁成了铁道部大桥局的一名电焊工,参加了广州珠江大桥的建设,并被评为青年标兵,出席了全国先进青年技工代表大会。1962年,19岁的熊自仁成了一名光荣的革命军人。1965年,他加入了中国共产党,1979年,参加了对越自卫还击战。在战斗中,熊自仁指挥部队深入虎穴,巧妙周旋,摸清并缴获了敌方大量的导弹武器。这一辉煌战果,为我军减少伤亡、奠定胜局做出了重大贡献。战场归来,熊自仁荣立三等战功。1983年,熊自仁担任师政治委员,并进入北京政治学院学习。1992年,熊自仁任广西军区政治部主任。第二年7月被授予少将军衔。1994年3月熊自仁任驻香港部队政委,1999年3月任驻香港部队司令员。2000年,熊自仁被授予中将军衔。2003年1月,熊自仁调任南京军区副政治委员。2008年3月,熊自仁被选举为政协第十一届全国委员会委员。

### (三)非遗资源

#### 1.节庆文化与礼俗

程集镇是个讲人情的古镇,民风淳朴,民俗大雅。流传多年的《古风》云:"春节玩龙灯,清明祭祖坟。端午赛龙舟,中元悼亡灵。重阳饮菊酒,因时听戏文。随乡须入俗,方算程集人。"这种融民俗、民情于一体的生活,有滋有味,丰富多彩,既传承了余韵悠远的古老楚风,又满足了程集人民的精神文化追求。

**饮春酒:**古人云,"除夕达旦不眠,为之守岁"。民俗曰:"雄鸡报晓,即为迎春。"饮春酒的习俗在程集镇沿袭久远。大年初一晨曦初露,程集人便三五成群携儿带女串门拜年,先内亲、后邻里,说吉祥祝词,喝迎春茶,吃点心。等佳肴上桌,再饮春酒。有谚曰:"春酒春酒,越饮越有。"一般而言,春酒不计时辰与杯数,轮番敬酒,饮好为止,也有不善饮酒者,可以茶代酒。"饮春酒"的习俗,表达了程集人对春的希冀和对一年美好时日的期待。

**人日放鞭炮:**这一礼俗在程集镇自古至今独树一帜。人日,又称"人节",每年正月初七即为人日。传说这天为造人日,故称。在程集镇,据说此俗源自在成都为邻的李、杜两家，他们为生存结怨，辗转至古镇，又因生意纠葛剑拔弩张。某年，李姓围炉守岁决计和解，于人日携鞭炮拜晚年，杜家闻讯躬迎，由后生辈行礼，冰释前嫌。由此人们纷起效仿，传承 500 年未衰。程集古镇在人日用洗脚盆扣地燃放鞭炮，寓意增进友谊、增加喜气、除秽迎新的美好愿望。

**端午祭忠魂**：古镇人称"端午"为端阳节、龙船节、五月节等。唐代文秀有《端午》诗云："节分端午自谁言，万古传闻为屈原。"每逢端午，程集人有食粽子、赛龙舟、饮雄黄酒、挂菖蒲、悬艾叶、新女婿过门等习俗。其中，赛龙舟多在农历五月十五大端阳举行。这天，来自江陵、监利与石首的团队，"河中竞渡，锣鼓喧天，旗帜招展，划桨如翼"，每艘船都安装有特制的龙头与龙尾，前后竖着绘有龙形图案或地名姓氏的旗帜。赛龙舟的习俗，一说是祭奠楚国伟大诗人屈原殉江，一说是为纪念明万历四十五年（1617 年）16 名为泄洪葬身长江的堤头宗亲。

除了这些节庆礼俗外，程集人还有年祭、中元节、重阳节、冬至、茶礼、馈赠压岁钱、敬奉上九日、情满元宵节、七夕乞巧节等民俗节庆以及婚丧嫁娶、生辰祝福、造屋上梁等民俗礼仪。这些礼仪至今仍广泛流传于程集民间，内化为程集人为人处世的基本礼节。

### 2.民间技艺

"程集镇自春秋起，荆楚文化兼收"。程集人为生存、生活、生产、商业、交通、社交等所生产、建造的如大型工具、商住建筑、文化娱乐、酿酒榨油、祭祀佛教等，都离不开民间工匠及工匠精神，即使沿用"九佬十八匠"之俚语，也难尽然。古镇（含城内五个小集镇）手工作坊鳞次栉比，手工技艺精湛独到，时至今日，这些技艺仍活跃、传承于程集，成为人们宝贵的精神财富。

**熊义和银楼**：程集镇的百年老字号，曾有联云："信义盈怀，巧手烘成新饰品；仁和处世，东风改写旧银楼。"[1]熊义和银楼是祖孙三代努力经营、传承的结果。第一代熊银匠熊振发从江西南昌府新建县到程家集定居，开立银匠铺。熊银匠死后，子承父业，于 1902 年在亲朋好友资助下，挂牌"义和银楼"营业，所加工的"长命百岁"百家锁、项圈、手铃和结婚用手镯、耳环与头饰，皆花纹别致，大受民众欢迎，义和银楼也由此声名远播。不幸的是，银楼因战火波及，所租房屋被烧毁而渐趋衰败。

**冉家豆腐铺**：1898 年，历经三迁的"冉家豆腐铺"（祖籍山东钜野县）在程家集落户。旧时，豆腐铺因"以水取胜"而被称为"水当铺"。冉家豆腐铺所用黄豆皆源自江陵，搬运与磨浆均用人力。后随着生意日渐红火，逐渐以驴、马代替人力。因手艺娴熟、童叟无欺，冉家豆腐铺生意渐隆，凡荆沙、容城等地路经古街者，无不索购其豆腐、千张等系列。

**程玉记染坊**：其房东程盛明先生是继晚清湘籍刘氏"幼承染坊"三代经营后本土唯一的师傅。染坊原为三间三进加小院落，柜房临街，中为住所兼仓库，后为作坊。染坊工序

---

① 王克文：《古镇春秋》，中华诗词出版社 2007 年版，第 114 页。

有沤浆、刮料、染色等。染色以浅色月蓝、深色毛蓝与家织土布为主。因敬业至上,待人诚恳,程玉记染坊声誉日隆。时有联曰:"缸中染就千机锦,架上香漂五彩云。"目前尚存印花雕版与踩布石裤。

**妙手黄泥陶艺美:**已故泥陶艺人袁用树(1922—2003年)系袁河村人,从艺50余年。他师从江陵李文凯,深得师传,三年出师,自立门户。其产品如茶壶、火钵、花盆、灯台、香碗、笔筒、菜坛子等,烧制精美,品相好,深受百姓喜爱,尤其是青黛和桃红两种,其产品热销周边县市,远销湖南。后因生活用品变革退出市场(土窑还在,样品尚存)。

**程集粮酒:**俚云"程集酒、堤头醋,居家不备不甘休"。程集酒选用优质稻谷、高粱、荞麦为原料,沿袭古老的酿造工艺,经蒸煮、发酵而成,有"闻风便有三分醉,入口平生一品香"之美谈。据传,西王母设蟠桃宴,令沽程集酒云:"神酒神酒,龙口长流,神不漏机,见好就收。"程集粮酒被武汉人奉为"监利茅台",行销荆楚,饮誉京都。

**陈记酱园:**堤头"陈记酱园"创业于清咸丰二年(1852年)。业主来自咸宁近郊,后因1956年公私合营,并入原汪桥区供销社。陈记酱园所酿制的酱油选料为优质大豆脱脂,辅以小麦、精盐等蒸煮后晒制而成,其色泽红润、味道鲜美。食醋则以优质糯米、麦麸、生姜、川盐等固态发酵而成,其酸度适中、味道香浓。陈记酱园恪守"内诚于心,外信于民"之理念,产品畅销荆江两岸,方圆百里,至今有口皆碑。

**3.民间演艺**

**监利民歌:**指监利境内广大劳动人民在劳动生活中创造并流传下来的民间歌曲。1994年版《监利县志》记载:"晚清、民国时期,监利歌风最盛,几乎无人不歌,无事不歌,无时不歌,喜怒哀乐皆为歌。"监利民歌是监利人民抒发内心情感和心声的最直接反映。

监利民歌可分为"号子""田歌""小调"三类。号子产生于各种集体劳动场合,如搬运、建筑、捕鱼、放排、拉纤等。受劳动方式、节奏、速度的支配,号子曲调大多亢奋、激昂。目前,最有影响的监利号子是插秧号子《啰啰咚》、打夯号子《吆嗬也》和龙舟号子。田歌是流传于长江流域、江汉平原广大稻作区的一种民歌,它介于号子与山歌之间,形式自由,体裁包括薅草锣鼓、车水锣鼓、扯草歌、插秧歌等。小调则分为生活歌和情歌两类。生活歌包括秧歌、渔歌、丧鼓调,主要反映劳动人民生活疾苦,如《长工歌》《水荒歌》等;情歌又称花歌,曲调起伏跌宕,婉转悠长,节奏自由,歌词也较自由,大多即编即唱,即兴抒发内心情感,如《九月十八岗》《十月探妹》《十二月望郎》等。①直到现在,有着悠久文化历史的程集人民,在生产生活之余仍然用民歌抒发自己的情感,自娱自乐。

(整理者:梁桂莲)

**参考文献**

---

① 程晓平:《监利遗珠——监利县非物质文化遗产名录》,崇文书局2014年版,第54~58页。

1.(清)倪文蔚等修,顾家蘅等纂.荆州府志(光绪六年刊本)[M].台北:成文出版社有限公司,1970.

2.(清)徐兆英,林瑞枝,王柏心.监利县志(同治十一年,1872年)[M].台北:台湾学生书局,1969.

3.湖北省监利县县志编纂委员会.监利县志[M].武汉:湖北人民出版社,1994.

4.程晓平.监利遗珠——监利县非物质文化遗产名录[M].武汉:崇文书局,2014.

# 红军小镇
## ——熊口镇

## 一　村镇概述

　　熊口镇位于湖北省潜江市中部,地处江汉平原腹地,属江汉下游水网湖区,古熊口河穿镇而过。旧时交通依赖水运,发达的水系为熊口镇附近的居民提供了便利的交通。明朝以前,熊口镇以南均属沼泽地带,大小湖泊星罗棋布,唯熊口镇向北有方圆几百里陆地,经水路登陆时仅这里有一港口,民间称为"湖口"。湖口住一熊姓渔民,并开有一小店,供上湖口的人歇息。时间一长,百姓及过往的人们都习惯地称这个湖口叫熊家口,后改为熊口,沿袭至今,为现熊口镇的雏形。

　　熊口镇依水而居、因水而兴,便利的水运孕育了熊口镇旧时的商业兴盛。明朝中期始,熊口逐渐成为沔阳、潜江等地通往沙市、江陵的必经水道,过往商贾、游人每天有千人之多,停船多达数十只。到明末,这里已有住户数十家,逐步形成了地域集贸中心。

　　清朝末年,这里发展形成三条主干大街,即现在的熊口街(红军街)、步行街、河街,占地面积约 13 万多平方米。集镇上商铺林立,商业发达,熊口镇发展成为当地经济、文化中心及水陆交通枢纽。由于水上运输方便,来自湖南的山货、江西的瓷器以及武汉和沙市的百货,品种多样,价廉物美。早在清光绪二十一年(1895 年),此镇就迎来了黄全太、益太昌、吴友盛、恒丰仁等四大家京广杂货铺的繁荣兴盛。清末至民国十五年(1926 年),黄复兴京货铺和黄广记花行成为"天字号",在商界独占鳌头。继黄复兴、黄广记之后的十年中(1926—1936 年),小镇又见证了程宏发花行的发迹、尹太昌杂货铺的火爆、朱甫仁京货铺的兴隆和李复昌京货及杂货铺的鼎盛。同时,从上场到下场,从中街到后街,还有恒和祥、泰丰盛的京货,施春记、胡恒昌的花行,谦和祥、胡天昌、同和求、罗怡昌的杂货铺,还分布有同丰泰、丰裕泰、张泰和、熊泰兴和王松和的药铺,胡真记布庄,陈义发粮行,李复兴、张义顺、施永顺榨坊,符合记酱园,等等。此外,镇上还有各类酒店、饭馆、菜馆、烟馆、牌铺、丝烟铺、打线铺、织袜铺、铁铺、银匠铺、油漆店、木作坊、皮革坊、染坊、粗货铺、扎花店等。河街分布渔行及水产品店、蛋行(皮蛋、盐蛋)、豆腐店、肉铺和各类蔬菜店,真是行业俱备,应有尽有。1912 年至 1941 年,熊口商业处于兴盛时期,有商户 215 家,大小型手工业户112 家,最突出的是粮、棉、油、土布、蚕丝、水产品交易十分活跃。抗日战争时期,熊口是襄南抗日根据地的重要市镇,是主要的财源基地。在边区政府的领导下,成立了以徐培明为主席、傅荣舟为副主席的商救会。商救会重视发展工商业,积极扶植商人搞活流通、繁荣市场,为抗日做贡献。由于商救会的鼓励与支持,1944年至1945年的两年时间内,新发展商业户109户,还吸收了不少敌占区的商人来此经商。商人们拥护抗日统一战线政策,积极认购建国公债,仅10天之内购公债249万元(边币),超过了49万元,受到了荆潜县抗日民主政府和襄南行署的表彰。

熊口具有悠久的革命历史和光荣的革命传统,红军战斗和驻扎的历史印记随处可见。红军小镇熊口镇是土地革命战争时期湘鄂西革命根据地军事机关所在地。1930年至1932年间,湘鄂西革命根据地军事首脑机关集中建立在熊口镇,贺龙等老一辈革命家率部驻守于此,曾多次粉碎了国民党反动派的进攻。抗日战争时期,熊口是襄南抗日根据地的重要市镇,是主要的财源基地。20世纪三四十年代是襄南革命根据地指挥中心,潜江县政府所在地,贺龙、段德昌和廖汉生等老一辈革命家曾在这里浴血奋战。熊口镇为保卫洪湖苏区,巩固和扩大湘鄂西革命根据地做出了重要贡献。廖汉生同志亲笔题写的"红军街",因土地革命战争时期,贺龙元帅率红军战斗、驻扎在此而得名。

熊口镇属亚热带季风性湿润气候,雨量充沛,常年降雨量在1000毫米左右。年平均最高温度40℃左右,最低零下6℃左右,冬寒夏热,降水充沛,易生水患。因此,熊口镇的传统建筑一般房屋地面均比街道高出尺余,在高低差中间用砖砌成两坎坡,民间

▲ 红军街局部

称其为"疆台坎"。街面的下水道均用城台砖建成,通往低洼处或河道,可以防止或缓解水患。传统民居中多设天井,既可排水采光、通风除湿,还可在一定程度上调节温度,使居室冬暖夏凉。熊口镇的历史建筑或传统民居大部分建造于清代中晚期,既保留了长江中游民宅的特点,又具有江汉平原古建民居文化遗产的特征,建筑的使用功能与所处的地理位置和气候环境相适应。

熊口镇因其厚重的红色文化、悠久的历史文化和保存较为完好的传统建筑,于2010年被住房城乡建设部、国家文物局授予第五批"中国历史文化名镇"荣誉称号。如今的熊口镇占地面积102平方公里,共有12000余户,52376人,其中分布在历史文化民居保护范围内的有260余户,1439人。水陆交通均十分便利,北与318国道、汉宜高速公路相连,南

与襄岳公路相通,县道、省道、国道与镇内街巷交错成网,是潜江市南部各乡镇场、办事处的一个重要交通枢纽。

## 二 村镇资料

### (一)物质文化遗存

光荣的革命传统和悠久的历史文化为熊口镇留下了较为丰富的物质文化遗存,有历史文物、古街道、古民居、古戏楼、古寺庙等,还包括为数众多的革命旧址。

**1.历史文物**

**布纹筒瓦**:1959年9月在赵脑村天应观庙里出土的14块布纹筒瓦,其中3块瓦的一端有形态各异的飞禽图,其头、眼、身栩栩如生,经专家鉴定,这些布纹筒瓦属宋代文物,现存放在潜江市博物馆。

**藤躺椅**:1930年7月,红二军团指挥部设在熊口后街胡夫先家里。贺龙在胡家睡过这把躺椅,现保存在潜江市博物馆。

**2.历史建筑遗存**

**(1)古街道**

熊口集镇的原貌为三条主街,即红军街、步行街、河街,由四条小巷组成,街、巷相连,交错相通,街面全用青石板铺筑,街道两旁民宅均属大小店铺。三条历史老街基本保存完整,呈平行、南北向分布。

**红军街**:原名叫后街,位于熊口镇的中部,该街呈南北向贯穿整个熊口镇。街道全长500米,占地面积为22500平方米,因土地革命战争时期贺龙率红军战斗、驻扎在此街而得名。红军街集中了48处红色旧址,均为潜江市级重点文物保护单位,形成丰富厚重的红色文化。

**步行街**:亦称中街,是紧邻红军街的一条传统老街,与河街平行,位于现熊口集镇中部,全长320米,占地面积为24000平方米,由于街道狭窄,不能走车,只能行人,所以称之为步行街。现保留有清代伏地轩书院(商铺)、丰家大屋等传统历史建筑23栋。

**河街**:是临熊口老河的一条原始街,全长400米,包括三条老巷,占地面积41000平方米。现保留的清代历史建筑有郑明才、龚祖国、邱道付、黄文举、刘益红等老屋147栋,是熊口镇保留历史建筑最好的一条街。

**(2)古民居**

**王松和宅**:保存较好的民居,为潜江市文物保护单位。该宅是一座清代建筑,作为店铺之用。王家世代行医,此宅曾兼作药店。1930年2月,中国工农红军第六军(军长孙一中,政委周逸群,参谋长许光达)在此设立军部。建筑为砖木结构,硬山布瓦顶,灌斗墙。内部为典型的穿斗式木结构,主檩高6.26米,面宽五间14.8米,进深12.5米。平面"明三暗五",最前端的两间"暗"房与前厅贯通,作为放置药柜之处;后端的"暗"房为主人的住房,后有小院和厨房、厕所等辅助用房。正立面为一面砖石墙体,用砖砌出仿梁架的凸出,顶部为柔和的曲线,略带西式风格,与内部典型的中式结构、布局大相径庭。

（3）古戏楼

熊口戏楼:建于清康熙十五年（1676年）,比关帝庙晚建20年。全是木结构,几百根梁房柱子,上千个大小尺寸的凿眼和榫头吻合得天衣无缝,戏台用6根抱柱顶立,数百年不倾斜。戏台台基高2.8米左右,台面至天花板间约5米,台口宽度为20米,进深6米。戏台旁有两扇侧门,门上各题"阳春""白雪",整个戏楼有5间,前后三层,左、右还有三层辅楼,整个戏楼台面有120平方米之大。舞台前伸,呈凸状,气势壮观,布局严谨,雕绘精湛。它富丽堂皇,高耸于关帝庙之前,屋顶是黄绿琉璃瓦铺饰,二重檐歇山顶,飞檐翘角,脊上有蹲兽5个,正脊两端有狮子托塔,檐下系风铃、铁马,屋脊中央耸立彩瓷宝顶,中插铁叉和方天画戟,重檐下绘有丰富多彩的花卉图案和二龙戏珠、双凤朝阳等浮雕,是罕见的民族建筑艺术的结晶,20世纪60年代末期被毁。

（4）古寺庙

自唐宋以来,镇境内佛教活动十分兴盛,建有普护寺、关帝庙、泰山寺、天应观（原名普兴山）、青年庵、东狱庙、亚南海、猴子庙、祖师殿、莲花寺、清凉寺、汤家庙、彭家庙、肖家庙、老关庙、上官庙、草庙子和念佛堂（3处）等十多处庙宇及乐安堂、黎阁堂、漆尹孙严宗祠数十处和土地庙160余座。

中华人民共和国成立初期,境内大部分祠堂庙宇被拆毁后修建了学校和办公场所。在"文化大革命"时期,残存的寺庙庵堂也几乎被摧毁殆尽。改革开放后,由于党的宗教政策的扶持,部分庵堂寺观恢复重建。

普护寺:位于孙桥村十组襄岳公路旁,建于唐朝会昌年间（841年）。清光绪二年（1876年）,江陵县编纂的《续修江陵县志》卷八十四、外志四的寺观文中,明确记载了普护寺的有关事宜。2001年后,乡人筹资修缮,尚未恢复原貌。

天应观（原名普兴山）:位于赵脑村三组的天应观,建于北宋初年（960年）,宋朝开国君主赵匡胤在未做皇帝前随其父赵泓殷逃难至此（原是土地庙）,赵匡胤登基后,仿效盛唐风范,大修庙宇。身为国父的赵泓殷没有忘记在破庙栖身的事,带着仆役家丁,不远千里来到赵脑村修了一座巍峨壮观的大庙,题名"普兴山"（因赵脑是水网湖区）,从此,圣名远播。

1644年前后,明末武当道士安天斗（一支农民起义军的军师,因起义失败而当了道士）云游到赵脑村,住进了"普兴山",决心在此修炼,对庙宇进行了扩建,增加了天王殿、祖师殿、东岳庙、观音庵、十朝及四大天王,所有菩萨为全身辉金塑像,整个建筑布局合理,工艺精湛,堪称水网湖区的一大宝刹,安天斗觉得"普兴山"不气派,遂更名为"天应观"。

抗日战争时期,襄南野战医院和新四军兵工厂一个车间设在天应观庙内,自1944年

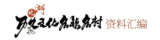

至日军投降,相继有 362 位新四军烈士的遗骸埋在天应观庙旁。

中华人民共和国成立初期,庙内香火已断。1954 年前,前店被拆去修了赵脑小学,后殿毁于"文化大革命"。1997 年 2 月,《潜江日报》发表了长篇通讯《革命人,魂归来兮》后,赵脑小学及周边地区学校的师生,每逢清明节都到天应观为烈士敬献花圈,听义务护庙十余载的 82 岁高龄老人李姣珥(原支前模范、妇救会会长、护理新四军伤员的女义务护士)讲新四军抗日的英勇故事,使师生们深受教育。

泰山寺:位于十屯村三组(徐家桥)的泰山寺,建于明朝中期(1500 年左右)。当时,熊口处于洞庭湖口,沧海桑田,由于沙洋溃口,才淤积成了平原。由江西迁来的十对军人夫妇,在这里挽草为界,挖沟渠,筑堤垸,堤名统称军堤。改地名为"十屯",意思是十姓军人在此屯田垦荒,这十姓是:汪、吴、曹、徐、王、郑、朱、何、鄢、张。十姓军人为不受外人欺侮,联合在张子剀上(现徐家桥)修了一座庙,叫"泰山寺"。实际上是十姓的公庙,含意是要有不畏强暴、泰山压顶仍不垮的军人气概,庙内常备有各类武器,如铁尺、棍叉、刀矛、鸟枪、排铳及土炮(灌子炮)等,为防止匪警入侵而备。此庙民国时期毁于战火。

莲花寺:位于街南边,建于明末时期(约 1630 年),据说一次滔天洪水,从上游流来了万斤铁铸的如来佛和观世音菩萨像,一直靠岸不动。乡人们甚觉奇异,于是在滩上修了一座寺庙,将如来佛和观世音像请进庙内,又请处士(专雕各路神仙像的木工)用木头雕、泥巴塑,做了五百罗汉像供奉在庙内。此时恰逢汪家剀口有 10 余亩的莲花池,每年夏季,莲花怒放,香气四溢,于是将这个庙宇取名莲花寺。

莲花寺自修建后,香火鼎盛。又加之此地是一个渡口,于是不少人开始在此搭棚做小买卖,后发展到茶馆、酒店、皮头百杂,样样都有,成为潜西"小岳口"。

关帝庙:位于熊口街(粮管所黑仓库附近),与熊口戏楼对峙,属于熊口街名重一时的古建筑。关帝庙属官庙,历来是乡党头面人物聚会之所。1935 年,熊口国民小学设于此庙。中华人民共和国成立初期,熊口区公所设于此。1951 年此庙被改建为熊口小学,熊口小学建新校后,此庙被毁,所有砖瓦木料用来做了国家粮仓。

清凉寺:马场村的清凉寺,气势恢宏,大雄宝殿高大壮观,属镇内建筑完整的庙宇,是21 世纪在原址扩建的。

中务垸村的东狱庙、熊口街的上官庙、老官庙等,规模不大,自 21 世纪以来,均修缮一新。

(5)革命旧址

红六军军部旧址:1930 年 2 月,中国工农红军第六军(军长孙一中、政委周逸群、参谋长许光达)在红军街中上段王松和药店内设立军部。

红二军团部及红三军部旧址:原为胡夫先私人房屋,从 1982 年起,湖北省文化厅和潜江县人民政府陆续拨款对红军街的红二军团部进行维修,将红二军团部旧址辟为熊口革命纪念馆,成为革命传统教育基地,馆内陈列有红军标语、贺龙生活用具、红军文献、文物

▲ 红六军军部旧址

照片和红军布告等历史资料。

1930 年 7 月，红二军团成立，贺龙任总指挥、周逸群任政委、柳克明任政治部主任、孙德清任参谋长，下辖二、六两军，在此设军团部。1931 年 7 月和 1932 年 8 月中国工农红军第三军军部亦设于此。

▲ 红二军团部旧址

熊口战斗纪念地：1943 年 6 月 7 日，新四军第五师十五旅奉上级命令，围歼熊口守敌伪十师二旅朱秉坤部，敌人被迫投降后，并奉命至浩口洪宋场待命整编，敌人企图向后湖逃窜，终被全歼。

新四军襄南军分区司令部旧址：孙桥村六组孙锡九家住房。1945 年新四军襄南军分区司令部设此，司令部贺炳炎、政委廖汉生在此办公。

新四军、八路军会师大会旧址：1945 年 3 月，新四军襄南军分区在熊口孙家桥召开欢迎八路军三五九旅南下干部会师大会。为纪念这次会师，1983 年，孙家桥人民集资修建

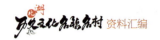 

了襄南大礼堂。

**新四军襄南兵工厂遗址**：1943 年至 1945 年，新四军襄南兵工厂先后设在赵脑村的杜毛台（搞枪械修理）、天应观庙内（造手榴弹、别把等），1945 年 10 月内战爆发后，迁往寻湖咀（原属熊口镇）。

**新四军襄南野战医院旧址**：1943 年至 1945 年，新四军襄南医院住院部设在天应观庙内，手术室设在开明乡绅李茂璋家里。

**青石古碑**：在孙桥村尹氏宗祠正北方 30 米处，屹立着一座高 1.8 米的青石古碑，始建于清同治十一年（1872 年），漆、尹、孙、严四姓始祖从江西迁湖广孙家桥定居后，四姓子孙遵照先辈遗嘱，将他们的骨骸合葬，并立下墓志铭。

## （二）非遗资源

熊口镇淳朴的乡土民风、深厚的文化积淀，以及光荣的革命历史和传统，汇聚成丰富而独特的非遗资源。

### 1.丰富厚重的红色文化

熊口镇革命历史悠久，具有丰富的红色资源和厚重的红色文化。土地革命战争时期是湘鄂西革命根据地的中心地带，贺龙、段德昌和廖汉生等老一辈革命家曾在这里浴血奋战。廖汉生同志题名的红军街，是湖北省指定的青少年革命传统教育基地之一。

熊口镇是湘鄂西革命根据地的中心地带，是土地革命战争时期湘鄂西革命根据地军事机关所在地，也是贺龙、周逸群等老一辈无产阶级革命家活动的中心地带。1930 年 3 月至 5 月，由孙一中任军长、周逸群兼政委的中国工农红军第六军，全歼龙湾、熊口之敌，进驻熊口，军部设在熊口街王松和药店。周逸群政委在熊口指挥全军，分三路攻占潜江县城，攻克渔洋镇、新沟嘴等地，将江陵、潜江、沔阳、监利四县的乡村根据地连成一片，使汉水南北、长江与汉水之间，除沙市、监利城外，广大地区都成为苏区，为湘鄂西革命根据地的建立打下了坚实的基础。

1930 年至 1932 年间，贺龙率红二军团曾多次长时间驻扎在熊口镇熊口街，指挥全军打击国民党反动派的骚扰，并最终取得了四次反"围剿"的胜利，使熊口镇成为湘鄂西革命根据地军事机关所在地，为保卫洪湖苏区、扩大湘鄂西革命根据地发挥了重要作用。

1930 年 7 月，贺龙率红二军团在攻占潜江、天门等地后，进驻熊口，军团部设在熊口街胡夫先家，并在此建立了潜江县苏维埃政府。

1931 年秋，国民党对苏区发动了第三次大"围剿"，敌军掘堤灌水，水攻苏区，造成监利、沔阳、潜江、江陵 90%苏区被淹，灾民近百万，贺龙率领红三军到熊口，军部设在原红二军团部屋内，指挥生产救灾，并亲自率领红九师二十五、二十六两个团和监利、江陵、沔阳、潜江四县民工，在 20 天内筑起了田关堤。在东荆河段，以数月的时间，完成了二百多里堤防工程——"红军堤"的修筑工程任务，排除了水患。在筑堤期间，还粉碎了敌人的八次袭击。1932 年 6 月蒋介石调集了 55 万大军向豫皖根据地进行第四次"围剿"，贺龙元帅率领部队又一次进驻熊口,仍住在原红二军团部,指挥红三军主力从黑流渡过襄河攻占潜江城,随后全歼范绍增的率部。这次胜利削弱了"围剿"军的两翼,制止了江北敌军的攻击,不仅保住了荆南、江陵、潜江苏区,而且使荆门、当阳一带的党组织扩大了部分新区,进一步巩固和扩大了湘鄂西革命根据地。

熊口镇有著名的红军街,街上红军驻扎和战斗的痕迹众多,集中了近现代重要红色史迹,形成丰富厚重的红色文化。红军街现存 1930 年所设的领导机关有:湘鄂西中央分局、红二军团部、四师师部、警卫团团部、十团团部、十一团团部、十二团团部、红二军团前敌委员会、红六军军部、四十六团团部、四十七团团部、四十八团团部、四十九团团部、二十一团团部、八师师部、二十二团团部、二十三团团部、二十四团团部、九师师部、二十五团团部、二十六团团部、二十七团团部、教导团团部、湘鄂西中央分局工作团团部、中共潜江县委会、潜江县苏维埃政府旧址等;1931 年 7 月至 1932 年 8 月红三军所属部队驻熊口旧址有:红三军军部湘鄂西中央分局、参谋部、地方武装科、机要科、管理科、赤卫队部、独立团团部、七师师部、十九团团部、二十团团部、五十团团部、五十一团团部、十七师师部等,共计48 处之多,均保存较好。1984 年 11 月 12 日全国人大原常委会副委员长廖汉生在潜江熊口镇视察工作时,亲笔题名"红军街"。

1983 年潜江县文物普查时将红二军团部、红六军军部、红三军军部及新四军豫鄂边区襄南军分区司令部等 48 处旧址公布为"潜江县重点文物保护单位",1999 年,湖北省人民政府将"熊口红军街"公布为"湖北省爱国主义教育基地",2002 年 11 月湖北省人民政府将街内的红二军团旧址、红六军军部旧址公布为"湖北省重点文物保护单位"。熊口镇特别是红军街作为贺龙等老一辈革命家曾战斗过的地方,现存革命旧址不仅生动地再现了革命先辈艰苦的革命斗争历程,对缅怀革命先辈的丰功伟绩具有十分重要的纪念意义和历史价值,而且为人民群众提供了生动、直观的实物教材,具有较强的革命传统教育功能,对弘扬和培育民族精神、增强凝聚力有着重要意义。

**2.古朴典雅的建筑文化**

熊口镇的传统建筑,集中于三条老街两侧,大部分建造于清代中晚期,其建筑保留了清代长江中游民宅的典型特点。建筑以木构为主,砖、石为辅,设有封火墙,靠门面部位的墙头上还有龙爪墙垛。从布局上讲,有四合院和连体四合院等。四合院均有阁楼,民间称转阁楼,且栏杆上雕有花鸟、动物生肖等图案,厅堂的大门叫格门,格门上雕有"四云伴月"和门神等图案,有些大户人家门前还有石虎、石狮等吉祥动物,天盖全用清朝布瓦,屋脊也用布瓦堆砌而成,且脊头和脊中都由泥瓦匠画有较为精美的图案,有的还在门前檐用铁板搭过街棚。

这些清代民宅建筑群具有江南合院式建筑风格,同时具有江汉平原古民居建筑文化遗产的特点。由于旧时商贸文化的影响,建筑布局多为前铺后室,其建筑风格古朴典雅而具有南方特色,形成了水乡园林小街的古朴韵味,具有朴素的美感和较高的艺术价值,这

▲ 油纸扇传承人吕玉林夫妇在给油纸扇上油

些古朴典雅的建筑群对研究中国古代建筑，特别是对长江中下游地区清代古民居建筑风格、建筑形制等方面的研究提供了重要的实物例证，同时，对研究当地古代建筑技术也具有重大的科学价值。

**3.灿烂多彩的民间文化**

熊口镇悠久的历史文化与独特的风土人情相融合，形成灿烂多彩的民间文化，包括传统技艺类如箍匠、烧腊、酿酒、糖酥饼、吕玉莲油纸扇等，传统戏剧皮影戏，传统音乐十番锣鼓、唢呐，传统体育高台舞狮等，目前，针对这些民间文化项目，熊口镇正在积极申请各级非物质文化遗产，以更好地传承文化、延续文脉。

吕玉莲油纸扇：油纸扇就是用油纸制成的扇子，是传统夏季纳凉必备之物。清末时期，潜江熊口籍吕姓男子在外游历，拜四川万县临江人童茂恩为师，学习油纸扇的制作手艺，学成后回到家乡创建油纸扇制作手工作坊，世代相传，到现在已历经四辈，有一百多年历史。熊口油纸扇以素骨为主，就是纯竹木类扇骨，不加任何装饰和雕刻，体现竹子的肌理和木质的天然花纹，呈现出一种自然美。扇面用印有精美图案的考白纸铺就，具有色彩艳丽、图案精美、乡土气息浓郁的原生态美学特征。

传统服装制作："裁缝"发轫于清末民初，熊口当时的"蒋氏裁缝"开始主要是用手工制作便衣，后来逐渐发展为制作中山服、毛皮衣、戏剧服装、舞蹈表演服装等，传承至今已有四代。其中第二代传承人蒋万才在做便衣的基础上设计出了中山服。1943年，他为李先念的部队设计出新四军的服装，并在襄南军区开办了服装厂，专门为新四军制作军服，为抗日战争胜利做出了巨大的贡献。第四代传承人开拓新思路，发展戏剧服装和舞蹈服装设计制作，并取得不凡成绩：2005年设计制作演出服装的少儿舞蹈"水乡竹娃"，在北京参加文化部第二届艺术新秀总决赛荣获一等奖；设计制作舞蹈服装的非遗舞蹈"水乡龙舟娃"，参加全国第五届校园艺术节获得"金奖"；等等。

箍匠：指加工制作木质容器（器具）的工匠，是木匠的分支。清末年间，熊口籍人吴志财经人介绍拜天门箍匠第四代传人徐师傅为师，学习箍匠手艺，学艺三年，学成后回到家乡熊口镇白果树村开办箍匠作坊，世代相传，至今已历五代。中华人民共和国成立后，熊口镇车木厂（竹木加工厂）创立，第四代传人吴家武进厂担当箍匠师傅传艺授徒，其制作的木质生产生活器具覆盖湖北、湖南、河南、广东等省市的部分地区。箍匠作为古老的传统手工业，具有极其重要的研究价值和传承价值，对社会变迁以及生产生活方式、风俗习惯的改变均可提供研究线索。

酿酒：清朝中晚期，潜江熊口镇已发展成商贾云集、文化交流日盛的新兴小集镇，这时晋商将山西杏花村汾酒形成的"清蒸二次清"的"清茬法"酿酒工艺传至潜江熊口镇，经过一代又一代勤劳智慧的先民们吸取杏花村汾酒先进的酿造工艺，不断探索创新，形成潜江地区成熟的固态地缸发酵、固态蒸馏取酒的"清蒸清烧"（蒸酒与蒸料分开进行）的"清茬法"白酒生产工艺，熊口大烈酒传承至今已有一百多年历史。

熊口烧腊（俗称卤菜）：是指将初步加工和焯水处理后的原料（食材）放在配好的卤汁中煮制而成的菜肴，是烹饪学上凉食菜肴的通称。一般有红卤、黄卤、白卤三大类卤味，多以红卤为主，具有外表金红鲜亮、衣脆肉嫩、色泽鲜明、甘香可口、口感独特的特点，是一种由来已久的民间吃法，也是潜江的传统名菜之一。清朝中晚期，潜江熊口镇已发展成经济繁荣、商贾云集、店铺林立、庙宇戏楼遍布、人员往来频繁、文化交流日益增强的素有"小汉口"之称的繁华集镇，其中不乏饮食文化交流。熊口烧腊就是这个时期人们博采各地卤味技术之长，大胆独立创新，创制的更具丰富口感、独特风味和地方特色的菜肴，且历久弥新，至今已有百余年历史。

糖酥饼（俗称作饼、大饼子）：是由油面皮包裹糖酥烘烤制成的世代相传的经典传统小吃。主要食材为面粉、食用油、紫砂糖，其特点是金黄色，层次清晰，脆而不碎、油而不腻、香酥适口，是闻名遐迩的民间流传颇广的经典传统小吃。清朝道光年间中期，潜江熊口籍王姓男子在外游历，在浙江金华地区习得酥饼制作手艺，回到家乡开办了制作酥饼的作坊（俗称白案师傅），世代相传，已历经五代，至今已有约二百年历史。

皮影戏：潜江熊口皮影戏虽然其源头无法考证，但最晚在明末清初熊口镇一带凡举办谢神会事、逢年过节都会有唱皮影戏的习俗，日积月累形成了独特的风格。清末至中华人民共和国成立前，中国积弱积贫，饱受外侮，社会动荡和连年战乱，民不聊生，致使盛极一时的熊口皮影戏凋零，一蹶不振。中华人民共和国成立后，熊口皮影戏班、艺人又开始重新活跃，深入周边村镇演出，甚至与其他皮影剧团进行艺术交流，颇有成效。潜江熊口皮影制作精细、造型生动、唱腔优美，富有古朴的楚文化风格，深受历代人民喜爱。

十番锣鼓：清朝嘉庆、道光年间，随着熊口镇的商业日渐繁荣和文化交流的日益增加，最时尚流行的汉戏四大流派之一的荆河路子传到此地，熊口民间艺人在学习传统汉戏的

▲ 熊口镇高台舞狮精彩表演

基础上,将汉戏闹台锣鼓基调与本土锣鼓基调相结合,取长补短,独创出一套符合本区域传统审美取向的"十番锣鼓"曲调(俗称"锣鼓点子"),传承至今已有二百多年历史,是当时大众最喜爱的文化娱乐形式之一。鼎盛时期,熊口镇的锣鼓乐班多达十余个。熊口"十番锣鼓"曲调具有典型的汉戏风味,楚风汉韵浓郁,演奏时而行云流水、婉转悠扬,时而雷霆万钧、气势磅礴,具有较强的乡土气息,符合本区域传统审美取向,对汉戏的变迁发展与传承提供了重要的研究线索。如今,在民间依然沿袭着婚、丧、嫁、娶、喜、庆等活动邀请锣鼓班子演奏以渲染情绪、烘托气氛的传统习俗,"十番锣鼓"有着深厚的群众基础。

高台舞狮:中国民间舞蹈,也称舞狮、狮灯等,清中晚期高台舞狮在民间广为流传。熊口镇马场村乡民古有习武之风,清朝末年有了狮子舞表演,其源头尚无定论。至今已传承五代,中华人民共和国成立后,狮子舞得到了很大的发展与提高,逢年过节和民间喜庆活动都会有马场肖家班舞狮的表演,享誉一方。

这些丰富的民间文化项目是熊口镇先民遗留下来的珍贵文化遗产,是人们精神家园和乡土情怀的重要组成部分。但很多项目濒临绝迹危境,亟待传承和保护,如高台舞狮,由于表演动作危险,难度极高,没有相应的保障机制,学习高台舞狮这门"绝活"的青少年日益减少,此项目处于传承后继乏人的境地,几近绝迹,加强抢救性保护迫在眉睫。再如油纸扇,随着社会的变迁,油纸扇逐渐被电扇、空调所取代,熊口油纸扇的生产经营日趋衰落。时至今日,潜江熊口油纸扇制作作坊仅存一家,且年产量只有3000把左右,油纸扇制作工艺也濒临失传的境况。

(整理者:熊霞)

## 参考文献

1.潜江市地方志编纂委员会.潜江县志[M].北京:中国文史出版社,1990.

2.李巨松,胡逢林.潜江人民革命史[M].武汉:武汉出版社,1994.

3.熊口镇志.内部资料.

# 汉水古邑
## ——石牌镇

## 一 村镇概述

石牌镇位于湖北省钟祥市西南,东临汉江,地处江汉平原北部、汉江中下游流域。传说在明末清初,此地沿汉江水岸有一石头牌坊,江中行船常以此为记停靠,牌坊边有茶肆店铺供过往船商食宿歇息,日久人们将石头牌坊简称石牌,并沿袭至今。石牌镇历史悠久,位居全国历史文化名城钟祥市"四大古镇"之首,有文字记载的历史已有2000多年。石牌古代属荆州领域,三国时名荆城,唐宋以来名荆台,地属荆门,明嘉靖年间改隶钟祥县。

石牌古镇地势重要,为历代军事重镇。东汉时期,石牌名为"兰水城",公元22年农民起义军绿林军下江兵进攻南郡时,曾屯居于兰水城。据《钟祥县志》(清同治六年刻本)考证:"兰水城在府(安陆)西南,本编之兰口聚,东汉初下江兵曾踞此。"《水经注疏》载:"读汉志,编有兰口聚,在今荆门州东南。"由此可见"兰水城"之地势重要。三国时,石牌名为荆城,为军事重地,蜀汉将关羽屯兵于此,《三国志·魏志·文聘传》载,"又攻羽辎重于汉津,烧其船于荆城"。后来成为历代县邑治所,隋朝时被废除,改名为荆台县。汉代荆城遗址尚存,位于镇西,为当今石牌镇形成之渊源所在。

由于重要的军事地位,古镇形成了独特的街巷格局,带有显著的防卫性质。石牌古镇西面为废弃的古城邑遗址,东为汉水,内方山遥相环绕,古镇自西向东垂直于汉江形成了独特的"山、邑、镇、江"的总体空间格局。整个老镇区按照中国古代村落风水格局"凤凰展翅"布局,东北以望山门为凤首,中部以山街、上正街、集街为凤身,西面以汉江为尾,南北分别以"西街—来凤关"和"北门街—北钥门"为两翼,"十"字形主街为骨架,形成阡陌交通、纵横交织的网络状街巷空间结构,将整个古街区划为一个个相对独立的街坊。石牌镇至今保留"凤凰展翅"街巷格局的原始风貌,并与"十街三巷十八门"之布局相互依托,形成传统典型的平原地区防卫型城镇格局。各街巷的连接通常采用丁字路口或"Y"字形方式,"十"字出现较少,交岔道路通而不畅,这与当时军事防卫需要有密切联系。石牌古镇内设有不少关卡"闾门",从其位置分布看,均设在道路入口或连接点等人流停顿或交汇处,这些闾门造型美观,圆弧形的门洞类似于中国古典园林中的月洞门,有框景之用;同时将街道两侧建筑山墙连为一体,又有分隔空间的功能,但它们最主要的功能是安全防卫,发挥

▲ 造型美观的关卡"闸门"

军事保障作用。中华人民共和国成立前，在各街巷入口和交会处都有供安全防卫的关卡闸门，计有18门，到夜间或外敌侵入时，各门便关闭御敌。有的闸门采用过街楼形式，楼上为守护人临时居所。整个老镇区为明显的防卫型布局，呈现出强烈的内向封闭性特征。

石牌古镇因水而兴，为旧时商业重镇。自古以来，古镇水路交通发达，境内有汉江、幸福河纵贯南北，竹皮河横穿东西，尤以汉江水运最为繁忙，上通襄阳，下抵沙洋、汉口。由于临近汉江，便利的水运一度带来了古镇历史上商业贸易的繁荣，素有"小汉口"之称。在隋朝荆台县废除前后，县城东濒临汉江处已形成聚居点，城门外形成草市，开始向市镇发展。唐宋时期古镇商业兴盛，为汉江中游商埠口岸；明嘉靖十年（1531年），石牌改隶钟祥县，依托汉水便利的交通条件，逐渐发展成为一个繁华的区域性中心商贸集镇；清乾隆十一年（1746年），钟祥县丞移驻石牌，"水陆舟车，辐辏云集，一带烟火迷离，不下数千户"；清咸丰、同治年间开办汉剧科班，被誉为汉剧摇篮之一；民国初年，石牌成为钟祥县西南及荆门东一带的物资集散地，成为当时以汉口为中心的湖北城镇经济网络中的重要节点。石牌古镇以汉代古城——荆城为渊源，从逐水而聚的附城草市兴起，到明清时期发展成为商贾云集、盛极一时的商贸集镇，经历了"因城邑而兴、因商贸而盛"的历史发展过程。

由于重要的商业地位，石牌古镇在历史上的鼎盛时期车水马龙、店铺林立，形成了一系列专业性商业街，如专营日杂百货的集街，专营粮食的山街，专营棉、布的衣街和东街，专营木材的杉南街，专营药材的药王街，经营土特产的萝卜口街，等等。商业街上保留下来大量传统商业建筑，街道上还建有衙门、当铺、书院以及众多的宗祠、戏楼和寺庙等公共建筑和设施，其数量之多、门类之全显示古镇历史上不只是一个农业村镇的规模，而是已经具有了相当完备的城市职能。现有的古镇区依旧保持原有石牌古镇的传统建筑艺术，以天井式民居为主体，以方形为平面构图主题，以天井为核心组织空间，遵循沿隐性中轴线对称的原则，依"间—幢—院—群"的构成模式形成古镇整体传统风貌，反映出江汉平原传统建筑艺术和审美情趣，极富地域性特色。

石牌古镇逐水而居，因军事而兴、因商贸而盛，随着水运消失，古镇的军事、商业功能也渐渐衰退，但其蕴含的深厚文化底蕴至今犹存，且日益深厚。因历史上重要的军事、商业地位和保存了较为完整的城镇格局与历史风貌，汉水古邑石牌镇于2014年荣获住房城乡建设部、国家文物局授予的第六批"中国历史文化名镇"荣誉称号。

## 二　村镇资料

石牌悠久的历史,孕育出丰富的历史文化和人文景观。其历史文化主要表现在以下几个方面。

### (一)物质文化遗存

镇内文物古迹众多,现有各级文物保护单位45处,保存完好的古街道10条,明清民居建筑群落近百处。

#### 1.古文化遗址

古文化遗址有乐堤城址、大官堤遗址、万子田遗址、彭家台遗址、上陈坪遗址、瓦瓷窑址等6处。

乐堤城址:汉代遗址,位于钟祥市石牌镇乐堤村五组。保护范围以四周围墙为界,东到熊堤,西至乐堤,南到肖堤,北至水渠。面积约225万平方米。城址呈方形,边长约1500米。四面有土筑城垣,城垣高1.5～4米,宽10～20米,护城河宽6～8米。城址内有大小土台百余处,遗物较为丰富,文化堆积层厚约2米,采集的陶片以泥质灰陶为主。纹饰有绳纹、几何纹,器型有罐、盆、鬲、筒板瓦和砖。城址对研究中国长江中下游人类发展史,特别是江汉平原秦汉时期的文化,提供了重要资料。2008年,乐堤城址被公布为湖北省第五批文物保护单位。

大官堤遗址:新石器时代遗址,位于钟祥市石牌镇官堤村一组大官堤邹祖坟东北处100米鱼塘岸边。保护范围北至陡坎,南至鱼塘,西至台子湖,面积2000平方米。遗址表面有大量青花瓷及灰瓦砖片等。地表主要为鱼塘土层堆积,原始土层有石斧等器物,且有较完整器物出现。遗址堆积较厚,但破坏较严重。2012年被列为钟祥市第二批文物保护单位。

万子田遗址:商、周时期遗址,位于钟祥市石牌镇何巷村六组。保护范围以大碑坟为中心,东与彭家台遗址毗连,南、西临塔湖岸边,北至梯田第五块。面积约12万平方米。文化堆积层厚1.2米,采集标本主要有陶片,以泥质灰陶为主,夹砂红陶次之,白、黑陶少见。纹饰主要有绳纹、弦纹、方格纹、鱼网纹,器型主要有瓮、罐、盆、甑、圈足器等。1998年被列为荆门市第二批文物保护单位。

彭家台遗址:商、周时期遗址,位于钟祥市石牌镇何巷村六组塔湖北岸。保护范围以彭家台为中心,东、西至塔湖岸边,西与万子田遗址接壤,北为冲田。面积约6000平方米。地表发现有少量的陶片和较多的红烧土块。文化层厚约80厘米。遗址南北长150米,东西宽40米。陶片主要为鬲足、高颈罐、圈足等器物残片,纹饰主要有绳纹、篮纹、鱼网纹、方格纹。1998年被列为荆门市第二批文物保护单位。

上陈坪遗址:商、周时期遗址,位于钟祥市石牌镇彭墩村一组上陈坪西300米整个台

地。保护范围东至村部学校,南至冲田,西侧与竹皮河相邻,东侧为山冈脚,北到公路。面积约15000平方米,台地高出四周约2米。遗址文化堆积层厚约1米,采集有石器和陶器。石器有石斧等,陶器有盆、钵、罐等,纹饰有绳纹、附加堆纹等。1998年被列为荆门市第二批文物保护单位。

**瓦瓷窑址**:明代遗址,位于钟祥市石牌镇瓦瓷村四组。保护范围东至瓦瓷河沟,南到叉口,西至边疆公路,北与九组交界。面积约75000平方米。窑址沿岗坡而建,长20～25米,宽8米。采集有红色夹砂泥质陶片及青花瓷片,陶器器型有罐、壶,纹饰有细绳纹。1994年被列为钟祥市第一批文物保护单位。

**2.古墓葬**

古墓葬有长岗岭墓群、肖家战国冢、汪家战国冢、石岗战国墓、向家战国冢、李家嘴汉冢、大官堤汉冢、黄金垱汉墓、刘家巷汉墓、金鸡汉代冢、严家双冢、李家双冢、王坪墓群、胡家窝明墓、鸭湖明代坟包、九碑墓群、小官堤明墓、官堤明墓、洪山观明墓、黄家窝墓群、上陈坪墓、响堂湾墓等25处。

**高家土冢**:东周时期墓,位于钟祥市石牌镇乐堤村四组。保护范围以墓为中心,方圆50米以内,在汉代乐堤城址东城垣熊堤之上。从时代上来看,应略早于城址,即先有墓冢,后有城址。现封土高2米,直径10米。墓冢位于熊堤中部,现地表种植棉花等农作物。1994年被列为钟祥市第一批文物保护单位。

**冯家双冢**:东周时期墓,位于钟祥市石牌镇八姓庙村四组孙军国屋后(原八姓庙村林场)。保护范围以双墓为中心,方圆50米以内。墓冢坐东面西,双冢在一山丘之上,南北排列,相距90米。南侧为M1,封土高3.8米,直径50米,封土顶部开垦种田。北侧为M2,封土高6米,直径35米,封土顶部有一盗洞。1994年被列为钟祥市第一批文物保护单位。

**徐家双冢**:东周时期墓,位于钟祥市石牌镇八姓庙村五组屈家院子。保护范围以墓为中心,方圆50米以内。双冢南北排列,相距100米。南冢为M1,20世纪80年代早期因烧窑将封土毁掉。北冢为M2,封土高4米,直径20米。1994年被列为钟祥市第一批文物保护单位。

**长岗岭墓群**:东周时期墓,位于石牌镇贺集社区北国家中转粮库。保护范围东为长岗岭二级站,南至贺集街头,西、北至山脚下。面积约1000平方米。修建国家中转粮库院墙时清理墓葬1座,为竖穴土坑墓。出土铜带钩2个,玉璧1个,陶器有鼎5个、敦2个、鬲2个、壶2个、簋2个等遗物。1994年被列为钟祥市第一批文物保护单位。

**洪山观肖家墓群**:东周时期墓,位于石牌镇洪山观村一组排灌站二级站西南侧渠道旁。保护范围以墓为中心,方圆50米以内。原有封土堆墓葬2座,东西排列,封土底径均约25米,高2米。1977年修排灌站渠道时随工程清理西部墓葬,头向东北,墓坑底2.8米×1.6米,出土有青铜剑及陶器,陶器已失。1998年被列为荆门市第二批文物保护单位。

### 3.历史建筑遗存

（1）古街道

石牌古镇老镇区现有街道10条,包括集街、山街、东街、杉南街、火神街、药王街、萝卜口街、衣街、仁和街、上正街等,这些街道均始建于明、清,至今沿用过去名称。由于古镇历史上曾经商业繁盛,这些街道具有重要的商业功能,如集街在历史上主要是商贸区,前店后宅;山街历史上是金融区、粮行区;东街为次街,是饮食商住区。目前除北门街已被改造破坏以外,其余街道骨架基本保持明清时期的格局。其中以东西向的上正街、集街与南北向的北门街,形成十字形主街。并以此为骨架,作渗透式发展,形成各次街,具有显著防卫性特征,至今基本上保持着原有的历史风貌。

（2）古戏楼

古戏楼亦称关帝庙戏楼,创建于清康熙五十三年至五十六年（1714—1717年）,重修于清乾隆丁酉（1777年）菊月。戏楼平面呈"凸"字形,南北向,面阔11.6米,进深9米,分上下两层,单檐歇山顶,屋面用琉璃瓦,石柱子顶托楼身,飞廊四周,斗拱建筑,雕巧玲珑,备极工致。正面两侧方形石柱上刻"似演麟经善恶收场分衮钺、差怡凤目笙歌振响叶琅璈"的对联。石牌戏楼对研究中国长江中下游戏曲发展史,特别是江汉平原的戏曲文化,提供了重要资料。1992年,被列为湖北省第三批文物保护单位。

▲ 石牌古戏楼

（3）古民居

山街李氏民宅:建于清代,位于石牌镇石牌社区山街22号。此宅坐东向西,面临山街,面阔四间13米,占地546平方米。整体建筑呈四进院落形式,呈"目"字形,属前店后宅式民居,是石牌传统民居的典型布局方式。硬山式屋脊,黑瓦白墙,抬梁、穿斗混合式木架结构,墙体为石牌民间广泛采用的灌斗墙。垂直于街道沿中轴依次布置有沿街店铺、天井、厅堂、天井、内院、天井、后院等(后院已毁)。两侧有保存完好的三叠封火墙,以分隔两侧居民。天井在石牌民居中非常有特点,呈正方形,地铺青石地幔,一角设有下水道,天井两边对称布置厢房,四周装饰轻盈通透的木隔扇。店铺面阔三间,二层,宽13米,深7米,利用穿枋外挑承檐檩,临街为木板门窗(已毁,现改为砖墙)。厅堂二层,室内用木质隔扇门相隔,一层上有阁楼,采用木质密肋楼板,并有木质雕花栏杆。该民居保存基本完整,木构架雕刻较精细,建筑具有一定的地方特点,对于研究明清乡土建筑具有较高价

值。2012 年被列为钟祥市第二批文物保护单位。

**吴家大院**：位于钟祥市石牌镇石牌社区东街 20 号。整体建筑呈四进院落形式，坐东朝西，前店后房式，是石牌传统民居的典型布局方式。建筑沿中轴线分布有前厅（为店铺，现已毁）、后院（以天井为核心的合院空间，作为生活起居场所）。前厅与后院处有一道围墙相隔，中有门，向后依次为厅、天井、正房、天井、后厅、厢房及围墙花园等，面阔三间 6.8 米，通长 35 米，总占地面积 1800 平方米。建筑为硬山顶，砖木梁架结构，两侧有较高的封火墙分隔两侧居民，正房面阔三间 6.8 米，进深三间 7 米，二层，室内用木质隔扇门相隔，一层上有阁楼，采用木质密肋楼板，并有木质雕花栏杆，可环顾天井及正堂。正堂两侧有东西厢房，厢房前有廊与正房前厅相连，中为方形抹角天井，地幔、下水设施、石台阶保持原样。该民居保存完整，规模宏大，木构架雕刻精细，建筑具有一定的地方特点，在该条街道比较突出，20 世纪 70 年代该建筑还为当地银行所用，对于研究明清乡土建筑具有较高价值。2012 年被列为钟祥市第二批文物保护单位。

**孟家大院（原名蔡家大院）**：建于清代，位于钟祥市石牌镇石牌社区东街中部。整体建筑呈四进院落形式，坐西朝东，前店后房式，是石牌传统民居的典型布局方式。建筑沿中轴线分布有前厅（为店铺），面阔三间 11 米，进深一间 6 米，二层，临街有木质隔扇窗，双坡檐，后面以天井为核心的合院空间作为生活起居场所。前厅与后院处有一道围墙相隔，中有门，向后依次为厅、天井、正房、天井、后厅等，总占地面积 1000 平方米。后厅及花园全毁。前厅及正房为硬山顶，砖木梁架结构，明间前有挑檐，两侧有较高的封火墙分隔两侧居民。前厅、后堂为二层，室内用木质隔扇门相隔，采用木质密肋楼板，并有木质雕花栏杆，可环顾天井及正堂。正堂两侧有东西厢房，厢房前有廊与正房前厅相连，中为方形抹角天井，地幔、下水设施、石台阶保持原样。该民居保存完整，规模宏大，木构架雕刻精细，建筑具有一定的地方特点，在该条街道比较突出，面阔比较宽阔，对于研究明清乡土建筑具有较高价值。2012 年被列为钟祥市第二批文物保护单位。

**李氏民居**：建于清代，位于钟祥市石牌镇石牌社区衣街，现为居民李仁敬住宅。民宅为重檐硬山式，三层两天井。以中轴线为中心，两侧对称。建筑坐北，大门面向石牌古镇繁华街道衣街。木质楼板，网格花窗。龙凤雀替，造型古朴典雅。1994 年被列为钟祥市第一批文物保护单位。

**付家大院**：建于清代，位于钟祥市石牌镇石牌社区集街 46 号。整体建筑呈四进院落形式，坐北朝南，前店后房式，是石牌传统民居的典型布局方式，也是保存较完整的建筑之一。建筑沿中轴线分布有前厅（为店铺）、后面以天井为核心的合院空间作为生活起居场所。前厅与后院处有一道围墙相隔，中有门，向后依次为厅、天井、正房、天井、后厅、厢房及围墙花园等，总占地面积 2200 平方米。建筑为硬山顶，砖木梁架结构，两侧有较高的封火墙分隔两侧居民，厅堂有方形抹角与天井厢房相连。前厅、正房、后堂为面阔三间 6.8 米，进深一间 7 米，二层，室内用木质隔扇门相隔，一层上有阁楼，采用木质密肋楼板，

▲ 付家大院的重重天井

并有木质雕花栏杆,可环顾天井及正堂。正堂两侧有东西厢房,厢房前有廊与正房前厅相连,中为方形抹角天井,地幔、下水设施、石台阶保持原样。该民居保存完整,规模宏大,木构架雕刻精细,建筑具有一定的地方特点,在该条街道比较突出,对于研究明清乡土建筑具有较高价值。2012 年被列为钟祥市第二批文物保护单位。

**胡家大院:**建于清代,位于钟祥市石牌镇荆台社区山街中部。整体建筑呈四进院落形式,坐西朝东,东临山街。前店后房式,南侧建偏房,后有加工作坊及作坊晒场,也是石牌镇传统民居的典型布局方式。建筑沿中轴线分布有前厅(为店铺),后面以天井为核心的合院空间作为生活起居场所。向后依次为厅、厢房及作坊、晒场、围墙等,总占地面积 3000 平方米。建筑为硬山顶,砖木梁架结构,两侧有较高的封火墙分隔两侧居民,二层,室内用木质隔扇门相隔,一层上有阁楼,采用木质密肋楼板,并有木质雕花栏杆,可环顾天井及正堂。正堂两侧有东西厢房,厢房前有廊与正房前厅相连,中为方形抹角天井,地幔、下水设施、石台阶保持原样。正房为二层建筑,面阔三间 11 米,通深 40 米,规模宏大,木构架雕刻精细,南侧偏房为一层中有阁楼,面阔三间 9 米,进深一间 5 米,明间小、次间大,且明间通道向南偏,后天井及正房比较矮小。该建筑规模宏大,布局完整,选材做工精细,具有一定的地方特点,在该条街道比较突出,对于研究明清乡土建筑具有较高价值。2012 年被列为钟祥市第二批文物保护单位。

（4）古石刻

古石刻有正气凌霄匾、重修凤台寺前后殿碑、重修崇果寺碑记等3处。其中重修凤台寺前后殿碑位于石牌镇小学院内，为钟祥市市级文物保护单位。

凤台寺遗址：建于清代，位于石牌小学院内古戏楼东南。寺庙兴于唐宋，历元迄明，寺前后二殿雄踞凤台山之巅，因年久失修，清以后逐渐废弃，现地面有少量的建筑废弃物。残存碑刻一通，通高2.13米，碑首高0.53米，碑身高1.2米，碑座高0.4米，宽0.81米，碑首阳刻"攸馆日新"及山水图案，碑身记载了寺庙兴衰过程，背面为捐修人姓名及捐资数额等。1994年被列为钟祥市第一批文物保护单位。

重修崇果寺碑：位于石牌镇石牌小学院内古戏楼北侧5米处。崇果寺又名凤台寺，兴于唐宋。碑刻通高2.09米，碑首高0.5米，宽0.66米；碑身高1.04米，宽0.6米；碑座高0.55米，宽（下宽上窄呈梯形）0.70米。碑首有双龙戏珠图案，碑身两侧有回字纹饰，碑座有云鹤图案。碑刻为清康熙五年夏月立，工匠张×仁。1994年被列为钟祥市第一批文物保护单位。

（5）古井

肖家冲井：建于清代，位于钟祥市石牌镇白龙村五组肖家冲，当地人俗称"龙眼"。保护范围以井为中心，四周20米以内。因为井南约100米有另一个井被掩埋，故名。井口用青石垒砌，井口呈圆形，直径50厘米，厚36厘米。井壁用青砖垒砌直至水面。井口距水面约5米，井口内壁有数十条井绳勒出的痕迹。2012年被列为钟祥市第二批文物保护单位。

下石井：建于清代，位于钟祥市石牌镇石岗村三组下石岗。保护范围以井为中心，四周20米以内。井口用青石垒砌。四周青砖铺面，呈圆形。井口直径0.6米，高0.32米。井壁内用青石垒砌而成。北侧竖立清代石氏宗派碑一通。2012年被列为钟祥市第二批文物保护单位。

（6）古树

古树名木众多，崇果寺（今石牌小学幼儿园）内的一棵古银杏树植于清朝康熙二年（1663年），距今有358年历史。树高约20米，直径1.5米，树冠原有20米，每年春夏两季枝叶繁茂，硕果满枝。现已被列入荆门市古树保护序列。

（7）革命遗址

革命遗址有辛亥革命老人邹荣煊墓、贺龙元帅祖籍地、山街56号等3处。其中邹荣煊墓建于现代，位于钟祥市石牌镇勤劳村三组新堰岗。邹荣煊，又名邹立铤，字荣煊，号锦华，1884年出生，1909年进入军士学校，曾先后任督府卫队排长、荆州镇守使鄂军第七旅军需处司事员。辞职后又任钟邑第十三区石牌清乡保卫团排长。1961年病故。墓葬封土高1米，边长3米。1994年被列为钟祥市第一批文物保护单位。

## （二）非遗资源

石牌古镇历史悠久，文化积淀深厚，非物质文化遗产资源丰富，其源远流长的演艺文化、丰富独特的建筑文化及民风淳朴的饮食文化,蕴含着浓郁的荆楚特色、汉水风情。

**1.源远流长的演艺文化**

汉剧在古镇石牌举足轻重。石牌七处古戏楼昔日观演盛况虽逝,但楚调汉腔的余味仍滋润在人们的心中。此外,京剧、楚剧、皮影戏、梁山调等各种戏曲艺术在石牌古镇交相辉映,形成灿烂多姿的演艺文化。

汉剧:石牌的传统剧种,兴于清朝初年。清咸丰、同治年间,因战事不断,汉剧日趋衰落。太平天国失败后,有一名叫陈玉成的部将化名刘菊辉,隐居下来,在石牌出资组设科班,培养汉剧演员。当时出科的有李四喜、刘三保、陈启才、胡玉美(艺名黑牡丹)、苏福田等。这些优秀演员都为汉剧艺术的提高和发展做出过巨大贡献。由于他们的努力,渐趋衰落的汉剧又呈复兴景象,石牌成为主要活动中心,被称为汉剧的摇篮。在石牌镇上原有关帝庙、泰山庙、药王庙、雷祖殿、上真观、陕西会馆、西方丈七座古戏楼,来往戏班演出频繁,有时一处同演几台戏,十分热闹。现在仅存的关帝庙戏楼,屋宇完好,仍留有清代各地戏班来此演出的文字记载,计有全国各地戏班近30个,如泰元班(乾隆四十二年)、金翠班(嘉庆八年)、湖南常德府武陵县泰瑞班(嘉庆九年)、德安府桂林班(在嘉庆九年以前,此班演出年月被长生班的班名所盖)、荆门长生班(嘉庆十一年)、古升班(嘉庆十一年)、河南南阳全胜班(嘉庆十七年)、隆升班(嘉庆十七年)、永泰班(道光二年)、洪福班(道光十二年)、协成班(咸丰六年)、太和班(咸丰六年)、襄阳洪兴班(同治六年)、连升班(光绪四年)、继泰班(光绪二十四年)、郧南文升班(光绪三十四年)、洪兴班(光绪三十四年)、洪太班(光绪三十四年)。此外,还有一些只有班名而无时间的,如池河大越调全胜班、安襄双胜班、广庆班、洪福班、宁泰班、宏兴班、文盛班、襄阳宜城协顺班等。石牌古戏楼一时成为汉剧艺术祖师的育成之所,古镇亦成为汉剧发展和兴盛、流播的重地。

京剧:京剧在石牌也具有重要地位。1940年抗日战争时期,国民党军队某师部的戏班子散伙后,主演叶知柏(安徽人)、徐祥远(安徽人)隐居石牌。1946年经叶、徐二人撮合,组建京剧团,主要演员有叶知柏、张士进(张痴)、肖光培、赵远元、李华清、付云清等35人。1948年至1949年,京剧团为解放军南下演出;中华人民共和国成立后配合土改工作队在全区27个乡演出。1957年,剧团发展到70多人,"文化大革命"中演唱革命样板戏。1985年石牌京剧团停演。1951年至1973年,石牌京剧团是钟祥县文艺战线上的优秀团队,在历次县文艺会演中多次获奖。

楚剧:楚剧在石牌古镇颇为流行,石牌镇李集村于1968年组建楚剧团,请钟祥县楚剧团下放的艺人为老师,教授楚剧,业余自演自乐,颇受群众欢迎,曾多次到外地巡回演出,并出席地区、县文艺会演,多次获奖。

皮影戏:皮影戏是石牌古镇瓦瓷洪山观村的传统戏,原有艺人5人,有影靠44把,人头像200多个,能演300多个节目。表演时,人在幕后指挥、说唱奏乐,皮影在幕前表演,武打拼杀,形象逼真,反映了古代人民探索影视艺术的雏形。

梁山调:唱腔或声腔名称,在湘、鄂、川等地都有流传,但作为自成体系的剧种,则形成于湖北钟祥石牌一带。其正腔源自四川梁山灯戏,巧撷"胖筒筒调"与钟祥古老民歌、戏曲交融,世代锤炼,自成一统,钟祥梁山调因而得名,并以本土为核心区域,向周边地区辐射,影响到武汉、荆门、随州等地以及江汉平原。据《钟祥县志》及石牌镇古戏楼演出戏班题名实物佐证:清乾隆年间(1777 年)梁山调已在石牌民间盛行。后有清道光三十年(1850 年)兰怡居士题笺的《汉皋竹枝词》描述了梁山调在汉口演出的盛况。清光绪年间,钟祥梁山调部分戏班多次到河南、陕西等地演出。从清道光年间到民国初年,钟祥有影响的大戏班子不少于 30 班。梁山调演出剧目达 150 余个,多以劝人为善、邻里和睦为主题,民间有"良善调"的美称。梁山调演绎传承两百多年,它的形成与钟祥楚时遗承的民歌(扬歌)有着不可割裂的本源关系,且融汇了楚调、越调、秦腔之精华。它长期植根于民间,深受民众喜爱,不论是传统的节假日,还是婚丧嫁娶、欢庆丰收、喜迎宾客等日常生活都离不开梁山调。2007 年 6 月,梁山调被湖北省人民政府列入省首批非物质文化遗产保护名录。

**2.丰富独特的建筑文化**

石牌古镇历史悠久,因军镇而兴,因商贸而盛,由于历史上重要的军事和商业地位,古镇遗留下来数量众多、门类齐全的历史建筑,在自然环境、历史文化等因素影响下,形成古镇丰富而独特的建筑文化。

古镇现存大量明清古建筑,保留有戏楼、寺庙、民居等多种类型,如关帝庙古戏楼、清真寺、付家大院等,由现存的历史遗迹依稀可见当年的繁华。其中明清民居建筑有 100 多处,其民居院落具有江汉平原传统民居的典型特色,对于研究明清乡土建筑具有较高的价值。石牌古镇过去以居住和商业贸易为主,其居住建筑可分前店后宅式的街屋和纯居住式传统民居两种。

古镇在历史上的鼎盛时期商贾云集、店铺林立,如集街、东街、衣街、山街等街道的沿街建筑大多数都为前店后宅式或前店后坊式的商住两用式街屋。街屋可商可居,方便灵活,是石牌古镇传统民居的典型布局方式。一般为"门—厅—堂—院"四进布局,临街第一进为店铺,用以展示商品或交易,多为木板门窗,后面以天井为核心的合院空间作为生活起居或手工业作坊之用。临街店铺与后面住宅以较封闭的实体砖墙分隔,使得商业功能和居住功能相对独立。二层阁楼储藏货物,随着人口的增长,或商业规模的扩大,有的民居将后面房间改成库房和杂物房间,而家中部分居住功能则移至楼上。

纯居住式民居则特征鲜明,是江汉平原传统民居的典型代表。

从平面形态来看,古镇民居建筑一般以房屋围成的天井为核心组织空间,高大宽敞,形成有收有放、有明有暗、从公共到私密的空间序列。平面布局规整,以中轴线为基准左右对称,体现出传统的"北屋为尊,两厢次之,倒座为宾,杂物为附"的礼制精神。平面形制分为三开间平面(如山街 56 号陆宅)和两开间平面(如山街 62 号肖宅、集街 34 号杨宅)两类。平面布局体现为四个特点:其一,以"方形"作为民居的平面构图母题;其二,"间—幢—院—群"

的平面构成模式；其三，沿中轴线左右对称；其四，顺应地形、不拘一格。民居的空间组织核心"天井"是一种重要的建筑内容，是周边房屋围合创造出来的"负体形"，是一种积极的室外空间形式。房屋与天井形成变幻的空间序列，在空间与时间的四维之中创造着自己的张力。天井除了有益于节约用地、组织空间，还有着采光、通风、遮阳、集水等生态物理性作用。

从建构特色来看，石牌古镇传统民居受地方文化习俗、自然条件影响，其建构方式也表现出鲜明的地域性特色：从剖面形式上看有两种类型，一种是一层，硬山屋顶，一般室内空间和外部形象都较为低矮；另一种规模较大，为一层加阁楼层，采用木质肋楼板，阁楼采用密肋梁式木楼板，以简易的竹梯或木板梯作为垂直交通工具。石牌镇传统民居普遍采用穿斗、抬梁木构架结构体系，亦称插梁式：两山中柱落地，柱上直接承檩，为穿斗式。明间为抬梁式，每一瓜柱骑在下面的梁上，而梁端插入邻近两端的瓜柱。依此类推，最外端两瓜柱骑在最下端的大梁上，大梁两端插入前后檐柱，并用出挑檐檩的方法增大出檐距离。纵向以连系梁相连，成为整体框架。檩条均有随檩枋，有的还有雕花，颇为考究；抹角四方天井斗枋，在石牌传统民居中占有重要地位，除有组织空间、改善微环境气候等作用外，其形态及相应的构造也颇具地方特色。天井平面一般为横向或纵向的矩形，同一座民居院落中各进天井依重要程度不同，每进天井也有尺度大小不同和做法繁简之别。主要的天井在前面，尺度较大，呈纵向的矩形或近于方形，后面较次要的天井则进深较小，呈横向的矩形，有的因地形限制甚至呈不规则形态。一些大户人家做法讲究的，在天井的四角做45°斜向抹角，于每角增设立柱，加强了院落中轴空间的收放变化。阁楼层沿天井周边三面均外挑1～2倍柱径的距离，柱子也非上下通直，而是相应错开，用材下大上小，天井形成一个下部开敞、往上收缩的井状空间。每角立柱处的挑梁外伸，挑梁头常饰以精美雕刻，当地称为"斗枋"，是结构与装饰功能完美结合的构件，极具地方特色。同所有传统的天井式民居一样，为解决阁楼、厢房等的采光问题，石牌古镇传统民居也广泛采用天斗、亮斗、亮瓦等构件。灌斗墙与蚂蟥攀为湖北民居广泛采用。灌斗墙即在空心砖墙内填碎砖泥土等，具有良好的保温隔热性能；灌斗墙不承重，仅仅起到分隔、围护作用。另外，在墙体与承重的木柱之间用铁制构件——蚂蟥攀相互拉结，墙体整体刚度较好。

### 3.淳朴醇厚的饮食文化

石牌盛产豆腐，是中国豆腐之乡，石牌豆制品制作传统可追溯到汉代。相传三国时关羽在一次去襄阳视察途中，沿汉江回荆州途经石牌，见沿岸许多百姓患有红眼病，遂向郎中请教如何治疗。有郎中建议，将黄豆浸泡后磨浆，制成豆腐食用，可清热下火。古镇人就此发现了豆腐的优点，豆腐作坊自此在石牌代代相传，制作工艺日益精湛，至明清起石牌豆制品即享誉大江南北。明朝时期，石牌富豪付兴泰、付恒泰即将豆制品的制作技艺发展定型，并达到较高水平，生意甚为红火。清朝时期，石牌商号潘天泰、高谦泰又将石牌豆制品制作技艺传承推进，形成独到的秘籍绝活。进入新时代，石牌豆制品传承人继承发扬传统的豆制品

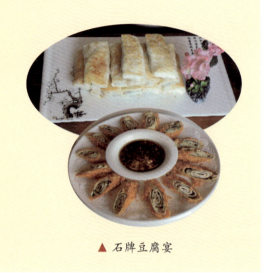
▲ 石牌豆腐宴

制作技艺，打造出具有良好口碑和较高市场占有率的"石牌佬""豆香聚""痴汉牌"等豆制品品牌。

石牌豆制品广受欢迎，其五香豆干色泽茶红，香味绵长，味道鲜美，为人们喜食佳肴、馈赠上品，所制的水豆腐鲜嫩、细腻、味甜，豆皮薄如纸，白似雪，具有丰富的营养价值。每到盛季，石牌家家都有磨浆声，户户都飘豆腐香。外地客人每至石牌，无不以享受一席豆腐宴为荣。石牌镇豆腐加工的传统工艺，给石牌人带来巨大的经济效益。古镇现有2.8万人分布于全国大中城市及泰国、缅甸、俄罗斯等国家，年创产值8亿元。镇区也因此产生了"豆腐郎一条街""豆具生产一条街"。镇豆制品协会向国家工商局申请注册的"石牌佬"豆制品品牌商标已驰名全国，为石牌近30000名豆腐郎所共享。2013年9月，"石牌豆腐制作技艺"成功入选湖北省非物质文化遗产名录。

石牌人好饮"米茶"。据传，米茶起源于战国时楚国的"郊郢"，即现在的钟祥市内。最初是用炒焦的麦米煮后晾凉，作为天热时"茶饮"，解渴解乏又解饥。地产稻米丰裕后，人们又改用大米，最后竟传入宫廷，成为宫廷"秘食"，据称乾隆皇帝就特爱吃"糊米粥"。又据《本草纲目》载：糊米粥，即将陈米放锅中炒焦后，用水煮至焦米开花后即食，或冷或热，均有克食、消食、去烦之效用。对炎热夏季食欲不振的人来说，无疑是一种美味且有疗效的食品。但作为主食，仅有米茶是不够的，因而必须配有"粑粑""软饼""包子""馍馍"或油条等同食，既可解乏，又可饱腹。

石牌镇传统特色名吃还有蟠龙菜、五香豆腐干、蒸地米菜等，它们深受当地居民的喜爱，十分具有地方特色。

（整理者：熊霞）

## 参考文献

1.湖北省钟祥县县志编撰委员会.钟祥县志[M].武汉：湖北人民出版社，1990.

2.罗光武.石牌镇志.内部资料，2013.

3.李百浩，叶裕民.因邑而兴的湖北古镇——钟祥石牌[J].华中建筑，2006(2).

4.叶裕民.湖北钟祥石牌古镇研究[D].武汉：武汉理工大学，2006.

5.邓祖涛.基于文化自觉的历史文化名镇保护研究——以汉水流域石牌镇为考察个案[J].求索，2013(5).

6.袁静琪，王玉.湖北石牌镇街巷风貌特征分析及保护整治策略[J].小城镇建设，2014(1).

7.赵亮.基于"文化保护"的历史文化村镇转型发展新思路——以中国历史文化名镇石牌古镇为例[J].小城镇建设，2018(7).

第四篇

# 鄂西地区

白水古渡 | 秀水古驿 | 仙居福地 | 土家名楼 | 土司古城……

# 白水古渡
## ——枝城镇

## 一 村镇概述

枝城镇地处鄂西山区向江汉平原的过渡地带,地理位置得天独厚,区位优势突出,素有"楚蜀咽喉,鄂西门户"之称。枝城镇位于宜都市东南部,东隔长江与枝江市相望,东南与松滋市交界,南与松木坪镇相邻,西与王家畈乡、聂家河镇相连,北与姚家店乡、陆城办事处接壤,距宜都县城陆城镇22公里,到宜昌市67公里,全镇版图面积239平方公里,总人口9.4万人,其中,镇区面积3.9平方公里,镇区人口2.8万人。

枝城原名枝江镇,原为临江的小渔村。据史载:枝城,古属罗国地,春秋战国时属楚。今位于枝城镇九道河村旧石器时代洞穴遗址(距今约20万年)以及双族庙、白水港、蒋家桥、三里桥等地发现的大型原始社会村落氏族遗址,可证枝城历史之悠久。公元前278年,秦军攻取江汉平原地区,镇地入秦,隶南郡夷道县。公元210年,刘备分南郡设宜都郡,是宜都得名之始,夷道属之,其后枝江、松滋二县皆西迁近夷道县(公元560年改名宜都县),枝城镇地在三县之间,隶属数有变动。南宋末,枝城属枝江,公元1270年,枝江县治从漰洋洲(今属松滋老城)迁至下砣市(今枝城镇沙砣)。明初(1368年),枝江县丞詹尹又移县治于白水与下砣之间的金鸡山,建县衙,修官道,设置司法、钱粮、税务等各类机构,民宅和商铺也逐渐向新枝江县治聚集,古镇雏形渐成。1389年,古镇始筑土城,1468年,筑起东临大江、西据峻岭,广袤3公里左右、厚3米多的砖石城墙,至此,古镇已具近代规模。清咸丰十年(1860年)长江河道由江北移江南,江水陡涨,城决,东、西、北三面几近坍塌,今尚残存明古城墙残垣大东门至西门段。1949年称枝江镇,1955年,枝江县划入宜都县,至此除明初曾有三年是枝江入松滋外,枝城古镇作为枝江县治历史达685年,在此期间狭义"枝江"即指枝城。1962年宜都、枝江分县,枝江县城迁往江北马家店镇,枝城镇仍属宜都。1988年改设枝城街道办事处,1998年复名枝城镇。

枝城镇地理位置优越,交通发达,境内长江水道连接东西,焦柳铁路横贯南北,三峡国际机场隔岸相望,境内公路纵横交错、四通八达,水运条件优越,港面宽阔,枝城港口以中转煤炭、石油、磷矿、建材等大宗货物为主,年通过能力625万吨,是国家经贸委批准的全国四大煤炭配送中心之一。1971年枝城长江大桥建成后,枝城镇一跃成为全国九大水铁联运枢纽之一、长江流域四大煤炭配送中心之一，有客运码头 2 个，货运码头 5 个，设货场、货库 12400 平方米，由此，晋豫之煤多由焦枝铁路至此而转长江水运，每天货运吞吐量巨大，煤炭、矿石、木材、药材、水泥、钢材和其他工农业产品通过枝城港口向四面八方扩散，枝城镇成为鄂西南仅次于宜昌市的第二大交通枢纽，名声日著。

2003 年，枝城镇被省委、省政府表彰为"文明乡镇"。2008 年 12 月 18 日，枝城镇被评为"中国历史文化名镇"，其悠久的历史、深厚的文化和丰厚的历史遗存，日益成为乡镇发展的亮点和名片，为人称颂、传扬。

## 二　村镇资料

### (一)建筑遗存

枝城镇历史文物丰富，全镇目前共发现地下文物点 29 处，其中古文化遗址 11 处，古墓葬 18 处。这些文物点的时代从 20 万年前的旧石器时代一直延续到明清，中间几无缺环。这些遗址遗迹不仅见证了枝城悠久的历史，而且也为枝城镇增添了文化底蕴。

#### 1.原始遗址

九道河洞穴遗址：位于宜都市枝城镇九道河村，于 1986 年 9 月至次年发掘。遗址地质年代属更新世初期。遗址分上、中、下三层溶洞，文化层发现于中层溶洞中，出土有 400 多件石器和部分哺乳动物化石。石制品均出于原生堆积层中，形体均较粗大，器类简单，形状多不规则，主要使用锤击法剥片，也有锐棱砸击技术的使用。石器大多为大型的石片石器，仅有刮削器和砍砸器两类，以刮削器为主，显示出与本地区典型砾石石器工业的不同特征。动物化石有 10 多种，分属 5 个目，有大熊猫、东方剑齿象、犀牛、巨貘、野猪、水鹿、牛类等，距今约 20 万年。专家们把制造这些石器的人称为"九道河人"。鉴于九道河洞穴与长阳人化石出土点相距仅数十公里，并且出土文物的年代相近，学术界称其为"长阳人"的"老邻居"。九道河遗址文物的出土，证明枝城镇在 20 万年前就有人类居住，标志着枝城镇历史的开端。

枝城北门新石器遗址：位于湖北省宜都市枝城镇西湖乡白水港村，为新石器时代遗址，面积残存 200 平方米。1984 年湖北省博物馆考古部进行发掘，发现的遗迹主要有灰坑，出土遗物以陶器和石器为主，其中有较多的红衣陶。遗存相当于城背溪文化较晚阶段，距今 8000 年左右。

金紫山遗址：位于枝城镇梁家畈村一组的金紫山上，为新石器时代遗址，与枝城北门遗址一样，同属于城背溪文化类型，距今约 8000 年。城背溪文化不但具有我国新石器时代较早阶段的文化特征，而且具有长江中游地区新石器时代文化体系较原始的特点，是湖北地区目前发现的时代最早的一种新石器时代原始文化。

除上述遗址外，枝城镇还发掘出了双族庙遗址、白水港遗址、三里桥遗址等，它们都属

于新石器时代晚期,距今4000～5000年,为大型村落氏族遗址。发掘时间为20世纪80年代。

**2.历史遗存**

枝城镇建筑历史悠久,文化底蕴深厚,城内有丹阳书院、丹阳试院、文庙、武庙、文昌宫、铁索井等名胜。如今,枝城解放路、大同路、临江路、高家巷、复兴街还保留着明清时期的传统民居、部分城墙及其他历史遗迹,占地面积175000平方米,建筑面积18300平方米。民居多为青砖黑瓦,皆为穿架梁柱结构,高宅深院、飞檐翘角,一直从桥河延伸到大东门外。除本地传统民居外,过街楼、吊脚楼、戏楼、祠堂分布其间,川、楚、皖、赣各地商帮会馆、商店各具特色。

明清民居:枝城古镇充分利用自然条件,巧妙地将城镇与自然有机结合,形成了沿河成街、临水建房的古建筑格局。枝城的古建筑主要建于明、清年间,以民居为主,多为传统风格建筑,青砖灰瓦白墙,石雕石刻栩栩如生,雕梁画栋,古色古香。枝城镇地处鱼米之乡,又位于长江航运的主要干线,因此,南来北往商贾云集,建筑文化南北相融,既有北方建筑的粗犷,又兼具南方建筑的精致,形成鄂西地区独有的明清建筑群。目前,古镇保存形态完整、传统风貌连续的古街道有解放路、复兴街、大同路、临江路、高家巷等,街区肌理完整,建筑风貌依旧,街道部分为青石板路。历史建筑完好程度达85%,保存完好的民宅、民院现有20余处,大多院中设有"天井",青石板铺地,柱枋照面油漆彩绘,门窗板壁精雕细刻。有的房屋门楣刻有"福"字,有的房屋屋脊用桐油石灰拌碎瓷塑"二龙抢宝""龙凤呈祥"图案。枝城古街民居体现了明清年间人们的审美追求和用料谨慎,为研究当时社会经济发展状况、发展水平及明清民居建筑结构提供了最丰富、最直观的实物资料。

沙砣古街:长约200米,是有数十户青砖黛瓦的民居沿街排列的老街。到20世纪末街上还有榨坊、槽坊、纸坊、山货行、客栈等商贸场所,江边有码头,周边是菜地。这里至今还保留着榨坊、剃头铺、山货行、槽坊、裁缝铺、铁匠铺、豆腐作坊等数十家传统手工业。目前居住于此的都是一些年近古稀的老人,虽然房屋大门还是当年的板壁门,店铺还是那些店铺,但巷道已杳无人烟,房子只剩斑驳残垣,凝固于时光中,

▲ 沙砣古街民居

诉说着古巷沧海桑田的变化和沧桑历史。

**解放路：** 古称福星街，是小镇上历史文化遗存最为集中的一条老街。老街形成于宋代，东起桥河码头，西至福星山，至今还保持着当时"沿河成街、临水建房"的格局。老街上古迹遍布，青砖灰瓦、天井院、封火墙随处可见，为明清时期的传统民居，古朴典雅、大气端庄。

**大东门遗址：** 古代枝城镇共有六个城门，即东门、西门、南门、北门、小东门、小西门，现在南门已无踪迹可寻，北门只剩一个北门矶头的地名，目前还残存的就是西门和东门，屹立在一条老街的两头，守护着古镇。城墙临江而建，是明洪武二十二年（1389年）所筑土城的一部分，距今已有600年历史，目前还可见笔力遒劲的"大东门"三个字。在长江水患频繁的年代，城墙即堤坝，城门就是闸口，现清晰可见的城墙上两道深深的闸槽和城墙上斑驳的痕迹，不仅见证了古人修墙防洪、修闸护民的智慧，而且也见证了古城墙对枝城古镇的默默守护。

**龙泉古寺：** 始建于明朝嘉靖年间，初名法泉寺，清乾隆时更名龙泉寺。明朝中期"被流贼寇所毁，康熙二十年重建"，后毁于"文化大革命"时期。2012年，在原址（湖北省宜都市枝城镇大堰堤村一组）上复建。

**枝城老码头：** 位于今宜都枝城镇长江边。历史上，枝城是江汉平原进入鄂西鹤峰、五峰等地的必经之地，是茶叶等山货向外运输的中转站。枝城码头是明清时期货物外运的重要码头。1934年，枝江县长饶光亚还筹措资金5000余元用于整治江岸坍塌与码头。后来，随着长江水运功能的改变，枝城码头逐渐荒废，今码头处仍可见民国二十四年（1935年）枝江县长饶光亚题记《建修江岸碑记》。

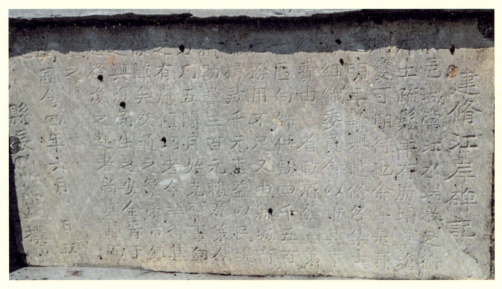

▲ 码头上记载建修江岸码头的碑文

**桥河码头**：沙砣码头，旧称"小汉口"。明朝何勖《山市夕阳》咏沙砣曰："纵横市肆绕山坡，车马红尘逼眼过。试看古杨残照里，洛阳好景不须多。"码头临江的半边街上曾店铺林立、商帮会馆云集。清朝末年，以周景颐为会长的枝城商会，汇集鄂西湘南商家建立粮船码头，成为当时长江流域较大的通商贸易口岸。

**丹阳书院遗址**：位于枝城镇现宜都市第二中学东侧。清乾隆二十九年（1764年），由枝江知县秦武域在原枝江镇（即枝城镇）建"丹阳书院"，取丹水之阳之义，故名。书院计有明道堂3楹、丽泽轩3楹、牌坊门楼堂左右斋房及堂前、堂后左右斋房、厨房。道光四年（1824年）知县蒋祖暄于丽泽轩后增建上房5楹，左右斋房各2楹。①中堂后墙正中有一石碑，上有丹阳书院碑文，迎门正中有隶书"丹阳书院"四字，四壁挂有许多书画、对联，气势宏伟。同治十二年（1873年）丹阳书院毁于水灾，县令徐光煦重修，光绪三十一年（1905年）改为枝江县高等小学堂。1937年，荆南中学由武昌迁至这里，逐渐发展成为今天的百年老校——宜都二中。丹阳书院多次变迁，现仅存"丹阳书院"碑一块和昔日的紫薇、石榴二树，见证着枝城镇的墨香浓浓、古韵悠悠，传承着书院的文脉和学脉。

**白水古渡**：是枝城镇一个有着悠久历史的渡口，距今已有2000多年的历史。那里曾承载了无数商贾经贸往来和两岸渔民辛勤劳作的印记。白水港古称白水镇，是枝城镇的北大门。因九道河、芭芒河、庙桥河汇集白水港注入长江，混浊的江水与溪水汇合，青黄相融，故名。732年仲春，诗人杜甫出三峡游历于此，观白水与长江浑水相融，如白云起伏，不禁感慨万千，写下了"云随白水落，风振紫山悲"的著名诗句。中华人民共和国成立之初，白水港人主要以打鱼为生，兼作滩田。有民谚曰："栽架子屋，绑架子床，大水一来全冲光"，"有女不嫁白水港，一年四季爬河坎，有女不嫁打鱼郎，日守孤舟夜守坎"。

**宁阳会馆**：位于复兴街中部，系清代江西宁阳人建造，砖木结构、两层平房，房屋面阔20.3米，进深26.9米，总建筑面积550平方米，前后重山墙，前檐右侧墙基转角处嵌石刻一块，石上阴刻"江南宁阳会馆"六字。1927年至1928年中共宜都县委机关驻扎于此，罗克祥任书记，1937年武汉大学刘真任团长的抗日宣传工作团团部旧址在此。

**文庙**：位于枝城镇复兴路，建有大拥壁、放生池、月宫桥、前殿、后殿、殿前牌坊和月台、状元门等。其中大拥壁高7米左右，长约50米，壁厚尺余，壁基用条石砌筑，壁面周宽约一尺，有"忠孝仁爱信义和平"八个大字。

**紫阳书院故址**：紫阳书院是清代枝江知县朱锡绶所住的地方。朱锡绶（生卒年不详）是江苏镇洋（今太仓）人，字啸筼，号耸山草衣，1846年中举人，曾任湖北枝江知县，著有《疏兰仙馆诗集》《蕉窗日记》《幽梦三影》等。据清代进士王柏心《敕授修职郎宜山王公传》载，清咸丰年间，朱锡绶因倾慕王永彬的学识、美德，"乞病侨居"于王永彬家乡石门村（今枝城

---

① （清）查子庚修、熊文澜等纂：《枝江县志》（同治五年刊本），成文出版社有限公司1975年版，第286页。

镇余家桥村），"与公结邻，欢洽无间"。根据王永彬第六世孙王朝旺提供的线索，在宜都市枝城镇余家桥村书院湾发现了朱锡绶居所"紫阳书院"院名石碑。石碑长99厘米、宽33厘米、厚7厘米，上刻"紫阳书院"四个遒劲的楷体大字。其建筑形式为三正间二横屋，青砖黛瓦，内屋由木梁架柱、红漆板壁分隔，宅旁附建花园。朱锡绶离去后，其宅数易其主，土地改革时分给邓、刘两家居住，1983年老宅被拆除，现还残存两面砖墙。

**枝城长江大桥**：是继武汉、南京、重庆之后，在长江上修建的第四座大桥，该桥北接枝江顾家店的青龙山，南连枝城镇的白虎山，是一座铁路、公路两用连续钢桁梁桥，铁路全长1742.3米，公路全长1744.8米。正桥10墩9孔，长1282.28米。引桥14墩，铁路引桥南岸3孔，北岸11孔，采用预应力混凝土梁。公路引桥两岸均从正桥头向两侧呈"八"字形分开。除公路引桥外，均为平坡直线。大桥的建成，使焦枝、枝柳铁路连成一线，成为中国第二条南北铁路交通干线。2017年4月8日，枝城长江大桥被列为宜都市文物保护单位。

### （二）历史资源

#### 1.历史事件

**津乡之战**：早在西周初年，巴、楚即是当时南部的方国，长期结盟联姻，至春秋中期征战频起。据《左传》记载：庄公十八年，巴人伐楚。十九年，楚子御之，大败于津。这就是历史上著名的"津乡之战"。据史料证之，"津"义渡口，当为白水津渡，在今洋津畈一带。在巴楚津乡之战后，"津乡"泛指枝城至江陵沿江广大区域，并有"上津乡"和"下津乡"之称。

**洋津畈白莲教起义**：清洋津畈际山枕水，形势险扼，攻守自如，历代皆为军事要地。东汉大将岑彭曾在此安营扎寨，三国至宋代续为屯兵之所。清乾隆末年，白莲教组织在枝江、宜都迅速发展，教徒人众数万。解家冲富户聂杰人慷慨捐献400亩田产加入白莲教，以行医之便宣传反清主张；后被推为掌教首领，组建"天运军"，秘密训练起义"神兵"5500余人。嘉庆元年（1796年）正月初七夜，"天运军"在洋津畈揭竿起义，欲攻占枝江县城（今枝城镇）而未果；次日清军赴洋津畈镇压，白莲教起义军持长矛大刀迎战。后来清军援兵倍增，白莲教首领分头率部集结九龙山。"天运军"据险攻守，清军高官多人毙命，宜都知县闻讯恐惧自缢，鄂督为之震惊。起义军与清军交锋达10个月之久，骁勇善战，屡挫清兵，后终因寡不敌众、弹尽粮绝而大部壮烈牺牲。洋津畈起义虽遭失败，但它如燎原星火，引发了历时10年、拥众数十万的川楚白莲教大起义的熊熊巨焰。

**白水港抗日**：据《宜都县志》《枝江县志》记载，1941年7月4日，9架日军飞机先后对安福寺、白洋、古老背、江口、枝江县城（现枝城镇）等集镇狂轰滥炸，烧毁房屋1969间，炸死炸伤241人。枝江县境江北地区全部陷于日军铁蹄之下。宜都县政府机关迁往聂家河白田，难民大量逃亡长阳。白水港村民不愿做亡国奴，遂配合国民党军沿长江一线挖战壕、垒碉堡、运弹药、埋地雷，并借助夜幕掩护，驾着渔船到长江北岸刺探情报。1943年6月3日，日军集中兵力从江北堆马滩、沙渍坪向白水港、石牌、跑马道子发动全面进攻，很快占领枝江县城。之后，日寇又大肆掠夺，屠杀村民140多人，烧毁房屋130多间、渔船

100 余艘。6 月 6 日，日军又在枝江县城关（今枝城镇）纵火，镇内 300 多家店铺仅剩下残缺不全的 27 间。日本侵略者在枝江县城和白水港村所犯下的滔天罪行，馨竹难书。白水港村民也因此对日本侵略者痛恨至极，仇深似海。

**2.历史人物**

王永彬（1792—1869）：枝城镇人，人称宜山先生，一生经历了乾隆、嘉庆、道光、咸丰、同治五个王朝。他不喜科举，很晚才获贡生科名，为修职郎，参与编修同治版本《枝江县志》，担任分修。王永彬一生治学甚广，勤于著述，著有《历代帝统年表》《先正格言集句》《朱子治家格言》《音义辨略》《围炉夜话》等，合称《桥西山馆杂著八种》。另有《讲学录》《说古韵言》《桥西馆诗文杂著》等。其中《围炉夜话》从道德、修身、读书、教子、忠孝等 10 个方面揭示"立德、立功、立言"皆以"立业"为本的深刻含义，自面世以来，一直盛传不衰，与明时的《菜根谭》《小窗幽记》一起被称为"处世三大奇书"。

王永彬去世后，葬于宜都市枝城镇余家桥村（原石门坎村）。其墓面向砚窝淌，背靠笔架山。墓穴依势垒砌，墓碑立于同治十一年（1872 年），正上方刻有"垂裕后昆"，正中刻写"敕授修职郎王公宜山之墓"，两边是"著述高风青山含笑，俯仰陈迹绛云在霄"对联。碑的背面正中是《敕授修职郎宜山王公传》碑文，详细介绍了王永彬生平、官职、著作等情况，字迹已较模糊，两旁刻有对联"独柱有灵山兼水报，石门无恙地以人传"。现墓保存完好。

张继煦：又名张勋，号春霆，著名教育家。生于 1876 年，1905 年加入中国同盟会，历任湖北省立第一师范学校校长、普通教育司司长等职。1922 年 1 月任国立武昌高等师范学校（1923 年 9 月改名为国立武昌师范大学）校长，任期内力主改革，改四部为八系，改学年制为学分制；开禁招收女生，实行男女同校；首创招收旁听生制；取消学监和斋务长，重视学生自治会协理校务。1924 年 9 月因学校经费困难、筹款无着，被迫辞去武昌师范大学校长职务，转任武昌荆南中学校长等职。

1938 年夏，日军进逼武汉，为保护学校财产免遭损失，他将武昌荆南中学的图书、仪器等悉数迁至故乡枝城，借用枝江县立中心小学部分校舍，招收新生复校上课。1940 年 6 月，枝江江北地区沦陷，张继煦又在架锅山租了一栋房屋、水旱田 40 亩，赶建土墙校舍，于秋季招收新生，增加班次，开学上课。1943 年 5 月 12 日夜，日军渡江南犯。紧急之中，他带领师生 100 多人，向恩施转移，安排随行学生在恩施各

▲ 宜都二中所立张继煦塑像

校借读,毕业生参加升学考试。

中华人民共和国成立后,张继煦任武汉市参事室参事,1955年12月病逝于武汉,享年80岁。2012年10月6日,宜都二中(前身为荆南中学)百岁华诞,立张继煦铜像纪念,以传承其"少年立志、蔚为国光"之校训精神。

## (三)非遗资源

枝城镇历史文化底蕴深厚,民风淳朴,至今还继承、保存着具有浓厚地域特色的非物质文化遗产,如丹阳小调、宜都故事、宜都梆鼓、民间吹打乐等。全镇现有民间吹打乐队40班、文艺团体3个、民间艺人400多人,并多次在全国及湖北省艺术表演比赛中获奖,枝城艺人徐荣耀被评为中国民间故事大王。

丹阳小调:枝城民歌,其中尤以《丹阳渔歌》《四季望郎》《白水古渡》《晒月亮》《想吃石榴等不口》等有名。《丹阳渔歌》是一首反映中国历史文化名镇——枝城渔家生活的抒情歌曲,词曲来源于湖北省非物质文化遗产《宜昌堂调·枝城民歌》。全曲描述了当地渔民充满诗情画意的水上生活场景,抒发了年轻男女淳朴的思想感情以及对新生活的向往。2012年9月22日,《丹阳渔歌》参加"广东省渔歌精英赛暨全国渔歌邀请赛"决赛并摘得银奖,这也是此次参赛中湖北省唯一获奖的节目。2013年,《小船儿摇啊摇》在宜都市第六届文化艺术节中获一等奖及创作奖,2014年《白水古渡》等2个节目上了宜都春晚。

枝城镇老艺人彭传纪(泉水河村人)是宜昌市宜都民歌的非物质文化遗产传承人,擅长高跷说唱,主要作品有《十月望郎》《陈姑爷报喜》《卖棉纱》《姐儿郎》《二郎山》等40多首民歌,其中《十月望郎》经过艺术加工,被改编成《四季望郎》,受到高度评价,在网上传唱。

民间吹打乐:吹打乐顾名思义就是吹管乐器与打击乐器合奏的音乐。在民间流行的吹打乐中,吹的部分除了吹管乐器以外,还常用拉弦和弹弦乐器,因此民间艺人把吹打乐细分为"粗吹锣鼓"和"细吹锣鼓"两种。粗吹锣鼓又称粗十番,指用唢呐、管子等吹管乐器和"大锣大鼓"合奏的形式;细吹锣鼓又称细十番或丝竹锣鼓,指由丝竹乐器和打击乐器合奏的形式。

枝江及枝城一带的民间吹打乐既有鄂西地区节奏鲜明、粗犷豪放的特点,又有江汉平原韵律优美、曲调流畅的特征。20世纪90年代,民间吹打乐开始吸收西洋管乐器的优点,并尝试与西洋管乐器合奏,气势恢宏、音色明亮,增强了民间吹打乐的生命力。

枝江及枝城民间吹打乐讲究十样"家业"(乐器)的完整组合,同时吸纳枝江本地山歌、田歌、五句子、小调等民间音乐元素,形成了"十番鼓"的技术种类和风格,具有浓郁的地方特色,主要在民间的婚丧嫁娶及各种庆典、劳动和岁时节庆活动中演奏,以配合舞蹈等民间艺术形式。

除上述这些民俗文化、活动外,枝城镇还有端午赛龙舟,元宵舞狮、踩高跷等节庆活动

以及独特的地方艺术草编、石雕工艺等。这些工艺、民俗不仅生动地反映出枝城人民的生活现状和民间风情,而且也日益成为人们精神文化生活的一部分,成为他们享之不尽的精神财富并不断传承、发扬。

（整理者:梁桂莲）

### 参考文献

1.故宫博物院.潜江县志　枝江县志[M].海口:海南出版社,2001.

2.(清)倪文蔚等修,顾家蘅等纂.荆州府志(光绪六年刊本)[M].台北:成文出版有限公司,1970.

3.(清)查子赓修,熊文澜等纂.枝江县志(同治五年刊本)[M].台北:成文出版有限公司,1975.

# 秀水古驿

——淯溪镇

## 一 村镇概述

淯溪镇是当阳市三大古镇之一。自东晋远公法师弘道,在此建寺以来,至今已有1600余年历史。据《当阳县志》记载:"东晋孝武帝太元丙戌年间,远公法师倡道兹山之前,一水潆回,曰淯溪,清澄可爱,甚感喜爱,于溪水东岸修建寺庙,定名淯溪禅寺。"镇临淯水岸边,故名淯溪镇,沿用至今。

淯溪镇历史悠久。据历史和出土文物考证,早在20万年前的旧石器时代,淯溪镇下辖的九冲村就有远古人类生活,新石器时代,在淯溪地区,已经形成原始社会群落,开始农牧业生产。夏禹治水后,天下分为九州,淯溪属荆蛮之地。公元前12世纪,商王武丁开辟四方,封裔孙在汉水与漳水之间建立权国,淯溪属权国。公元前738年,楚武王灭权国,设权县,镇地属之。公元前278年,秦军攻取江汉平原地区,镇地入秦,隶南郡当阳县,西汉时曾辗转隶属郢县、江陵县、编县,至公元25年复定属当阳县,县治镇地玉阳城。公元401年晋于今荆门分设长林县,淯溪属之,历六朝隋唐,辗转隶属长林、当阳、荆门等县,至1146年定属当阳县。明初迁江西等省之民以实淯溪,故淯溪地严、卢、吴、李、杨、张、周、文、史等姓皆来自江西。清时在淯溪地区设淯溪总、瓦窑总、鸿桥总、胭脂总、脚东总、香炉总。民国时,淯溪仍隶属当阳县,1927年至1928年4月,中共当阳县委建立了瓦仓、观音两个苏维埃政权,辖淯溪北部地区,后又建立了荆当县苏维埃政府,辖淯溪东部地区。抗日战争时期,建立了荆当、当阳抗日民主政府,辖淯溪大部分。1949年5月20日,当阳县人民政府成立,淯溪隶当阳至今。

淯溪镇水陆交通方便,是南北往来的要道。它距当阳县城16公里,距宜昌85公里,西北与远安山水相连,东与荆门交界,西与庙前镇接壤,南与河溶镇毗连,离长江黄金水道、宜黄高速公路、宜昌三峡机场均在60公里以内,荆当路、荆宜高速横贯全境,铁路焦柳线穿镇而过。1958年修建漳河水库后,水位下降,河运中断,但由于修建了当阳至荆门、淯溪至漳河、淯溪至河溶的公路,这里仍然成为当阳东北部的交通枢纽。

淯溪古镇历史上为安襄大道上的重要集镇,镇内设有驿站。中华人民共和国成立前,淯溪镇市场繁荣,商业发达,素有"小汉口"之称。每逢单日为市,人山人海,非常热闹,是

荆、当、远和南漳等四县边界地的农副土特产品集散地。镇上开设有丝行、钱庄、粮行、猪行等,茶肆酒馆也特别多。粮食、棉花、丝绸、牲畜、木料等物资在这里成交后,运销襄樊、荆沙、宜昌等地。因商业发达,致使咸宁、汉川等地的外商逐年迁移来镇定居的颇多。

淯溪镇环境宜人,旅游资源丰富,名胜古迹众多。境内的月潭河风景区位于当阳市淯溪镇月潭河半岛,素有"小青岛"之称。这里"山似画屏河似锦,湖似明镜水如银",山水一色、清幽静雅,是休闲旅游度假的胜地。电影《驯服漳河》、大型音乐艺术片《月亮河》曾在此拍摄。风景区内有宏伟壮观的观音寺大坝、坚如磐石的五峰寨、栩栩如生的蛤蟆石、鬼斧神工的陡石崖、历史名胜杜甫沟、道教遗址"乐天处"等。2019年1月,淯溪镇被评为中国历史文化名镇。

## 二　村镇资料

### (一)建筑遗存

淯溪镇商贸发达,历史文化丰富。早在新石器时代,现淯溪镇脚东乡一带即有远古人类活动的踪迹。春秋战国时期,淯溪境内的沮漳流域是楚文化的发祥地之一。《左传》云:"江汉沮漳,楚之望也。"目前,古镇除了有保存较好的清末民初历史建筑群外,还有众多历史古建筑和近现代重要史迹及代表性建筑,如任家垄遗址、何家山古墓葬、武安寨遗址、淯溪镇人民政府旧址、中共当阳县委旧址等。

#### 1.遗址遗迹

**大墓冢子**:大墓冢子和小墓冢子位于淯溪镇东南的脚东乡刘家台东,是大、小两座汉代古墓。据《当阳县文物普查资料》记载:大墓冢子,所处地势高出四周地平面约20米,现存封土堆高约8米,直径65米。小墓冢子在南,现存封土堆高约8米,直径25米,可能系陪葬墓。大墓冢子和小墓冢子为国家重点文物保护对象,规模比已发掘到的熊家冢子还大许多。

**何家山古墓群**:位于脚东乡勤丰村七组,面积80000平方米,为春秋战国及汉代文化遗址,市级重点文物保护单位。20世纪80年代,该村建砖瓦厂时,挖出部分陶器、青铜器等。经发掘,此地有墓葬22座,其中土坑墓19座、砖室墓3座。19座土坑墓从墓葬形制看,可分为有台阶土坑墓、无墓道土坑墓和有墓道土坑墓三种,墓葬全部为南北向,墓葬规格长3米左右,宽2米左右,从棺椁腐烂痕迹看,全为单棺单椁,

▲ 何家山出土文物青铜剑(淯溪镇文化站提供)

▲ 何家山出土文物古玉(淯溪镇文化站提供)

葬式为仰身直肢。随葬陶器组合分别为鬲、盂、豆、罐和壶以及鼎、敦、壶、豆等;既有仿铜陶礼器,又有日用陶器。随葬铜兵器和车马器及其他小件有剑、戈、匕首、镜、车等,随葬玉器有玦。从其墓葬形制规格和出土的陶器组合可看出,此墓葬时间约为春秋晚期至战国中期,是一批楚墓。墓葬方向为南北向,头南脚北,排列有序,为我们研究楚人埋葬习俗提供了新的资料。墓葬出土的乳钉纹铜车軎,属国家一级文物,现藏于宜昌博物馆。

岱家山古墓群:地处淯溪镇西南的勤丰村二组,占地 0.2 平方公里,属东周至明清时期古墓群。岱家山古墓群是荆楚一带发现的年代跨越最长、墓葬数量最多的古墓群,有古墓葬 500 多座,多为楚国高等贵族和王族的坟墓。2004 年文物部门挖掘出大量陶器、青铜器等,如 43 号墓出土的彩绘陶敦、125 号墓出土的彩绘陶钫、161 号墓出土的彩绘陶壶等,据考定,这些陶器为战国中期器皿,属国家二级文物,现藏于宜昌博物馆。

▲ 岱家山出土文物彩绘陶敦(淯溪镇文化站提供)　▲ 岱家山出土文物彩绘陶钫(淯溪镇文化站提供)

任家垴遗址:地处脚东乡绿林山村三组,总面积为 120000 平方米,文化层 1 米,底部为周代文化层,上部为汉代文化层,并有多处灰坑。采集有石凿和陶片。陶片以泥质灰陶为主,泥质黑陶次之,纹饰有弦纹、篮纹、附加堆纹,器型有罐、缸、壶等,属石家河文化。周代陶片有夹砂红陶绳纹鬲足、泥质灰陶盆口沿及豆柄等残片。陶片之外,任家垴遗址还出土了大量汉砖,众多汉砖印有"汉永平元年吉""永元"等铭文,"永平""永元"分别是东汉明帝刘庄及和帝刘肇的年号,还出土有印着"玉阳"二字铭文的城砖,显示遗址所在地是一个政治、经济、文化十分繁荣发达的地区,或应是汉时期较早的汉当阳城城址。目前为省级重点文物保护对象。

**2.历史遗存**

淯溪古镇:漳东平原流传着一句民谚曰:"远看淯溪河,近看银子窝。"淯溪古镇西临漳河,南接方山,大、小河桥将淯溪河、佟家湖和曹家洲连成一片,地形如武汉三镇格局。古时淯溪夏家湾一带设有驿站,建有官用码头,俗称"官渡驿"。据《当阳县文物普查资料》记载:官渡驿上至光明村铁路大桥,下至清平河史家台,9 公里长的漳河两岸就有 8 处遗物丰富的古代遗址,现存面积超过 300000 平方米,文化层厚 1~2.6 米,遗物从两周至汉代,出土文物有盂、豆、鬲等陶器 68 件。这证明了汉代以前,官渡驿一带人口稠密,经济繁荣。

中华人民共和国成立前夕,淯溪古镇已形成东起朝阳庙,西至卢家套为主体的通直街道,俗称上街、下街。上街、下街自西向东蜿蜒伸展,街长千余米,宽 5 米,街道中心铺三排青石板,石板两侧嵌鹅卵石,街道两房是木架子屋,古色古香。淯溪河市场繁荣,商业发

▲ 淯溪古镇(摄于 1975 年,淯溪镇文化站提供)

达,每逢单日为市,俗称"热场"。沿街店铺全开,往来商客络绎不绝,茶肆酒舍座无虚席。当时淯溪镇有 300 多家商号,如"永兴福""吴兴隆""彭云记""怡泰和""余泰兴""陈怡生药铺"等。此外,街上还有"九佬十八匠"等民间工匠铺。"九佬"分别为赶仗佬、打榨佬、弹花佬、钻磨佬、补锅佬、阉猪佬、渡船佬、杀猪佬、打挂佬。"十八匠"分别为金、银、铜、铁、锣、石、木、雕、画、皮、秤、弹、鼓、染、瓦、篾、梳、漆等。据统计,上街、下街共有商贸历史建筑 53 处,2 处历史遗址,43 处历史民居。2015 年,淯溪镇在开展古建筑保护工作中,投资 200 万元对下街古民居进行了改造,恢复民俗风貌,修复石板街 150 米,修复古牌楼 1 座。

**镇海寺遗址:**俗称茶庵庙、朝阳庙,位于上街东路口。镇海寺始建于明代,抗日战争期间被日军烧毁,遗址上建淯溪小学。寺前有七层宝塔,1953 年拆除。

**福音堂遗址:**位于咸宁街 55 号,淯溪河福音堂是基督教教堂,建于 1898 年,1950 年停止活动。1958 年拆除福音堂,建淯溪镇木器社。

**阅览处遗址:**位于咸宁街 28 号院内东侧后,中共地下党员徐静于 1934 年在此开办图书馆,旨在宣传民众抗日。房屋面积 100 平方米,砖木结构,有三四种报纸和一批通俗读物,1958 年拆除。

**万寿宫遗址:**位于上街 41～51 号后小河边。万寿宫是江西会馆,坐西朝东。1940 年 6 月被日军烧毁,仅剩半截砖墙,现存于上街 49 号吴风志院内。此地有小巷,俗称"万寿宫巷"。

**清溪禅寺**：位于广福山西麓陈家畈。清溪禅寺始建于晋朝，先后于唐代、明代重建，规模宏大，有天王殿、大雄宝殿、钟鼓楼、圆通殿、地藏殿等。民国年间仅存天王殿、大雄宝殿、禅堂三间。中华人民共和国成立前夕仍有僧人住持，破"四旧"时寺内菩萨像被毁、庙宇被拆光，现仅存玉石龟、禅寺重修碑记及玉石碑。

**伍峰寨**：建于清同治二年（1863年），占地30000平方米。寨墙周长约1.5公里，寨高240米，有东、西、南、北四门，西门刻有"伍峰寨天保门"，其他三门均为天字门。寨为夹墙，里外均由青条石砌成，目前寨墙尚存。登寨顶可眺望漳河故道。

**关帝庙遗址**：当阳是关公文化的源头，清溪是关公文化的要地。清溪关帝庙位于清溪河社区大河桥路二巷1号，始建于明末清初，建筑面积近1000平方米。"文化大革命"中，"主体建筑被拆，剩余破旧，庙名'关帝庙'石匾，字体篆书，四周雕有蟠龙，现存清溪民俗博物馆"①。

**中共当阳县委旧址**：1938年，钱英派刘宝田回当阳开展沦陷区的抗日斗争准备工作。11月初，中共当阳县特别区委员会在刘家河刘宝田家中成立，为抗日战争时期共产党在当阳的领导机构，刘真任区委书记，刘宝田、魏霁岚为委员。其旧址为刘宝田故居，现存部分房屋墙体。

**清溪民俗博物馆**：清溪民俗博物馆占地1300平方米，建筑面积1260平方米，为三进两院式总体格局，坐北朝南，有前堂、前院及厢房、中堂、配房、后院及厢房、后堂等30余间房屋。原为清末富商住宅，中华人民共和国成立后曾经是地方人民政府办公地。2013年建成清溪民俗博物馆，分7个展厅，即民俗体验厅、沮漳文明展厅、民间文艺展厅、生活民俗展厅、农耕文化展厅、生产习俗展厅、工商百业展厅，藏有反映农耕的旧时农具、加工工具、婚俗、寿俗及民间手工艺品等民俗实物970多件，清代和民国时期的文物380多件，图片220张，全面展示了漳河流域的生产、生活、生养、婚嫁、寿诞、丧葬等习俗。不仅如此，清溪民俗博物馆还把传统民居和人民公社时期建筑纳入重点保护对象，保存有清末至民国年间的整体木构架建筑和中华人民共和国成立初期的青砖建筑，成为研究近代地方建筑与官式建筑相互关系和地域建筑发展脉络的重要实物资料。

清溪民俗博物馆是湖北省建筑规模最大、工程投资最大、收藏文物最全的乡镇民俗博物馆，对研究当阳地方传统文化具有极为重要的意义，也是本地研究、传播地方民俗文化的重要场所，2015年被命名为宜昌市第三批爱国主义教育基地。

### （二）历史资源

古镇清溪，人杰地灵，既是古代贤哲的歌咏之地，也是著名的军事重镇。这里有欧冶子、杜甫等涉足，也有烽火起义相传。这些历史事件、人物，在清溪人民中口耳相传，成为清溪古镇引以为傲的历史资源。

---

① 吴闲清：《人文清溪》（内部资料），2013年，第42页。

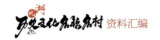

### 1.人文轶事

**欧冶子铸剑传奇**：欧冶子（约公元前560年—前510年），春秋末期到战国初期越国人，一说为古代瓯江流域生活着的古闽族匠人，中国古代铸剑鼻祖，龙泉宝剑创始人，曾为越王允常铸五剑。楚王礼聘欧冶子，叫他铸剑。欧冶子在淯溪采铁英以铸剑，以池水淬火，铸成剑坯，又取坚石，用水慢慢磨制成宝剑。今淯溪镇光明村一组有淬剑池遗址。《当阳县志》载："淬剑池，地近昭姬港，传欧冶子冶炼处。"①据第三次全国文物普查报告，确定炭渣堆积层厚5米之多。

**杜甫立沟吟诗**：唐代大诗人杜甫弟弟杜观因避战乱，从陕西蓝田迁到当阳，在幽静的同明山中安居，建有四合大院。杜甫于公元768年夏从江陵乘舟溯漳河而上，来此探望胞弟杜观，并小住数日，故此地名"杜甫沟"。杜甫沟山腰有一奇石，曰"杜甫石"，石上有双脚印，传说是杜甫在此立足观书、吟诗，专注久时所留。《当阳县志》载："杜观，甫弟，甫在蜀，有续得观书，迎就当阳居止之作。"村口有棵造型古朴的千年松，人尊"杜甫松"。2010年，在杜甫沟考古队员还发现了明代"朝天吼"石雕一尊，莲花座石雕一尊。

**唐介归隐方山**：唐介（1010—1069年），字子方，宋朝时期湖北江陵人。唐介为官清廉，刚正不阿，以敢言声动天下，曾多次与王安石争辩，神宗皇帝赞同王安石的主张，唐介不胜气愤，于是辞官不做，归隐当阳方山开馆授学。据《当阳县志》载："方山，位于淯溪，宋唐子方读书处，有遗址读书台。"

**林可法漳上耕读**：林可法，生于清康熙年间，字行思，号恬庵，祖籍山东省济南府仁家穆家庄人，本姓仁。明末清初，因避战乱，先祖逃到淯溪九冲村，在万寿山脚下居住，世世代代以林为姓。林可法潜心研究史学、儒学及诗文，有诗文《昭丘》《漳上读书吟》传世。

### 2.兵事钩沉

**大林鏖战**：大林是春秋初期楚国的军事要塞，位于淯溪镇廖家垭北境，紧接荆门市马河镇地界，是鄂西山区通往沮漳平原的门户。大林城垣环山而建，呈椭圆形，周长约1000米，城墙由石块砌成，城内街道纵贯南北，房舍布置有序，两头各有水塘一口，城堡岿然矗立，城头上有铁铸的土炮雄踞山巅，威慑四方，当地俗称大林堡，其侧有一个小山头，俗名火石堡，相传是设置烽火传递军情的烽火台。

据《左传》记载，公元前611年，楚国发生饥荒，鄂西北山区的戎人乘机攻打楚国，把矛头指向大林，企图攻克大林直插楚国腹地沮漳平原，进逼郢都。楚国凭借险要地势，坚守大林，戎人无法突破。抗日战争时期，大林也是抗日军民斩杀日寇少将横山武彦，为英勇牺牲的张自忠上将报仇雪恨的地方。1943年3月18日，驻守远安洋坪的第三十三集团军一七九师师长何基沣率部在大林堡将横山武彦这个不可一世的战争罪犯击毙，血洗深仇，告慰英灵。

---

① 吴闲清:《人文淯溪》(内部资料),2013年,第63页。

师于漳滋：公元前 605 年 7 月，楚庄王在当阳漳水边展开了一场平叛之役，这就是史上有名的楚庄王平叛楚国令尹斗椒之乱。斗椒为春秋时期楚国令尹，为人傲狠好杀，《左传》说他"熊虎之状，而豺狼之声"。楚庄王九年（前 605 年）斗椒趁楚庄王北伐之时，城中守备空虚，率斗氏一族武装囚杀蒍贾，并以烝野为基地，发动针对王室的进攻。楚庄王从大局出发，开始时采取妥协态度，提出以"三王之子"（楚文王、楚成王、楚穆王的子孙）为人质谈判解决。但斗椒骄狂至极，拒不接受。于是楚庄王率军出征，会师于漳河两岸。在这次战争中，斗椒大败被杀，楚国由此也消除了内患，巩固了统治。

白莲教活动：白莲教是唐、宋以来在民间流传的一种秘密宗教结社，因教义简单、通俗易懂，为下层人民所接受，由此也常被利用作为反抗统治压迫的工具。在元、明两代，白莲教曾多次组织农民起义。"明代初年，白莲教首领刘千斤率领义军攻打当阳，明都御史在漳河设巡检司，作了防范措施予以抵抗。嘉庆四年，白莲教首领许天德由南漳转到当阳、天柱山一带，打死清军数人。"[1]之后，淯溪镇以北大部分地区被白莲教占领。当地官府组织了大量兵团对之进行攻击，等白莲教的谍报人员发现有埋伏要报警时，为时已晚。后来为了纪念报警人员，就把报警人员遇害的山坡称为"报警坡"，因"报警"二字生僻难写，故按其谐音念成"八景坡"，现在淯溪镇境内的八景坡村即由此得来。

### 3.红色记忆

淯溪是块红色的热土，这里历经了土地革命战争、抗日战争、解放战争，发生了洪庙风云、脚东烽火等一系列革命事迹，建立了洪庙苏区及中共脚东区委，涌现出一大批英雄人物，烙上了深刻的红色记忆，蕴含着深厚的爱国主义教育意义。

洪庙风云：洪庙苏区是当阳市三大苏区之一。洪庙位于荆当边界西侧，是荆门、当阳的战略要地。1926 年 9 月，共产党员刘华廷率领一批热血青年参加了震惊湘鄂的"当阳城关起义"，打响了洪庙人民反帝、反封建、反殖民主义的第一枪。1927 年，中共淯溪区委在洪庙靳家畈组建。1931 年秋，中共当阳县委和荆门县委在荆当边界组建了中共荆南特别区委，成立了洪庙区委和洪庙区苏维埃政府。1932 年 4 月，240 多名敌军第一次"围剿"洪庙苏区，刘定国和胡景堂率荆当游击队第三大队第一中队 60 余人反击，在近千名赤卫队员配合下，粉碎了敌军的"围剿"，史称"洪锦寺战斗"，是当阳地方红军三大战斗之一。抗日战争期间，以刘宝田为首的共产党人高举抗日大旗，建立了以洪庙地区为中心地带的当阳县抗日民主根据地。在抗日战争时期，洪庙人民为革命做出了巨大贡献，仅洪锦村就牺牲了 168 人。2003 年 12 月，中共淯溪镇委、镇人民政府在洪锦古寺遗址上修建了占地 1200 平方米的洪庙革命烈士纪念碑，以纪念历次革命中牺牲的洪庙英烈。

脚东烽火：脚东苏区位于淯溪镇南边，面积 40 平方公里。脚东是一座古老的集镇，这里有一条小河，名曰脚东港。1927 年秋，脚东港建立了中共脚东区委，先后成立了农、工、

---

① 吴闲清：《人文淯溪》（内部资料），2013 年，第 63 页。

商、妇、学和儿童团等革命组织,领导广大劳动人民反封建、打土豪。1937年,脚东港、香炉山建立党总支委员会,并组建傅家垱、张家闸、余家垱等共21个党的基层组织,建立农救会,宣传抗日。1940年,共产党员刘宝田率领群众与"日、伪、顽"进行了殊死斗争。1944年8月,日军扫荡当阳香炉山,吉星文领导的国民党三十七师和王海山领导的新四军五师十五旅各1个团共同反击,历经5天的激烈战斗,共击毙日军百余人,击毙日军驻淯溪司令官野口,在这场战斗中200多名新四军献出了宝贵的生命。[①]

### (三)非遗资源

**1.姿态古朴的建筑文化**

淯溪的历史建筑跨越百年,其古老形制和特色街巷空间为研究沮漳河流域民居建筑风格、建筑形制等提供了重要的实物例证,极富科学和艺术价值。

淯溪古镇现存格局是"一街五巷"。上下街与严家巷子、凤仪巷等五条巷相连,街巷形成若干个"十"字形、"T"字形格局。镇区建筑沿上下街建造,聚集在一起,与街道、居民生活互渗互融,形成了一个个富有生活性与艺术性的街道空间。街道两边商铺、茶楼林立,古镇整体风格依存明清风格,古韵流香。商铺布局多为前店后坊,民居则为前堂后室。集镇民居多为白墙、黑瓦、红柱,临街门面多为木板,结构简洁,并使用具有地方特色的柱头、柱基、门框和樑头。屋顶多为坡屋顶、天斗、天井组成的"回"形屋顶,两侧有高拱曲起的风火墙,给人以气势恢宏、凌风欲飞的古朴庄严之感。漳东平原水患多,不宜建造永久性住宅,多为排栅架结构,墙体为高粱秸秆糊泥,遇洪水来袭时放倒墙体利于洪水通过。山区丘陵用夯土做墙,覆盖小窑布瓦,就地取材,成本低廉,具有冬暖夏凉的优点,建筑样式多为"连三间"或"一间两蒲",讲究小开间、大进深的空间布局,少数大户人家建有"八大间""四池归一"等。淯溪建筑受到自然环境、地域特点和实用功能等方面的影响,保留了鄂西民居的特点,同时也十分注重建筑的功能。境内保存完好的付家花屋、周家祠堂等民居都是具有代表性的地域建筑。淯溪地方民居的建筑形式、材料以及功能,充分体现了人与自然的和谐共存。

淯溪旧时做建筑用的工具较先进,技艺高超,与其他地方相比略胜一筹。杵是古时建房做大墙的工具,北方打墙叫干打垒,历史可追溯到春秋战国时代。楚人善于筑垒墙,用的就是这种工具,一般在山区更为盛行。具体方法是:将大墙的板架在墙基上,再将湿润的土装入板内,打杵时一头一人,边打边发出号子声,声震山谷,响入云天。第一层板要架正,俗称"打墙不坏头一板",指的是打墙基础要牢固。用杵打的夯土墙住着冬暖夏凉,且经久耐用,也是楚文化遗风的一种。

**2.亘古经年的饮食文化**

民以食为天,饮食是人们生活最基本的物质基础,在长期的历史传承过程中,淯溪形

---

① 吴闲清:《人文淯溪》(内部资料),2013年,第21页。

成了自己的饮食民俗,构成了独特的饮食文化。

在物资匮乏的年代,淯溪人为了丰富饮食品种,发明了发糕、汽水粑粑、大粑粑等,均以大米为主要原料,磨成浆,加入少许发酵过的陈浆和糖,蒸或煎而成,其形松软,香甜可口。

每当岁尾,摊豆饼就和办年货一样,成为每家每户必备之物。摊豆饼先得把大米、绿豆、小麦等五谷杂粮按一定的比例掺和在一起浸泡后磨成浆,摊成筛子一般大小的薄饼,切成细条晾干,吃时用水煮加以调料,其味胜于面条。

旧时过年前淯溪每家每户"展糖果子",普通话叫米花糖,是小孩子们最喜欢吃的零食。主要用糯米和麻糖制作,用麻糖浆将米花粘在一起,捏成块,切成片,即成糖果子。

淯溪人热情好客,遇有喜庆之事,则以传统的"四大六小""头大尾小"宴请宾客。所谓"四大",一般是肉糕、圆子、鸡子、清炖膀四大碗;"六小"即扣肉、鱼、猪肝、瘦肉、牛肉或羊肉、猪肚;"头大"三鲜即肉糕、圆子、鸡蛋皮子;"尾小"即蛋汤;中间上几碗小炒。传统的饮食发展到现在,逐渐向川菜靠拢,出现了鸡鸭、排骨、牛肉、羊肉火锅等,口味明显偏重,推行"十碗八碟加火锅"。淯溪饮食文化不仅在物质层面上体现了人对自然的认识与利用,更在精神层面上表达了"民以食为天"的追求和愿望。

### 3.丰富多彩的演艺文化

多情的漳河水不仅哺育了勤劳智慧的淯溪人民,也孕育了漳水河畔淯溪地区光辉灿烂、奇姿异彩的民间艺术,境内盛行的漳河大鼓、小歌剧、民间故事等是湖北省重要的非物质文化遗产,同时还拥有打鼓说书、桃园幻灯、皮影戏、跳狮子、划采莲船、舞龙灯等一系列民间文艺。

**漳河大鼓**:流传于当阳县漳河两岸的淯溪、清平、官垱、慈化、河溶一带,其中以淯溪镇最为盛行。常见的多是一人一鼓一签说书,以说唱长篇大书为主。漳河大鼓起源于打鼓说书,其唱腔由流行于漳河两岸的花鼓腔、唢呐曲、民间小调糅合而成,常用的曲牌有《水波浪》《柔园会》《红绣鞋》等。漳河大鼓演唱形式灵活,唱腔优美,深受广大人民群众喜爱。1975年,曲目《接师傅》参加湖北省农村文艺会演获创作表演一等奖;1981年,漳河大鼓登上了《湖北说唱音乐集成》,说明漳河大鼓已经走向成熟,被专家和公众认可。2009年11月,曲目《一篮金水柑》获第十三届"楚天群星奖"金奖;2010年6月漳河大鼓曲目《一篮金水柑》代表湖北省参加中国首届农民艺术节,获得优秀奖。

**打鼓说书**:据考证,"打鼓说书已有1000多年的历史,旧时以盲艺人为主,一人抱一鼓演唱,唱腔分为文腔和武腔,文腔又分为平腔、悲腔、喜腔,演唱内容多为历史演义、生活、爱情、武侠一类,其曲调优美动听,唱词整齐押韵,语言幽默风趣,通俗易懂,深受人民群众喜爱,具有较高的审美价值"[①]。

刘方正是打鼓说书的民间传承人。他1946年出生,自幼失明,1968年师从李国安学

---

① 吴闲清:《人文淯溪》(内部资料),2013年,第178页。

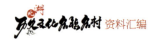

习打鼓说书,1982年参加淯溪公社盲人宣传队,能演唱传统书目及现代书目20多个,2009年6月被命名为宜昌市非物质文化遗产代表性传承人。

**"杀故事"**:是漳河边的淯溪地区较为独特的年节民俗活动,它是一种类似于戏曲武打折子戏的大型娱乐活动,一般在正月十五以后开始,主要以家族成员、自然村落人员为主,目的是增加节日喜庆气氛,增强地方凝聚力。"杀故事"的主要情节是武术表演,因此,"杀故事"在正式演出前要练习各种兵器的使用方法,如对打、混打技术,要求熟练,配合默契,且需要彩灯、烟火、锣鼓、战旗、兵器、脸谱等各种道具。

"杀故事"无台词、唱腔,观众只能根据民间唱本中的内容意会故事情节,可谓"会看的看门道,不会看的看热闹"。玩"杀故事"还有一些相关的习俗,如由各家各户分摊"杀故事"的开销;参加演出的人吃派饭、接受村里富户的"打发",主家要在门口挂灯,在稻场里用木材烧起篝火(俗称"烧旺火");等等。

**皮影戏**:淯溪皮影戏又称为"北路皮影",与宜昌、远安、兴山、保康等地的皮影戏为同一流派,其唱腔高亢激昂,以"傩愿腔""走马腔"为主要腔调,演唱内容大都以历史故事为主。淯溪皮影戏一般由5～6人组成班子,台面一人是该班子的核心,负责提皮影、主唱,后台由乐队组成,乐器为当阳境内流行的打击乐,有堂鼓、大锣、铍、马锣、梆子、唢呐等。乐队成员还兼对白和帮腔。皮影戏在淯溪流传已有300多年历史,主要在乡村流行。农家婚丧嫁娶、添生祝寿、起屋上梁等重大场合,都流行唱皮影戏。现在随着电影、电视的普及,皮影戏的演出市场越来越小,加上老艺人年事已高,后继无人,这项古老的民间艺术也逐渐淡化了。

**小戏**:淯溪小戏剧种多样,以小歌剧、表演唱、音乐剧为主,形式丰富,诙谐幽默,地域特色浓郁,深受广大人民喜爱。20世纪50年代,淯溪镇就成立了"人民剧团",创作演出了一批反映社会主义建设的文艺节目,并多次在省市(县)获奖。1978年,小歌剧《心满意足》在湖北省职工工会文艺会演中获创作、表演一等奖。改革开放后,淯溪地方小戏获得了长足发展,有十余支文艺演出队活跃在淯溪镇及周边地区,编剧和演员达数百人,演出剧目和形式也不断创新,每年都有小戏作品搬上舞台。2011年7月,淯溪镇被湖北省命名为小戏之乡。

(整理者:梁桂莲)

**参考文献**

1.(清)阮恩光等修,王柏心等纂.当阳县志(同治五年)[M].台北:成文出版社有限公司,1970.

2.湖北省当阳市地方志委员会.当阳县志[M].北京:中国城市出版社,1992.

3.吴闲清.人文淯溪.内部资料,2013.

# 仙居福地

—— 沙地乡

## 一 村镇概述

沙地乡位于恩施市东部,距离恩施市主城区 74 公里,治所设在沙地集镇。沙地乡东西长 22 公里,南北宽 19 公里,面积 180 余平方公里。沙地乡东、南、西三面环水,一面靠山,呈一面坡状,东以巴溪河为界,与建始县景阳乡毗邻;南以清江为界,与新塘、红土毗邻;西以南里渡河为界,毗邻三岔乡;北以 318 国道及沪渝高速公路为界,与崔家坝镇接壤。沙地乡地处鄂西南山区中部,沙地乡属亚热带季风湿润性气候,四季分明,冬暖夏凉,雾多少阳,终年湿润,降水充沛。沙地乡生态环境优美,山水人文景观丰富,既有夏村坝悬崖、龙角大峡谷、仙人洞、柳池大峡谷、绿荫塘等优美的自然景观,又有落都梯田、乌云观茶园、耍龙坝高山谷地、鹤峰口峡谷盆地等系列山地田园风光,是恩施市重点打造"仙居恩施"、建设八大生态走廊中的乡村旅游区域之一。沙地乡土壤以山地黄壤、黄棕壤为主,适宜多种作物生长[1]。由于沙地乡属灰岩区,次生矿物为黑色砾石,土壤中多含岩石砂粒碎屑,因而得名沙地。沙地乡盛产玉米、水稻、烟叶、魔芋等作物,是湖北省生态农业特色示范品牌乡。沙地乡

▲ 清江畔的沙地乡

---

① 恩施市地方志编纂委员会:《恩施市乡镇街道志丛书·沙地乡志卷》,中共党史出版社 2011 年版,第 1 页。

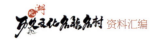

在 2017 年荣获"十大荆楚最美小镇提名奖",2018 年被评为湖北省首批历史文化名镇。

沙地乡是土家族聚居地,上古时代已有古人类活动,位于柳池村的须须沟商周文化遗址距今约 3000 多年。自古沙地为施南边陲重镇,三国两晋南北朝时期曾为川湖驿道,为兵家必争之地,驻军屯垦。至清雍正十三年(1735 年)改土归流后,沙地乡隶属恩施县崇宁里。1914 年,沙地分属崔坝团防、新塘团防管辖,后设沙地团总,隶属崇恩乡。1932 年至 1940 年,隶属恩施县第二区。抗日战争时期沙地乡属于大后方,湖北省立小学曾搬迁至此。1941 年恩施县裁区并乡后,分设沙地乡、花被乡、麦淌乡。1949 年 11 月,沙地、麦淌划归鸦鹊区,花被划归新塘区。1952 年 8 月,根据中南军政委员会决定,将原沙地、花被、麦淌三乡合并成立沙地区,即恩施县第七区。1956 年,撤销第七区,沙地区乡村分别并入第八区鸦鹊区和第四区新塘区。1957 年又恢复第七区沙地区的建置。1958 年 10 月改第七区为清江人民公社。1961 年 8 月恢复沙地区。1975 年 8 月撤区并社,更名为沙地公社。1984 年 6 月恢复沙地区。1996 年 11 月改沙地乡。2002 年 10 月,沙地乡合村并组,设 9 个行政村,1 个社区①。

## 二 村镇资料

### (一)建筑遗存

#### 1.宗教建筑

**沙地天主教堂:**1911 年比利时籍传教士闻显举修造,总堂设在楠木沟,隶属宜昌比利时教区,下辖大花被、小花被、夏村坝、玉峰山、麦子淌、新塘、茆子山、土地塘堂等 8 个分会,教徒达 1200 余名。1950 年 12 月停止活动②。

▲ 沙地天主教堂

**楠木园教堂:**位于楠木村,比利时籍传教士用"施南教案"赔款所建,长 10 米,宽 6.7 米,现仅存木房两间。

**麦子淌天主堂:**位于恩施市沙地乡麦子淌村,始建于清光绪三十年(1904 年),系"施南教案"发生后,由清政府赔

---

① 恩施市地方志编纂委员会:《恩施市乡镇街道志丛书·沙地乡志卷》,中共党史出版社 2011 年版,第 8 页。

② 恩施市地方志编纂委员会:《恩施市乡镇街道志丛书·沙地乡志卷》,中共党史出版社 2011 年版,第 41 页。

款所建。砖木结构西式建筑,内设礼拜堂、场坝和神甫住房。礼拜堂面阔 23 米,进深 9 米,高 9 米,讲经台呈扇形。场坝由青石铺成,长 17 米,宽 13.7 米。神甫住房 6 间,长 9.3 米,宽 13.7 米。现为市级文物保护单位。

**安乐寺**:位于落都村委会驻地附近,清末落都花栗山乡约黄正朝兴建。庙内原置重约万斤大钟,中华人民共和国成立后改设学校。现寺庙存 3 间房屋,每间长约 5 米,宽 3.6 米,屋顶部仍保留有垛脊飞檐结构。

**玉皇庙**:建于花被村玉峰山峰顶,道光年间柳池地主谭述雍的祖父谭文宽酬神而建,中华人民共和国成立前香火旺盛。峰顶四面绝壁,无路可通,建有长 15 米、宽 0.83 米石桥相通。庙内曾建玉峰书院,道光年间考中秀才、后被饶应祺誉为"南州师表"的向允修及其子向春芳均曾在玉峰书院执教。现庙已毁坏,仅存残垣断壁,石桥被炸毁。

**观音阁**:位于神堂村,建于道光十一年(1831 年),为武姓酬神而建。光绪十三年(1887 年)、光绪二十三年(1897 年)、宣统二年(1910 年)三次修缮。中华人民共和国成立前曾香火旺盛,现仅存长约 10 米、宽约 5 米的残庙建筑。

**2.古民居**

**沙地老街**:沙地乡施宜古道拥有 3 条古街(沙地、花被、麦子淌),古街距今约 700 年①。老街两边民居为全木结构,五柱四骑十一檩,土瓦盖顶,沿街的板凳挑出檐深远,部分民居仍保留有阶檐铺台,商铺门面完好,体现独具特色的土家吊脚楼风格。

**3.古墓群**

**陈家槽墓葬群**:位于神堂村,乾隆初年陈锦珊从宜昌长乐子迁入神堂。陈氏家族墓地约 1500 平方米,墓葬群共包括 29 座坟茔,26 通墓碑。墓葬群四周用麻条石砌石坎、石围②。

**周氏墓葬群**:位于黄广田村茨竹园。墓地面积约 1500 平方米,包括周氏家族中周远杰祖父母、周远梅祖父母坟 4 座,墓碑 5 通。中间石碑记录了周氏宗派源流,为周远杰撰书。

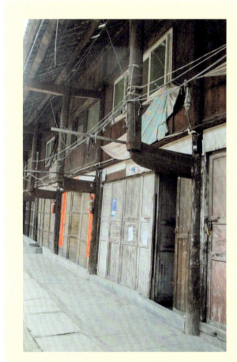

▲ 花被老街

① 恩施市地方志编纂委员会:《恩施市乡镇街道志丛书·沙地乡志卷》,中共党史出版社 2011 年版,第 1 页。

② 恩施市地方志编纂委员会:《恩施市乡镇街道志丛书·沙地乡志卷》,中共党史出版社 2011 年版,第 281 页。

**朱真榜墓**：位于朱家坪。乾隆四十九年（1784年）左右，国子监贡生朱真榜举家从建始迁入苦竹坪，课读子孙，诗书传家，子孙多人考取秀才、举人。

**朱如兰墓**：位于黄广田村指黄坝。朱如兰为贡生，曾授有官职，墓前有碑，碑前竖有旗杆石。

**向燮堂墓**：位于花被村龙角。向燮堂为花被村龙角人，土家族。光绪三十年（1904年）元月，因法国传教士德希圣、德希贤等欺压民众，向燮堂率众杀死德希圣等，捣毁教堂，史称"施南教案"。清政府派兵镇压，逮捕向燮堂等30人，处死了向燮堂等10人。向氏族人将向燮堂葬于花被村。中华人民共和国成立后，向氏族人在坟前立石碑记载向燮堂生平事迹，成为沙地乡爱国主义教育基地。1988年9月被评为市级重点文物保护单位。2002年12月被评为州级重点文物保护单位①。

**4.碑刻墓志**

**观音阁碑文**：同结善缘，盖闻莫为之前，虽美弗彰，莫为之后，虽美弗继，所以前创后因，大抵然也。如前辈诸公建立观音阁一寺，地踞奇胜，山势巍峨，或修佛像，或补残缺，屡次经营，非尽善尽矣。无奈年深日久，难免颓败。当兹晴空云敛，禅灯与月色同辉，风吹雨渎，漏滴而金石交碎，似此瑶宫荒烟，玉生蔓草，岂可以慰慈悲也。爰是后起多士，善念同伸，鸠工命匠，因创俱新，庶几美者可以继，废者亦复兴，绣瓦雕梁，不减先年圣制，瑶台殿阁，重新今日之慈光。岂第梵宇辉煌，广寒争烈，而多士之善缘，亦著铭勒，以志不朽云。是为序②。

**谭姓宗谱序碑文**：盖闻谱者普也，所以谱祖宗之脉络，赞先后之派序，使后裔尊卑有常而亲疏有别耳。故老泉云："三代不修谱为不肖。"则其子孙继继承承可想也。粤稽吾姓，后稷发祥，系出谭子，以国为氏，称弘农郡。吾族祖自万江，云初藩衍，迄今数百余载未有国，而读之者窃恐流传既远，支派愈纷，一本之亲，秦越视之。昭穆之序莫辨，尊卑之伦将紊矣。族祖学宽，屡议未就，于民国甲子年（1924年）邀约族人，历叙本源，始祖籍自江西吉安府吉水县大州大栗树人氏。麒麟鸾凤，始自四祖分支。至元末明初，麒公妣佘君，生祖八人，分属八坪。八祖名讳，寅、春、芳、万、甫、林、枝、海。四房万公迁夜郎，居木果园，后移花（后文缺）③。

**周氏宗派源流碑文**：道光戊申年季春月上浣之吉日，孙进士远杰谨序：周之予姓，文王之所出也。汉唐以来，代有哲人，但谱牒云，遥宗莫考也。粤自江西南昌，迁荆州陵邑，至户部尚书以宁公其子凤公吏部员外郎，而家以起焉。数传其至士全公，又以官游，寄籍楚南。而我高祖启冕公，犹武陵东关外迎春坊至所生也。公以祖宗邱墓、子女姻娅多在荆，

① 恩施市地方志编纂委员会：《恩施市乡镇街道志丛书·沙地乡志卷》，中共党史出版社2011年版，第283页。

② 恩施市地方志编纂委员会：《恩施市乡镇街道志丛书·沙地乡志卷》，中共党史出版社2011年版，第42页。

③ 王晓宁：《恩施自治州碑刻大观》第1编《姓氏源流·谭姓宗谱序》，新华出版社2004年版，第4页。

于是转迁石首漕泗坦家焉。生子五：长曰世魁，今川陕远炽、远恒辈，是其裔也；次曰世榜，今本邑远鸿及子贻烈等，是其裔也；四曰世光，惜乏嗣焉；五曰世兆，其裔远福，今犹寄籍夔州宁邑，然亦俱近贰做矣；惟我曾祖行三，讳世爵，忠厚恂谨，以石邑多水，乃偕我祖乐山公、叔祖大山公于乾隆三十一年丙子，来迁斯土。公没，而我祖及叔祖乃奉公柩还石邑，葬周家湖台上。盖是时，犹有首邱之志也。辛以贫故，不能举家归，而二公乃终老是乡焉。夫二公之为人也，稚敦友爱，故其生也，为同胞；其没也，如同堂。今观其墓，犹宛然见一家和乐风，洵可为子孙典型也。特是往复者天之道，聚散者人之势。今我祖之二房孙远炳、远松已游川陕矣。叔祖之二房孙远柱、远楷等，亦从夔宁矣。安知自今以后，聚者不终散，而散者不复聚乎！爰邀本支，共勒碑铭，并我父所续叙廿派行刊列于左，俾聚于故乡者可以世守宗祧，散于异地者亦可归寻本源，是则作序之志也夫。

启世应宗远，贻谋永发祥。传家惟孝友，光后定必昌。（字派）[1]

**三星桥碑**：位于鹤峰口村巴溪河三溪口河边。三星桥纪功石碑正面中间上刻有"清加六品衔府补粮部田金标字永治号玉麟喜捐钱一百卅串"，两侧碑文记载田金标修桥事迹。碑两侧及背面刻捐款人姓名及数额。

**三星桥碑文**：……吾乡三溪口之津，恩建两邑所属，往来要冲也。春夏则水势汹涌，欲涉水不能，秋冬则水性□寒，能涉不欲，行人咸苦之。向虽有木梁，已朽败难行。……集绅首分地募资，吾乡善士解囊推恩，四方仁人踊跃捐资，督修已三年于兹矣。今天子十七年夏五月厥成。将同善士农工商姓氏几胥于著于石，以永垂不朽，是为序。

大清光绪十七年辛卯岁仲夏月二十二日立，职员谭文，二串。匠师尹显进。[2]

**向燮堂墓碑文**：祖生于乱世，死于无辜。晚清洋魔入中，披传教外衣，群凶乱舞。清帝为维护统治，不加干预。祖为民族尊严，激于奋起，救国救民，假顺清维幕灭洋之规，唯时唤起民众，如赤壁鏖兵，挥指七洋魔，枭首，扬眉兆国子，吐气，威震中华，气壮乾坤。可恨哉！清帝腐败，无心正法，反功为过，祖不幸以身殉职。呜呼！风波亭上怨气冲天，苌弘化碧，望帝啼鹃，何其相似，乃尔祖命终四七，含冤八十，经世事沧桑，而今水落石出。共产党阳光雨露，使他澄冤幕日，乃称民族英雄。斯时矣，"民英桥"纪建有目共睹，《三步岩传奇》无人论非，反璞为真，泾渭分明。祖没也，浩气长存，为国捐躯，亦甚皦皦，谥美显而书优化无尽。为此，固封佳城而为之记，亦以明死生之大，重于泰山，在名明法，有日月之光。哀哉！万古流芳。[3]

**指路碑**：位于沙地至麦淌老大路席家坪白岩寨下路边，碑文记载修路事迹及捐款人姓

①　恩施市地方志编纂委员会：《恩施市乡镇街道志丛书·沙地乡志卷》，中共党史出版社2011年版，第282页。

②　恩施市地方志编纂委员会：《恩施市乡镇街道志丛书·沙地乡志卷》，中共党史出版社2011年版，第283页。

③　恩施市地方志编纂委员会：《恩施市乡镇街道志丛书·沙地乡志卷》中共党史出版社2011年版，第284页。

名、数目。

民英桥碑文：白岩如云，玉柱撑天，一江洪波翻腾，万山松涛呼啸。沙地区山雄水秀，人杰地灵，土汉并肩，英雄辈出。其壮举雄风，明载史册。

明朝成化、正德年间，土家儿女向龙，在人山岭揭竿起义，一呼百应，反抗明王朝封建残暴统治，战斗在鄂西、川东一带，后被施州卫童昶镇压。

一九〇四年六月，外国主教德希圣、教士德希贤等，披宗教外衣，干侵略勾当，横行山里，欺压群众。以向燮堂为首的沙地人民，对此义愤填膺，处决首恶七人，为民伸张正义。而清政府奴颜婢膝，向外国赔款十四万五千两纹银，并由湖广总督张之洞派兵杀害向燮堂等人。他们奋起陇亩，挥剑诛恶，扬民族正气，灭帝国威风，英姿永在，浩气长存。

十四年抗日战争，三年解放战争，全区各族人民同仇敌忾，洒血流汗，荡涤腐恶。"民英桥"的命名，借以铭刻英雄事迹，与山河永存。桥南人山屹立，是起义英雄的丰碑；桥头巨松挺拔，是人民英雄的雄姿。

中华人民共和国成立后，全区各族人民，在党和政府的领导下，胜利地完成了民主革命、社会主义革命，现在正从事社会主义现代化建设。全区面貌欣欣向荣，矿区烟囱林立，学校星罗棋布，公路如蛛网，森林郁郁葱葱。拳头商品，远销国外；高考学生，荣录清华。以立足沙地，振兴中华为己任的中华儿女，正以忘我的工作，高尚的风格，汇集成沙地的乡风民俗，绘制出雄伟的"四化"蓝图，用以告慰先烈，启迪后代。英雄们的事业，后继有人，英雄们的功勋，永垂不朽！

恩施市沙地区公所

一九八五年十二月①

古石刻：麦淌村至崔坝的必经道路鹤峰口小山上，有 1 米见方的石刻大字"鹤峰"，右侧刻有小字"光绪十三年丁亥夏"，左边刻有小字"施州参军王㤗斌题"。

**5.古遗址**

须须沟商周文化遗址：位于沙地乡把月村一组清江左岸西边三角台地上。1994 年 8 月恩施州、市博物馆经调查发现该遗址。1996 年 4 月湖北省考古研究所调查复核，认定为商周文化遗址。遗址面积 9000 平方米，高程 305～315 米，发掘深度为 1.5 米。在遗址中发现夹细砂褐陶片、红烧土、炭末区。陶器为夹砂灰陶网坠、灰陶器盖、褐陶盉、陶罐、陶纺轮等。遗址表明，3000 多年前清江河床地区的沙地乡已有远古人类活动。1997 年，被评为恩施市第二批文物保护单位。

白岩寨遗址：位于秋木、花被、神堂三村交界，道光年间，曾参加过覃家耀白莲教起义的吴正统逃至沙地境内，组织残余力量，再度发动起义，一部分起义军筑寨与清军相持数

---

① 恩施市地方志编纂委员会：《恩施市乡镇街道志丛书·沙地乡志卷》，中共党史出版社 2011 年版，第 284～285 页。

月,最后清军用火攻,起义军全部牺牲。白岩寨已成断壁残垣,仅存栈道宽尺余。

呐喊洞遗址:位于柳池村土地堂清江河沿,洞高15米,洞内面积300平方米,刘尊五曾在呐喊洞屯粮、练兵。水布垭工程建成后,呐喊洞浸入水中。

### (二)历史资源

#### 1.历史人物

向龙:生于明成化年间,沙地乡山岭人,土家族,少年时习武,好打抱不平。因不满明朝腐朽统治,在新塘戎角村发动起义,以沙地乡山岭为根据地,扩大到2万余人,曾一度占领建始、巫山等地,明朝调施州卫童昶率军镇压起义军[①]。

周远杰:生于嘉庆初年,卒于同治初年,号传堂,沙地人。祖籍公安县。祖父周应华于乾隆初年迁居沙地乡黄广田村水井湾。父周宗凡饱读诗书,终生行医。周远杰拔道光乙酉年岁贡生,得府学训导、县学教谕赏识,教书育人,培养饶应祺、崔德章、彭光炼、向奎文、周远梅等人才。弟子向奎文在墓联中评价:"数门下,点穿一百余人;看眼前,树立四代维绪。"[②]

向燮堂(1866—1904):派名义新,恩施沙地乡花被村人。土家族,世代务农。自幼勇武有力,好打抱不平,为沙地乡汉流大哥,受当地百姓拥戴。从光绪十五年(1889年)天主教传教士在沙子地镇开设教堂后,教士、教民仗势横行乡里,百姓深恶痛绝。光绪三十年(1904年)六月初五日,法国天主教鄂西南教区主教德希圣,带同司铎德希贤、董明德、华人通事贾澄清一行到沙子地视察教务。途经花被村时,基督教福音堂教民向元新在路旁观望时,回避不及,发生冲突,向元新办酒席赔罪。事后贾澄清仍不满足,勒令向元新加放鞭炮十万响。向元新不允,据理力争。围观群众以担心失火遭灾为由反对放鞭。德希圣扬言叫施南府抓人。向燮堂率愤怒的群众杀死了德希圣一行4人,并将民愤极大的教堂会长黄朝炳,教民何登玉、黄张氏等扑杀。向燮堂率众至李家炳家将教堂焚毁,又将仗势欺人的教徒蔡先谦、陈汉科等人的住宅烧毁。案发后,湖广总督张之洞电令施南协副将吴贵先行带兵到沙地围捕向燮堂等人,又电令宜昌总兵付廷臣带兵前往沙地镇压。法国驻华大使吕班派参赞贾沙纳到湖北,法国驻汉口领事费亨禄委派驻宜昌荷兰籍教士田国庆到施南督办此案。清兵在沙子地搜捕涉案30多人,向燮堂被捕。九月十五日,向燮堂被清廷押赴恩施东门外刑场杀害,时年39岁。恩施人民为纪念向燮堂,作民歌《十唱向燮堂》传唱其事迹[③]。

王鸿猷(1885—?):字吉三,派名成功,恩施沙地白果坝人,清末秀才。光绪三十一年

①②　恩施市地方志编纂委员会:《恩施市乡镇街道志丛书·沙地乡志卷》,中共党史出版社2011年版,第354页。

③　恩施市地方志编纂委员会:《恩施市乡镇街道志丛书·沙地乡志卷》,中共党史出版社2011年版,第347页。

(1905年)投入湖北新军步兵第十六协三十二标三营当兵。光绪三十四年(1908年)加入湖北新军中革命团体群治学社。宣统元年(1909年)参加孙武在汉口组织的革命团体共进会。宣统二年(1910年),因四川保路运动爆发,端方率新军三十一标、三十二标入川镇压,令三十二标第三营留驻恩施,王鸿猷任司务长,随军驻防。武昌首义后,王鸿猷与吕大森、康建唐、向炳焜等革命党人争取第三营管带李汝魁拨乱反正,响应辛亥革命。1917年,王鸿猷辞去湖北军职,南下广州投奔孙中山大元帅府,担任副官,任传达室主任。后大元帅府委任王鸿猷为滇川黔靖国军鄂西宣抚使,令其在鄂西组织护法武装。王鸿猷劝驻恩施的靖国军总司令唐克明支持护法运动,未果。王鸿猷回沙地招募子弟,组织讨唐军,兵败后赴省城武汉,重回广州。北伐后,孙科介绍王鸿猷回湖北,在湖北财政厅工作,后曾任樊口湖荒赋税征收处主任。1938年武汉沦陷,1939年王鸿猷调任建始县税务局局长。抗战胜利后,王鸿猷由沙地乡选为恩施县参议员。恩施解放后,在家乡务农①。

**刘尊五(1890—1920)**:又名刘高美,沙地杨柳池土地塘人,土家族。其祖父刘望科为清朝秀才,刘家为东乡殷实富户。因岳父甘恒甲为清末武秀才,结识施南城汉流头目王介卿、李子杰。1917年,刘尊五在土地塘以"结伙学戏"为名,组织各地汉流发动攻打施南城的起义,攻城失败后,转到新塘五堡山一带活动。在官军的围剿下,转至湘西桑植和四川吐祥一带活动。1920年,刘尊五再次回沙地乡新塘山花嘴岩呐喊洞筹备粮食、火药,准备发动起义,遭到湖北靖国军镇压②。

**龚广平(1920—1953)**:恩施市沙地乡人。1949年10月参加革命,中国人民志愿军工兵十八团战士。1953年6月在朝鲜战场上牺牲③。

**范金山(1920—1953)**:恩施市沙地乡人。1949年12月参加革命,任中国人民志愿军九十八团一营三连副班长。1953年6月在朝鲜战场上牺牲④。

**田时远(1923—1948)**:恩施市沙地乡人,1948年参加革命,任中国人民解放军步兵一六四团卫生担架员。1948年12月在淮海战役中牺牲⑤。

**向和清(1923—1951)**:恩施市沙地乡人。1948年1月参加革命,中国人民志愿军四十军一一九师三五六团一营三连战士。1951年2月在朝鲜战场上牺牲⑥。

**向光略(1928—1952)**:恩施市沙地乡人。1951年4月参加革命,中国人民志愿军六〇九团二营四连战士。1952年1月在朝鲜战场上牺牲⑦。

---

① 恩施市地方志编纂委员会:《恩施市乡镇街道志丛书·沙地乡志卷》,中共党史出版社2011年版,第347～349页。

② 恩施市地方志编纂委员会:《恩施市乡镇街道志丛书·沙地乡志卷》,中共党史出版社2011年版,第350～352页。

③⑥⑦ 湖北省恩施市地方志编纂委员会:《恩施市志》,武汉工业大学出版社1996年版,第625页。

④ 湖北省恩施市地方志编纂委员会:《恩施市志》,武汉工业大学出版社1996年版,第622页。

⑤ 湖北省恩施市地方志编纂委员会:《恩施市志》,武汉工业大学出版社1996年版,第621页。

李大顺(1952—1975):恩施市沙地乡人。1970 年参加革命,共产党员,任中国人民解放军藏字六二二部队一分队班长。1975 年 2 月在西藏牺牲[①]。

许义和(1955—1978):恩施市沙地乡人。1971 年 1 月参加革命,共产党员,任中国人民解放军○○四二部队四一○分队汽车驾驶员。1978 年 12 月在陕西韩城县牺牲[②]。

**2. 历史事件**

明成化年间,向龙据柳池人岭山、戎角村发动农民起义,起义军达 4 万余人,一度占领恩施、建始、巴东、巫山等地,明朝政府派施州卫童昶率军镇压了向龙起义。

嘉庆年间,白莲教起义军余部在秋木与黄广田交界的蛮王村与清军对抗数月,全部牺牲。

光绪十五年(1889 年),法国天主教鄂西南教区主教德希圣、华籍教士贾澄清到沙地传教,在沙地镇李文甫家设临时会堂。1904 年"施南教案"后,天主教堂宜昌教区利用赔款在沙地、花被、麦子淌、楠木园修建教堂。

光绪三十年(1904 年),法国天主教主教德希圣、司铎德希贤、董明德等 7 人巡视沙地教区。行至花被时与农民向元新等发生冲突,农民向燮堂率花被村民怒杀传教士,爆发沙地教案。清廷将向燮堂等义士枭首示众,赔款白银 145000 两,割地建教堂[③]。

1917 年,柳池人刘尊五发动农民起义,攻打恩施县城失败,壮烈牺牲。

1925 年,董必武派中共党员、花被人黄承之回恩施开展革命活动。

1934 年,红土曾三湾乡苏维埃主席沙地偏南人张久习父子在沙地新渡坝被红土团总黄进卿杀害。

**(三)非遗资源**

沙地境内历史故事和传奇颇多,如土地塘刘尊五起义、白果坝王成功举旗讨唐、贺龙红军兵行巴溪河、吕先生与金盆水传说、火烽口传奇、姚家坡上新愚公等;抗日战争时期,沙地乡属于抗战后方,时湖北省立小学搬至现今的沙地小学,当时设施齐全,各种植物标本、书本、字典等齐全,后来均未流失。沙地境内民间传说、歌谣、舞蹈、戏剧、乐器及工艺美术等非物质文化遗产众多,文化内涵深厚。

**1. 民间风俗**

送茶食:男女青年在订婚时,男方要给女方派定三亲六戚的"送茶食"。茶食的礼品以猪蹄为主。

洗三朝:沙地乡至今保留着"洗三朝"的习俗。在婴儿出生后第 3 天,举行婴儿沐浴仪式,称为"洗三朝"。邀请婴儿的外公、外婆、姑妈、姨妈等亲戚到场,"洗三朝"使用艾蒿煮水,并加煮一枚鸡蛋。先由外婆给婴儿洗三把水,再由家人依次为其遍洗全身。然后将煮

---

①② 湖北省恩施市地方志编纂委员会:《恩施市志》,武汉工业大学出版社 1996 年版,第 628 页。

③ 湖北省恩施市地方志编纂委员会:《恩施市志》,武汉工业大学出版社 1996 年版,第 1 页。

熟的鸡蛋去壳,在婴儿身上滚数遍以祛胎毒,免生疮痱。洗浴后,给婴儿换上新衣,由婴儿的祖父或父亲抱着祭拜家神,祈求祖宗神灵保佑。

**祝米酒:** 沙地乡生小孩的家庭,前往岳父母家报喜,在"洗三朝"时定下办祝米酒的时间,通常在满月前或满月时。祝米酒作为送茶食的回礼,通常由以前收受过茶食的三亲六戚向生小孩的家庭送贺礼。吃酒席,也称为吃祝米酒①。

**丧俗:** 沙地乡将老人称为"当去之客",老人去世称为"走顺头路",丧事称为白喜事。老人去世后,儿孙跪在遗体旁焚烧"落气纸"3斤6两,将纸灰装入小布袋,称为"钱口袋"。逝者入殓后,"钱口袋"置于逝者手中,作为去阴曹地府途中开销。棺内通常放7个"打狗粑",用一根线串着,系在一根桃树枝上。寿衣讲究男"上三下四",女"上五下四",逝者多少岁,就用多少根白线或青线系腰。请道士超度,分为"开路",即打通亡人去阴府的道路,做法事一天一夜;做斋,小斋一天一夜,大斋七天七夜。土家族人请人打丧鼓,又称跳"撒叶合"②。

### 2. 民间传说故事

沙地乡民间传说主要分为创世传说、风俗传说、人物传说三种。创世传说以《滚磨成亲》为代表,叙述洪荒时代,世上仅存伏羲兄妹,为繁衍人类,菩萨启示高坡滚磨,若两扇磨相合则兄妹成亲。后磨合而兄妹成亲,人类延续。风俗传说主要有"麦子淌的故事""人山岭""苦雀的故事""马桑树为什么长不高""倒停灵柩的来历"等,都是反映本地民族迁徙、山川演变、动植物繁殖、风俗缘起、生活哲理等方面的内容。人物传说主要是关于先贤豪杰、传说人物的故事,如"向燮堂传说""刘尊五造反""吕先生传说""鲁班的故事""孙宝的传说"等。

**土家人祖先的传说:** 很久很久以前,洪水泡了天和地,天下的人都被淹死了。只有一个葫芦里躲着的兄妹俩还活着。观音菩萨对他们说:"天底下就剩下你们两个人了,世上不能没有人,你们兄妹俩结成夫妇,繁衍后代吧。"兄妹俩听说要他们成亲,硬是不同意。观音菩萨想,要是他俩不肯成亲,世上就绝了人种,得想个办法。观音菩萨想了一下,对小兄妹说:"我们看天意吧,要是天意相合,你们就成亲,要是天意不合就不成亲。"兄妹同意了。

观音菩萨说:"两块石磨子从两座山上掀下去,磨子合成一块了就成亲,合不到一起就是天意不准。"两块石磨子从两座山上掀下去了,在山脚下合成一块。观音菩萨要他们成亲,他俩还是不肯。于是观音菩萨又拿出两根红绸带对兄妹俩说:"你们俩各拿一根红绸带,向天上扔,要是带子连起来搭成了桥就是天意。"兄妹俩各拿一根红绸带向天上一扔,

---

① 恩施市地方志编纂委员会:《恩施市乡镇街道志丛书·沙地乡志卷》,中共党史出版社2011年版,第308页。

② 恩施市地方志编纂委员会:《恩施市乡镇街道志丛书·沙地乡志卷》,中共党史出版社2011年版,第308～309页。撒叶合又称撒尔荷。

两根绸带连起来搭成了桥。观音菩萨要他们成亲，他们仍然不肯。观音菩萨又说："这里有一棵大树，你们俩一前一后围着大树跑。要是两人会了面就是天意。"小兄妹围着大树跑啊跑，老是会不了面。观音菩萨很着急，于是对哥哥说："你跑错了，车（俗语，转过身）过来跑吧！"哥哥刚一车过来就与妹妹碰了面，于是兄妹俩成了亲。

兄妹俩成亲后，妹妹九个月怀胎，十月分娩，生下的竟是个血坨坨。兄妹俩伤心极了。观音菩萨叫他们把血坨坨剁成十八块，又用泥巴包住，放在十八根丫巴儿里。兄妹俩照办了。七七四十九天后，那些用泥巴包住的血坨坨都在树丫里长成了活人。因为他们是靠在树丫里长成人的，所以人的背后都有一条槽。又因为他们都是用泥巴包住长大的，所以后来就叫他们土家人。

兄妹俩用树的名字来给孩子们取姓：靠在樟树上的姓章，靠在李树上的姓李，靠在檀树上的姓谭……这就是土家十八大姓的来历。

等孩子们长大成人以后，这兄妹俩就被观音菩萨接上了天。哥哥变成了月亮，妹妹变成了太阳，他们轮流出来看护着子孙后代。只是妹妹不安，她总怕人们笑话她与亲哥哥成亲的事，于是观音给妹妹一包花针，谁要看她，就用花针刺他的眼睛。所以，当人们望太阳的时候，就有一些花花绿绿的针刺得你不敢睁眼睛。①

### 3. 民间歌谣

沙地乡境内，土家族、苗族、汉族在长期的劳动生活和交流互动中，形成了号子、山歌、田歌、小调、风俗歌等民间歌谣。

号子：主要是打夯及搬运重物时，为减轻劳动疲劳、协调劳动节奏而随口编唱的歌谣，内容多样②。

山歌：分为高腔和平腔两种，高腔以五字句式为主，平腔以四句式为主。演唱风格不同，平腔侧重叙说，高腔诙谐挑逗，以表现男女情爱、生产生活内容为主③。

田歌：为夏季薅草劳动时，邻舍相互转工，在田头集体劳作竞赛时，相互唱和，以消除疲乏。也有主家请来锣鼓班子，在田头为薅草人鼓劲助兴④。

小调：主要为生活小调，闲暇时兄弟亲戚相聚时唱"四季""五更""十爱""十想""十二月""灯草开花黄""梁山伯与祝英台"等小调。在婚嫁喜事活动中唱"陪十兄弟""陪十姐妹"小调活跃气氛，秋后撕苞谷时节演唱小调以缓解劳动枯燥⑤。

---

① 史幺姐口述，全明村搜集整理：《土家人祖先的传说》，载中国民间文艺研究会湖北分会、湖北省群众艺术馆编《湖北民间故事传说集》（恩施地区专辑），1982年9月内部版，第3～4页。

②③④ 恩施市地方志编纂委员会：《恩施市乡镇街道志丛书·沙地乡志卷》，中共党史出版社2011年版，第286页。

⑤ 恩施市地方志编纂委员会：《恩施市乡镇街道志丛书·沙地乡志卷》，中共党史出版社2011年版，第287页。

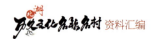

**4. 民间舞蹈**

沙地乡民间舞蹈主要有撒尔荷、耍耍、莲香、采莲船、龙灯、狮子灯、渔鼓等。

**撒尔荷**：又称跳丧舞，或打丧鼓，本地人还称为"打三叶儿合""跑三叶儿合"。表演时一人掌鼓，一人执锣，多人舞长白孝帕围棺而跳，或在院坝里跳。舞蹈的规则要求"迈步耍巾同步舞，击鼓踏歌对面穿"，和着鼓点，或立或蹲，高桩矮桩，绕背穿肘，挨背擦背，手、腰、腿统一颤动。主要动作分为升子底、凤凰展翅、犀牛望月、野猫上树、燕子衔泥、美女梳头、双狮解带、古树盘根等。撒尔荷舞姿古朴，舞步飘逸，粗犷热烈①。

**耍耍**：沙地乡耍耍分为两种：一种为双人舞，道具为蒲扇、花巾，分为旦丑两角，旦角为男扮女装。表演时，丑走半边月，旦走一字步，丑角随时以矮桩姿势围绕旦角挑逗打趣，随唱词内容即兴表演。另一种为三人舞，一人主舞，二人伴舞，主舞唱，伴舞和，边唱边舞。四句一段，现编现唱，词句通俗，唱腔优美，舞姿生动活泼②。

**莲香**：又称打莲香，原为生、旦两角歌舞，演员手持细竹和眼眼钱做成的莲香。以圆为特点，曲臂扭身，棒随身转，主要动作有雪花盖顶、黄龙缠腰、古树盘根等。演奏时，领唱者即兴编词，众和扭莲花衬句。特点是节奏强烈，表演性强，现已发展成群舞③。

**采莲船**：一人扮采莲女，腰围纸扎采莲船一艘，一人扮艄公，手持一杆木桨做划船姿势相随，即兴唱和，动作活泼④。

**龙灯、狮子灯**：用篾和纸扎龙头、狮头，再以彩布连接龙头或狮头，做成龙身或狮身，由两人一组分饰头、身两部，一人饰罗汉在前逗引，随鼓乐节奏而进退舞动。动作粗犷豪迈，热烈欢快，多在春节等节庆时表演⑤。

**5. 民间戏曲**

**渔鼓**：以蛇皮蒙于竹筒上做成渔鼓筒为道具，一人持渔鼓边唱边舞，另有三四人伴舞，相互唱和，现编现唱。动作轻巧活泼，唱腔悠扬婉转⑥。

**打绕棺**：道士做斋时围棺而舞的丧葬舞蹈，舞蹈动作分为走、拜、穿、跑趟子、走太极图、跑龙滚珠、对揖南北二斗、穿连枷花、五梅花等⑦。

**木偶戏**：木偶戏是沙地乡遗存至今的一种古老戏种。表演者双手操纵木偶，合着锣鼓伴奏边演边唱，集唱、念、做、打于一身，木偶分生、旦、净、丑四类，伴奏乐器有京胡、鼓、锣、钹及唢呐等。沙地乡木偶戏采用恩施地方剧种南戏北路的演唱形式，分为倒板、一字、转

① ② ③ ④　恩施市地方志编纂委员会：《恩施市乡镇街道志丛书·沙地乡志卷》，中共党史出版社2011年版，第287页。

⑤　恩施市地方志编纂委员会：《恩施市乡镇街道志丛书·沙地乡志卷》，中共党史出版社2011年版，第287～288页。

⑥ ⑦　恩施市地方志编纂委员会：《恩施市乡镇街道志丛书·沙地乡志卷》，中共党史出版社2011年版，第288页。

二流、三眼、背头、滚板、萧眼等。沙地木偶戏传承人是柳池村的向承福,1980 年 4 月县文化馆馆长黄应柏进行录音整理,并成立沙地乡民间木偶剧团。主要剧目有《芦花荡》《闯宫》《双槐树》《子牙游车》《男斩子》《四进士》《杀四门》《三家店》《凤鸣山》等①。

**皮影戏:**又称为皮达子戏,由多人演出,剧目和别类剧种相互移植、套用,现已失传②。

**三才板:**又名快板,乐器为三块竹板,击板助唱,内容为传统小段。

**打锣鼓:**乐器主要为鼓、锣、钹、钩锣、唢呐,分花锣鼓和炮锣鼓两种。花锣鼓曲牌活泼,乐器小巧,声音清脆,鼓点加花和打击乐换曲牌时手法多样。炮锣鼓曲牌深沉古朴,声势宏大,大多使用《放炮》曲牌起头,表演时放"三眼冲"和鞭炮。演奏者分为四人组、八人组、十二人组不等③。

(整理人:陈新立)

## 参考文献

1.(清)嘉庆《恩施县志》(故宫珍本丛刊):第 143 册[M].海口:海南出版社,2001.

2.(清)松林等修,何远鉴等纂.同治增修《施南府志》[M].中国地方志集成湖北府县志辑:第 55 辑.南京:江苏古籍出版社,2001.

3.鄂西土家族苗族自治州民族事务委员会.鄂西少数民族史料辑录[M].鄂西土家族苗族自治州民族事务委员会,1986.

4.清末教案[M].耿昇,杨佩纯,译.北京:中华书局,2000.

5.王晓宁.恩施自治州碑刻大观[M].北京:新华出版社,2004.

6.恩施市地方志编纂委员会.恩施市乡镇街道志丛书·沙地乡志卷[M].北京:中共党史出版社,2011.

7.赵树锋,田天龙.科学规划　和谐发展[J].清江论坛,2007(3).

8.王家贵,曾伟,廖建洲.恩施市沙地乡旅游产业发展路径初探[J].学习月刊,2014(12).

9.国家文物局.湖北省第三次全国文物普查工作报告[R].2011.

10.湖北省文物局.湖北省第三次文物普查重要新发现[R].2012.

---

① ②　恩施市地方志编纂委员会:《恩施市乡镇街道志丛书·沙地乡志卷》,中共党史出版社 2011 年版,第 288 页。

③　恩施市地方志编纂委员会:《恩施市乡镇街道志丛书·沙地乡志卷》,中共党史出版社 2011 年版,第 289 页。

# 灵山四古地
## ——滚龙坝村

## 一　村镇概述

　　滚龙坝村位于恩施市崔家坝镇东南部一山间平地,距鸦鹊水集镇 1 公里,318 国道绕村而过。这里山清水秀,风土人情独特,文化传统深厚。滚龙坝东峙青龙山,西耸马鞍山,北瞰猛虎山,南眺五峰山,中踞宝塔山。尖龙河、洋鱼沟两条河流经山间 5 平方公里的坪

▲ 滚龙坝村

地,尖龙河水浑浊呈黄色,俗称黄龙;洋鱼沟河水清澈,称青龙[1]。山水暴涨之时,一清一浑,交汇注入天坑,如双龙翻滚,滚龙坝由此得名。滚龙坝喀斯特地质发育典型,有多岩槽谷、溶蚀洼地、溶洞、落水洞和隐形天坑等地质形态,山清水秀,古木参天,风土人情独特。滚龙坝村拥有恩施州现存最大的明清古建筑群,古民居主要分布于茅坎山、中村、老虎山脚三处。滚龙坝村居民以向氏为主,人杰地灵,明清古墓葬主要分布在茅坎山、马鞍山、尖银山等地。2007 年,滚龙坝村被住房城乡建设部、国家文物局正式命名为"中国第三批中国历史文化名村"。滚龙坝村属恩施州"民族民间生态文化保护区"之一。

　　乾隆元年(1736 年),恩施县分设四乡,滚龙坝村隶属恩施县东乡崇宁里。同治七年(1868 年)实行里甲制,滚龙坝村隶属崇里甲。滚龙坝村是基层军事组织"塘"与国家粮库"社仓"所在地。民国初年沿袭清代里甲制。1927年恩施县下设区、保、甲编制,滚龙坝村隶属崔家坝团防管辖。1936 年根据县分区设置法,改区公所为区署。1937 年属恩施县一区鸦鹊水乡。1940 年裁区废联保,隶属鸦鹊水乡一保。1949 年滚龙坝村隶属鸦鹊区,1953 年裁区,设滚龙乡。1958 年设滚龙坝管理区,隶属

---

　　① 湖北省地方志编纂委员会办公室:《湖北名村》,中国和平出版社 2016 年版,第 685 页。

鸦鹊人民公社。1961年改滚龙公社,隶属鸦鹊区。1975年改滚龙乡,隶属鸦鹊人民公社。1981年更名滚龙坝大队,隶属崔家坝人民公社,下辖6个生产队。1984年改为滚龙坝村,隶属鸦鹊区。1985年设滚龙乡,隶属崔家坝镇。2002年10月实行村组合并,并入鸦鹊水村,划为茅坎山、老屋场两个村民小组。滚龙坝村有268户,890人。其中土家族635人[①]。农户以大分散、小聚居的方式,居住在山间平地周边的缓坡上。聚合式农舍大多为明清古建筑,其间石板小道相连,间以古树幽竹,与山水和谐成趣,构成一幅美丽画卷。

## 二 村镇资料

### (一)建筑遗存

#### 1.古民居

滚龙坝村属于小聚居、大杂居的民族村落,古民居主要分布在茅坎山、中村、老虎山脚3处,明清古建筑和近现代民族建筑有13处,房屋200余间,建筑总面积超过30000平方米。滚龙坝村古民居典型屋场为长街檐、石狮子、老虎山、四方屋基。滚龙坝房屋大都由封火砖墙、石砌天井、抱厅冲楼、书房绣阁、正房偏屋、猪栏牛舍、火坑杂间组成。滚龙坝村明清古建筑木石雕刻中蕴含了丰富的典故,有龙戏火珠、狮滚绣球、太极双鱼、仙猴捧桃、喜鹊闹梅、富贵牡丹、文房四宝、西游故事、封神传说等。

亭子屋:明清年间依山而建,大的纵深有七进,依次为大门、亭子、品字门、厢房、中堂屋、过道、正堂屋,后面为花厅、花园,两侧为生活用房和养牲畜的围屋,四周高筑围墙。有四合天井,面壁高筑封火墙,门窗石雕木刻鸟兽花草、人物故事。墙壁彩泥雕塑龙爪凤尾,门左右摆放石狮。住宅分长辈住的上房、晚辈住的下房及仆役住的围屋。此外,还设有书屋、客房、绣花房。

长街檐:又称为长阶台屋,建于明末。长街檐原有三石门,前后分三进,前九房、后九房、八侧房组合的砖木混合结构是滚龙坝最大的古建筑群。

#### 2.古墓群及碑刻墓志

古墓群主要分布在茅坎山、马鞍山、尖银山等地,共30余处,以茅坎山墓地规模最大,俗称祖坟岭。茅坎山向氏墓葬分布在公路两侧,坟茔或呈圆形,或呈长方形。墓碑有长方形、圆头形、尖头令牌形、房屋形、虎头形。最

▲ 长街檐

---

① 湖北省地方志编纂委员会办公室:《湖北名村》,中国和平出版社2016年版,第685页。

早的墓葬为南明隆武丁亥年（1647年），墓主人有进士、举人、把总、千总、游击、都司、总兵、诰命贵妇等。

端善典刑碑：道光二十年（1840年）公立，2000年7月16日在尖龙坪河拱桥引桥石坎中发现残碑，已损坏。

向大旺碑：立于七渡溪回龙观贺茂芝屋后檐二尺许之土坎上，碑身壮观，紧靠此碑左右各有一二尺见方红石小碑，字迹小，因年代久远模糊不清，左右距大碑丈许有七尺余的石柱闸子，字迹秀丽①。

## 向大旺碑文

叶茂枝芳培木本

清待赠诰明故一世太上祖向公大旺字云峰太上祖妣黄氏墓志

窃以家之有谱，国之有史，国史以列世及明得失也，家谱以厚世系合族属也，名不罔而其义通焉。子复少墓志自太祖大旺公以前，虽间有传遗而犹无征。每于春露秋霜，动念水源木本，夸世远年久，愧虽原始要终，嗟乎！为人子孙，不能追崇先德，而止忘所自来，宁无惨然贻憾乎。欲祖修谱必须建祠，淳乃云备，但赀费烦，而力莫姑以之将来，兹效田横之遗制，爰于墓前各立一碑，另立公碑一座，中奉云峰公为太上祖，依次序明某世某祖妣，旁立二小碑，书志各房生息。庶自今以往，墓云派别支分，勿难寻流溯源，俾为之后者无复贻恨，已是亦家之谱云。

生员向上新序

元孙向瑛新监修

适祖　宜行四黄

二世　堂向儒林妣黄谭氏

祖琼　黄

三世　向朝聘

籍五龙县

　仁　住葫芦寨

四世　向明龙妣崔

爱　刘、吴

向日伦，字正乾　妣　熊氏

　　升，字甫明　崔

---

① 《向氏族谱》编纂小组：恩施滚龙坝《向氏族谱》，2002年10月印刷，第65页。

五世　向日茂　妣　张氏

　　庠生灿，字光明，崔

　　　　　向日炳，字昭开　妣　黄氏

熹，字光盛　黄

先，长男东晁，孙登科

　　　　必章，长男东惕，登魁

六世　壹，长男东旭，登祥

道，字性善，廖　氏

必（庠生）伦，字有常，崔

　（庠生）捷，廖

必恪，崔

敬，黄

宽，谭

执

（庠生）泰　厘

（庠生）毅，怀，恪，进

（庠生）信略，鉴，敬，寿，柱

七世　向必诚，向允韬，允杰，向必宽，允祯，允祥，允吉，允达

售，方，秀直，长，玫，汉，遴

桂，信纯，纯，浩

强

　　因彼距程千余，不知族内各派更订，故东登二派不符，今亦得同焉，并恐往来无凭，各将生息名目开存以为印证，至公爵秩未悉载，孙上新序志。仁龙公，予家四世三堂祖也，自有明奉勅行营四川五龙盆水，遂寄籍。其地幼子童孙，称发祥焉。迨本朝往来渐束，乾隆甲申秋，予父讳先略特往省视。

　　大清嘉庆十六年（1811 年）辛未岁仲春月中浣日匠氏邵玉刊镌

　　支分派别衍天潢

**向元魁碑**：立于向氏祖坟山。

**向元魁碑文**：府君号星垣，派讳发道，行二。生于嘉庆乙丑岁（1805 年）二月二十四日亥时，身长伟貌，十六即入胶庠。联[①]中道光壬午（1822 年）乡试经魁、己丑（1829 年）会试

---

① 联，通"连"。

进士。钦点营守府,分省湖南。因剿捕狙猛匪,赏戴蓝领,部选直隶正定镇守备。旋因海防,调任津葛沽,开补泰宁镇白石口都阃府。历署龙图营与直隶督标游府,屡经战阵,不避艰险。于道光丁未岁(1847年)九月十五日酉时,在本任寿终,享年四十三岁,不肖等扶榇归故里,附葬于祖莹之前,阡作卯山乙向①。

大清同治十一年壬申岁(1872年)仲秋之吉日②

向明斋碑:立于恩施市崔坝鸦鹊水街头学校右侧,刻于1936年,向明斋为辛亥革命鄂西参加者之一。

向明斋碑文:堂侄明斋,予堂兄宗元公之长子也。原派名兴科,明斋其字也。与余同庚,少余二十四日,幼同学,长同试,并为父兄所期许。清光绪甲辰、乙巳(1905年、1906年)间,学制更张,予留学东瀛,明斋即投考鄂省方言学堂肄业,因更名炳,与同郡甘穆卿、牟猷轩、周鹏程、袁汉南诸君友善。时革命风潮东渐,而鄂中尤甚,青年学子之有志者多与焉。明斋与甘、牟、周、袁诸君日夕谈论,团结尤深。如鄂中之"文学社""共进会"等诸秘密团体,均列名与闻。辛亥武昌首义,明斋即参事内务。旋解赴沪,民国二年选举议员时,遂回里组织共和党,被举为鄂省议会议员。后袁氏僭国,军阀坏政,旧同志举义南方,多以施郡为策源地,明斋回去赞襄诸务,被推为本县议会议长,后充来凤县知事。旋改组,即游粤闽,奔走数载,迨北伐告成,政府统一,又充汉口公安局行政科长数月。积劳病故,享年四十六岁。时予因修善家居,闻耗深为扼腕,商之家人,遣其季弟兴铨扶榇归里,安葬于鸦鹊水后山之阳,阡作丁山癸向。

民国二十五年(1936年)堂叔子美氏天钟志

生于甲申(1884年)七月二十四寅时殁于己巳(1930年)六月初五日③

向大龙墓碑:位于崔坝镇沙子岭社垴坪。

向大龙墓碑碑文:祖世居滚龙坝,林派春祖之孙,朝派列祖之子也。然春、列二祖坟墓皆无可考,自王观兴乱行戎角,将祖同子日辉父子二人虏过戎角,后至荆州释归,祖殁于路,辉祖负尸归家,至滚龙坝,田产房屋已被二房伯占,辉祖势孤力弱,不得已创居社垴坪,祖之得葬于斯,由是故也。此地亦属祖业,特荒而未辟,辉祖奉文开垦亦大费经营焉。自祖之葬斯土也,百数十年,科名代有,子孙繁昌,使不勒石以志来历,后世子孙,代远年湮,更莫识其由来矣。

光绪五年(1879年)七世孙庠生应桂字月樵序④

---

① 《向氏族谱》编纂小组:恩施滚龙坝《向氏族谱》,2002年10月印刷,第66页。

② 恩施市地方志编纂委员会:《恩施市乡镇街道志丛书·崔家坝镇志卷》,中共党史出版社2011年版,337页。

③ 《向氏族谱》编纂小组:恩施滚龙坝《向氏族谱》,2002年10月印刷,第67页。

④ 王晓宁:《恩施自治州碑刻大观》第5编《农民起义、军事、战争·向大龙墓碑》,新华出版社2004年版,第209页。

## （二）历史资源

### 1. 历史人物

向大旺：又名向大发，字八斗，随父投衙，崇祯七年（1634 年）携带家眷征战于湖南、湖北、四川一带，崇祯九年（1636 年）落籍于滚龙坝，更名向大旺，成为滚龙坝村向氏开基祖。

向霖龙：施州卫诸生，崇祯七年（1634 年）投义勇，以功授守备。崇祯九年（1636 年）剿安、庐、池、太、光、固、勒、黄等处，擢都督指挥。崇祯十二年（1639 年），因讨东房有功官升副总兵，封凤卫伯爵①。

向元魁：（1805—1847）：生于晚清嘉庆十年（1805 年）二月二十四日。少时入私塾读书。道光元年（1821 年），向元魁 16 岁入县学，道光二年（1822 年），乡试经魁。道光九年（1829 年），考中武进士，钦点营守府，分省湖南。围剿捕狙猛匪有功，朝廷赏领、部选直隶正定镇守备。旋因海防，调任天津葛沽开补直隶泰宁镇白石口蓝翎都司都阃府。历营龙用营兴直隶督标游府，屡经战阵，不避艰险。道光二十七年（1847 年）九月十五日殁于任②。

向炯：（1884—1930）：字明斋，原名向兴科。湖北恩施县鸦鹊水乡滚龙坝村人。湖北方言学堂毕业，早年参加辛亥革命，与同乡青年组织"文学社""共进会"，加入革命秘密团体"共进会"。"武昌首义"时立有功绩，1913 年被选为湖北省议会议员；袁世凯称帝时期，向明斋被推举为恩施县议会议长，历任来凤县知事、汉口公安局行政科长等职。在"讨袁"运动中，曾回恩施开展反袁活动。北伐后，曾任汉口公安局行政科长。1930 年病死家中③。

向天钟（1884—1951）：字子美，湖北省恩施县鸦鹊水乡滚龙坝村人。清末秀才，1904 年考取官费留学生，留学日本早稻田大学，法科毕业。中国同盟会会员。民国初年，曾担任湖北省长公署咨议员、省高等法院推事，后任恩施县参议员④。

向吉祥（1929—1951）：恩施市鸦鹊水乡滚龙坝人。1947 年 5 月参加革命，任志愿军二十九师八十七团二连排长。1951 年 6 月在朝鲜战场上牺牲⑤。

---

①　（清）多寿修，罗凌汉纂：同治《恩施县志》卷 8《选举志·武选》，《中国地方志集成湖北府县志辑》第 56 册，江苏古籍出版社 2001 年版，第 490 页。

②　（清）多寿修，罗凌汉纂：同治《恩施县志》卷 8《选举志·武选》，《中国地方志集成湖北府县志辑》第 56 册，江苏古籍出版社 2001 年版，第 487～488 页。恩施市地方志编纂委员会：《恩施市乡镇街道志丛书·崔家坝镇志卷》，中共党史出版社 2011 年版，第 437 页。

③　恩施市地方志编纂委员会：《恩施市乡镇街道志丛书·崔家坝镇志卷》，中共党史出版社 2011 年版，第 438 页。湖北省恩施市地方志编纂委员会：《恩施市志》，武汉工业大学出版社 1996 年版，第 615 页。

④　湖北省恩施市地方志编纂委员会：《恩施市志》，武汉工业大学出版社 1996 年版，第 615 页。

⑤　湖北省恩施市地方志编纂委员会：《恩施市志》，武汉工业大学出版社 1996 年版，第 622 页。

## 2. 历史事件

崇祯九年（1636年），向大旺携带家眷落籍于滚龙坝，奠立基业。

道光二年（1822年），向元魁考中壬午科武举第四名①。

道光九年（1829年），向元魁考中武进士②。

道光二十九年（1849年），向存道考中乙酉科武举第二十四名③。

咸丰九年（1859年），向致道考中己未科进士。

光绪十四年（1888年），比利时籍神甫戈氏、潘德林，华籍神甫栗林泉至恩施鸦鹊水传教，在韩家铺子坎上修建天主教堂④。

## 3. 文物

**古树名木**：滚龙坝现存7棵树龄500年以上的青檀与银杏树。根据林业部门测定，最大的一棵青檀树龄长达545年，高36米，胸径137厘米，冠幅22米。最大的一棵银杏树龄为594年，高34米，胸径159厘米，冠幅12米。

**虎钮錞于**：国家级文物，1991年在滚龙坝出土，现存于恩施州博物馆。

**大刀、盔甲**：中华人民共和国成立初期，土改工作队进驻滚龙坝村，发现重达60千克铁柄大刀和铁盔甲一副，上交恩施县文化局文物管理所，现存恩施州博物馆。

**石狮子**：滚龙坝狮子屋大门前有一对清代石刻石狮，左侧为雄性石狮，右侧为雌性石狮，两狮前腿直撑、后腿屈蹲，呈坐姿扭头相望状，口含宝珠，双目圆睁，耳朵竖立，呈警觉状，鬃毛缕缕有序。石基座高、宽各0.7米，

▲ 滚龙坝青檀古树

① （清）多寿修，罗凌汉纂：同治《恩施县志》卷8《选举志·武选》，《中国地方志集成湖北府县志辑》第56册，江苏古籍出版社2001年版，第488页。恩施市地方志编纂委员会：《恩施市乡镇街道志丛书·沙地乡志卷》，中共党史出版社2011年版，第377页。

②③ （清）多寿修，罗凌汉纂：同治《恩施县志》卷8《选举志·武选》，《中国地方志集成湖北府县志辑》第56册，江苏古籍出版社2001年版，第487页。恩施市地方志编纂委员会：《恩施市乡镇街道志丛书·沙地乡志卷》，中共党史出版社2011年版，第377页。

④ 恩施市地方志编纂委员会：《恩施市乡镇街道志丛书·沙地乡志卷》，中共党史出版社2011年版，第380页。

长 1.3 米,整座石狮高约 2 米。

### (三)非遗资源

#### 1. 节俗

**过新年**:每年腊月二十三日滚龙坝村每家每户都要打扫旮旯里的烟灰、蛛网等脏物,称为扬尘吊子。腊月三十洗家神菩萨,披红挂绫,由家长托出煮熟的猪头、猪尾巴、礼酒、香纸等到土地庙、泰山庙、水井、家神等处祭祀。除夕全家聚宴称为吃团年席。团年饭通常摆十三道菜,前十二道菜代表十二月,最后一道为全鱼,寓意为年年有余。三十晚上烧火坑取暖,火坑中的大树蔸称为年柴。守岁洗浴要特别清洗膝盖,称为"洗客膝佬"。正月初一早晨在院坝里燃烧一小捆小竹,称为"发爆柴"。正月初九每家必备一壶酒,齐聚畅饮。正月十五晚上将小竹子、竹枝、竹尖等搭成一个三角形棚子,然后点燃,称为烧"毛狗棚"①。

▲ 狮子屋门前的石狮子

**花朝节**:每年农历二月十五日,各家各户接出嫁的女儿回家过花朝节,家家都采用大米、苞谷面、红小豆、洋芋粉、腊肉丁、腊豆干丁、姜米、大蒜、野葱、野菜和各种作料做八宝饭,纪念花神,庆祝百花的生日,俗称耍花神②。

**打端午**:五月初五为头端阳节,十五为中端阳节,二十五为末端阳节。主要习俗有划龙舟、吃粽子、挂艾蒿、戴香包、拴长命缕、饮雄黄酒等。

**过社**:吃社饭,用糯米拌以蒿芝、野葱、地米菜、腊豆干丁、腊肉丁、作料等蒸制而成。邀请亲朋好友吃社饭。

**晒龙袍**:每年农历六月初六,家家户户晒裳,以纪念土家先王蒙难③。

#### 2. 民间歌谣

滚龙坝村民间歌谣从体裁上分,有号子、田歌、山歌、灯歌、小调、风俗歌等;从腔调上分为高腔、平腔和低腔;从句式上分为五句子、七句子、十句子等。

**号子**:在体力劳动过程中即兴演唱,与劳动节奏结合紧密的民间歌曲。具有活跃劳动

---

① 恩施市地方志编纂委员会:《恩施市乡镇街道志丛书·崔家坝镇志卷》,中共党史出版社 2011 年版,第 383～384 页。

② 恩施市地方志编纂委员会:《恩施市乡镇街道志丛书·崔家坝镇志卷》,中共党史出版社 2011 年版,第 384～385 页。

③ 恩施市地方志编纂委员会:《恩施市乡镇街道志丛书·崔家坝镇志卷》,中共党史出版社 2011 年版,第 385 页。

气氛、协调劳动动作的功能。特点是节奏感强,旋律简单朴实,采取一人领唱、众人相和的形式。按照劳动场合,分为打夯号子、搬运号子、石工号子、榨油号子、抬轿号子、抬丧号子、打连枷号子等。

**田歌:**在农田从事劳动时编唱的民歌,特点是行腔自由、形式多样,节奏自由,采取一人领唱、众人相和的形式。根据劳动内容的差异,分为薅草锣鼓、薅草歌、栽秧歌、打麻歌等。

**山歌:**是山地劳动群众在户外抒发感情的歌曲,特点是节奏自由,音域较宽,旋律悠长,跌宕起伏,富有抒情性。根据音调不同,分为高腔、平腔、低腔。高腔山歌用假嗓演唱,调门高,音域宽,旋律起伏大,节奏自由,拖腔很长,所用衬词、衬字较多,感情奔放。演唱形式为一人独唱、二人对唱、穿唱、一领众和等。词曲句式有号头、半声子、上下句、四句子、五句子、六句子、穿号子、赶号子、串句子、穿尾子等。砍柴山歌用平腔本嗓演唱,音调平稳,旋律动听。采取自编自唱形式,叙述穷苦人的苦难生活和男女爱情。放牛山歌节奏明快、旋律轻松,音域很少超过八度,一字一音或一字两音,结尾采用甩腔,很少使用衬词、衬字,演唱形式为一问一答,互相猜谜逗趣。

**灯歌:**逢年过节、丰收酬神、社火灯会等节庆活动时,载歌载舞,特点是节奏感强、旋律欢快,一领众和,还有锣鼓、唢呐伴奏。分为花灯、花鼓子、采莲船、高跷、打莲湘、戏蚌壳、干龙船等种类。

**小调:**大多为日常生活小调,多在筹备婚礼的"陪十弟兄""陪十姊妹"过程中或秋后撕苞谷劳作时演唱,有《四季歌》《五更里》《绣五更》《十劝》《十想》《十绣》《十爱》《十打》《十杯酒》《十二月花》《望郎十二月》《十二时》等。此外还有《向爕堂歌》《贺军长领我们闹翻身》《扁担本是古人留》《媳妇苦》等。

**3. 民间舞蹈**

滚龙坝民间舞蹈分为节庆、礼仪、丧葬、宗教等 4 类 10 种,如龙舞、狮舞、莲湘、采莲船、鼓儿车、老前小、耍耍、丧葬舞等。

**龙灯:**是用竹篾编制龙骨架,用细布、彩纸裱糊剪贴成龙的道具。龙灯首尾长 30～40米,共 11～13 节,每节点上蜡烛,舞龙者和着锣鼓点节奏舞动,表演"二龙戏珠"等动作。每年春节时上九日出灯,十五收灯。

**狮子灯:**用竹篾编制狮子骨架,用细布、彩纸裱糊剪贴成狮头,狮头如斗大,突眼竖耳,阔口大张。舞狮者表演双狮抢宝等动作。

**鼓儿车:**鼓儿车表演少则 2 人,多则 5 人,分饰坐车、推车、拉车、左右扶车。歌舞相结合。

**老背少:**仅一人表演,道具、服装、化妆比较简单。表演时,有成套曲调,舞者和着伴奏锣鼓点子的节奏载歌载舞。

**耍耍:**从巫坛"还神"做法事中分离并发展出的一种原始舞蹈,具有浓郁、古朴、粗犷的风格,并带有"娱神""娱人"性质,称为喜乐神。耍耍表演者多为一男一女,也有两男一女。

男演员头缠丝帕、身穿长衫，腰扎彩带，手拿扇子或执手巾；女演员彩服淡妆，手握手巾，边歌边舞。舞蹈腿步动作主要有大小八字步、半蹲前行步、十字步、溜子步、弓步、小跳步等。手臂动作主要有靠手、丢手、翻扇花留手、双晃手小耸肩、单手小摆。舞蹈造型有观音坐莲、梅花三弄、丹凤朝阳、独劈华山、鹅儿扑水、燕儿衔泥、蛤蟆晒肚、猴儿抱柱等。逢年过节、红白喜事，必请耍耍到场表演。耍耍即兴唱和，唱腔优美，舞姿轻盈。

丧葬舞：有坐丧鼓、跳丧舞、转丧鼓三种。坐丧鼓表演方式为掌鼓击锣，2人坐着唱，众人在灵前唱和。跳丧舞的表演方式为掌鼓击锣，2人坐着唱，2至4人在灵前边舞边唱，众人唱和。转丧鼓表演方式为掌鼓击锣，4人或多人围着棺材转圈，边唱边舞转圈，众人唱和。

**4. 民间戏曲**

灯戏：又称为花灯戏，属歌舞型生活小戏，分生、旦、丑三个行当。表演时大多为一旦一丑，多不超过5人，故俗称三人戏。乐队伴奏分为文武场，文场用京胡、二胡弦乐伴奏，武场用打击乐器鼓、锣、钹、钩锣伴奏。锣、钹由一人演奏，俗称一笼鸡。灯戏班子不超过10人，俗称七紧八松九消停。灯戏唱腔分为正腔和小调两类，正腔为板腔体，有本腔、七句半、神狗调、四平、辰河调等。本腔为灯戏基本腔调，唱腔为上下结构，男女生旦同腔。还有三句式唱词，将第三句分解为两个半句，构成上下乐句，形成七句半的整、半、快之分。灯戏通常在逢年过节、嫁娶、添丁、寿诞时演出。

皮影戏：俗称皮灯影，用兽皮或纸板做成人物剪影来表演故事的戏曲。表演时，用灯光把剪影投射到幕布上。艺人在幕后一边操纵剪影，一边在伴奏下演唱。本地皮影戏演出剧目通常套用南戏、灯戏的剧目。

渔鼓道情：又称为道筒、竹琴，宋代已出现，流行于江汉平原，采用二尺长竹筒，一端蒙上蛇皮，做成打击乐器渔鼓筒。用渔鼓筒和简板拍打节奏伴奏。词曲原来自道士传道或化募时演唱的道教故事，后取材于民间故事。

大鼓：用韵文演唱故事，演唱中少量夹白，用鼓、板、三弦、扬琴、二胡等伴奏。主要有京韵大鼓、乐亭大鼓、山东大鼓、湖北大鼓等曲调。

双簧：由一人在前面表演动作，一人藏在后面或说或唱，表演诙谐。

快板：民间俗称莲花闹，唱词合辙押韵，表演时用夹有两块竹板的乐器打节拍，节奏有快有慢，可一人或多人表演，还可加弹拨乐器和弦乐器如三弦、扬琴、二胡等伴奏。

**5. 民间雕刻**

木刻艺术主要用于住宅门窗和家具，如门、窗、香火、床、桌椅等。堂屋大门上用凸雕或线条雕刻法，刻上门神，绘彩漆。窗棂上刻花、鸟、虫、鱼镂空图案。香火上下仰俯和左右牙板雕刻花边。滚龙坝清末秀才向子美的三滴水木床，除床前一方为绣花帐帘外，左、右、后三方及床顶均采用雕花薄板装饰，刻有"鸳鸯戏水""龙凤呈祥""双凤朝阳""二龙戏珠"等图案，彩漆描绘。

石雕：石雕技艺主要用于滚龙坝住宅建筑和坟地碑刻。古建筑的大门前石狮、石鼓、门框、门额、天井、柱础均采用石雕工艺。石门框刻有花草或几何图案，门额凸刻或凹雕文字。天井条石围砌，底板石块方形斜置，凿成分图，拼凑成花草鱼虫图案。石板水缸四面雕刻花草鱼虫或山水图案。滚龙坝墓碑有令牌碑、云头碑、三厢带鼓碑、五厢带鼓碑、七厢带鼓碑等样式，碑头上雕刻屋顶檐形，雕刻琉璃瓦状纹饰。碑面阴刻祭文，碑框柱上阴刻或凸雕联语文字。

（整理者：陈新立）

## 参考文献

1.(清)嘉庆《恩施县志》[M].故宫珍本丛刊.第143册.海口：海南出版社,2001.

2.(清)松林等修,何远鉴等纂.同治增修《施南府志》[M].中国地方志集成湖北府县志辑·第55辑.南京：江苏古籍出版社,2001.

3.《向氏族谱》编纂小组.恩施滚龙坝《向氏族谱》[M].2002.

4.王晓宁.恩施自治州碑刻大观[M].北京：新华出版社,2004.

5.恩施市地方志编纂委员会.恩施市乡镇街道志丛书·崔家坝镇志卷[M].北京：中共党史出版社,2011.

6.湖北省地方志编纂委员会办公室.湖北名村[M].北京：中国和平出版社,2016.

7.常乐.滚龙坝历史文化名村保护措施分析[J].城市建设理论研究,2014(13).

8.王琰,李波,方振东.湖北恩施滚龙坝村石狮子屋建筑景观意象浅析[J].北京林业大学学报(社会科学版),2015(2).

9.方振东.恩施州土家族传统村寨景观研究[D].南京：南京农业大学,2012.

10.李丹.鄂西滚龙坝古村落文化景观保护与开发研究[D].重庆：重庆大学,2012.

11.谢晖.滚龙坝古村落文化资源族旅游开发研究[D].恩施：湖北民族学院,2017.

12.国家文物局.湖北省第三次全国文物普查工作报告[R].2011.

13.湖北省文物局.湖北省第三次文物普查重要新发现[R].2012.

# 土家名楼
## ——彭家寨

## 一 村镇概述

彭家寨又叫两河口村。早在元朝时,彭家寨为湖南镇边宣慰司属地。明代属施州卫忠峒安抚司。清代改土归流后,属宣恩县忠峒里[①]。第二次国内革命战争时期,是湘鄂西根据地之一。1935年,红二六军团在宣恩县南部建立以沙道、两河口为中心的县、区、乡苏维埃政权,县苏维埃政府设在两河口。目前,县苏维埃政府旧址已经公布为县级文物保护单位。

彭家寨位于宣恩县沙道沟集镇东南,东经109°40′,北纬29°42′,南为红溪村,北连咸池村,西接四道水村,东与龙潭村毗邻。彭家寨面积861.92公顷,有8个村民小组,318户,1331人,其中土家族占95%。核心保护区面积100000平方米,历史建筑面积8000平方米。集镇现存有古街,为"盐花古道"湘鄂出入口。距209国道15公里,距鸦(鸦鹊岭)当(沙道当阳坪)省道3公里,沙(沙道)桑(湖南桑植)路横贯全境。

彭家寨坐落在武陵山余脉北麓,属国家级自然保护区——七姊妹山的缓冲区,七姊妹山所属的八大公山逆时针方向沿苏家河、狮子岩、鹰嘴岩向天上堡延伸,半抱龙潭河和布袋溪,形成向西敞开的马蹄形口袋。彭家寨为一狭长地带,南北两面分别为高山,数个土家吊脚楼群建于山脚。酉水源头之一龙潭河贯流全境,流经彭家寨,与红溪沟汇合,东西两端以龙潭大桥、两河大桥为界。

龙潭河发源于沙道燕子岩,自东北向西南流经寨前,在规划区域段长约15公里,河水清澈见底。龙潭河是酉水北源支流,蜿蜒曲折、收放有序,是很好的景观水体。上游水质情况较好,上游鱼泉电站出水为Ⅱ类水质。鱼泉电站设计引水流量为5.2米/秒,最大引水流量为5.62米/秒。龙潭河水位受鱼泉电站影响,蓄水期间河床水位低,雨季水量充沛。

彭家寨境内旅游资源丰富,有以吊脚楼群为代表的建筑资源、以盐商古道为代表的历史文化资源、以龙潭河为代表的水城风光资源、以磨家山为代表的地文景观资源、以村落意境为代表的乡村景观资源、以土家歌舞为代表的民俗文化资源。境内出土有一件汉代

---

① 宣恩县地方志编纂委员会:《宣恩县志(1979—2000)》,武汉工业大学出版社2004年版,第8页。

甬钟,有悬棺葬、崖庙等古文化遗址。沿龙潭河而下的红石苏家沟是宣恩摆手舞发源地,建有摆手堂。

彭家寨吊脚楼群巍巍而立,秀美壮观,是中国六大民居建筑群之一,有上百年历史,集建筑与人文美学于一身,具有很高的历史、艺术、科研价值,是湖北省吊脚楼群的"土家聚落的典型选址",国家重点文物保护单位,是住房城乡建设部、国家文物局公布的第四批"中国历史文化名村",也是恩施土家族苗族自治州命名的20个民族民间文化生态保护区之一。著名建筑学家张良皋教授认为,彭家寨吊脚楼群是现代"建筑活化石"①。根据恩施州"旅游兴州"战略目标,彭家寨已纳入宣恩县旅游发展规划线路核心区。

## 二 村镇资料

### (一)古建筑遗存

彭家寨民风民俗丰富,有着鲜活的生活气息,从建筑群到土家民风民俗均保存完整,浓缩并鲜活地展现着土家族的历史,具有很高的历史、艺术、科学价值。彭家寨为世人提

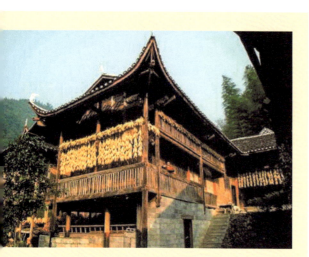

▲ 彭家寨二层吊式吊脚楼

供着土家生活的最初"版本",该村民俗事项丰富,古朴生动,是武陵山深处没有被"扰乱"的历史遗存。吊脚楼群除具有良好的实用功能外,还以其别致、优美的形式和艺术特色点缀着所在的自然美,使整个景物向美的境界升华。

吊脚楼群:彭家寨土家族吊脚楼群是湖北省吊脚楼群的"头号种子选手",是土家聚落的典型选址,房屋依山而建,分台而筑,透出自然园林的神采,数十栋吊脚楼各不相同,"千楼自别"。由众多单体建筑组合成村寨,以公共用地的院坝、桥梁为中心展开,单体建筑布局灵活自由,形凝神聚。众多的村寨组成龙潭河流域"一串明珠",村寨之间的选址、布局、规模、房屋大小与形状各不相同,步换景移,风光无限。

彭家寨村民世代沿袭吊脚楼的居住形式。在彭家寨建有水府庙,立有一块石碑,碑文记载修庙时集资者姓名,立碑时间是乾隆五十七年(1792年)②,说明在1792年前彭家寨

---

① 葛政委:《湖北省宣恩县彭家寨民族特色村寨保护及经验研究》,《三峡论坛》2015年第3期。
② 宣恩县地方志编纂委员会:《宣恩县志(1979—2000)》,武汉工业大学出版社2004年版,第47页。

从建筑到人文已有相当规模，有着成熟的组织制度、宗法观念和宗教信仰。

现彭家寨有一栋清代房屋建筑、一座清代凉亭桥，其余均建自中华人民共和国成立前后。曾家寨保存有清代曾氏祖墓两座，吊脚楼群始建于清代。汪家寨也保存有清代汪氏祖墓，寨内凉亭桥建于清代。龙潭河流域十余处吊脚楼群建筑手法和风格相似，建筑年代相同。宣恩修建吊脚楼的历史久远，据专家考证，在大溪文化中已发现的吊脚楼基址，距今有5000多年。

彭家寨历史建筑规模约8000平方米，有房屋23栋，45户人家。白果坝建筑面积约13000平方米，有房屋30余栋。汪家寨、曾家寨建筑面积为10000～11000平方米。唐家坪建筑面积6000平方米。符家湾、袁家寨，覃家坪何家寨、罗家寨，梁家湾等建筑面积为3000～6000平方米。

彭家寨十余个吊脚楼沿龙潭河呈串珠状分布，中国古建筑学家张良皋教授称其为"龙潭河上的一串明珠"。吊脚楼群依托观音山，建于山脚斜坡上，寨前是一排稻田，面向龙潭河，河上架有铁索桥。左是召大沟，右为叉几沟，沟上架有一座有百年历史的凉亭桥。寨后竹影婆娑，竹林间建有一横排茗窖，后山树木苍劲挺拔。河对岸是龙潭至两河的公路。

彭家寨房屋大多坐西北朝东南，每栋自成体系，面积百余到几百平方米不等，由"座子屋"和"楼子屋"组成。"座子屋"为正屋，大多一明两暗三开间。"楼子屋"为厢房，又叫"龛子屋"，"楼子屋"是吊脚形式，有的用上下两层龛子相围，形成三层空间，底层或用于村落小道，或用于圈养牲畜。台阶、院坝、道路铺以青石板，往后层层高起，出现纵深。

"楼子屋"由干栏式演变而来。在彭家寨，干栏式与井院式建筑的结合达到品类齐全，不仅照顾到了立面，而且充分发展了平面。20余栋房屋外部形态的六种基本样式共存，有单吊式，这是最普通的吊式，还有双吊式、二层吊式、三层吊株式、平地起吊株式和"一"字吊株式。

单栋吊脚楼为木结构穿斗式，由柱、骑筒、梁、枋、檩组成骨

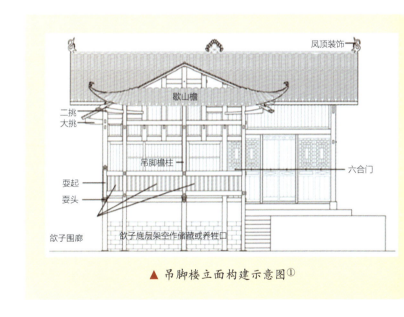

▲ 吊脚楼立面构建示意图①

① 华中科技大学建筑与城市规划学院：《两河口村（彭家寨）历史文化名村保护规划》，2008年3月，第12页。

架。柱下垫磉磴,檩上覆椽皮和布瓦。将柱和骑筒用枋纵"串联"组成立贴,当地人把立贴称为"排扇"。两排扇用枋穿斗,柱间装木质板壁,按需要组成各种大小不同的空间。

座子屋一般为两层,在三开间的座子屋中,底层中间一间为堂屋,后壁设神龛,供奉神仙和逝去的祖先。堂屋大门为对子门或六合门,二楼楼枕枋上不装板壁,显得高大亮堂。立贴的下半段相邻两柱间装轻薄的木板,木柱暴露于外,主人在重大事务和年节时贴上大红对子。

堂屋两边房屋一分为二,后间为长者的卧室,前间设火塘屋。火对于人类的生存具有重大意义,房屋建成入住前,一般都要请火。长方形的炕架挂在楼枕枋上悬挂于火塘上方,美味的土家腊肉就是在这炕架上熏制出来的。炕架上挂伸缩自如的炕钩,火塘上架铁铸"三角",上放双耳带系的鼎罐炕煮食物。

**盐商古道:**彭家寨盐商古道是川盐运销的重要节点,中华人民共和国成立前,从两河口老街到湖南石牌镇、栏杆坪直至湖南龙山是通过宣恩的盐运主线之一。彭家寨也因盐业移民的大量涌入形成了盐道上的山区聚落,盐商古道承载着深厚的盐运历史及民居建筑源流。风雨桥史载建于清同治二年(1863年)前,为穿斗式结构,长10.1米,宽4.5米,高3.6米,两柱一骑四排扇,小青瓦盖顶,两边建有供村人乘凉歇脚的长凳,桥面并排铺设几根木圆柱供踩踏。风雨桥古老优雅,保存完好。东侧叉几沟上建有一座铁索桥,建于20世纪50年代,长45米,宽5米,是彭家寨与外界相连的重要通道。龙潭河边建有一座求雨用的"水府庙",原庙已毁,存有石碑一通,碑文记载修庙时集资者姓名,立碑时间是乾隆五十七年(1792年)。以盐商古道、风雨桥、铁索桥、水府庙石碑等为载体的历史文化资源为彭家寨旅游发展积淀了深厚的文化内涵。

**龙潭河水域:**龙潭河发源于沙道燕子岩,总长40公里,自东北向西南流经寨前,因水流小能一步跨过,原叫细沙溪,后因水流量增大,民国前更名为龙潭河,水流不息,水花飞扬,银光闪烁。彭家寨依河而建,靠山而筑,山水相依,建筑古朴,共同构成一幅自然宁静、灵动婉约的世外桃源之画面,沟谷动态空间的丰富性与低山静态空间的层次性相得益彰,龙潭河等观光游憩河段是彭家寨不可多得的水域风光。

**磨家山:**彭家寨地处武陵山余脉,以喀斯特地貌为主,山形突兀,姿态生动。寨后侧立山秀丽挺拔,从正面看似观音端坐于莲台之上,故名观音山。遥望四周,古木参天,奇珍异宝,景色秀丽,使人心驰神往。护卫在观音山腰部的另一低小山堡,名叫金字塔,芳草绿野,春夏秋冬特色不一。在观音山和金字塔之间生有大小和长短不一的岭岗,好似四条巨龙卧在观音山和金字塔怀抱之中。这四条龙岭岗巧合成岭上有峰,峰下有湾,湾里有川,形成岭连峰、峰连湾、湾连川,盘根错节,势如棋局,奇观美景,令人流连忘返。与观音山并列的是狮子岩,为一尊神形兼备的岩狮子头,栩栩如生。以观音山为主体,以金字塔、龙岭岗和狮子岩为补充的地文景观是彭家寨乡村旅游发展的资源基础。

**乡村景观:**彭家寨与龙潭河之间为河谷台地,梯田连片,蔬菜瓜果散落分布,阳春三月,山花烂漫,桃花、樱花竞相开放,多彩多姿,传统民居依山而筑,自然恬静,一片田园风情,人世仙居,极富韵味。以连片梯田为载体的传统生产和以民居建筑为载体的乡村聚落相得益彰,构成的村落意境为彭家寨原乡休闲提供必要发展条件。

▲ 彭家寨全貌

**土家歌舞**:彭家寨是"歌舞之乡",是宣恩县薅草锣鼓、三棒鼓两个国家级非物质文化遗产代表性名录项目的流传地,且沙道沟镇是省级文化生态保护试验区。自2007年以来,湖北省人民政府

先后公布的省级非物质文化遗产代表性名录项目宣恩土家八玉铜铃舞、宣恩草把龙、民间绣活(土家族苗族绣花鞋垫)均源于此地,被誉为省民间文化艺术之乡。2008年12月彭家寨被住房城乡建设部、国家文物局命名为第二批"全国历史文化名村"。彭家寨山民不分男女老少,都喜爱在岭峰湾川劳作之余唱歌,歌声嘹亮,内容健康,具有浓郁的土家族韵味。这些山歌选材丰富,反映了当地的民俗传统,如"正月里来元宵大,锣鼓无嘴叫喳喳。忠厚慈孝子孙贤,勤劳致富享荣华",又如"七月里来月半天,历代祖先回了家。吃饭桌上摆供品,纸船鸣竹坟上化",再如"腊月杀猪宰鸡鸭,甜酒豆皮年粑粑。迎新辞旧精神好,来年再把大财发"。他们根据不同的事,吟唱不同内容的歌,抒发不同的感情。彭家寨能歌善舞之民俗为旅游项目开发奠定了深厚的文化底蕴。

## (二)非遗资源

彭家寨的吊脚楼一直处于不断沿用中,土家族的婚丧嫁娶、信仰风俗等都在吊脚楼内演绎,一栋吊脚楼就是一部浓缩的土家族民俗史。2007年,湖北省人民政府命名公布宣恩县(宣恩耍耍)、沙道沟镇(土家八宝铜铃舞)为省级民间文化艺术之乡,同时公布宣恩县的"宣恩耍耍""薅草锣鼓""土家八宝铜铃舞"为省级非物质文化遗产。

**宣恩薅草锣鼓**:宣恩薅草锣鼓又叫山锣鼓。它源于周朝的击鼓祭祀,是与生产劳动相伴生的民间歌鼓。在鄂西南少数民族地区,薅草锣鼓一经诞生,就从未与劳动分离,并沿袭至今。

**八宝铜铃舞**:宣恩土家八宝铜铃舞不仅是一种精彩的歌舞,而且是一种艺术化的风俗,同时还承载着厚重的历史文化信息,蕴含着深邃的哲学价值和教化意义。八宝铜铃舞融歌、舞于一体,具有很高的艺术和学术价值,为酉水流域土家族所独有,是稀有而珍贵的非物质文化遗产。

**宣恩耍耍**:也称"打耍耍""跳耍神"或"喜乐神",是流传于土家族地区的一种民间舞

▲ 宣恩耍耍

蹈。宣恩耍耍源于土家族原始的"祭祀娱神"活动，是古老的巫教端公"还坛神"法事中的一段巫舞，叫"耍神"。因动作诙谐活泼，腔调优美动听，唱词通俗易懂，而逐渐分离出来，流传民间。"耍耍"自成一体后，在漫长岁月里，经过历代艺人加工提炼，舞蹈动作日趋丰富和规范，唱词内容也逐渐由祭神驱鬼而转向男女爱情及日常生活等，从而发展成为一种独立的民间舞蹈形式，备受人们喜爱。

**歌谣：**歌谣在龙潭河流域蕴藏量丰富，可以说是浩如烟海，形式多样，种类繁多。既有粗犷豪迈、坚定有力、鼓舞劳作的劳动歌，也有情绪强烈、语言锋利、爱憎分明的时政歌；既有高亢豪放、婉转悠扬的山歌，也有曲调优美、悦耳动听的小调；既有诗韵流畅、轻快活泼的灯歌，也有形式古老、风格独具的风俗歌；既有讲古传史、扬善抑恶的历史传说歌，也有朗朗上口、想象丰富的儿童歌谣。至于那激荡人心、动人肺腑、千年争唱、万代流传的情歌，更是俯拾皆是。

**舞蹈：**当地舞蹈从内容到形式都明显地表现着广大农村劳动人民的生产与生活方式及其风俗习惯、宗教信仰、道德观念和审美情趣。有表现爱情的耍耍、蚌壳舞、车灯舞，也有表现技艺的龙舞、板凳龙、狮舞、高跷、猴儿鼓舞、滚龙莲厢，还有表现生产劳动的采莲船等。

**龙灯：**玩龙灯是深受当地村民喜爱的民间文化活动，每逢佳节盛会，人们在街巷、广场，或堂屋、村寨玩起龙灯，以祈求风调雨顺，增添欢乐祥和的节日气氛。两河口村(彭家

318

寨)龙灯特色鲜明,历史悠久,相传龙灯始于西汉,归属百戏。

（整理者:吕传益,孙梦婷）

**参考文献**

1.宣恩县地方志编纂委员会.宣恩县志(1979—2000)[M].武汉:武汉工业大学出版社,
   2004.

2.华中科技大学建筑与城市规划学院.两河口村(彭家寨)历史文化名村保护规划.2008.

3.葛政委.湖北省宣恩县彭家寨民族特色村寨保护及经验研究[J].三峡论坛,2015(3).

4.恩施州人民政府.恩施州人民政府关于加强全州文物保护工作的实施意见.恩施州
   政发[2016]12号.

5.李保峰,阚如良.中国土家泛博物馆(彭家寨)总体规划.2017.

# 土司古城
## ——庆阳坝村

## 一 村镇概述

庆阳坝村,古为巴国地。庆阳坝村集镇形成时间至迟可以上溯到宋代。元代,属镇边万户总管府,明归覃氏施南土司。与庆阳坝村一衣带水的水田坝村为施南土司遗址,改土归流前,覃氏施南土司统治宣恩半壁江山数百年,土司遗址现为省级文物保护单位。清道光丁酉版《施南府志》记载,"宋崇宁中,覃都管马始纳土输赋,令隶施州"。[1]庆阳坝集镇是朝贡物资采集地,食盐经由"盐花古道"运抵自古缺盐的鄂西地区。该地曾出土一件汉代虎钮淳于,为国家一级文物,现藏于恩施州博物馆。

庆阳坝村位于宣恩县椒园镇北部,东经109°23'10",北纬30°03'07",北与恩施市接壤,西东两边分别为本县石家沟村、新茶园村。面积473.17公顷,现有10个村民小组,438户,1725人,汉、土家、苗、侗等民族杂居,其中少数民族占65%。核心保护区面积1.2公顷,历史建筑面积9000平方米。庆阳坝村南面为老寨溪村、水田坝村,三个村由庆阳溪一水相连。椒庆公路是庆阳坝村的通车路,过水田坝上209国道。另有人行大道通往恩施芭蕉村及本镇其他村。

历史上,庆阳坝村是古代交通的重要节点,是恩施、宣恩、来凤、鹤峰、咸丰五县运输的中转站,也是湘、鄂、渝各省市边贸交通的枢纽,自古就有"川盐古道"和"骡马古道"从此经过,也是明清时期"两湖填四川"的移民通道。川鄂古盐道源自重庆西沱镇以及云安、大宁古盐场,庆阳坝是川盐向东运至湖北、向南进入湖南的重要节点,也是"骡马古道"上的重要驿站。清雍正年间,改土归流,朝廷对西南少数民族实行"羁縻怀柔"政策,庆阳坝凉亭街以广纳百川之姿,集天时地利人和而日渐鼎盛,成为省际边贸集市中心。庆阳坝繁盛时,曾经齐集"三十六行"——从衣食住行的店铺到青楼赌馆,应有尽有,商贩整日川流不息,骡群马帮成群结队。中华人民共和国成立后,新修的209国道东避凉亭街8公里,庆阳坝村由此被尘封了几十年。如今,随着骡群马帮的消失及交通运输方式的改变,庆阳坝凉亭街的热闹现象仅限于农历逢二、五、八的赶集日,每到这些日子,方圆三四十里内的山民、商贩就会从

---

① (清)王协梦修,罗德昆纂:《施南府志(道光)》影印版,第7页。

320

四面八方赶来，或采购日常生活所需物品，或进行土特产品的交易，而且风雨无阻。

庆阳坝境内溪河密布，河水清澈见底，四季长流。该地为小盆地，中为一椭圆形冲积平坝，四周群山环护。气候环境适宜，四季如春，雨量充沛，动植物资源丰富。庆阳坝村地处四山合围的小平坝，自然环境完整。村民世代进行着传统的农耕生活，生态环境质量好。庆阳坝单体建筑美观大方，整体建筑富于韵律美，完整和谐。

## 二　村镇资料

### （一）历史建筑遗存

庆阳坝村传统民俗与吊脚楼深度融合，是当地最具特色的建筑资源。吊脚楼与街道的空间分布，以人为本、以市为本，其街道功能设置、民间传统建造技术尤其是防火技术等，都是当地居民在悠久的生产生活中的经验总结，是庆阳坝最珍贵的建筑遗产。①

#### 1.凉亭街遗址

**风雨街与吊脚楼：**庆阳坝村凉亭街融合了吊脚楼和风雨街的建筑特色，二层基本不设围护结构，只有穿斗式的屋架裸

▲ 庆阳坝村鸟瞰

露在外，由一个大屋檐遮风避雨，防止屋架结构过早损坏，因为通风日照良好，二楼成为居民晾晒的好地方。偶尔有大户人家因房子高大才会在二楼设置房间，开窗置墙，由于地板和墙面全是木材建成，所以整个建筑仍然体态轻盈。在我们看到的吊脚楼中（沿河部分），最下一层（吊脚部分）的柱子并没有严格的尺寸间距规定，每家每户都不一样，甚至一户之中的柱距也是不同的，而且从河对岸看去，由于历时久远，吊脚楼的"脚"部分倾斜，都有一种自由的美。

**燕子楼：**"燕子楼"与吊脚楼相似，但又有所不同。它结合风雨街两层高的空间特点，在沿街的商铺或入口的堂屋处也做成两层通高，顶上铺玻璃亮瓦，类似现代建筑中的采光中庭，后面沿河的卧室部分仿照吊脚楼，底层架空，二层用隔板隔成阁楼。燕子楼的设置，使室内空间更有层次感，中间的堂屋由于没有被二层楼板完全封闭起来，通风和采光都得到了良好的解决，由于中间空出的部分高度大，通常大到9米以上，使得堂屋空间开阔不压抑。而燕子楼部分空间低，一般用作烤火房或卧室，在冬天也有保温效果，商住空间因

① 范霄鹏、郭亚男：《鄂西武陵山区庆阳坝凉亭古街田野调查》，《遗产与保护研究》2017年第3期。

功能而做得完全不同,高低有致,形成凉亭街的一大特色。

**干湿街道**:凉亭街由两条大街道组成,一条呈"Y"字形的主街道为东南至西北走向,与另一条东北至西南走向的街道夹角而列。主街道西段岔行一分为二,巷道曲径通幽,形成街巷,两侧房屋檐搭檐、角接角,形成独特的凉亭式街道。另一条街道依于丝栗堡山脚,以石拱桥相连,两街相围处为一大坝水田,对侧山脚是一溜吊脚楼民居。

**街道岔口上的老宅**:由于西边地面较东端宽敞,凉亭街西行时一分为二,成为三条街道。处于岔道口的房屋将一间房不装封,留出通道,形成岔口,通往另一条街。主屋面向正街,堂屋装两扇大门,早启晚闭,东侧房子做成铺面,只有一面开敞。西侧房子做成街道,旁边一间屋做铺面,在留出街道的同时,争取到两个铺面,街面上层适当做大而厚实,中空较低,跨过这道坎,眼前出现另一番景象。

▲ 庆阳坝凉亭街

**过街楼**:在凉亭街西头近中点处,有一段横跨街面的"过街楼",木结构穿斗式,中柱高达二丈余,用"减柱法"和"移柱法"做成底层中堂开阔、高大的空间,上层装板壁,做成储藏室,扩大空间,街面两侧是户主生活区,上层低矮,不封装,屋面多做亮瓦,用于街面采光。过街楼也就是堂屋做成了街面,购物和穿行的人们穿堂而过,上层和左右面均为户主私人空间,是檐搭檐、角接角的街道房屋发展的极致,是无可挑剔的真正意义上的凉亭,在风雨天气,这里仍然生意红火,自成一体,完全不受外界恶劣气候影响。

**商业街市**:建房的目的是要为人所用,凉亭街作为一种物质产品,满足了街民经商的要求,以及居民生产生活的需求。它作为精神产品,符合人们传统审美观念。凉亭街房屋在平面上可分割为前后两个空间。一般面阔三间,明间堂屋居于中心,前壁敞开,形成开放式格局,便于买家歇脚,拉近主客之间的距离,有着亲和力,充满人情味。左右两次间建成铺面,安装窗口做成柜台。柜台是一个半开放的空间。房屋设置方法上有突破,即在面街一侧开窗,面明间一侧同样开窗,在有限的范围内争取最大的交易空间。凉亭街的穿斗式木构架房屋为这种柜台装修方法提供了必要条件。这种设置,在方便顾客的同时,也方便了卖家,夹角式的开窗能照顾多个买者,为左右铺面相互照应提供可能。开窗即为柜台,关窗即为前壁,以最短的时间和最小的人力来保护财产安全。

**凉亭街房屋**:以户主为中心提供服务,在保证主家聚财空间的同时,也为居家生产和生活服务。房屋临溪和背山面是居家空间,临溪做成吊脚楼,下为厕所和圈养间,中层为火塘、灶房等,上层空间用于居住。其亮一柱一骑的上层做成燕子楼,面街面开窗、开大门,用于居住。背山的房屋,有较大的空间回旋余地,有的甚至有小庭院,做猪圈、水池等。在保证功能的同时,满足人们的精神生活需要。背溪面做龛子,柜台窗子外层做木花格,雕成各种花形,寄寓着人们对生活的美好愿望。内层装板,遮挡视线,保证安全。

**风雨街的排水管道:**由于这条街道是由两边的屋顶挑出形成内街,所以屋檐排水便成为特别需要解决的问题。在凉亭街,我们看到了用木检做成的排水管,被小的结构构件支撑于两边建筑的屋檐之下,街旁屋檐的流水便都流入木检中,木检倾斜,降水被引入垂直于街道方向布置的另一排水木检中,此木检中的雨水在重力作用下,由木检端头流入地下设置的石制排水暗沟,靠山一边,暗沟内的雨水混同从山上流下的雨水沿山脚排走,沿河一边直接被引入河流(老寨溪)。

**火塘:**火塘置于标准的土家火铺中。火塘所在室内地坪高出堂屋 20 厘米,上架木地板有利于通风散热,防潮防火。火铺地面有直径约为 35 厘米的圆井(即火塘),低出室内地坪 30 厘米,侧壁设一圆孔,直径约 8 厘米,为出灰,同时一条地下的管道通到房屋角落的立式烟管,这个烟管起到拔风作用,以免烟气在室内充斥。在圆井上方 1.8 米高处悬一方形竹架,竹架下有铁钩挂着几吊灰色的熏肉,鲜肉难以直接保存,只有通过撒盐后烟熏这种热处理才得以长时间不变质。据宅主讲,这里只有逢年过节和有红白喜事时才杀猪,山里人一年四季多食熏肉。火塘不仅可以熏制食品,还能熏蚊、取暖。屋架、楼板经烟熏后可免遭虫蠹。随着生活改善,人口增加,原来火铺间作为厨房的功能逐渐退化了,村民们大多在后院内建立了宽敞明亮的厨房,而火铺只用于冬天取暖使用。

**消防:**由于风雨街是一条封闭的木构建筑通道,一旦着火,将引发灾难性后果,因此建筑防火以及村民的安全疏散就显得尤为重要。在防火方面,村民们收集山上的雨水,储存在院子里的水缸中,建立起简易的天然"消防储水池",以防不测;而在疏散方面,由于街道很长,每隔一段就有一条通到河边或旁边道路的巷子,当地人称"火巷",当着火时人们可以迅速从封闭的街巷中逃到室外空旷地,这种建构很像现代建筑中的消防通道,可谓是古代少数民族中民间建筑的智慧之作。

### 2.其他古建筑遗址遗迹

**余氏祖屋:**坐落于凉亭街西端,隐居在街的尽端,小地名叫豪猪洞。建于光绪辛巳年(1881 年),现保存完好。房屋坐南面北,木结构穿斗式,布瓦盖顶,七柱六骑七开间,高一丈八尺八寸。阶沿丈余,宽敞明亮,磉礅高大结实,雕鼓炉钱花,把檐柱高高托起,屋宇挺拔,气势轩昂。堂屋正前方大骑和小骑的二层建成"燕子楼",形成内凉台,直通左右两端次间的二层。老宅梁高柱粗,亮一柱二骑,亮柱和金柱的穿枋做成扇形,叫扇子枋,两边次间前的亮柱穿枋做成诰匾枋,用于悬挂诰匾、贺匾和祖传匾,余氏老宅曾挂有一块"丕振家声"的匾额。窗格有王字格、乱检柴等,其中乱检柴以长短桥子错落嵌连,中间做一木板,

上浮雕花瓶,内插花草,形乱而神不乱,看似无序,却透着规矩。乱检柴散见于中国民居中,这进一步证实了凉亭街不仅吸纳了各地商人,也吸纳了建筑文化,体现了兼收并蓄的风格与气度,以及聪慧的心智和技巧。

**侯氏老宅**:在凉亭街的南端尽头,一正一厢,木结构穿斗式,上下三层,上覆布瓦,下垫磉磴,面阔三间,三间正屋的前檐柱不装板壁,形成中空的通廊式阶檐。二层阶檐处用木板装封,形成燕子楼,扩大居住面。彭家寨的阶檐是采用出挑的手法做成的,上下通透,而寸土寸金的凉亭街用这种下空上封的方法做成燕子楼,既保留了阶檐,又不损失居住面,有效地提高了土地利用率。

**曾氏老宅**:建于清末,位于凉亭街南端入口处,面街背溪。一明两暗三开间,左右各做一间厢房。红壁黑柱,堂屋不装板壁,在后壁开一门与后房相连,挨后门的侧面开一门与厢房相通,左右对称。正屋地基前半部分着地,后半部分悬空,做成吊脚,下层用于堆放杂物、圈养牲畜或作为手工业作坊。上层临溪面出挑,相围成凫子,增大空间与居住面,后一排三间房屋为户主的生活空间,两侧厢房做成铺面,前壁和侧壁开合式木窗,下用木板横铺衬成柜台。窗内用活动木板加固,白天打开窗户,即在窗口营业,一个铺面有一个夹角的两个活动窗口,便于货主"左右逢源",十分便利。窗户雕刻精致,透雕花卉、宝瓶等图案,形象逼真,寓意丰富,是专职雕画匠所雕。顶层出挑,过街与对面房屋相接,"檐搭檐,角接角"做成凉亭街。曾氏老宅建屋的木材来自石门坝,老宅原为段明见所有,当时曾氏用980吊钱购得,段明见用这笔钱在恩施穿心店置土地房产,买"半条街",据说连"谢中"共花980吊。可见当时凉亭街地理位置十分珍贵,可谓寸土寸金。当时的曾家经营喂骡马、开漕行、养猪、种茶等多种业务。在曾家藏有一个石秤砣,重19斤,为"土豪秤"秤砣,相配的秤杆长4尺,上不钉"卡子",能打300多斤,专为称盐而制。

**老裁缝铺子**:位于凉亭街主街道,靠溪一侧,现为曹信才老裁缝的铺子。单檐悬山灰瓦顶,五柱二骑,面阔二间,进深二间:前铺面后吊脚,中为堂屋,临溪面建凫子。老宅为三代医家生活和从医之地,宣恩清代名医李官绪一生在此经营中草药。

**凉亭桥**:原名太平桥,三拱。光绪二十年(1894年)季冬,该地居民集资建成凉亭桥,两柱一骑四排扇。凉亭桥石碑为青石,楷书阴刻,右竖书"清光绪二十年季冬",次为捐资者姓名。

**福寿山寺庙**:庆阳坝有两座庙宇,现仅存遗址,一是街东端的关庙,二是凉亭街背后的福寿山庙。福寿山的寺庙共四进一天井,有庙祝掌香火。由凉亭街文人们领首,修建于道光二十六年(1846年)以前。占地面积近2000平方米,坐南朝北,木石混合结构,穿斗式结合抬梁式构架。福寿山海拔1094米,站在寺庙遗址俯瞰,庆阳坝村小盆地与绵绵群山尽收眼底。

**古墓群**:余氏祖坟埋于凉亭街北段靠山脚大水沟,大多坐西朝东,为清代墓葬,保存完好,保留着许多文化信息。颜氏古墓群埋于凉亭街小溪东岸,占地面积约1000平方米,坟墓有内外两层岩圈子,外圈每块岩石上雕刻图案,数块岩石组成一折戏。墓构架毁于"文化大革命"中,构件及雕刻则保存完好。

## (二)非遗资源

### 1.文化艺术

（1）热闹非凡的集市文化

地处交通要冲的庆阳坝村,当时商贩川流不息,马帮和骡帮成群结队,街上既有以骡、马、人力为运输的户主,也有以专卖骡马草料为营生的街民,这种"草料户"多达四五家。肩挑背驮的年代,人们可以在凉亭街买到四川的灯草、湖南的灯笼和棕帽。客商贩进食盐、棉花及广货等生活日用品,运出桐油、茶漆、蓖麻、药材、皮毛等山货特产。凉亭街齐集"三十六行",从衣食住行到码头赌馆应有尽有。凉亭街现有裁缝铺、中药铺、鞋匠铺、豆腐作坊、织布坊、染坊、酒厂、养殖厂、客栈、"阴阳先生"等,都为祖辈世代经营并传承至今。作为省际边贸中心,凉亭街是"驿站式"的服务经济,它所依托的庆阳坝盛产茶叶,当地生产的"宣红茶",经凉亭街集市"淘洗提炼"后,被不辞辛劳的商人源源不断地运往各地,成为国内外享有盛誉的品牌茶。直到现在,庆阳坝村都是附近几个乡集中销售茶叶的乡场。

（2）丰富多彩的饮食文化

油茶苞谷酒、泡菜土腊肉、粑粑炸广椒、豆皮懒豆腐等是盛行于庆阳坝村的特色食品,这些食品均出自大山深处,纯绿色无污染,富含"生命元素"硒。每到天亮,大嫂们在街边支起小摊,各种美食的香气便弥漫开来。听老辈人说,那时在福寿山顶,听凉亭街嘈杂的声音就像蜜蜂群在耳边环绕,更诱人的是能闻到街上吃食香味,让人忍不住想要尝一小块糍粑,吃一碗淌豆皮,品一口油茶汤,咽一个甜汤圆,来一串油炸"礤礅儿"……这些小吃制作方便快捷,主食则可提前准备。干竹笋、苞谷菌、海带、豆腐、山药等,任挑一样皆可与腊排骨、腊猪蹄儿炖制不同风味的火锅。山野菜、蕨粉粑、青辣椒常与腊味肉伴炒……端一碗"金包银"的"蓑衣饭",点一锅懒豆腐合渣,上一盘盖面肉,搞一点小咸菜,喝一碗苞谷老烧酒……天南海北的客人,旅途的疲惫与生活的辛劳立刻消散,那精气神就出来了。

（3）独具特色的民俗文化

老街东头原建有关公庙,内修建有戏楼,由当地商户请的"南剧团"上演长篇"连续剧",每次长达几个月。

**南戏:**与其他戏剧一样,南戏是集文学、武术、音乐、舞蹈、美术等于一体的综合表演艺术。剧本分为片段折子戏、有始有终的本子戏、多本

▲ 村民的民俗文化活动

组成的连台大部头戏三类。如四十八本《说岳传》，当地又称为颁金牌，就是一天唱一本，唱完四十八天就"杀叉"。"杀叉"是南戏舞台上的高难度武功戏，毫厘之差就会出人命，因此，表演者在前几天就要沐浴更衣，虔诚祈祷，求神保佑。当地主东要备办上好棺材及其他后事之物，如果演出成功，这些东西就作为表演者的奖赏。南戏的武功戏，约占一半以上，惊险武功戏有《狮子楼》《拦马》《时迁盗甲》等。

**南剧**：是庆阳坝村的文化"特餐"，此外还有民间故事、歌谣、音乐、舞蹈、戏剧、曲艺、工艺美术等，以祭祀舞蹈"宣恩耍耍"和生产曲艺"薅草锣鼓"为代表，这两种民间文化分别公布为省级和国家级非物质文化遗产。

**赶庙会**：是庆阳坝村定期举办的群众文化盛事。在凉亭街背依的福寿山寺庙进行，每年三月初九、六月初九、九月初九，四乡八邻的香客盛装打扮，如约齐集庆阳坝村，筹办香蜡纸草，布匹鞭炮，前去福寿山庙烧香拜神。自凉亭街去寺庙的3里路程，沿途都有吃食、茶水、小物杂件，琳琅满目。庙会除敬神之外，还有集会，主要是进行乡规民约方面的教化，或商议决定当地的重大事务。

**2.民间技艺**

**雕刻文化**：庆阳坝村的雕刻多集中于石雕和木雕。石雕艺术反映在石桥和古墓群中，一般为浮雕，刻有麒麟、狮象、白鹤、花草等动植物图案，在颜氏古墓群的石雕上，刻有"关公刮骨疗毒"等图案，还有折子戏，造型优美，形象逼真，栩栩如生，无论是构图或者工艺都十分精细。凉亭街木雕有窗户、龛子枋、木柱，采用浮雕和镂空形式，街头曾氏老宅雕刻于清代。

（整理者：吕传益，孙梦婷）

**参考文献**

1.(清)王协梦修，罗德昆纂.施南府志.影印版复印本.

2.宣恩县地方志编纂委员会.宣恩县志(1979—2000)[M].武汉:武汉工业大学出版社，2004.

3.华中科技大学建筑与城市规划学院.庆阳坝历史文化名村保护规划.2017.

4.恩施州人民政府.恩施州人民政府关于加强全州文物保护工作的实施意见.恩施州政发〔2016〕12号.

5.恩施州人民政府，宣恩县人民政府.关于印发《恩施土家族苗族自治州旅游资源统筹管理办法(修订)》的通知.恩施州政规〔2019〕1号.

# 土家古寨雄关

## ——鱼木寨

## 一 村镇概述

鱼木寨位于湖北省恩施州利川市谋道镇鱼木村,东南距利川市城区60公里,西北距重庆万州港50公里,318国道途经鱼木寨。明洪武二年(1369年)至清雍正十三年(1735年)一直为土司军事要寨。改土归流至今,为土家族人集居地。该寨悬崖三叠,关卡雄峙,形如拨浪鼓,唯一石板古道从"鼓柄"进入寨内,小道仅1米宽,地势十分险要。鱼木寨依托所处地形而建,巧妙利用所处的独特自然环境而形成了山居形式。鱼木寨古建筑不仅满足了土家族人生产生活的需要,而且与自然环境高度和谐,成为建筑与环境相结合的杰作,是土家族最具代表性的建筑之一。其建筑形式、手法是鄂西土家族利用自然地形、地貌,根据山地生活的特点,结合中国传统"堪舆学说",在长期生产生活中形成的结晶。建筑的设计规划或宏伟壮观,或小巧精致,或深藏山坳,或濒临悬崖,体现出浓郁的建筑韵律和天才的创造力。其建筑历史悠久,保存完整,在现存的土家族山居中非常独特。寨内土民喜穴居,房屋、家具、用具多以石作。现存有古寨门楼、寨墙、寨卡、栈道、古穴居遗址、民居建筑及10座清代墓葬,墓前均建有牌楼式石碑,形制奇特,结构精巧,雕刻工艺高超,内涵丰富,是土家族文化瑰宝。1955年,鱼木寨由四川省万县划归湖北省利川县,属谋道辖区内的一个行政自然村。1992年被公布为湖北省文物保护单位,且寨门楼、三阳关卡门等重要文物建筑被征归国有。1994年4月21日,被恩施土家族苗族自治州人民政府公布为第二批州级文物保护单位(恩施州政发〔1994〕25号)。2006年5月被公布为全国重点文物保护单位。鱼木

▲ 鱼木寨

寨是国家批准的第六批全国重点文物保护单位,景区内分布着众多宝贵文物和古建筑。2013 年入选第二批中国传统村落名录。寨内有 9 个村民小组,159 户,610 人,大都是土家族,仍保留完整的古代土家人生活、饮食、婚丧、建筑习俗。鱼木寨是一座集政治、军事、文化为一体的土家族山寨,对研究土家族历史、建筑具有非常重要的意义。

鱼木寨山体庞大恢宏,四面悬崖绝壁,进寨甬道长达 50 米,宽不足 2 米,地势险要。寨门楼扼守进寨咽喉要道,一夫当关,万夫莫开。崖间缓坡狭长,林木丛生。寨顶平缓,形近椭圆,茂林修竹,田垅错落,碧绿如带,面积约 3 平方公里。

## 二 村镇资料

### (一)建筑遗存

现存有寨楼、寨卡、寨墙、栈道、民居、渠井、穴居、石刻、墓碑及生产、生活器具等丰富的历史文化遗存。尤其是现存的 10 余座大型碑墓,大如山中之城,精雕细刻,蔚为壮观,堪称艺术奇珍。鱼木寨从整体布局到民居的形式,无论是寨楼还是完整的寨墙、卡门、古道、民居、碑楼墓等,抑或建筑用材料、工艺装饰、施工工艺、环境等方面,均保存古代风貌。鱼木寨内的古道、碑楼墓、民居、卡门,以及建筑装饰、楹联匾额、碑刻条石、石质生活用具,都反映了鱼木寨的自然地理环境特色和文化内涵,展现了土家族历史文化的深厚内涵和丰富内容,鱼木寨被誉为"自然的奇观,文化的奇迹",号称"天下第一土家山寨"。

鱼木寨原名成家寨,以成姓、向姓居多,原属龙渊安抚司辖地,后更为龙阳峒土司辖地,隶属石柱土司。明万历十四年(1586 年),龙阳峒土司谭彦相脱离石柱土司。次年,石柱土司马斗斛、马千乘率兵攻打谭彦相,切断鱼木寨水源,阻其粮草,围困鱼木寨,待其弹尽粮绝而降。马土司围困山寨久攻不下,寨内谭土司则命人从寨东岩洞口向寨下抛活鱼以戏弄敌军,马土司见鱼兴叹:吾克此寨,如缘木求鱼也!"鱼木寨"由此得名。清乾隆、嘉庆年间,白莲教活动频繁。嘉庆四年(1799 年)鱼木寨为防"贼匪流窜,扰乱乡渠良民",重修寨楼一座,炮楼两座,寨墙两段,寨卡六座,整个山寨固若金汤。寨门处用巨石修成的门楼建于清嘉庆四年(1799 年),仅一宽约 2 米的石板古道可入寨门,奇险非常。寨楼内右墙嵌碑文一通,记叙了为防白莲教兴建寨楼始末,字迹清晰,保存完好。民国初年,川军司令方化南驻鱼木寨,在鱼木洞内制造枪炮,并屯兵樟枫坪下兵洞。

鱼木寨在群山中突兀而起,四面悬崖如削,寨上林木葱茏,远看似一尾巨鱼遨游于云海之中。

鱼木寨堪称中国最大的"青石博物馆"。脚下踩的是青石路,看到的是青石悬崖峭壁,雄壮的主寨楼亦是青石砌就,寨楼上下两层楼板亦以石作,射击孔下依壁建有石台,就连绝壁上令人望而却步的"亮梯子"也是一块块青石错位镶嵌而成。

寨内土家族吊脚楼、石卡门、碉楼、石城墙、古墓葬交错林立,是土家族改土归流之前

▲ 鱼木寨卡门

▲ 古栈道

重要历史阶段留下的杰出景观。其独特的地形，全村从一个寨门进，一个卡门出，寨内关卡林立，朱雀、玄武等象形山石栩栩如生，国内罕见。

**1.寨卡、栈道、洞塔**

鱼木寨卡门和古栈道：鱼木寨四面悬崖，崖高谷深，从寨顶至山下垂直高度600余米。鱼木寨北部山崖上，主要包括卡门、手扒岩两部分。在鱼木寨峭壁上建有一条"之"字形的古栈道。途中有三叠分别高数十米的悬崖，称"三阳关"。"三阳关"历来为川鄂的咽喉，是古代巴国的军事要塞。清同治五年（1866年）增修《万县志》载："鱼木寨山高峻，四周壁立，广约十里，形如鼗（táo）鼓，从鼓柄入寨门，其径险仄。"自古鱼木寨进出仅一通道，即从南边寨颈入，北边三阳关出。卡门大都在清嘉庆年间修建，原共有六座，现仍存四座，即三阳关卡门、鱼木洞卡门、大岩洞卡门和兵洞卡门。而三阳关卡门仍是北出鱼木寨的唯一通道。鱼木寨内山路羊肠，十步九折，艰险异常。特别是梯子岩的"亮梯子"和三阳关的"手扒岩"两段。手扒岩笔直挖凿于寨西北"三阳关"卡门前崖壁上，共32步，每步宽约50厘米，穴深不足20厘米，形如新月，为古人上寨要径，岩陡苔滑，攀缘此崖，魂系蓝天，为登临鱼木寨的一大奇观。

鱼木洞：是鱼木寨除岩壁居之外所有偏岩洞穴的总称，包括鱼木洞、兵洞、造枪岩洞、制钱岩洞、榨房岩洞、机房岩洞等。鱼木寨洞穴遗址是历史上屯兵之处，具有军事功能。

鱼木洞额题刻小字，风化严重，已无法辨识。

**字库塔**：位于张凤坪西侧村外。受我国传统文化中"惜字如金""敬天惜字"观念的影响，古人用过的所有破损的经史子集，要先供奉在字库塔内十年八载，然后择良辰吉日行礼祭奠之后，再点火焚化。

### 2.古民居

鱼木寨自明洪武三年（1370年）建成以后，基本保持了原有格局。寨内民居多建于清末民初。民居、墓葬建筑布局严谨，轴线明确，主次分明，轮廓起伏，外观封闭，大院幽深。精巧的木雕、石雕配以浓重乡土气息，惟妙惟肖，栩栩如生，是迄今土家族地区保存最完整的古民居群落。

民居仍采用传统工艺和材料修复和建造，寨内的原始风貌已得到最大程度的保护。

鱼木寨土民喜穴居，房屋建筑始于明初，至清中叶，成氏、向氏住宅已具规模。鱼木寨民居建筑以大湾下老房子（六吉堂）、谭家岩楼、连五间、张凤坪老房子、新湾老房子等为代表。

**岩洞屋**：鱼木寨土民大多居住在岩洞屋，中华人民共和国成立前130余户中有120多户住岩洞屋。选择居住的洞穴，前壁大多为条石砌制，岩洞屋设置有厅堂、卧室，石门、石窗牢固大方，楼上楼下石梯回旋。岩洞屋分布在鱼木洞、兵洞、造枪岩洞、制钱岩洞等处。

**六吉堂**：位于鱼木寨大湾，是鱼木寨典型的土家族木构房屋。始建于清末，1920年建成，呈四合院式布局，占地约1000余平方米。中心院坝铺设整齐的石块，两厢彩楼浮雕精细。堂前抱厦高耸，飞檐翘角，朱漆生辉；抱厦基座高出院坝1.5米，正中建阶梯，左右两侧雕刻人物山水。鱼木寨人建房特别讲究风水朝向，当地有民谣唱道，"连五间正，老房子歪，张凤坪的大门横起开"。所谓连五间，就是两个四合院（每院五间即一个厅堂，四个厢房）并成的一个大院合开一个正门。张凤坪房子大门不是开在正面而是开在侧面叫横起开；这老屋子的大门正框不与进院正中堂——"六吉堂"的正厅梁柱垂直面对，而是"歪门正道"。

### 3.古墓群

清代以前，鱼木寨人生时大多穴居野处，死后亦多弃置荒野岩穴，或者以石为棺加以安葬。清同治初，向、成二姓在鱼木寨内竞相修坟墓，现存成永高夫妇墓、向梓墓、向志清墓、向母阎君墓等清代大型碑墓十余座，墓地石雕工艺精湛，

▲ 六吉堂

精雕细刻，蔚为壮观。

**双寿居**：即成永高夫妇墓，位于利川市谋道镇鱼木寨祠堂湾，建成于清同治五年（1866 年）。该墓为院落式墓葬，分三门二进，配有廊、院，占地 110 平方米，俨然一座山中石城。第一进为走廊，外砌有条石雕花栏杆。左右两侧石雕拱门形制大小相同，右侧门楣浮雕荣归图人物 17 个，额刻"逍遥亭"，楹联"龙藏鱼木寨，穴居阳和湾"，背面雕刻"万年芳"扇面，浮雕凤凰牡丹、双虎图案等。左侧门额刻"自在堂"，背面额刻"千秋乐"，浮雕双凤朝阳。走廊靠里中开大门，进入拜台。大门通高 3.8

▲ 双寿居

米，分三层，石刻翅膀瓦顶，门额阴刻"双寿居"，双龙缠绕，花卉满壁。

**向梓墓**：位于松树湾，建于同治五年（1866 年），碑前抱厦与正碑连为一体，抱厦顶板上阳刻圆形草书"福"字。正碑高 2.5 米。碑前立楼阁式沙石主碑，底层一正两厢四柱三间。正前方抱厦与主碑二层相连。抱厦两抱柱与碑体三层结合形成神龛，中间嵌"皇恩宠锡"匾额，边饰透雕双龙抢宝。龛楣满饰人物故事及花草纹饰，碑顶高托印绶。三层两侧为对称半圆筒瓦卷檐翘顶，檐下扇形匾刻有"只在此山""其生也荣"。背面扇形匾刻有"今年花似去年好，去年人今春老""桃花流水杳然影，有天地非人间"。第二层为浮雕带，刻有"八仙过海""三阳开泰""卧冰求鲤""孟宗哭竹"等高浮雕。墓碑底层中间为拱门，浮雕茶婆、男官。两侧立墓志一通。四柱前后阴刻门联，前刻有"数声蛙鼓传江岸，万点莹灯绕夜台""大地有灵鹤起舞，遥天无极雁归来"。后刻有"鱼日常醒临吉壤，螺峰层出拥佳城""千秋功名承雨露，一声啸傲寄烟霞"。第一层抱厦前两柱阴刻楹联："秋信渐高红树老，日光忽墓白云封。"主碑前牌坊石柱刻楹联："溪号大龙彼是当年发迹地，寨名鱼木此为异日返魂乡。"向梓墓碑金漆涂饰，雕刻精美，是鱼木寨楼阁式寿藏碑典型代表之一。

**向母墓**：向母墓碑为组合式立柱形，通高 2.5 米，分四层。底层为方形立柱，正面阴刻楷书"向母阎孺人墓"，边框雕饰花纹。第二层正面透雕手拿"一团和气"的大阿福，左面阳刻"福"字，右面刻两个上下对称半圆。第三层为覆斗座，四个倒梯形的面中间阳刻连枝花纹。第四层为莲花座，上托圆球顶。正碑前 3 米立石牌坊，半圆形门顶，内侧顶部阳刻八卦图。门柱内侧两边雕刻烟童、茶婆。中间两门柱前后阴刻楹联，前面刻"信灵山之有主，结水月而为邻"，后面刻"象服端凝膺钜典，龙涣汗播徽音"。牌坊二层为高浮雕带，中间刻"双龙抢宝""双凤朝阳"，两边刻"杨秀打虎救父""八仙过海""父王访贤"，侧面刻有"仲由负米养亲""三阳开泰"。高浮雕带上方为三块大匾，中匾阴刻"人杰地灵"，边饰双层镂空

花边。左右两匾为扇形凸面,分别刻"砂明""水秀"。第三层前后为匾,前匾为"皇恩宠锡",后匾为"诰封"。匾外嵌有花草纹,上部中间楼雕龙头宝饰。第二、三层顶部有翘檐,浮雕吞口。碑顶为山形笔架,顶部饰如意云头。

**4.碑刻墓志**

鱼木寨功德碑:位于利川市谋道区大兴乡,寨子突兀于万山丛中,寨楼建在悬崖顶一条1米宽的小道尽头,真是"悬崖脊上建寨楼,一夫当关鬼神愁"。寨楼内有清嘉庆四年(1799年)仲夏月所立石碑,碑文曰:

奉修 从来思患预备,乃国家之良图;乐望相助,亦小民之淳风。予等甲内,或先朝下业,或本朝置产,均沐圣天子之雅化,耕读传家,各安本分,为盛世之良民已耳! 奈近来贼匪流窜,扰乱乡曲良民。蒙圣恩优渥,不欲良民受害,令其各地修寨砌卡,以戒不虞。所以鱼木寨公议寨卡,募化良民修砌,鸠工勒石,是为序。①

褌岩文生　佘霖皋拜撰②

向梓墓志碑文一:

公字桂林,崮公季子也,少读书,天资敏捷,先大人极器重之。继因兄弟析爨,乃辍业作齐家计,敦崇古道,不尚奢华,数十年间,遂致阡陌频开,栋宇屡建,诚盛事矣。其为人宽厚和平,与世无忤,间里之载其德者,胥称道于弗衰。素性嗜钓,适情山水中,有隐居之乐焉! 迄今年逾古稀,犹矍铄如少时,我朝崇奖善行,赐赠封典,盖亦公之福寿所致,与妄庸宠荣者不侔。故德裕乃身,亦德延后嗣,少君霖斋,读书未售,因授例入国子监,品学兼优,蔚为人望。而其群孙辈,则又头角峥嵘,毅然有攀龙附凤之志。昔王公植槐,谓子孙必能贵显者几何? 不于公再见之耶! 今岁春,余馆于褌岩坝,时公方营寿藏既成,请铭于余,余不敢以浮华靡丽之词相持赠,惧亵也。谨集范经数语,拜首而赞之曰:卜云其吉终焉,忆藏克昌厥后,申锡无疆。

施南府　庠生　同宗晚绍猷拜撰③

向梓墓志碑文二:

尝读诗至蓼莪,窃叹亲恩浩大,有未易以言语形容也。况吾父之德更有□□难数者乎! 原吾父分居张凤坪,其田仅数十亩,父极力开垦,又导山谷之水润田禾,而收获遂倍于昔焉。历年来渐有余积,续买鱼木寨褌岩坝、鱼翔嘴等处共十余契,价值数万金。并将坐宅及寨上房屋重新更建,其规模亦颇宏巨。父诚可谓善创矣! 然家计虽丰,而敦崇节俭,

---

① 谭宗派:《鱼木寨概览》,国际文化出版公司2001年版,第12页。

② 戴宇立、谢亚萍:《土家族古碑林:诠释审美价值观及文化传播方式》,《贵州民族研究》2011年第5期,第86页。

③ 王晓宁:《恩施自治州碑刻大观》第4编《表彰称颂生平·向梓墓志》,新华出版社2004年版,第179页。

不尚纷华。至间里有善举,则父未尝不乐为赞助,以勤其成。孔子云,富而好礼。盖深体此意也钦!且父居□□恣胥泯,即其教戒儿孙,要亦善言化导,不闻以厉语相加,则又以严父□□慈母也,迄今年逾古稀,身犹康强,膺形廷宠锡,赐赠九品封典,于乎父之一身询可以无恨矣!敬竭寸衷,用志大略,若乎顾复鞠育,爱恤教诲深恩之□,则亦惟仰昊天而默喻焉耳,夫岂能赞一词也哉。

男　兴　孙等谨识①

向家祠堂碑刻:位于利川市谋道区大兴乡鱼木寨六吉堂,嵌于祠堂理事台楼前壁上,长 4.64 米,宽 0.61 米,字大 6 厘米×7 厘米。

向家祠堂碑碑文:

## 南阳柴夫子训子格言

费尽了殷勤教子心,激不起好学勤修志。恨不得头顶你步云梯,恨不得扶你攀桂枝。你怎不寻思,试看那读书的千人景仰,不读书的一世无知。读书的如金如玉,不读书的如土如泥;读书的光宗耀祖,不读书的颠连子妻。纵学不得程夫子道学齐鸣,也要学宋状元联科及第。再不能够也要学苏学士文章并美,天下听知。倘再不然,转眼四十五十,那时节即使你进个学,补个廪,也是日落西山,还有什么长济。又不须你凿壁囊萤,现放着明窗净几。只见你白日的浪淘淘,闲游戏。到晚来,昏沉沉睡迷迷。轻待你全然不理,待重你犹恐伤了父子恩和义。勤学也由你,懒学也由你。只怕你他日面墙,悔之晚矣。那时节,只令我恶气吞声恨到底。

民国九年(1920 年)庚申岁小阳月吉日向光远建修　命

次男孝士书录格言,世守勿替②

向母阎君碑铭志:

从来巾帼中之可法可传者,必其内则无忝,中馈称能,始足以播声称于不朽。若是者,余于向母阎孺人见之。孺人梓公德配也,于归后敬相夫子,善事翁姑,数十年不闻有忤语。孺人每念立业成家,皆由内助,长以克勤克俭,举凡操井臼,课园蔬,司盐米,悉身任之。自持家政以来,置业十余契,孺人之力居,且负性慈祥,戚族有贫乏者,靡不体恤周至,迄其种种,推解后谊,难以枚举,一时宗族乡党,交口称贤母焉。迄今年逾古稀,身膺形廷封典,况孙枝繁衍,绳绳未艾,天之以福报孺人者曷有极耶!余忝列戚谊,常亲睹其雅范,又于今岁夏闲游至止时,孺人方营寿藏,见夫砂明水秀,脉发铜锣,吉壤犹在支颐之间,故纪实立传,以待□轩之彩云。

①　王晓宁:《恩施自治州碑刻大观》第 4 编《表彰称颂生平·向梓墓志》,新华出版社 2004 年版,第 179～180 页。

②　谭宗派:《鱼木寨概览》,国际文化出版公司 2001 年版,第 15～16 页。

褶岩文生　佘霖皋拜撰①

今夫碑也者，所以记功而载德也。况吾母功德之宏深，更有拟议难罄者耶！自相吾父，凡一切家政悉身任不辞，续置田产数百亩，皆吾母赞助之力也。生孙不孝，子二幼，皆泽以诗书，不幸长兄必第青年早殒，仅贻一子，斯时依依膝下者惟余一人而已。母爱怜有加，待之无异孩提，且爱其子，并爱其子之子，弄孙自乐，不啻视若掌上珠焉。至祯也夙遭闵凶，甫周年，慈母见背，亦域三岁，父也云亡，虽有叔父与继母可依，而保抱提携，实劳祖母之鞠育。孙读陈情表，至臣无祖母无以至今之句，未尝不展卷而流涕也。甲子冬，寿增七旬，庆祝之余，爰奉命营寿藏，复详请封典，俾得其亲见其盛，此亦聊表子若孙之微意已耳，岂足酹深恩于万一哉。

男　兴孙等谨识②

向母阎君墓志：

丙山壬向　建修双亲寿墓，自己丑秋兴工，丙寅夏竖立，丁卯岁完竣，计年三载，计工八千余零。虽有男等经营，实由父母操心，俾后之嗣孙，当念祖德之功深恩远勿忘。买记右边所培垣墙树木，在泡桶湾丫口丘田内，倘世远年湮，勿得妄为折毁砍伐。后嗣孙春秋省墓，以及拜台禁步，务须时为培补，知前人创修艰难，守成亦非易焉，预嘱。

孙　志等③

成永高夫妇墓志：

常思古冢□惠连之祭□岗有阳修之表，人生宇宙之间，寄迹三光之下，有生而不生，有死而不死者亦有之。若夫翁之为人，生平和善，忠正其身；效友无惭，可传可法；交道接礼，惟义惟仁；排难解忿，族戚沾仰。幼配向君，淑惠遐闻，事上待下，敬老怜贫，承前人之业数千有零。自置高腴之产，价值万多余金。田连阡陌，栋宇维新，高公年近花甲，向君五九之程，目见时序递迁，不如自修寿亭。百年限满荣归，二老合葬同茔，酉山卯向，万古佳城。宜尔子孙，佑启后人，瓜瓞绵绵，螽斯衍发，志此□死而弗怨，万载如生，夫亦老长之兆云耳。

大清同治五年（1866年）丙寅岁菊月中浣　吉旦④

成永高夫妇墓碑文：

酉山卯向　恭维大人预修佳兆，兹值工完竣妥，命予铭其碑志，述其事焉。余也自愧才疏，尊敬承其重任。公曰，吾不过将历来之根系，所为之事业以作后世之规模，何用以文言哉？予曰，如此，安得不尽心焉耳矣。惟翁之始祖，籍起于楚麻城高岗。自大明洪武年

① 谭宗派：《鱼木寨概览》，国际文化出版公司2001年版，第32页。

②③ 谭宗派：《鱼木寨概览》，国际文化出版公司2001年版，第33页。

④ 王晓宁：《恩施自治州碑刻大观》第1编《姓氏源流·成氏宗祠题刻》，新华出版社2004年版，第69页。

间，弃楚入蜀，落于万邑南岸龙驹坝，百有余载。户广丁繁，源流派别，至凤高祖方至猪羊坪受业难数十年。至泽公弃祖业而至鱼木寨破屋湾落业，于斯开创基业永立宏图者矣。其中之源源本本，亲亲长长，其载谱帙碑志勿得赘言载录。世照翁诞自嘉庆己巳冬十二月二十四日巳时，系鱼木寨旧屋基生长人氏。幼配方，无育早逝。续偕向君，生于道光壬午秋九月十四日辰时，系万邑十甲张飞台丫子塘生长人氏。思照公之生平，为人慷慨，幼侍琴堂，以得上心奖仰，乡市感钦。不数年，看破市态，路透炎凉，归凿林泉，勤守田庄。事上以尽其孝，待下以尽其诚，存仁抱义，敬老怜贫，持家何让张公、朱子，交友不亚晏平。又且向君得以内助之贤，懿范□惠可钦，巾帼君子，闺内尧舜，相夫有光，教子以诚，夫唱妇随，如鼓瑟琴，叙天伦之乐，事会桃李之芳欣，于道光辛丑年殁。其承母命，兄弟二人，析烟各分。翁得拈寨上屋，次兄录住于摺岩坝，为高公居于破屋湾，得拈寨上阳和湾挨山桃子坪等处。自分之后，兄友弟恭，户户同兴，荆檀并茂，三凤齐鸣。复将照翁自置业产，逐一册明。于道光年间，得买土洞墙上下并旧菜园乱石仓田地三契，价值二千一百七十串整。连年复买中山上下前后六契，合价三千三百八十四串正。是年又买学堂湾半边街岩绿磴、磨子岩共五契，价值八百九十四串正。年连得买四道溪、新屋、老屋田坝、沈家坝、回龙向、蛇皮峰共田地六契，合价二千零九十四串。至年又买猪垣子湾及大凼新菜园田地四契，价银三千一百一十八串整。年连又买大滥池、耳子厂、绿葱坪共三契，合价五百五十八串整。得买岩石田地一契，价二百八十四串整。前后十九载，年连置买各处田地、房屋、山场共合二十八契，兼父遗母置受分基业，尊前当业等处共成贰万有零，每年修房造屋缴费多金，正是田连阡陌，气象一新，洵可乐矣！照翁朝夕自思，家有此丰矣，业有此足矣。年逾花甲将届，莫若预修寿茔，鸠工刊石，让备终身。自丙寅新正兴工起，至己巳三月告竣，连修四载，岁月缴费千多余金。以预将来万古佳城，既固既安，如岗如陵，俾尔后之若子若孙，效发规模，必然世代长兴，瓜瓞绵绵，鑫斯衍庆之兆云耳。

颍川　玉田斋　陈桂林敬录

同治八年（1869年）己巳岁姑洗月①中浣　吉旦②

## 成氏宗祠题刻：

窃思物本乎天，人本乎主。不念乎祖而犹其昌达，犹不浚其源欲其流长，不固其本而欲其枝荣，断未有之也。余托先人福泽，幸衣食有赖，积家数万余金，置业数千余契，虽由一己辛勤所致，何莫非蒙祖宗而福荫而然也。弟念我族，世居湖广黄州府水中县洗脚河高干堰人氏。我始祖器公幼慕西蜀之景，有怀弃楚之念，于大明洪武二年来川，落于云阳县数载，移徙于万邑南岸市郭里七甲龙驹堡受业于成家山。自明至清，相传数代，至于凤高

---

① 姑洗月，阴历三月。

② 王晓宁：《恩施自治州碑刻大观》第1编《姓氏源流·成氏宗祠题刻》，新华出版社2004年版，第69页。

祖迁于本里大十甲猪羊坪燕儿冲,受粮创业百有余年至于祯公。祯公以逝祖母谭君始迁
至于鱼木寨落业于斯,历有年所。近来余思吾族,人丁寥落,亦其能知报本追远者渺无人
焉?嗟呼,祖德宗功,岂可或忘,春露秋霜,在所宜讲。癸酉春,余乃捐修宗祠,六越寒暑而
始成,其费三千余金,规模虽殊宏丽,而祖宗幸有凭依。尊兹当功完告竣,略镌数语于石
碑,后世孙子知余之倾囊不惜并识报本之独诚云耳。是序。

十三世嗣孙成永高率男久远敬录①

　　追忆我始祖器公配李君生子有三:月兴、月盛、月国,我祖居长。兴公配张氏,所生三
子:服茂、服龙、服虎,我祖幺房。虎公配黄氏,生一子叶盈。盈公生一成,池配李氏,生子
三,海试、海道、海通,我祖系二房。道公配黄氏,生一子永泰,配唐、杨氏。唐生三子:凤
岐、凤高、凤岗。我祖高公配阎氏,所生一子国明,配郎氏,生子七,正番、正乾、正纪、正
文、正榜、正鹄、正刚。我祖系三房。纪公配黄、谭氏,黄生二子:天德、天祯;谭生三子:天
龙、天虎、天文。我祖居二房。祯公配谭氏,生四子:地顺、地载、地泽、地举。我父泽公
大人配向氏,生我弟兄有四:永胜、永清、永禄、永高。配向氏生一子,久远,配向氏生子
乾碧、乾瑞、乾奉。

　　恳禄根源,世代流传,螽斯衍庆,瓜瓞绵绵。

十三世嗣孙成永高敬立<br>一户族后有捐金入祠者另刊碑志<br>大清光绪四年(1878年)岁序戊寅小阳月吉旦,颍川桂林氏撰②

　　惟我祖自明来川,历有所矣。昔未建祠以荐馨香,深为痛悼!予于癸酉建修祠宇,
六载方成。窃思祖宗虽有凭依,祠庙岂无祭田,是以将阳和三湾祠堂前后左右水田、柴
山以作祭祀。其有四至边界,前抵大落凼内坎横过右转斜扁上,复跟梁直上岭顶大梁分
水直下抵乾珍四角,曲转跟人行路外坎仍抵落凼内坎为界,俱以客牌"祭田"二字为记,
永作春秋之祭祀,长为裕后之鸿图。愿后之子孙,克体吾意,则世代兴荣,长发其祥之兆
云耳。

嗣孙成永高率男久远敬立③

成氏祠堂碑:

---

　　①　王晓宁:《恩施自治州碑刻大观》第1编《姓氏源流·成氏宗祠题刻》,新华出版社2004年版,
第69页。

　　②　王晓宁:《恩施自治州碑刻大观》第1编《姓氏源流·成氏宗祠题刻》,新华出版社2004年版,
第69～70页。

　　③　王晓宁:《恩施自治州碑刻大观》第1编《姓氏源流·成氏宗祠题刻》,新华出版社2004年版,
第70页。

盖闻敦孝弟以重人伦,笃宗族以昭雍睦自忘义岂以后神农之正神传流。清明佳节,古者亦有播闲之祭,今人岂无遥远之诚,是以户族议立清明胜会,各捐镏铢以成此会。历年祭祀缴费俱以清楚,至己卯秋九月九日,族长亲算,前后共合成三十一串零八百文。从今每年清明祭祀至祠□□办□,若有余积,有存之钱仍交首人常放,每年祭祀缴费尽利息所办,以存会□流□,永定章程,是序。

光绪五年(1879年)九月九日吉旦<br>成永旺、永高、永禄等①

**成母黄君寿藏墓志:**

坤山艮向孺人诞自嘉庆二十四年(1819年)己卯正月二十四日未时,系万邑市廓里大十甲永宁堡姚家沟高梯子受生。年二十七即孀居,奉翁姑于高堂,机声月冷;抚孺子于膝下,获画风清。孙营寿藏爰为之铭云;美吉壤兮嶙峋,如鱼目兮常醒。惟孺人节孝有以食报兮,宜得斯邱以福其后人。

男　乾春等

辛巳,春亭先生为其母营寿藏于寨颈湾,嘱余立墓界志。盖谓成败难料,废兴未可预知。彼夫荒烟古墓,无非失业孤坟!窃心虑之。爰勒界石;上齐主顶,下齐寨颈,右至岩边,左抵向、涂二姓之业为界,载粮一勺,庶未传无朱□免沧海桑田之慨云。

利邑增生　朱配三撰<br>大清光绪七年(1881年)辛巳岁又七月下旬刊立②

**成公乾春墓志:**

丁山癸向　显考产自先皇道光二十四年(1844年)甲辰岁二月十六日亥时,系四川万邑南岸市廓里大十甲永宁堡鱼木寨花房子地分生长人氏,享年四十七岁。夫限不禄,于今帝光绪十六年(1890年)庚寅岁冬月初九日未时,仍在鱼木寨长五间正寝告终。

大清光绪十八年(1892年)岁序③

## (二)历史资源

### 1.历史人物

谭元亨:袭龙渊宣抚司职,后改为龙阳峒安抚司,明洪武初年,占据铜锣关、鱼木寨一带,建立关卡,并在鱼木洞制造兵器。"凡朝廷有征调,认承捍兵三千,出力报效。"永乐七年(1409年),谭元亨附籍石柱土司,协办军务。嘉靖年间,因在平定船头寨黄中叛乱中立

① 王晓宁:《恩施自治州碑刻大观》第3编《制度公约·利川成氏祠堂碑》,新华出版社2004年版,第143页。<br>② 谭宗派:《鱼木寨概览》,国际文化出版公司2001年版,第42页。<br>③ 谭宗派:《鱼木寨概览》,国际文化出版公司2001年版,第43页。

有军功,谭氏乘机扩大疆界,"东齐冷耳阴抵利川河,南至忠路司抵岭心,西至白羊坪抵免滩河,北至龙驹坝抵岩仑",其中乐往坝、猪羊坪、褶岩坝、瓦砾洞、中咀、下岩坝等地,分三等征收赋税,充作铜锣关的军费。谭氏土司长期控制铜锣关。

### 2.历史事件

明洪武二年(1369年),龙渊安抚司谭福一落业万县乐往坝(今谋道镇七僚坝村)。

洪武八年(1375年),龙阳峒安抚司谭元亨占据铜锣关、鱼木寨一带地方,建关设卡。

永乐七年(1409年),谭元亨附籍石柱土司,协办军务。

万历十四年(1586年),龙阳峒谭彦相向明廷承纳草籽粮五硕三斗,将龙阳峒编籍万县管辖,奉旨谕允,脱离石柱土司控制。

万历十六年(1588年),石柱宣抚使马斗斛为维系"土不出境",派子马千乘率兵征讨龙阳峒,围攻铜锣关、鱼木寨一带地方,"烧毁民房300余处,杀害百余命"。

清雍正十三年(1735年),改土归流,鱼木寨划归万县,为土家族人聚居地。清乾隆嘉庆年间,白莲教活动频繁。

嘉庆四年(1799年),鱼木寨为防"贼匪流窜,扰乱乡渠良民",寨民捐金购买石料,修寨砌卡。重修寨楼一座,炮楼两座,寨墙两段,寨卡六座,整个山寨固若金汤。

民国初年,川军司令方化南驻鱼木寨,在鱼木洞中造枪制炮,并屯兵樟枫坪下兵洞。

## (三)非遗资源

鱼木寨民风古朴,保存着众多传统习俗。诸如"拜丫公天子""坐活夜""赶草坝场",崇尚祈福消灾,有把祖母埋在家庙的神龛之中、阴阳同居民俗,以及行"拦门礼"等婚丧嫁娶中的风趣礼仪活动等,都是其他地方比较少见的独特民俗。在饮食文化方面也颇具地方特色,灰面螺蛳、坛子面面肉、疙瘩菜、洋芋片等特色食品别具风味,不同寻常。鱼木寨内民间艺术来源于土家人民对生活的深刻理解,体现人民群众的聪明智慧,是地方民族文化艺术交流融会的产物,是中华民族非物质文化遗产的重要组成部分。

### 1.民间信仰

**拜丫公天子:**鱼木寨建有丫公天子庙,塑丫公天子像,面目慈祥,高大伟岸,衣着与当地土家族人相同。祭拜前要净手沐浴更衣,在丫公神像前贡上各式祭品,磕头作揖祈福。丫公天子信仰,是川东万州马头场及利川谋道一带土家人独特的信仰。

### 2.民间节俗

**春社:**立春后第五个戊日即为"春社",社日前十天便有过社者,过社的主要活动有二:一是上坟祭祖,但祭扫新坟不过社;二是吃"社饭",即用艾蒿末、野蒜、地米菜、豆干粒、腊肉丁为材料蒸制的糯米饭,亲邻好友,彼此馈赠以示和睦团结。

**牛王节:**农历四月初八,杀猪祭牛,以表示当地人对耕牛的尊重,也是崇尚劳作的一种体现。

**打三朝:**在妇女分娩后,当天或次日必须给娘家送一只鸡报信,生男送公鸡,生女送母鸡。送鸡人手提米粑,逢人就给米粑。娘家得信后,及时联络亲戚筹备,择日到产妇家打三朝。打三朝的客人所送礼物以鸡、肉、蛋、面、糯米等食物及小孩穿戴为主。鸡蛋染红色,猪肉以红纸箍扎,其他礼物上多用红纸签封或覆盖①。

### 3. 民间歌谣

号子:根据职业类型分为石工号子、打夯号子、抬丧号子、打油号子、挑担号子和抬轿号子。其中,抬轿号子最丰富,表现形式分为摇肩、平肩,速度分为快腿、慢腿。内容多为即兴而作,传统戏文、民间故事均可移借。主要号子作品有《点点红》《节逗节》《太阳出来照白岩》等②。

山歌:利川山歌分为高腔和平腔两种。高腔山歌有唢呐腔、喊喊腔、盘歌、五句子、连八句、赶五句和穿歌尾子连八句等,歌声高亢激越,隔山亦能听清,故又称穿山。盘歌内容有盘问动物、植物、器物、天文、地理、历史,以歌声问答唱和,风趣诙谐。平腔山歌分为茶山歌和放牛歌等③。

田歌:利川田歌分薅草锣鼓、薅草秧歌两种。薅草锣鼓表演形式为一人击鼓,一人敲锣,击鼓者主唱,敲锣者应和。表演者在薅草队伍前,打一段,唱一段,鼓舞劳动者劳作。薅草锣鼓曲谱有《七里冬》《三么台》《卧马传蹄》《传十字》等,音乐以四句头的七字调为基础,唱词分固定唱和不固定唱两种。传统程式以"排歌场,请神,说号头,来龙露水,立五门,刹号子、盘歌,传十字,吟诗,对字歌,收号子,拆五门,送神"为序,田歌反映了少数民族的乡风民俗④。

孝歌:利川孝歌又名丧歌、丧鼓、板凳歌。歌师在灵前轮流击鼓歌唱,分为开歌场、唱歌、请客、吟诗、唱歌、奠酒、送歌等程序。表演形式或独唱,或对唱,或齐唱。内容或唱传记典故,或歌唱民风民俗,或即兴创作⑤。

哭嫁歌:利川哭嫁歌是出嫁前的哭唱,内容为歌颂父母养育恩情,痛诉与外公、舅爷、兄弟姊妹等亲属的离别,哭媒人的"阴毒狡诈"及婚后痛苦生活。表现形式分为母女对哭、姑嫂对哭、姊妹对哭等,至三声锣响上轿启程而止。传统曲目有《十哭》《哭媒人》等⑥。

### 4. 民间舞蹈

迎紫姑:每年正月初一至十五,各家张灯结彩,邻舍男女老少齐聚到一个宽敞的堂屋里,围成圆圈,中间放上一把椅子,椅子上坐扮紫姑的男人。请紫姑的人用簸箕将紫姑的头面遮住,然后一边用筷子有节奏地敲打簸底,一边口念祭词。不久,紫姑掀开簸箕,手舞手绢,妖娆起舞。周围人群齐唱采茶歌。紫姑的随采茶歌旋律跳出耕耘渔猎姿态,歌舞相和①。

---

① 湖北省利川市地方志编纂委员会:《利川市志》,湖北科学技术出版社1993年版,第489页。
②③④ 湖北省利川市地方志编纂委员会:《利川市志》,湖北科学技术出版社1993年版,第439页。
⑤⑥ 湖北省利川市地方志编纂委员会:《利川市志》,湖北科学技术出版社1993年版,第440页。

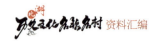

绕棺舞：鱼木寨流行最广的丧葬歌舞，风格粗犷奔放，刚劲夸张。绕棺舞动作或表现渔猎生活：弯弓射箭、猛虎下山、鲤鱼上滩、乌龟爬沙；或表现农耕生活：水牛抵角、牛擦痒、蛤蟆晒肚；或表现佛教神像：观音坐莲、观音合掌。绕棺舞以打击乐伴奏为主，有鼓、大锣、镲、铙钹、小锣等，锣鼓点子分为四进门、七星板、长路引、狮子灯等，曲调分为散花和拣花。伴唱形式为一领众和，高腔山歌特色②。

板凳龙：扎在长条板凳上的龙灯，舞者多为少年，二至四人不等，动作与武术板凳拳有类似之处，形式灵活多样，变换自如③。

草把龙：用稻草扎成龙灯，造型别致，挥舞轻便④。

**5.饮食文化**

有土腊肉、土豆干、绿豆酒、苞谷酒、格格、合渣、醪糟糯米丸、阴米子、甜酒糯米汤圆、鱼腥草等。

**6.服饰文化**

有花袜底、布凉鞋、家机布、"火汗头"、"坛沿裤"、"音乐草鞋"等。

**7.传统手工产品与工艺品**

有竹篓、簸箕等。

**8.石雕**

鱼木寨人喜用石具，利用本地开凿的青石制作石盆、石桶、石缸、石槽、石桌、石凳，雕刻精美。

（整理者：陈新立）

**参考文献**

1.(清)何蕙馨修,吴江纂.利川县志[M].清同治四年(1865)刻本.
2.鄂西土家族苗族自治州民族事务委员会.鄂西少数民族史料辑录[M].1986.
3.湖北省利川市地方志编纂委员会.利川市志[M].武汉:湖北科学技术出版社,1993.
4.谭宗派.鱼木寨概览[M].北京:国际文化出版公司,2001.
5.王晓宁.恩施自治州碑刻大观[M].北京:新华出版社,2004.
6.雷翔.鱼木寨古建筑的历史文化考察[J].湖北民族学院学报(哲学社会科学版),2000(3):33-36.
7.陈湘锋.鱼木寨景观的文化透视[J].土家学刊,2002(2):20-26.
8.满益德.鱼木寨墓碑石刻的审美特征[J].湖北民族学院学报(哲学社会科学版),2006(2):12-18.
9.满益德,崔在辉.土家鱼木寨石刻文化成因[J].贵州民族学院学报(哲学社会科学

① 湖北省利川市地方志编纂委员会:《利川市志》,湖北科学技术出版社1993年版,第440页.
②③④ 湖北省利川市地方志编纂委员会:《利川市志》,湖北科学技术出版社1993年版,第441页.

版),2007(3):144-146.

10.郭标.浅谈千年土家古寨鱼木寨的历史发展与开发研究[J].资源与人居环境,2007
（10）:76-78.

11.顾芳.古寨聚落出路何在——湖北利川市鱼木寨的现状与未来初探[J].新建筑,
2010(5):12-17.

12.岳玲玲.鱼木寨清代墓碑建筑图像研究[D].恩施:湖北民族学院,2016.

13.牟林霞.湖北利川鱼木寨古民居与古墓葬调查报告[D].重庆:重庆师范大学,2017.

14.国家文物局.湖北省第三次全国文物普查工作报告[R].2011.

15.湖北省文物局.湖北省第三次文物普查重要新发现[R].2012.

# 容阳古街红村
## ——五里坪村

## 一 村镇概述

五里坪村位于湖北省恩施土家族苗族自治州鹤峰县城东部,东邻五峰,西靠宣恩,北连巴东、建始、恩施,南接湖南省的桑植、石门,县城距省会武汉市 603 公里,距自治州首府 176 公里。五里坪四面环山、中间一腹地,由东至西长 2.5 公里,故称五里坪。五里坪村为自然村,该村东与金钟村和瓦屋村接壤,南抵杨柳村的高荒头山顶,西邻紫荆村,北靠衙门包。五里坪村平均海拔 1200 米,森林覆盖率达到 80%,夏季平均气温 20℃,堪称避暑胜地和天然氧吧。五里坪村四季分明,适宜于农作物生长,粮食生产以玉米、马铃薯为主。盛产茶叶、药材、烟叶等经济作物。2006 年 5 月 25 日,五里坪革命旧址被国务院公布为第六批全国重点文物保护单位。在 2009 年湖北省第三次全国文物普查中,湖北五峰古茶道被列为第三次全国文物普查重要新发现。2012 年,五里坪村被列入第一批"中国传统村落"名录。

"自汉历唐,世守容阳。"元至正十年(1350 年)设立四川容米洞军民总管府,自古容美设官之始,方有五里的历史记载。至清康熙四十三年(1704 年),田土王在五里乡南村设立行栈,即土司南府,当地经济文化进入鼎盛发展时期。期间著名诗人顾彩自南村入容美,行至南村,见当地物产丰饶,而民风古朴,且食习简素时说:"物货很好,缺少佐料,不善烹调。"雍正十三年(1735 年)改土归流后,五里坪隶属鹤峰直隶州礼陶乡。光绪三十年(1904 年)隶属鹤峰直隶厅。1912 年,隶属鹤峰县友助乡。1934 年,鹤峰县强化保甲制,全县划分六区,五里坪隶属第四区。1941 年,废联保设乡,五里坪隶属第九区。1948 年,隶属五里乡。1950 年,隶属二区五里乡。1955 年,隶属走马区五里乡。1958 年,隶属走马公社。1960 年,隶属五里区。1974 年,隶属五里区五里公社。1984 年,隶属五里区五里管理区。

第二次国内革命战争时期,贺龙率红四军、红二军团在这里指挥著名的"五里坪围歼战",并根据中央指示组建了湘鄂边特委、中华苏维埃湘鄂边联县政府,开辟以鹤峰为中心的湘鄂边苏区,形成了整个湘鄂西革命根据地的战略后方和反"围剿"斗争的主要战场,维持苏维埃政权长达 5 年之久。

五里坪村位于五里集镇中心,为历届区署、公社、乡政府驻地,为五里乡政治、经济、文化的中心集镇的核心村。五里坪村有东西走向平行的新老两条街道,相距100米。自明清以来,五里坪村一直是湘鄂西地区的交通要冲和边贸重镇,有"湘鄂咽喉小南京"之称。清光绪年间,广东商人林紫宸派员设庄采办红茶,往来商贾频繁。现存百余米老街的传统民居仍保留了火炉、土灶、石磨、炕架等传统生活用具,是湘鄂川黔一带独具特色的山地民居建筑群。

## 二　村镇资料

### (一)建筑遗存

#### 1.革命旧址

五里坪革命旧址,坐落于鹤峰县五里乡五里坪老街段。五里坪老街始建于清代,清光绪二十二年(1896年)老街发生火灾,200余间房屋被焚。同年开始在原街道两侧重建民居。到1918年,五里坪逐渐形成800余米长的街道,东西走向。旧址房屋建筑至今仍基本保持着清末民初的民居建筑风格,老街两侧多为"三间一字屋",也有两层、三层楼房式,两进一天井围合式,集合了土家聚落形态传统民居建筑的特点。老街两侧房屋均为悬山穿斗式木房,板装瓦房,分四柱四骑、五柱四骑、五柱五骑多种类型,多为二层,较普遍的是前檐柱外另设一柱一骑,看柱立于阶檐,形成长廊道。

1929年至1930年,贺龙率领的红四军曾多次驻扎在五里坪,并建立第九区苏维埃政府。1931年中华苏维埃湘鄂边联县政府、中共湘鄂边特委机关先后迁入五里坪老街,形成湘鄂边苏维埃的政治中心。五里坪革命旧址是湘鄂川黔边界地区唯一保存完好的革命旧址群,现存老街长150米,宽不足5米,22幢革命旧址(木房117间),坐北朝南和坐南朝北,还有1处位于五里坪西北500米远的洪家村,距老街500米。五里坪革命旧址群主要包括中央湘鄂边特委机关旧址、中华苏维埃湘鄂边联县政府旧址、共青团湘鄂边特委机关旧址、湘鄂边独立团团部旧址、五鹤游击梯队队部旧址、联县政府后方医院旧址、红军被服厂旧址、收编川军谈判旧址、赤色监所旧址、红四军军部旧址、区乡苏维埃政府旧址、苏维埃商会供销社旧址等近现代纪念建筑。

1986年鹤峰县人民政府将五里坪革命旧址列入县第一批重点文物保护单位。1989年,恩施土家族苗族自治州将该旧址列入全州重点文物保护单位。1992年,湖北省人民政府将其列入湖北省第三批重点文物保护单位。2006年5月25日,五里坪革命旧址被国务院公布为第六批全国重点文物保护单位。2017年,包含鹤峰五里坪革命遗址、湘鄂边苏区革命烈士陵园、鼓锣山三十二烈士殉难处、中营红三军军部旧址在内的五里坪系列景区入选第三批红色旅游经典景区名录。

湘鄂边独立团团部旧址:位于五里坪街西段北侧苏区巷,东邻红军驻军旧址,为悬山顶穿斗结构木质板装瓦房,面阔16.43米,进深9.45米。

343

▲ 红军驻军旧址

▲ 赤色监所旧址

红四军军部旧址：1929年至1930年，红四军曾多次进驻五里坪，指战员均分散住在五里坪街及附近民户家中。现存驻军旧址7处。

收编川军谈判旧址：位于五里坪街西段北侧，东邻红军驻军旧址，为悬山顶穿斗结构木质板装瓦房，面阔10.15米，进深6米。

赤色监所旧址：位于五里坪街中段北端苏区巷，两侧为红军驻军旧址，悬山顶穿斗结构木质板装瓦房，面阔12.38米，进深7.71米。

五鹤游击梯队队部旧址：位于五里坪街东段北侧苏区巷，两侧为红军驻军旧址，悬山顶穿斗结构木质板装瓦房，上下两层，面阔6.83米，进深7.75米。

九区妇女协会旧址：位于五里坪街东段北侧，东邻湘鄂边联县政府大会堂旧址，悬山顶穿斗结构木质板装瓦房。面阔6.5米，进深7.4米。

湘鄂边联县政府会场旧址：位于五里坪街中段。1931年4月，湘鄂边联县政府成立于此，旧址为悬山顶穿斗式木结构瓦房，四合院式布局，面阔13.6米，进深19.51米。

紫荆乡苏维埃政府旧址：位于五里坪街东段南侧，西邻湘鄂边联县政府旧址，1930年春，紫荆乡苏维埃政府成立于此。为悬山顶穿斗结构木质板装瓦房，面阔10.39米，进深6.64米。

湘鄂边联县政府旧址：位于五里坪街中段南侧，旧址现存三间，为悬山顶穿斗结构木质板装瓦房，面阔26米，进深12米。

共青团湘鄂边特委机关旧址：位于五里坪街中段南侧，东邻中华苏维埃湘鄂边联县政府旧址。旧址为两进式悬山穿斗结构木质瓦房，坐南朝北，面阔10.8米，进深17.95米。

湘鄂边联县政府供销合作社旧址：位于五里坪街中段南侧苏区巷。1931年，湘鄂边联县政府供销合作社成立于此。为悬山顶穿斗结构瓦房，面阔12.3米，进深11.4米。

红军被服厂旧址：位于老街西端南侧。为悬山顶穿斗结构木质板装瓦房，面阔9.4米，进深5.8米。

湘鄂边军政干部训练班旧址：位于五里坪街东北侧100米义学堡，为悬山顶穿斗结构木质板装瓦房,面阔 9.85 米,进深 8.5 米。

▲ 中共湘鄂边特委旧址

**湘鄂边党政干部训练班旧址**:位于五里坪街东北 300 米。1931 年 5 月,中共湘鄂边特委在此举办湘鄂边党政干部训练班,旧址现存两间,占地面积 84 平方米,悬山顶,木结构。

**中共湘鄂边特委旧址**:位于五里坪街西北约 500 米,为三层吊脚楼式建筑,面积 382 平方米,悬山顶,木结构。1931 年 5 月 2 日,中共湘鄂边特委机关设于此。

**五里坪战斗遗址**:位于五里坪街东南。遗址位于两山相夹的谷地。

**苏维埃小学遗址**:位于五里坪街中段北侧苏区巷,东北侧邻中华苏维埃湘鄂边联县政府大会堂旧址,占地面积 8100 平方米。

**鼓锣山三十二烈士殉难处**:第二次国内革命战争时期,1931 年 9 月 9 日,国民党军罗效之部进占南北镇。9 月 10 日,湘鄂边独立团营长盛联熊率二、三营在九岭头与敌人激战,撤退至鼓锣山时,32 名红军战士跳崖牺牲。现列为恩施州级文物保护单位。

**2. 古街**

**五里坪村老街**:在明清时期是贯穿全镇最长的一条街,一直是湘鄂西交通要道和边贸重地。民国时,为历届区署、公社、乡政府驻地,五里乡政治、经济、文化的中心。街长 800 余米,宽 5 米,两侧房屋为穿斗式板装瓦房,大多为三间平房,也有两层、三层楼房,房屋木格窗棂,均有雕刻,有野鹿含花、二龙戏珠、龙凤呈祥、喜鹊闹梅等图案。古街上有一栋四合两天井的井院式干栏建筑,天井槽门通道的伞把柱承托正屋和下屋的梁枋,是干栏式建筑的典型代表。古街地面以青石条铺砌。光绪年间,广东商人林紫宸等曾在五里坪老街设庄采办红茶,商贾络绎不绝,老街两侧商铺林立。1929 年至 1930 年,贺龙率红军驻扎五里坪。1930 年,中华苏维埃湘鄂边联县政府在五里坪宣告成立。1931 年春,湘鄂边苏区党、政、军领导机关及苏维埃群团组织机构相继迁入五里坪老街一带,长达 5 年之久。

▲ 五里坪街

**(二)历史资源**

**1. 历史人物**

**彭嗣韩(1882—1953)**:又名钦若,原籍湖南永顺,毕业于湖南省立法政学校。曾历任江西吉水县知事、北京教育部金事、注册律师、军部三等法正、县司法承审员等职,1928 年在五里坪定居。

1935年,彭嗣韩任鹤峰城关县立小学校长,1938年任走马坪回龙阁县立第二小学训育主任。1943年任鹤峰县立初级中学教师。抗日战争期间积极宣传抗日。1945年,任鹤峰县参议员、县志馆馆长,主编《鹤峰县抗战史料》,为研究鹤峰抗战史提供了重要资料。1953年,彭嗣韩病逝于五里坪①。

林紫宸:生卒年月不详,广东人。光绪二年(1876年)到鹤峰采办红茶,创立"英商泰和合"茶号,在鹤峰五里坪等各产茶区设立分庄,收购茶叶,进行初加工,再运至石门泥市精加工。林紫宸在鹤峰县城、五里坪设立转运站,扩建太平镇至湖南石门县的骡马大道。茶庄生产的茶叶运往汉口销售,每年达万担,畅销海外。土洋布匹、京广百货运销鹤峰,促进了湘鄂边地区商品流通。

胡腊姐(1907—1931):苗族,鹤峰县五里区寻梅人。1930年参加革命,在五里坪任九区妇女协会副主席,组织妇女参加土地革命运动,发动青年参军,支援前线。在苏区反"围剿"斗争中,组织慰问队,护理红军伤病员。1931年10月,被团防反动武装杀害于五里坪②。

欧冬英(1911—1931):鹤峰五里坪人,1930年参加革命,被选为九区苏维埃妇女协会主席。欧冬英率先打破传统陋习,放天足,剪发,带领宣传队到五里、三路、下洞等地宣传土地革命,号召山村贫农团结起来打土豪、分田地,建立红色革命政权。欧冬英积极组织妇女开展支前活动,配合红军作战。1931年夏接受湘鄂边特委军政干部训练班培训,7月1日,参加五里坪召开的建党十周年纪念大会,并率妇女宣传队演唱《妇女歌》《放脚歌》。1931年10月红军撤离湘鄂边区,团防对五里坪革命群众进行血腥镇压,欧冬英被捕,宁死不屈,壮烈牺牲③。

**2.历史事件**

咸丰五年(1855年),走马民团龚绍徽率团练1000余名,在五里坪一带堵截徐本清率领的白莲教起义军,徐本清率军西撤。

光绪二年(1876年),因茶叶贸易,五里坪成为湘鄂西边贸重镇,有"湘鄂咽喉小南京"之称。广东商人林紫宸派员在五里坪老街设庄采办红茶。

1922年10月,五里坪爆发了农民组织的"背篓会"在老街豪绅家开仓抢粮的事件。

1926年,"施鹤留省学会"成员、共产党员陈子杰回到鹤峰,在五里坪老街上挂起列宁画像进行党的宣传活动,筹备成立农民协会,为第二次国内革命战争时期鹤峰乃至湘鄂边苏区的开辟创造了有利条件。

1929年初,贺龙率领红四军解放鹤峰城,在鹤峰创建了湘鄂西第一个县苏维埃政权后,在五里坪老街中段成立了农民协会(1930年农民协会改称鹤峰县第九区苏维埃政府)。

① 湖北省鹤峰县史志编纂委员会:《鹤峰县志》,湖北人民出版社1990年版,第558页。
② 湖北省鹤峰县史志编纂委员会:《鹤峰县志》,湖北人民出版社1990年版,第581页。
③ 湖北省鹤峰县史志编纂委员会:《鹤峰县志》,湖北人民出版社1990年版,第570～571页。

1930年4月20日，为了打通东下洪湖的交通要道，巩固作为湘鄂边苏区中心地五里坪的苏维埃政权，贺龙率领红四军抵达五里坪，红四军驻扎在老街，贺龙住在五里坪老街紧靠九区苏维埃政府的邹家（后为联县政府机关所在地），红四军军部亦设在此地。

1930年4月27日，中央派红三军代理政委唐赤英在五里坪西北的洪家村召开中共湘鄂边特委扩大会议，传达党的六届四中全会精神，并选出新的湘鄂边特委。

1930年6月，混入区农会、区苏维埃政府的土豪彭兴周等人，背叛革命，将五里区特派员温勉之、县游击大队共17人杀害，五里坪区乡苏维埃政府遂遭破坏。贺龙率领独立团于10月收复五里坪，1930年11月23日，九区于五里坪老街举行恢复苏维埃政权和第二次反"围剿"斗争胜利的庆祝大会。

1930年12月24日，川军甘占元、张轩等部3000余人进驻五里坪。区乡苏维埃政府转移到山里，川军首领甘占元、张轩、秦伯卿住在区乡苏维埃政府内。贺龙、邓中夏率领红二军团驻扎走马坪，为了收编甘占元等川军武装，贺龙派独立团副团长文南甫到五里坪老街与川军谈判，并派出一支20余人的宣传队到五里坪街头组织文艺演出和演讲。12月29日甘占元等突然拒绝收编，发动武装暴乱。红二军团1万余人五路合围，围歼顽抗之敌，经数小时激战，解除了川军武装，并在红军监护下开到走马坪，大部分士兵编入红二军团。

1931年3月，红二方面军前委决定在五里坪成立中共湘鄂边特委和中华苏维埃共和国湘鄂边联县政府，负责领导长阳、五峰、鹤峰、桑植、石门等县的工作，五里坪成为湘鄂边苏区的中心。

1931年3月，在五里坪老街建起苏维埃商会合作社，此供销社坚持了9个多月，到1932年初停业。

1931年4月7日，中共湘鄂边特委机关和湘鄂边联县政府在五里坪正式办公。中共湘鄂边特委发布《号召春荒斗争宣言》。

1931年4月下旬湘鄂边五峰、长阳、鹤峰、桑植、石门五县及湘鄂边独立团的共青团代表在这里召开会议，选举出共青团湘鄂边特委，庄南香为书记，龚玉珍、李之均等4人为委员。

1931年4月至9月，中共湘鄂边特委，湘鄂边联县政府在联县政府大会堂主持召开过5次群众大会，特委书记周小康，联县政府主席向经武、龙在前多次在这里演讲。

1931年7月1日在庆祝建党十周年的大会上，湘鄂边独立团参谋长董朗在联县政府大会堂主持大型赛歌活动、游行活动，五里区青年俱乐部20余人在庆祝"七一"大会上演出话剧《从军乐》。

1931年7月，国民党军发动对湘鄂边苏区的第三次"围剿"。

1931年9月，五里坪成为湘鄂边苏区反"围剿"斗争的指挥中心，9月20日，湖南省石门县保安团团长罗效之率部攻占五里坪。

1931年9月底以后，特委和联县政府机关有时从五里坪老街转移到乡下或桑鹤边界，

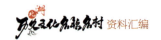

然而五里坪老街一直是特委集中开会、印刷各类文件的主要场所,直到1932年9月中旬,特委机关赴江陵同夏曦率领的中央分局机关会师。1932年8月下旬,区乡苏维埃政府随着湘鄂边特委撤离而转移到乡下,反动团防占领五里坪后,搜查联县政府、区乡苏维埃政府驻地并烧毁红军及苏维埃政府未能转移的宣传品和生活用具。

1933年3月,部分区乡游击队员曾在五里坪老街筹备恢复苏维埃政府,但随着红三军撤离鹤峰而未能成功。1933年12月19日,湘鄂西中央分局做出决定:放弃湘鄂边苏区,创建湘鄂川黔新苏区。至此,坚持了5年之久的湘鄂西革命根据地斗争,因湘鄂边苏区的最后丧失而结束。

在中华人民共和国成立初期,当地政府及农会曾召集老街居民大会,宣布凡"老共产党立过政府和红军住过的房屋不准拆、不准卖、不准改",并动员"中华苏维埃湘鄂边联县政府旧址"的房东将房产与另一处公房(没收地主的房屋)进行交换,旧址房产的管理与使用交五里坪贸易公司(后称为供销合作社),1962年后,五里坪革命旧址的宣传与党史资料征集,由县文化馆负责,保护管理仍由区乡政府、区供销社共同承担。1979年,鹤峰县博物馆成立,五里坪革命旧址群的有关历史调查,由县博物馆、县党史办负责,该旧址群各处纪念建筑均由文物部门列入全县第一批文物保护单位。1989年,被恩施土家族苗族自治州列入全州第二批重点文物保护单位。1992年,被湖北省人民政府公布为第三批省级重点文物保护单位。2006年,被国务院公布为第六批全国重点文物保护单位。

2012年12月23日至2013年1月23日,耗时一个月,县人民政府投入资金700万元,将五里坪革命旧址内25户私有产权旧址住户土地房屋征收,并搬迁完毕,旧址产权全部收为国有,由鹤峰县文物事业管理局管理和使用,主要用于对外免费开放展示。

**3. 文物**

**茶庄牌匾**:"英商宝顺合茶庄""广东忠信昌红茶庄""渔关源泰红茶庄"等牌匾,见证了晚清至民国时期五里坪茶业兴盛的景象,现保存在鹤峰县博物馆。

**春荒斗争宣言**:全称为《中国共产党湘鄂西分区特委号召春荒斗争宣言》,长38厘米,宽24.3厘米,红纸质地。1931年5月9日中国共产党湘鄂西分区特委发布号召,宣言记录了红军在鹤峰革命根据地开展革命斗争时的艰难环境,号召开展春荒斗争,坚持闹革命的实况。鉴定为一级革命文物。

**古树名木**:在特委机关旧址北侧27米处,有一棵刺槐树,树龄100年以上,树高25米,冠幅18.6米。

**(三)非遗文化与风俗**

**1. 民间歌谣**

**鹤峰山歌**:有山歌、田歌、小调之分。其句式一般为五句子、四句子、串句子,以及号儿歌、锣鼓伴奏歌等。鹤峰县山歌溇澧腔韵是山区劳动人民在采集、农耕劳动中的山号子,嗓音清脆,别具异彩。

## 2. 民间戏曲

**土家族打溜子**：又名打围鼓、打家业。五里坪村土家族打溜子演奏乐器主要有鼓、锣、钹和钩锣，由五人分别执5件乐器合奏，俗称五合班。演奏的技巧在于"鼓一、锣二、钹三声，钩锣为龙点眼睛"，由鼓面发出鼓眼指挥演奏，调动气氛，并根据变换和提示性演奏乐牌的差异划分为"文牌鼓眼""武牌鼓眼""点子鼓眼"三种。演奏者用鸳鸯钹拍打"钵钵儿音""荷叶儿音""疏花""挤花"等系列乐句。锣与鸳鸯钹交替演奏，维系乐牌的主体和风格。2019年11月，鹤峰县文化馆（鹤峰县非物质文化遗产保护中心）被列入土家族打溜子国家级非物质文化遗产代表性项目保护单位名单。

▲ 打溜子

**五里满堂音**：皮影戏满堂音起源于五里坪，原名琵琶板，以土琵琶伴奏，演唱者执简板领唱，伴奏者和声，表演时吹、打、弹、唱同时发音，产生共鸣效果而得名"满

▲ 五里满堂音

堂音"。满堂音表演形式为坐唱形式，以土琵琶为主要乐器，演唱者手执简板领唱，乐队和声，加入唢呐渲染气氛。清康熙朝前后，曾与南戏、柳子戏、傩戏等并列，改土归流后，以满堂音唱腔为主的皮影戏班子主要在东乡马伏营、清湖乡湖坪等地活动。满堂音曲目主要有《人民英雄段德昌》《土家党员慈母心》《贝锦卡血溅虎门》。

**南戏**：俗称人大戏，光绪二十七年（1901年）在五里坪演出，剧目有《杨家将》《陈世美不认前妻》等。

**鹤峰柳子戏**：又名阳戏、杨花柳，始于宋元，兴于明清，主要流传在鹤峰县五里坪、走马坪等地区。清咸丰年间在鹤峰普遍流行，每年元宵节村中唱杨花柳。柳子戏科班始于1943年，湖南艺人张德胜曾在五里坪收徒20余名，演出持续4个多月。1955年，鹤峰柳子戏曾参加湖北省民间戏曲音乐、舞蹈会演。1982年鹤峰县走马坪文化馆重建柳子戏剧团，1986年解散。2006年鹤峰县政府积极整理、发掘柳子戏，2007年6月列入湖北省首批非物质文化遗产名录。柳子戏原分生、旦、丑三大行，在其他戏曲影响下增加净行当。唱腔用真嗓本腔为老柳子，真、假嗓结合演唱为新柳子。柳子戏的句读、句尾多用翻高八度假唱，落音略下滑。核心腔调为正宫调，声腔源于四川梁山调。鹤峰柳子戏的主要剧目有《打金银》《打芦花》《打仓救主》《侯七杀母》《曹安杀子》《宋江杀惜》等①。

　　**傩戏**:在鹤峰县又称为傩愿戏,源于溇中、澧中的古老戏剧,明清时期已流行于鹤峰县五里、走马、白果、锁坪、北佳、中营等地。傩戏表演者佩戴木雕面具或兽皮面具扮演开山王、白旗仙娘、土地公土地婆、法师、孟姜女等角色,以傩坛为载体,结合歌、舞、戏,配合锣鼓伴奏,完成许愿、显愿、还愿三个流程的仪式。傩戏分正八出、外八出两种,正八出以祈神禳灾还愿等娱神仪式为主,外八出以演剧娱人为主。剧本主要有《孟姜女》《鲍家庄》《拷打小桃》《青家庄》等。傩戏分生、旦、净、丑行当,鹤峰傩戏锣鼓伴奏分为法师腔、祭戏腔、正戏腔,唱词多为七字句式韵文,说唱结合,语言诙谐幽默,乡土生活特色浓厚[2]。2019年11月,鹤峰县文化馆(鹤峰县非物质文化遗产保护中心)被列入鹤峰傩戏的国家级非物质文化遗产代表性项目保护单位名单。

(整理者:陈新立)

**参考文献**

1.(清)顾彩.容美纪游[M].武汉:湖北人民出版社,1998.

2.(清)毛峻德纂修.[乾隆]鹤峰州志(故宫珍本丛刊第135册)[M].海口:海南出版社,2001.

3.中共鹤峰县委统战部.容美土司史料汇编.1983.

4.湖北省鹤峰县革命斗争史调查组.第二次国内革命战争时期鹤峰苏区简史.1985.

5.向宏理.鹤峰苏区文化志[M].湖北省文化厅史志编辑室、鹤峰县文化局,1985.

6.鄂西土家族苗族自治州民族事务委员会.鄂西少数民族史料辑录.1986.

7.中共鹤峰县党史资料征编委员会,等.血染的土地　纪念鹤峰苏区创建六十周年.1988.

8.湖北省鹤峰县史志编纂委员会.鹤峰县志[M].武汉:湖北人民出版社,1990.

9.鹤峰县民族事务委员会.容美土司资料续编.1993.

10.王晓宁.恩施自治州碑刻大观[M].北京:新华出版社,2004.

11.朱世学.鹤峰五里坪土地革命时期活动调查[J].中南民族学院学报(哲学社会科学版),1991(2).

12.罗建峰.保护利用"红色遗产"促进文化大州建设[J].恩施州党校学报,2005(3).

13.田林,张雪.五里坪革命旧址环境整治策略研究[J].遗产与保护研究,2018(1).

14.张雪.村镇中革命旧址环境整治研究——以五里坪革命旧址为例[D].北京:北京建筑大学,2018.

15.国家文物局.湖北省第三次全国文物普查工作报告[R].2011.

16.湖北省文物局.湖北省第三次文物普查重要新发现[R].2012.

---

①　湖北省鹤峰县史志编纂委员会:《鹤峰县志》,湖北人民出版社1990年版,第445页。

②　湖北省鹤峰县史志编纂委员会:《鹤峰县志》,湖北人民出版社1990年版,第458页。

第五篇

# 鄂北地区

千年古镇 ｜ 曾国故都 ｜ 将军故里 ｜ 百年石头寨 ｜ 天然胜景……

# 千年古镇
## ——上津镇

## 一 村镇概述

上津镇位于湖北省十堰市郧西县西北部,与陕西省山阳县交界,南依汉水,北枕秦岭,素有"朝秦暮楚"之称,地理位置十分重要。该镇东距湖北省十堰市区 100 公里,西北距西安 250 公里,是湖北西进的桥头堡,陕西东出的东大门。

1985 年,上津古城被湖北省确定为重点文物保护单位,1998 年被列为全省 25 个重点建设边贸口子镇之一。2004 年被住房城乡建设部列为全国历史名镇。镇辖 16 个村,2 个林场,98 个村民小组,8504 户,24214 人(2017 年)。版图面积 226.5 平方公里(2017 年),耕地面积 32400 亩,林地面积 55059 亩。集镇面积 5.2 平方公里,集镇人口达到 1.5 万人。

上津镇以种植业为主,粮食作物以小麦、玉米、水稻为主,甘薯、豆类次之;经济作物有花生、芝麻,占据一定位次。工业企业主要以小型工业企业为主,如木器加工、车辆修配、传统火纸加工等。乡镇企业主要以私营企业和个体工商户为主。境内的交通、通信等基础设施齐备,畅通便捷,覆盖率高;集镇供电、供水、排水、科教卫生、餐饮购物、休闲娱乐等基础设施建设配套齐全,服务功能强大。境内有大小水库 6 座,投资 1 亿元的玉皇滩电站,装机 1 万千瓦。镇内有工业企业 18 家,商贸繁荣。

上津古镇有 4000 多年历史,五起四落,几度兴衰。据 2012 年最新考证,远在公元前 2247 年,上津曾建古商国;春秋时期,上津曾建古都国;自三国至 1948 年,共 23 次建县、7 次设郡、4 次置州。

《湖广总志·国纪》:"契佐禹治水有功,舜使为司徒,封于商,赐姓子氏。注曰:今上津县。"契,商王族的祖先。《括地志》《郡国志》《帝王世纪》《湖北省建制沿革》等典籍都佐证了这一说法。商王朝第一代王——汤是契的第十四世孙。

西周初年首度繁兴。西周时期,上津是都城镐京至汉水水陆交通线上的重要城市。因地位重要,金钱河被命名为"甲水",金钱河两边的山被命名为"甲谷",夹河镇后来被命名为"甲郡"。名冠三甲,绝无仅有。

春秋战国时首次衰落。春秋初期上津有古都国,《四库全书》记载:"都,秦楚界上小国,今郧阳上津内乡间古商密地,其后乃迁襄阳宜城界。"时间大概在公元前 700 年。春秋末期,上津属晋,是谓晋阴。战国时期,上津属秦。因诸侯割据,镐京至汉水交通线时通时阻,上津衰落。

秦汉三国时再度繁兴。秦汉一统,上津重获生机。东汉时期,上津名曰平阳亭。三国纷争,因位据东三郡要津,公元223年,魏文帝曹丕在上津始设平阳县,上津建县比郧西早1253年。

魏晋南北朝时再次衰落。公元301年至589年,西晋军阀混战,南北朝形势犬牙交错、王朝更替频繁。上津时而属晋,时而被成汉国、后赵、后梁等国侵占,战乱不止,生灵涂炭。

隋唐时期三度繁兴。大隋开皇三年(583年),上津设上州,州辖上津一县。唐武德元年(618年)复置上州。安史之乱,唐玄宗入蜀避难,物资匮乏,交通断绝,唯上津线畅通无阻,"江淮奏请贡献之蜀、之灵武者,皆至襄阳取道上津路抵扶风"(《资治通鉴》)。唐代宗时,上津漕运空前发展,朝廷特派商州刺史、金商均房等州观察史李叔明兼任上津转运使,上津令郑密专门负责物资转运、水陆漕运工作(《四库全书》)。公元784年,德宗避难梁州,曹王李皋"数次遣使贡献",总因"江淮路绝、贡献商旅不通"而无果。无奈之下,德宗皇帝诏李皋置邮驿,从此,"盖南北多故,从江汉而达梁、洋,必取道上津也!"(《读史方舆纪要》)

宋元时期三次衰落。五代乱世,上津饱受战火摧残,北宋短暂稳定后,南宋时金兵南下,上津成为南北交战最前沿,金兵所到之处,"极目灰烬,所至残破,十室九空,城市乡村,搜索殆尽"。上津有关志书及文物毁于战火。因人数骤减,元成宗大德六年(1302年),上津县以户不及额降为镇。

明清时再度繁荣。明洪武二十四年(1391年),上津仅有163户、2797人。明成化十二年(1476年),在上津县东南津阳四里(今黄云、香口、马安、羊尾)和郧县武阳西五里建立郧西县,上津辖地面积骤减,但随着流民的涌入和经济的发展,人口至清初已达2.1万人。明末清初,上津港长2里,港口高度达120步,有诗赞曰:"水码头百艇千樯,旱码头千蹄接踵。"

20世纪再度衰落。20世纪前半叶郧西和上津是著名的革命老区。从土地革命战争时期到中华人民共和国成立,郧西和上津是鄂豫陕革命根据地的重要组成部分,是鄂豫陕第四分区的创立地及陕南解放区的腹部地区。新民主主义革命时期,渭华起义、三要司暴动在上津播下革命火种。20世纪30年代,红四方面军西征途经这里,取得著名的上津云岭关之战的胜利;红三军西征转战到这里,寻创革命根据地;红二十五军在这里创建长征途中唯一根据地;红七十四师保卫根据地的游击战争,在鄂豫陕边坚持3年之久。解放战争时期,在中共地下党陕西省委及习仲勋、汪锋的领导下,开辟了地下交通线,鄂豫陕边地下交通线秘密联络点总共有六七十个,上津、关防铺是其中的重要据点。这些交通线和联络点生生不息,从未间断,它直接影响着党领导人民军队在这里"九进八出",八次创建革命根据地。几十年的红色征程中,李先念、徐海东、程子华等数十位革命元勋在此留下了光辉的足迹,千余名英雄先烈献出了宝贵的生命。1947年11月13日,湖北省境内成立了

第一个县级民主政权——上关县政府。上津为湖北解放第一县,载入共和国史册。

1947年成立上关县,是上津最后一次建县。中华人民共和国成立后,上津重获生机,日新月异,发展迅速。进入20世纪70年代以后,又因水运停航、公路运力不足、区位优势不明显等原因,相比周边地区,上津增长乏力,后劲不足。

21世纪再度展翅。2005年,上津举办第一届古城旅游文化节。福银高速公路贯通后,上津再次彰显区位优势。从全国角度看,上津正处在东、西部分界线上,是西部东进的前沿阵地、东部西进的桥头堡,承东启西,通南达北;从全省的角度看,上津是省际边贸口子镇,是全省保存较好的古城;从十堰全市角度来看,上津处在"一圈两带"的圆弧上,是高速经济带上展示十堰、湖北形象的窗口;从郧西全县角度上看,上津是实施旅游立县、工业强县、农业稳县、人才兴县宏伟战略的支点。

## 二　村镇资料

### (一)古建筑遗址遗迹

#### 1.上津古城

在苍茫的秦岭南麓大山之中,在悠悠的汉江支流金钱河畔,有一座千年古城——上津古城。千年古城地处鄂、陕两省交会之地,汉江支流金钱河由北向南穿境而过,通达汉江,素有"秦楚咽喉,天子渡口"之称。

上津整个古城呈朝靴状,因此被称为

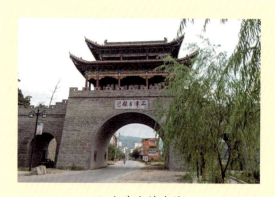

▲ 上津古镇城楼

▲ 古镇古城墙

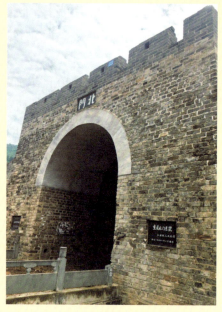

▲ 古镇北门

靴子城,又因城外杨柳绵绵千亩,环绕古城,又名柳州城。古城始建于明朝洪武元年(1368年),原为土城。明中叶以后,随着上津的发展壮大,人口剧增,土城陆续坍塌。明正德年间,知县曾槐上报朝廷拟建新城,在原城垣之基础上,"卑者高之、狭者广之,石以基之,砖以崇之,池以绕之,延袤二千五百余步,高二丈,阔四隅,为五门,门各有楼:东曰通郧,北曰接秦,南曰达楚,西曰通汉,西南再辟一门,以便民"。嘉靖三年(1524年),新城落成。明末,部分城垣毁于战火。顺治年间复修,但规模仅为原城墙的三分之一。同治年间,城楼又毁于战乱。"文化大革命"期间,城墙顶部雉堞大部分被毁,现仅存东南部10余个,后又经洪水淹没,再次复修。现存古城南北长306米,东西宽261.15米,墙体上宽下窄呈梯形,平均高6.8米,保存较为完整。

上津古城历史底蕴深厚,文化源远流长,这里地处秦楚咽喉之地,自古以来就是商贾云集的贸易重镇和地理位置特殊的军事重镇。贸易重镇造就了上津古城丰富的历史遗迹、商贾文化,军事重镇留下了众多的战争传说、神话故事。

上津,"上"乃天子,"津"为渡口,上津即为"天子渡口"。上津水陆交通发达,借道金钱河,一叶扁舟入汉江,这里曾是最大的贸易集散地,舟楫穿梭,人来人往,货物在这里云集,又分往五湖四海。金钱河明代以前称为甲水,明永乐以后才改名为金钱河。据当地老人推测,金钱河得名可能与其盛产沙金有关,至今当地仍有以淘沙金为生者。

上津独特的地理位置,成就了古城的繁荣,衍生了众多与贸易、宗教、文化、军事等相关的古建筑。

### 2.明清古建筑群

明清古建筑群,主要位于古城内和古城北门外,以明清古街为主,以街两旁的明清四合院建筑为辅,构成了一个规模宏大、保存完好的明清建筑群落。古街总长约1.5公里,青石街道宽3米,两旁建筑青砖黑瓦,飞檐斗拱,雕梁画栋,古朴雄浑。单个四合院一进数重,内置天井,围以小屋,雕窗临井,古色古香,风格独特。一般三四户一院,两三院一族,邻里相处,亲如一家,有"千里胡洞娃,院子三四家"的美称。

▲ 古镇肆街

走在古镇中,恍惚间竟然不知自己身处何地。古老甚至破旧的城墙,斑驳的建筑,无不是历史的痕迹。

### 3.天主堂

天主堂,民间又称天主教堂,位于古城内中心位置,古街西侧,民居四合院丛中,占地500余平方米,始建于清末。教堂集西方建筑艺术与东方文化于一体,绿树掩映中的主建筑,尖圆顶、青砖墙、楼顶高低不一,错落有致,四角钟楼高耸,钟声清脆圆润。复式楼内设有经堂,每到周日,虔诚的男女信徒纷至沓来,聚集一堂。

### 4.上关县人民政府旧址

上关县人民政府旧址在古城明清街上,当年的"上关县人民政府"字样依然完好地保存着,大砍刀、煤油灯、发黄的文件袋向人们述说着烽火岁月。

### 5.上津文物拾遗

(1)碑刻

上津历史久远,庙观林立,碑刻众多,但因各种原因,绝大多数碑已散失,或作为基石,或砌于农田,或垒以公路,现存者甚少。

**上津玄贞观碑**:立于明万历四十一年(1613年),碑刻记重修玄贞观事项。现存上津镇政府大院,碑文磨损严重,部分字迹模糊,背面基本完好。

**上津元贞观碑**:立于明崇祯十五年(1642年)。碑刻记云游道人王太臣、冯和敬于上津十八盘募捐,重修元贞观娘娘殿、三教殿、皇经堂等庙观大殿,重塑各殿神像。在重修庙观的同时,王太臣、王仁同、冯和敬等道人还利用捐资修建大街高桥(大桥)和元贞桥(小桥)以便民。此碑现存于上津镇政府大院内。

**上津民生堤碑**:上书"民生堤"三个大字,立于民国三十三年(1944年)。时任上津区长为张立,当时,因金钱河水长期危害上津古城,张立为民请命,于民国三十二年(1943年)在上津区张贴"山可移,海可填,不治服金钱河水心不甘"的告示,征调上津、槐树、八川、六郎、冷水、六斗等乡民共500余人,历时一年时间,用石灰浆砌大堤350米,堤内增田30亩,故取名"民生堤"。此碑原立于"民生堤"上,中华人民共和国成立后将此碑搬于古城北门外做过桥石。

(2)古塔

古曰:"救人一命胜造七级浮屠。""浮屠"即佛塔。因上津古代寺庙林立,"七级浮屠"即随佛家信仰择圣地而建立。

**盘龙庵古塔**:位于上津王家庄盘龙庵山嘴,此地一庵建三塔,塔以青石条为基,塔身以青砖砌就。塔高四丈八尺,形道六面,层开两门,每门各有一菩萨石像。三塔呈三角形,前塔顶长有一冬青树,高四尺,粗如臂,四季常青。此塔始建于明成祖永乐十二年(1414年),其中两座毁于1947年前,一座毁于1966年,现塔基尚存。

**白骨塔**:位于上津杨泗庙下侧30米处,塔建五层,青砖砌就,高三丈余,形六面,每层一门,塔内空虚,以拾人之白骨填实。此塔建于明朝末年,因历次战乱,战死者暴尸郊野,白骨累累,时地方官吏出资建塔,以葬白骨于塔内,余骨于塔旁掘坑掩之,堆以土丘,因尸骨无主,此地亦被称为乱坟岗。1969年此地建房时将白骨塔毁掉。

西岭古塔:位于泗峪河西岭丘陵之阔坪处。其塔为三座,皆为六棱砖塔。其中大塔一座,高七层,小塔两座,高三层。据传,此塔始建于唐武后年间(684—704年)。此塔为陕西山阳县人氏建造,因年代久远,毁于清朝末年。现大塔塔基尚存。

(3)庙观

传统的民间信仰和国外宗教的渗透传入,使上津附近庙观林立,盛极一时。从南北朝到清末近1600多年间,上津有史书记载的庙观遗址或碑刻志事的各类寺庙达30余座,加之每方圆五里一座土地庙,仅上津附近各类庙观就多达40余座。其建筑规模大小不一,别具一格,除武昌庙、城隍庙、黄州庙、杨泗庙规模宏大外,数元贞观建筑最为精美。

元贞观始建于明嘉靖年间(1528年),历时百载,明末崇祯十年(1637年)五月,张献忠驻军上津,避暑于元贞观,其间重修元贞观。

元贞观三殿合一,前有元贞观戏楼,北是观音堂,南有麒麟送子大殿,中为祖师殿,后是皇经堂。观内三台、八景、四十八步上天梯、无心一棵树、三步两道桥、两步三座庙为元贞观"六景",亦是上津庙观建筑文化的一大景观,被人们传颂至今。相传在元贞观香火鼎盛时期,观内麒麟塑像被敬活了,夜晚跑到附近麦地里吃麦苗,后被观主王仁同发觉,在麒麟足上钉一铁钉,以防止神兽走失。因此,上津元贞观被称为麒麟圣地,自明嘉靖年间始建到民国初期,历经400年风雨沧桑,曾经两次大修,使其整体建筑保存完好,成为上津方圆百里善男信女朝拜游览之圣地。

(4)会馆

清康乾盛世以后,上津商贸经济再度兴盛,南北会馆相继建立。古城内有武昌会馆、河南会馆,城外有山陕馆。其中武昌馆、河南馆废于中华人民共和国成立初期,独山陕馆至今保存完好。山陕馆始建于清乾隆末年,为祖籍山西而落户上津的杨义和等五大商号发起,由祖籍山西、陕西的上津商人捐资修建。会馆前后两栋,前殿两面山墙画有"十殿阎王"、因果善报壁画。壁画上分为"三界",即上天、人间和地狱。一生接福行善可上天成仙,而忤逆不孝,杀人放火,奸淫赌博,偷盗抢劫,欺善凌弱,大秤进、小秤出的欺哄蒙骗的商人和泼皮无赖,不务正业的地痞,死后都要被打入十八层地狱,永世不得超生,而小恶者则下辈子托生要变牛、变马、变猪、变狗。借粮食、借钱不还的,要变鸡、变牛、变马给人还债。壁画色彩鲜艳,形象逼真,阴森恐怖。后殿是关公神像,关公高坐在龙头椅上,左手捋须,右手持《春秋》。左旁站着关平,手持金印,下首是周仓。每年五月十三是关公磨刀的日子,于是祖籍山西、陕西和从山西、陕西到上津做生意的商人,都到山陕馆敬香、赶庙会。如此风俗相袭200多年,直至1939年山陕馆神像被毁。1947年上津解放,山陕馆收归地方财政。1954年夏季金钱河涨大水,山陕馆划给上津粮油所,作为粮食仓库,20世纪60

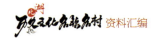

年代又做了棉花仓库。现山陕馆已被地方政府列为历史文物保护单位。

（5）古戏楼

在上津古镇，历史上庙观林立，仅古城内外沿三里长街，即有各类庙观祠堂达14处之多。而城隍庙、武昌庙、黄州庙、杨泗庙、元贞观等五大庙宇都建有戏楼。凡民间过春节、元宵节、土地会、三月三、端午、中秋、九月九等重大节日，寺庙住持道长都要请来戏班唱戏。然而，一度昭示上津历史兴盛的五大戏楼皆于中华人民共和国成立前后被毁。其中，城隍庙、黄州庙戏楼毁于20世纪40年代末。杨泗庙戏楼于1960年冬被大火烧毁。武昌庙、元贞观戏楼则塌毁于1970年前后。

（6）汪家大院

位于上津镇吴家沟村桃园沟垴。始建于清乾隆二十八年（1763年），大院坐西朝东、横列五门，进三栋，正厢房屋共64间。此院石条铺基，青砖青瓦，雕梁画栋，大门横挂大清朝廷恩赐墨玉大匾，上书"忠厚遗训"四个大字，清嘉庆三年（1798年）被白莲教起义军烧毁。当年重建，改原大院规制为列三门，进两栋，三正六厢，复院48间。此院距今250余年，虽年久颓败，但大院整体保存较好，墨玉石匾高挂门顶，字迹醒目，为上津古民宅建筑风格之代表。

（7）双龙衔顶八卦钟

始铸于明弘治六年（1493年）三月。此钟乃上津各界民众捐得巨资，购买大量铜铁，由清明寺住持雇请陕西泾阳县金火匠陈福园、陈福浚、陈铃双等人在上津城东清明寺内铸就。此钟高2米许，围3米余，重5000斤。钟体铸佛教偈语与道教八卦图案，并铸各捐资户姓名、金额、铸造经过与时间等。大钟铸造精美，字迹清楚。后用船运到郧阳府，悬挂在鼓楼上，现存于郧县东岭文化馆内。

（8）青铜器

中国青铜艺术是人类走向文明的重要标志，其源于唐尧，兴于夏商，到西周时期，青铜器的工艺造型、装饰艺术有了长足的发展。1986年在上津过风楼三组发现一西汉古墓，内有三件青铜器，墓中有一鼎、一樽、一盘和一件汉代灰陶。1984年郧阳地区博物馆组织文物普查时，从上津收到一具完整的石斧，这是早在旧石器时期以前上津即有人类生存发展的历史见证。

（9）铜镜

铜镜制造的时间较早，其使用最早可上溯到4000多年前，但商、周以前数量较少，到战国时期才有了较快的发展，结构花纹渐显丰富，主要有山字纹、菱形纹、禽兽纹、蝠纹、龙凤纹等，其形状多以圆形为主，也有少量方镜。在民间楚式铜镜流传最广。上津古为楚地，所以上津民间收藏铜镜较多。1984年文物普查时曾在上津收得一战国时期的方形铜镜。另有唐朝海兽葡萄镜、宋代瑞兽镜、元代菊花镜、明代双龙镜和清代铜镜。此类铜器多为民间祖传文物，被人们视为家传珍宝。

（10）陶瓷类

中国的制陶技艺始于公元前 4500 年,汉代釉陶普遍出现,历唐、宋、元、明到清康熙、雍正、乾隆时代,陶瓷业的发展步入辉煌。"九秋风霜越窑开,奇得千峰翠色来。"陶瓷制品的精美绝伦足可与金银器相媲美。上津地处中原,南方陶瓷自长江入汉水溯金钱河而到上津,长此以往,陶瓷制品在民间普及。在上津镇街道居民家中,尚有明清时期的碗、杯、盘、罐之类的日用瓷器,而以青花瓷为多,因此类陶瓷已属稀有之物,收藏者大都"犹抱琵琶半遮面"。1970 年上津镇前河滩改河造田,在现南门外小铁炉口挖土时,发现陶瓷罐、壶、杯、钵、盆、炉等器物上百件。1986 年上津过风楼一群众建房时,挖出一件汉代灰陶罐。2001 年在古城东出土唐代雕花镂空瓷筒一对。2005 年上津磨沟梁砖厂在起土时,挖出一古墓,内有紫砂瓶一对,分析为汉代制品。

（11）玉器

玉器以精致、玲珑见长,古有"小家碧玉"之称,其不以艳丽惊世,而以滋润的品质、优雅的色泽、精细的雕工、深奥的文化内涵展示于世人面前。上津目前发现的玉器大多为玉簪、玉镯、玉牌、玉石烟嘴等小型器件。1985 年曾出土一件汉白玉奔马,形似马蹄飞燕,雕工精美,色泽圆润,为上津古代玉器之上品。在古城老街曾有一和田玉雕喜鹊登梅,重达数斤,曾不翼而飞,后在陕西省山阳县被公安机关没收。2005 年在磨沟梁出土汉白玉石雕一件,其用镂空工艺,雕刻九龙于一体,上方五条,下方四条,上刻篆体"九转乾坤"四字,底部刻有篆字"大明宣德年制"印记,整体重达 10 余斤。

（12）书画

上津镇古籍较多,1966 年破"四旧"时多被没收烧毁。现存古籍主要有《幼学琼林》《五经》《四书》,明成化年版本医书《神农本草》《医宗金鉴》,清末版《词源》,古戏剧版本和少数阴阳类书籍。另有明清时祖传家谱珍藏较多,古画类有宋元时期钦定进士"书画双杰"赵孟頫临摹的《清明上河图》、清代江南居士王择所绘《百虎图》、中华人民共和国成立前上津教师康子厚收藏的《深山隐寺图》和城内彭希明收藏的《四君子图》。上津现代画家查之良绘有《松鹤图》《牡丹图》《西秦找道》《半湖秋月》《柴门送客》《青龙出海》《观音送子》《山啸》等国画,其绘画技术可与明清大家相媲美。

## （二）历史人物资源

**叔孙通**（?—约公元前 194）:又名稷嗣,西汉初年的开国功臣。叔孙通本来是秦始皇待诏博士,秦二世封为博士,降汉后看到大臣们上朝礼仪太随便、不严肃,于是揣摩、洞悉皇帝刘邦心思,为朝廷制定三拜九叩等宫廷礼仪,刘邦大喜说"吾乃今日知为皇帝之贵也!"遂拜叔孙通为太常,赐金五百斤,赐号稷嗣君,封上津令。

**孟达**（?—228）:三国时名将。东汉末年上津名叫平阳亭。孟达被魏文帝曹丕封为平阳亭侯,源于献郡之功。公元 215 年,曹操占据三国之间的黄金地带东三郡(西城、上庸、房陵),蜀、吴震动。219 年,刘备夺取东三郡,派刘封、孟达守上庸郡,曹操惊惧。因遭猜

忌,加上和刘备义子刘封不和,220年7月,孟达被逼降魏。东三郡失而复得,魏文帝曹丕大喜,"善达之姿才容貌","以为散骑常侍、建武将军,封平阳亭侯"。孟达常驻上庸,却被封为平阳亭侯,这是当时流行的"遥封"或"遥领"。正因为平阳亭如此重要,魏文帝黄初四年(223年)上津设平阳县。

**唐德宗李适**(742—805):唐朝第九位皇帝,779—805年在位。784年2月,由于朔方节度使李怀光联络朱泚反叛,德宗不得不再次逃往山南西道的梁州(今陕西汉中)避乱,直到7月酷暑德宗才重返长安,结束了颠沛流亡的生活。在将近半年的时间中,过惯了锦衣玉食的皇族们惨淡度日。由于出逃时是早春,天气还比较寒冷,没有准备夏天的衣服,到了6月份汗流浃背的时候,大臣、太监和宫女们还穿着冬天的衣服。为了改变这一窘迫状况,曹王李皋"数次遣使贡献",总因"江淮路绝、贡献商旅不通"而无果。无奈之下,德宗皇帝诏李皋置邮驿,从此,"盖南北多故,从江汉而达梁、洋,必取道上津也!"(《读史方舆纪要》)

**毛芬**:崇祯二年(1629年)在任。毛芬是鄂陕两省的名人。《四库全书·史部·地理类·都会郡县之属·陕西通志·卷三十一·万历四十年壬子科》的榜单上,清楚地记载着毛芬高中举人的记录,时间是万历四十年,即1612年。1629年毛芬担任上津令时著有《立埠记》,该文最后一句是:"吾渴繁市久存,予民以详安之生,能否?吾何以能言也!"浓浓深情,跃然纸上。

**龙西华**(1522—1598):《四库全书·集部·别集类·衡庐续稿》(卷八第二页)有龙西华先生墓志铭,铭文记载了龙西华的一生。少时"自幼奇颖,读书过目成诵,文辞坌涌",中举后任河南封丘县令,"先生痛抑豪强,为民刷除虚税代输公补,惟趋拜不以时局,一自信其衷不为猎虚,以是致忤上吏而卒,无以中也"。治乱猛药太猛,导致豪强、官员、百姓都不高兴。后来担任上津县令时,从政理念渐趋成熟,他说:"能改吾封丘令为上津令,而奚能改吾令封丘者令上津也!"意思是,"朝廷改封我封丘令为上津令,我怎么能用治理封丘的办法治理上津呢?"于是,他"为之措刑缓敛,捉身弥砺,一意与民休养不为钩距,事暇辄闭阁翻阅古载籍,衙内萧然若僧舍",即采取宽严相济的办法,与民休养生息,倡导社会和谐,效果是衙门像僧舍一样清静,一派繁荣稳定的景象。

**徐月卿**:1918年出生于河南省信阳县,1939年春参加新四军,1940年加入中国共产党,1947年11月13日担任上关县副县长,次年2月任县长。1949年5月14日上关县和郧西县合并,徐月卿随部队西进,被任命为紫阳县第一任县长。1987年3月于北京病逝。

## (三)非遗资源

### 1.民间戏曲及音乐

上津位于秦岭南麓、汉水上游的金钱河畔,千百年来一直是中国南方北上古都西安的重要水上码头,素有"朝秦暮楚"之称。加上4次置州、7次设郡、23次建县的历史,以及过去多次战争、多次移民迁徙的原因,上津的戏曲文化异彩纷呈,十分繁荣。这里简直就是戏曲的汇集地,过去不仅有庙戏等正规戏,而且演戏成为普通百姓的一种重要谋生手段,周边乃至外省外县的戏班子到这里来演戏,于是就有了许多"杂耍"戏、民间戏在这里上演。宋朝中期的上津城还有勾栏、瓦舍、茶馆,是上津娱乐场所的集中地,也是当时戏曲在城市中的主要表演场所,可供艺人演出杂剧、诸宫调、傀儡戏、影戏、杂技等。最大的是城北的瓦舍,可容纳观众数千人。上津的戏曲种类齐全,剧目繁多,高达2000多个,而且表演自成一家,表演技艺超群,节目十分丰富。

上津流行的剧种很多,据统计有40多种。如汉剧、黄梅戏、秦腔、京剧、越调、河南梆子、花鼓戏、二黄、郧阳花鼓、皮影戏、木偶戏、彩船调、河南曲子、闹地凹等,在此基础上融合后又形成了上津自己的戏曲,如上津梆子、上津三弦、挂猴戏、二人转,还有站花墙、八叉子、对子歌、二棚子等民间小调。特别是民间小调,别有风味,听起来让人感到妙趣横生,感受到说不出的艺术享受。

**汉剧**:汉剧是这里的著名剧种,又称楚调、汉调。据传汉剧最早出于汉水流域,故得名。主要声腔是西皮腔,兼唱二黄,再夹着秦腔的韵味,形成了上津的特色。当时汉剧主要的剧目有《大破天门阵》《马帮困城》《四郎探母》《坐宫》等。

**上津梆子**:又称上津山二黄、陕二黄、汉调二黄,在陕南、汉水流域都十分有名,距今已有400多年历史。上津梆子是汉剧与山陕梆子融合的产物,词名通俗易懂,唱腔高昂激越,伴奏铿锵有力,表演粗犷豪放,唱腔分为生、旦、净、丑四行,其主要剧目有《三国戏》《空城计》《长坂坡》《刘备招亲》,还有唐朝戏《大登殿》《小登殿》,宋朝的《辕门斩子》等,各种剧目多达200多个,多取材于三国、杨家将、薛家将、说岳等题材。上津山二黄还有一个特点是紧拉慢唱。戏曲中间有道白,伴有动作,属典型的"二六倒板"。

**上津花鼓子**:古时称为二流子戏,认为其庸俗,在当时的旧社会里是不登大雅之堂的戏,又称之为"躲躲戏",流传非常广泛,"但闻锣鼓响,唱的花鼓腔",其价值在今天看来还是很大的。花鼓戏大多欢快、朴实、活泼,行当以小生、小旦、小丑为主。上津花鼓子板路分四句,系直板和数板。数板是三板唱罢开始数板,如《二度梅》。

**皮影子戏**:上津的皮影子戏是用牛皮雕成人物花脸,然后在上面绘以各种人物图像,各种人物都有,可演空中飞的仙人,也可演现实生活中各种性格的人。主要在人物的脸谱和动作上区分,有红忠、黑直、粉奸的特点。

上津三弦较典型的剧目有《春打六九头》等。上津民间小调有名的剧目有《小放牛》《十想》等,有几百种之多。上津闹地凹是一种丧歌,过去是专门为富有人家人死后成立的丧歌乐队演唱,主要有《诸葛亮吊孝》《十二个月唱古人》等。

上津的戏曲音乐有文场和武场之分,文场乐器有胡琴、月琴、凤凰琴、曲笛、唢呐、三弦、京二胡等;武场乐器有锣、钹、檀板、鼓等。

与上津戏曲共同繁荣的还有上律的戏楼,上津的戏楼仅在古城周围就有五处,有元贞观戏楼、杨泗庙戏楼、武昌庙戏楼、黄州庙戏楼、城隍庙戏楼。戏楼又分为二棚子,所谓二

棚子,就是前面是舞台,后面是化妆的地方。每逢重要节日、庙会或重大活动,上津就会演大戏。上津以前有专业演员50多人,两个戏班子。他们经常上安康、山阳、漫川会演。上津演秦楚戏,漫川唱陕西秦腔,在漫川至今仍保存着当年两地唱"对台戏"的对台双戏楼,充分见证了当年上津、漫川两地戏曲交流竞争的空前盛况。

戏曲和音乐密切相关,在民间更是如此。上津戏曲的发展离不开民间音乐这一"土壤",民间音乐也需要通过戏曲这种喜闻乐见的形式进行表达。因此,以上津为中心的金钱河流域的民间音乐十分丰富,有儿歌、情歌(含姐儿歌)、阴歌、田歌(包括草歌、劳动号子)、喝彩、送财神调、猜拳歌、风俗歌等多种样式。从形式上分为对子歌、二黄、花鼓子、站花墙、八叉子、灯歌(含龙灯大鼓)、战歌(又叫打仗歌)、号子歌等。中华人民共和国成立后,又有打腰鼓、打花棍、说书、说相声等新样式。真正原生态的上津民歌在上津、六郎、槐树、马安、店子都有流传。

过去,上津音乐中的门调分大调和小调。大调有"大开门""小开门""出调""排队""对口名""饮酒令""要嫁妆""点将""迎宾""送宾"等,遇到婚丧嫁娶宴会之时以唢呐独奏。小调又称为"过街调"。曲牌,传统填词制谱用的曲调名的统称,俗称"牌子"。上津的一些曲牌,在民间是没有谱子的,学唱靠口传,演奏靠抓音,多由唢呐吹奏,也有人唱的。戏曲爱好者们根据事情、现场情景,临场做些发挥,现编一些词,反映了群众的生活和智慧。

目前上津的一些民间小调还有一些人在传唱,主要是一些对子歌、田歌、灯歌、号子歌、战歌。

此外,金钱河的渔夫们还唱"划船歌",当地人建房子上梁时唱"上梁歌",待客时唱"迎客歌"等。总之,上津的音乐五花八门,应有尽有。

### 2.民间文学

由于受战乱影响,文人墨客留于上津的正史文学不多,但民间文学却异常丰富,广为流传。民间文学又以描述上津美丽的自然山水景观为主,可以说是一景一诗,其中又以柳州古八景为最多,长堤柳浪、伍峪青慢、铁箍云峰、三山叠翠、白岩云桥、天桥古洞、仙鹤凌霄、嵩山仰面,且不说这每一景点的诗篇,单就是这古八景名称听来就充满诗情画意。清朝著名诗人王霖"青青堤上柳,飘忽自成春。欲作之眠势,应来九烈神。波平分鸭黛,浪咸起鱼鳞。若向江中渡,风流自有人"的佳丽诗篇就是对上津长堤柳浪美丽景观的真实描述。

### 3.上津灯会

上津民风民俗融汇了南北风俗,节日除全国通行的元宵、端午、中秋等重大节日外,还有农历二月二土地会、三月三、六月六、七月半、九月九、腊月二十四(送灶神)等地方节日。

上津灯会是上津古城民间传统文化艺术之一绝,其庞大的龙灯队伍、浓厚的神话色彩、精湛的制作工艺、粗犷的舞蹈雄姿和火红的灯会场面,是当今灯会之仅有。

上津灯会队伍之庞大令人震惊,其以巨龙、狮子为主体的各类配套仪仗就达56件之多,而每个仪仗配件都蕴含着一个神奇的故事。因此,观看上津龙灯盛会不仅能大饱眼福，为其声势浩大的龙灯队伍和制作精美的传统工艺所折服，而且还能产生奇思妙想，如游蓬莱仙境、如登九天神界、如观玉帝天宫，可谓妙趣横生，叹为观止。

天灯民俗在上津历史悠久，文化内涵极其丰富。上津人在元宵节、七夕节、中秋节等传统节日里都会自发举行放天灯活动来许愿、祈福。今天的上津，元宵节仍保留着放天灯的习俗，且在正月十五、十六两天进行，可以说全国极其少见。七夕节里放天灯，是郧西独特的民俗活动。郧西是牛郎织女故里，七夕文化发源地。七夕夜，天高气爽，青年男女们相约来到天河河畔放飞天灯，一方面为牛郎织女鹊桥会营造浪漫热闹的氛围，一方面也祈望自己爱情美满，婚姻幸福。

中秋节放天灯，在郧西也是一个常见的民俗活动，主要是寄寓和美团圆的心愿以及表达对远方亲人的思念。

**4.上津雕塑及刺绣等文化**

上津的木雕、石雕、石刻、刺绣、塑捏等工艺独具特色。过去，上津的桌子、窗户、门顶、椅子、檐橼、橱柜等处都有木雕花，这些雕花想象奇特、构思夸张、古色古香。上津的石雕主要体现在石碑，庙中的石碑及墓碑都有北方魏碑的余风，苍劲有力。上津的刺绣在过去相当普及，是本土妇女的一项基本功，一般的女子都会绣枕头、绣鞋垫、绣荷包、绣手帕，还会绣花鞋、婴儿兜，甚至衣服上也绣上画，绣出来的画画面清新淡雅，令人耳目一新。过去还有扎花，在上津老四街还时常可以见到。上津塑捏包括泥捏、面捏，泥瓦匠用泥捏出的人、鸟、器皿形象逼真，简直可以以假乱真。中华人民共和国成立前上津的泥塑多为各类神像，如祖师、关帝、娘娘胎、土地公等。面捏，可以捏出各种鸟类，如斑鸠，捏成以后，按上花椒，作为点睛之笔，放在锅内一蒸，如真的一样，吃着可口，看着爽心。

上津织布和金钱河流域夹河的染布技术都很精巧。上津织出的棉布，细腻而结实，销往陕西、山西等地。相传一到下马岭（今十八盘）就可以听到上津街上的织布机声，可见当地织布水平及规模。上津过去大多数妇女都会纺纱、织布，远在宋朝时上津就已经是养蚕的重要区域。上津人不仅用桑叶养蚕，而且用花栎树叶养蚕。以前上津很多农民家中都还有纺线机、织布机。至于染布，一般是用蓝土制作染料的方法进行，这在旧中国的上津地区非常盛行。过去家庭自制土布即用土靛染料。上津染布技艺精湛，可以印出 10 多种花色。有"山西的骡子上津的布，夹河的染缸染花布"之说。上津染布的方法很多，其中有一种绞缬技术，在汉水流域那是响当当的。绞缬，又称为"撮缬""撮晕缬"，民间通常称"撮花"，是古代纺织品的一种"防染法"染花工艺，也是一种传统的手工染色技术。它依据一定的花纹图案，用针和线将织物缝成一定形状，或直接用线捆扎，然后抽紧扎牢，使织物皱拢重叠，染色时折叠处不易上染，而未扎结处则容易着色，从而形成别有风味的晕色效果。在史书中就有上津、夹河的"鹿胎紫缬"和"鱼子缬"图案。20 世纪六七十年代，绞缬工艺仍然盛行，很多农民将织出的粗布染成精妙的图案。绞缬工艺巧妙地利用了染色工艺的物理、化学作用，使织物上呈现出特殊的、无级层次的色晕效果，特别是蝴蝶缬很生动。

上津的银货加工也是响当当的,不仅做祭器,而且还做女人用的首饰。做出来的金银首饰,式样新颖,寓意创新,在方圆几百里首屈一指,往来客商争往购之,有"上津的银货江南的绸,穿绸戴银显风流"之说。

（整理者:石方杰）

**参考文献**

王太宁.千年上津[M].武汉:湖北人民出版社,2013.

# 曾国故都
## ——安居镇

## 一　村镇概述

安居镇位于随枣走廊中心，㴉水与溠水交汇处，是湖北历史上最早的城市之一，是一个具有3000多年历史的文化古镇，是鄂国古都、曾国（随国）古都所在地，为汉东地区的政治、经济、文化中心，是曾随文化的重要发源地、曾随宗庙所在地和祭祀器物的冶炼铸造中心及南北文明（长江文明和黄河文明）的交流融合地。安居镇是㴉水上游漕运最为发达的码头城镇，有"小汉口"之称①。

安居镇历史悠久。据《左传·庄公四年》记载："武王伐随，令尹斗祁，莫敖屈重，除道梁溠，营军临随。"②按这段记载，庄公四年（前690年），楚国与随国在安居的溠水边"上梁"山冈上进行了一次大战，当时随国都城就在今天的安居。近年，考古学家已在镇区内发现西周早期的随国都城墙基，并在镇中心勘察出随国的城中城。该城址约建于公元前11世纪，废弃于汉代。西魏大统年间置款州，领㴉水郡安贵县（驻地在今"安居镇"），后废㴉水郡，别置戟城郡领戟城县。北周时，置㴉水郡领安贵、横山两县。隋代废㴉水郡，安贵县属随郡。大业初年，废横山县并入安贵县。唐初仍为安贵县，隶属随州。武德四年（621年）撤安贵县入随州，取名安居，从此定名。"安居"一名历经唐、宋、元、明、清，沿用至今。明洪武元年（1368年），降随州为县，洪武十三年（1380年）复升为州，安居属县、州治。清属随州辖。中华人民共和国成立时，为随枣县管辖。1950年为安居区，1958年改安居公社，1984年建镇。2009年由曾都区划归新设立的随县管辖。截至2014年，镇政府驻安居，人口6.5万人，面积113平方公里，辖安居1个居委会和夏家畈、徐家咀、肖家店、邓家庙、皂角树、车岗、黄家寨、聂家寨、张家河、宝峰观、范家岗、刘家台、烟袋坡、和睦畈、刘家畈、张畈、漂河、姜家棚、安南山、林家台、张家井湾、王家沙湾、王家楼23个行政村。

从地理条件上看，安居镇位置优越。地处大洪山与桐柏山山脉之间，在㴉水与溠水交汇之处，为古河运交通的重要节点。㴉水是汉水最重要的支流之一，下游称为府河。随中

---

① 随县史志编纂办公室：《随州志》，民国重印本影印本，1981年，第8页。
② 杨伯峻：《春秋左传注》，中华书局2016年版，第163页。

地区与长江流域的漕运贸易,依托涢水、汉江为纽带,在安居镇形成了规模较大的商贸街。在陆路上,安居镇距离随州城区和随县县城均在15公里左右,地处随州旅游功能圈之中,与随州旅游功能圈形成整体。京广线、汉丹线、宁西线三条铁路贯穿随州全境。从随州东到上海,西到成都,南到广州,北到北京,都在1000公里的辐射半径之内。随洪路、历均路在境内交会,福银高速、随岳高速穿境而过并有出口,交通便利。早在明代时,外地人纷纷来安居经商,陕西人在安居建有陕西会馆,江西人也在此建有江西会馆(即万寿宫)。近代以来,安居是随中地域的商品集散地,旧时陆路交通不方便,交通运输以漕运为主,安居为汉水上游重要的漕运码头。涢水河水深流急,港湾较多,便于泊船,仅在镇区4里距离内就有6处可以泊船,常年保持泊船千号,有3000多船民在当地消费。安居老街有大小杂货、皮头店铺200余家,粮行90多家,从事餐饮业的80余家,肉案38副,每集销售猪肉50多头。老街(九街十八巷)距今已有1300余年历史,目前保存基本完好,为县级文物保护单位。

安居镇所处的环境,分布着很多珍贵的植物种类,主要包括中亚热带的常绿阔叶林和北亚热带的常绿阔叶与落叶阔叶混交林。当地有着悠久的种植泡泡青菜的传统,其中以安居镇最负盛名。安居泡泡青菜营养丰富,鲜美可口,是绿色无公害食品,通过了国家地理标志认证,是随州著名的土特产。安居镇沙湾红萝卜风味独特,可养颜美容,解酒祛病,强身壮体。安居金黄蜜枣已有200多年历史,是湖北名特产品之一,以"色如琥珀、体丰肉厚、沙酥爽口、甘之如饴"而驰名省内外,行销全国。另外,安居豆皮、安居羊杂也是随州知名的特色小吃。

## 二 村镇资料

### (一)历史建筑遗存

#### 1.曾随遗址

安居城址:经考古学家勘测,安居镇王家楼村八组一带,有一座城址①,2013年经国务院公布为第七批全国重点文物保护单位。该城约建于西周初年,废弃于汉代,与现已发现的齐、鲁古国都城相似,城内有城,城外有套城。内城南北约190米,东西宽170米,城墙遗址东、北、西三面保存较好,墙基宽约10米,残墙约高出地表1米。城内有厚薄不等的文化层和大量陶器碎片,内城四周有护城河遗址,距内城西北方向1公里处发现有多处夯土。外城城墙北至砖瓦厂及安居中学,南城墙至安居老街,西城墙达溠水东岸公路、东城墙接近羊子山,方圆约2.5平方公里。安居古城遗址的发现,为确定早期曾(随)国都城提供了重要依据。

羊子山墓群:羊子山墓群是安居镇发现的西周至战国墓群的典型代表,出土西周到战

---

① 武汉大学荆楚史地与考古研究室:《随州安居遗址初次调查简报》,《江汉考古》1984年第4期。

国的兵器、祭器、礼器、酒器及生活用器数百件。2007年,安居羊子山编号M4墓地出土了27件青铜器,其中多件有"噩疾"铭文,其中噩侯方彝、兽面纹鼎、扉棱提梁卣等文物十分罕见,现为随州市博物馆的镇馆之宝。

▲ 噩侯方彝

### 2.安居老街(九街十八巷)

为县级文物保护单位,整体保存着明清时期古建筑266间,其保存完整程度为全省少见。老街的主街道顺应地势,自然转折分为九个部分,即九街;与九街垂直有十八条巷子,其中有十条向南通向涢水河,便于货物运输人员通行,八条巷子向北,方便居民出行。老街长3里许,街道两边门面房3000余间,房舍主要是明清时建造,多数为杉树合门,逢热集下掉杉树门,敞开门面做生意,晚上再把门装上。富裕人家修建的房屋以砖木结构为主,走马转楼,墙体以片子砖挂斗或为三六九的青砖实砌,多数建有隔火墙。墙上设有瞭望孔;门楣上方雕梁画栋;屋脊两头搬爪;外墙上部画有墨画;进深三级,由后向前逐步升高。民居建筑多是大屋顶,有立架式、公山式、独立式,全部为十一檩,间距3.5米,进深8米的房舍,上盖布瓦,少数是封火卷檐。安居镇老街由下至上3座城楼,东楼为下门楼,街中间白氏巷跷前的一座称为过街楼,西街头谓之上门楼。上门楼建筑典雅奇特,横看四柱一线,竖看四柱一线,斜看四柱仍是一线,楼四角飞翘,每角都挂着铜铃。旧时的安居有陕西会馆戏楼、天父庙(即都宪府)戏楼、万寿宫(即真君殿)戏楼、老官庙戏楼、五显庙戏楼5座戏楼,有长庆禅寺、老官庙、万寿宫真君殿等寺观庙宇10余处。

**九街**:主街根据转折情况分为九段,即九街。文昌街上至上门楼,下到太平巷,与太平街相接,全长116.5米,因其街道北面建有文昌宫,故而得名。太平街上与文昌街相交,下与拐子街连接;从南北褚家巷起上至太平巷止,全长134米,因百姓期盼太平,故取名为太平街。拐子街上接太平街,下连五显街,从宽巷起到南北褚家巷止,全长51米,因街道居民建房左凸右凹,街道弯曲,故将街道名称定为拐子街。又因其街像笆子

▲ 文昌街

头状,故而又称为笆头街。五显街上接拐子街,下连五彩街,从清凉巷起到宽巷止,全长103米,因其街北建有五显庙,故而得名。五彩街上与五显街连,下与丁字街相接,自马家巷起至清凉巷止。该街是以颜色红、黄、蓝、白、黑为义定名,还是另有所指,有待进一步考证。丁字街上连五彩街,下与横街相通,从横街水门起至马家巷止,全长228米,宽4米,其街"丁"字形,故定名为丁字街。横街上拐与丁字街相通,下拐与新街相连,全长107米,宽3.5米,因其南北走向横于丁字街与新街中间,故而得名。新街上通横街,下向东至桥口,原东面有下门楼,亦称东门楼,全长330米,宽4米,因其街直到明清之际方形成街市,故定名为新街。后街上至杨家台,下到八角楼,全长1.5里许,宽无定数,因有人在后街开茶馆、饭馆和做杂货生意,故称为后街。

**十八巷:**严家巷当是自下而上之首巷,长约60米,宽约2.5米,坐落于新街之北面。该巷以姓氏而得名。小北门巷,亦称张家巷,长52米,宽3米,它是安居镇新街里面的五条巷子之一。该巷在街道之北面,乡民进入镇内或出街多数过此巷,所以称其为"小北门"。由于巷侧长久住着一张氏居民,因此又称该巷为张家巷。李家巷,长40米,宽2.5米,它是安居镇新街里面的五条巷子之一。该巷在街道之南面,与小北门巷相对,过此巷可直达涢水河,因其巷旁住着一李姓大户,故将巷命名为李家巷。纪家巷,长约100米,宽约3.5米,坐落于新街之街道南面,巷面铺有鹅卵石,斜坡,直通涢水河,装卸货物方便。该巷以姓氏而得名。郭家巷,长100米,宽2.8米,坐落于新街街道南面,它是新街五条巷子之一。因其巷口住着一郭姓人家而谓该巷为郭家巷。皮家巷,长约50米,宽2.8米,坐落于丁字街之北面,因其两侧住着几户皮姓人家而冠巷名为皮家巷。20世纪60年代组建木社、铁社而设该巷。马家巷,长65米,宽2.8米,坐落于丁字街与五彩街交界处之南端,巷面铺有鹅卵石,斜坡,向南直通涢水河,为向民船装卸货物方便起见而掘修成坡形路。该巷以姓氏而定名。百氏巷,长110米,坐落于五彩街道之北面,因其巷较长,两侧杂姓居民相处和睦,故谓该巷为百氏巷。丁家巷,长80米,宽3米,坐落于五彩街道之南面,巷面铺鹅卵石,斜坡,向南直通涢水河,可向灯盏窝港停靠的民船装卸货物。该巷以姓氏而定名,现依存。清凉巷,长105米,宽3米,坐落于五显街与五彩街交界处之北端,巷道中间有门,其巷道东西两侧居民房舍高墙耸立,走进巷里身感清幽凉爽,故名清凉巷。窄巷,长76米,宽1.5米,坐落于五显街东端南面,向南直通涢水河。居民从涢水河担水进巷,只能一鼓作气从巷道走出,因巷太窄不能

▲ 百氏巷

换肩,由此,取该巷名为窄巷。扬叉巷,尾端至分岔处长约 50 米,宽约 3.5 米,分岔处向东北延伸末端长约 120 米,宽约 3.5 米,分岔处向西北方延伸终端长约 60 米,宽约 3 米。该巷坐落在五显街中段北面,与曾家巷相对。巷中住着一户房屋坐北朝南的张姓居民,该巷由张姓房舍分岔向东西两边伸延,因而取此巷名为扬叉巷。曾家巷,长 87 米,宽 3 米,坐落在五显街中段南面,与扬叉巷相对。其巷斜坡,巷道铺有鹅卵石,向南直通涢水河,从此巷可直达灯盏窝港商船上装卸货物。由于此巷口住着几户有声望的曾姓居民,所以取其巷名为曾家巷,同时也有数户有名气的唐氏居民住在巷口,也称唐家巷。宽巷,长 80 米,宽约 6 米,坐落在五显街与拐子街交界处之南端,向南通往涢水河,巷道斜坡,铺有鹅卵石;通此巷直达灯盏窝港向商船装卸货物。此巷因李恒丰家族建房与曾姓居民建房相互谦让而扩宽了巷道,故定名为宽巷。北褚家巷,亦称上褚家巷,长 76 米,宽 2.5 米,与南褚家巷相对,坐落在太平街与拐子街交界处之北面;其巷以褚姓命名。南褚家巷,又称下褚家巷,长 90 米,宽 2.5 米,与北褚家巷相对,坐落在太平街与拐子街交界处之南面。向南通往涢水河,巷道斜坡,铺有鹅卵石,通此巷直达灯盏窝港向商船装卸货物。该巷与上褚家巷一样以褚姓命名。太平巷,亦称沈家巷,长 60 米,宽 2.8 米,坐落在太平街与文昌街之南面。向南通往涢水河,巷道斜坡,铺有鹅卵石,过此巷可直达灯盏窝港上端向商船装卸货物。因该巷临太平街,故取名为太平巷;又因为其巷头住着几户沈姓居民,所以又唤作沈家巷。文昌巷,亦名廖家巷,长 118.5 米,宽 3 米,坐落在文昌街之北面,巷道铺有鹅卵石,向北通往张家大堰。因该巷邻近文昌宫,故定名为文昌巷。又因巷口住有廖姓大户居民,故亦称廖家巷。

### (二)历史资源

#### 1.曾随古都

安居镇为曾随文化的重要发源地,旅游资源丰富,名胜古迹众多。安居镇王家楼村八组的古城遗址于 2013 年经国务院公布为第七批全国重点文物保护单位。安居镇郊的羊子山、桃花坡、砖瓦厂等地发现西周至战国时期的有关曾随的古墓群 10 余处,尤以羊子山墓群最具代表性。

#### 2.汉府源头

安居镇是涢水上游漕运最为发达的码头城镇,是近代随西南重要的水陆贸易集散地,有“小汉口”之称。涢水,位于湖北省境内,发源于大别山麓的大洪山,涢水是汉水东面最大的一条支流,流经随州、安陆(涢水流经安陆后称府河)、云梦,至应城与云梦交界的虾咀分流为两支,西支经汉川北部至新沟注入汉水,东支由云梦入孝感的澴河至武汉谌家矶注入长江。安居镇涢水上游水库的修建,使水面宽度大幅缩减,码头现已荒废,当年千船泊岸的景象已成为历史。

#### 3.百年片影

民国以前,交通工具不甚发达,运输以漕运为主,涢水河畔的安居镇具备了得天独厚

的优势,因此而成为随中地区的商业中心和商品的集散地。安居镇上的九街十八巷(即今天的老街),也就是在这样的背景下形成的。九街十八巷的九街,其实是相互贯穿的,每一街的界定,分别是以某一支巷为起止点,并以临街的主体建筑或街道景观特点为命名标准。过去百年的历史沧桑,尽现于老街的名称之中。安居镇老街承载着上千年的历史,其连通全省的水系优势,曾是当地经济、文化乃至政治发展的重要支撑。当前,九街十八巷的保存基本完好,只是在历史进程中,由于当地部分集体企业单位的拓展,严家巷、纪家巷、皮家巷、曾家巷等四个支巷已不复存在了。

### 4.向阳花开

1949年10月1日,中华人民共和国成立,从这时起,直到20世纪70年代中期,"东方红,太阳升,东方出了个毛泽东……"的曲调响遍九州。与此同时,房屋外立面粉刷毛主席语录和毛主席指示,几乎成为中国建筑的流行色,这一房屋装饰风格也在安居老街的建筑上体现得淋漓尽致。从拐子街(老镇政府)到下门楼一段为"火红的岁月"一条街,主要反映20世纪六七十年代那火红的日子,命名为"向阳街"。该街段主要参照20世纪六七十年代的街景记忆进行修缮,以吸引知青这一庞大客源为主要目标。如今,走在安居镇老街,许多建筑上的红色标语依旧清晰可见。路段上设置"大众旅社"等旅馆食铺,作为游客休憩的节点,让游客重温人民公社食堂的氛围。此外,该段区域内的小店铺依托原有建筑基础,主要以经营纪念品为主,包括"毛主席像章"展室、"红卫兵服饰"店、"文革瓷"鉴赏园等内容,集收藏赏析与销售于一体。

### (三)非遗资源

安居镇非物质文化遗产十分丰富,文人墨客在此留下诗词歌赋40余篇,有历史传说和民俗歌谣33首。县级非物质文化遗产——板凳龙灯,创始于民国初年,沿袭至今,已成为寻根节庙会的重要表演节目。

**板凳龙灯**:安居镇的板凳龙灯是在板凳上扎上龙灯,先在一端扎上龙头,再扎龙身、龙尾巴。为了晚上玩灯明亮,在龙头、龙身、龙尾处分别安上点蜡烛的插座,以便照明。板凳龙灯有黄色的、红色的、青色的、黑色的、金色的、银色的,以及混色的几种。

玩板凳龙灯的技巧不尽相同,有两人玩法的、三人玩法的和一人独舞的。两人玩法是:一人掌龙头的两条腿,一人掌龙身后的两条腿,一人前翻,一人后蹚,侧身转翻;前俯后拍,前

▲ 板凳龙灯

跃后腾;左跳右摆。三人玩法是:二人各举龙前身的一条腿,一人掌龙尾的两条腿,翻滚时掌龙头的二人依左右序先翻转,穿蹿,掌龙尾的一人跟着穿蹿;摆尾时掌龙尾的一人移步左右摆;昂首时,掌龙头的两个人同时高举。一人独舞的是较短的小型板凳龙灯。其玩法是:上下翻滚、左摇右摆、前沉后翘、前仰后潜、侧滚翻转,执龙灯的人有时斜举板凳龙灯,转身移步,活生生地表现出腾云驾雾、翻江倒海之气势。

玩板凳龙灯其动作主要是根据穿、蹿、翻、滚、转五个字展开的。它的艺术性、技巧性就在于"动"。安居镇的板凳龙灯玩法别具一格、独树一帜。1974 年 7 月,湖北电影制片厂在该地拍摄板凳龙灯新闻片,远播东南亚。

（整理者:吕传益,孙梦婷）

## 参考文献

1.随县史志编纂办公室.随州志.民国重印本影印本,1981.

2.杨伯峻.春秋左传注[M].北京:中华书局,2016.

3.随州市博物馆.随州市出土文物精粹[M].北京:文物出版社,2009.

4.湖北省人民政府.关于公布第四批湖北省文物保护单位的通知.鄂政发〔2002〕35 号.

5.随县人民政府.关于认真做好文物保护工作的通知.随县政发〔2010〕10 号.

6.安居镇人民政府.关于做好保护修缮安居古街古文化遗产、促进实施"旅游兴镇"战略的通知.安政发〔2010〕62 号.

7.安居镇委办公室,镇政府办公室.关于成立安居"九街十八巷"及安南山曾侯古宅改造工作领导小组的通知.安办发〔2013〕6 号.

8.随县安居镇人民政府.随县安居镇历史文化名镇申报资料.2013.

9.中工武大设计研究有限公司.安居镇历史文化名镇保护规划(2016—2030).2017.

# 将军故里

## ——宣化店镇

## 一　村镇概述

宣化店镇是湖北省 100 个重点中心镇之一,35 个示范乡镇之一,还是震惊中外的"中原突围"发生地、全国著名的革命根据地。据清乾隆十一年(1846 年)《罗山县志》记载:宣化店原名"仙花店,本以仙花得名,其后转音宣化店",沿用至今。宣化店占地面积 265 平方公里,占全县面积的八分之一,城区规划面积 7.8 平方公里,建成区面积 5.5 平方公里。现辖 33 个行政村,1 个居委会,417 个村民小组,15647 户,总人口 6.8 万人,占全县人口的八分之一,城区常住人口 4.3 万人。

宣化店地处大悟县东北部,位于鄂豫两省交界处。北与河南省罗山县城、东与河南省新县县城、东南与黄冈市红安县城、西与大悟县城均为 60 公里左右的距离;距高铁孝感北站 40 公里;距离京港澳高速公路 45 公里;距京广铁路 70 公里;距沪陕高速公路 60 公里。宣化店镇交通便利,历史上就是进京大道,鄂豫两省边陲要道,是周边两省三县物资运输的集散地、转运站。陆运有人推独轮车、马车、驴车等,水运有竹竿河上竹排、小木船等,水陆并进,商贸十分繁华,有"小汉口"之称。登上宣化店镇城楼,放眼四顾,竹竿河上竹排密集排列,河边大道上人来人往,络绎不绝。随着社会的发展,宣化店镇的交通条件更为便利,开武(河南开封至武汉)公路、宣苏(宣化店镇至河南苏河)公路、宣山(宣化店镇至河南山店)公路与县域内宣悟公路、三宣公路及遍布村组的村级公路等,组成四通八达的公路网。

宣化店镇历史悠久。周初,为谢国之地;春秋战国,属楚地;汉,属江夏治下;隋,属罗山县;唐,属申州南罗县;宋,属信阳郡罗山县;元,属阳州罗山县;明初,属凤阳府,后改属汝宁府罗山县;清,属汝宁府罗山县仙花里大胜关。北伐战争时期,共产党人郑新民、郑墨民等在此播下革命的火种,开展轰轰烈烈的农民运动。土地革命战争时期,宣化店人民在"黄麻起义"的影响下,纷纷举办"黄学",聚集革命力量,坚持革命斗争,并于 1929 年秋举行革命起义,建立革命根据地。礼山县建置前,宣化店属河南省罗山县。1933 年,礼山县成立,宣化店划入,初属第四区,后改为第三区。抗日战争时期,宣化店是国民党第五战区重要前沿基地之一,是新四军第五师及罗(山)、光(山)、经(扶)、礼(山)地方武装展开抗日反顽斗争的主要战场,并且礼山、黄陂、孝感三县县政府一度移驻于此。1946 年 1 月,中共中央中原局、中原军区司令部、中原解放军行政公署移驻宣化店,在此进行反内战斗争。1946 年 6 月在此爆发了震惊中外的中原突围。

宣化店镇经过多年的努力,镇域经济发展势头迅猛,产业支撑作用日益凸显,特色种植业和养殖业发展壮大,近年来新建改造板栗、青油茶、猕猴桃等林特基地 30 余万亩,建成中原地区最大冷库之一,辐射带动两省三县 9 个乡镇板栗产业发展;绿色能源产业迅速发展,风电装机容量达 11.8 万千瓦;旅游业提档升级,年接待游客近 50 万人次①,实现旅游综合收入近 3 亿元。全镇年财政收入 2354 万元。镇区面积 3.5 平方公里,目前拥有中心街、中原街、迎宾大道、沿河大道、会馆街五条纵向街道和大胜街、北正街、火神街、建新街、大东门街五条横向街道,呈"五横五纵"城区布局。主干道完成了硬化、亮化、绿化工作,基础设施基本齐全。镇区绿荫掩映,街道整治,传统建筑布局典雅,保存完整。乡村山清水秀,风景优美,民风淳朴,传统文化氛围浓郁。

宣化店镇属于丘陵地区亚热带季风气候,常年降雨量在 1100~1200 毫米之间,雨量充沛,以黑土、黄沙土为主,海拔高度适宜,气候温和,植被覆盖率高,森林茂密。竹竿河位于大悟县境东北部,属淮河水系,源于五岳山东南麓,蜿蜒流经丰店、宣化两个镇 20 余村,流程约 50 公里,北至宣化陶家湾,出境入河南省。

宣化店旅游资源丰富,镇域有著名的历史军事关隘大胜关和墨斗关,是打响解放战争第一枪的地方。宣化店镇拥有历史悠久的湖北会馆,拥有第一批中国传统村落"八字沟",古树名木、古井古塔比比皆是,有香客云集膜拜的观音寺,拥有绵延近 20 公里,极具传奇、凄美爱情故事的原生态峡谷——"九女潭"。

宣化店镇整合自身资源,充分利用红色资源和自然资源,深度挖掘发展优势,逐步形成了旅游、农副产品深加工、新能源、现代商贸物流四大支柱产业,融合传统与现代,重拳打造具有特色的产业发展道路。一是依托红色、绿色资源和传统文化,发展旅游业。近年来,以"湖北会馆""中原军区司令部旧址"为中心,重点开发与解放战争有关的红色资源,形成具有鲜明特色的红色旅游产业;以九女潭传说为背景,深度打造野外探险地——九女潭,吸引武汉、信阳等地众多游客入溪探险;以第一批中国传统古村落"八字沟"为原型,延伸还原历史文化风貌。二是依托农业优势,大力发展农副产品深加工。以青油茶、花生、板栗、猕猴桃等农副产品深加工为主,目前已经建成深加工企业多家,现代农业特色明显。三是依托山地资源,优先发展新能源产业。深度开发宣化店独具特色的山地资源,成功引进中广核风力发电有限公司和武汉凯迪生物新能源有限公司,充分利用风能和枯枝树叶进行发电。四是依托区位优势,发展商贸物流业。利用紧邻 108 省道的优势,重点发展现代商贸物流,提档升级,规模和实力不断提升。

---

① 笔者于 2019 年 6 月调研宣化店时从当地文旅部门获悉的数据。

## 二 村镇资料

### （一）建筑遗存

宣化店镇是全国著名的革命根据地，革命文物丰富，历史文化遗址保护较好。现有全国重点文物保护单位一处，即中原军区旧址（中原军区司令部旧址、周恩来与美蒋谈判旧址、中原军区首长故居、中原军区大会场旧址），中国第一批传统村落一处，即宣化店镇铁店村八字沟。历史文化遗址建筑面积0.9平方公里，包括中原军区旧址、醉仙楼、清代巡宫、湖北会馆、宣化店明清老街、清代庄园建筑群等一批典型建筑。这些革命旧址和历史文化建筑大多建于清代道光、同治年间，具有极高的研究、保护和利用价值。近年来，前来参观、考察、学习的各地群众不计其数。中原军区旧址是中宣部公布的第三批爱国主义教育示范基地，成为对外展示宣化店、弘扬历史文化的窗口。

▲ 湖北会馆

#### 1.古建筑遗址遗迹

**八字沟：** 八字沟古民居位于大悟县五岳山下的宣化店镇铁店村，建于清光绪十五年（1889年），占地面积约30亩，前后是五排古式建筑，共96间。其中，前四排样式规模相同，后排两边各建一座炮楼，炮楼高三层，主体均由长约28厘米、厚约8厘米的方形青砖建造，内有土炮各一门。房屋建筑为每层六个单元，每个单元有一小院，均为"四水归池、八柱落脚"模式，两旁厢房上面雕刻有人物、鸟兽、花草，地面均为条石铺成。房屋前是一方形门场，紧挨着一半月形水塘。围墙上建有四个

▲ 八字沟

碉楼。围墙与塘角两边各有一座门楼，是出入八字沟的必经之地。

　　**玄坛观**：史称麻藤坳。相传魏晋时期玄学大师何晏、王弼云游至此，见此地风光秀丽，景色迷人，更是南北天堑要塞，整个山坳被绿荫覆盖，纵横交错的麻藤交织形成网络，行人过此，白天也难见天日，岗上南侧约有 50 平方米的平台，并有三间草房属吴姓经营的酒家（今吴氏墓地仍在玄坛观西侧竹林中），二人就此歇脚。天有不测风云，次日大雪封山，不便出行，何晏、王弼只能借此地暂避一时，就在平台上燃起篝火，传授玄学之伦理。庄稼人听得津津有味，但觉得实在玄乎，由此得来玄坛之称。元末明初，玄坛观便有了赵姓居住，直至明末清初，赵姓人丁兴旺，便在当年的讲坛上立起了赵公明石像（高 2 米，直径 80 厘米，属大理石雕刻），以求人财两旺，逢年过节，赵氏家族率族人前往叩拜。直至太平军北伐，赵公明石像被太平军推至大岗北深沟，年长日久，现已陷入玄坛观文化广场地下深处。

### 2.红色文化建筑遗址

　　**湖北会馆**（周恩来同志与国民党谈判旧址）：是清道光年间湖北商人在河南省境内罗山县宣化店建成的一座商会会馆（现属湖北省大悟县）。房屋坐北朝南，原建筑为三进两天井式建筑，一进三层为舞台戏楼，西阔五间，进深两间；下层明间为过道，东西两侧各有两内室；中层明次间为舞台，东西两梢间各为男女演员化妆所用。舞台台口有大柱两根，分别雕有雄狮玩绣球；上层为清代亭阁式，上檐雕刻有双凤朝阳、八仙过海、二龙戏珠，精工巧艺、形象逼真。东西山墙还有火焰山，戏楼高大而精致。二进为两层楼建筑，西阔各五间，楼前有宽阔的天井，可供两千余观众看戏之用。三进一并五间，两边各厢房三间，为七架抬梁式构架，明次三间为客堂，安装隔扇门、槛窗，门上分别雕有"西游记""八仙过海""三国演义"中的典故，东西梢间为内室，室内有八根大柱支撑，气势雄伟，明次间上安横梁，雕有双龙翻游，斗拱交合，结构紧凑，美观别致，独具风格，体现了大邑小县，为古老高超的建筑艺术。

三幢建筑东西两侧各有日映东院和日映西院，四周有走马转楼，组成了宣化店湖北会馆整体格局，面积 2000 平方米，解放战争时期成为周恩来与美蒋谈判重地。湖北会馆一进三层舞台戏楼和四周的走马转楼在"文化大革命"时已毁，二、三进建筑保存完好，现占地 1260.87 平方米，建筑面积 444.81 平方米。

▲ 周恩来与美蒋谈判旧址

　　**中原军区司令部旧址**：原是大商号"李隆盛"，系清代建筑，现保存完好。门向街道开，背临竹竿河，砖木结

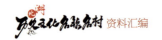

构,五架抬梁式构造,属减柱造,屋面为单檐硬山顶覆盖,青灰小布瓦,青砖灌土墙,三厅两院、大梁粗柱。宽敞壮观,前厅和中厅各面阔五间,后厅为面阔四间,进深均为二间,前院左右两侧各一间,后院左右两侧各有厢房二间,中厅和后厅隔扇门窗上均有人物花鸟浮雕,形象生动,占地面积621.08平方米,建筑面积462.61平方米。

中原军区大会场:中原军区大会场旧址是清末商家所建,系砖木结构,两层楼房,两进一天井,西阔各五间,青砖灌土墙,屋面椽、檩、小布瓦均与民间无异。旧址占地面积307.55平方米,建筑面积529.82平方米。

李先念旧居:两进一天井,面阔三间,进深两间,减柱造,五架抬梁式构架,花隔扇门,青砖灌土墙,小布瓦覆盖,占地面积132.7平方米,建筑面积124.78平方米,现保存完好。

中共宣化店支部旧址:为清代建筑,两层楼房,占地面积136平方米,建筑面积249平方米,硬山顶砖木结构,现保存完好。

宣化店旧址群占地面积2458.2平方米,建筑面积1811.02平方米。

## (二)历史资源

### 1.军事重镇

宣化店镇自古就是兵家必争之地,根据专家考证,镇北的佛爷顶南百余米处,原是一座军事营地的寨子,寨址总面积3万余平方米,为西汉屯兵之地,佛爷顶也被称为大胜关。根据《读史方舆纪要》记载:"蒙古忽必烈分道南寇,自光山会军渡准,南入大胜关。"[1]《罗山县志》记载:"宋宝祐末年,忽必烈分道南侵,曾会军光山出大胜关。"[2]元末至正十五年(1355年),朱元璋率领红巾军推翻元朝时,曾在大胜关屯兵驻驿。明末李自成的大顺军与明朝官兵逐鹿中原时,曾经神出鬼没地出现在宣化店地区。清咸丰年间,轰轰烈烈的太平军北伐时,宣化店也留下了他们战斗的踪迹,据史料记载,咸丰三年(1853年)一月二十九日,太平军南归攻至大胜关,入湖北境内。

### 2.红色记忆

宣化店镇是震惊中外的中原突围的发生地,是全国著名的革命根据地。抗日战争胜利后,中共中央中原局、中原军区司令部、中原解放区行政公署移驻宣化店。中共中央先后派董必武、周恩来到宣化店与美蒋代表进行谈判,深刻揭露了蒋介石"假和谈、真内战"的阴谋,中原军区在国民党30万大军层层包围中被迫突围,拉开了解放战争的序幕,宣化店也因此举世闻名。

### 3.历史文化遗存

宣化店镇拥有十分丰富的古建筑、古遗址、古墓葬乃至近现代史迹遗存,它们反映了不同时代的建筑文化风貌,时间可上溯至东周,下至解放战争时期。表1为古建筑遗迹的

---

① (清)顾祖禹:《读史方舆纪要》卷五十,中华书局2005年版,第2381页。

② 罗山县地方史志编纂委员会:《罗山县志》,河南人民出版社1987年版,第12页。

分类表。

表 1　镇区历史文物古迹分类表①

| 类别 | 名称 | 地点 | 等级 | 年代 | 保存状况 |
|---|---|---|---|---|---|
| 近现代重要史迹 | 中原军区大会场旧址 | 宣化店镇中心街以北,北部为首长宿舍旧址 | 全国重点文物保护单位 | 1946 年 | 较好 |
| | 周恩来同志与美蒋代表谈判旧址 | 宣化店镇会馆村 | 全国重点文物保护单位 | 1946 年 | 好 |
| | 李先念旧居 | 宣化店镇中心街 206 号 | 全国重点文物保护单位 | 1946 年 | 较好 |
| | 中原军区司令部旧址 | 宣化店镇中心街南段西侧 | 全国重点文物保护单位 | 1946 年 | 较好 |
| | 醉仙楼旧址 | 宣化店镇中心街中段东侧 | 市、县级文物保护单位 | 民国年间 | 较差 |
| | 宣化店革命烈士纪念碑 | 宣化店镇枣林村七组社会福利院内银山顶部 | 尚未核定为文物保护单位 | 1981 年 | 好 |
| | 陈参谋长墓 | 宣化店镇枣林村四组 | 尚未核定为文物保护单位 | 1952 年 | 较好 |
| | 叶健民墓 | 宣化店镇枣林村六组 | 尚未核定为文物保护单位 | 2005 年 | 好 |
| | 邓少东故居 | 宣化店镇枣林村一组 | 尚未核定为文物保护单位 | 清宣统二年(1910年) | 较差 |
| | 枣林岗起义纪念碑 | 宣化店镇枣林村四组 | 尚未核定为文物保护单位 | 1978 年 | 一般 |
| 古建筑 | 董志常民居 | 宣化店镇中心街董家闹子一号 | 市、县级文物保护单位 | 清 | 较差 |
| | 宣化店巡宫 | 宣化店镇居委会,北部紧临巡宫巷 | 尚未核定为文物保护单位 | 清 | 较差 |
| | 江湾乐氏祠 | 宣化店镇河西村一组江湾南侧 | 尚未核定为文物保护单位 | 清 | 一般 |
| | 喻店桥 | 宣化店镇会馆村喻家店 | 尚未核定为文物保护单位 | 清 | 一般 |

---

① 大悟县宣化店镇人民政府:《大悟县宣化店镇历史文化名镇名村申报材料》,2013 年,第 23 页。

续表 1

| 类别 | 名称 | 地点 | 等级 | 年代 | 保存状况 |
|---|---|---|---|---|---|
| 古建筑 | 喻店井 | 宣化店镇会馆村喻家店 | 尚未核定为文物保护单位 | 清 | 一般 |
| | 黄家井 | 宣化店镇会馆村黄家湾 | 尚未核定为文物保护单位 | 清 | 较好 |
| 古遗址 | 大胜关遗址 | 宣化店镇大胜关村大胜关湾北 10 米 | 尚未核定为文物保护单位 | 东周 | 较差 |
| | 大胜关战场遗址 | 宣化店镇大胜关村 | 尚未核定为文物保护单位 | 明 | 一般 |
| | 鲶鱼嘴遗址 | 宣化店镇河西村一组江湾南边 | 尚未核定为文物保护单位 | 周 | 较好 |
| | 金山岗寨遗址 | 宣化店镇河西村金山岗 | 尚未核定为文物保护单位 | 明清 | 一般 |
| 古墓葬 | 八段冲墓地 | 宣化店镇会馆村三组 | 尚未核定为文物保护单位 | 清 | 一般 |
| | 郑家楼王坟 | 宣化店镇龙山村 | 尚未核定为文物保护单位 | 五代时期 | 好 |

### (三)非遗资源

**大胜关龙灯**：相传,明洪武初年,朱元璋北上夺取中原,屯兵大胜关。此时正值春节,由军师张道人精心设计,分派工部挑灯。此灯礼成之后,由兵部出灯闹元宵,朱元璋亲临出灯,由正副元帅玩舞灯头,如同御驾亲征一般。送灯时朱元璋许下红尘大愿:若能平定中原进京登基,此灯永留后世;若不能,从此毁灭。此灯故事的流传,都是口耳相传。到中华人民共和国成立后,靠第十五代赵广贵、朱绍清、赵志象等十人的记忆传至第十六代赵正定、刘启江、赵正基、赵正万、赵正伦、赵显民、赵光荣、刘启永等,多达几十人,再到第十七代赵绍忠、刘元奇、赵柏林、赵绍运、赵祥、赵亚、赵忠林、赵新安等人。整个龙灯队伍,从扎画到玩舞人员多达二百余人。现在大胜关成立了灯会和筹备委员会。①

**大胜村打硪歌**："打硪歌"属于一种劳动号子,起源于20世纪50年代。为响应毛主席"水利是农业的命脉"的伟大号召,宣化店党组织发动广大群众利用农闲,以互助的形式,大力兴修水利、开展抗旱防涝的工程。"打硪"是农村对打夯的一种叫法,为了让水坝建得

---

① 据笔者考证,根据世系的时间和历史人物的行迹来推测,这个故事应当起源于明末,可能来自与李自成相关的故事,因明清忌讳而附会到朱元璋身上。

▲ 大胜村村民演出合影

更加牢固，就用打夯的办法来筑中心墙。通常打夯必须将石磙抬至 1～1.5 米的高度砸下去，方才有力度、有效果。在堤坝上铺一层黄土，打一轮夯，如此反复交替。为了统一 16 人的步调，最早的方法是，看人喊数字"一二三四四三二一"，但效果不佳，不仅没有节奏感，还有安全问题。后来，人们借助更古老的栽秧歌、车水歌，发明创造了这项体力重、参与者多的劳动号子——打硪歌。打硪歌一问世，便吸引了周边兄弟县市水利工程建设工地建设者的兴趣，他们甚至不惜走上百里，纷纷前来学习借鉴。于是，大悟县宣化店镇大胜村的打硪歌就成了"木兰山的喇叭——远近都响应"。劳动号子打硪歌的曲调，在长期的劳动实践中逐步得到丰富与完善。后经专家分类整理，已有慢硪调、急硪调、郎当调、海杨花、咳哟咳等十多种。再后来，音乐方面的专家根据打硪速度又分为"四平调"、"高腔"（慢速）、"四块皮"（中速）、"海杨花"、"郎当调"、"划龙船调"（快速）等种类。打硪歌在劳动实践中，通常以中速调子为主，跟参与者的体力水平、劳动节奏以及音乐曲调的美感相匹配，最终达成完美与统一。劳动过程中的打硪歌，不仅有和美高亢的曲调，还有丰富多彩的唱词，经过劳动者们的智慧演绎，最终呈现出来的则是韵味无穷、极具特色的画面和音乐段子，它是水利建设的产物，也是劳动人民的智慧结晶。

**民间舞蹈**：宣化店大胜村有十分丰富的民间舞蹈文化，其中《婆媳看灯》《鹬蚌相争》相继被收录到市级非物质文化遗产名录。这些丰富的民间舞蹈反映了过去的农村生活风貌，而且舞蹈形式与内容均为村民们自编自演，自发地传承。舞蹈剧目一般与大胜关龙灯活动相配合，一定程度上再现了过去农村灯会的景象。这些节目也表达了人们对美好生活的向往与追求，具有很强的现实意义和教育意义。

**民间滑稽剧**：《跛老爷踏青》已被收入市级非物质文化遗产名录，为宣化店镇知名的民间滑稽剧，取材于古代民间传说。相传清朝徐九经因审诰而得罪朝廷，故只能下派做个县

令。他一向体恤民情，关注农事，故民间传说中，他借踏青名义带部下深入农村田边地角。因该剧题材为时代所限，在艺术处理上只能以滑稽剧形式表现，适合在农村即兴表演。该剧目根据现实生活中的题材，提炼出为民众喜闻乐见的剧目情节与表演形式，后来，又在原创基础上进行加工和完善，具有文化艺术所要求的各种特征，丰富了民间文化艺术内容，具有较好的传承价值。该剧充分体现了基层官员关注民生的自觉性，赞扬了广大劳动人民的勤劳、智慧与创造力。该剧倡导勤政廉洁之风，倡导民众勤劳、朴实的社会风气，同时，歌颂了和谐的社会生活状态与向美、向善、求知的良好社会面貌，是一曲鼓舞人心、娱乐民众、教化社会的良好剧目。

（整理者：吕传益，孙梦婷）

**参考文献**

1.(清)顾祖禹.读史方舆纪要[M].北京：中华书局,2005.

2.罗山县地方史志编纂委员会.罗山县志[M].郑州：河南人民出版社,1987.

3.大悟县宣化店镇人民政府.大悟县宣化店镇历史文化名镇名村申报材料,2013.

# 百年石头寨

## ——前湾村

## 一 村镇概述

前湾村位于湖北省枣阳市新市镇，距离枣阳市区48公里，距离新市镇镇政府13公里。前湾村地处枣北地区，属于山区丘陵地带，耕地较少，以林果种植为主；多数中青年劳动力外出务工，全村常住人口约1000人。该村南、北、东三面有高山峻岭环抱，村庄后有一座形似虎的山，叫虎山，东北角有一座形似长龙的山，可谓藏龙卧虎之地；村落居于椭圆形丘陵之中，形似元宝，居民门前有一座堰塘，可谓聚宝盆；村落前有一条源于桐柏山脉的大河，河水清澈，源远流长，河岸南面有一座形似羊的山，叫羊山。前湾村境内属于亚热带季风湿润气候，夏无酷暑，冬无严寒。村落坐北朝南，冬暖夏凉，宜于人居，可谓风水宝地。村落布局相当合理，沿村庄周围山岭修有寨墙，寨墙东南门对面河岸有一口水井，西南山脚下形似太师椅的凹里是邱氏祠堂，祠堂门前有三棵粗壮挺拔的古树，古树南是堰和梯田。村庄后有一条公路，东至桐柏、武汉，南至随州，西至枣阳、襄阳，北至洛阳、郑州等地区，四通八达，是经商物资交流运输的主干线。

前湾村保存有明清时代风格独特的建筑群，其中保存完好的有7500平方米，该群落因邱氏民居多而被称为邱家前湾，现有居民60多户240多人。村落坐北朝南，居于椭圆形山岭之中。传统建筑集中于村落寨墙内，民居被一条东西向的主路分为南北两片，北片分五个南北走向通道分布建筑，南片分四个南北走向通道分布建筑，各家房屋按出行需要开门，形成道道相通，家家相连的格局。民居在建造风格和工艺特点上相似，都是四合院，石条打基础，墙体外砌青砖、内砌土坯，框架结构，内墙、屋内都有立柱，相互穿连，具有防墙倒塌、防地震等作用。屋脊、屋檐设计鸟兽图案，窗户是木雕，刻有花草人物等花纹，做工精细别致，渗透着自然美。据考证，邱家前湾古建筑群距今有300～600年历史，建筑风格体现了明清时期民宅的特色，其总体规划、设计工艺达到了相当高的水平，是襄阳传统民居中较为珍贵的历史文化遗产，具有极其重要的历史文化价值、建筑艺术价值和旅游开发价值。2003年邱家前湾古村落被列入枣阳市重点文物保护单位；2008年被湖北省人民政府确定为重点文物保护单位；2012年12月，经国家传统村落保护和发展专家委员会评审议定并公示，前湾村被住房城乡建设部、文化部、财政部联合公布列入第一批中国传

▲ 前湾村全景

统村落名录。

## 二 村镇资料

### （一）历史建筑遗存

邱氏祠堂：位于前湾古村内，开间三间，有门楼，封火墙上的装饰完好无损。大门两侧有书箱形门枕石，汉白玉质地，上面的图案已有多处破损。大门口有大红对联："营邱衍秀宗支远，忠实流芳世泽长。"对仗工整，意味深长。院内和纪念堂上方悬挂木制匾额，大多为

▲ 邱氏祠堂

近年来邱家族人所制。内容是："德垂后裔远源江西太和一堂世遵家孔崇祀敦伦缵戎垂裕仪节流芳。"邱氏祠堂是个小四合院，正厅是邱氏纪念堂，里面供奉着邱氏列祖列宗的牌位。据村民说，这个祠堂并不是邱家最原始的祠堂，真正的祠堂要比这个大气得多，有三进院，六开间，已经在"破四旧，立四新"运动中被毁坏。纪念堂木雕隔扇精美，仅存的一个雕花窗户是镂空雕刻的。

石碑：前湾村内有一块石碑特别引人注目，上刻"国恩旌表"字样，介绍的是清朝到民国年间邱亨铎的夫人何氏守寡70年左右的事迹。据现年78岁的村民邱振祥介绍，何氏19岁嫁给邱亨铎，20岁时邱亨铎就死了，没有留下后代。何氏一直守寡，直到1940年左右去世，终年约90岁。为表彰何氏守节的事迹，经当时政府的批准，由村里族人为何氏立了节孝碑。

绣楼：前湾村现存较为完整的绣楼是有300多年历史的老建筑。其造型古朴，装饰精美，给人留下深刻印象。建筑墙体由砖砌成，内由木头柱子支撑。柱子源于江西木材，打好型后在桐油中煮过，可防潮防虫，支撑绣楼屹立300年不倒。绣楼二层有两扇木头大窗，除了采光通风之用，更著名的用途是过去大户人家的小姐往窗下抛绣球。

问责砖:前湾村当初建房时,每一块墙砖上都刻有烧制工匠的名字,如果出现工程技术质量,就会追究该工匠的责任,所以称之为问责砖。类似的做法在古代造城墙时经常采用。如今在前湾村的一些墙砖上还能看到"道光二十六年"等字样。

古井:寨墙外东南门对面河岸修有一口水井,应为清代所建,现在虽然已经失去原有作用,但保存比较完好。

寨墙、寨门:前湾村的山寨始建于清同治年间,为抵挡土匪,村民卖地筹钱建成寨子,原建有四个寨门,两个南门,一个东门,一个北门,南门和东门各建有一座炮楼,沿村庄周围山岭建有寨墙。到光绪年间,土匪三次攻打村寨,都没有攻打下来,而附近的村子甚至枣阳城,都被打下来了。前湾村由此在枣阳出了名,附近一些地主和大户为了躲避土匪,纷纷到村里来避难。当时族长定了一条规矩,凡是来投靠的人,有枪的要上缴到村里建立统一的武装,另外还要交钱用于购买弹药及维持自治武装。到同治年间,村里有居民 100 户左右,400多人。抗日战争时期,国民党担心寨墙被日军占据,主动把寨墙扒了几个豁口,日军走后又堵上。中华人民共和国成立后,前湾寨墙的作用日渐消失,地方其他建设需要石料,1970 年以后的 3 年间,寨墙基本被扒完,现存的只有大东门。

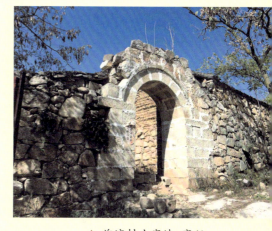
▲ 前湾村古寨墙、寨门

古民居:前湾村的古民居主要集中在村庄内部,部分已经损坏,保存较为完整的民居有三百多间,多为四合院,石条打基础,墙体外砌青砖,内砌土坯,框架结构,内墙、屋内都有木柱,相互穿连,起到防墙倒塌、防地震的作用。屋脊、屋檐设计鸟兽图案,窗户是木雕,刻有花草、飞鸟、人物等花纹,做工精细别致。

## (二)历史资源

600 多年前,邱姓兄弟从江西经麻城千里跋涉到前湾定居,故当地人习惯称该村为邱家前湾。根据邱家祠堂记事碑上的碑文,枣阳前湾邱氏源于周代丘氏。而丘本出自姜姓,为姜太公的后裔。穆

▲ 前湾村古民居

公为姜太公三子,太公封齐建国而令穆公领镇营丘,营丘即今临淄,其族人遂以丘为姓氏,穆公则为丘氏之祖。周秦以来,该宗族奕世蝉联,支庶分居各地,裔孙遍及世界各地。家

族大多是以"丘"为姓,到清雍正帝时,由于避讳孔子的名号,而下令把"丘"姓一律改为"邱"姓。民国初,近代爱国名士邱逢甲倡议复丘姓本字,他首先将本人姓名写为"丘逢甲",闽、粤邱姓族人也纷纷响应改"邱"为"丘",但仍有不少邱姓人继续沿用"邱"字。故天下"丘"与"邱"源于一家。宋末元初,东北地区连年战乱,民不聊生,邱氏先祖一支南下江西定居。明朝初期又分一支,弃别江西迁进湖北,落户黄陂、孝感、麻城一带。明朝中期成化年间,南部地区瘟疫盛行,无法控制,邱氏族民有组织地由麻城分为三支迁移,一支迁居河南泌唐之间,一支迁至随州倒峡流,一支100余户迁到枣阳境内分散定居。前湾一世祖兄弟三人迁居枣阳新市小刘庄,后又迁到新市前湾定居;长兄居前湾,二弟和三弟分居东湾与西湾,后分长、二、三门而立牌位。石碑上记载:邱氏根深本固,先祖为使后代正本清源,世代相传供奉祭祀祖先。清乾隆初年,由族中有名望的人士倡议并主持,于前湾寨外西南角山中修建了邱氏祠堂。竣工后正堂中立邱氏合族祖先牌位。自此周边邱姓族民陆续迁入此地居住,邱氏家族辈分得到统一。中华人民共和国成立后,前湾村除有少数迁入该村的异姓外,其他都是邱氏族人。至今邱家前湾居住的邱氏人家仍多达60%以上。

邱氏祠堂建成后,来此居住的邱氏人渐多,到明末清初已发展到400余人。道光年间,社会动荡,土匪众多,居住人家常被抢劫骚扰,邱氏族人为防外来侵扰,修筑寨墙。他们为修寨墙卖掉大片土地,并要求每户筹钱共筑。期间,为首的邱茂爱因卖了不少田地,又得罪了人,在本地难以生存,举家迁往江西。德高望重的邱茂芳实在拿不出钱,就把自家的一头骡子变卖了,在他的影响下又筹了不少钱,这样修修停停,先后持续了四五年时间,寨墙终于完成。寨墙围村而建,长1750米,全部取材于对面羊山石头,凿成条石垒砌而成,寨墙高4米,宽1.2米,建有大东门、小东门、南门、北门。光绪年间,土匪盛行,周围其他山寨都被攻破了,唯有前湾寨墙未被攻破,其他地方地主为保安全,也迁往这里定居。寨墙牢固,难以攻破。前湾村逐渐发展成为一个有丰富人文景观、深厚文化底蕴的村落。

前湾村古建筑群是前湾邱氏人家祖屋,建筑面积7500平方米。前湾古民居依小山坡而建,旁边一条小河流过,明清时期建造的四合院式青砖老屋,依山势高低分台而筑,中间一条主路贯穿东西,路南北各有三排宅院,每一排由6个巷道、12个相连的四合院组成。每处宅院除有正门外,巷道都开有侧门,宅院侧门贯穿东西,极为便利。建筑群青石铺路,路路相通。邱氏族人定居后,先期建造的是石头墙小瓦房,使用的木料来自当地的森林杂木。当时有几十户房子,比较简陋。后来发展到砖墙小瓦房,使用的木料大都为杉木。随着邱氏祠堂的兴建,人员的增多,住户见识开阔,住宅建设更讲究,大都建造的青砖灰瓦房,尤其是墙体为双层挂斗,墙外用青砖、内用土坯,既节省了用砖又坚固了墙体,保暖抗热,以"青砖小瓦马头墙,回廊挂落花格窗"为主格调,组成了庙、市、街、景合一的特有的明清风格建筑景观。住户发展到近100户,俗有"百户石头寨"之称。

古建筑多由四合院组成,小的四合院为一进一天井,面积150~200平方米,大的有二、三、四天井,即复合四合院,面积有数百乃至上千平方米。天井内铺有青石条形板和良好的

▲ 前湾古村

排水系统,有的还修有栽种花草的台圃。这种四合院一般由内外朝门、过厅、天井、正厅、厢房组成。屋脊由小青瓦覆盖屋面,檐口瓦当和滴水瓦上有的还烧制有"福禄寿喜"字样及图案,前进正厅三间两厢,半浅天井,上堂横梁雕刻以花卉及戏剧人物为主,前后进堂亦三间两厢,后进三间两厢,也是雕梁画栋。目前,这些古建筑群多数已人去楼空,大部分古建筑已倒塌或改建,保存完好的有邱氏宗祠及4处30多间老宅。现存的四合院民居,屋院庭道布局合理,结构严谨,砖雕、石雕、木雕、灰瓦飞檐,独具匠心,虽历经了数百年的沧桑巨变,已无昔日的辉煌,但至今仍透露出北方山村的自然气韵和诱人的生活气息,展现了先人的智慧。

### (三)非物质文化遗产

据调查,明末清初前湾村就有人酿造黄酒,中华人民共和国成立后盛行,每到年关家家酿造黄酒,成为过年待客必备酒类,至今已有400多年历史。前湾村村民酿造黄酒主要以大米、糯米为原料,加入麦曲、酵母,边糖化边发酵而生产出来。黄酒也称为米酒,酒精含量低于20%。不同种类的黄酒颜色亦呈现出不同的米色,或黄褐色,或红棕色。酿造黄酒技术性不是很强,在当地大多农户都会,并辐射带动方圆30多里的农户酿造黄酒。前湾村村民酿造黄酒主要以自饮为主,有少部分销往周边县市。

人与自然的和谐共存,形成了前湾古村落的乡村机理和景观体系,加之民居聚集区依山就势、高低参差、错落有致,使得前湾村具有很高的旅游价值。村政府在对前湾古民居进行开发利用时遵循了"规划保护在先"的原则,从可持续发展的角度,对村内建筑物的格调、体量、高度等做出了严格的限制和管理,按照"修旧如旧、易简则简"的原则,结合新农村建设,原址原貌恢复建设明清古建筑群3处33个四合院,再现了当年明清古建筑群的风貌。

邱家前湾历史悠久,由于移民、战乱、宗族等原因而呈现出特殊形态。前湾村整体的防御式格局反映了特定时代的历史需求,建筑方式充分结合了气候、地域等因素,反映出移民村落的特征,体现出南北文化交融影响下独特的建筑风貌,是我国明清时期民居建筑的典型案例,具有极重要的建筑艺术价值与历史文化价值。

(整理者:吴汉平)

**参考文献**

邱荣斌执笔,湖北省枣阳市新市镇前湾村委会.前湾村申报中国历史文化名镇名村申报报告.2016

# 天然胜景
## ——漫云村

## 一　村镇概述

　　湖北省南漳县漫云村是紧邻漳河源头的一个自然村,现与甘溪村合并为一个行政村。漫云村建村历史悠久,从现存碑文上考证,该村已有 400 余年历史。虽历经沧桑岁月,但漫云村村民仍保留着原始古朴的生活习惯和居住环境。在漫云村方圆 2.5 公里内,仍完整保留着 200 年以上的古墓葬 12 座,300 多年的古街道 1 条,400 余年的古民居 5 栋,500 余年的古树 1 棵,400 余年的古造纸作坊 4 个,唐朝时期的古山寨 3 个。这个小小的村落集自然风光和人文历史为一体,且不为外人所知,丰厚的历史文化资源令人叹为观止。该村历经数百年传承,仍保留着古法造纸、烧制木炭、狩猎、土法捕鱼、背水、求雨、薅草锣鼓等多种传统农耕文化,被专家誉为“中国古农耕文化的活化石”。其坐落群山环抱、危峰兀立的壮美,河水清澈、宛如玉带的灵秀,植被如茵、形态万千的美景,犹如一幅山水长卷的自然景观,与历史沉积的众多文物古迹构成的人文景观有机交融在这片土地上,构成了一个完美的景观村落。2012 年 6 月 9 日中央电视台科教频道在《中国记忆》里,对漫云村做了详细报道。2012 年 10 月漫云村被中国古村落发展和保护委员会命名为“中国景观村落”。这是湖北省首个国家级景观村落。

　　漫云村位于湖北省南漳县巡检镇东北部,距巡检镇镇政府所在地约 33 公里,与板桥镇和肖堰镇接壤。古村呈东西走向,方圆约 2.5 平方公里,现有 65 户人家 260 余名村民在此繁衍生息,村落因优美的自然山水与保存完好的古民居而闻名遐迩。有文字记载,400 年前,这里曾是一个繁华的街镇。古时,战乱频繁,因该地易守难攻,战略位置十分重要,故成为人们生息繁衍的首选之处,经过数年营造,便成为世外桃源般的居所,学堂、商铺、药号等民用设施一应俱全。

　　该村现存众多的古山寨、古作坊、古民居、古墓葬、古树木和古庙,无一不佐证了这里曾拥有过繁荣与昌盛。中华人民共和国成立后,随着社会的稳定,交通的发达,这里逐渐衰败,继而被遗忘。

　　因古时该地曾扎营屯兵,故清朝以前这里被称为“漫营”。该村紧邻南漳县母亲河——漳河,每天清晨和薄暮间云雾从河水中冉冉升起,在峡谷间蒸腾。缭绕的云雾亦真亦幻,人行山道犹如漫步云端，惬意欲飘，故村外的人习惯把这里称为"漫云"，这一富有诗意的称谓一直沿用至今。

　　漫云村历史悠久，古称漫营。唐末曾有马姓家族在此繁衍，因其地势险要，易守难攻，马家招兵买马，修墙建寨，并妄图称霸，士卒多时，漫山遍野都是营寨，漫营之名由此产生。后马家被朝廷绞杀，漫云村一度成为衰败荒凉之地。明朝晚期，官僚腐败，法度无存，百姓民不聊生，全国范围内爆发农民起义。敖氏先祖为避战乱，从河南迁至气候宜人、环境优美的南漳县漫云村。

　　由于这里处于漳河的源头，河谷两岸生长着大量的毛竹，为精通造纸工艺的敖氏家族提供了丰富的造纸材料。敖氏先祖便在这片三面环水、群山环绕的地方定居下来，并根据地形进行规划，划定了阳宅与阴宅的空间分布，形成了和谐统一、天人合一的村落布局，以宗族传统建立家训、家规、家谱，以血缘为纽带统领着村落的发展。由于敖家造纸技术精湛，生产出来的产品质优价廉，加上经营诚实守信，很快打开纸品的销路，川、陕、豫以及本省的商家纷至沓来，采购纸品，漫云很快成为重要的集市。到了"康乾盛世"期间，敖家造纸规模发展达到鼎盛，距漫云村约1公里的漳河岸边，敖家就有3处造纸作坊依次排列，造纸所产生的巨大经济效益为漫云村的发展奠定了坚实基础。此时的漫云村生活恬淡、宁静、富裕，人口渐盛，民居建筑鳞次栉比，排列在一条横贯东西的古街道两侧。嘉庆元年

▲ 古村全貌

（1796年），湖北发生白莲教起义，很快波及豫、陕、川，同时给漫云村的经济发展、社会稳定带来了极大的影响。由于敖氏族长秉承"忠君节义"的儒家思想观念，与起义军存在着不同的意识形态，因此漫云村积极响应清政府"坚壁清野、筑保团练"的政策，在村落外围用条石垒筑寨墙，形成村寨，以抗击起义军。而此时的南漳境内也修筑了大量的寨堡，造成起义军无法补给，最终成为导致白莲教起义失败的重要原因之一。为防止起义军的骚扰，漫云村在新增的建筑内部与其他的建筑相通，既可以维系血缘纽带，便于族人之间交流，同时也方便家族人员逃生。由于漫云村地势险峻，村寨易守难攻，清政府加强对漫云村经营，这里成为清政府抗击匪患的重要据点。白莲教起义失败后，政府在漫云村设置政府机构，常驻军队，加强村内的学堂、商铺、药号等基础设施建设，使漫云成为小区域的政治、经济、文化中心，这种模式一直存在了数百年。

漫云村中央有20多栋古民居整齐排列，一律坐北朝南，依山而建，门前一条古街道横贯东西，街道呈S形弯曲缠绕，地势时高时低，外侧为上万块经过打制的条石垒砌，似一条青龙横卧山脚。街道北面为民居的正房，通风采光条件较为优越，南面有许多附属便房。古街道总长约150米，街面全部用不规则的青石板铺就，青石板历经数百年踩踏显得异常光滑。

▲古民居之一

## 二 村镇资料

### （一）古建筑遗存

以漫云村为中心，方圆20里，至今保留着古山寨、古庙、古造纸作坊等遗迹。

#### 1.古山寨

大小山寨有20多座，这些山寨多为古时躲避匪患和战略防御所用。距漫云最近的山寨有3座，直线距离最多500米，以牛寨和马鬃岭寨为甚。站在山寨顶部，可以俯瞰漫云全景。

牛寨：建立在村东悬崖峭壁之上，三面环水，仅南面可以通往村子。牛山山腰与城门相连，距城门仅50米，在此地建寨可以扼守东村口，凭险自保。拾级而上50米山坡，只见一古老山寨屹立眼前。山寨南门洞高2.3米，宽1.3米，深2.8米，城墙厚1.6米。城墙上方又建有子城墙，为护寨打仗所用。子城墙厚0.6米，高1米，顺山势高低而起伏。整个山寨为椭圆形，南北总长50米，东西宽19米，周长约110米，占地约为2亩。山寨北门两侧各有十步台阶通向寨顶，门外50米处有一开阔地，作练兵、生活用。站在山寨顶部，可以俯瞰漫云全景。

▲ 洞寨

**马鬃岭寨**：位于村南部高山上，距城门约500米，与牛寨遥相呼应。寨长约150米，宽约25米，寨内现存有房屋50余间，可容纳300多人。寨墙外围建有瞭望口和炮台，为战略防御所用。

**洞寨**：牛寨以南200米山腰绝壁处有一山洞，人们依洞建寨，用于躲避战乱，当地人称"洞寨"。该寨洞高20米，宽22米，深6米，洞口有石墙封砌，洞内石笋倒挂，景色异常优美。洞外地势险要，仅一条小路通往村子，大有"一夫当关，万夫莫开"之势。

### 2.古庙

位于村口东侧，牛寨山腰，距城门约50米。偏殿坐东朝西，正殿坐北朝南，此为佛爷庙。正殿高5米，宽6米，门前有弧形土场，约15平方米。正殿墙两侧刻有文字，上有"万古不莫"四大字，左边为捐款建庙人名单，右边刻有"大清国湖北襄阳府南漳县维新都漫营里分庄司居住"字样。

正殿门前有三步石质台阶，墙体为青石打凿石砖砌就，石灰砂浆粉涂。庙内后墙边有1米左右宽供台，为供奉佛爷塑像和供品所用。正殿前7米处有偏殿，宽约6米，高4米，室内面积约15平方米，为僧人住宿的地方。

### 3.纸坊

距漫云1公里的漳河岸边，有3处造纸作坊，主要生产祭奠用火纸和香烛。原始造纸法是将竹麻原料放在沤化水池中，用石灰水浸泡3个月左右，捞上来沥干，放到水车带动的冲锤下砸成粉末，然后放到水池中搅动，用竹制抄纸工具捞取漂浮在水中的粉末后，将抄纸器放入模具中挤压，待水干成形后，上下翻动，便成了一层一层的纸状，最后一张一张剥开晾晒，晒干后包装成成品。该地火纸质优价廉，曾

▲ 古民居之二

远销四川、河南等省,是远古时代的支柱产业之一。

漫云村古民居皆依地势而建,大多选址山嘴脚下,以山谷最低点为中心,南北民居远远相对,各家门前均有场地或街道,但宽窄不一。建筑大多为仿南方徽派合围式建筑,一律为二层结构,就地采石打制石条作基,上用土砖或古老神砖建筑,一律黑色瓦顶,外墙粉有白灰,檐下的墙边和山墙的墙尖用彩笔绘画有精美的装饰云纹。

### (二)古民居

目前,漫云村基本保持了古朴典雅的原生态村落形制,街道的风格,民居的建筑形式都是非常独特的文化遗存。其建筑布局与自然和谐统一,突出儒家伦理道德,体现当时人们的道德观、价值观。建筑选址、布局均经过缜密的规划,并以祖居、神庙为中心教化村民,以达到聚族而居、维系血脉联系的目的,形成了鄂西北所特有的建筑形式。

#### 1.敖明贵民居

敖明贵民居在古村西北角,距今400余年,是村内最古老的建筑。

建筑为一进两层天井院民居,共22间房。入口为一间厅屋,两侧厢房。厅屋后是天井院,院子较大,呈横向矩形。天井院落后为堂屋,是主人会客以及起居之所,为整个建筑的核心。堂屋两侧为库房和厨房,堂屋外设楼梯,楼梯尽头的巷道与左右住房相连通,可在匪患时户户联防。

#### 2.敖耀国民居

敖耀国民居坐落于古街东端的鼠山脚下,年代不详,相传为一武将所居,当地人称"花屋"。

建筑主体横向布置,因地形而高低错落。主体建筑外有一圈土墙围合成院,院落入口在房屋左侧。土墙一侧为杂物间,经房屋入口后是厅屋,厅屋由两根圆形木柱支撑,配以吉祥喜庆的雕饰,以彰显主人的富贵身份。穿过厅屋即天井院,天井院正对堂屋,两边为厢房。

该建筑形制讲究,宏大庄严。其大门外有7步台阶,寓意吉利,台阶棱角分明,光彩如斯。台阶之上,有凸出主墙外的门楼,由青砖砌就,上有龙头飞檐,内饰雕龙画凤,木门扇上方有一对莲花状门当,颇具特色。

#### 3.敖光政民居

敖光政民居位于古村西南,约200余年历史,为一进两层天井民居。整栋建筑呈矩形,大门位于正中位置,门前设有7级台阶,进入内部,可见阳光从狭小天井通透地照入屋内,将屋内细致的木质结构凸显得一清二楚。民居中轴线为正堂,两侧为偏房,堂屋内设有祭祀祖宗的灵位,体现

▲ 古民居之三

出漫云村人时刻不忘本源的淳朴品质。

　　该地至今保存较为完好的古民居有 7 栋,屋主分别是敖明贵、敖耀国、敖光政、敖光辉、敖光照、敖德营、王国志。其中最古老、最具有代表性的是敖明贵、敖耀国两栋房屋。

（整理者:石方杰）

### 参考文献

1.刘炜,陈仕唯.湖北南漳县漫云村[J].城市规划,2013(8).

2.黄健.要特别重视古村落的保护——南漳漫云古村落的现状及保护探讨[J].中国文物科学研究,2013(9).

# 明清古村落群
## ——冻青沟村

## 一 村镇概述

位于湖北省丹江口库区汉江南岸的郧阳区胡家营镇冻青沟村,位置偏远、交通闭塞,因此外人罕至。该村距郧县城关约72公里(直线距离约46公里),逆江而上至陕西白河县城关约21公里。冻青沟村是由原三岔村、冻青村、老庄村三村合并而成。位于孤山电站上游2公里处,汉江河边,紧邻316国道。

全村现有9个村民小组,410户,2152人,实际居住人口1486人,耕地面积2750亩,其中水田90亩,山林面积32900亩。村内主导产业以核桃、水果、养殖业为主,以旅游业等为辅,实施该种模式,有效壮大了村集体组织经济发展。

冻青沟村在清代中期至1949年隶属郧县将军保,1949年到1985年之间隶属郧县将军河乡,1985年至今隶属郧县胡家营镇。清代康熙以来所编修的《湖广郧阳志》《郧县志》等皆记载有"冻青沟"地名,以及相关人物和事件。当时称"洞静沟",一种说法是这条沟口周围山上长满冬青树,把房屋都遮蔽了,过路行人看不见山坡上住户人家,于是称之为冬青沟;另一种说法是该地原有一山洞,是一处静修之处,是为洞静沟,最终谐音衍化成"冻青沟"。

冻青沟村地处十堰市西北部,西与竹溪县及陕西白河县交界,北与郧西县隔河相望,东与鲍峡镇、五峰乡接壤,南与竹山县毗邻,为古时进陕入川的必经之地,素有"鄂之门户、川陕咽喉"之称,自古为"兵商必争"之要塞。清朝时期,从陕入鄂,旱路主要从陕西漫川镇进入郧西上津古城,再通过茶马古道运至周边各县。水路必经汉江从陕西白河县进入湖北胡家营将军河,再沿途流经襄阳、宜城、钟祥等7个县市,最后由武汉市汉口龙王庙汇入长江。

冻青沟古村落坐落在一道由纵横两道谷地呈"Y"字形交叉而成的山谷中,一面临江,三面环山,犹如一个神秘、独特的世外桃源。构树垭、聂佳坡、薛家山、花里垭、王家扒、大阴坡、梯子沟、碾子沟、白蜡树山梁子等地依次环东、南、西三面,山势高耸,错落起伏。谷地南部山高路险;中部较开阔,土壤深厚,呈沙性,种植产出量最大,是主要聚居地;北部谷深狭窄,水来即为溪沟,水退即为人、骡马通行的主要交通。北端的沟口谷底最低,海拔

171米。冻青沟内部山谷林木茂密,环境优美,气候宜人。原生态环境保持良好,植被种类齐全,可为鄂西北植物分类研究提供标本;野生动物有鸡、兔、猪、獾、鹿及各种鸟类等,不仅种类多,繁殖数量相当惊人;山中物产丰富,盛产野生竹笋、蘑菇、山药,以及天麻等各种药材。山中民风淳朴,村民勤劳善良。

村中传统古建筑皆为何氏家族所建,据何氏族谱记载,何氏祖先以经商为业,于明代末年来何家庄定居,遂繁衍至今。何家庄后山以及其南面的楸树凹是何氏家族墓地。

冻青沟的建筑具有典型的鄂西北山地建筑特征,建筑选址在山脚,院落多为单进单路,极少数设有偏院、侧院。建筑基本上都是硬山、小青瓦屋顶,檐口多施有彩绘或浮雕装饰;建筑对外较为封闭,较少开窗,对内均设天井院,多较为宽敞。特别是正屋的堂屋均为木格雕花隔扇门,直接对天井敞开,两侧厢房也多用木板隔墙和木雕门窗,致使天井院内建筑立面十分丰富。

冻青沟古建筑群较完整地保存了具有各方面功能的古代遗迹,为研究明清时期聚落和古建筑特点提供了难得的原始资料。同时,由于该村古民居古建筑均是何氏家族遗存,为研究鄂西北传统血缘型聚落建筑特点提供了实证。

2016年11月,冻青沟村被住房城乡建设部等部门列入第四批中国传统村落名录。

冻青沟村古建筑群是省级文物保护单位中的典型代表,是湖北省迄今发现规模最大、保存状况最好的清代村落遗址。冻青沟古村落中现存8处古民居、2处庙宇、1处家族祠堂、1处影壁、1处寨堡、1条古道和2处古墓葬,共16处遗存。古道遗迹为村落的主动脉,绵延9公里,其北接汉江,南通大泂水沟古道,可达郧县的鲍峡古镇。古建筑遗迹依山势而建,分布在古道两侧。房屋建筑无论是民居还是庙宇都为硬山、木架结构,房屋中间都有天井。16处遗存皆保存较好,民居建筑至今有村民居住。

## 二　村镇资料

### (一)明清古建筑遗址遗迹

繁荣几百年的水运码头,促进了冻青沟村经济的昌盛。经过明清520年的修建,在这个古村落逐步形成了功能完整、规模恢宏、徽派风格十足的古建筑群,较好保持了古村落的原始形态和完整功能,有最早建造的何家老庄、邦田子老屋,有祭拜神灵的杨泗庙、娘娘庙,有躲避土匪的杨家寨,有家族祭祀聚会的何家祠堂,有四合院住宅庆畅园、秦记园、善记园、敏记园、俞记园、玉记园,有运输货物的茶马古道

▲ 古民居一角

以及照壁和走街串巷的石阶。从遗存的古建筑群,可见冻青沟古村落曾经的富足和气魄。

该村75岁的老支书何存连说,可能是看中冻青沟优美的自然环境和适宜"静修"的人文氛围,何氏祖先中的一支选择五峰乡前山、胡家营冻青沟一带作为家族的栖息之地,并在此建起了何氏庄园。村落中所遗存的古建筑皆为何姓祖先在创业和生活过程中所建。据老辈人讲述,以前村中古建筑更多,由于各种原因损坏过半。目前,冻青沟尚存古建筑主要有:何家老庄、庆畅园、娘娘庙、杨泗庙、何家祠堂、秦记园、善记园、敏记园、俞记园、玉记园、照壁(影壁)、杨家寨(七队寨)、古道、邦田子老屋。

**1.庆畅园**

冻青沟村古建筑最典型的当属庆畅园。庆畅园始建于清道光年间,距今约190年,是秦记园、善记园、敏记园、俞记园、玉记园等何氏庄园的代表杰作。整座房屋曾共有34间房,雕梁画栋,有大小窗户六七十扇,镂空窗户,石门石墩,恍若宫殿。

该建筑选址于平行汉江走向的山谷深处,是何氏家族早期建造的一处大宅。该建筑为五开间单进院落,是目前保存最好的宅院,也是冻青沟最大的宅院。

从外面看,庆畅园是一座五开间的房屋。走进去,可以看到一个天井院,左右厢房依次相连。虽然房子整体看上去较旧,但从很多细节上,仍然可以看出该建筑昔日的奢华。

与别的院落不同,庆畅园正大门门框、门墩均是由坚硬的石头打造,看上去结实、美观、大气,花纹图案至今仍然清晰可见。园内所有门窗,均采用传统木雕镂空工艺。

▲ 庆畅园全貌

在房屋屋檐下,甚至不容易看到的房屋后檐,目前仍然可以看到很多精美的彩绘。武松打虎、孔融让梨等许多历史故事,包括十二生肖图案,至今看上去依旧精美绝伦。老支书何存连说:"这个石门墩,看上去圆溜溜的,花纹不复杂,可听村里的老石匠说,古代没有电动工具,做这样一对门墩,手艺精湛的至少要10天。"他又指着屋内的窗户说:"这个更复杂,一个木工雕一扇窗户要半个月,这座房子大小窗户六七十扇,你算算需要多长时间?"

石门墩、镂空窗户仅仅是庆畅园庞大建筑的一角。整个庆畅园共有34间房,如今保存有29间。

**2.杨泗庙**

从冻青沟村前码头上岸进入村口,可以看到左面山顶有座寺庙,叫杨泗庙,亦称"杨泗将军庙"。

杨泗庙是供奉神灵或者历史名人的场所,杨泗是南宋农民起义领袖杨么,因排行老四,又称杨四将军;又或者是斩龙勇士杨泗,是最初湖南民间信奉的道教水神。由于过去商品贸易常年以水运为主,自然条件恶劣的时期,为了讨水上生活,信仰杨泗自然也就约定俗成。当时重要码头和江流险要地带都兴建杨泗庙,供奉水神杨泗,以求航运无患。到明清时,随着江汉流域商品贸易的不断繁荣,以及"两湖移民"热潮的到来,对杨泗将军的信奉已随移民和船民溯江汉,传到湖北、四川、陕西、河南等沿江之地。清朝中期由两湖传入陕南地区之后,又整合了陕南地区在宋代以来就有的地方神祇——杨从义,不仅守住了本土的民俗信仰,也对这个庇佑地方农业生产的水利神杨从义的崇拜进行了成功转型,成为陕南区域性信仰中新的组成部分。到了晚清时期,这一民间信仰甚至还传到广州等地。杨泗庙不仅是以往船民们出航前烧香叩拜求庇护的场所,也是随后兴起的杨泗将军庙会等活动的举办场所,是长江流域民间共有信仰文化在一定时期所创造的杰作。

何氏家族亦是入乡随俗,于冻青沟沟口修建杨泗庙,其主殿主梁记:"嘉庆二十一年,岁次丙子桂月吉日,何先甲建修正殿三间,合社捐修,拜殿三间。"梁记所提何先甲即是迁郧九世祖何中兴。庙宇选址在冻青沟沟口的山顶,坐东北向西南,面朝汉江,视野开阔,颇为壮观。方便顺汉江进出聚落的族人适时叩拜。

该庙青砖布瓦,朴素大方,保存完好,大门门框用条石做成,十分规整,庙为三开间,一天井,正面拜台上共有三个牌位,中间为"东岳天齐仁元圣帝",左边为"上清真乙黑虎王赵公元帅",右边为"斩龙将军杨泗将军之神位"。右墙立有二方石碑,碑上刻有建庙的记载。在杨泗庙可俯瞰宽阔的江面和滚滚而下的江水。

### 3.娘娘庙

从村口进村有一条河沟,这是过去从山里通往江边码头的唯一通道,山里的土特产物资运出和外面货物运入都通过这里,在河沟两边有很多做买卖的商铺,一个连着一个。沿河沟逆河而上不远处,一座漂亮的古建筑在绿山茂林的山间隐约而见,它被专家们称为冻青沟最精美独特的建筑,即"娘娘庙"。

从全国各地旧时所建的娘娘庙来看,冻青沟娘娘庙则是一个非传统形制的庙宇,通常娘娘庙由主立面正门进入殿堂,而冻青沟娘娘庙则是从侧面偏门进入殿堂,也许它在初建之时就不是娘娘庙。冻青沟娘娘庙建筑主梁记:"大清光绪五年十月,洞静沟众首士全建。"庙宇位于冻青沟三岔口通往沟口的官道(主要道路)之上,坐落于沟边的一块巨石之上,建筑高耸,巍然屹立,标志性很强。坐东北向西南,选址结合山地,与自然环境完美融合。现今村内的道路与建筑遥隔一道数米的深沟,这和庙宇后期的废弃有很大的关联。从建筑西南面拾级而上穿越建筑首层拱洞,再从东北面拾级而下,到达沟底,方可直抵官道,可见清朝年间庙宇与主要道路的联系还是非常密切的。同治丙寅年修、文昌宫藏版《郧县志·舆地卷·山川》条目载,"洞青沟城西百五十里,源出石盘山。一源出熊岭,至三汊,合流经

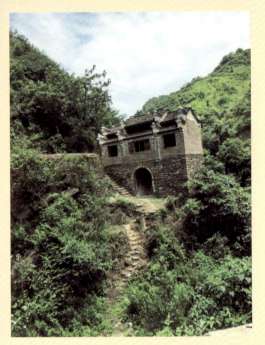

▲ 娘娘庙

观阁石,过风楼、熊虎石、仙风洞,北入于汉"。根据地理方位推测,上述"过风楼"也许就是现在的"娘娘庙"。由于当时村中官道是人流较为聚集的地带,所以在此逐渐形成一个休息祭拜的场所也是必然,后来由于求子文化的流入,从而演变成"娘娘庙"。

娘娘庙的出现是聚落群体在不断实现定居的过程中,其族人精神寄托和物质需求提升的又一体现。庙宇的存在,为聚落空间又增添了一份神圣的意蕴,体现了聚居群体在一定时期内的共同信仰,丰富了聚落内部功能空间。娘娘庙彩绘木雕、砖拱台阶及溪流古道处处透着精细与完美。远远望去,庙的上部是砖瓦结构房屋,下部是石条砌成的拱形通道,过去来往行人沿着溪流古道都要经过这个拱门通道,并在此接受检查、休息歇脚或到上面娘娘庙祈福求子。

**4.杨家寨**

在所存古建筑中,杨家寨寨墙、寨门等主体部分尚存,寨内的墙基、储水井等部分保存较好。据说是何氏后人为抵御外族侵犯而建。沿着寨子古道而上,伫高远望:群山环抱、梯田层层、农舍星罗、沿途灌木郁郁葱葱、鸟儿叫声不绝,行至寨内地势最高处,举目远眺,汉江如带、彩云追月的美景尽收眼底。

杨家寨位于冻青沟古道东侧约1.5公里的山峰上,山势险峻,寨堡依山而建。为巨石、石灰浆垒砌,寨墙宽厚,十分坚固。南北走向,顺山势蜿蜒起伏犹如石城,南北长约170米,东西宽约80米。其北、东、西三面陡峭,无法攀越,仅南面山门外一条狭窄山道与山下相通。寨内东西墙中有藏兵洞;南部有一口阔而深的大坑,据说专为蓄水而用;北部残留3座石屋。由此可见,此寨可攻可守,特为躲避匪灾兵祸修建,至今依然遗留有寨墙、水井、瞭望口和当年守寨兵丁的生活训练场、古道。

**5.何家祠堂**

进入冻青沟村腹地中心的"Y"形三岔口,向左道走不远处有座小山,从山下沿着宽大的青石板台阶拾阶而上,十分钟就到了山顶,山上开阔平坦,山对面一片宽旷的山谷和远山,此山沟可谓一块极佳的风水宝地,何家祠堂就建在这里。祠堂建于清道光五年(1825年),距今196年。祠堂样式如电影《白鹿原》里的祠堂,从已破旧的门匾、斗拱飞檐、亭台楼阁、雕梁画栋,仍然能看到往年的风采和庄严,祠堂门头刻有"生道立本"门匾,这曾是何家族人祭祀祖宗先贤、新年谒祖、举行庆典、执行族规、嘉奖子孙、宴请功成名就者的重要场所。

**6.何家老庄**

祠堂对面山下是一片宽旷的山谷和远山,这里是何氏家族发家之初的老屋,老屋依山而建,呈阶梯状,建筑平实,没有后期庄园的华丽,多为土木、砖石结构,老房里至今仍住有居民。在老屋的山边有个小山洞,洞里有个泉眼常年流水不断,供居民饮用,至今仍潺潺流水。

每座何氏居住建筑主入口前方都有一块较为宽广的长方形道场,一般作为谷物晾晒之地和日常室外活动的场所。宅院均建于台基之上,台基外围镶砌条石,以牢固其结构。室内外由此产生一定高差,以此防潮。

**(二)何氏家族及其文献**

明代成化年间(1465—1487年),有东湖、东海两兄弟从江西瑞昌来到郧西板桥河,先做贩茶生意,后生意逐渐做大,发展繁衍,到清代成为当地的望族。人们对他俩的来路众说纷纭,从他俩有做生意的聪慧精明可以看出,他们绝非等闲之辈,有可能是逃避祸难进入此地。据说,当初兄弟俩到此被朝廷官兵查问姓名时,他们慌张得说不出话来,无意中手指指向山下河水,朝兵误以为他们说姓何(谐音"河"),后来当地人都称呼他们为何氏兄弟,他们就是何氏家族的先祖。

后来他们生意越做越大,从郧西板桥河迁至郧县五峰、胡家营一带。迁至胡家营前,他们请当地风水先生看地,风水先生带他们选择了冻青沟。乘船来到这条沟口,只见周围山上长满茂密的冬青树,遮山蔽户,在沟口山上有一静修的山洞(在杨泗庙旁边),故称"洞静沟",从山上能俯瞰沟口宽阔平坦的汉江河,沟内幽深通达,满山竹林,是一个水路通达、资源丰富、适宜居住的风水宝地。"洞静沟"后被人谐音衍化叫成了"冻青沟"。

从明清开始何氏家族在此兴建何家老屋,生意也越来越兴旺发达。从起初的茶叶生意发展到利用当地山竹等资源加工销售桐油、火纸、皮纸、油纸,控制白河、竹溪、郧西、竹山、郧县一带的食盐生意,后发展到建造水运码头垄断跑船运输生意。产业遍布郧县、郧西两县,在冻青沟修建的何氏庄园规模也随之越建越大,相继在邻近的周边安城、辽瓦、鲍峡、小花果、姚家以及郧西的泥河、夹河等地建起庄园、祠堂,在邻近方圆200公里范围内遍布何氏庄园多达40余处。

何氏家族显赫一时,成为当地名门望族。在清朝同治年间曾出过一位大官叫何学雍,官至总督。据何氏家谱记载,至清朝道光年间,何氏家族传到第九代——"何九爷",他为人仗义,当时门前进山通道遭遇山体滑坡,凡是来此帮忙疏通道路的,全部安排食宿,百余人在何家吃住一年。何九爷是当地大地主,地产分布郧西、郧县以及竹山、竹溪多地,年收租约35万斤粮食。何九爷娶有3位妻子,膝下6个儿子,道光年间他开始为自己和6个儿子修建庆畅园和秦记园、善记园、敏记园、俞记园、玉记园。整座豪宅修建,前后耗时近20年,不少工匠来时满头青丝,房子盖好后已头发花白。

到何九爷的小儿子何老幺时,何家码头运输发展到鼎盛时期,何老幺雄霸当地一带的水上运输,打着他商号的货船沿途土匪都不敢抢劫。他每天站在村口码头指挥过往货船,见不停靠码头的船只,只要他用拐杖一指,船就乖乖靠岸。他修建的豪宅何家老庄,依山就势,有前厅后院和亭台楼阁,院落雕梁画栋、斗拱飞檐,窗格雕花精巧,门匾镶嵌着"耕读传家"的家训,老庄的三重门楼及门楼前石狮现已毁,成了一所废弃的学校。何老幺的后人(女)曾任陕西高院院长。

冻青沟村何姓为大姓。何存连至今仍保存着一整套较为完整的清同治版何氏家谱。翻开泛黄的纸张,从《郧阳何氏宗谱》里我们看到,明朝英宗复辟天顺七年(1463年)何东湖与其胞弟何东海(迁郧一世祖)由江西瑞昌迁至汉水中游一带经商,何东湖随后移居陕西,何东海和妻子遂在板桥河埋墩堡定居并开设"饭铺"。由于埋墩堡地处由陕南通往郧西县城的交通路线上,过往行人甚多,所以生意非常兴隆,何东海夫妇"赈贫济苦,疏财仗义;冬季舍衣,夏令舍茶",在当地颇受赞誉,人们把"饭铺"也随之叫为"茶店"。据记载,明朝宪宗成化元年(1465年),"茶店"就顺理成章地被广大民众推崇,这相距何东海夫妇初来郧阳仅两年时间,何东海夫妇的乐善好施在当时就已影响甚大。直至明朝孝宗弘治六年(1493年),何东海夫妇已来郧阳30年之久,仍有旅客慕名而来。可见何东海夫妇(迁郧一世祖)迁郧之后在板桥河埋墩堡实现了真正的"定居",而其后代(从迁郧二世祖至今)又相继迁往各地,主要集中在郧县南北峰乡、洞静沟(即现冻青沟)、鲍峡镇等地。从家族迁徙动态来看,迁郧的何氏家族支系并未在初始迁入地继续繁衍定居,所以居于始迁地板桥河埋墩堡的支系只是一个家庭规模,其居所空间也必然是一个"居住单元",而这个单元只需满足一个单位家庭中各成员的各种行为需求即可。

▲《郧阳何氏宗谱》

统计《郧阳何氏宗谱》所记载的迁郧二世祖至迁郧六世祖的定居地,发现从明朝年间迁郧第二世迁离板桥河埋墩堡之后,直至清康熙年间其后世支系主要在郧县南北峰乡前山、郧县泥河以及郧西县朱家沟定居。居于泥河的何氏后人因清嘉庆五年(1800年)参加白莲教被斩尽杀绝,至此无后。居于南北峰乡前山的何氏族人则在这里不断繁衍定居。随着何氏家族不断发展壮大,除有一些支系依旧留守此地之外,还有一些支系相继迁往不同地方定居。清康熙六十年(1721年),何氏迁郧第六世一支系逆汉江而上,由南北峰乡前山迁往冻青沟定居,成为当地的名门望族,并在此建起何氏庄园。

据何氏家谱记载,何氏家族迁到此处的共有三条支系,家族中出的最大的官是总督,在清朝同治十三年（1874年），何学雍被皇帝敕封为总督之职，并赐以"三眼花翎"，而这也是目前十堰地区发现的家谱中记载的最大官职。

中国人自古就注重庭训家教，曾子杀猪教子、孟母三迁、岳母刺字等故事至今在老百姓中耳熟能详。历史上有许多名人，如朱熹、曾国藩、郑板桥、林则徐等也都有脍炙人口的家训留给后人。

许多家族之所以能够长盛不衰，就是因为非常重视对后代的教育。这些家族由于重视族规家训，始终保持着一种谨严的家风，所以家族兴旺发达，家族内优秀人才辈出。

## 何氏家训（节选）

孝顺父母、尊敬长上，乃百行之首、万善之源。人能尽得此道，天地鬼神相之，亲戚邻里重之。凡有父母兄长在前者，不可不及时勉旃。人家子弟，有父母兄长慈爱，又得教以诗书、授以生业，而能显亲扬名、以尽孝敬之道者，乃常分耳，乌足言？要在困苦艰难、流离颠沛之际，竭力尽心、周全委曲、消患弥变、特立独行，而不失其度者，方为孝敬。

子弟读书之成否，不必观其气质，亦不必观其才华，先要观其敬与不敬，则一生之事业概可见矣。凡开蒙之后，能渐渐收敛，一惟师教之是从、亲言之是听。敬重经书、爱惜纸笔，洁净几案、整肃身心，开卷如亲对圣贤，熟读精思、沈潜玩索，将书中义理反求就自家身上体认。眠存梦绎，念念不忘，如婴儿之恋慈母、饥渴之慕饮食，无一刻之敢离，无一时之或怠。如此为学，难愚必明。纵不能尽忠于朝廷，亦可以尽孝于父母；纵不能建功业于天下，亦可以自善乎一身。

何氏是由科举及第而走向发达的家族，由于家风家训传承好，何家人大都气质非凡，谈吐儒雅，他们十分重视对子弟的教育，因而家大业兴，人才辈出。据何氏家谱记载，数百年来，何氏家族仅贡生就达上百人。

源远流长的中国家训文化是中华传统文化宝库中的瑰宝，是先辈留给后人立身处世、持家置业的宝典。良好的家风传承能够激励家族内的青年后辈，努力奋斗，坚持不懈，走向成功，不辱门风。家风家训是中华大地上盛开的最具中国特色的智慧之花，我们应该对它精心呵护、用心浇灌，让家风传承，繁华不落。

（整理者：石方杰）

## 参考文献

1. 张瑞纳.清代鄂西北山地血缘型聚落与民居空间形态研究——以郧县冻青沟何氏家族聚落为例[D].武汉：华中科技大学，2015.

2.何存兴.郧阳何氏宗谱.2007.

# 百年古庄园地
## ——黄龙村

## 一　村镇概述

湖北省丹江口市浪河镇黄龙村位于世界文化遗产、著名旅游胜地武当山古建筑群东麓,东接谷城,南靠房县,北临汉江,俗有"鸡鸣响三县(房县、谷城、均县),一脚踏三乡(浪河、五山、白杨坪)"之称。黄龙的由来,一说相传真武大帝在此修行,夜闻龙啸,心烦意乱,不胜其扰,悄然遁去,故此得名;另一说因境内最高峰黄龙山而得名。黄龙山遍生黄草和茅草,每到秋冬时节,草木枯黄,加之黄龙山山形蜿蜒曲折,远远望去,像一条舞动的黄龙。也有因山高地旱,村民们祈盼风调雨顺之说。

该村地处浪河镇东南角,平均海拔735米,长年不枯的肖河穿境而过,距福银高速(G70)、襄渝铁路、316国道约7公里,有公路与外界相通。据2016年的统计资料,该村下辖5个村民小组,351户,1034人。总面积34平方公里,其中耕地面积1383亩,林地4440亩,属山区村,地势辽阔。经济发展主要依靠武当峡谷漂流,以发展旅游业为主。旱地为当家地,农作物主要以小麦、玉米为主,兼育特产木耳、香菇。现有茶园800亩,板栗300亩。境内秦巴山系余脉蜿蜒延伸,崇山峻岭,空气清新,风景秀丽,古迹众多,文化氛围浓厚。海拔最高的黄龙山主峰高耸入云,以松、杉为主的棋盘山千亩林海浩渺苍茫,植被覆盖率达84%,仅百年以上的古树就达100多棵。

## 二　村镇资料

### (一)古建筑遗址遗迹

#### 1.饶氏庄园

湖北的古民居,多以村落群居见长。能凭单座宅院称雄一方者,寥若晨星。然而,在鄂西北浪河镇的黄龙村,却隐藏着一座百年的清末民初时期遗留下来的庄园,虽是单家独户"隐藏"在僻远山乡,却以气势恢宏的建筑风格,展现出超越群雄的风姿,成为湖北清末民初民居建筑的瑰宝。

饶氏三座庄园位于丹江口市浪河镇黄龙村,距离浪河集镇及汉十高速10公里左右,处在浪河黄龙山群山环抱之中,山清水秀,风景宜人。因山庄庄主姓饶,故称饶氏庄园。

饶氏老庄园包括老屋场庄园和山竹园庄园。老屋场庄园是饶氏家族最早的建筑,始建于清嘉庆元年(1796年),建筑面积为720平方米,现存房屋22间;山竹园庄园为饶氏家族的第二座建筑,距老屋场庄园约500米,建筑面积780平方米。平面呈"品"字形,四周设石构防护墙及炮楼。庄园内现存的大量石雕、木刻、砖雕,装饰艺术精湛,涵盖内容丰富,集民俗民艺于一体,为清代建筑装饰"纤细繁密"

▲ 饶氏庄园全貌

风格典范,堪称"一粒黍中藏世界,半升档中煮山川"。

第一座庄园建在老屋场,第二座庄园建在山竹园(清朝咸丰年间),这两座庄园虽然没有第三座庄园保存得那么完好,但仍然有相当大的价值。

我们通常见到的是第三座庄园,坐西朝东,分南北两个院落,由42间房屋组成,建筑面积为1218平方米,是鄂西北境内已发现的保存最好的典型清末民初庄园建筑。建于清末民初,距今100余年。庄园主饶崇义是清末民初的民团团总,其祖"老圪塔"由山西大槐树下流民于此。初入武当山下之浪河,于水田畈之上的山垴左侧,即今月池之上,搭窝棚而居。后置田买地,于山垴之后1公里山路处的山竹园建祖屋1院20余间。祖屋正房前石台下一个场院,院前置一排旗杆石,院侧建有一小院,有下人居住的土坯房并立有猴头拴马柱,院后有被称作"天印"的炮楼式建筑。"老圪塔"娶妻两房,大房之后居于山竹园,二房之后复迁居于水田畈。饶崇义便是二房之后。因是外乡人,其祖被当地的谢家霸主用脚踹死,饶家浅棺不葬告官三年有余,仍然打不赢官司。至今在山垴左后侧,立有其祖坟茔,依然是浅棺未葬。经过几代人不懈的努力,饶家后来发展为大户,居住地延均、谷、房三县,上下不走他人地,拥有方圆3万亩土地,成为当地一霸。到了饶崇义这辈,已发展到鼎盛时期。

饶崇义变卖良田好地上千亩,于水田畈依山修建一座庄园。庄园于清末起建,每日动用各种工匠杂役50余人,并配有5匹骡马组成的运输队,专门运送砖瓦、灰砂、木材、粮草等。于方圆一二十公里内选伐上好木料,以作柱、梁;一公里内选上好土料,立窑场烧制砖、瓦,镂花构件等。庄园主饶崇义亲自到武汉选购图纸,聘请设计师,又从江浙一带高薪聘请了能工巧匠,耗时十年,于民国十年(1922年)基本建成。庄园正面阔42.2米,通进深

▲ 饶氏庄园大门

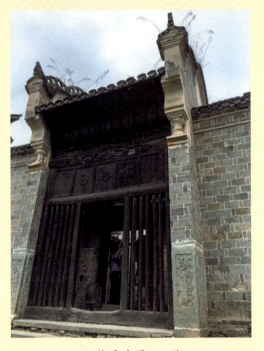

▲ 饶氏庄园入口处

36.4米，这里是一处保存完好的封建地主庄园，该庄园像一座古城堡，四层炮楼高耸，显示着主人的尊贵与富有。

清末饶氏庄园坐落于海拔600余米的半山腰，房屋40余间，青砖黑瓦，飞檐拱脊，雕梁画栋，错落有致。整个山庄分南北两院，内有左右天井，为偏正结构，周围群山环抱。庄园正门右一座突兀高耸、飞檐斗拱，外有木制走廊，高约10余米的土木结构炮楼如鹤立鸡群，格外引人注目。庄园内木雕、石刻俯拾皆是，令人叹为观止。门柱、门框、门槛石刻花鸟虫鱼、山水胜景，门楼左右对称有镂空木雕四时如意、五福临门、狮抛绣球、麒麟衔鱼等。正房天井四周有长约30米精美木雕，栩栩如生的镂空木雕生动再现了八仙献寿、刘海砍樵、孔子讲学、三官图、十八学士登瀛洲、进京赶考、曹冲称象、三岔口故事、梁祝十八相送等寓意中华民族聪明智慧和传统美德的典故传说，有各类人物、花鸟等300余个，木雕、石刻令人目不暇接，流连忘返。木雕是整个庄园建筑中的精品，可见到的有三四十件，每件雕刻都是一个故事。木雕工艺极为考究，所选材料均为当地上乘的银杏树，从木雕的方式上看，基本采用了线雕、隐雕、浮雕、混雕、通雕(也称透雕或镂空雕，工艺复杂，只有高贵的装饰中才有)，雕刻题材广泛，寓意祥和，或圆或浮，多处镂空，立体感极强，集民俗民艺于一体，为清代建筑装饰"纤细繁密"风格之典范。它被专家认为是研究我国南方民居建筑流派、风格艺术，研究清末建筑雕刻技艺难得的珍贵实物资料。

### 2.黄龙古民居

在中国，从古至今，人们选择居住地基本上沿袭传统思想观念，以坐北朝南、依山傍水而居。但是黄龙村民居住地，仔细观察却有一个特别之处，即黄龙民居大都紧临一座大崖屋，这些大崖屋人们也称"蓬头崖"，大崖屋小的能容纳几十人，大的可容纳几百人，坐在里面，不仅可以避风挡雨、遮阳乘凉，还可以堆柴放草，晚上家家户户的牛羊鸡猪都赶进这大崖屋过夜，有的还在里面放养许多土蜜蜂，这样可以使村民省建许多棚、圈等附属房舍。

黄龙的这种各村民居紧临崖屋而建的特色形成了一大风景。

### （二）历史资源

#### 1.红色的革命摇篮

浪河黄龙山村,这里崇山峻岭,绵延百里,巍峨险峻,林木盖天,地势十分险要。不仅具有悠久的历史和美丽的自然景观,而且还具有光荣的革命传统。这里曾是国民党严防布控,日军窥伺欲取之地,更是中国共产党的红色根据地。在那硝烟四起、烽火连天、血雨腥风的年代,无论是土地革命战争时期、抗日战争时期,还是解放战争时期,在浪河,尤其是在浪河黄龙山这块土地上都曾点燃过革命的星星之火,涌现了许许多多为了中国革命的解放事业出生入死、英勇奋斗的优秀儿女,使鄂西北中国革命的火种在这里得以保存、生根、发芽。浪河黄龙山得天独厚的地方人文资源和丰厚宝贵的革命传统教育资源,先后被湖北省、十堰市、丹江口市老区委员会列为革命老区,丹江口市教育局组织专班撰写的《星火黄龙山》读本作为中小学革命传统教育校本教材,走进全市中小学课堂,浪河中学革命传统教育陈列室被列为十堰市革命传统教育基地。

1926年,鄂西北最南端的浪河大地上开始闪烁着红色的光芒。浪河籍在外上学的李龙、张志新、谭华兰、陈敬轩四位共产党员回到均县开展党的地下工作。1927年中共均县特别支部建立。翌年9月,原浪河区的红庙(包括黄龙山)、鄢家垭、丁营、浪河店四地分别建立了党支部,至此,中国共产党的火种开始在浪河大地上播撒,红色革命的星火在浪河的原野上点燃。

1930年6月,均县临时县委书记刘鼎三在均县县城被国民党逮捕。6日正午,中共地下党员张志新受党的指示,带领40名地下武装秘密埋伏在鄢家垭两侧山坡,采取伏击偷袭的战术,营救刘鼎三,在短短五分钟左右的伏击战中,成功地营救了刘鼎三,而且还缴获了30支步枪。这是中共均县地下党组织向国民党打响的第一枪,这次武装斗争的胜利,大大地振奋了均县共产党地下组织的士气和信心。

1931年5月20日,贺龙率红三军进入鄂西北第一站——浪河,受到当地几千人民群众的热烈欢迎。贺龙率领的红三军主力部队在浪河小店子街共停留三个多小时,在停留期间,贺龙和柳直荀等部队首长召开了一次有20多名贫苦农民参加的座谈会,仔细询问了当地的政治、经济、人民生活及当地国民党武装情况,并收集了许多当地情报和进入均州城的路线、关卡等情况。红军在经过浪河时,纪律严明,对百姓秋毫无犯,给当地人民留下了美好的印象,红三军走后,"两把菜刀闪青锋,砍尽人间事不平。自此一部英雄史,夺目大字是贺龙"的歌谣一直传颂至今。

1931年5月,鄂西北第一个县级苏维埃政府在红三军第七师政治部的帮助下,在浪河正式建立,县政府设在浪河的福音堂。主席高泽普,秘书刘鼎三,土地委员袁祖斋,经济委员杜善安,军事委员徐达,肃反委员向光达,粮食委员杨化之,劳动妇女生活改善委员罗立荣。

抗日战争时期,黄龙山成了鄂西北的"小延安"。1937年8月,在武汉读书的浪河黄龙籍青年饶崇健(学名饶一)与同学张韬,在中华民族危亡之时,怀着一腔热血,毅然投奔革命圣地延安。经丁玲介绍进入"抗大"学习,11月因形势急迫,经毛泽东主席亲自动员,该批学员提前毕业,"到敌人后方去"开辟新的根据地,开展敌后游击工作。1937年12月,饶崇健、张韬由延安回家乡黄龙山,随后,从武汉弃学归乡的饶世勤、饶世冰同时加入饶崇健的秘密组织,在黄龙山开辟革命根据地,最初成立的组织是"马列斯"小组。

1938年春,"马列斯"小组开展抗日救亡宣传活动,建立了鄂西北第一所农民夜校,随后又办了"午时学校""牧童学校""雨时学校""妇女识字班",自编了抗日课本。"马列斯"小组通过开办上述各种形式的学校,开展革命宣传活动、党组织建设和抗日救亡活动,并且不断地将这些活动迅速引向深入。随后"姊妹会""兄弟会""儿童团""抗日自卫队""民先队"等多种形式的革命组织如雨后春笋般发展壮大起来。1938年10月,襄阳籍进步学生黄正夏(前名陈崇煌)从武汉退学后投入黄龙山饶崇健领导的"民先"组织中,经"民先"组织安排,黄正夏打入国民党政府机关,以公开身份进入国民党第五战区管辖的浪河、草店、石板滩文化站工作。饶世儒、祝天成、饶世仪、饶世一、饶世勉、丁泽良、张镜如、丁泽平、丁泽国、康春田、张冰如等共22人经鄂西北"战教会"负责人江津介绍,经鄂西北特委批准加入中国共产党,随之建立了均县南区抗日战争时期的第一个支部——浪河黄龙山新、老屋场支部。至此"马列斯"小组正式被中国共产党所代替,饶崇健任支部书记。

1939年春节,饶崇健等共产党员深入浪河完全小学宣传抗日救国,并秘密在师生中发展党员,成立党小组,3月份成功组织了一次抗日救国誓师大会,方圆二十余里几千名群众赶来参加会议。会上演出了《放下你的鞭子》《九·一八》等戏剧,把浪河地区抗日救亡运动推向了高潮。

**2.重要人物**

宋良由:湖北丹江口均州城关人,在中共早期理论家萧楚女的影响下,走上革命道路,1925年7月经谢远定介绍加入中国共产主义青年团,10月转为中国共产党党员,1927年任中共均县县委书记,1932年春代理中共湖北省委书记。1928年1月25日,在浪河戴家湾鄢家垭戴廷玉家主持召开全均县十多名中共党员秘密会议,贯彻中共"八七"会议精神,其实质是加强党的武装建设。从此,开启了中国共产党在均县开展武装斗争的新局面,真正开始实施武装自我保护和夺取政权的方针,在均县从此拉开了武装夺取政权的序幕。

刘鼎三:湖北丹江口青山港三里沟人,毕业于武昌中华大学,1926年10月经董必武介绍加入中国共产党。1927年6月,在武昌农民运动讲习所学习。1928年1月任均县吴家湾特别区委委员兼农民军总指挥。1930年4月,任中共均县临时县委书记。1931年5月,任均县苏维埃政府秘书长,8月,任县苏维埃政府副主席。1942年任鄂南临时地委秘书长。1943年,任鄂东专署教育科科长。1944年任云梦县新四军游击队队长。1946年任豫南中学校长,1946年任豫南军区干部大队队长。1946年秋任河南卢氏县荆章区区长。

1946年5月,在河南渑池县被捕,被国民党杀害在洛阳集中营监狱。

黄正夏:湖北襄阳黄龙人,毕业于武昌省立第一中学,1938年11月加入中国共产党。1942年2月任武昌洪山公学小学部主任、边区行署教育处长、边区建国公学郑东分校主任、边区罗(山)礼(山)应(山)财经局长。1946年3月任东北行政委员会粮食总局处长。1946年6月起,先后担任湖北省委秘书处主任、省委办公室副主任、沙市市委副书记、中国第二汽车制造厂副厂长。1956年10月起,历任国家科委局长、中国科学院院局长。1974年后,历任十堰市委第一书记、市长,二汽党委第一书记、厂长,二汽集团董事长、党组书记,湖北省第六、第七届人大常委会副主任。期间被评为湖北省特等劳动模范、全国五一劳动奖章获得者。1938年10月从襄阳来到均县浪河黄龙山至1941年底离开均县,前后在均县从事地下组织活动三年多时间,发展组织领导均县人民与国民党反动统治进行不屈不挠的斗争,为均县人民的解放事业做出了重要贡献。

高泽普:湖北枣阳熊家集陈庄人,毕业于湖北省立第二师范学校,1926年加入中国共产党。1928年7月,任枣阳县第六区委书记兼枣阳县赤卫军第三大队长。1931年5月,调任均县苏维埃政府主席,9月任均县军事委员会副主席。1931年后随红军转战洪湖,任十六师政治部组织科长。1931年5月24日,在红三军第七师政治部的帮助下,均县苏维埃政府在浪河店福音堂正式成立,高泽普是首任主席(县长)。1932年冬在洪湖牺牲。在以高泽普为首的领导主持下,"浪河市"、浪河区苏维埃政府、均县红色补充军在浪河青石铺相继成立。高泽普是均县人民政权主要奠基人之一。

### (三)非遗资源

黄龙民俗文化:浪河镇位于秦岭余脉、世界文化遗产武当山东麓,东临谷城、襄阳,西接车城十堰,北接南水北调源头丹江口库区。境内至今保留着东汉、西周遗址。自秦朝开始,浪河镇就被设为官道驿路,馆驿、青石铺、小店子就是古代驿路的产物。浪河镇历史悠久古老,文化底蕴丰厚。浪河黄龙村地处均(丹江口)、房(房县)、谷(谷城县)三县之间,距离河南省也不远,介于中原文化和楚文化之间。

黄龙山"七山二水一分田"的地貌特征,造就了山清水秀的自然景观,这里山水相依,沟壑相连,植被茂密,物种丰富,风光旖旎,景色宜人。巧夺天工的黄龙山、蜿蜒曲折的肖河水,孕育了丰富而悠久的历史文化,并代代相传。其中有传承数千年的均陶工艺和广泛流传于民间的锄头舞、采茶舞及民歌、民谣、劳动号子,以及神仙叶凉粉等特色饮食文化。均陶是黄龙村远古文化的象征,是均州古文化的写真,是质朴的黄龙人几代人努力的结果,是历史的产物。"锄草灯"舞、采茶舞是这里的劳动人民在生产、生活中为了轻松一些,缓解疲劳,一边劳动,一边手舞足蹈而发展形成的,是劳动人民智慧的结晶,是历史文化的精髓,是老艺人口口相传的精神产品和宝贵财富。现在被我们所用,趣味性强,每逢传统佳节演出,是整个黄龙传统品牌节目,深受老百姓喜爱。

均陶:"均陶"源自东周、秦汉年间,由饶、黄、朱三大家族老祖先用当地黄土和猪毛掺

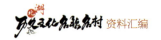

和做成"钧",然后用当地黄土作为"陵",俗称"钧陵",至今有 4000 多年历史,明清时期尤为鼎盛,在黄龙以家族和邻近人家传承。现在师傅有 38 人,六代传人,老中青中会做"均陶"的还有几百人,黄龙"均陶"传承谱系及相关制品,延续到现在还在生产烧制,2011 年"均陶"手工技艺被列入湖北省非物质文化遗产名录。

黄龙"均陶"手工技法,彰显了古老、时尚、质朴、高贵的陶文化。"均陶"具有一定的历史价值、经济价值、社会文化艺术价值。不同时期的物件,反映不同时代的文化风格,是生活生产资料的"活化石",值得探讨、研究,具有极高的收藏价值。黄龙"均陶"不光在本村传承,在整个浪河都有传人。最大的效益是就地取材,减少了成本,只要有"均陶"传承人,就能生产;再就是各种产品,都是老百姓需要的生产生活用具用品,无污染,装黄酒、粮食时不生虫、不变味;同时,"均陶"也是工艺品、欣赏品,价优物美的坛坛罐罐,环保美观。

**"锄草灯"舞**:流传于浪河黄龙山的一种民间舞蹈,起源于民间劳动锄草的动作,是经过悠久年代演绎而来的一种舞蹈。

高山号子打腔"锄草灯"舞,是一种大型群体舞,形似现代广场舞,人多时可以上百人演出,用竹篾、彩纸扎成锄头形,内装蜡烛,配以花篮、水桶等道具,十多人乃至几十人化装成农妇、工头、帮工,以歌舞表演上工、锄草、送饭、歇息、收工等。曲调采用本地山锣鼓、花鼓、四六句腔调,地方称"打腔"。其动作是手拿锄头等道具,模仿锄草的动作,在锣鼓的敲打节奏下舞蹈。舞蹈动作整齐划一,整个舞动以锄草动作为主体,时而上下变动,时而前后变动,时而左右变动,其舞步以碎跑花鼓步为主,从舞起到舞落,都有领者喊话和舞者答话的声响出现,舞蹈演员全部统一着红色唐装,锣鼓人员统一着黄色唐装,领舞者着黑色丑角装。整个舞蹈呈现出一个诙谐、逗趣、热闹、优美的大型场面,非常适宜过年、大型活动的演出。1991 年浪河镇文化站排演的"锄草灯"舞,在十堰市第一届武当武术节参赛演出,获一等奖,上万观众品尝了一顿原汁原味的、传统的且具浓厚乡土气息的文化艺术大餐。

**采茶舞**:明末清初,饶氏家族老祖先建造庄园,从全国各地请来各种工匠。江浙一带石雕、木雕大师吟唱思乡、恋家、传情江南小调,被黄龙山一带工匠所传唱,"采茶舞"就是其中一个。

黄龙当时盛产太和茶,其茶树开白花,满山遍野,边采茶边歌唱用的就是江南小调。肩背竹篓,手提竹篮,载歌载舞,描述采茶人的劳动生活;一路上山坡,走小路,穿草丛,采茶、揉茶动作,丰富形象,以欢快旋律和轻盈优美的舞姿,使人联想到茶乡的生动情景。现在传承改编出由 8 ～ 16 人演出,姑娘们扎着羊角辫,胸系绣品围裙,走步时两手揉搓,根据词意,双膝微颤,手腕灵活提、沉、含、放,源于生活,而高于生活。采茶舞是典型的古代民间舞剧节目。

**神仙叶凉粉**:黄龙山盛产一种叫臭树叶的天然植物,这种植物能做凉粉,非常好吃。这种树叶叫"神仙叶",吃了这种树叶做的凉粉能长寿。2013 年黄龙村村民陈光军已申报其为非物质文化遗产,于 2013 年 2 月被十堰市列入第四批非物质文化遗产名录。

在武当山下的黄龙村,人们都认识这种天然植物,因其气味比较难闻,因此人们称它为"臭树叶"。传说真武大帝来到武当山修行,年逢大旱,武当方圆老百姓受灾严重,颗粒无收,只好刮树皮、挖树根充饥。后来山上野菜和绿色植物都被吃完了,饿死了很多人,疾病蔓延,老百姓无生存着落,真武大帝闻之,大发慈悲,把天庭的一种植物撒在武当山周边,故又称"神仙叶"。

在每年的 4 月至 9 月,浪河黄龙村家家户户经常上山采摘这种"神仙叶",拿回家做"豆腐凉粉"吃,"神仙叶"神在它的制作工艺上,做凉粉前,先从灶火里弄点草木灰兑凉水搅拌,做卤水备用;然后将采集来的"神仙叶"洗净,置入盆或桶中,用滚烫的开水浇在树叶上,一边浇水一边用干净的木棍搅拌树叶,等树叶全部搅烂后,将残渣滤除,再将原来准备好的草木灰水点入其中,自然冷却后,即成天然翠绿色的凉粉。拌以盐、蒜、辣椒、麻油等佐料,一道美味的原生态天然翠绿色的凉粉就做成了。当地农户春、夏、秋季食用,可当菜吃,也可当饭吃,具有消暑降温、清凉解渴、祛火降压、抗菌等保健功能。

现在黄龙村整个村,满山遍野都有这种植物。每年春夏,人们都来采集这种植物树叶做凉粉食用。现在整个黄龙村农户在传承人的带领下,把山上自然生长的"神仙叶"枝条扦插,人工培育上百亩,形成"神仙叶"培育基地,不但老百姓食用,而且已经走向市场,成为黄龙村支柱产业。

**黄龙民歌:**我国很多高山地区都有唱对仗歌的习俗。浪河黄龙山也属高山地区,海拔在 800 米以上的高山达 40 多座,对面山上人说话清晰入耳,但是要想见面握一下手,那可需半天的路程。黄龙山村民也有唱对歌的习俗,不过在黄龙山叫唱"仗歌",最初叫"放牛娃唱仗歌"。不知什么时候少男少女谈恋爱也开始唱仗歌。男女青年通过唱仗歌进行心灵和感情的交流,以及双方互相了解。在这个地方男女青年不会唱仗歌,那可就有打光棍的可能,所以这个地方的男男女女从小都学习唱仗歌的本领和技巧。时间久了形成了规模,形成了习俗,也形成了特色。

**黄龙民谣:**浪河黄龙山村民自古以来有自编民谣的习俗,表达意思丰富多彩,有摇篮催眠的民谣、有儿童趣味的童谣、有劝说教育的民谣、有讽刺打击的民谣等。其形式具有押韵、朗朗上口、易记的特点。民谣的教育和政治性很强,流传广,在民间存在的意义非常之大。充分利用和挖掘地方民谣,不仅是文化需要,也是政治形势的需要。

(整理者:石方杰)

**参考文献**

1.丹江口市教育局.星火黄龙山.鄂十内图字 2010 年第 035 号.

2.王永国.丹江口文化系列丛书·神奇的文化丹江口.内部资料,2013.

后记

《湖北历史文化名镇名村资料汇编》一书，是湖北省文化事业发展专项资金资助项目的年度成果，由湖北省社科院文史研究所集体编写，张忠家教授担任主编，路彩霞、曾成担任副主编。

文史研究所潘洪钢、石方杰、路彩霞、陈新立、曾成、熊霞、梁桂莲、高娴、朱晓艳、吕传益、吴汉平等科研人员承担了44个国家级和湖北省级历史文化名镇名村资料的整理工作，武汉大学刘亚光、唐普、杨世杰博士以及文史所研究生李林茂、许亚静、刘金成、钱凯、邹子平、吴笑宇，楚文化研究所研究生孙梦婷等参与了该项目的实地调研、资料整理和部分章节撰写。张忠家教授对项目立项、开展及成果转化进行悉心指导，路彩霞、曾成统订该书全稿。

武汉理工大学出版社承担了本书的具体编纂工作，感谢汪浪涛、张淑芳两位编辑老师严格把关。课题开展过程中，省住房和城乡建设厅、省文化厅相关处室及历史文化名镇名村所在市县镇政府给予了调研便利和资料支持，我院科研处也提供了力所能及的帮助，在此一并表示感谢！

本书作为资料汇编，希望能集中呈现学界已有主要研究成果，并尽可能补充课题组实地调研所得，为推进相关领域研究做一点基础性工作。限于眼力、笔力，瑕疵在所难免，期盼广大读者提出宝贵意见，以促该书不断完善。

编　者

2020 年 3 月